AUS DEM LEBEN DER TIERE

AUS DEM LEBEN DER TIERE

100 Beschreibungen,
Tatsachenberichte und Erzählungen

Verlag Das Beste   Zürich — Stuttgart — Wien

Illustrationen

<u>Matthias Haab:</u>
13, 19, 25, 31, 37, 69, 78, 85, 98, 112, 129, 158, 166, 171, 187, 221, 243, 260, 288, 306, 337, 344, 357, 361, 406, 426, 433, 455, 464, 473, 480, 505, 517, 521, 532, 543, 564, 580, 583, 592

<u>Camille Hagner:</u>
49, 54, 57, 91, 143, 178, 182, 192, 199, 211, 217, 230, 277, 298, 311, 317, 322, 332, 364, 370, 390, 396, 401, 414, 421, 438, 443, 450, 460, 487, 493, 501, 527, 535, 548, 556, 560, 570, 589, 603, 605, Schutzumschlag

Erste Auflage

© 1984 Das Beste aus Reader's Digest AG
Räffelstraße 11, «Gallushof», 8021 Zürich

© 1984 Verlag Das Beste GmbH
Augustenstraße 1, 7000 Stuttgart 1

Alle Rechte, insbesondere die der Übersetzung, Verfilmung, Funk- und Fernsehbearbeitung – auch von Teilen des Buches –, im In- und Ausland vorbehalten.

AUS DEM LEBEN DER TIERE
Herausgegeben durch: DAS BESTE AUS READER'S DIGEST AG

Satz: Sadrag AG, Zürich
Lithos: Nievergelt Repro AG, Zürich
Druck: Hallwag AG, Bern
Binden: Maurice Busenhart, Lausanne
Papier: Offset weiß, 90 g/m²

ISBN 3 7166 0034 2
Printed in Switzerland

Inhaltsverzeichnis

Oskars letzter Schneesturm	*Harry Black*	10
Ein Fisch namens Odysseus	*Jacques-Yves Cousteau und James Dugan*	16
Schlau wie ein Fuchs?	*Jochen Becher*	23
Vikunja, edles Tier der Anden	*James H. Winchester*	28
Waisenhaus für wilde Tiere	*James Stewart-Gordon*	34
Pferde können Bilder erkennen	*Bernhard Grzimek*	39
Die Biber kehren zurück	*Annelies Göldi*	46
Die Elchmutter	*Mary Matheson*	52
Ach, der arme Tintenfisch	*Myron Stearns*	55
Springer	*Nikolaus Kalaschnikoff*	61
Auch Stinktiere sind liebenswerte Geschöpfe	*Hildegard Grzimek*	76
«Charlie» und «Congo», die TV-Schimpansen	*Desmond Morris*	80
Steckbrief der Stubenfliege	*James B. Shuman*	89
Jack, der Esel	*Frank P. Jay*	94
Der Jaguar setzt zum Sprung an	*Stanley E. Brock*	110
Die Musikleidenschaft der Katze Georgie	*Adele Millard*	116
Heute Geburtshelfer bei Lämmern – morgen Hengstbezähmer	*James Herriot*	119
Abenteuer mit Mademoiselle Nerz	*Irving Petite*	127
Sind Wölfe und Hunde Erbfeinde?	*Bernhard Grzimek*	133
Die Nacht der Hyäne	*Franklin Russell*	141
Mein Freund Booto	*Mike Tomkies*	147
Der Eisbär – König der Arktis	*Jack Denton Scott*	155
Asiens lebender Lastkran: der Elefant	*John E. Frazer*	162
UKK, das anhängliche Kaninchen	*R. M. Lockley*	168
Putzgeschwader der Natur: die Geier	*Emily und Per Ola d'Aulaire*	174
Jako, der singende Star aus Indien	*Hildegard Grzimek*	180
Tierdrama im Tropenwald	*Franklin Russell*	184
Eine Wachtel namens Robert	*Margaret A. Stanger*	189
Der Affe, der mit Menschen redet	*Emily und Per Ola d'Aulaire*	196

Die Rettung der kranken Kälber	James Herriot	202
Der verkannte Regenwurm	Jack Denton Scott	210
Meine Freunde, die Beuteltiere	Margaret Fraser	214
Frech wie ein Spatz	Mike Tomkies	220
Yolanda — ein Huhn mit Persönlichkeit	Irène Méline	226
Kind und Tier	Hildegard Grzimek	234
Komische Kreaturen auf meinem Weg	Mark Twain	239
Potto, der Halbaffe	David Taylor	245
Walter und die Gänse	H. Gordon Green	249
Kobold mit scharfen Zähnen	Ulrich Sedlag	254
Der «Vogel-Grösch» und seine Dompfaffen	James Stewart-Gordon	257
Die alte Heilmethode	James Herriot	263
Der Apfel und der Elefant	David Taylor	270
Freundschaft mit Schwarzkopfmeisen	Jean George	274
Eine Gazelle	Tania Blixen	282
Vom Mungo, von Flughörnchen und Flöhen	Hildegard Grzimek	295
Der Hund, der aus der Kälte kam	William Iversen	303
Unerklärliche Erlebnisse mit Katzen	Adele Millard	309
Die Möwe lebt nicht gern allein	Jean George	313
Das Jahr des Pinguins	Franklin Russell	320
Das liebenswerte Schwein	Kent Britt	326
Meine grüne Fee	R. M. Lockley	330
André, der gesellige Seehund	Harry Goodridge und Lew Dietz	335
Der Sommer mit der Krähe	Jean George	341
Das Pony der Zigeuner	James Herriot	347
Ein vierbeiniger Meisterdetektiv	Nino Lo Bello	354
Das blutdürstigste Tier	Alan Devoe	359
Die lange Nacht der Winterammern	Jean George	362
Familie Känguruh	Alan Devoe	368
Rezepte für Haustiere	James Herriot	374
Das zahme Wildkaninchen	Desmond Morris	384
Die Schatzinseln Amerikas	Edison Marshall	388
Tapferer Kater Marco	Era Zistel	394
Bei Schlangenbeschwörern zu Gast	Ben Lucien Burman	398
Wie Tiere miteinander reden	Jean George	405

Ein Igel kam zum Abendbrot	Peter Browne	411
Raben haben strenge Regeln	Vitus B. Dröscher	417
Die Geschichte von «Moby Doll»	David MacDonald	424
Der Elch und die Wölfe	Franklin Russell	431
Der Apoll unter den Vögeln	Jack Denton Scott	436
Der Frosch, ein Überlebenskünstler	Victor Head	441
Kleine Schwäche für Schweine	Alice Haines	448
Ein Elch geht in die Stadt	Carl C. Andersen	453
Die Affen sind los	Henry Trefflich/ Baynard Kendrick	458
Elefanten sind fast wie wir	Brian O'Brien	462
Die weiße Dame	Leonard Dubkin	469
Der lustigste Spielgefährte des Menschen	Leland Stowe	477
Brieftauben im Wettflug	Corrado Pallenberg	483
Mein Chef, die Katze	Paul Gallico	490
Der Falke und ich	Jean George	495
Die menschenfreundlichen Delphine	Stanley E. Brock	504
Ein Hund namens Schultz	H. Gordon Green	510
Der kuriose Pelikan	George Fichter	514
Strauchdieb im Pelz	George Heinold	519
Das gefräßige Dasein der Raupen	Donald Culross Peattie	524
Ein Prinz auf unserer Weide	Irving Townsend	530
Eulen, meine trauten Hausgenossen	Farley Mowat	533
Mit der Kamera auf Bärenjagd	David Wynne	540
Sonderling der Meere	Deena Clark	546
Huckebein und Co.	Leni Fiedelmeier	550
Der wilde Truthahn kehrt zurück	John Stuart Martin	554
Hilfreiche Hände für ein Rotes Riesenkänguruh	Hermfried Edzards	559
James, der Leierschwanz	Ambrose Pratt	562
Willie der Katzen-Raufbold	Adele Millard	568
Menschenkinder — Affenkinder	Hildegard Grzimek	571
Unser Hausfreund, der Schwarzbär	Irving Petite	576
Drama im Steppengras	Franklin Russell	581
Der Kolibri, der weinte	Gladys Francis Lewis	586
Als Großvater den Tiger kraulte	Ruskin Bond	591
Meine Kanarienvögel	Gustav Eckstein	594
Bärenbesuch	Eileen Lambert	600

Alle unsere Vorfahren bis zu unseren Großeltern haben in Dörfern oder zumindest in unmittelbarer Nähe von Land und Wald in natürlicher Gemeinschaft mit Tieren gelebt. Wir indessen hausen mit vielen anderen Menschen auf immer enger werdendem städtischem Raum. Unsere Kinder spielen mit komplizierten Heimcomputern, die wohl faszinieren können, aber niemals zu beglücken vermögen. Ist es da verwunderlich, daß die Sehnsucht nach dem Tiere, nach dem Lebendigen wächst?

Kein Buch weckt schlagartig Tierliebe. Auch dieses nicht. Tierliebe kann nur dort entstehen, wo sich der einzelne dem Tier wahrhaftig zuwendet und seine ureigenste Lebensweise zu erfassen trachtet. Unser Band fesselnder, heiterer und dramatischer Erzählungen und Berichte will dazu beitragen, das Tier nicht zu verniedlichen, ihm nicht — wie dies so oft geschieht — menschliches Verhalten anzudichten. Er will vielmehr ein tieferes Verständnis und Achtung vor dem Tier wecken.

Die vorliegende Sammlung schöpft aus dem reichen Schatz von Artikeln, die über viele Jahre hinweg in unserer Monatszeitschrift erschienen sind, ergänzt durch Auszüge aus Büchern namhafter Naturwissenschafter und Tierkenner. Sie alle schildern ihre interessanten Erlebnisse und Erfahrungen mit Vierbeinern, Kriechtieren, Vögeln und Fischen äußerst lebendig und immer tatsachengetreu. Die Spanne der Erzählungen ist weit: Sie reicht von der Geschichte der geheimnisvollsten aller großen Katzen — dem Jaguar im südamerikanischen Urwald — über die Abenteuer der musikverrückten Hauskatze bis zum

Aufruhr, den hundert losgelassene Affen in New York verursachen. Der Bericht über den legendären, scheuen Leierschwanz, der einer jungen Australierin seine Zuneigung schenkte, vermag ebenso zu faszinieren wie die Beschreibung des verblüffend vielseitigen Froschs, einem Überlebenskünstler par excellence, der spielend zwei Millionen Jahre überspringen kann.

81 hervorragende, eigens für diesen Band gemalte Illustrationen stellen nicht nur eine künstlerische Kostbarkeit in sich dar, sondern veranschaulichen in trefflicher Weise Charakter und Eigenart der beschriebenen Tiere.

Alle diese ernsten und amüsanten Begebenheiten öffnen uns eine Tür zum geheimnisvollen, vom Menschen oft unverstandenen Reich der Natur. Sie erzählen von der Lebensweise der Tiere, vergegenwärtigen ihre unbändige Lust am Spiel, ihre Kraft, sich einem Lebensraum anzupassen und die zum Überleben notwendigen Eigenschaften zu entwickeln. Sie zeigen aber auch die strenge Gesetzmäßigkeit, denen ihr Leben unabdingbar unterworfen ist.

Aus diesen Tiergeschichten können wir zudem eine tiefe Erkenntnis schöpfen: Das Tier kann sehr wohl ohne den Menschen existieren, der Mensch jedoch nicht ohne das Tier. Und wo der Mensch die Geduld und Aufmerksamkeit aufbringt, sich eingehend mit dem Tier zu befassen, kann – trotz fehlender gemeinsamer Sprache – eine Gemeinschaft entstehen, ohne die der Mensch um ein vieles ärmer und einsamer wäre.

Konnte der alte Leithund im Spätherbst seines Lebens noch einmal ein Rudel Schlittenhunde führen?

Oskars letzter Schneesturm

Von Harry Black

Neugierig betrachteten Kinder im Zoo von Melbourne das große Tier. War es ein Hund — oder ein Wolf? Die schrägstehenden Augen, das dichte Deckhaar auf dem Rücken, der buschige Schwanz und die enormen Pranken wiesen auf einen Wolf im Stammbaum hin. Und hätte das Tier geheult, dann hätten die Kinder ein langgezogenes Jaulen gehört, das geradewegs vom Schrei ganzer Generationen von Wolfsrudeln herstammte.

Doch in Wirklichkeit war der im Zwinger Eingesperrte ein Husky — der berühmte König Oskar, der wegen seiner Kraft, seiner Fähigkeiten als Rudelführer und seiner Klugheit bei australischen Antarktisforschern in hohem Ansehen stand. Jetzt war er fast neun Jahre alt — soviel wie 60 Menschenjahre. Seit 18 Monaten lebte er als Pensionär im Zoo. Der schnelle Tod durch die Kugel (das Schicksal jedes alten Huskys) war ihm erspart geblieben: Niemand wollte Vollstrecker einer Polarlegende sein.

Ich stand unter den Kindern und betrachtete mit Bewunderung den herrlichen Hund; sein Fell glänzte schwarz und cremeweiß in der Sonne. Ein paar Tage zuvor hatte ich von der Wilkesstation, einer der australischen Antarktisbasen, eine Funkmeldung bekommen. Ich sollte die wissenschaftliche Expedition der Station verantwortlich leiten, und sie wollten auch, daß ich frisches Blut für das Rudel Huskys der Wilkesstation mitbrachte. Nur ein Rüde und drei Hündinnen waren ihnen geblieben, und Junge hatte es schon über ein Jahr nicht mehr gegeben.

«Wie wäre es mit Oskar?» fragte ich Phillip Law, den Leiter der Antarktisabteilung beim Außenministerium in Melbourne.

«Er ist zu alt», antwortete Law. «Sein Gebiß ist abgewetzt. Und wahrscheinlich ist er über die Jahre hinaus, in denen er Junge zeugen kann.»

Aber als ich sah, wie einsam und bedrückend für Oskar das Dasein im Zoo war, hatte ich den Eindruck, daß ihn die Rückkehr in das Leben, das er kannte, glücklich machen und verjüngen würde. Und so fuhr Oskar im Januar, als unser Expeditionsschiff auslief, in einem an Deck vertäuten Käfig mit uns.

Während unser kleines Schiff sich pfeifenden Winden und riesigen Wellen entgegenstemmen mußte, rollte Oskar sich einfach zusammen und schlief. Mir kamen quälende Zweifel. War der alte Bursche für das harte Leben in der Antarktis tatsächlich noch zu gebrauchen?

ZUR WELT gekommen war Oskar in einem schlimmen Schneesturm auf der australischen Station Heard Island. Er entstammte einer Kreuzung aus Labrador- und Grönlandhund; das wilde Freiheitsbedürfnis des Labradors dominierte. Schon früh unterschied er sich durch seine stolze, zurückhaltende Art von anderen Hunden. Im Gegensatz zu vielen Huskys sah man ihn weder schwanzwedeln noch vor dem Menschen kuschen — und doch war er seinen Herren treu ergeben.

Als unser Schiff sich Wilkes näherte, wuchs am südlichen Horizont ein gigantisches weißes Hindernis empor — ein kleiner Teil des fast 14 Millionen Quadratkilometer großen antarktischen Gletschers. Möglicherweise spürte Oskar etwas von der allgemeinen Erregung; jedenfalls lief er pausenlos langsam und gleichmäßig auf und ab, den Blick fest auf die vertraute Schneelandschaft gerichtet.

Lebte die Erinnerung auf? Vielleicht die an den großen Treck, der 740 Kilometer weit ins Inland führte, von der Mawsonstation bis zum Prinz-Charles-Gebirge? Bei dieser Schinderei brach Mac, der zähe alte Rudelführer, tot zusammen, und zwei weitere Hunde starben vor Erschöpfung. Oskar wurde zum erstenmal Leithund, und nur er und ein oder zwei andere Schlittenhunde überlebten den langen Rückweg nach Mawson. Während unseres Aufenthalts dort legte Oskar über 6000 Kilometer zurück. Nach unserer Verschiffung in die neue Davisstation im Vestfoldgebirge führte er noch einmal ein Team über eine Strecke von fast 1800 Kilometern und erhielt dafür von den Forschern eine Medaille mit der Inschrift «König Oskar».

Jetzt, zwei Jahre später, war Oskar ein von den Toten auferstandener König. Als wir ihn an Land brachten, brachen die Schlittenhunde von Wilkes in aufgeregtes Heulen aus. Die drei Hündinnen bebten förmlich vor Erregung, und der einzige Rüde zitterte vor Wut.

Da das Training der Hunde der Station ein paar Jahre lang vernachlässigt worden war, gab es für sie eine Menge nachzuholen. Wir waren auf die Geschicklichkeit des alten Leithundes angewiesen. Würde er seiner Aufgabe gewachsen sein? Wir legten uns das Riemenzeug über die Schulter und gingen zu den Hunden. Kaum hatten sie uns entdeckt, wurden sie ganz aufgeregt. Nur der alte Schlittenhund saß, wie er es vor langer Zeit gelernt hatte, gehorsam am richtigen Platz. Seine Miene drückte milde Verachtung aus, als wir volle zehn Minuten brauchten, um den widerspenstigen Hündinnen das Geschirr anzulegen.

Dann ein «Oskar, vorwärts!» — und wie die Wilden galoppierten wir los. Oskar war der einzige, der richtig lief. Sein Training und sein guter Instinkt bewahrten die anderen davor, sich in dem Wald aus Spanndraht zu verfangen, der das Lager umgab. «Hei-jo, Oskar!» — und wir schwenkten nach links ein, quer über die flachen Hügelwellen auf dem Küstenplateau. Mit Leichtigkeit schlüpfte Oskar in seine alte Rolle; er zog gleichmäßig, den Körper tief am Boden und die Läufe gestreckt, um weit ausholen zu können.

Am Ziel des ersten 15-Kilometer-Rennens ließen sich die anderen Hunde keuchend in den Schnee fallen. Oskar lag entspannt und frisch da, mit wachen Augen und Ohren, jeder Zoll ein Leithund.

In den Wochen darauf erzog Oskar das Rudel zu strenger Disziplin. Keiner durfte sich in seine Befugnisse mischen, selbst der Schlittenführer nicht. Wenn beispielsweise eine Hündin vom Kurs abweichen wollte, wartete Oskar, bis der Zugriemen der Missetäterin straff gespannt war, dann machte er plötzlich einen Satz und riß sie um. Sein Knurren verlieh der Lektion Nachdruck. Auch der Schlittenführer mußte sich Zurechtweisungen durch ihn gefallen lassen. Oskars beliebtester Trick bestand darin, ganz allmählich die Richtung zu wechseln. Wenn ein Schlittenführer dann aus seinen Träumereien erwachte, mußte er feststellen, daß er sich schon auf dem Rückweg zur Station befand.

Uns wurde bald klar, worin Oskars besondere Qualitäten bestanden. Er hatte einen unvergleichlichen Orientierungssinn und die unfehlbare Gabe, alten Routen zu folgen. In gefährlichem Gelände entwickelte er ein fast unheimliches Gespür für verborgene Gletscherspalten. Er änderte sogar von sich aus die Richtung, um eine Gletscherspalte im rechten Winkel zu nehmen.

Zur Futterzeit — Huskys bekommen dicke Brocken gefrorenes Seehundfleisch — heulten die anderen Hunde, zerrten an den Ketten und fielen wie wütende Wölfe über das Fleisch her.

Oskar blieb sitzen, wartete darauf, daß man ihn, wie es sich für einen Leithund gehört, als ersten bediente, und nahm seine Portion mit betonter Gleichgültigkeit an. Er blieb immer mißtrauisch, wenn er aus der Hand fressen sollte, und zog es vor, sein Fleisch in den Schnee geworfen zu bekommen.

Wenn er jemand respektierte, schätzte er einen gelegentlichen Klaps und sogar ein kleines Spiel, doch im allgemeinen mochte er Vertraulichkeiten nicht. Er war darauf eingestellt, als Partner oder als Freund akzeptiert zu werden.

Oskars wichtigste Aufgabe in Wilkes bestand darin, Junge zu zeugen; Ende April zeigte sich, daß er Erfolg gehabt hatte. (Der andere Rüde war kastriert. Kein Wunder, wenn es keine Jungen gegeben hatte!) Am 8. Mai — Muttertag — warf eine der Hündinnen acht Junge. Eines war tot geboren, und vier Tage später erstickten drei weitere. Die vier Überlebenden waren gesund und kräftig, und wir feierten sie mit einer Extrarunde Bier.

Als es Herbst wurde, hing die Sonne den ganzen Tag über tief am Horizont und tauchte den Schnee von Sonnenauf- bis Sonnenuntergang in ein blasses Rosa. Dann verschwand die Sonne, und tiefer Winter hüllte die Station ein.

Am 7. August, mitten in einem fürchterlichen Schneesturm, warf eine zweite Hündin. Als wir uns zu ihr durchgekämpft hatten, war das erste Junge schon steif gefroren. Von den anderen sechs blieben nur zwei am Leben. Im Monat darauf warf die dritte Hündin acht Welpen; einer überlebte.

Die heranwachsenden Jungen tollten in der Station herum und ärgerten die Männer, weil sie Fausthandschuhe und andere Sachen wegschleppten. Ein frisch geöltes Paar Stiefel, das auf einer Türschwelle trocknen sollte, verschwand ganz einfach; das einzige, was auf einen Streich der Welpen schließen ließ, war wollener Futterstoff in ihren Exkrementen.

Es wurde Frühling, und wir nahmen die Schlittenfahrten wieder auf. Oskar leistete uns weiterhin unschätzbare Dienste. Auf einer Exkursion hatte einer aus unserer Mannschaft nicht bemerkt, daß er seinen Schlitten auf einer dünnen Eisfläche zum Stehen gebracht hatte. Das Eis krachte unter dem Gewicht, der Schlitten fing an zu sinken. Mit einem Satz sprang Oskar vorwärts, sein mächtiger Körper zog das Rudel und den Schlitten in Sicherheit.

Im Oktober waren die Junghunde aus dem Wurf im Mai groß genug zur Dressur. Oskar mußte die Aufgabe übernehmen.

Noch immer war er einer, der anderen Disziplin beibrachte. Wollte ein Junior nicht spuren, so packte er ihn mit der Schnauze und ließ ihn aufs Eis fallen. Doch seine Stimmung war ungewöhnlich friedfertig; das Spiel der jungen Welpen ertrug er mit stoischer Geduld. Wurden sie zu stürmisch, dann stand er einfach auf, schüttelte sie ab und ging weg. Als das Jahr sich neigte, sprach alles dafür, daß aus Oskars Jungen gute Schlittenhunde würden.

Im Januar darauf kehrte unser Schiff zurück, um eine neue Mannschaft für die Station abzusetzen und uns wieder nach Australien zu bringen. Als ich zu den Hunden ging, um Abschied zu nehmen, lag Oskar dösend in der warmen Sommersonne. Was für ein herrliches Jahr hatten wir gehabt! Im Alter von zehn — nach Menschenjahren wäre das ein 70jähriger — hatte der Veteran im Schlittenhunderudel von Wilkes für neues Leben gesorgt, und die Jungen hatte er gründlich ausgebildet. Das Wagnis hatte sich gelohnt. «Leb wohl, Oskar, alter Schurke — du warst großartig.» Betrübt streichelte ich den alten Kämpen ein letztes Mal; er ließ mich gewähren und rieb, was er nur selten getan hatte, den Kopf an meinem Bein. Dann ging ich traurig auf das Schiff zu. Als ich mich noch einmal drehte, lagen die anderen Hunde im Schnee. Nur Oskar stand; er hatte mir die ganze Zeit nachgeschaut.

Das Jahr hindurch blieb Oskar Leithund in Wilkes und zeugte und trainierte Junge. Alles in allem wurde er Vater von mehr als 50 Nachkommen. Anfang des nächsten Jahres hatten seine Jungen die gesamte Schlittenarbeit übernommen. Und bei jeder Ausfahrt zeigte sich, wie gründlich ihr Training gewesen war: Die Hunde führten die Schlitten sicher durch Gebiete mit Gletscherspalten, wo Schienenfahrzeuge nichts hätten ausrichten können.

Oskar war nun ein Pensionär. Den größten Teil des Tages lag er auf den Felsen in der Sonne, und nachts schlief er im Haus.

Im Frühjahr, als draußen der Wind heulte und ein Schneesturm tobte, richtete sich der alte Hund schwerfällig auf und zeigte an, daß er ins Freie wollte. Langsam und gemessen trottete er hinaus. Diesmal kam er nicht zurück. Es wurde Alarm gegeben, und die ganze Station schwärmte aus, um die Umgebung abzusuchen. Doch er blieb verschwunden.

Eine Polarnatur wie er konnte sich im Schneesturm nicht verirrt haben. Ich glaube, er hat gespürt, daß seine Zeit abgelaufen war. Nach einem würdigen Leben suchte der alte König einen würdigen Tod, begraben vom Schnee in dem Land, das er liebte.

15

Ein weltberühmter Ozeanograph erzählt hier von einem zutraulichen Unterwassergefährten, dem es Spaß machte, sich mit den Tauchern in den Tiefen des Indischen Ozeans zu tummeln

Ein Fisch namens Odysseus

Von Jacques-Yves Cousteau und James Dugan

Unsere Expedition hatte uns in den Indischen Ozean nördlich von Madagaskar geführt, und eines Tages gingen wir mit der *Calypso* in dem kristallklaren Wasser bei Assumption vor Anker, einem kleinen, sichelförmigen Atoll etwas südlich des Äquators. Ich sagte meinen Leuten, wir würden drei, vier Stunden bleiben und uns ein bißchen die Gegend ansehen.

Jean Delmas, ein Mitglied unserer Forschungsgruppe, sollte zuerst tauchen. Mit dem Kopf voran glitt er hinab in eine phantastische Unterwasserlandschaft. Die Sichtweite in dieser gläsernen Welt betrug in jeder Richtung sechzig Meter. Die Korallen erschienen ihm prächtiger als alles, was er bis dahin gesehen hatte; die Fische waren zahlreicher und zeigten keine Angst. Scharenweise kamen sie angeschwommen, in allen erdenklichen Farben. Mühsam kletterte er unter der Last seines schweren Tauchgeräts wieder an Deck und sagte zu mir: «Hier sollten wir eine Weile bleiben. Hier kann man mit den Fischen Freundschaft schließen.»

Ehe ich antworten konnte, kehrte Luis Marden mit dem zweiten Tauchertrupp zurück und war genauso begeistert. «Unglaublich, wie's da unten aussieht», rief er. «Als ich Großaufnahmen von den Fischen machen wollte, kamen sie so nahe heran, daß sie mir das Scharfeinstellen unmöglich machten. Und als ich etwas zurückschwamm, folgten sie mir.»

Dann gingen zwei weitere Taucher hinab — Frédéric Dumas und Albert Falco, erfahrene, sachliche Männer — und kamen wieder herauf, ebenfalls ganz aus dem Häuschen. Aus keinem der beiden konnte ich ein vernünftiges Wort herauskriegen. Also schnallte ich mir mein Tauchgerät auf den Rücken.

Unter Wasser, noch eine Hand an der Leiter, schlug auch mich das Assumptionriff in seinen Bann. Ich kletterte wieder an Bord und gab bekannt, wir würden bleiben, solange unser Frischwasservorrat reiche.

Die Insel war wie nach dem Lehrbuch aufgebaut. Ein flaches Saumriff, von Sonne und flimmernden Farben überglitzert, erstreckte sich von dem weißen Strand knapp hundert Meter seewärts. Es fiel ziemlich schroff in einem Gewirr sich hochrekkender Korallenstöcke und -grotten auf rund sechzig Meter Tiefe ab, wo eine graue Ebene aus Sedimentgestein allmählich im Ozean verschwand. Jedes Fleckchen dieses Hanges war von Korallen überwuchert, die an Üppigkeit und Schönheit nicht ihresgleichen hatte. An dem Riff tummelten sich in freundschaftlichem Durcheinander fast alle Fischarten, denen wir schon an tausend anderen Stellen begegnet waren, dazu mancherlei neue, die wir noch nie gesehen hatten — und ein paar, die noch kein Mensch zu Gesicht bekommen hatte. Ein besonders auffallender, kleiner Fisch trug am ganzen Körper ein Muster aus exakten weißen und roten Quadraten; er war buchstäblich ein schwimmendes Schachbrett. Und unter den Tieren dort herrschte so etwas wie gegenseitiges Einvernehmen und Vertrauen. Es war fast, als hätte der Kampf ums Dasein aufgehört und der ewige Friede wäre in die Gefilde der Unterwasserwelt eingezogen.

Wir blieben volle vierzig Tage, und bei keinem von uns ließ die Begeisterung für das Assumptionriff nach. Dazu trug auch ein ungewöhnlicher Fisch bei, dem Luis Marden zuerst begegnete — ein wohl über fünfzig Kilo schwerer Zackenbarsch mit bräunlicher Haut und blassem Fleckenmuster, das ab und zu wechselte. Der große Fisch schwänzelte gemächlich an Marden heran, der ihn photographieren wollte. Der Barsch stupste mit der Nase den Beutel mit Kolbenblitzen an. Luis retirierte etwas, um die nötige Scharfeinstellung zu kriegen. Der Fisch kam hinterher. Nach allerlei Rückzugsmanövern konnte Marden ihn schließlich in richtigem Abstand knipsen und schwamm weg, um sich andere Fische zu suchen. Der Barsch blieb beharrlich bei dem Photographen und beschnupperte ihn und seine glitzernden Geräte. Und als Luis ein neues Objekt aufs Korn nahm, drängte sich der große Fisch ins Schußfeld der Kamera. Marden glitt rasch zur Seite und machte seine Aufnahme.

Als er uns von seinem neuen Freund erzählte, tauchten wir mit einem Segeltuchsack voll kleingehacktem Fleisch in das Revier des Zackenbarsches hinab. Ohne Zögern kam der große Fisch zu uns. Wir schütteten etwas von dem Futter ins Wasser, und sogleich öffnete sich das mächtige Maul des Barsches. Wie ein Vogelschwarm, der in einen Tunnel hineinfliegt, verschwanden die Fleischbrocken. Und als wir vorsichtig versuchten, den großen Fisch mit der Hand zu füttern, holte er sich das Fleisch behutsam von unseren Fingerspitzen. Wir nannten den gescheiten Kerl Odysseus.

Odysseus und wir wurden unzertrennliche Freunde. Er folgte uns überallhin und berührte sogar manchmal unsere Gummiflossen. Wenn wir nach Tieftauchausflügen dann neun Meter unter Wasser an einer mit Gewichten beschwerten und genau markierten Trosse die Dekompressionszeit abwarteten, kalberte Odysseus mit uns herum und vertrieb uns die Langeweile, bis wir die Leiter hochklettern konnten. Hinterher lungerte er dicht unter der Oberfläche herum wie ein Junge, der traurig seinen Spielkameraden nachschaut, die man zum Essen ins Haus gerufen hat.

Odysseus gewöhnte sich rasch an unsere Tageseinteilung und wartete jeden Morgen unter der Leiter auf den ersten Tauchtrupp. Er umspielte uns, wenn wir auf Tiefe gingen, jedesmal eine Weile in possierlich-unbeholfenen Kapriolen und bekam dann sein Frühstück aus dem Segeltuchsack.

War er gut aufgelegt, so ließ sich Odysseus von jedem streicheln und den Kopf kraulen. Einmal kreiste Dumas, den zusammengeknüllten Futterbeutel zum Teil in der Hand versteckt, in langsamem Dreischritttempo durchs Wasser. Odysseus folgte der Aufforderung und machte den Rundtanz mit. Als Dumas sich in der entgegengesetzten Richtung drehte, folgte der Fisch genau im Takt. Das geschah alles so beschwingt und rhythmisch, daß wir es als Walzer filmen konnten.

Doch Odysseus konnte auch wütend werden. Manchmal fuhrwerkte er uns in Filmaufnahmen hinein, und wir mußten ihn beiseite drängen. Dann zog er beleidigt ab, knallte gewissermaßen die Tür hinter sich zu. Sein erster Schlag mit der Schwanzflosse war so heftig, daß er ein hörbares Platschen verursachte. Er wurde auch böse auf uns, wenn wir einmal den Futterbeutel nicht mitbrachten. Dann hielt er Distanz, etwa zehn Meter, und blieb auch in dieser Entfernung, ob wir auf ihn zuschwammen oder von ihm weg. Doch am anderen Morgen hatte er allen Groll vergessen und wartete getreulich wieder unter der Taucherleiter.

Eines Morgens öffnete Delmas den Segeltuchbeutel, um Odysseus zu füttern, als der große Barsch blitzschnell vorstieß, ihm den Sack aus der Hand riß und das ganze Ding verschlang. Dann machte er sich unverfroren davon — er wußte genau, daß es kein Fleisch mehr gab.

Am nächsten Morgen wartete kein Odysseus unter der Leiter. Nachmittags schwärmten wir aus und suchten nach ihm. Wir fanden ihn bäuchlings im Sand vor seiner Höhle liegen, einer tiefen Spalte in dem Korallengewucher, in die er kaum hineinpaßte, die aber — sicher ist sicher — zwei Eingänge hatte. Sie befand sich in rund zehn Meter Tiefe und führte auf eine weiße Sandterrasse hinaus. Die Eingänge waren von seinem häufigen Hinein- und Hinausschlüpfen wie poliert, und wir hätten uns nicht gewundert, wenn sein Namensschild an der Tür angebracht gewesen wäre.

Doch Odysseus hatte heute keine Freude an seiner Terrasse. Seine Kiemen vibrierten unnatürlich rasch. Er zeigte kein Interesse an uns. Am folgenden Morgen war er immer noch bettlägerig, und am dritten Tag fanden wir ihn platt auf der Seite liegen, offenbar ernstlich krank.

Ich konsultierte unseren Schiffsarzt, Dr. Martin-Laval. Der meinte, Odysseus habe eine schwere Verstopfung, die tödlich verlaufen könne. Martin-Laval stand vor seinem ungewöhnlichsten Fall. Da es nicht gut möglich war, den Fisch in seinen Behandlungsraum zu bringen, bereitete er alles vor, unter Wasser auf der Terrasse des Patienten zu operieren. Er packte Betäubungsmittel, Messer, Klammern, dazu Katgut und Nadel ein, damit er den Schnitt wieder vernähen konnte, wenn er den Sack aus Odysseus gepeinigtem Innern entfernt hatte. Der Arzt instruierte außerdem drei Taucher, die ihm assistieren sollten. Doch die Sonne ging schon unter, ehe alle Vorbereitungen getroffen waren. So legten wir uns schlafen und hofften, daß Odysseus die Nacht überstehen werde.

Im ersten Frühlicht ging ein Erkundungstrupp hinab. Odysseus war von seiner Veranda verschwunden. Mehrere Taucher suchten das Riff nach ihm ab. Da spürte einer von ihnen, wie jemand hinten an seinem Gurtzeug zupfte. Es war Odysseus, der wohl damit zeigen wollte, alles sei wieder in Ordnung. Er war quietschfidel und hungrig. Irgendwie war er den Segeltuchsack losgeworden.

Auch bei anderen Riffbewohnern versuchten wir es mit dem Füttern, und sie alle ließen es sich schmecken. Wenn Odysseus das sah, geriet er in eine Mordswut. Er boxte mit dem Kopf gegen den Sack, biß in unsere Gummiflossen, zerrte an unseren Badehosen und peitschte wild mit dem großen Schwanz, um die kleineren Fische zu verjagen.

Einmal wollten wir einen Schwarm von Gelben Schnappern filmen, die einem von uns Fischmenschen am Riff entlang folgten.

Aber immer wieder fuhr Odysseus dazwischen. Schließlich bauten wir unseren Schutzkäfig gegen Haie zusammen und ließen ihn zum Grund hinab. Odysseus sah neugierig zu, wie der Käfig aufgestellt und die Tür geöffnet wurde. Delmas schwenkte den Arm, mit dem er sonst immer fütterte, in Richtung des offenen Käfigs, und der Zackenbarsch schwamm prompt hinein. Die Tür fiel klirrend zu; Odysseus war in Schutzhaft.

Delmas meinte, Odysseus müsse während seiner Gefängniszeit besonders gutes Fressen bekommen. Wir hatten gerade einen fast zehn Kilo schweren Barrakuda erlegt. Den brachten wir zum Käfig hinab und steckten seinen Kopf durch die Gitterstäbe.

Ohne lange zu fackeln, schlang Odysseus die Hälfte des Fisches, der so lang war wie er selber, in sich hinein, so daß nur noch das Schwanzende herausschaute. Für Odysseus schien das nichts Ungewöhnliches zu sein. Er ließ den Fisch stundenlang so aus dem Maul herausragen. Als wir abends nach oben gingen, war immer noch rund ein Drittel davon zu sehen. Am anderen Morgen aber war er verschwunden. Wir fragten uns, wie Odysseus das fertiggebracht hatte. Offenbar ließ er einfach seine Magensäfte das Vorderende samt Kopf und Geräten zersetzen und verschluckte dann den Rest, sobald Platz dafür war.

Drei Tage blieb Odysseus eingesperrt, während wir die Fütterung der anderen filmten. Als wir die Käfigtür wieder öffneten, sah er interessiert zu, machte aber keine Anstalten, sich hinauszubegeben. In Anbetracht des reichlichen Fressens, das er im Kittchen gekriegt hatte, wollte er lieber drin bleiben. Schließlich bugsierten wir ihn durch die Tür, und er schwamm griesgrämig davon, viel langsamer als sonst. Er war fett und jetzt nicht mehr gut in Form.

Nach fünf Wochen am Riff wurde unser Proviant knapp. Ich bat Delmas, hinabzutauchen und einen Barsch zu speeren. Ich begleitete ihn — und Odysseus auch. Es war, als gingen wir mit einem Apportierhund auf Jagd. Delmas nahm einen schwarzen Zackenbarsch aufs Korn und drückte auf den Abzug seiner Harpune. Aber ebenso rasch wie der Speer schoß Odysseus auf die Beute los, erreichte sie fast im selben Moment und schnappte zu. Nur die Schwanzpartie des Fisches und die ein Meter lange Harpune ragten noch aus Odysseus' Maul. Delmas stemmte seinen Fuß gegen den Kopf unseres Freundes, zerrte mit aller Kraft und zog den Speer heraus. Das machte es für Odysseus leichter, die Beute hinabzuschlingen, und er verschluckte sie bis auf die

Schwanzspitze. Wir kehrten zur *Calypso* zurück und brachten den hungrigen Männern bei, daß unser Liebling ihr Mittagessen gefressen habe.

Es war nun an der Zeit, unsere Kreuzfahrt fortzusetzen. «Wir sollten Odysseus mitnehmen», meinte Delmas. Der Vorschlag fand begeisterte Zustimmung, doch ich mußte ihn leider ablehnen. In Frankreich hätte Odysseus lebenslängliche Gefangenschaft in einem Aquarium erwartet, oder man hätte ihn im Mittelmeer aussetzen müssen. Und wahrscheinlich würde er in kälterem Wasser nicht gedeihen. Vor allem aber war er so zutraulich, daß der erste Sporttaucher mit Harpune, dem er begegnen würde, eine leichte Beute gehabt hätte. So gingen wir zum letztenmal in die Tiefe und winkten unserem Freund zum Abschied zu.

Nachdem Odysseus später ein Star in unserem Film *Die schweigende Welt* geworden war, hat dann ein Schiff auf einer Weltumsegelung extra seinetwegen die Bucht von Assumption angelaufen und Taucher hinabgeschickt, die nach dem Zackenbarsch suchen sollten. «Odysseus geht es gut», berichteten sie. «Wir haben ihn rasch gefunden. Er kam sofort zu uns heraufgeschwommen.» Vielleicht werden auch wir eines Tages dorthin zurückkehren und Odysseus besuchen. Er ist ein Fisch, der es schon wert ist, daß man um die halbe Erde fährt, um ihn wiederzusehen.

Er ist ängstlich, mißtrauisch und schelmisch, und er hat es fertiggebracht, seine zahlreichen Feinde zu besiegen. Die Zukunft der Art ist nicht bedroht

Schlau wie ein Fuchs?

Von Jochen Becher

An einem frühen Dezembermorgen machte sich ein Jagdaufseher des Kantons Zürich auf den Weg, um einen Fuchs zu erlegen, dem er seit langem auflauerte, und dessen Bau er ausfindig gemacht hatte. Der Jagdaufseher hatte ein langes, weißes Hemd übergezogen, um in der schneebedeckten Landschaft nicht aufzufallen. Er stellte sich etwa 15 Meter von einer bestimmten Stelle entfernt auf und wartete auf das Auftauchen des Tieres. Dabei beobachtete er aufmerksam das Unterholz ringsum und war ruhig und selbstsicher, wie man dies nach dreißigjähriger Jagderfahrung zu sein pflegt. Plötzlich begannen Amseln und Rotkehlchen aufgeregt zu piepsen: der Fuchs näherte sich. Der Jäger hörte ihn in etwa 70 Meter Entfernung kurz kläffen, vermochte ihn aber nicht zu entdecken. Meister Reineke hatte seinen Feind gewittert und sich blitzschnell und lautlos aus dem Staube gemacht. Am nächsten Tag wiederholte der Jäger seinen Versuch ohne mehr Erfolg. Beim dritten Mal aber stellte er sich etwa 150 Meter vom Bau entfernt und gegen den Wind auf die Lauer. Kurz darauf tauchte das Tier auf, bemerkte die Gefahr nicht und konnte erlegt werden.

Der Fuchs ist außerordentlich vorsichtig und geht nur selten ein Risiko ein. Wenn er beispielsweise fischt, packt er seine Beute nicht blindlings mit den Hauern, wie es eigentlich natürlich wäre, sondern hält sie mit den Pfoten fest. Er sucht nicht gern unter dem Stamm eines gefällten Baumes Schutz, aus Angst, erdrückt zu werden. Aber seine Feigheit und Vorsicht haben sich bezahlt gemacht — er hat alle seine natürlichen Feinde überlebt: Bär und

Wolf, Luchs, Adler und Uhu. Er hat nur noch einen Feind — den Menschen.

Trotz des fortgesetzten Krieges, den ihm die Bauern seit jeher liefern, ist seine Zahl in Europa seit einigen Jahrhunderten mehr oder weniger konstant geblieben. In der Schweiz kommt er in allen Kantonen vor. Gelegentlich trifft man ihn sogar in über 2000 Meter Höhe an.

Man unterscheidet zwar nach Gebiet und den verschiedenen Farbtönungen seines Pelzes zwischen Braunfuchs, Brandfuchs, Kreuzfuchs und Silberfuchs, aber es handelt sich stets um Abarten des Rotfuchses oder gemeinen Fuchses *(Vulpes vulpes)*, eines nahen Verwandten des Wolfs und Schakals.

Er mißt bis zum Widerrist 35 Zentimeter und nimmt zu, wenn er seinen Winterpelz anlegt, doch sein Gewicht übersteigt niemals 8 bis 10 Kilo. Er ist im Durchschnitt 1.20 m lang, inklusive 40 cm Schwanzlänge. Das dreieckige Ohr ist an der Innenseite mit langen, hellen Haaren gepolstert, die sein besonders feines Gehör schützen. Die langen, glatten Borsten, die seine Augenbrauenbögen und seine Schnauze zieren, dienen ihm in der Dunkelheit als Tastorgane. Unter seinem dichten Pelz ist er schlank und rank wie ein Rennpferd und läuft schneller als mancher Hund. Man hat einen Fuchs beobachtet, der eine Meute vier Tage lang in Atem hielt, bis sie schließlich erschöpft und abgemagert die Verfolgung aufgab. Nicht selten ertrinken Hunde, wenn sie ihren leichteren Gegner jagen, der sie auf eine für ihr Gewicht zu dünne Eisschicht gelockt hat. Ein gesunder Fuchs hält eine lange dauernde Jagd ohne weiteres durch. Unterwegs ernährt er sich von Beeren und Mäusen, und manchmal ist sein Vorsprung so groß, daß er Zeit hat, unter einem Busch ein Nickerchen zu machen, bis die Meute wieder näherkommt.

Um die Füchse zu jagen, muß man sich gut auskennen und gewisse Fähigkeiten besitzen. Sonntagsjäger haben nur geringe Chancen. Es ist sicher kein Zufall, daß sie fast immer den gleichen Jägern zum Opfer fallen. Nur wer die Gewohnheiten des Fuchses sehr genau kennt und sich dementsprechend verhält, kann hoffen, nicht unverrichteterdinge zurückzukehren. Bei einer Treibjagd muß man stets reglos wie eine Statue und gut versteckt bleiben, denn die kleinste Bewegung des Gewehrs genügt, um das Tier in die Flucht zu schlagen.

In den gebirgigen Kantonen Graubünden, Appenzell, Glarus und Sankt Gallen ist der Fuchs besonders schwer aufzustöbern, weil er dort häufig unter Felsen oder im Dickicht zur Welt kommt. Aber auch die Baue, die er in den Wäldern gräbt, sind nicht leicht zu finden. Im allgemeinen sind sie mit drei oder mehr Eingängen und mit zahlreichen falschen Gängen versehen. Dieses ausgedehnte unterirdische künstliche Netz, das ihm viele Zuflucht- und Fluchtmöglichkeiten bietet, birgt auch die Kammern, die in weiten Abständen voneinander angelegt sind. In ihnen spielt sich das Familienleben ab.

In einer geräumigen Kammer bringt die Fähe Anfang April einen Wurf von 4 bis 6 Jungen zur Welt. Die Fuchswelpen sind grau und wollig und öffnen erst nach zwei Wochen die Augen. Wenn sie vier Wochen alt sind, trägt die Mutter sie vor den Bau und beginnt mit ihrer Erziehung. Sie machen eine harte Schule durch. Man hat eine Fähe beobachtet, die ihren Jungen eine lebende Maus brachte und sie vor ihren Augen freiließ. Wehe den Jungen, die das Pech hatten, die Beute entwischen zu lassen – sie wurden streng bestraft.

Die Fuchswelpen tragen ein nußbraunes bis schiefergraues Erstlingskleid; die Schwanzspitze ist weiß. Die kleinen Füchse sind munter wie Kätzchen, machen Jagd auf Schmetterlinge und Motten und probieren ihre gekrümmten Krallen an Blättern und Blumen aus.

Viele dieser Jungen sterben während der ersten Monate, sei es durch Krankheit, oder weil sie nicht so schnell wie ältere Tiere fliehen können und für die Bauern und Jäger eine leichte Beute sind. Nach drei Monaten aber löst sich die Familie auf, und die jungen Füchse sind nun auf sich selbst gestellt.

Unser Fuchs ist kein Feinschmecker. Mäuse machen fast 90% seiner Nahrung aus, aber er verschlingt alles, was eßbar ist, vom Käfer zum Geißlein, von jungen Lerchen zum Birkhahn, sogar Beeren, und notfalls auch Kartoffeln, Rüben und selbst Aas.

Es ist ein faszinierendes Erlebnis, ihm zuzusehen, wenn er eine Beute fängt. Mit hocherhobener Nase beobachtet er die kleinsten Bewegungen des Opfers, drückt sich gegen den Boden und duckt sich in die kleinste Vertiefung. Unendlich vorsichtig schleicht er lautlos näher. Seine langen, gekrümmten Pranken verschwinden unter dem Pelz, der auch das geringste Geräusch schluckt. Blitzschnell aber springt er auf sein Opfer und schlägt ihm Fangzähne und Klauen in den Körper.

Um die Krähen hinters Licht zu führen, stellt er sich tot und bietet sich selbst als Köder an; doch kaum haben sich die Vögel um das vermeintliche Aas versammelt, sucht er sich den fettesten aus und stürzt sich auf ihn.

Selbst wenn der Fuchs sich an Geflügel heranmacht, bleibt er auf seine Sicherheit bedacht. Er bevorzugt daher Geflügelhöfe, wo die Tiere freien Auslauf haben, und dort wartet er geduldig auf eine günstige Gelegenheit. Seine Vorliebe für diese leichte Beute ist sprichwörtlich, dabei kommt es eigentlich selten vor, daß er eine ausgewachsene Gans erwischt, und mitunter schlagen ihn sogar besonders aggressive Hähne in die Flucht.

Es ist schon eine merkwürdige Ironie des Schicksals, daß ausgerechnet dieses furchtsame Tier eine Krankheit überträgt, die sich durch übermäßige Zutraulichkeit verbunden mit blinder Aggressivität äußert — die Tollwut. Meistens bekommt es sie, wenn es von einem kranken Artgenossen gebissen wird, dessen Speichel die beschädigten Nervenenden infiziert. Die Krankheit tritt am häufigsten im Herbst auf, wenn sich die Füchse auf größere Gebiete verteilen, und zur Paarungszeit im Winter. Auf Menschen wird die Tollwut durch den Biß von Hunden oder Katzen übertragen, die ihrerseits von Füchsen oder anderen kranken, wildlebenden Tieren gebissen worden waren.

Man hat festgestellt, daß die Tollwut in einer bestimmten Gegend selten wird und sogar völlig verschwindet, wenn die

Epidemie die Hälfte eines Fuchsbestandes ausgemerzt hat. Doch die Natur behebt die Verluste im Verlaufe einiger Jahre: größere Würfe und Wanderungen stellen den früheren Bestand wieder her, womit natürlich auch die Krankheit wieder leichter Einzug halten kann.

Dies ist der Grund, warum unsere Forstverwaltungen beschlossen haben, die Zahl der Tiere auf ein absolutes Minimum zu reduzieren; sie erreichen dies durch eine vermehrte Jagd und durch das Begasen der Baue; in Graubünden verwendet man sogar Fallen. Trotzdem hat man im Laufe der ersten sechs Monate dieses Jahres 320 tollwütige Füchse getötet – das sind fast zweimal mehr als vor sechs Jahren, als die Krankheit zum ersten Mal bei uns auftauchte.

In Gefangenschaft aufgezogene einzelne Füchse werden schnell zahm und sind sehr anhänglich. Sie wedeln, um ihre Zufriedenheit auszudrücken. Es ist sogar gelungen, sie so zu dressieren, daß sie auf Zurufe reagieren und als Jagdhunde eingesetzt werden können. Man behält allerdings nur in seltenen Fällen erwachsene Füchse, es sei denn im Käfig.

Ein Jagdaufseher im Zürcher Unterland hat mehrere Jungfüchse aufgezogen. Als Arbeiter eines Tages in seiner Nähe einen umgestürzten Leitungsmast aufrichteten, staunten sie nicht wenig, als zu ihren Füßen plötzlich elf Fuchswelpen und ihre Mutter umherpurzelten. Der Aufseher brachte die Fähe und zehn ihrer Jungen an die Schwelle eines Lagers im Wald und behielt das elfte. Das verspielte, tolpatschige kleine Tier gewöhnte sich rasch an seinen Herrn und schloß mit dem Hund des Hauses, einem sehr lebhaften Terrier, Freundschaft. Bei ihren Spielen ging es bisweilen recht munter zu, aber sie verletzten einander niemals. Später durfte der fröhliche Spielgefährte seinen Käfig verlassen und im nahen Wald Ausflüge machen; sein Freiheitsinstinkt verleitete ihn, sie immer weiter auszudehnen. Doch am Abend kehrte er regelmäßig zum Haus zurück, stattete einen kurzen Besuch ab und ließ sich Schokolade anbieten, die er über alles liebte. Das ging mehrere Monate so, bis im letzten Jahr die Tollwut wieder zunahm. Man konnte nicht länger gefahrlos einen Fuchs zu Hause halten.

«Aber ich habe es einfach nicht übers Herz gebracht, ihn zu töten», hat der Jagdaufseher erzählt. «Ich habe ihn so weit wie möglich in die Wälder gebracht und dort allein zurückgelassen. Seither habe ich ihn nicht wiedergesehen.»

*Wegen seines herrlichen Fells und des zarten,
schmackhaften Fleisches wurde es fast ausgerottet.
Heute bemüht man sich mit Erfolg um seine Rettung*

Vikunja, edles Tier der Anden

Von James H. Winchester

An einem Sommertag hoch oben in den südperuanischen Anden habe ich neulich mein erstes Vikunja gesehen. Noch keinen Meter hoch, stand es da, eine reglose Silhouette auf einem ansteigenden Grat, den schönen Kopf und den langen, gebogenen Hals erhoben. Ich mußte unwillkürlich an eine Ballettänzerin denken. Dann wandte sich das graziöse Geschöpf in geschmeidiger Anmut und war verschwunden.

Dieses aristokratische Tier, dessen goldenes Fell das weichste und wertvollste der Welt ist, wird schon lange gerühmt. Zur Zeit der Inkas durften nur Mitglieder des Königshauses Kleider aus Vikunjawolle tragen. Gewoben wurde sie von auserwählten Jungfrauen, die ihr Leben als Dienerinnen der Herrscher verbrachten. Als im 16. Jahrhundert Francisco Pizarro und seine Konquistadoren das Inkareich im heutigen Bolivien und Peru eroberten, gehörten Decken und Gewänder aus Vikunjafasern zu den ersten Schätzen, die man nach Spanien sandte. Die Empfänger hielten es für eine Seidenart aus der Neuen Welt.

Das samtige Vikunjafell, von der Natur als Schutz in einer unfreundlichen Umwelt gedacht, ist voll und dicht. Die einzelnen Fasern haben weniger als 0,02 Millimeter Durchmesser; im Vergleich damit ist ein Menschenhaar ein grober Strick und Kaschmirwolle rauh. Vikunjafasern sind die teuersten Fasern der Welt. In den 12 bis 15 Jahren, die ein Vikunja im Durchschnitt lebt, liefert es nicht mehr als anderthalb Kilogramm Wolle. Ein Meter dieses Stoffs kostet rund 1500 Franken. Ein Mantel aus reiner Vikunjawolle ist, sofern man ihn überhaupt bekommt, ein Symbol für höchsten Luxus.

Die auf Erhaltung der Tiere bedachten Inkas töteten immer nur eine begrenzte Zahl. Bei ihren großen Treibjagden bildeten 2000 bis 3000 Männer einen Kreis, der ein Gebiet bis zu 250 Quadratkilometer umschloß. Tiere aller Art wurden in ein Gehege in der Mitte getrieben. Alte und verkrüppelte Vikunjas tötete man wegen ihres schmackhaften Fleisches. Die anderen wurden zum größten Teil nur geschoren und dann freigelassen. Damit das Fell wieder nachwachsen konnte, fanden *chacos,* wie man diese Art des Zusammentreibens nannte, in jedem Bergbezirk nur alle zwei bis drei Jahre statt. In der Zwischenzeit jagte man in anderen Gebieten. Außer bei diesen königlichen Fangzügen durften die Indianer kein Vikunja töten.

Doch nach der Ankunft der Spanier brachten rücksichtslose Jagden die Vikunjas, von denen es einst etwa eine Million gegeben hatte, an den Rand der Ausrottung. 1964 waren keine 12 000 mehr am Leben. Um den Massakern ein Ende zu machen, starteten Naturschützer wie Prinz Bernhard der Niederlande eine Kampagne zur Rettung der bedrohten Tiere. Allmählich zeichnen sich Erfolge ab. Die Internationale Union für Naturschutz führt das Vikunja jetzt auf ihrer Liste seltener und gefährdeter Arten. Mehrere Länder haben den Verkauf und Import von Vikunjaerzeugnissen verboten.

Natürlich werden hier und da noch Vikunjas von Menschenhand getötet. In einem Gebiet, das größer ist als Frankreich, dünnbesiedelt und nur gelegentlich von Polizeistreifen besucht, läßt sich das kaum verhindern. Gerade die Abgeschiedenheit der Region ist der beste Schutz der Wilderer. Mit Jeeps und Lastpferden ausgerüstet, benutzen sie weittragende Gewehre, um die Vikunjas beim Grasen abzuschießen. Manchmal vergiften sie auch Wasserlöcher und Bäche und sammeln später dann die elend verendeten Tiere ein.

In Südamerika hat Felipe Benavides, ein Geschäftsmann und Diplomat aus Lima, Begründer der Zoologischen Gesellschaft Perus und internationaler Bevollmächtigter des World Wildlife Fund, sich energisch für Gesetze zum Schutz des Vikunjas eingesetzt. Das Töten eines Vikunjas wird heute mit hohen Geld- und Gefängnisstrafen belegt. Mit seltenen Ausnahmen sind alle Exporte an Zoos unterbunden worden. Keine 100 Vikunjas werden mehr in Gefangenschaft gehalten.

1967 hat Peru das Vikunjareservat Pampa Galeras eingerichtet. Es liegt 400 Kilometer südöstlich von Lima in Höhen von 4000 bis 5000 Metern. Hier haben regelmäßige Streifen amtlicher Jagdaufseher das illegale Abschießen weitgehend unterbunden. In diesem weiten, nicht abgezäunten Gebiet gibt es bereits über 10 000 Vikunjas.

Ich bin von Lima zur Pampa Galeras gefahren, um die Vikunjas in ihrer natürlichen Umgebung zu beobachten. Als ich den Hauptposten des Reservats erreichte, der auf einem Plateau fast 4300 Meter hoch liegt, blies ein schneidender Wind. Rings erhoben sich schneebedeckte Gipfel. Das Gras war herrlich grün, aber nur ein, zwei Zentimeter hoch.

Seit April 1972 unterstützt die westdeutsche Regierung Peru bei seinen Bemühungen um die Erhaltung des Vikunjas. Sie finanziert Untersuchungen des berühmten Vikunjaforschers Dr. Rudolf Hofmann (auf den schon zweimal Wilderer geschossen haben) und des Wildtierexperten Dr. Kai-Christian Otte in diesem Gebiet. Dr. Otte hat mir einiges über die Tiere erzählt. Vor 55 bis 35 Millionen Jahren durchstreiften ihre ältesten Vorfahren die Grasflächen des mittleren Nordamerika. Vor etwa 1 Million Jahren, zu Beginn des Eiszeitalters, wanderte ein Zweig über Eisbrücken nach Asien und Afrika. Aus ihm entwickelten sich die ein- und zweihöckerigen Kamele. Eine andere Linie zog über Mittelamerika nach Süden. Aus noch nicht ganz geklärten Ursachen starb der nordamerikanische Zweig völlig aus. Die afroasiatische Gruppe brachte große Tiere mit Höckern hervor, die südamerikanische kleinere Tiere ohne Höcker.

Die körperliche Verwandtschaft der beiden Kamelgattungen ist jedoch deutlich. Beide haben lange Hälse und Beine und sind Wiederkäuer. Beide haben im Magen Vorratstaschen, beide sind Zweizeher und haben als einzige Säugetiere ovale Blutkörperchen.

Vikunjafohlen kommen nach elfmonatiger Tragzeit zur Welt. Sie wiegen bei der Geburt 3,5 bis 4,5 Kilogramm und stehen sofort auf eigenen Füßen. Ein Vikunjajunges, *cría* genannt, kann schon im Alter von zwei, drei Stunden einen Menschen im Lauf überholen. Ich wollte eines fangen, das noch keinen Tag alt war — ich kam ihm nicht einmal nahe. In der dünnen Luft war ich schon nach einer Minute erschöpft.

In den ersten acht Monaten wagen sich die Fohlen nur selten weit von der Mutter weg. Mit etwa anderthalb Jahren jedoch sind diese künftigen Könige und Königinnen der Bergwelt erwachsen und selbständig. Ihre Wolle hat, abgesehen von einem reinweißen Latz, der vom Hals bis fast zu den Knien herabhängt, eine kräftig zimtfarbene Tönung. Vikunja bedeutet in der alten Sprache der südamerikanischen Quechua-Indianer «hellbraun». Ihre beste Qualität erreicht die Wolle erst nach zwei Jahren.

Der Körper des Vikunjas ist schlank und straff, der Kopf im Verhältnis zum langen, schmalen Hals klein. Die Ohren stehen nach oben und außen. Die Schultern reichen einem mittelgroßen

Menschen nur bis zur Hüfte. Der Stummelschwanz ist buschig. Die Beine sind schlank und schmal, fast zerbrechlich, aber die tiefgespaltenen Hufe sind ziemlich groß. Die dicke Polsterung verhindert das Ausrutschen auf steinigem Untergrund. Seidige Wimpern verdecken die Augen. Die unteren Zähne wachsen wie bei Nagetieren dauernd nach. In der Wildnis nutzen sie sich durch das Grasen ab, doch im Zoo müssen sie regelmäßig abgefeilt werden.

So reizend der Anblick dieser Tiere ist, für mich bleibt das interessanteste an den Vikunjas ihr auf Familienrudeln beruhendes Gesellschaftssystem. Ein Rudel entsteht, wenn es einem Hengst gelingt, sich ein eigenes Territorium zu sichern. Je nach dem vorhandenen Gras oder Buschwerk ist es acht bis dreißig Hektar groß. Der Hengst sammelt dann einen Harem aus sechs bis acht weiblichen Tieren um sich, die er gewöhnlich einzeln von anderen Gruppen weglockt. Bricht ein anderer Hengst in das Territorium ein, um ein weibliches Tier zum Verlassen des Rudels zu bewegen, so ist das Herdenoberhaupt schnell zur Stelle, um den Eindringling zu vertreiben. Gewöhnlich genügen kurze Drohangriffe ohne Kampfberührung.

Während meiner Wanderungen in der Pampa Galeras habe ich mehrere dieser Scheingefechte beobachtet. Die beiden Hengste stellten sich in Positur und gaben blökende oder dumpf murrende Laute, ein rauhes Grunzen oder langgezogene Schreie von sich. Im weiteren Verlauf kann es auch zum Spucken, Ausschlagen und Stoßen und schließlich zum Beiß- und Halskampf kommen. Ernsthafte Verletzungen gibt es allerdings selten. Gewöhnlich lassen die Tiere am Ende vom Gegner ab und stellen sich mehrere Meter voneinander entfernt stolz zur Schau.

In erster Linie entscheidet das männliche Leittier, welche jungen Vikunjas in seinem Familienverband bleiben. Die jungen männlichen Tiere werden ausgestoßen, sobald sie herangewachsen sind. Gewöhnlich tun sich ein oder zwei Dutzend von ihnen zu einer führerlosen, nomadisierenden Gruppe zusammen, die auf der Suche nach unbesetzten Weidegründen große Gebiete durchstreift. Die weiblichen Tiere werden ebenfalls vertrieben, finden jedoch meist Aufnahme in neugegründeten Familien.

Wo die Vikunjas leben, ist die Natur durchweg rauh und karg. Über die Hälfte der Tiere stirbt einen gewaltsamen Tod. Manche werden vom Blitz getroffen, und ganz junge fallen gelegentlich Füchsen zum Opfer. Der Puma ist ihr Erbfeind. Die beste Verteidigungswaffe der Vikunjas ist ihre Behendigkeit und ihre

Geschwindigkeit, die 50 Kilometer in der Stunde erreicht. Sie sind große Springer und setzen leicht über 3 Meter breite Wasserläufe oder nehmen Felswände, die höher sind als sie selbst. Nachts verlassen die einzelnen Familiengruppen ihre Weidegebiete und sammeln sich auf einem höher gelegenen gemeinsamen Schlafgelände. Am nächsten Morgen kehren sie dann in ihre Territorien zurück, bereit, ihre Schlafgenossen jederzeit anzugreifen, wenn sie ihnen zu nahe kommen.

Auch andere südamerikanische Länder, in denen Vikunjas leben, richten jetzt Reservate ein. Die argentinische Regierung legt letzte Hand an Pläne für ein Reservat von 1 Million Hektar.

Bolivien hat bereits in Ulla Ulla am Titicacasee ein 200 000-Hektar-Reservat für die einheimische Tierwelt eingerichtet, und ein weiteres, bolivianisch-peruanisches Vikunjareservat im gleichen Gebiet ist geplant. In Chile hat man in der nördlichen Provinz Tarapacá den Lauca-Nationalpark eröffnet, wo sich Hunderte geschützter Vikunjas rasch vermehren.

«Die Gefahr der Ausrottung scheint gebannt», sagt Benavides. «Bald werden sie wieder der Stolz der Hochflächen sein — eine Mahnung an den Menschen, die Wunder der Natur zu bewahren.»

In dem wohl originellsten Findelheim der Welt werden mutterlose afrikanische Jungtiere auf die Rückkehr in die Wildnis vorbereitet

Waisenhaus für wilde Tiere

Von James Stewart-Gordon

Es war an einem heißen, strahlenden afrikanischen Morgen, als mir das Tierwaisenhaus am Eingang zum Nairobi-Nationalpark in Kenia vorgeführt wurde. Gedankenversunken betrachtete ich einen ruhig daliegenden Löwen. Plötzlich erhob sich das Katzentier, trat an den dünnen Zaun aus Maschendraht, der uns trennte, klappte einen Rachen von der Grösse Kapstadts auf und brüllte. Noch ehe das Echo dieser Herausforderung verhallt war, entriß eine Schimpansin durch das Drahtgitter ihrer Einfriedigung einem ahnungslosen Besucher die Brille, setzte sie auf und stolperte in ihrem mit Spielzeug übersäten Reich umher. Nicht weit davon lag ein Leopardenweibchen in seinem 8000 Quadratmeter großen, zaunumgrenzten Boudoir träge ausgestreckt auf einem Ast und ließ die Muskeln der mit nadelscharfen Krallen bewehrten Tatzen spielen, während draußen ein männlicher Leopard gegen den Maschendraht trommelte und Einlaß begehrte.

Erstaunt über diesen vulkanischen Kraftausbruch, wandte ich mich fragend an Julian Tong, den fünfundzwanzigjährigen Waisenhausaufseher. Aber der raste bereits zum Leopardengehege hinüber. Seine Frau nahm sich meiner an. «Julian läßt Boy jetzt wieder zu Beauty», sagte sie. «Boy und Beauty sind Waisen; wir haben sie erst neulich im Park ausgesetzt in der Hoffnung, daß sie zum Leben in freier Wildbahn zurückfinden würden. Aber Beauty war im Handumdrehen wieder da. Boy hat es draußen eine Woche ausgehalten.» Sie brach ab und spähte zu Boy hinüber, den ihr Mann mit ein paar Wärtern inzwischen eingekreist hatte. «Der arme Kerl», sagte sie. «Wie mager er ist. Er hat nie gelernt, für seinen Lebensunterhalt zu töten — wahrscheinlich hat er in der letzten Zeit kaum etwas gefressen.»

Ich erkundigte mich nach der Schimpansin, die gerade mit einem wilden Satz nach einem Ast haschte, ihn jedoch um einen guten Meter verfehlte. «Oh ja», meinte Mrs. Tong, «das ist Si-Si. Sie stiehlt zu gerne Brillen, und diese Zweistärkengläser haben sie wohl völlig aus dem Gleichgewicht gebracht. Nun muß jemand in den Käfig und sie kitzeln. Sie ist sehr kitzlig, und wenn man die richtige Stelle erwischt, läßt sie die Brille fallen.»

Dieses Tierwaisenhaus ist das ungewöhnlichste Findelheim der Welt. Teilweise mit freiwilligen Spenden finanziert, bietet es hauptsächlich jungen verwaisten Wildtieren Kenias Unterschlupf. Manche sind bei ihrer Einlieferung erst wenige Stunden alt, andere schon mehrere Monate. Man behandelt sie hier wie Wildtiere, nicht wie Zooinsassen, und sorgt für sie, bis sie kräftig genug sind, sich in einem der fünf Nationalparks in Kenia zu behaupten. Zugleich dient das Waisenhaus als Unterkunft für Wildtiere, die als Haustiere gehalten worden sind und in der freien Natur keine Chance mehr haben. Gewöhnlich leben hier über 300 Vertreter von 140 Tierarten.

Jeder ist eine ausgeprägte Persönlichkeit. Nehmen wir Buster, den durch nichts zu erschütternden Kaffernbüffel. Buster wog bei seinem noch nicht lange zurückliegenden Tod mehr als eine Tonne; er war zusammen mit achtzehn anderen Büffeln aus Kenias Tierversuchsstation ins Waisenhaus gekommen. Während seine Artgenossen sich bald im Park tummelten, sich vermehrten und wie rechte Büffel betrugen, kehrte Buster immer wieder zurück, egal, wie weit man ihn wegbrachte. Sein Lieblingsvergnügen war, durch die Gebäude der Parkverwaltung zu wandern und in die Büros hineinzuschauen, um guten Tag zu sagen. «Im Grunde war Buster ein Wichtigtuer», meinte der frühere Direktor. «Keiner hatte was dagegen, daß er sich ab und zu in den Büros zeigte. Aber er blieb dann ewig, und man mußte immer damit rechnen, daß er sich sogar auf dem Boden niederließ.»

Sebastian, ein ausgewachsener Schimpanse, ist zu überregionaler Berühmtheit gelangt. Durch laute Hu-hu-Rufe und erregtes Aufundabhüpfen lockt er Besucher an seinen Käfig und gibt, hat er genug Publikum um sich versammelt, seine Vorstellung.

Er fährt dabei Karussell auf dem großen Rad seines Dreirads, wäscht eine Kollektion alter Lumpen in einem Eimer und versucht die Zuschauer zur Hergabe ihrer Photoapparate zu bewegen, indem er höchst überzeugend so tut, als wolle er sie knipsen. Als chronischer Ausreißer hat er schon oft das Schloß an seiner Tür heimlich geöffnet, ist mit den Besucherscharen durch den Park gewandert und freute sich dann diebisch, wenn die Wärter hinter ihm her waren wie in alten Stummfilmen Polizisten hinter dem «Verbrecher». Heute sitzt er in einem ausbruchsicheren Käfig.

Ein anderer Querkopf mit Charakter ist Rudolph, der gehende Geier. Er kam mit einem gebrochenen Flügel ins Waisenhaus. Nach seiner Heilung wurde er freigelassen, und jeder glaubte, er werde auf Nimmerwiedersehen davonsegeln. Statt dessen stolzierte er auf den Parkwegen einher, wobei er dem Aufsichtspersonal dann und wann einen Geierblick zuwarf. Verzweifelt rannte ein Wärter hinter ihm her, wedelte mit den Armen und stieß geierähnliche Laute aus. Umsonst, Rudolph ließ sich nicht zum Start in die Freiheit bewegen. Bis heute ist er der Geier geblieben, der läuft wie ein Mensch.

Dann ist da Brutus, der neunzehnjährige, einzahnige Löwe. Viele Jahre gehörte er einem Tierhändler und wurde an Filmfirmen ausgeliehen, für die er brüllte und die grimmige Bestie mimte. Aber als Brutus mit der Zeit alle Zähne bis auf einen Eckzahn verlor, wurde er zunächst zum Nebendarsteller degradiert, bekam dann nur noch Statistenrollen und schließlich gar kein Engagement mehr. Nachdem sein Besitzer angekündigt hatte, er werde den Löwen an einen Ausstopfer verkaufen müssen, schaltete sich die ostafrikanische Wildtiergesellschaft ein. Nun liegt Brutus an Wochentagen auf dem Rücken, alle viere von sich gestreckt, und harrt bewegungslos seines Futters. An Sonntagen allerdings ändert sich das Bild. Kaum versammeln sich Zuschauer, so steht er auf, schüttelt seine Tragödenmähne und schreitet in schweigender Majestät auf und ab. Bis jemand seine Filmkamera surren läßt. Dann reißt Brutus den Rachen auf und brüllt markerschütternd wie in den alten Tagen bei Metro-Goldwyn-Mayer.

Das Tierwaisenhaus ist 1960 entstanden. Seinerzeit war dem damaligen Leiter der Königlichen Nationalparks von Kenia, Oberst Mervyn Cowie, zu Ohren gekommen, daß einige seiner Wärter daheim elternlose Tiere aufzogen, und er beschloß, die Waisen an einem Ort zusammenzufassen. Ursprünglich eine zufällige Anhäufung von Gehegen und Drahtkäfigen, ist das Waisenhaus inzwischen zu einer Zehnhektaranlage erweitert und vom eigentlichen Park abgeteilt worden. Die Huftiere dort mahlen das gleiche frische Gras wie ihre Verwandten hundert Meter weiter in der freien Natur. Hyänenhunde gedeihen in geräumigen, mit Bäumen bestandenen Zweihektargehegen, in denen sie sich bald so heimisch fühlen, daß sie sich sogar paaren. Löwen wittern dort die gleichen Gerüche wie ihre frei jagenden Brüder.

Am leichtesten finden gewöhnlich Herdentiere den Weg zurück in die Wildnis. Das einzige Problem für sie besteht darin, daß sie Seite an Seite mit Löwen, Leoparden und anderen Raubtieren aufwachsen und dadurch oft ihre natürliche Furcht vor Feinden verlieren. Zu ihrer eigenen Sicherheit werden sie deshalb erst freigelassen, wenn von einer Art genügend viele Exemplare für eine kleine Herde beisammen sind.

Am schwierigsten auszusetzen sind Raubtiere wie Löwen und Leoparden. Raubkatzen müssen das Töten der Beute von ihren Müttern lernen; ohne Mütter sind sie später nahezu unfähig, für sich selbst zu sorgen. Vor nicht allzu langer Zeit wurden zwei junge Löwen eingeliefert, deren Mutter abgeschossen worden war. Die Verwaltung des Waisenhauses hielt ihre sofortige Aussetzung für den besten Weg und fand auch eine wilde Löwin mit eigenen Jungen. Kunstvoll bugsierte man ihr ein frisch getötetes Gnu vor die Nase, und während die Löwin das Gnu zerriß und ihre Jungen fütterte, brachte man die beiden Waisen auf den Schauplatz. Als die Löwin die beiden jungen Fremdlinge bemerkte, beschnüffelte sie sie zunächst argwöhnisch, dann aber siegte der Mutterinstinkt, und die Waisen durften sich der Familie anschließen. Eine Woche später waren die beiden Junglöwen allerdings wieder da — wahrscheinlich auf Grund der Erkenntnis, daß die Freiheit auch ihre Nachteile hat.

Bevor ich Kenia verließ, fuhren wir noch einmal durch den Park, vorüber an Herden von Weißschwanzgnus, Kongonis, Gazellen, Nashörnern, Giraffen und Straußen. Bei Anbruch der Dämmerung kam eine Löwin mit drei Jungen aus dem Busch und warf uns einen langen, furchtlosen Blick zu. Dann trollte sie sich weiter, bis sie ein ihr zusagendes Plätzchen gefunden hatte, und legte sich nieder. Vergnügt tollten die Jungen über die Mutter hinweg. Ich stellte Mr. Tong die Frage, die mich den ganzen Tag schon beschäftigt hatte: «Wissen Sie, welche Tiere aus dem Waisenhaus stammen?»

«Das ist ja das Schöne», sagte er. «Die Tiere, die sich draussen gut einleben, sind bald wie alle anderen — sie sind ebenso wild und ebenso frei.»

Versuche haben gezeigt, daß Pferde gezeichnete Artgenossen ebenso nach Pferdeart begrüßen, wie lebende Pferde — sie können Pferdeformen erkennen

Pferde können Bilder erkennen

VON BERNHARD GRZIMEK

WENN FRÜHER in einem Roman der Held seinen Mut beweisen sollte, dann ließ ihn der Verfasser todesmutig einem durchgehenden Pferdegespann in die Zügel fallen. Zu solchen Heldentaten ist heute in unseren Großstadtstraßen keine Gelegenheit mehr. Und doch haben unsere Pferde ihre Neigung zum Erschrecken und zum Scheuen nicht verloren. Auch in Friedenszeiten werden in die Krankenhäuser nur allzu häufig Menschen eingeliefert, die von aufgeregten Pferden verletzt worden sind. Warum erschrecken unsere Pferde eigentlich so leicht, warum nicht die Kühe, die Schweine, unsere anderen Haustiere? Es ist erstaunlich, daß man über das Denken und Fühlen eines derart wichtigen Gehilfen und Kameraden des Menschen bisher so wenig weiß. Pferde können nur unklar sehen, sie richten sich überhaupt kaum nach Augeneindrücken, sondern nach dem Geruch, so behaupten manche Pferdefachleute. Sie sehen alles vergrößert, sagen die anderen, deswegen erschrecken sie so leicht. Wer daher herausbekommen will, was hinter so einer Pferdestirn beim Ausfeuern oder Durchgehen vorgeht, der muß erst einmal untersuchen, wie das Pferd die Umgebung in sich aufnimmt. Sehen Pferde wie wir, können sie zum Beispiel überhaupt Bilder erkennen?

So selbstverständlich ist das nämlich gar nicht. Forschungsreisende haben wiederholt zu ihrem Erstaunen beobachtet, daß eingeborene Menschen Fotografien und Bilder nicht zu erkennen vermochten. Neger sahen sich die Abbildungen oft verkehrt oder von der Seite an. «Sie begriffen, daß wir ihnen etwas zeigen wollten, aber es hätte ebensogut ein Stück weißes Papier sein können, was ihr Verständnis anbetrifft», sagte Johnson von den innerafrikanischen Zwergvölkern. Hunde scheinen Bilder im allgemeinen nicht zu erkennen, zumindest nicht darauf zu achten. Junge Braunbären, die ein Forscher daraufhin untersuchte, verhielten sich ausgestopften Bären gegenüber ähnlich wie lebenden. Nach gemalten Bären, die noch dazu aus Sperrholz wie Silhouetten ausgesägt waren, sahen sie jedoch kaum hin. Dagegen versuchten Affen manchmal nach bunten Abbildungen von Früchten zu greifen, und Wellensittiche «küßten» Bilder von Artgenossen in die Schnabelgegend.

In einem großen Pferdelazarett, wo Hunderte von Pferden der Genesung entgegensahen, oder in Lehrschmieden, in die sie täglich in Scharen zum Hufbeschlag kamen, konnte ich diesen Fragen nachgehen.

Nun kann man leider ein Pferd nicht fragen, ob es das Bild eines anderen Pferdes an der Wand erkennt, sondern man muß aus seinem Verhalten Rückschlüsse ziehen. Wie aber verhält sich ein Pferd einem anderen gegenüber, das es zum erstenmal sieht? Wir Menschen schütteln uns die Hände und machen eine Verbeugung. Viele Tiere haben ihrerseits auch ganz bestimmte Begrüßungsformen: Störche klappern zum Beispiel. Um zu sehen, ob es auch bei den Pferden solche Zeremonien gibt, ließ ich Dutzende Male jeweils zwei Pferde, die aus verschiedenen Ställen stammten und sich noch nicht kannten, in einer Reithalle oder einer Umzäunung zusammenkommen. Manchmal waren es zwei Stuten, manchmal Stute und Wallach, manchmal auch Wallach und Wallach. Wie ich aus den vielen Einzelaufzeichnungen zusammenfassen konnte, gingen die Pferde im allgemeinen mit nach vorn gerichteten Ohren aufeinander zu. Es gehört bei Ihnen zur guten Form, sich zu beriechen, und zwar an ganz bestimmten, vorgeschriebenen Körperstellen. Besonders beliebt sind dabei die Nüstern: Die beiden bringen die Nasen zusammen; aber auch der Schwanz gehört zu den Beriechgegenden, dann der Widerrist sowie Hals und Flanke. Es kam ganz selten vor, dass sich zwei Pferde, die sich zum erstenmal sahen, nicht in dieser Form begrüßten. Einmal lag das daran, daß die beiden aus dem Stall in eine Umzäunung mit frischem Gras gebracht wurden. Da rupften sie mit Begeisterung und vergaßen ganz, was sich unter Pferden gehört, die etwas auf sich halten. Dann hatte ich unter meinen Versuchspferden eine Stute namens Emmi, die zu Menschen herzensgut war, von anderen Pferden aber nichts wissen wollte. Sie unterließ es stets, sich ihnen nach Pferdesitte vorzustellen, ja, sie legte die Ohren zurück, wenn sie in ihre Nähe kamen, und feuerte womöglich nach ihnen aus. Sonst aber legten meine Pferde durchaus Wert auf gute Formen. Zwei, die nach der langen Stallhaft ganz wild und aufgeregt draußen herumtobten und im tollsten Galopp zwischen uns durchbrechen wollten, fanden doch Zeit, sich ganz schnell zwischendurch noch an den Nüstern zu beriechen. Und fast immer hielten die beiden Pferde, die sich doch eben erst kennengelernt hatten, in der neuen Umgebung zusammen. In der großen Reithalle stand nicht eins an diesem Ende und das andere an jenem, sondern wenn sich eins in Bewegung setzte, dann lief ihm das andere treu und brav nach.

Wenn also bei den Pferden das Beriechen zur Begrüßung gehört, wie bei uns das Händeschütteln, erkennen sie sich doch untereinander sicherlich am Geruch? Oder etwa am Aussehen und an den Bewegungen? Bei Störchen sind es jedenfalls die langen roten Beine und das schwarzweiße Gefieder, an denen man sich untereinander erkennt. Vor einigen Jahren sahen Spaziergänger in Datschnitz, wie ein Storch lange über einem Garten kreiste, wo ein blecherner Storch in Lebensgröße zwischen den Beeten stand. Schließlich landete der Storch neben seinem Blechbruder, beobachtete ihn eine Weile, klapperte mit dem Schnabel und fiel dann wütend über ihn her. Er verletzte sich an dem Blechvieh und blieb völlig abgekämpft daneben sitzen, so daß ihn die Bewohner einfingen. Nun ist aber ein Storch ein ausgesprochenes Augentier, bei dem der Geruch sicher nicht viel zu sagen hat. Pferde mit ihrer gewaltigen Riechnase, mit ihrer Riechbegrüßung werden doch wohl nicht ebenso hereinfallen wie dieser böhmische Storch? Um das nachzuprüfen, holte ich einem Sattlermeister mit viel Überredungskünsten ein großes ausgestopftes Pferd aus dem Schaufenster. Es hatte da schon, verstaubt und bestoßen, seit einigen Jahrzehnten gestanden. Das Untier war so schwer wie der Wolf im Märchen vom Rotkäppchen, nachdem der Jäger ihm die Wackersteine in den Bauch gefüllt hat, denn unter seiner braven Pferdehaut verbarg sich gewöhnlicher fester Gips. Dieses ausgestopfte Pferd, auf dem ein nagelneues, unbenutztes Geschirr gelegen hatte, dessen Haut gegerbt, verwittert und bestaubt war, roch sicher anders als ein lebendes Pferd. Würden sich meine Tiere um dieses Schaufensterungetüm kümmern? Ich liess es mit seiner schwarzlackierten Holzbretterunterlage mitten in die Reitbahn stellen und brachte dreiunddreißig einzelne Pferde mit ihm zusammen. Diese Pferde haben das ausgestopfte Pferd fast ausnahmslos berochen wie einen lebenden Artgenossen. Sie bevorzugten an dem Gebilde genau dieselben Stellen wie an einem lebenden Pferd, also vor allem die Nüstern und den Schwanz. Sie hielten sich mit Vorliebe bei dem ausgestopften Tier auf — wenn man sie wegjagte, kehrten sie zu ihm zurück. Manche knabberten zärtlich an seinen Beinen, am Hals, am Fersengelenk oder an der Schwanzwurzel, wie das auch lebende Pferde untereinander getan hätten. Bei dieser Zärtlichkeitsäußerung werden die Zähne bei geöffnetem Maule ganz vorsichtig angesetzt.

Eines Tages jagte ich die Stute Emmi, die von anderen Pferden nicht viel wissen will, von der gefüllten Heukrippe in der einen Ecke der Halle weg. Sicher war sie mir deswegen nicht gerade wohlgesinnt, aber sie wagte doch nicht, mir gegenüber handgreiflich zu werden. Zu meinem Erstaunen trabte sie dafür durch die halbe Hallenlänge geradewegs auf das ausgestopfte Pferd zu und biß es in die linke Halsseite. Ich jagte sie mit einem Zuruf weg und stellte dann die Futterkrippe vor den Kopf des Schaufensterpferdes. Als Emmi daraus futterte, jagte sie der Wärter erneut weg. Im selben Augenblick sprang Emmi gegen das ausgestopfte Pferd, biß es wieder in den Hals und warf das schwere Vieh so heftig um, daß es halb auf den Wärter fiel. Auch ein Wallach, der vom Tor der Halle weggejagt wurde, trabte zu dem Schaufensterpferd und schlug mit den Hinterbeinen nach seinem Kopf. Die schöne menschliche Eigenschaft, seine Wut an einem unbeteiligten und schwächeren Dritten auszulassen, ist also auch bei den Pferden vertreten! Ich hatte sie früher schon bei meinem Schimpansenkind Ula beobachtet. Wenn es von seinem Frauchen ausgeschimpft wurde, tat es ihr beileibe nichts, sondern turnte an ihr herunter und biß mich ins Bein, der ich doch wirklich unbeteiligt und unschuldig war.

Viele Pferde zeigten auch sonst, nicht nur durch Beriechen, daß sie das ausgestopfte Tier für einen Kameraden hielten. Vier von ihnen begrüßten es durch Wiehern, als sie es zum erstenmal sahen. Wenn ich zwei Pferde gleichzeitig mit dem ausgestopften Gaul zusammen liess, war häufig eins von beiden auf das andere eifersüchtig. Es drängte sich zwischen dieses und das ausgestopfte

Pferd, wobei dieses mehrmals umgeworfen wurde und dann mühsam wieder aufgestellt werden mußte.

Auch im Freien begrüßten die Pferde ihren nachgemachten Artgenossen nach herkömmlichem Zeremoniell und hielten sich meist bei ihm auf. Aber ich konnte doch feststellen, daß sie sich nicht so stark damit beschäftigten wie in der Reithalle. Lag es nun daran, daß das ausgestopfte Pferd starr und steif stehenblieb, während die lebenden öfter vor vorbeifahrenden Eisenbahnzügen erschraken und beiseite sprangen? Durchschauten sie die Täuschung leichter, weil der «kalte Bruder» ihre angeborenen Pferdebewegungen nicht mitmachte? Um das zu klären, ließ ich in der Reithalle immer dann, wenn ein Pferd das ausgestopfte zur Begrüßung beroch, einen Schuß abfeuern. Die Pferde sprangen vor Schreck meterweit weg. Aber sie kamen doch immer wieder an den leblosen Artgenossen heran und untersuchten und begrüßten ihn weiter, auch wenn es stets von neuem knallte. Daß sie ihn draußen im Freien weniger beachten, liegt also nicht an seiner Starrheit, sondern daran, daß die Pferde selbst viel mehr durch vorbeigehende andere Menschen, Pferde und auch durch Züge abgelenkt werden.

Da die Pferde das ausgestopfte Gebilde also wie einen Artgenossen behandelt hatten, ließ ich ein lebensgroßes Pferd auf Pappe malen. Es war nicht gerade sehr edel und formschön, ein Tiermaler hätte sich davor entsetzt. Werden unsere Pferde sich wie Hunde oder Bären gar nicht um dieses Bild kümmern, werden sie einfach braune Farbkleckse auf einer grauen Fläche sehen, aber nichts Pferdeähnliches oder Verwandtes daran entdecken? Der Geruch, der vielleicht bei dem ausgestopften Tier noch irgendwie pferdeähnlich gewesen sein konnte, fällt ja hier, bei diesem Gebilde aus Pappe und Farbe, als Erkennungsmerkmal weg.

Ich stehe mit der Kamera in der leeren, winterlich kalten Reithalle. Draußen erklingt auf dem Pflaster Hufschlag, der vom Schnee gedämpft ist. Der Wärter bringt die braune Stute Lori herein, führt sie bis in die Mitte des kahlen Riesenraumes und bindet die Kette am Halfter fest, damit das Pferd nicht darauf treten kann. Dann läßt er es allein. Es ist ein Arbeitspferd, schlank und warmblütig, schon sechzehn Jahre alt, aber noch immer gut anzusehen.

Lori bleibt einen Augenblick stehen und geht dann sofort auf das Pferdebild zu, das an einer Schmalseite der Halle steht. Mit gespitzten Ohren und weit vorgerecktem Kopf beriecht sie es am

Schwanz. Da aber schabt die Kette, die vom Halfter ein wenig herabhängt, an der Pappe des Bildes. Lori erschrickt, wirft sich herum und galoppiert weg. Doch die Neugier besiegt ihre Furcht. Bald geht sie wieder, diesmal von der Seite, ihren Schwanz vor Aufregung leicht gelüftet, an das Pferdebild heran. Wieder riecht sie am Schwanz, wieder jedoch schabt die Kette – Lori springt etwa zwei Meter zurück. Und dennoch treibt es sie zum dritten Male an das gemalte Bild; auch jetzt gibt es das gleiche Erschrecken. So nehme ich ihr die Kette ganz ab. Die Stute bleibt nun minutenlang dicht hinter dem gemalten Pferde stehen. Ihr Kopf ist danach vorgereckt, aus den Nüstern kommt der warme Atem in zwei weißen Wolken. Es ist ganz still. Zwischen den Eisenträgern der Hallendecke irrt ängstlich eine graue Taube umher. Jetzt beriecht die Stute nach langem Zögern endlich wieder den bemalten Schwanz, ich löse die Kamera aus. Lori flüchtet vor dem leisen Klick schon wieder, hat aber dann den Mut, an der Nase zu riechen. Nur einmal geht sie von dem gemalten Kameraden weg, bleibt dann aber dicht bei ihm stehen. Nach achtzehn Minuten bringt sie der Wärter in den Stall zurück und holt ein anderes Pferd. Alle vierzig Pferde, die ich mit dem lebensgroßen Pferdebild zusammenbringen ließ, haben es mit wenigen Ausnahmen wie ein wirkliches Pferd behandelt. Immer brachten sie ihre Nase an die Pferdegestalt selbst, niemals an die unbemalte Pappfläche daneben. Viele von ihnen, die ich von dem Pferdebild wegjagen wollte, wehrten sich dagegen, schlugen nach mir aus oder kamen doch so bald wie möglich wieder zu dem Bilde zurück. Als ich die Malerei vor den Augen eines Wallachs gegen die Wand kehren ließ, blieb dieser mit gespitzten Ohren davor stehen und wieherte dann langgezogen. Nur eine Stute, ein alter weißer Panjeschimmel, kümmerte sich nicht um unser schönes Gemälde. Sie hatte auch das ausgestopfte Pferd wie Luft behandelt. Es entstand also für mich die Frage, ob diese Stute besonders fein unterscheiden konnte, ob sie diese Nachbildungen als nicht pferdeähnlich ablehnte, oder warum sonst sie sich so gleichgültig benahm. Deswegen brachte ich sie mit lebenden Pferden zusammen. Das brachte die Lösung des Rätsels: die alte Dame kümmerte sich auch um Pferde aus Fleisch und Blut nicht. Sie beroch sie nicht, sie waren ihr völlig gleichgültig.

Ich war also zu dem erstaunlichen Ergebnis gekommen, daß Pferde nicht nur plastische Nachbildungen, sondern auch lebensgroße Pferdebilder genau wie ihresgleichen behandeln. Aber

Bilder und Bilder können ja sehr verschieden sein. Wenn der kleine Emil seinen Bruder an die Wand malt und darunter schreibt: «Max is doof», dann besteht sein Prachtporträt meist nur aus zwei Kreisen und ein paar Strichen, und doch zweifelt keiner der Vorübergehenden: «Das soll ein Mensch sein.» Was ist notwendig, daß ein Pferd ein Bild noch als Pferd erkennt? So fragte ich mich. Deswegen ließ ich eine prächtige Darstellung machen: ein Pferd mit geraden Beinen wie Säulen, mit einem Besenschwanz, einem recteckigen Rumpf und einem kastenförmigen Kopf. Auch dieses stark vereinfachte Schema wurde von der Mehrzahl der Pferde noch mit den gleichen Begrüßungszeremonien behandelt, während Zebras, also echte Wildpferde, sich nicht darum kümmerten. Stellte ich den Pferden jedoch das naturgetreu gemalte Pferd daneben, so zogen sie dieses vor. Ein Schemabild, das keine Beine und keinen Schwanz mehr hatte, berochen sie jedoch in zwölf Fällen von vierzehn überhaupt nicht mehr, in den übrigen nur ganz flüchtig: ja in einigen Fällen beachteten sie diese Mißgeburt von Pferd nicht.

Ob die Stute Lori ein Pferdebild kennt, das ist noch verhältnismäßig leicht nachzuweisen, eben weil sie ihren Mitpferden gegenüber bestimmte Begrüßungsformen besitzt, die wir am Anfang ermittelt haben. Ob Pferde aber einen Hund auf dem Bilde erkennen können, das ist schon viel schwieriger zu sagen, denn Pferde zeigen ja auch einem lebenden Hund gegenüber im allgemeinen kein besonders bemerkenswertes Benehmen. Trotzdem brachte ich eines Tages ein Hundebild in der Halle an und wartete ab. Die meisten Pferde, die ich hineinbringen ließ, sahen von ganz allein danach, manche sehr interessiert mit gespitzten Ohren. Ein Wallach ging sofort darauf zu, blieb in wenigen Metern Abstand stehen und schnaubte aufgeregt. Näher als drei Meter wagte er sich jedoch nicht heran. Das tat überhaupt nur eine Stute, die auch von allein am Kopf des Hundebildes roch. Vielleicht hatte sie früher mit einem Hund zusammen gelebt und war mit ihm gut Freund geworden. Die andern Pferde, die sich nicht herantrauten, mußte ich erst heranführen, dann rochen manche am Kopf oder am Rumpf des Hundes. Auch sie hatten das Bild also nicht einfach als Papierfetzen, sondern als Hund erkannt.

Pferde erkennen demnach ihre Mitpferde und ihre Umwelt keineswegs nur am Geruch oder mit der Nase. Im Gegensatz zu manchen anderen Tieren behandeln sie plastische Nachbildungen und Flächenbilder von Pferden genau wie lebende Artgenossen.

*Sie sind Holzfäller, Kanal-, Damm- und Burgenbauer.
In der Schweiz seit über 150 Jahren ausgestorben, sind sie jetzt
in einigen Kantonen wieder angesiedelt worden*

Die Biber kehren zurück

VON ANNELIES GÖLDI

IM VERGANGENEN Frühling habe ich meinen ersten Einblick in die Welt des größten Nagetiers unserer Breiten erhalten. An einem regnerischen Nachmittag führte mich Anton Trösch aus Kreuzlingen am dichtbewachsenen Ufergürtel des thurgauischen Hüttwilersees entlang zu einem aus dem Wasser ragenden Haufen übereinandergeschichteter Äste und Prügel. Es war die Behausung der Biberkolonie, dort seit einigen Jahren heimisch geworden.

«Die Tiere wagen sich nur nachts aus ihren Unterschlüpfen und lassen sich entsprechend schwer beobachten», erklärte Anton Trösch, der seine ganze Freizeit der Wiederansiedlung ausgerotteter Tierarten widmet. «Es hat aber seinen besonderen Reiz, wenn es einem nach viel Geduld gelingt, den fleißigen Gesellen zuzusehen, wie sie armdicke Äste zu den Wohnbauten schleppen. Oft wirken sie etwas unbeholfen, denn die von der Nasenspitze bis zur Schwanzwurzel bis zu 120 Zentimeter langen Tiere sind im wesentlichen Wasserbewohner», fügte er hinzu. Frisch abgenagte Baumstümpfe und säuberlich entrindete Äste zeugten von der versteckten Anwesenheit dieser faszinierenden Tiere. «Anhand der Nagespuren können wir feststellen, daß auch junge Biber in der Kolonie leben», erläuterte der Biberexperte. Unweit der Burg stießen wir auf ein anderes Werk der Baumeister, einen etwa 30 Zentimeter breiten, sauber gegrabenen Kanal.

Nach dieser Besichtigung neugierig geworden, suchte ich an einem mondhellen Abend nochmals die Biberburg auf und erwartete — auf einem Baum sitzend — den Einbruch der Nacht. Plötzlich tauchte unmittelbar vor der Burg etwas Dunkles auf. Ich erkannte die Silhouette eines länglichen Körpers; mit einem kräftigen Platschen tauchte dieser rasch wieder unter. Ein Biber hatte, mit seiner etwa 30 Zentimeter langen und halb so breiten Schwanzkelle auf das Wasser schlagend, seine Artgenossen vor meiner Anwesenheit gewarnt.

Der Biber (castor fiber) kam früher überall in Nord- und Mitteleuropa, Rußland und Nordamerika vor. Aber nur in den Weiten Rußlands und Nordamerikas konnte er sich gut behaupten. In der Schweiz verrieten während mehr als hundertfünfzig Jahren nur noch Ortsnamen wie Biberbrugg, Biberstein und Bibern, daß der Biber einst bei uns beheimatet gewesen war. Von jeher hatten ihm die Menschen wegen seines außergewöhnlich feinen, dichten braunen Fells nachgestellt, jahrhundertelang galt sein Schwanzpaddel als Leckerbissen, und das Bibergeil, ein Drüsensekret, das einen Hauptbestandteil von Aspirin enthält, wurde als vielseitiges Heilmittel verwendet und wird auch heute noch als Fixativ in der Parfümindustrie gebraucht.

Erstaunlicher hingegen als sein Geldwert sind die Lebensweise und die außerordentlichen Fähigkeiten des Bibers. Das Lebenselement dieses bis zu 30 Kilogramm schweren Nagers ist das Wasser. Beim Tauchen — er kann bis zu 15 Minuten unter Wasser bleiben — werden Ohrmuscheln und Nasenlöcher durch Häutchen verschlossen. Dank seinem langen, schmalen Gaumen kann der Biber unter Wasser fressen, und die Schwimmhäute zwischen den Zehen der Hinterfüße sowie die ruderähnliche Schwanzkelle machen ihn zu einem ausgezeichneten Schwimmer. Die kleinen Vorderfüße sind zu hervorragenden Greifwerkzeugen ausgebildet. Seine vier orangeroten Schneidezähne sind breit und kräftig. Scharf wie Hobeleisen, schneiden sie mühelos durch weiches Pappel- oder Weidenholz.

So ausgerüstet, fällt der Biber innert kurzer Zeit acht bis 20 Zentimeter dicke Bäume, baut Dämme und legt Wasserburgen und Wohnhöhlen an. Ist das Ufer flach, wie am Hüttwilersee, so schleppt er tagelang Äste und kleine Stämme herbei und schichtet diese über den ausgegrabenen Gängen und Höhlen auf. Zuletzt wird der stattliche Holzhaufen mit Schlamm, Erde und Lehm verfestigt. Kein anderes Tier kann nachher in eine solche über ein ausgeklügeltes Belüftungssystem verfügende Biberburg — sie ist noch raffinierter als ein Fuchsbau — eindringen.

Die Hauptnahrung dieses Vegetariers besteht aus Wasserpflanzen, Blättern und grüner Rinde. Im Herbst setzt bei den

Bibern eine emsige Holzfällertätigkeit ein. Allein oder zu zweit nagen sie auf den Hinterfüßen stehend Nacht für Nacht Bäume ringsherum kegelförmig ein, bis nur noch ein schmaler Zapfen steht und diese von selbst stürzen. Die gefällten Bäume werden zerlegt und als Nahrungsvorrat — der Biber kennt keinen Winterschlaf — vor der Burg auf dem Grund des Gewässers gelagert. Während des Winters kann dann der Vorrat unter der Eisdecke bequem durch die unterirdischen Eingänge in die Wohnung geholt werden. Kein Wunder, daß der Biber ein Interesse daran hat, den Pegel seines Hausgewässers gleichmäßig hoch zu halten. Das erreicht er durch seine Dammbauten. Mit unglaublichem Geschick rammen die Tiere Stützen in den Grund eines Gewässers, verbinden sie mit Geäst und zementieren dann das Ganze mit Geröll und Schlamm.

Die klugen Kerlchen vergessen dabei auch nicht, daß ein Damm an der Basis breiter sein muß als an der Krone. Oft benutzen sie am Ufer stehende Bäume oder große Felsbrocken als Widerlager für ihre Bauwerke, die Jahrzehnte überdauern können. In Kanada und Rußland gibt es Biberdämme, die man zu Pferd begehen kann.

Ebenso einzigartig wie der Dammbau ist das hochentwickelte Familienleben der Biber, die ihr Leben lang, das sind bis zu dreißig Jahre, monogam sind.

Mit drei bis vier Jahren wird der Biber geschlechtsreif. Die Paarung erfolgt zwischen Januar und März im Wasser. Die Jungen, meist zwei bis vier, werden nach 105 Tagen wohlentwickelt geboren. «Leider ist die Sterblichkeitsquote der Jungtiere — ihr Hauptfeind ist bei uns vermutlich der Hecht — hoch, so daß nur ein bis zwei Tiere pro Jahr durchkommen», meint Anton Trösch. Vater Biber bleibt während der Geburt in der mit Holzspänen gepolsterten Wohnung. Später hilft er bei der Pflege der Jungen. Auch der Nachwuchs vom Vorjahr ist noch in der Kinderstube und spielt mit den ganz Kleinen. Biberjunge sind sehr lebhaft und möchten am liebsten bereits in den ersten Lebenstagen das Nest verlassen. Fallen sie ins Wasser, so schwimmen sie wie ein Korken an der Oberfläche, und Mama Biber trägt sie im Maul oder auf den Armen ins warme, trockene Nest zurück.

Die heranwachsenden Jungtiere üben schon früh ihre Fertigkeiten im Baumfällen und Burgenbau. Gegen Ende ihres zweiten Lebensjahres müssen sie dann ihr Elternhaus noch vor dem neuen Wurf verlassen und ein neues Wohngebiet suchen. Manchmal

DIE BIBER KEHREN ZURÜCK

besteht die Familie aber auch aus drei Generationen, in manchen Kolonien leben mehrere Familien zusammen.

Die ersten Versuche einer Wiederansiedlung des Bibers in der Schweiz wurden 1957 von Mitgliedern des Schweizerischen Bundes für Naturschutz an der Versoix bei Genf gewagt. Nach den geglückten Ansiedlungen in den Kantonen Genf und Waadt erfolgten einige Jahre später Aussetzungen in den Kantonen Neuenburg, Aargau, Fribourg, Bern, Thurgau, Luzern und schließlich im Wallis. Schätzungsweise bevölkern heute zwischen hundert und hundertfünfzig Biber die schweizerischen Flußauen. «Die natürlich gebliebenen, für eine erfolgreiche Wiedereinbürgerung geeigneten Flußlandschaften sind bei uns sehr selten geworden», erklärt Maurice Blanchet, Präsident der genferischen Biber-Kommission. «Wenigstens scheinen die Biber gegenüber der Gewässerverschmutzung unempfindlich zu sein».

Alle von den Westschweizer Naturfreunden ausgesetzten Biber stammen aus Südfrankreich, wo sie mit Erlaubnis der französischen Behörden eingefangen wurden. Schon die beiden ersten Biberpärchen fühlten sich an der Versoix schnell heimisch. Ein Pärchen verließ aber bald den ursprünglichen Aussetzungsort am Unterlauf im Kanton Genf und baute sich am oberen, weniger schnellen Flußlauf auf französischem Gebiet eine Burg. Dies war eine kleine Sensation, da die Rhone-Biber in ihrer ursprünglichen Heimat das Hüttenbauen anscheinend kaum geübt hatten. Mit dem Heranwachsen neuer Generationen und nach der Kolonisierung jener Gegend hat sich «Meister Bockert» wieder vermehrt auf schweizerischem Gebiet niedergelassen. Bei Versoix sind es 50 Biber.

Im Gegensatz zur Westschweiz stammen die in der deutschen Schweiz wiedereingebürgerten Biber aus Norwegen. «Den Weg in die Freiheit erkämpften sich die erfahrungsgemäß gar nicht bösartigen Tiere mit einem Scheinangriff», erinnert sich Oberförster Karl Rüedi, Aarau. «Sobald nämlich die unweit des Aarelaufes aufgestellten Käfige geöffnet wurden, begannen die Tiere zu fauchen und machten einen Sprung gegen die anwesenden Leute, so daß diese entsetzt zurückwichen und die Biber gleich darauf im nahen Gewässer verschwinden konnten».

Nicht allen der fünfzig im Aargau freigelassenen Biber gelang die Anpassung an den neuen Lebensraum; manche von ihnen wurden in den ersten Tagen beim «Rekognoszieren» überfahren, andere wieder starben infolge der Reisestrapazen. Diejenigen, die sich halten konnten, haben sich inzwischen in einigen

Waldreservaten fest angesiedelt; am wohlsten scheinen sich die Aargauer Biber — es sind heute zwischen zwanzig und dreissig — an den von Weiden bewachsenen Uferzonen der Aare zwischen Brugg und Aarau zu fühlen.

Wie aufwendig solche Wiederansiedlungen sind, zeigt sich am Beispiel des Kantons Thurgau. So mußte «Biber-Vater» Anton Trösch bei Gemeinde, Kanton und Bund insgesamt sechzehn Bewilligungen einholen, bevor er 1966 die ersten beiden der insgesamt fünfzehn Biber aus Norwegen importieren konnte. Finanziell unterstützt wurde seine Aktion mit 11 000 Franken vom World Wildlife Fund, während die Geldmittel für die Wiederansiedlungsversuche in den übrigen Kantonen zusätzlich vom Schweizerischen Bund für Naturschutz, der Eidgenössischen Inspektion für Forstwesen, Jagd und Fischerei und privaten Spendern stammen.

Im Kanton Thurgau haben sich die meisten Biber vom Ort ihrer Freilassung entfernt. Besonders die anfänglich im Dorfbach von Bottighofen gemachten Ansiedlungsversuche schlugen fehl. Die 800-fränkigen Tiere zogen immer gleich vom Bach weg. Der Grund lag, wie es sich später herausstellte, in der zu geringen Wasserführung und den zu nahen Wohnsiedlungen. Die vermutlich längste Wanderschaft brachte einer der beiden zuerst eingeführten Norweger-Biber hinter sich. Obwohl das in einem Gehege gehaltene Biberpärchen schon nach einigen Tagen so zahm wurde, daß es das Futter aus der Hand fraß, brach es doch immer aus dem Gehege aus. Kein Wunder, denn bei einer Untersuchung stellte sich heraus, daß es sich bei den beiden Tieren nicht um ein Pärchen, sondern um zwei Männchen handelte. Später wurde das lebhaftere der beiden — es hatte sich inzwischen in der Bodenseegegend häuslich niedergelassen —, wohl auf Weibchensuche, im 120 Kilometer entfernten Landquart Opfer des Straßenverkehrs.

Auch die sechs im Jahr 1968 am Nußbaumersee freigelassenen Biber wechselten bald in den benachbarten Hüttwilersee hinüber, wo sie innert Jahren eine eigentliche Kolonie aufbauten. Von ihrem ersten Stammplatz, am südlichen Seeufer, wurden die scheuen Tiere allerdings durch neugierige Passanten nahezu vertrieben. Heute sind sie zur Hauptsache am Nordufer zu Hause, wo sie zuerst nur eine kleine Burg hatten. «Als jedoch der Wasserspiegel im Spätherbst stieg, bauten sie innert Wochenfrist eine größere, in die kein Wasser absickerte», erklärt Anton Trösch.

Trotz der anfänglich großen Verluste scheinen sich die Biber in unserem Land stetig zu vermehren.

War sie wirklich «böse und grausam», als sie ihr Kälbchen allein durch das tosende Wildwasser schwimmen ließ?

Die Elchmutter

Von Mary Matheson

Der Sunwapta führte Hochwasser. John und ich freuten uns auf das erregende Naturschauspiel, denn nur Erlebnisse dieser Art — ein Unwetter, ein Waldbrand, ein zum reißenden Strom werdender Fluß — unterbrachen die Eintönigkeit unseres Daseins: wir waren die einzigen Bewohner eines 80 Kilometer von Jasper in Alberta gelegenen Tales in den kanadischen Rocky Mountains. Manchmal wünschten wir uns Nachbarn.

Am Nachmittag stellten wir fest, daß der Sunwapta 15 Zentimeter pro Stunde stieg — ein gewaltiges Hochwasser würde das geben. Nach dem Abendbrot eilten wir, ohne erst das Geschirr abzuspülen, wieder hinab zum Flußufer.

John und ich standen wie gebannt. Unter uns tosten, gelb und trübe, die Fluten zu Tal. Entwurzelte Baumriesen trieben, großen gekenterten Schlachtschiffen gleich, rasch dem Wasserfall und dem Cañon unten zu; aus dieser Felsschlucht würden sie, zermalmt und zerstückelt, nur noch als Kleinholz zum Vorschein kommen.

John deutete hinüber zur anderen Seite. Eine Elchkuh und ihr Kalb waren drüben aus dem Dickicht getreten und verhofften am Rand des Steilufers — uns direkt gegenüber. Beide äugten ängstlich zurück, als würden sie verfolgt; vermutlich war ein Puma hinter dem Jungtier her gewesen. Das Kälbchen bestand fast nur aus hohen, staksigen Beinen. Es konnte kaum älter als drei Tage sein.

Obwohl die Elchkuh uns bemerkt haben mußte, beachtete sie uns nicht weiter. Eine Minute lang schien sie die Strömung abzuschätzen. Dann sprang sie von der Böschung in die gelbe Flut und hielt auf unser Ufer zu, ohne nur einmal den Kopf nach ihrem Kalb zu wenden. Wenige Sekunden später wagte auch das Junge den Sprung und war, völlig unter Wasser, nicht mehr zu sehen; als es endlich wieder auftauchte, hatte die Strömung es schon eine Strecke flußab getrieben. Tapfer versuchte es, der Mutter zu folgen, aber bei jedem Meter, den es vorankam, wurde es mindestens vier Meter abgedrängt — den Fällen zu. Nur seine Mutter konnte ihm jetzt noch helfen. Doch die Elchkuh schwamm unbeirrt weiter, quer über den Fluß.

«Du Biest! Du böse, grausame Mutter!» schrie ich.

Wenn sie auch eine vorzügliche Schwimmerin war, hatte die Elchkuh doch schwer mit der Strömung zu kämpfen, um einigermaßen in gerader Linie den Fluß zu durchqueren. Sie erreichte das Ufer etwas unterhalb der Stelle, wo wir standen, und stürzte sich — wiederum ohne einen einzigen Blick zurück auf ihr Junges — Hals über Kopf ins Dickicht.

John und ich rannten los, hasteten am Ufer des gewundenen Flußlaufs entlang. Es bestand keine Hoffnung, das Kälbchen zu retten, aber wir konnten einfach den kleinen dunklen Elchkopf nicht aus dem Auge lassen. Wie ein Korken tanzte er in den Wellen auf und ab, Baumstämme schossen um Haaresbreite an ihm vorbei. Manchmal wurde er von der Strömung unter Wasser gedrückt und tauchte erst ein Stück flußab wieder auf. Doch unentwegt arbeitete sich das Tierchen näher an unser Ufer heran. Es hatte die Flußmitte schon hinter sich, wir mußten einen Umweg machen, weil das Ufergestrüpp uns nicht durchließ.

Wir erreichten den Fluß wieder an einer Ausbuchtung, wo sonst ruhiges Altwasser stand. Jetzt kreiste eine heftige Strömung in diesem Kolk. Als wir an seinen Rand kamen, entdeckten wir das Kälbchen: unaufhaltsam wurde es in den Mahlstrom hineingezogen und war in Gefahr, von dem wirbelnden Strudel erfaßt und wieder hinausgerissen zu werden in den Fluß.

Dann verhielten wir jäh, denn aus dem Dickicht der Bucht unterhalb von uns brach die Elchkuh. Sie verhoffte, wie um sich über Geschwindigkeit und Richtung der Strömung zu orientieren — stürmte dann die Böschung hinab und hinein ins Wasser. Endlich, genau im rechten Moment, machte sie kehrt, den Kopf zum Ufer, und stemmte sich gegen die Strömung, gerade als das Kälbchen an ihre Flanke getrieben wurde.

Rasch änderte die Mutter ihre Stellung ein wenig, so daß der Druck der Strömung das Kleine, sollte sie es mit sich reißen, näher ans Ufer tragen mußte. So stand sie eine Weile und wartete, bis ihr Junges mit dem Gestrampel aufhörte und begriff, daß es jetzt in flacherem Wasser war und Grund unter den Läufen hatte. Dann wateten beide aufs Ufer zu, langsam, vorsichtig, wobei die Mutter das Kleine immer noch gegen die andrängende Strömung abstützte. Bald reichte ihm das Wasser nur noch bis zu den Knien, und es wollte nicht mehr weiter, es wollte ausruhen. Doch der Alten war — nun, da sie die eine Gefahr überstanden hatte — unsere Gegenwart nicht mehr recht geheuer. Sie stupste ihr Kälbchen mit der Nase die Böschung hinauf, und Mutter und Kind verschwanden im Dunkel der Wälder...

Langsam wandte John sich mir zu. Dann — «Was heulst du denn?» Doch seine Stimme klang auch nicht sehr sicher, und ich wußte, ich brauchte nicht zu antworten.

Zu Unrecht steht eines der phantastischsten Geschöpfe des Meeres im Ruf eines furchtbaren Seeungeheuers

Ach, der arme Tintenfisch

Von Myron Stearns

Von allen Tieren der Erde ist wohl keines je so verleumdet, so falsch dargestellt und so gefürchtet worden wie der Oktopus, der achtarmige Tintenfisch. In vielen Ländern nennt man ihn *Seeteufel,* und er gilt dort als Inbegriff alles Bösen und Schrecklichen.

In Wahrheit hat der Oktopus — den Nachstellungen der Meeraale, besonders der gefräßigen, giftigen Muränen, wie auch des Menschen ausgesetzt — eine Todesangst vor allem, was größer ist als er.

Mein Interesse für die Kraken datiert von dem Tag, als ich in Palm Beach in Florida vor einigen Jahren das Laboratorium für Meeresbiologie besuchte und dort ein paar von ihnen in ihren beiden etwa zwei Meter breiten Bassins längere Zeit beobachten konnte. Mit ausgestreckten Fangarmen maßen sie noch keinen Meter. Alles an ihnen fesselte mich: ihre Art, sich fortzubewegen, ihr seltsames Farbenspiel, die Geschicklichkeit, mit der sie in jähem Vorschnellen ihrer Arme kleine Krebse fingen, vor allem aber ihre geradezu menschlichen, äußerst intelligent blickenden Augen. Wie gefährliche Bestien sahen sie wirklich nicht aus.

Von den hundert und mehr Oktopusarten werden die meisten nicht größer als einen Meter im Durchmesser. Manche sind so winzig, daß sie, voll ausgewachsen, auf Ihrem Fingernagel Platz fänden. Im Mittelmeer, wo sie häufig sind, gibt es nur wenige mit Fangarmen über zwei Meter Länge. Nur in der Tiefsee, im Pazifik, sollen wahrhaft riesige Exemplare vorkommen; im Magen eines Walfischs hat man angeblich Fangarme von 15 Meter Länge gefunden — was einer Gesamtgröße des Kraken von 33 Meter entsprechen würde!

Doch was ist nicht schon alles über den Oktopus zusammenfabuliert worden! Plinius, der Naturwissenschaftler des alten Roms, berichtet von einem Kraken, der an die sechseinhalb Zentner wog und einen Kopf hatte wie ein Weinfaß. Französische Seeleute erzählten, ein Polyp habe unterwegs ihren Zweimaster angegriffen, mit seinen entsetzlichen Armen einen Mast umklammert und um ein Haar das Schiff in die Tiefe gezogen. Doch zu einem nicht geringen Teil ist der unheimliche Ruf des Oktopus wohl auf die lebhafte Phantasie Victor Hugos zurückzuführen. Als wäre es beschworene Tatsache, behauptet er in *Die Arbeiter des Meeres,* daß der Oktopus einen Menschen verschlucke wie der Mensch eine Auster. «Ein Tiger kann Sie nur fressen», heißt es da, «der Seeteufel aber atmet Sie ein. Er zieht Sie zu sich heran und in sich hinein — ein willenloses, hilfloses Opfer. Lebendig gefressen werden ist mehr als fürchterlich. Bei lebendigem Leibe inhaliert werden ist unbeschreiblich grausig.»

Tatsächlich glauben nur wenige Gelehrte, daß ein Oktopus von sich aus einen Menschen angreift. J. Y. Cousteau und Frédéric Dumas, die in *Die schweigende Welt* ihre Unterwasserabenteuer schildern, gestehen freimütig, auch ihnen habe vor der Begegnung mit einem Kraken gegraut. Eines Tages habe dann Dumas einen kleinen Seepolypen von einem Felsen abgelöst. «Er wand sich verzweifelt, um freizukommen, und riß sich schließlich los. Wie eine langsame Rakete bewegte er sich fort und verspritzte seine berühmte Tinte.» Dumas versuchte, sich die Fangarme des Polypen um den Arm zu legen: sie hafteten nur wenige Augenblicke und fielen dann ab, flüchtige rote Male hinterlassend.

Eine weitere Übertreibung ist die unerhörte Geschwindigkeit, mit der diese Mollusken durchs Wasser schießen sollen. In Wirklichkeit sind sie, wenn sie sich auch in der Not ziemlich rasch fortbewegen können, gewöhnlich alles andere als schnell. Die kleinen Burschen, die ich in Palm Beach beobachtete, führten mir zweierlei Fortbewegungsarten vor: beim stoßartigen Schwimmen öffneten sie die Kiemen und saugten Wasser ein, das sie dann wie durch ein Auspuffrohr wieder ausspritzten. Jeder ausgestoßene Wasserstrahl brachte sie zwei, drei Meter vorwärts, doch kamen sie nur langsam und ruckweise von der Stelle. Außerdem können sie noch auf den Armen gehen. Wie ein Schreiten sieht das allerdings nicht aus. Wenn sie so auf dem Sandboden des Aquariums dahinstelzten, schienen sie im Wasser wie ein Klumpen Gelee sich vorwärts zu bewegen.

Die Arme können jedoch schnell sein wie ein Peitschenhieb, wenn es gilt, eine Beute zu erhaschen; und sie sind erstaunlich stark: schon die meterlangen Burschen können recht erhebliche Felsbrocken fortwälzen. Gefangene Tiere haben es fertiggebracht, den in den Boden ihres Behälters eingelassenen Stöpsel herauszuziehen, so daß das Wasser abfloß.

Je länger ich ihnen zusah, um so mehr bezauberten mich meine kleinen Kraken. Sie besitzen zum Beispiel die staunenswerte Fähigkeit, sich durch Ritzen und Spalten hindurchzuzwängen. Ich habe das selbst ein übers andere Mal erlebt. Um von dem Hauptbassin in einen kleineren Behälter zu gelangen, sickerte

— anders kann man das gar nicht bezeichnen — ein Oktopus durch den kaum mehr als zentimeterbreiten Spalt zwischen den rechtwinklig aufeinanderstehenden Glasplatten hindurch.

Der Direktor des New Yorker Aquariums erzählt dazu, er habe öfters Kraken von etwa einem Meter in Zigarrenkisten verschickt. Dabei sei es wiederholt vorgekommen, daß die Tiere durch den Schlitz oben zwischen Kiste und Deckel entwischten.

Doch nicht minder verblüffend fand ich den Farbwechsel, zu dem die Tiere fähig sind. Auf dem Sandboden des Bassins ruhend, war der Oktopus fahlgelb. Über Felsgrund färbte er sich zinnoberrot bis dunkelbraun, im Seetang leuchtendgrün, an einer gesprenkelten Wasseroberfläche war er gesprenkelt. Und er konnte seine Haut glätten oder runzeln, um sich seiner Umgebung anzupassen.

In der Haut des Oktopus befinden sich mikroskopisch kleine kontraktile Zellen mit verschiedenfarbigen Pigmenten. Diese Zellen vermag er beliebig auszudehnen — in manchen Fällen bis aufs Sechzigfache der Normalgröße. Erweitern sich die roten Zellen, während die anderen sich verengen, so färbt er sich rot.

Ängstigt ihn ein Verfolger, so kann er erblassen, genau wie wir vor Furcht bleich werden. Wird er geärgert oder erschreckt, wechselt er rasch von einer Farbe zur anderen.

Im Laboratorium für Meeresbiologie war ich einmal Zeuge, wie ein Fotograf von diesen Pigmentveränderungen Farbaufnahmen machen wollte. Er fischte sich aus dem Hauptbassin einen Oktopus heraus und setzte ihn in ein kleines Glasaquarium. Eine geschlagene Stunde lang standen wir darum herum und warteten, während er das Tier durch Stupsen und Stacheln mit einem Stöckchen zum Farbwechsel zu bewegen suchte. Es tat ihm nicht den Gefallen. Schließlich gab er's auf und wollte das widerspenstige Vieh wieder ins Hauptbassin zurücksetzen.

In dem Augenblick, als er es über den Rand des Aquariums hob, spritzte ihm das Tier seine sepiabraune Tinte über das ganze Hemd. Es schoß nicht auf uns andere, die wir doch alle gleich nahe standen — es zielte auf den Mann, der es gequält hatte. Und es wartete ab, bis es einen sicheren Schuß anbringen konnte. Dann landete es einen Volltreffer.

Über die Tinte, die der Oktopus verspritzt, ist man sich auch heute noch nicht ganz klar. Das Sekret übt auf die Haut des Menschen keine Wirkung aus und, wie es scheint, auch nicht auf die Fische, die direkt hindurchschwimmen. Jahrhundertelang hat man angenommen, das Tier wolle sich damit einnebeln. Die neuere Forschung glaubt, daß die Sepia den Geruchssinn der Muräne, jenes mit scharfen Hakenzähnen bewehrten Erbfeindes der Kraken, lähmt, so daß sie ihre Beute nicht mehr zu erkennen vermag. Eine Muräne, die man zu einem Oktopus ins Bassin gesetzt hatte, war nach einem solchen Tintenschuß einfach nicht mehr imstande, den Kraken zu entdecken, obgleich sie fast mit der Nase auf ihn stieß.

Eine weitere Sicherung, die die Natur dem Oktopus für sein Fortbestehen mitgegeben hat, ist seine Fruchtbarkeit. Manche Arten legen bis zu 45 000 perlweiße Eier von der Größe eines Stecknadelkopfes ab, die sie in langen Schnüren an die Felsen heften. Mit mütterlicher Fürsorge betreuen die Weibchen ihre Eier, fächeln ihnen unablässig frisches Wasser zu, damit sie makellos sauber bleiben, und verteidigen sie gegen Laichräuber. Und die ganzen sechs, acht Wochen bis zum Ausschlüpfen der Jungen nehmen sie keine Nahrung zu sich.

In vielen Ländern, zum Beispiel in Griechenland, wird das Fleisch des Oktopus als Nahrungsmittel hoch geschätzt. Mit Netzen und Schlingen, mit Fischgabel und Angel stellt man ihm nach, und in den flachen Küstengewässern fängt man ihn mit dem Speer. Die Arme werden in Stücke gehackt, gekocht, in feine Scheiben geschnitten und kalt als Salat angerichtet. Man pökelt sie auch ein oder kocht sie in einer Sauce aus Oktopustinte. In Italien ißt man die kleineren, die *calamaretti,* in schwimmendem Öl gebacken, ganz.

Um seinen Feinden zu entgehen, ist der Oktopus zum Nachtschwärmer geworden. Tagsüber hält er sich ruhig. Er sucht sich eine kleine Felshöhle und richtet sich häuslich ein. «Eine typische Oktopusklause», schreiben Cousteau und Dumas, «war ein Unterschlupf, der mit einem flachen, 60 Zentimeter langen, vielleicht 20 Pfund schweren Stein abgedeckt war. An einer Seite war das ‚Dach' angehoben und mit kleineren Steinen abgestützt. Und vor diesem Unterschlupf lag allerhand Abfall aufgehäuft: Krebs- und Austernschalen und kleinere Steine. Ein Fangarm streckte sich heraus, ringelte sich um den Abfall. Über den Wall spähten die Eulenaugen des Kraken. Als wir näher kamen, zog der Arm sich blitzschnell zusammen und schleuderte den ganzen Unrat vor den Eingang, was den Bewohner der Höhle unsichtbar machte».

Jeden Tag satt werden — das ist die größte Sorge des Kraken. Die Fische sind ihm meist zu schnell, und so ist er in der Hauptsache auf Hummer, Krebse und andere kleine Kruster angewiesen, die er mit seinem papageiähnlichen Schnabel zerlegt.

«Der Oktopus», schreibt ein amerikanischer Naturwissenschaftler, «hat Augen, die so hoch entwickelt sind wie die unseren, und ein Gehirn, das größer ist und besser funktioniert als das aller anderen wirbellosen Tiere.» Wie wir besitzt er fünf Sinne, und sein Muskelsystem — mit großer Kraft und einer vollkommenen Beherrschung der acht Arme ausgestattet — ist in vieler Hinsicht dem unsrigen ähnlich.

Kraken sind leicht zu zähmen und dazu abzurichten, Futter aus der Hand des Wärters oder eines Besuchers entgegenzunehmen. Manche zwängen einem sogar die geschlossene Hand auf, um einen festgehaltenen Leckerbissen zu ergattern. In Brighton in England soll es einen Kraken geben, der gelernt hat, nachts aus seinem Bassin zu klettern und an einer Wand zu einem Behälter mit kleineren Fischen hinüberzuspazieren — wo er sich einen herausfischt und wieder zurückstellt.

In den letzten Jahren sind verschiedene Versuche gemacht worden, zu ergründen, wie weit die Intelligenz dieser großen Mollusken wirklich reicht. So hat Dr. Paul Schiller, ein Zoologe am Yerkes-Laboratorium in Orange Park in Florida, einen Oktopus abgerichtet, von einem Steintopf den Deckel herabzustoßen, um an einen Krebs heranzukommen.

Einem anderen Kraken wurde ein mit einer weißen Karte gekennzeichneter Krebs vorgesetzt, an dem ein elektrisch geladener Draht befestigt war. Sobald er den Krebs berührte, bekam der Oktopus einen Schlag. Dann gab man ihm einen anderen Krebs zu fressen, wobei er natürlich keinen Schlag erhielt. Schon nach dem dritten Mal hatte er begriffen und rührte Krebse mit einer weißen Karte nicht mehr an.

Solche Experimente mit dem Oktopus sind für die Wissenschaft ganz besonders wertvoll, weil das nur durch ein Knorpelskelett geschützte Gehirn des Oktopus viel leichter zugänglich ist als das aller anderen Tiere mit einer festen Schädeldecke. So kann die eine oder andere Gehirnpartie vorsichtig entfernt und die jeweilige Wirkung auf das Verhalten des Kraken studiert werden. Da es immer noch viel darüber zu erfahren gibt, wie unser eigenes Gehirn arbeitet, hoffen die Gelehrten, in ihrem Wissen über den Menschen ein wenig weiterzukommen — durch Experimente mit dem bescheidenen, sehr zu Unrecht geschmähten Oktopus.

Tagebuch eines sibirischen Hengstes

Springer

Von Nikolaus Kalaschnikoff

Springer war ein sibirischer Hengst und mein Freund. Er war sanftmütig, tapfer, treu und in ungewöhnlich hohem Grade verständnisvoll. Eine glückliche Fügung brachte uns für einige Zeit im Verteidigungskampf für unser Land zusammen. Indem ich hier nach meiner Erinnerung und den Berichten anderer, die ihn liebten, seine Geschichte erzähle, statte ich eine Dankesschuld ab nicht an Springer allein, sondern an die unzähligen Pferde, die klaglos teilgenommen haben an den Tragödien, welche die Menschen sich selber schaffen. —

Springer wurde kurz vor Tagesanbruch geboren. Das erste, was er verspürte, als er zur Welt kam, war ein Schmerz, der ihn wie ein Messer durchfuhr. Elend, ohne Begreifen, lag er auf dem weichen Stroh und zitterte. Ein großer behaarter Jemand beugte sich über ihn, hüllte ihn in etwas Weiches und Warmes und hob ihn auf. Er sträubte sich, aber starke Arme hielten ihn fest umfangen und eine beschwichtigende Stimme redete ihm zu. Instinktiv fühlte er, daß der, der ihn hielt, vertrauenswürdig war.

Als sein schmächtiger kleiner Körper mit dem großen warmen der Stute in Berührung kam, wandte er den Kopf und begegnete dem Blick ihrer dunkelklaren Augen, die ihn im Licht des Tages zärtlich und besorgt musterten. Dann stellte ihn der Freund, der ihn aufgehoben hatte, auf seine unsicheren Beine und schob seine Schnauze gegen etwas Weiches. Unwillkürlich öffnete er das Maul, faßte zu, und eine linde, süße Flüssigkeit rieselte ihm die Kehle hinab und erfüllte ihn mit unsäglichem Behagen. Das war, wonach er geschmachtet hatte. Gierig schlang er die Milch hinunter.

Gerasim Oserow, der sibirische Bauer, stand befriedigt dabei. Er dachte zurück an den Tag, an dem ein geängstigter Reitknecht ihm einen fremden Hengst gebracht hatte, der dem Besitzer einer nahegelegenen Goldmine gehörte. «Helfen Sie mir», hatte der Bursche gefleht, «ich verliere meine Stellung, wenn ich dem Herrn ein lahmes Tier bringe. Das ist kein gewöhnlicher Gaul — er hat englisches Blut in sich und hat beim Rennen in Tomsk einen Preis gewonnen. Sie sind im Umgang mit Tieren der erfahrenste Mann hier im Dorf. Kurieren Sie ihn, ich bezahl's Ihnen aus meiner eigenen Tasche.»

Es war nicht Geld, was Gerasim verlangt hatte, als das Tier geheilt war, sondern die Erlaubnis, seine beste Stute, Wittib, von ihm decken zu lassen. Das wird eine gute Rasse werden, dachte Gerasim, während er auf das kleine Rappfohlen hinabblickte. Er wandte sich dem Buben zu, der neben ihm stand. «Komm, Denis, mein Sohn, wie wollen wir ihn nennen? Er gehört dir — ich hab' ihn dir versprochen.» Neben dem Fohlen niederkauernd, streckte Denis die Hand aus und streichelte den weichen, seidigen Kopf. «Seine Beine sind lang und schlank, Wir wollen ihn Springer nennen.»

Springers Erziehung begann an seinem ersten Lebenstage damit, daß er den Unterschied zwischen kalt und warm, Hunger und körperlichem Wohlbefinden lernte. Nach und nach lernte er auch Laute unterscheiden. Einer zumal schien eine besondere Beziehung auf ihn zu haben. «Springer, Springer» klang der Laut. Immer, wenn er ihn vernahm, hob er den Kopf, reckte seinen dünne Hals und spitzte die Ohren. Er lernte bald, daß der große Freund der Herr und Meister war.

Springer wußte die liebevolle Fürsorge, die man ihm erwies, wohl zu würdigen, und begann sie mit gleicher Münze zu vergelten. Er lief dem Herrn und dem Buben wie ein Hündchen nach und beschnupperte sie, wenn sie bei ihm standen, als wollte er sagen: «Ich bin euer. Ihr könnt euch auf mich verlassen. Ich will alles tun, was ihr von mir verlangt.» Sein Glaube an die menschlichen Wesen war unbedingt, er hatte keinerlei Furcht vor ihnen und zweifelte nicht einen Augenblick an ihrer Weisheit.

Von dem offenen Gehege aus, in das er und seine Mutter jeden Morgen geführt wurden, hatte er schon immer sehnsüchtig nach den anderen Fohlen ausgeschaut, die in einer entfernten Hürde weideten. Besonders fühlte er sich zu einer kleinen jungen Schecke hingezogen, deren Aufmerksamkeit er auf sich zu lenken suchte, indem er umhergaloppierte und wieherte, bis sie zu seinem Entzücken mit schüchternem Gewieher antwortete. Als nun wärmere Tage kamen, wurden er und seine Mutter in die große Hürde losgelassen, und da fand er denn die kleine Schecke.

Mit Muße beschnüffelte er sie vom Kopf bis ans äußerste Ende ihres geflochtenen Schwanzes. Dann richtete er sich vor Freude auf den Hinterbeinen hoch und drehte sich um sich selber wie ein Kreisel. Die Augen der Schecke glänzten vor Bewunderung. Aber die anderen Pferde in der Koppel hielten im Grasen inne und schauten auf ihn, als wollten sie sagen: «Wo kommt dieser Angeber her?» Drohend setzten sich einige der Fohlen, angeführt von einem bösartigen Fuchs, in Bewegung auf ihn zu. Springer wich gegen den Zaun zurück, so erschreckt, daß er keinen Laut von sich zu geben vermochte. Schon war der Fuchs, zähnebleckend, nahe daran, über ihn herzufallen, als eine gebieterische Stimme erklang.

«Halt! Was soll das?» Es war der Herr. Beim Laut dieser Stimme liefen die Fohlen auseinander.

«Na, Springer, da hast du dir einen schönen Schrecken eingebrockt, wie? Ein bißchen zu übermütig wohl?» Der Mann streichelte ihn, und seine Ruhe gab Springer das Gefühl, daß die Welt wieder war, wie sie sein sollte.

«Das wird ein feines Tier, Denis», sagte der Alte.

«Ja», pflichtete der Junge bei. «Es ist anders als die anderen Fohlen. Woher kommt das? Von seinem Vater?»

Gerasim schwieg eine Weile. «Vielleicht. Aber unser Wittib ist auch so gutartig und gescheit, wie man's nur wünschen kann. Pferde sind wie Menschen — gut und schlecht. Nimm den jungen Fuchs — der ist bösartig und feig. Wir werden ihn wahrscheinlich verschneiden müssen. Für schwere Arbeit wird er recht gut taugen, aber nicht für die Zucht. Dazu werden wir den Schimmel und Springer benutzen. Wir werden sie nach und nach abrichten — zuerst an den Zügel gewöhnen, dann an den Halfter, und danach mit einem älteren Pferd zusammen anschirren. Denk' immer dran, Denis: behandle Springer mit Liebe. Das ist die einzige Art, wie man ihm etwas beibringen kann.»

Voller Behagen ließ Springer sich von dem Mann an der empfindlichen Stelle hinter seinem Ohr krauen. Als die kleine Schecke sich klagend in Erinnerung brachte, antwortete er mit einem wohlgemuten Wiehern. Wie gutmütig und harmlos kamen ihm jetzt seine Feinde von vorhin vor. Nur das Fuchsfohlen grollte nach wie vor. «Warte du nur», drohten ihm seine finsteren Blicke, «dir besorg' ich schon noch deine Prügel.

Die Hochsommertage waren heiß, aber die kühlen Nächte lockten den würzigen Duft all des Wachstums und des frischgemähten Heus hervor, das in Fülle auf den Wiesen lag. Eines Morgens führte der Herr das Fohlen in den Stall und sperrte es ein. Springer war außer sich, denn er war noch nie von seiner Mutter getrennt gewesen. Unter lautem Klagegewieher rannte er hin und her, aber die Mutter kam nicht.

Später, als die Pferde von der Weide zurückkehrten, drehte er sich in seiner Box wie besessen um sich selber, rief nach seiner Mutter und lauschte auf Antwort von ihr. An diesem Abend wurde ihm klar, daß etwas Eingreifendes mit ihm geschehen war — die Mutter war nicht mehr an seiner Seite.

Tagelang hallte die Luft von seinen Rufen wider. Dann eines Morgens vernahm er ein kummervolles Wiehern aus einem Nachbarstall. Es war die Stimme der kleinen Schecke, und Springer begriff instinktiv, daß auch sie ihre Mutter verloren hatte. Er bockte und tobte in seinem Stand, um freigelassen zu werden und ihr zu Hilfe zu eilen.

Endlich kam der Herr herüber. «He, was soll der Lärm? Du denkst, die junge Dame ist in Nöten und du kannst sie trösten, wie? Na, vielleicht kannst du's wirklich.» Begierig folgte Springer dem Herrn in den Hof und stürmte zu der Schecke hin, die Denis aus ihrem Stall führte. Sie begrüßten einander mit Schnüffeln und leisen wiehernden Lauten.

Dann kam ein Tag, an dem die beiden auf eine umzäumte, grasreiche Wiese gebracht und samt den anderen Jungpferden losgelassen wurden. Hier sahen sie einige ihrer alten Gefährten wieder, darunter einen freundlichen Schimmel und den leidigen Fuchs, der beim Anblick Springers sogleich Miene machte, die Feindseligkeiten zu eröffnen. Aber Springer hütete sich, darauf einzugehen und schloß sich an den Schimmel an.

Die Freundschaft mit dem Schimmel wurde immer inniger. Als sich der Fuchs einmal auffällig um die Gunst der kleinen Schecke zu bemühen begann, kam der Schimmel Springer zu Hilfe und vertrieb den unliebsamen Bewerber. Aber nicht immer vermochte Springer seinen Erzfeind zu vermeiden, und die Zusammenstöße wurden immer häufiger. Einmal bekam er einen scharfen Schlag von den Hufen des Fuchses ab, ein andermal arge Bisse in den Rücken und in die Schenkel.

Eines Morgens, als sie gerade vom Tränktrog kamen, sah sich Springer plötzlich in eine Ecke gedrängt, und vor ihm stand der Fuchs und versperrte ihm den rettenden Ausgang. In diesem Augenblick geschah etwas Außerordentliches. Es war ihm, als ob ein Feuerball sich in ihm zusammenzöge und ihm durch alle Muskeln und Adern seines Körpers schösse und irgendwo in seinem Kopf zerbarst. Er drehte sich um und keilte mit beiden Hinterhufen drauflos. Dann, bevor der Fuchs noch Zeit hatte, sich zu erholen, wandte er sich, die Ohren zurückgelegt, wieder um und stürzte auf ihn zu. Zu seinem Erstaunen machte der Fuchs kehrt und rannte davon.

Von da an war Springer furchtlos und stark und suchte bei keinem mehr Schutz. Das Gefühl eigener Kraft war eine herrliche Entdeckung, aber es bedeutete nicht, daß er nun ganz unabhängig war. Die Menschen blieben ihm trotzdem so unentbehrlich wie das Sonnenlicht.

Seinen zweiten Frühling und Sommer hindurch streifte Springer mit seinen Freunden, der Schecke und dem Schimmel und Hunderten anderer, in Feld und Wald umher. Einmal begegnete er seiner Mutter, aber keins von beiden legte besonderes Interesse an den Tag. Sie begrüßten einander höflich mit gegenseitigem Beschnuppern und wandten sich dann ab.

Eines Tages führte der Herr ihn und den Schimmel in ein weites Gehege und legte ihnen Polster auf den Rücken, die er mit Riemen unter ihrem Bauch festschnallte. Der Schimmel bäumte sich und schlug aus. Springer war verdutzt, aber nicht beunruhigt. Einige Tage danach überraschte der Herr ihn damit, daß er ein schweres Stück Leder auf das Kissen warf und den Riemen strammer anzog, ungeachtet dessen, daß Springer seinen Leib zu einem harten Ballon aufblähte, denn er fühlte sich nun doch in seiner Würde gekränkt. «Nun, nun», hörte er die besänftigende Stimme des Herrn, «was ist ein Sattel für einen feinen, kräftigen Burschen wie dich?»

Dann kam ein neuer plötzlicher Schreck, als Denis mit einem raschen Schwung rittling auf seinem Rücken landete. Springer war entsetzt. Er stieg auf die Hinterbeine, machte kehrt und jagte wie aus der Pistole geschossen quer durch die Koppel.

Als er innehielt, war niemand mehr auf seinem Rücken. Er schaute sich um. Denis saß am Boden und hielt ihm lachend ein Stück Brot hin. «Komm, hol dir's, Springer. Ich hab dich überrumpelt, wie? Na, und du mich auch!»

Bevor er zwei Jahre alt war, lernte Springer einen Reiter tragen und einen leichten Schlitten ziehen. Oft spannten sie ihn vor den Schlitten und ließen ihn über den blankgefrorenen Baikalsee traben. Er wußte, dass er der gelehrigste unter seinen Altersgenossen war, und das machte ihn stolz. Selbst der gutmütige Schimmel leistete zuweilen hartnäckigen Widerstand, und der Fuchs gehorchte überhaupt nur der Gewalt.

In Wahrheit war Springer weder so groß noch so kräftig wie der Schimmel oder der Fuchs, der rundlich war wie ein Faß, aber er sah größer aus, weil seine Beine so lang und schlank waren. Und ein gewisses Etwas, das er an sich hatte, verlieh ihm eine Überlegenheit in den Augen seiner Gefährten. Er war anders als sie — etwas Besonderes, dank seiner eigentümlichen Verbundenheit mit den Menschen.

In dem Frühling, in dem Springer drei Jahre alt wurde, befiel ihn oft eine plötzliche Ruhelosigkeit, und der Schimmel und er waren wiederholt recht gereizt zueinander. In abgesonderte Gehege eingesperrt, sahen sie, wie ihre Gefährten sich der Freiheit erfreuten, und der Anblick der vorbeikommenden jungen Stuten versetzte sie in leidenschaftliche Erregung. Einmal bei Anbruch des Abends, als sie zusahen, wie die Arbeitspferde von den Feldern heimkehrten, gewahrten sie in einer nahegelegenen Hürde die kleine Schecke. Im Dämmerlicht war ihre anmutige Gestalt kaum mehr als ein Schatten, aber ihr leises vertrautes Wiehern genügte, um einen Aufruhr der Gefühle in ihnen zu erwecken.

Der Schimmel, zu schwerfällig, um zu springen, schnaubte und lehnte sich mit aller Wucht gegen den Zaun. Aber Springer erhob sich auf die Hinterbeine und schlug auf das Gestänge ein. Dann wich er bis ans andere Ende des Geheges zurück und stürmte von da aus erhobenen Kopfes auf den Zaun los. Seine Vorderbeine erhoben sich, die Hinterbeine gingen in die Beuge, schnellten ihn hoch — und drüben war er.

Mit Triumphgewieher eilte er zu der Schecke hin und beschnupperte und befühlte sie am ganzen zitternden Leibe. Sie ließ sich seine unbeholfenen, fiebernden Liebkosungen gefallen. Dann plötzlich löste sich das Mysterium in einem Akt, aus dem er ruhig und befriedigt hervorging. Als früh am nächsten Morgen der Herr und Denis kamen, standen Springer und Schecke friedlich Seite an Seite, wie sie früher so oft gestanden hatten.

Frühling und Sommer kamen über Sibirien. Eines Tages läutete die Kirchenglocke, nicht fröhlich wie an Festtagen, sondern ernst und langsam. Es war Krieg ausgebrochen, und Männer in Uniform waren im Dorf eingetroffen, um alle Pferde zu besichtigen. Sie gingen in jeden Stall. Einer von ihnen sperrte Springers Maul auf und sah prüfend hinein.

Als der Mann fort war, schlang der Herr beide Arme um Springers Hals und legte die Wange an das blanke Fell. «Springer...» Seine Stimme klang tief bekümmert. Dann jammerte Denis: «Ach Springer! Der Zar holt dich weg in den Krieg, und wir werden dich nie wiedersehen!»

Ein paar Tage später wurden Springer, der Schimmel und der Fuchs aus ihren Ställen herausgeführt. Seile wurden ihnen um die Hälse geschlungen und an die Rückseite eines Wagens gebunden. Als sie den Hof verließen, kam ein Schrei aus Denis Kehle: «Springer... Springer!»

Die Pferde wurden alle auf einen Haufen und dann durch lärmende Straßen getrieben. Große dröhnende und schnaufende Ungetüme, die ganze Reihen sonderbar geformter Häuser hinter sich her zogen, tauchten vor Springer auf. Er hatte noch nie einen Eisenbahnzug gesehen. Er spitzte die Ohren und rollte die Augen. Eines der sich sträubenden Pferde nach dem andern wurde weggeführt. Er sah den Schimmel verschwinden, dann kam der Fuchs an die Reihe. Mit einem Satz sprang er hinter dem Fuchs her und die Laufplanke hinan in den Eisenbahnwagen.

Am Abend, während die Pferde dösend beisammenstanden, setzte sich der Zug in schaukelnde Bewegung. Springer sah die Augen des Fuchses angstvoll fragend auf sich gerichtet und wieherte ihm leise zu: «Hab' keine Bange, alter Freund.» Er empfand jetzt den Wallach gar nicht mehr als Feind. Ein starkes Band hielt sie verbunden.

Tage und Nächte folgten einander in dumpfer Eintönigkeit. Zum erstenmal in seinem Leben erfuhr Springer, was es hieß, sich vor Menschen zu fürchten. Männer kamen und gingen, brachten Futter und Wasser. Einer von ihnen hatte einen grauen Bart, der ihn an den Herrn erinnerte; Springer begrüßte ihn mit Wiehern, und er erwartete eine Liebkosung. Der Mann ergriff einen Besen und hieb ihm damit auf den Kopf.

Von da an scheute Springer, gleich den anderen Pferden, vor diesem Mann zurück, wenn er ihm nahe kam. Nur der Fuchs machte keinen Hehl aus seinem Haß. Eine Zeitlang hielt sich der verabscheute Fremde wohlweislich in sicherer Entfernung von ihm, aber eines Abends kam er in besonders übler Laune herein und ließ seine Wut an dem Fuchs aus. Der Wallach nahm die Herausforderung an, bleckte die Zähne und ging zum Angriff über. Der Mann wich schleunigst zurück und verschwand durch die offene Wagentür. Er ließ sich nie wieder blicken.

Andere Männer kamen, und Springer betrachtete sie alle mit derselben Gleichgültigkeit. Dann hörte er eines Tages zu seinem größten Erstaunen, wie einer ihn wiederholt bei seinem Namen rief. «Springer... Springer.» Wie elektrisiert reckte Springer den Hals und wurde mit einem liebevollen Tätscheln belohnt. Seitdem wartete er immer ungeduldig auf das Erscheinen des Mannes.

Der Mann war ein Oberwachtmeister, der zu dem Pferdetransport abkommandiert war. Er hatte ein Verzeichnis mit den Namen aller Pferde bei sich. Er war der typische russische Landmann. Für ihn waren Tiere ein notwendiger Bestandteil des Lebens, und die Begegnung mit diesem Springer, der so sichtlich auf seine Art und Weise einging, erweckte ein tiefes Heimweh in ihm. Nach einiger Zeit beschaffte er sich, sei es aus Passion oder aus Langeweile bei der endlosen Fahrt, ein Merkbuch und schrieb auf den Umschlag: «Kriegstagebuch des sibirischen Hengstes Springer.»

Auf die erste Seite schrieb er: «Jedem, der dieses Buch findet, sei gesagt, daß dies der Bericht über den Kriegsdienst Springers ist, eines sehr edlen Pferdes. Ich bitte jeden, dem das Pferd und dieses Merkbuch in die Hände fallen, den Bericht über seine Erlebnisse im Dienste unseres Landes fortzusetzen.»

Nacht senkte sich auf die Berge und Wälder. Funken stoben auf, Flammenzungen durchschossen die Dunkelheit und ließen dicken, stinkenden Qualm in der Luft zurück. Seit einer Woche tobte eine grimmige Schlacht in den galizischen Bergen. Überall herrschte ein wüstes Durcheinander. Wagen, Karren, Munitionskisten, lagen im Buschwerk verstreut; die Hohlwege waren mit Menschen- und Pferdeleichen bedeckt.

Springer und der Fuchswallach hatten nur noch schwache Ähnlichkeit mit den wohlgenährten Tieren, als die sie ins Feld gezogen waren. Die Rippen ragten ihnen unter der gespannten Haut vor, und ihre Köpfe hingen tief herab. Springer hatte alles Gefühl für Zeit und Ort verloren.

Unter Mühsal und Leiden hatte sich ein kameradschaftliches Einverständnis zwischen ihm und seinem neuen Herrn, Leutnant Radow, herausgebildet. Erfahrung hatte ihn gelehrt, die Ruhe zu bewahren, mochte geschehen, was wolle. Sein Instinkt für

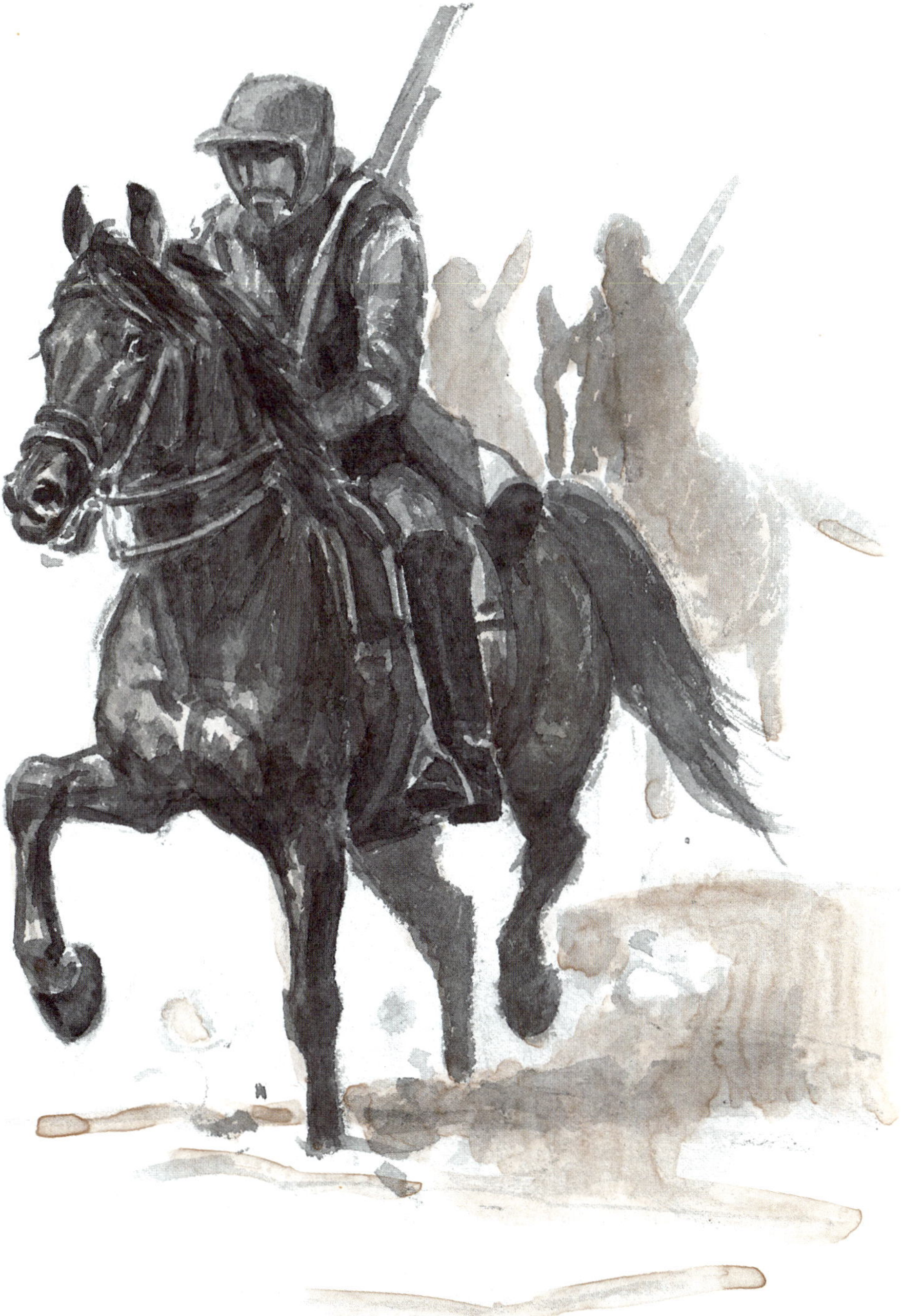

drohende Gefahren hatte sich geschärft. Seine Ohren waren so hellhörig, daß er zwischen Geschützfeuer von Freund oder Feind unterscheiden konnte; seine Nase warnte ihn, wenn fremde Männer und Pferde in der Nähe waren.

Als er jetzt am Fuß einer Felswand neben einem leeren Artilleriemunitionswagen stand, strich er dem Fuchs leicht mit dem Maul über die Flanke, als wollte er sagen: «Nur Mut, Bruder!»

Die hohlen Augen des anderen erwiderten: «Ich kann kaum noch meine Beine schleppen. Wir kommen hier nicht lebend heraus, mein Freund.»

Das feindliche Feuer hielt ununterbrochen an, während ihre eigenen Geschütze nur dann und wann antworteten. Springer wandte den Kopf, um seinen Herrn zu begrüßen, der ihm den Schweiß abwischte und ihn tröstend streichelte. «Springer», sagte der Leutnant, «du bist ein Held. Du bist es, der uns alle heut' gerettet hat; du hast den Feind gewittert und hast mir den Gehorsam verweigert, als ich über den Fluß setzen wollte. Wärst du so töricht gewesen wie ich, so wären wir alle in die Falle geraten. Aber es sieht böse für uns aus, alter Freund — wir sind vom Feind umzingelt.»

In dieser Nacht traten sie den Rückzug an. Aus Waldesschatten tauchten die schummrigen Formen von Männern, Pferden und Wagen auf, als die Batterie aus ihrer gefährdeten Stellung forthastete. Durch die Dunkelheit holperte und stolperte der gespenstische Zug dahin.

Kurz vor Tageseinbruch erreichte die Abteilung ein von scharfen Felsspitzen starrendes und von einer Gruppe riesiger Bäume wie von einem Helmbusch überragtes Plateau. Menschen und Tiere warfen sich zu Boden. Springer stand, noch immer gesattelt, an das Rad einer Lafette gebunden, unweit von dem Fuchswallach. Er scharrte mit den Hufen, um die Aufmerksamkeit des Wallachs zu erregen, aber der stierte ihn nur teilnahmslos an. Fremd und unheimlich sah er aus, fast nur noch ein von Schweiß und Staub geschwärztes Gerippe.

Springer vernahm das gräßliche Heulen einer Granate, und er zerrte, jeden Nerv gespannt, an seinem Strick hin und her. Menschen wie Pferde wußten, daß mit dem Tageslicht das Entsetzliche wieder beginnen und der Himmel Feuer und Vernichtung regnen würde. Die nächsten paar Stunden waren ein Alptraum; Granaten barsten, und die Erde bebte unter den geängstigten Tieren. Von der Höhe her kam, nach einer blendend grellen Explosion, eine Lawine von Steinen und Erdreich, die einen der ungeheuren Bäume mit sich führte. Der Wipfel traf ein Pferd, umfing es mit seinem Geäst wie in einer Umarmung, und Baum und Pferd verschwanden über den Rand des Plateaus.

Mittags schien die heiße Sonne auf die verwüstete Erde herab. Das Geschützfeuer war fast verstummt, dafür kam jetzt Gewehrfeuer von allen Seiten her. In diesem tödlichen Hagel trat der Leutnant herzu, schnallte Springers Sattel fest und saß auf. Alle Furcht wich von Springer. Vom einen Ende des Plateaus zum andern ging es nun, und Springer sah zu, wie Rosse und Wagen und Geschütze unter der Leitung seines Herrn den steilen Abhang hinunterpolterten.

Der unsichtbare Feind, der den Abstieg von dem Plateau beobachtete, schickte einen neuen Todeshagel hinterdrein. Springer sah einen Freund, einen jungen Braunen stolpern und mitsamt dem Reiter stürzen. Er bebte an allen Gliedern bei dem Anblick, aber eine leichte Berührung von der Hand seines Herrn gab ihm die Ruhe wieder, und er eilte den andern nach, die in eine Schlucht hinabströmten, wo ein Weg in den Schutz dichten Waldes führte. Fast am Fuße des Abhanges sah er den Fuchswallach liegen, furchtbar verwundet, krampfhaft bemüht, sich aufzuraffen, den Kopf hilflos hin und her werfend. Das Tier schien gar nicht zu begreifen, was mit ihm geschehen war. Springer wäre zu ihm hingeeilt, aber sein Herr gab ihm die Sporen — vorwärts! —, und so war die letzte Möglichkeit, den alten Freund zu trösten, für immer dahin.

Springer sah die Spitze der Kolonne in den Wald verschwinden und hörte den Donner eigener Geschütze. Verstärkung war nahe. Der Leutnant wendete und lenkte ihn dem Schwanz der Kolonne zu. Eine Granate barst unweit von ihnen; der Boden wankte unter Springer, und irgend etwas schleuderte ihn hoch in die Luft.

Als er wieder zu sich kam, sprang er rasch auf. Er verspürte eine Schwäche in den Beinen und einen brennenden Schmerz. Ein paar Schritte entfernt lag Leutnant Radow. Springer wartete darauf, daß er wieder aufsitzen würde, aber statt dessen hoben ihn ein paar Männer auf eine Bahre und trugen ihn weg. Irgendwo in der Ferne polterten noch immer die Geschütze, aber im Wald war es friedlich und still. Die Träger der Bahre gingen schnell, und Springer bemühte sich nach Kräften, Schritt mit ihnen zu halten. Eine Blutspur zog sich hinter ihm her.

Als Springer wieder geheilt war, war der Krieg vorbei.

Ostwärts über die stille russische Erde hin ratterte ein Truppentransportzug dem Innern Sibiriens zu, wo die Armee sich reorganisieren und ihre Reihen wieder auffüllen sollte. In einer Ecke saßen zwei junge Offiziere und redeten halblaut miteinander. Der eine trug die Uniform eines tschechischen Rittmeisters, der andere die eines russischen Leutnants. Sie hatten über die russische Revolution geredet, aber nun war das Gespräch verebbt, und sie hörten einem in der Nähe Sitzenden zu, der die Tugenden seines Pferdes rühmte.

«Ich bin selber Kavallerist», sagte Rittmeister Malicek, der Tscheche, zu dem russischen Leutnant. «Ich will nicht behaupten, daß ein Pferd Menschenverstand hat, aber es hat oft ein instinktives Verstehen, das erstaunlich ist. Hier ist etwas, das ich Ihnen zeigen möchte.» Er reichte dem andern ein schmuddeliges, abgegriffenes Notizbuch.

«Es ist geschrieben von Soldaten, die ich nicht kenne, und ist der Frontbericht über einen sibirischen Hengst namens Springer. Er befindet sich hier im Zug. Er sieht nicht gerade besonders aus, aber seine Augen haben es in sich. Das Ungewöhnlichste an ihm ist vielleicht, daß alle diese Landser und Offiziere sich die Mühe gemacht haben, über ihn zu schreiben, als ob er ein denkendes Wesen und ein zuverlässiger Freund sei.»

Der Leutnant lächelte über den Titel: «Kriegstagebuch des sibirischen Hengstes Springer.» Er schlug das Büchlein aufs Geratewohl auf und begann zu lesen:

«Wir stehen vor der Vernichtung ... fast ganz umzingelt. Wenn nicht Verstärkung kommt, ist es aus mit uns. Ich schreibe hier das Merkbuch meines treuen Freundes Springer. Falls er mich überlebt und in fremde Hände fällt, bitte ich, dieses Merkbuch mit zu übernehmen. Man soll wissen, was für ein treuer und verständnisvoller Kamerad er ist. Dieses Pferd ist glücklich, wenn sein Herr glücklich ist, und unglücklich, wenn sein Herr traurig ist. Heut abend steht er hier neben mir. Seine Augen folgen jeder Bewegung, die ich mache. Ich schwöre, es sind die Augen wie die eines Menschen. Ich wäre nicht überrascht, wenn er mit einemmal reden und zu mir sagen würde: ‚Nur Mut!'

Ihr, die ihr vielleicht Springers künftige Herren sein werdet, denkt daran, daß er meine Beschwerden mit mir geteilt hat. Behandelt ihn, wie ihr einen Mitmenschen behandeln würdet. Wenn ihr bezweifelt, was ich über seine Klugheit geschrieben habe, so braucht ihr bloß zu ihm zu gehen und ihm den Hals zu klopfen und zu sagen: ‹Springer, du bist ein gutes

Pferd. Diene mir so treu und redlich, wie all den anderen, die dich geliebt und für dich gesorgt haben.' — Leutnant Radow.»

Leutnant Kolosow war tief gerührt von dieser seltsamen, hastig mit Bleistift gekritzelten Eintragung. «Dieser Mann», sagte er mit Wärme, «verdient es, daß sein letzter Wunsch erfüllt wird. Was, meinen Sie, soll mit diesem Springer geschehen?»

«Ich habe mein eigenes Pferd», versetzte der Rittmeister. «Sie lieben Pferde, nehmen Sie ihn und das Merkbuch an sich. Es gehört sich so, daß ihr beiden Sibirier beisammenbleibt.»

Als der Zug hielt, wurde Springer aus dem Güterwagen in einen Schuppen geführt. Leutnant Kolosow trat an ihn heran, klopfte ihm den Hals und sagte liebevoll: «Springer, du bist ein feines Pferd. Ich weiß, du wirst mir treulich dienen.» Die vertrauten russischen Laute beglückten Springer, und mit einem Wiehern drängte er sich an den Mann.

Einst war Springer westwärts gereist, in den Krieg. Jetzt, mit diesem letzten Herrn, kehrte er nach Osten zurück, nach Irkutsk, wo er seine militärische Laufbahn begonnen hatte. Der verheerende Bürgerkrieg war zu Ende gegangen. Die Armeen der Roten und Weißen vereinten sich jetzt gegen einen gemeinsamen Feind in Fernost — den berüchtigten Ataman Semenow und seine japanischen Verbündeten.

Der Marsch ostwärts zum Baikalsee führte durch Schneesturm und Kälte. Eines Morgens, als der Schnee in dichten Mengen fiel und die schneidende Luft das Atmen schwermachte, war Springer wie elektrisiert, als er Eis unter den Hufen spürte. Er schnaufte sich die Nüstern frei, und eine sonderbare Aufgeregtheit befiel ihn.

«Wovor hast du denn Angst, Springer?» fragte sein Herr.

Zutraulich wandte Springer sich zu ihm um, als wollte er sagen: «Es ist nicht Angst, sondern dieses Eis und diese Landschaft. Ich bin schon einmal hier gewesen.»

Tags darauf erreichten sie das Dorf Kabansk. Es war schon spät am Abend, aber die Straßen wimmelten noch von frohbewegten Menschen; das ganze Dorf war auf den Beinen, um die Soldaten zu begrüßen. In seinem Stall auf einem großen Bauernhof wollte Springer gar nicht stillstehen und auch das Heu nicht anrühren, obwohl er seit langem nichts gefressen hatte.

Alleingelassen stöberte er mit seiner Nase überall herum, untersuchte und beschnupperte alles. Plötzlich hob er den Kopf und horchte auf. Schritte näherten sich dem Stall, und zugleich rief eine jugendliche Stimme: «Springer... Springer!» Die Tür ging auf.

In ihrem Rahmen standen im Laternenschein ein hochgewachsener bärtiger Mann und ein schlanker junger Bursche. Sie traten näher und prüften die Brandmarke auf seinem Oberschenkel. «Springer... Springer!» riefen sie. «Denis hat sich nicht getäuscht. Du bist es wirklich — ein Heimkehrer aus dem Krieg. Willkommen zu Hause!»

Am nächsten Morgen lag eine festliche Stimmung in der Luft. Das Gerücht, daß Springer wunderbarerweise zu Gerasim Oserow zurückgekehrt sei, bewegte alle Gemüter. Einer nach dem andern eilten sie herbei, um sich mit eigenen Augen davon zu überzeugen. Schon vom frühen Morgen an standen sie im Hof beieinander und waren sich einig, daß es wie ein Wunder sei.

Springer war erfreut über all die Teilnahme, aber nicht ganz bei der Sache; die Geräusche von den Koppeln her lenkten ihn ab. Er wieherte, um sich einer schönen Schecke in einer entfernten Hürde, die ihn sonderbar anzog, bemerkbar zu machen. Sie hob den Kopf und antwortete mit einem angelegentlichen Wiehern.

Das Stimmengewirr verstummte plötzlich, als Gerasim Oserow, an Leutnant Kolosow gewendet, das Wort ergriff.

«Genosse Kommandant, Springer ist unser Pferd. Die Leute hier werden Ihnen bestätigen, daß dies die Oserow-Marke ist. In dem kleinen Stall da ist er geboren. Im ersten Kriegsjahr wurde er zusammen mit anderen Pferden eingezogen. Die Schecke da drüben ist die Mutter seines Sohnes. Lassen Sie mich ihm die Zügel abnehmen, und Sie werden sehen, daß er schnurstracks zu ihr hinlaufen wird. Haben Sie Erbarmen mit ihm.»

Der Leutnant war sichtlich gerührt. Er nahm die Zügel ab. Springer warf den Kopf hoch und eilte auf die Koppel zu. Er lief nicht zu der nächsten, die eine Herde von Hengsten umschloß, sondern zu der entferntesten, in der sich die Schecke befand, der er sich sogleich anschloß.

Der Leutnant lächelte Denis zu und wandte sich dann mit einem Zwinkern an Oserow. «Ich habe nicht das Recht, ein gutes Pferd zu entlassen, aber ich habe kürzlich bemerkt, daß Springer kränkelt. Ein krankes Pferd ist nutzlos im Krieg. Wenn Sie mir also statt dessen ein gesundes geben wollen, dann ist der Handel perfekt.» Die Bauern drängten sich mit lauten Zurufen und Händeschütteln um den Offizier, während Denis und sein Vater weinten und lachten.

Am folgenden Morgen war das Dorf zeitig aus den Federn, um den Soldaten das Abschiedsgeleit zu geben. Nur Springer sah den Vorgängen mit Beunruhigung zu. Er konnte nicht begreifen, warum er nicht gesattelt wurde.

«Lebewohl, Springer. Lebewohl, alter Kamerad», flüsterte sein Leutnant ihm ins Ohr. «Tut mir leid, daß ich dich verlassen muß, aber du wirst hier glücklich sein.» Er klopfte ihm liebevoll den Hals, schwang sich dann auf ein anderes Pferd, das bereitstand, und ritt davon, ohne sich noch einmal umzuschauen.

Springer drehte und wendete sich ruhelos umher. Er fühlte, daß da etwas nicht in der Ordnung war. Aber als er die Schecke wiehern hörte, stand er still. Seine Antwort tröstete und beruhigte sie. «Sorg' dich nicht», schien er zu sagen, «ich gehe nie wieder fort.»

Der Alte und Denis, die zärtlichen Liebkosungen, die Geräusche des Bauernhofes, die für seine Ohren Musik waren – all das gehörte zu ihm, als ob er niemals weggewesen wäre. Hier war seine wahrhafte, geliebte Heimat.

Paul und Paulinchen,
ein besonders liebenswertes Stinktierpärchen,
das uns allen Leben ins Haus brachte

Auch Stinktiere sind liebenswerte Geschöpfe

Von Hildegard Grzimek

Alle möglichen Arten von Tieren, große und kleine Raubtiere, Säugetiere und Vögel haben jahrelang mit uns unter einem Dach gelebt. Daß mein Mann mir nicht auch noch Giraffen und Elefanten in Obhut und Pflege gegeben hat, lag bloß daran, daß er sie nicht die sechsundneunzig Stufen unseres Hauses heraufschleppen konnte. Auch wäre unsere zwar geräumige Wohnung dafür doch wohl zu klein gewesen.

Kurz nach dem Krieg kam eines Tages eine Amerikanerin bei uns hereingeschneit und wollte dem Zoo zwei junge Stinktiere schenken. Sie hatte die beiden kleinen Kerle großgezogen, während sie bei einer Besatzungsbehörde in Deutschland arbeitete. Jetzt mußte sie nach Amerika zurückkehren und wußte nicht wohin mit ihnen. Mitnehmen konnte oder wollte sie sie nicht. Vielleicht war auch ihre Wohnung in New York oder San Franzisko zu klein.

Wie auch immer, wir waren natürlich entzückt, weil das Skunkpärchen für unseren Zoologischen Garten, der damals noch sehr arm an exotischen Tieren war, eine wertvolle Bereicherung bedeutete. Nur hatten wir noch keine geeignete Unterkunft für die Neulinge, also sollten sie wieder einmal «vorübergehend», wie es dann immer hieß, bei mir in unserer Wohnung bleiben.

Ich muß gestehen, daß ich im ersten Augenblick nicht übermäßig beglückt war über diesen Zuwachs in meiner Tierkinderstube. Das mochte mir die Amerikanerin angesehen haben, denn sie versuchte mich zu beruhigen: «Sie können ganz unbesorgt sein. Ich habe die beiden operieren lassen, als sie noch jung waren. Sie haben keine Stinkdrüsen mehr. Sonst hätte ich sie ja auch nicht bei mir behalten können.»

Das ließ mich hörbar aufatmen, und jetzt waren mir die beiden Stinktiere schon wesentlich sympathischer. Wir tauften sie Paul und Paulinchen.

In den ersten Tagen hatten wir unsere liebe Not, uns mit ihnen zu verständigen. Sie hatten bis dahin ja nur englische Laute gehört. Jetzt mußten sie sich im Interesse unserer anderen vierbeinigen Hausgenossen, und damit später der Pfleger im Zoo sie leichter an sich gewöhnen würde, auf deutsche Zurufe umstellen.

Skunks sind kleine Raubtiere und kommen in Nordamerika vor. Mit Vorliebe gehen sie auf Vogeljagd, aber sie verschmähen auch Obst nicht. Sie sind sehr gesellige und freundliche Wesen, die in Gefangenschaft zutraulich und zahm werden. Ihren menschlichen Pfleger lassen sie nicht aus den Augen und verfolgen ihn auf Schritt und Tritt. Paul und Paulinchen waren schnell heimisch bei uns und schlossen nicht nur mit uns Menschen, sondern auch mit unseren beiden unzertrennlichen Hausgenossen, dem Feldhasen Theodor und Sannchen, dem Paviankind, eine innige Freundschaft.

Damit ich nicht allzuviel Arbeit mit den vielen verschiedenartigen Tieren im Haus hatte, bemühte ich mich stets, sie — ganz gleich, woher sie kamen, aus welchem Erdteil sie stammten — langsam aneinander zu gewöhnen. Auch wollte ich sie nicht den lieben langen Tag in den Käfig sperren. Wozu hatten wir denn den riesigen Flur, in dem sie sich nach Herzenslust austollen und wo sie nicht viel anstellen konnten!

Zuerst arrangierte ich für die Neulinge ganz behutsam und vorsichtig die Bekanntschaft mit Theodor. Das ging ausgezeichnet. Theodor, der Feldhase, behauptete sich im Handumdrehen gegenüber den zwei munteren Gesellen, und gleich tobten sie zu dritt ausgelassen wie die wilde Jagd durch den Flur. So lustig hatte ich Theodor noch nie tolle Sprünge machen sehen. Bald brachte ich dann auch die übrigen Vierbeiner meines Haushaltes mit Paul und Paulinchen zusammen. Da ging die Hatz erst richtig los! War eines von den Kerlchen dann müde oder hatte für eine Weile genug vom Spiel, ruhte es sich bei mir in der Küche aus, um bald darauf mit neuen Kräften wieder mit herumzutollen.

Ernsthafte Auseinandersetzungen hat es unter den Tieren nie gegeben, so artverschieden sie auch waren.

Wenn Skunks so harmlose und muntere Tiere sind, warum werden sie dann von Mensch und Tier so gefürchtet? Das liegt an ihren Stinkdrüsen. Wer einmal von dem Saft getroffen wurde, kann sich wochenlang nicht mehr unter Menschen wagen, so anhaftend und penetrant ist dieser Geruch. Die Kleidung muß sofort verbrannt werden, da man sie auch nach Monaten nicht mehr benutzen kann.

Im allgemeinen braucht man aber keine Angst vor Stinktieren zu haben. Die friedfertigen kleinen Kerle machen in der Regel von ihrer Waffe nur Gebrauch, wenn sie sich ernstlich bedroht fühlen, und auch dann nicht ohne ausdrückliche Vorwarnung. Ehe sie ihren übelriechenden Saft verspritzen, legen sie die Ohren eng an den Kopf und stellen den Schwanz senkrecht in die Höhe.

Nun, bei Paul und Paulinchen waren wir ja ohnehin dieser Sorge enthoben. Nach Ablauf eines guten Jahres kamen auch sie in den Zoologischen Garten, wo man ihnen inzwischen ein prächtiges Gehege gebaut hatte. Nicht nur uns Menschen fehlten die kleinen Kerlchen, auch die vierbeinigen Hausgenossen haben sie in den ersten Tagen sehr vermißt.

Unsere beiden Skunks haben im Zoo zusammen mehrere Kinder bekommen. Bei den ersten Jungen hat man die Stinkdrüsen noch entfernt. Später ließ man sie ihnen dann. Mit der Zeit hatte man nämlich die Erfahrung gemacht, daß sich die Tiere im Zoo nicht bedroht, sondern geborgen fühlten. Bis zum heutigen Tag haben sie niemals von ihrer Waffe Gebrauch gemacht, weder dem Wärter noch Zoobesuchern gegenüber — niemand mußte seine Kleider verbrennen.

*Ein Schimpanse bekommt Konkurrenz —
Erfahrungen mit einem jungen Schimpansen
bei der Arbeit vor der TV-Kamera*

«Charlie» und «Congo», die TV-Schimpansen

Von Desmond Morris

«Der in der Ecke ist ein Raufbold. Wenn Sie sich für ihn entscheiden, steht Ihnen einiges bevor.» Der Affenwärter ergriff eine kleine Schimpansin und drückte sie mir in die Arme. Sie verhielt sich ruhig und zutraulich.

«Das ist genau das Richtige für Sie», sagte der Wärter mit Nachdruck.

Ich war mir dessen nicht so sicher. Ich kannte mich mit jungen Schimpansen nicht aus, aber das kleine Männchen in der Ecke schien mir weit mehr Temperament zu haben als seine manierlicheren Gefährten. Er regte sich furchtbar über irgend etwas auf. Seine Energie und Aufgewecktheit beeindruckten mich. Ich trat auf ihn zu und setzte mich neben ihn, tat aber so, als beachtete ich ihn nicht, denn ich wollte ihn nicht noch mehr beunruhigen.

Ich befand mich im Quarantäneraum des Zoos, wo eine kürzlich eingetroffene Gruppe von sechs einjährigen Schimpansen soeben ihre medizinische Überprüfung abgeschlossen hatte. Fünf Tiere sollten ins Affenhaus übersiedeln. Das sechste, das ich mir aussuchen durfte, würde bei uns im Fernsehstudio wohnen, als Star der «Zootime»-Serie. Da ich wußte, wie eng ich mit dem Auserwählten zusammenarbeiten mußte, wollte ich nichts überstürzen. Meine endgültige Wahl entsprach in gewisser Weise der Adoption eines Kindes; deshalb nahm ich auch die Verärgerung des Wärters in Kauf, indem ich seinen fachmännischen Rat in den Wind schlug.

Ich setzte das menschenfreundliche kleine Weibchen auf den Boden, das zu seinen Kameraden hinüberlief und mit ihnen friedlich zu spielen begann. Nur der kleine, erregte Schimpanse blieb allein und reserviert. Ohne ihn direkt anzublicken, streckte ich meine Hand nach ihm aus. Seine Haare sträubten sich, und er wiegte seinen Körper hin und her. Er schien unentschlossen zu sein, ob er mich angreifen oder seine Ecke verlassen und sich zu den anderen gesellen sollte. Ich wartete, bis er sich ein wenig beruhigt hatte, und rutschte dann zur Seite, so daß ich beinahe seinen Körper berührte. Er begann zu zetern und war drauf und dran, mich zu beißen, als seine schlechte Laune unvermittelt verflog. Er schlang seine Arme um mich und klammerte sich mit rührender Inbrunst an meine Jacke.

Hätte ich gewußt, daß man, um ihn einfangen zu können, zuerst seine Mutter getötet und das kreischende, sich verzweifelt festhaltende Baby von der Leiche seiner Mutter abgenommen hätte, wäre ich entsetzt gewesen. Später aber sollte ich mich ernsthaft mit den Methoden des Tierfangs und -transport im Dienste der zoologischen Gärten beschäftigen. Als junger Wissenschaftler, der erst seit kurzem im Zoo tätig war, fand ich den engen Umgang mit exotischen Tierarten noch immer so aufregend, daß ich mir keine großen Gedanken über die weniger erfreulichen Seiten des Zoobetriebes machte. Als ich schließlich zum Kurator der Säugetierabteilung des Zoos aufstieg, verblaßte mein wissenschaftlicher Enthusiasmus zusehends, denn nun lernte ich die Praxis kennen, wie sich die Zoos neue Tiere beschaffen.

Um einen Eingriff in die natürlichen Wildtierbestände möglichst überflüssig zu machen, bemühte ich mich, alle mir anvertrauten Arten durch Züchtung zu vermehren. Im idealen Zoo, so lautete mein Argument, müßten alle Insaßen in Gefangenschaft das Licht der Welt erblicken und ihrerseits wieder Nachkommen hervorbringen. Nur auf diese Weise konnte ich die Existenz von zoologischen Gärten vor mir selbst rechtfertigen.

Das war freilich eine persönliche Erkenntnis, die mir noch bevorstand. Damals war ich ganz besessen von der faszinierenden Aufgabe, diesem glänzenden schwarzen Fellbündel, das sich vertrauensvoll an meine Tweedjacke anklammerte, die Eltern zu ersetzen. Es dämmerte mir, daß ich für das Schimpansenkind soeben «Affenmutter» geworden war.

Mit dem kleinen Schimpansen, der sich wie ein Riesenfloh an mich drückte, begab ich mich zum Fernsehstudio. Dort musterte er die fremde Umgebung mit mißtrauischen Augen und veränderte immer wieder seine Haltung. Meine Jacke fühlte sich bald entschieden feucht an und mußte am nächsten Morgen in die chemische Reinigung gebracht werden — ein Vorgang, der sich noch viele Male wiederholen sollte. In den folgenden Wochen war der Duft von Schimpansenurin mein ständiger Begleiter. Jedesmal, wenn der kleine Affe auf meinem Arm in Panik geriet, wurde ich mit einem warmen Strahl berieselt.

Mit zunehmendem Alter allerdings entwickelte der Schimpanse so etwas wie einen Sinn für Hygiene. Eines Tages stieß er, statt mich automatisch zu bewässern, einen leisen Grunzlaut aus und drehte seinen Leib von mir ab, so daß ich von seinem Urin verschont blieb. Niemand hatte ihm das beigebracht — es mußte sich demnach um eine natürliche Entwicklungsphase handeln, um eine instinktive Änderung seines jugendlichen Verhaltens. In Zukunft achtete ich auf das warnende Grunzen und ersparte mir so manche Wäschereikosten.

Congo, so tauften wir den Schimpansen, bezog seine eigene «Starwohnung» im Studio. Ein junger Tierpfleger, der zu seiner Betreuung angestellt wurde, war ständig mit ihm zusammen. Ramona und ich, Michael Lyster, mein Assistent, und Tony, der junge Wärter, bildeten Congos «Familie». Er wurde uns allen gegenüber immer zutraulicher, und sein Selbstbewußtsein wuchs zusehends. Vor Fremden schreckte er jedoch noch immer zurück, und wenn ihm jemand zu nahe kam, rannte er davon und klammerte sich an einen von uns.

Die einzelnen «Familienmitglieder» schätzte er nach seiner privaten Wertskala ein. Tony, der die meiste Zeit bei ihm verbrachte, war für ihn die Nummer eins, ich war Nummer zwei und so weiter, je nachdem, wie oft sich jeder einzelne von uns alltäglich mit ihm beschäftigte. Diese Rangordnung wurde erkennbar, als ich in seiner Gegenwart mit Ramona einen gespielten Streit austrug. Er eilte mir sofort zu Hilfe. Darauf führten wir ein Experiment durch, in dessen Verlauf ein jeder von uns den anderen zum Schein angriff. In jedem Fall verteidigte Congo denjenigen, den er am besten kannte. Merkwürdig war nur, daß seine Loyalität keine Rücksicht darauf nahm, wer von den beiden Personen jeweils der Angreifer und wer der Attackierte war. Gleichgültig, wer den «Kampf» angefangen hatte, Congo hielt stets seinem jeweiligen Favoriten die Treue. Seine Freundschaft kannte da keine Gerechtigkeit, nur standhaft einen kameradschaftlichen Beistand.

Seine Anhänglichkeit beschwor später leidenschaftliche Eifersuchtsszenen herauf. Zwei Opfer seiner Eifersucht waren Charlie, ein anderer junger Schimpanse, und meine Sekretärin Anne. Charlie mußte für Congo einspringen, als dieser sich eine Erkältung zugezogen hatte und eine Zeitlang nicht in unserem Programm auftreten konnte. Zu der Zeit war er bereits ein im ganzen Land berühmter Fernsehstar geworden, der allwöchentlich einen Berg Verehrerpost erhielt. Seine Erkrankung zeigte uns, daß wir dringend einen «Ersatzmann» brauchten, wenn Congo wieder einmal unpäßlich sein sollte.

Das war die Chance für Charlie, einem auffallend braven und, verglichen mit Congo, geistig ziemlich beschränkten Schimpansen. Charlie war in der Familie eines Kräuterhändlers in Southend aufgewachsen, bevor er in den Zoo kam. Diese Leute hatten ihm ein Verhalten anerzogen, das für einen jugendlichen Schimpansen höchst atypisch war. Congo war neugierig, lebhaft und extrovertiert, stets auf dem Sprung, dem nichtsahnenden Aufnahmeleiter im Studio den Kopfhörer herunterzureißen oder eine behaarte Faust gegen ein Kameraobjektiv zu rammen und eine wichtige Einstellung zu verpatzen. Charlie dagegen war sanftmütig, ruhig und introvertiert und glich in seinem Habitus eher einem Orang-Utan als einem ausgelassenen Schimpansenjüngling. Er war das genaue Gegenteil eines Extrovertierten, und so beschlossen wir, ihn in einer Sendung zusammen mit Congo auftreten zu lassen — sozusagen als «Komparsen» des Hauptakteurs. Congo betrachtete die sich anbahnende Konkurrenz mit dem Argwohn eines Hollywoodstars.

Vor Charlies Debüt waren die beiden jungen Affen fröhliche Spielgefährten gewesen. Charlie wohnte mit Congo zusammen, und die beiden rauften und jagten einander ganz freundschaftlich. Ich war froh, daß Congo einen Artgenossen zum Gefährten hatte. Charlie war jünger und kleiner, und ich bemerkte mit Interesse, daß Congo jedesmal, wenn er Charlie durch sein stürmisches Wesen allzusehr zusetzte, sofort Zurückhaltung übte und ihn gleichsam um Verzeihung bat. Eine naturgegebene Schranke hinderte ihn daran, seine dominante Rolle zu überziehen. Doch das änderte sich, als Charlie zum erstenmal in «Zootime» auftrat. Da verlor Congo schlagartig seine Hemmungen.

Zunächst ließ sich alles recht gut an. Kritisch wurde es erst, als wir beschlossen, Charlie allein auftreten zu lassen, bevor der «Star» sich in Szene setzen konnte. Als Congo durch das Fenster seiner Behausung beobachtete, wie Charlie durch die Studiotür hineingetragen wurde, packte ihn eine grenzenlose Wut. Laut schreiend tobte er wie verrückt in seiner Unterkunft herum. Man informierte mich darüber, als wir bereits auf Sendung waren, und da ich befürchtete, mit Congo sei etwas nicht in Ordnung, ließen wir Charlie dessen Rolle weiterspielen. Das war für Congo der Tropfen, der das Faß zum Überlaufen brachte.

In der darauffolgenden Woche stand das Spielverhalten der Schimpansen auf dem Programm, und zur Illustration meiner Ausführungen sollten Congo und Charlie vor der Kamera einen freundschaftlichen Ringkampf austragen, ohne einander weh zu tun. Während ich die einleitenden Worte sprach, stand Michael bereit, unter jedem Arm einen jungen Schimpansen haltend. Wenige Sekunden vor dem Auftritt beugte sich Congo zur Seite und ohne das sonst übliche Warngebrüll und Haaresträuben attakkierte er Charlie so heftig, wie es in dieser Lage nur möglich war, und schnappte mit seinen Zähnen nach dem erstbesten Körperteil, den er erwischen konnte. Zufällig war das Charlies Oberlippe. Charlie stieß einen ohrenbetäubenden Schrei aus, der sogar noch außerhalb des schalldichten Studiogebäudes zu hören war.

Noch immer brüllend, wurde er eiligst hinausbefördert und in seine Unterkunft gebracht, um sich zu beruhigen, während Congo, der inzwischen wieder die jugendliche Unschuld spielte, seinen Soloauftritt bekam und ich schnell von der geplanten Demonstration des sozialen Spielverhaltens zu einer Lektion über Schimpansenintelligenz und -geschicklichkeit umschaltete, bei der Congo bewies, wie flink er eine ganze Reihe von Schachteln öffnen konnte, nachdem ich ihn kurz instruiert hatte.

Das war das letztemal, daß die beiden Tiere im Fernsehstudio gemeinsam auftraten. In ihrer Unterkunft mußten sie anschließend in getrennten Schlafkäfigen untergebracht werden, und mit ihrer engen Freundschaft schien es endgültig vorbei zu sein. Charlies Lippe war arg zugerichtet und geschwollen, verheilte aber bald wieder, ohne daß eine Narbe zurückblieb, außer vielleicht in seiner Erinnerung. Fortan herrschte Congo wieder unumstritten in der «Zootime»-Serie.

Was sich hier abgespielt hatte, verblüffte mich sehr, und ich fragte mich, ob ich in das Verhalten der Schimpansen nicht mehr

«CHARLIE» UND «CONGO», DIE TV-SCHIMPANSEN

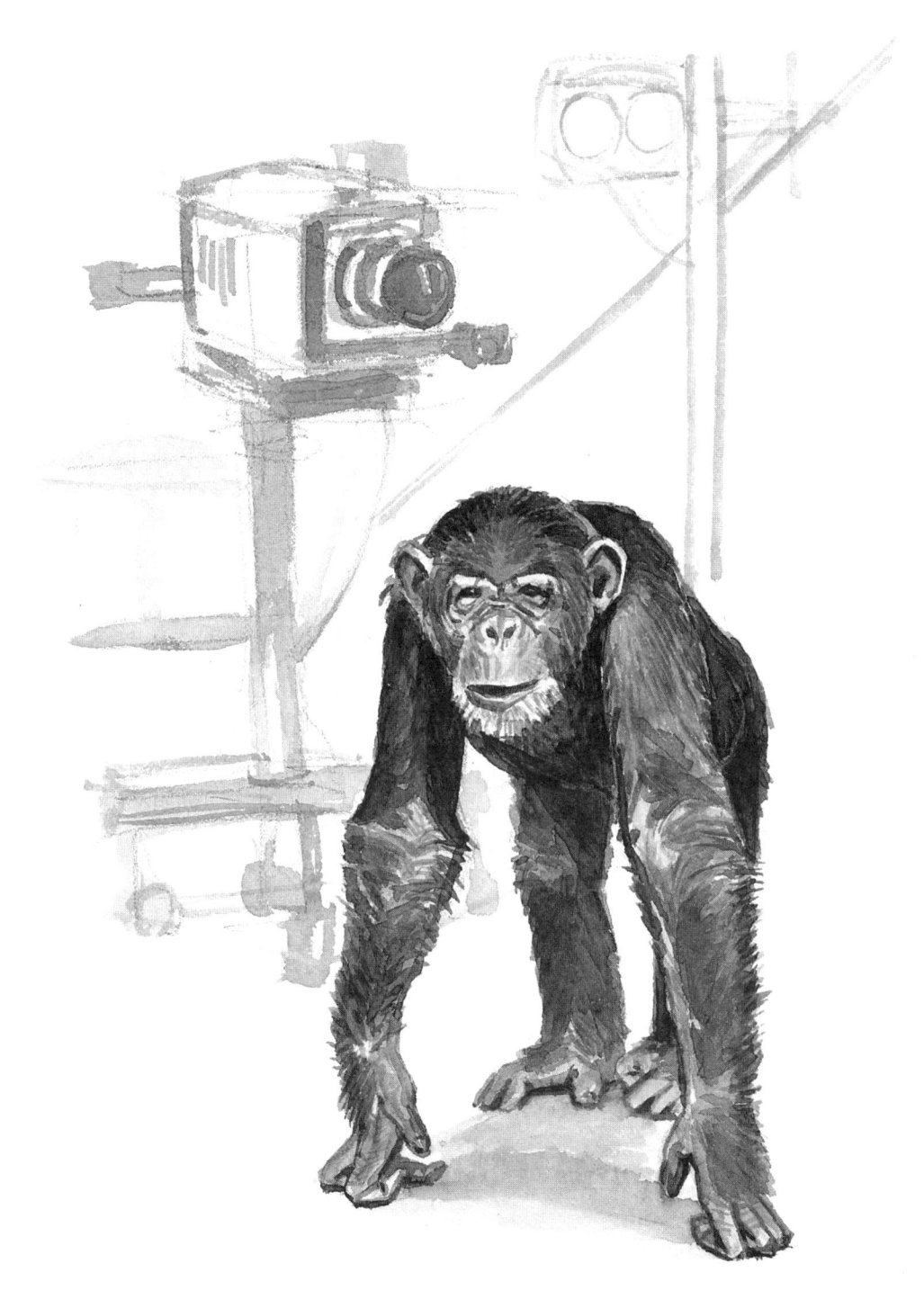

hineindeutete, als statthaft war. Erlag ich der Versuchung, sie zu sehr als menschliche Wesen zu betrachten, sie ungebührlich zu vermenschlichen? Als gelernter Ethologe sträubte ich mich dagegen. Doch selbst bei einer objektiven Prüfung der Vorgänge mußte ich zu dem Schluß kommen, daß Congo aus Eifersucht getobt hatte. Seine seit langem schwelende Feindseligkeit gegenüber Charlie hatte sich in seinem Kopf so lange angestaut, bis sie sich in einem besonders günstigen Augenblick in Form eines tätlichen Angriffs entlud. Mein Respekt vor dem Leistungsvermögen des Affengehirns wuchs von Tag zu Tag.

Congos zweites Opfer, meine Sekretärin Anne, lieferte einen weiteren Beleg für seine unterschwellige Zielstrebigkeit. Da Anne ausschließlich mit Büroarbeiten beschäftigt war, gehörte sie nie zu Congos eigentlicher «Familie», aber da ich andererseits sehr viel mit ihr zusammen war, um Briefe zu diktieren und die geschäftlichen Dinge mit ihr zu besprechen, erkannte der Schimpanse, daß ich zu ihr eine enge Beziehung unterhielt, von der er ausgeschlossen war. Das mißfiel ihm sehr, und Anne konnte deshalb nur schwer einen freundschaftlichen Kontakt zu ihm herstellen. Sie probierte es immer wieder, wenn sie tagsüber mit ihm zusammentraf, aber nachdem er einmal vergeblich versucht hatte, sie anzugreifen, gab ich ihr den guten Rat, auf keinen Fall seine «Privatwohnung» zu betreten.

Als ich eines Tages einen dringenden Anruf erhielt, war sie gezwungen, diesem Rat zuwiderzuhandeln. Auf der Suche nach mir lief sie den langen Korridor entlang und schaute auch in Congos Zimmer hinein, um nachzusehen, ob ich vielleicht dort sei. Wie es der Zufall wollte, hatte Michael, der gerade mit der Affenfütterung beschäftigt war, soeben den Raum verlassen, um frisches Obst aus dem Kühlschrank zu holen. Congo saß in seinem Schlafkäfig, dessen Tür nur angelehnt war. Sobald er Anne erblickte, stieß er die Tür auf, raste quer durch das Zimmer, sprang das Mädchen an und biß es so heftig in die Schulter, daß sich ein großer Hautlappen ablöste.

Michael hörte sie schreien, ließ seine Früchte fallen und rannte zurück ins Schimpansenzimmer. Dazu brauchte er nur wenige Sekunden, doch Congo war bereits wieder in seinem Käfig, hatte die Tür zugezogen — das tat er sonst nie —, hockte friedlich auf seinem Bett und starrte unschuldsvoll zur Decke empor, als ob nichts geschehen wäre. Als Michael Annes blutende Schulter bemerkte, ging er zum Käfig hinüber, öffnete die

Tür und bestrafte den Insassen mit einer tüchtigen Kopfnuß. Congos Reaktion war einzigartig. Er schürzte nur die Lippen und ignorierte Michael. Dieser verpaßte ihm noch einen kräftigen Schlag, aber der Missetäter weigerte sich beharrlich, den Verweis auf sich zu beziehen.

Für jeden, der Congo so gut kannte wie Michael, hatte diese Reaktion etwas Ungewöhnliches. Wenn Congo sonst für irgendein Vergehen bestraft werden mußte und von einem Mitglied seiner «Familie» einen leichten Klaps erhielt, geriet er jedesmal in Wut, wie seinem Gesichtsausdruck unschwer abzulesen war. Man brauchte ihm nie mehr als einen kleinen Klaps zu geben – die Tatsache, daß einer seiner besten Freunde ihm böse war, bedeutete für ihn Bestrafung genug. Doch diesmal blieb eine entsprechende Reaktion aus. Nach Michaels Meinung war es fast so, als hätte Congo für seine Attacke auf Anne bereitwillig alle Konsequenzen in Kauf genommen.

Das Außergewöhnliche an diesem Zwischenfall lag darin, daß Congo die Tür bewußt hinter sich geschlossen und seine Strafe ungerührt hingenommen hatte. Es fiel mir schwer, ein solches Verhalten mit einfachen ethologischen Begriffen zu deuten. Strategisches Vorgehen, bewußte Täuschung, die stumme Hinnahme einer Bestrafung – all dies kannte ich aus dem Umgang mit Menschen nur zu gut, war mir jedoch bei anderen Lebewesen noch nie untergekommen. Dieser Schimpanse erschloß mir offensichtlich eine ganz neue Welt tierischer Verhaltensformen.

Von diesem Augenblick an war ich entschlossen, einen ernsthafteren Versuch zu unternehmen, die Leistungen des Affengehirns zu erforschen. Ich fing an, wissenschaftlich ergiebige Experimente auszutüfteln, die ich mit Congo in der stillen Zeit zwischen seinen Fernsehauftritten durchführen konnte. Ich wollte wissen, wozu das Gehirn eines Schimpansen fähig war. Wie menschenähnlich war Congo tatsächlich? Oder, anders ausgedrückt, wie affenähnlich sind wir Menschen? Es war für mich der Beginn einer völlig neuen Forschungsarbeit, die ich mit Besessenheit betrieb.

Diese Untersuchungen sollten etwa ein Jahr später, als Congo älter war und eine noch höhere geistige Entwicklungsstufe erreicht hatte, ungeahnte Resultate zeitigen; doch vorerst war er noch zu jung, so daß ich mich darauf beschränkte, ihn geduldig zu beobachten und meine Beobachtungen aufzuzeichnen. Währenddessen erreichte Congos Popularität dank seinen wöchentlichen

Fernsehauftritten schwindelnde Höhen, und jede Woche stand ich vor neuen Problemen. Man erwartete von Congo, daß er in jeder Sendung etwas Neues vorführte; dadurch wurde unsere Erfindungsgabe auf eine harte Probe gestellt.

Wir riefen schließlich einen außergewöhnlichen Künstler namens Bruce Lacey zu Hilfe. Als er im Zoo eintraf, trug er eine Testpilotenmontur und einen ausgestopften Schwan unterm Arm. Ich war so töricht, mich nach dem Schwan zu erkundigen. «Schwan Vestas», erklärte er ganz selbstverständlich und rieb auf ihm ein Streichholz an, um sich eine Zigarette anzuzünden. Er erzählte mir, daß er gerade intensiv mit der Konstruktion eines Roboters beschäftigt sei, der die Lady Macbeth spielen solle. Trotzdem nähme er sich gerne die Zeit, mir mit irgendwelchen Apparaten zur Erprobung der Schimpansenintelligenz aus der Patsche zu helfen.

Unbedingt wollte ich einmal die Treffsicherheit der Schimpansen demonstrieren. Das genaue Zielen war für die zu Jägern gewordenen Frühmenschen eine bedeutende Errungenschaft, und ich war gespannt, was unsere nichtjagenden Verwandten, die Menschenaffen, auf diesem Gebiet zustande bringen würden. Dazu brauchte ich eine Vorrichtung, die bei einem Treffer sofort die erstrebte Belohnung spendete.

*Sie ist häßlich, schmutzig, unglaublich hartnäckig —
und immer da, wenn man sie nicht brauchen kann*

Steckbrief der Stubenfliege

Von James B. Shuman

Wohl jeder von uns hat sich schon manchmal über die Stubenfliege geärgert. Diese infamen, aufdringlichen Insekten, allgegenwärtig und anpassungsfähig, sind dem Menschen überallhin gefolgt. Sie summen über den Bürgersteigen von Berlin wie im brasilianischen Urwald, in den arktischen Tundren wie in der Sahara. Selbst weit draußen auf See findet man sie, wo sie sich auf Schiffen munter vermehren.

Die Stubenfliege ist eine von 85 000 Fliegenarten und im Vergleich zu den anderen Insekten nur von mittlerer Größe. Ihr dreiteiliger Körper (Kopf, Brust mit Flügeln und Beinen, Hinterleib) ist etwa einen halben Zentimeter lang und so leicht, daß man, wollte man jemandem ein Kilo Fliegen verehren, über 200 000 Stück fangen müßte.

Da die Stubenfliege so klein ist, merken nur wenige Menschen, wie abschreckend sie aussieht. Auf menschliche Ausmaße vergrößert, gliche sie, mausgrau und mit Borstenhaaren bedeckt, einem scheußlichen Marsungetüm aus einem utopischen Film. Allein ihr Kopf, der auf einem dünnen Hals sitzt und praktisch um 360 Grad drehbar ist, würde genügen, um jedem das Fürchten zu lehren. Er wird fast ganz von zwei großen, bohnenförmigen, rötlichbraunen Facettenaugen eingenommen. Jedes Auge ist aus 4000 sechskantigen Linsen zusammengesetzt, die alle unabhängig voneinander funktionieren. Deshalb ist alles, was die Fliege sieht, in Tausende von winzigen, unscharfen Einzelstückchen aufgelöst. Ihr Bild von der Welt besteht aus Hell und Dunkel und Bewegung.

Zwischen den Augen sitzen zwei kurze, dicke Fühler, die mit Sinneszellen ausgestattet sind. Sie nehmen jede Bewegung der umgebenden Luft wahr und warnen so vor niedersausenden Fliegenklatschen und ähnlichen Gefahren. Doch sie können auch verwesendes Fleisch und Küchenabfälle riechen und führen die Fliege zu ihrer Nahrung. Wenn sie fliegt, tut sie das meist gegen den Wind und mit nach vorn ausgestreckten Fühlern, so daß sie alle Gerüche erspüren kann.

An der Kopfunterseite befindet sich der Mund der Fliege, der Rüssel. Dieses merkwürdige Freßwerkzeug, fast so lang wie der Kopf selber, sieht etwa wie die Brause einer Gießkanne aus und kann eingezogen werden, wenn es nicht gebraucht wird. Der Rüssel, breit an der Wurzel, wo er am Kopf festsitzt, läuft in zwei weiche, ovale Lippen aus, die die Fliege wie einen Schwamm auf die Oberfläche von allem Freßbaren drückt. Er hat auch winzige Zähne, die Nahrungspartikel abraspeln können.

Die sechs Beine der Fliege werden nicht nur zum Laufen, sondern auch zum Schmecken benutzt. Wenn ein Fuß in etwas Schmackhaftes tritt, streckt sie den Rüssel zu der Stelle hinab.

Fliegen fressen alles und tun sich auch an faulenden Abfällen gütlich. Sie brauchen Zucker und Eiweiß, suchen sich aber mehr Zucker als Eiweiß (die jungen Weibchen ausgenommen, die in den ersten sechs bis acht Tagen ihres Lebens reichlich Eiweiß zum Aufbau der Eier benötigen). Die Nahrung muß allerdings — die einzige Grundbedingung — flüssig sein oder sich leicht verflüssigen lassen. Sucht die Fliege auf einer festen oder halbfesten Oberfläche wie Bonbons, Zucker, Kartoffelbrei oder einem Bröckchen Fett herum, so würgt sie etwas von ihrem Mageninhalt auf das, was sie fressen will, und löst es so auf. Dann kann sie es wie ein Staubsauger mit dem Rüssel aufsaugen. Wo sie gefressen hat, bleibt immer ein bißchen Erbrochenes zurück. (Unglaublich viele solcher verräterischen Schmierfleckchen verunzieren oft scheinbar saubere Fensterscheiben und Wände; ein Forscher hat auf einer 15 Quadratzentimeter großen Glasscheibe 1102 Flecke gezählt.)

Fliegen sind auch nicht intelligent. Würmer, Schnecken und Schaben vermögen zu lernen, doch bei Fliegen hat man noch keine Lernfähigkeit nachweisen können. Sie sind nur aktiv, wenn sie Hunger haben. Abenteurer und kleine Jungen haben die Fliege schon immer darum beneidet, daß sie die Wände hinauf- und an der Decke entlangspazieren kann. Für die Fliege ist das einfach. Sie hält sich entweder mit den zwei winzigen Krallen, die sie an jedem

Fußende hat, an rauhen Stellen der Oberfläche fest oder «leimt» sich an — die Spitze jedes Fußes besitzt behaarte, blasenähnliche Haftpolster, die eine feuchte, klebrige Substanz absondern.

Jahrelang haben sich Insektenforscher darüber gestritten, wie Fliegen an einer Decke landen. Die Wissenschaftler waren in zwei feindliche Lager gespalten; die eine Partei sagte, Fliegen machten eine halbe Rolle, wenn sie die Decke ansteuerten, die andere behauptete, sie drehten einen Aufwärtslooping. Der Streit ist jetzt anscheinend entschieden. Ein Engländer hat es mit Zeitlupenfilmen bewiesen, daß die Theorie der halben Rolle richtig war.

Ebenso erstaunlich ist die Fähigkeit der Fliege, ohne An- und Auslauf zu starten und zu landen. Die meisten anderen fliegenden Insekten müssen einen kleinen Sprung machen, um in die Luft zu kommen, und im Gleitflug niedergehen; eine Fliege aber hebt aus dem Stand ab, sobald sie ihre beiden durchsichtigen Flügel schwirren läßt — die, anders als ihr übriger Körper, bemerkenswert schön sind. Richtet man ein helles Licht auf sie, so schillern sie in zarten Farbtönen, bei denen Rosa und Grün vorherrschen. Das ist auf die Brechung des Lichts an den vielen mikroskopisch kleinen Runzeln und Riffelungen auf den Flügeln zurückzuführen.

Ist sie einmal in der Luft, so läßt sie ihre Flügel schwirren, bis sie auf einer festen Oberfläche aufsetzt, oft stundenlang.

Besonders schnell fliegt die Fliege jedoch nicht; ihre Durchschnittsgeschwindigkeit beträgt etwas über sieben Kilometer die Stunde, kaum mehr als die eines im Schritt gehenden Pferdes. Ihre Schwirrflügel schlagen, was das lästige Summen verursacht, unglaublich rasch: 200mal in der Sekunde (einige Forscher behaupten sogar 330mal). Im Vergleich dazu schlagen die Flügel eines Kolibris nur 75mal in der Sekunde.

Eine solche Leistung belastet natürlich den Stoffwechsel sehr stark, doch die Fliege ist entsprechend gebaut. Jeder Flügel, so dünn, daß die Adern durchschimmern, besitzt vier Hilfsherzen, die das farblose Blut pulsieren lassen. Und die Flügelmuskeln sind so groß, daß sie 11 Prozent des Körpergewichts ausmachen; sie haben reichlich Kraftreserven für Dauerflüge.

Fliegen sind überaus fruchtbar; sie können alle zehn Tage eine neue Generation hervorbringen. Ein Insektenforscher schätzt, daß ein einziges Weibchen, das am 15. April 120 Eier legt — die übliche Anzahl bei einer Eiablage —, theoretisch die Stammmutter von 5 598 720 000 000 ausgewachsenen Fliegen sein könnte, die am oder vor dem 10. September auskriechen. Nach Schätzungen eines anderen Entomologen könnte ein einziges Fliegenpärchen in einem einzigen Sommer so viele Nachkommen in die Welt setzen, daß ganz Deutschland über vierzehn Meter hoch mit Fliegen bedeckt wäre. Doch das wird verhindert durch ihre natürlichen Feinde — Frösche, Eidechsen, Schlangen, Vögel und Ratten wie auch einige Ameisen- und Wespenarten — und weil geeignete Bedingungen für die Entwicklung der Eier und Larven fehlen.

Sind sie aus dem Ei geschlüpft, so durchlaufen Fliegen drei Lebensabschnitte. Im Larven- oder Madenstadium sehen sie wie Würmer oder fußlose Raupen aus. Während sie tüchtig fressen und wachsen, streifen sie zweimal ihre Außenhaut ab, unter der sich schon eine neue gebildet hat. Nach fünf bis vierzehn Tagen, je nach den Umweltbedingungen und der Reichhaltigkeit der Nahrung, legt sich eine stabile, ovale Hülle, Tönnchenpuppe genannt, um den Körper der Made, und in dieser Puppe nimmt sie allmählich die Gestalt einer ausgewachsenen Fliege an. Ist die Umwandlung abgeschlossen, dann sprengt das vollentwickelte Insekt das Tönnchen und krabbelt fix und fertig heraus. (Die verschieden großen Fliegen, die man sieht, gehören nicht verschiedenen Lebensaltern an, sondern verschiedenen Arten.)

STECKBRIEF DER STUBENFLIEGE

Das Leben der Stubenfliege hängt weitgehend von der Außentemperatur ab. Wenn das Thermometer unter 6,5 Grad sinkt, verfällt sie praktisch in einen Dämmerzustand. Steigt es erheblich über 44 Grad, so setzt bei ihr eine Hitzelähmung ein, die zum Tode führen kann, da Fliegen keine Möglichkeit haben, die Verdunstung der Körperfeuchtigkeit zu regulieren. Am aktivsten sind sie bei 30 bis 33 Grad, und zwar die Weibchen; die Männchen, die es aus unbekannten Gründen wärmer lieben, bei bis zu 34 Grad. Normalerweise lebt eine Stubenfliege im Sommer etwa dreißig Tage, bei kühlem Wetter bis zu drei Monaten. Die meisten sterben, wenn es kalt wird, doch es überleben genügend den Winter, um die Art zu erhalten.

Eines steht fest: Wo Fliegen hinkommen, bringen sie Schmutz und Krankheiten mit. Sie gehören, wie ein Experte sagt, «zu den gefährlichsten Insekten in der Umgebung des Menschen». Typhus, Cholera, Ruhr und Tuberkulose sind nur einige der Krankheiten, deren Erreger sie mitschleppen. In manchen Entwicklungsländern stirbt ein Drittel aller Kinder, ehe sie ein Jahr sind, an von Fliegen verbreiteten Darminfektionen, die durch die Nahrung übertragen werden. In einer Ortschaft des Nahen Ostens ist die Hälfte der Einwohner auf einem Auge oder beiden infolge Trachom erblindet; diese Krankheit wird von Fliegen übertragen, die sich auf den Augen niederlassen oder auf Dingen, die mit den Augen in Berührung kommen, wie Handtüchern, Kopfkissen oder Händen.

Trotz der größten Anstrengungen ist es dem Menschen nicht gelungen, die Fliegen völlig auszurotten. Am nächsten ist man dem nach dem zweiten Weltkrieg gekommen, als DDT und andere chemische Sprühmittel weite Verbreitung fanden. Doch die Insektizide töteten zwar die dafür anfälligen Fliegen, ließen aber die mit einer angeborenen, vererbten Immunität übrig. Und diese brachten wie ihre Eltern immune Nachkommen hervor. Jetzt wird an neuen Methoden gearbeitet. Eine der interessantesten ist die chemische Sterilisation der Männchen. Die Fliegen würden sich wohl noch paaren können, doch die Eier blieben unbefruchtet.

Bis dahin sollten wir alle, um bei der Fliegenbekämpfung mitzuhelfen, weiterhin ein paar einfache hygienische Regeln befolgen: Keine Lebensmittel offen herumliegen lassen und überreifes Obst wie nicht mehr einwandfreie Eßwaren wegwerfen. Fenster und Türen mit Gazegittern abschirmen. Vogelkäfige, Hundezwinger, Ställe und ähnliches öfter säubern; Exkremente aus dem Hof entfernen. Müllbehälter sauber halten.

*Ein wunderlicher Kauz war der Esel,
der dieser Familie eines Tages ins Haus schneite.
Jack, dessen überraschende Streiche Haus und Nachbarschaft
fast ununterbrochen in Atem hielten, brachte viel Leben in die Bude*

Jack, der Esel

Von Frank P. Jay

Es war das Wochenende, an dem die Blätter zu fallen begannen. Als wir am Samstagmorgen aufstanden, sagte Jane: «Es sieht so anders aus.» Und so war es. Über unseren Köpfen leuchtete es nicht mehr golden, sondern in klarem Blau, und das Gold lag uns zu Füßen.

Ich nannte sechs Bambusrechen und acht Kinder mein eigen, das heißt einen Rechen pro Kind, wenn man die beiden Kleinsten nicht mitrechnete. Allerdings waren die sechs älteren, durch Erfahrung gewitzigt, nach dem Frühstück verschwunden, so daß ich mich allein mit dem Laub verlustieren durfte.

Nun ist Laubharken für mich wirklich ein Vergnügen, und noch mehr Spaß macht mir das Verbrennen der dürren Blätter. Ich häufte sie also kniehoch an unserem Bordstein auf — wir wohnen auf einem Eckgrundstück —, und abends wurden sie verbrannt. Der fettige, blaue Rauch stieg kräuselnd auf, und die dunstige Herbstluft hielt noch tagelang den schmerzlich-süßen Duft der verbrannten Ahornblätter fest. Daß wir damit zur Luftverschmutzung beitrugen, wußten wir damals noch nicht.

So harkte ich etwa eine Stunde lang zufrieden vor mich hin. Dann erschien die fünfjährige Melissa, von den anderen Kindern aus der strategischen Überlegung heraus abgesandt, daß man sie nicht gut allein zum Harken abkommandieren konnte.

«Kannst du mir ein bißchen Geld geben?» fragte sie. «Jennifer und Christopher und Alison und Angela und Jonathan und ich, wir wollen ein Tombolalos kaufen, da kann man einen Esel gewinnen.»

In unserem Ort war ein neuer Spielzeugladen eröffnet worden mit riesigen Stofftieren — Teddybären, Giraffen, Elefanten und vermutlich auch Eseln; ich nahm also an, daß es sich um eine Reklametombola handelte. Ich gab Melissa ihr Geld, und sie verzog sich.

Als ich am frühen Nachmittag mit dem Laub fertig war und gerade ins Haus trat, klingelte das Telephon. Jane ging an den Apparat. «Hallo? Oh, du bist es, Jennifer.» (Jennifer war unsere elfjährige Älteste.) «*Was* hast du? Du hast gewonnen? Na, großartig! Natürlich darfst du ihn mitbringen, Liebling. Seid vorsichtig, wenn ihr über die Straße geht! Wiedersehen.»

Während Jane den Hörer auflegte, sagte sie verwundert: «Jennifer sagt, sie hat einen Esel gewonnen.»

Ich erzählte ihr von der Tombola und dem Spielzeugladen und den Stofftieren. Dann setzte ich mich hin, um mich etwas auszuruhen, wurde aber durch etwas gestört, was ich für einen Anfall von erhöhtem Blutdruck hielt. In meinen Ohren summte es auffallend laut. Ich sagte es Jane. Sie vernahm dieses auffallende Summen ebenfalls.

«Was kann das sein?» fragte sie.

«Es hört sich an wie eine Menschenmenge.» Es hörte sich wirklich wie ein Volksauflauf an.

Jane war ans Vorderfenster getreten, und plötzlich sah ich, daß sie ein ganz sonderbares Gesicht machte — etwa wie eine Holländerin angesichts eines Deichbruchs. Ich sprang auf und ging zu ihr.

Über den Rasen zur Straße hinüberblickend, suchte ich die Quelle des wachsenden Lärms. Tatsächlich, es war ein Volksauflauf! Eine lachende, quirlige Horde von Kindern kam auf unser Haus zu. Auch Erwachsene waren dabei, Nachbarn von uns, und auch sie erschienen mir ungewöhnlich ausgelassen: Schmunzelnd und gestikulierend steckten sie die Köpfe zusammen. Als sie sich dann unserer Auffahrt näherten, erkannten wir endlich den Grund der ganzen Aufregung.

Inmitten der jubelnden Menge sahen wir Jennifer mit engelhaft verzücktem Gesicht schwankend auf dem Rücken eines Esels sitzen — eines echten, lebendigen Esels. Der Spielzeugladen hatte gar nichts damit zu tun, wie ich bald erfuhr. Es handelte sich vielmehr um eine Veranstaltung unserer Ortsgruppe der Demokratischen Partei, deren Parteimaskottchen ein Esel ist, und diesen Esel hatten meine Kinder zum Abschluß der Präsidentenwahlkampagne 1960 in der Tombola gewonnen.

Der Zug der aufgeregten Kinder und neugierigen Nachbarn bewegte sich die Auffahrt herauf und über den Rasen. Jane sah starr vor Entsetzen zu, wie das Grün unseres sorgfältig gepflegten Wiesenrispengrases sich in ein einheitliches Schweinepfuhlbraun verwandelte. Es müssen an die hundert Leute gewesen sein.

An der Spitze marschierten unsere Kinder und sangen wie verrückt: «Wir haben gewonnen! Wir haben gewonnen! Wir haben *gewonnen!*»

Die meisten vernünftigen Leute hätten unter diesen Umständen unverzüglich die Haustür verbarrikadiert und beim Klingeln nicht aufgemacht. Ich bin nicht so vernünftig — warum, weiß ich nicht. Statt dessen starrte ich ungläubig auf das Geschöpf da draußen, das mich ebenfalls anstarrte. Der Esel hatte tiefbraune Augen und riesige Ohren, lange schwarze Wimpern und einen breiten, gewölbten Clownsmund. Während ich ihn betrachtete, hob er, die Zähne entblößend, fast verächtlich die Oberlippe; dann schloß er träge die Augen — blink ... blink.

Unsere Katzen waren vor der jubelnden Menge auf die Bäume geflüchtet, der Hund hatte sich unters Sofa verkrochen, und von oben ertönte das wütende Hungergeschrei unserer beiden Jüngsten, die vom Mittagsschlaf erwacht waren. Doch der vernünftige Gedanke, mich dieses Tieres zu entledigen, kam mir keinen Augenblick.

Ich murmelte nur: «Hm — jetzt haben wir also einen Esel.»

«Der Esel ist los!»

ZUM GLÜCK war die Wahlkampagne noch nicht ganz zu Ende, so daß der Esel noch nicht gleich bei uns untergebracht werden mußte und uns einige Tage für die notwendigen Vorbereitungen blieben. Am Sonntag warfen wir den Wagen aus der Garage und bauten eine knapp drei mal drei Meter große, schmucke Box. Wir deponierten darin einen Vorrat von Wiesenlieschgras und einen Zentnersack Futter — eine Mischung aus Hafer, Melasse, Mais, Sojabohnen, verschiedenen Mineralien und, nach dem Preis zu urteilen, Filet Mignon. So was bekommen Rennpferde, die dauernd siegen.

Der Wahltag kam und ging. John F. Kennedy wurde Präsident, und am folgenden Samstag holten wir unseren Preis ab.

So begann unser Leben mit dem Esel. Genau gesagt begann es am folgenden Morgen um 4.15 Uhr, als Jane und ich gleichzeitig mit einem Ruck aus tiefem Schlaf aufschreckten.

«Was ist das für ein Lärm?» krächzte ich.

Nur wer einmal vor Tagesanbruch einen Esel in seiner Garage hat schreien hören, kann nachfühlen, wie uns zumute war. Unsere bisherigen Erfahrungen in dieser Hinsicht beschränkten sich auf die unzureichende Wiedergabe dieses Lautes in Kindergeschichten durch das harmlose *Iah*. Man glaube mir, dieses *Iah* verhält sich zum wirklichen Eselsschrei wie ein Knallfrosch zu einer Haubitze. Es begann mit einem etwa 15 Sekunden langen, klaren, pfeifenden Kreischton, der dann plötzlich zu einer Reihe tief aus der Lunge hervorgestoßener, heiser-zittriger Grunzlaute abfiel, die sich am besten mit *Uh-AONGHK* wiedergeben lassen.

Das wiederholte sich viermal und verkündete eindeutig wie ein Trompetensignal: «Ich bin wach! Wacht alle auf! Kommt sofort her und gebt mir was zu fressen!» Sofort! Beim dritten Signal flog ich die Treppe hinunter.

Ich riß die Garagentür auf und bekam zur Begrüßung einen feuchten Sprühregen ins Gesicht geschnaubt. Der Esel war nicht mehr in seiner Box! Ich zündete ein Streichholz an. Wir hatten, als wir sie bauten, einen festen Dielenboden gelegt, der auf drei schweren Balken ruhte. Ein Regal, das zum Aufbewahren von Blumentöpfen gedient hatte, war in eine Krippe verwandelt worden, an die wir als Futterkasten einen großen, schüsselförmigen Aluminiumbehälter genagelt hatten, den Alison sonst im Winter zum Rodeln benutzte. An der Tür der Box hatte ich drei 5 mal 10 Zentimeter dicke Latten als Riegel angebracht — ich Dummkopf!

Solche Riegel hatten sich bei den Pferden und Kühen im Staate New York, wo ich als Junge gelebt hatte, immer bewährt. Der Esel jedoch hatte sie einfach zwischen die Zähne genommen und geöffnet, indem er sie, seitwärts gehend, aus ihren Klammern herauszog. Wie einfallsreich von ihm! Aber das war noch gar nichts.

Von nun an wurde unser Leben ein ununterbrochenes Spiel um die Macht. Am nächsten Abend band ich die Riegel fest. Er zerkaute die Seile und entfernte die Latten auf dieselbe Weise wie in der Nacht zuvor. Ich bohrte Löcher in die Latten und schlug

AUS DEM LEBEN DER TIERE

einen dicken Pflock hindurch. Er brach den Pflock in zwei Stücke, die er mit den Zähnen herauszog.

Dabei hatte er außerhalb seiner Box keineswegs mehr Freiheit, denn unsere Garage war schließlich kein Lustschloß. Nein, ihm war einfach der Gedanke, eingesperrt zu sein, verhaßt. Außerdem wollte er mir wohl auch zeigen, daß ich nicht besonders gescheit war. Wenn er es dann wieder geschafft hatte, stand er da und sah zu, wie ich die Trümmer wegräumte — die riesigen Ohren zurückgelegt, die Augen halb geschlossen und um das graue Maul ein aufreizendes Lächeln.

Schließlich und endlich nahm ich Zuflucht zu einem Vorlegeschloß mit Kette. Aber das war gegen die Spielregel, und seine Belustigung wich einer gleichsam nachsichtigen Verachtung. Ich hatte zwar gewonnen, aber mit einem Foul.

Natürlich kann man so ein Tier nicht auf die Dauer in einen kleinen Pferch sperren. Der Esel brauchte Bewegung. Wir spannten also auf dem Rasenplatz neben unserem Haus zwischen zwei etwa zehn Meter voneinander entfernten Bäumen eine Leine, an der wir mit einem Karabinerhaken einen an sein Halfter gebundenen Strick festmachten. Das war theoretisch gut, und in der Praxis hatte ich diese Art der Befestigung einmal bei einem großen Jagdhund gesehen.

Von einer Anzahl Kinder begleitet führte ich den Esel hinaus. Der zehnjährige Chris ließ den Karabinerhaken um die Leine schnappen. Der Esel blieb stehen, wo er stand. Jennifer sagte: «Führ ihn dran entlang, damit er versteht, was gemeint ist.» Wir versuchten es, aber er bockte. Die neunjährige Alison schlug vor, ihn alleinzulassen. «Vielleicht geniert er sich, wenn wir zusehen.» Genieren — von wegen! Er wußte ganz genau, was gemeint war, ja er war uns ein ganzes Stück voraus.

Wir gingen hinein und beobachteten ihn durchs Fenster. Er ging zweimal an der Leine entlang. Dann blieb er stehen und legte, die Augen halbgeschlossen, die Ohren zurück. Ich sagte: «Seht mal, jetzt schläft er ein.» Ich kannte ihn noch nicht gut genug, um zu wissen, daß dies sein kontemplativer Blick war. Ganz bedächtig und erstaunlich zart schloß er die Vorderzähne um die Feder des Karabinerhakens, drückte darauf und befreite sich samt Halfter und Strick von dem Seil. Ich stand lächelnd am Fenster und dachte: «Wie klug von ihm sich das auszudenken!», während Alison, die eine mehr praktische Einstellung zu den Dingen hat, schrie: «Er ist los!»

Das war unsere erste Jagd. Keine Elitetruppe in einer Entscheidungsschlacht ist schneller ausgeschwärmt als wir an jenem Tag. Später steigerten wir unser Tempo noch.

Im Geiste sah ich ihn eine Schar kleiner Kinder vor sich her jagen, eine vollgehängte Wäscheleine herunterreißen oder auf der Kehrseite unseres Nachbarn — eines Rechtsanwalts! — seinen Hufabdruck hinterlassen. Kurzum, meine allgemeine Reaktion auf den Befreiungsakt dieses Tieres war eine Mischung aus Bestürzung und Entsetzen, die mich zu sportlichen Höchstleistungen befähigte. Ich sauste durch die Küche und zur Seitentür hinaus und machte mich an die Verfolgung.

Der Esel war über die meterhohe Böschung auf die Bayview Avenue hinabgesprungen und zu Stan Buckowskis Tankstelle an der gegenüberliegenden Ecke gegangen. Hier bewegte er sich friedlich zwischen den Wagen, und als ich keuchend anlangte und seinen Strick ergriff, wollte er gar nicht weg. Autos, Motoren und Benzingeruch — das war für ihn der Inbegriff des Wohlbehagens, denn den größten Teil seines kurzen Lebens (er war jetzt ein Jahr alt) war er ja im Lastwagen von einer Wahlversammlung zur andern gekarrt worden. Er mußte schon seit einiger Zeit ein Auge auf die Tankstelle geworfen haben. Da war doch wenigstens was los.

Nachtreiter

EINE ZEITLANG nannten wir den Esel einfach «Esel», bis eines Tages der Milchmann Melissa fragte: «Wie heiß er denn?» Melissa, die mit ihren fünf Jahren nicht allzuviel von Politik verstand, wußte nur, daß zwischen dem Esel und dem demokratischen Präsidenten irgendeine Verbindung bestand, und antwortete: «Er heißt Jack.»

Ich saß drin beim Frühstück und hörte den Milchmann schallend lachen. «Und wie heißt er weiter?»

Etwas geziert antwortete sie: «Sein ganzer Name ist Jack Fitzgerald Kennedy.» Und so kam es, daß der Esel überall unter dem Namen Jack bekannt wurde. Er war ein kräftiger, braver kleiner Bursche, und ich bin überzeugt, daß der Präsident nichts dagegen gehabt hätte.

Auch die Einwohner von Port Washington reagierten im allgemeinen gutartig auf die Tatsache, daß ein Esel in ihrer Mitte lebte. Alle Zeitungen brachten nachsichtige Beiträge über ihn und seine Unterbringung in unserer Garage, und viele wohlmeinende

Mitbürger kamen vorbei, um ihn anzusehen. Natürlich gab es ein paar Beschwerden und nach nicht allzu langer Zeit auch amtlichen Besuch.

Unter den ersten Gästen dieser Art war ein riesengroßer Mann in Uniform, der, einen Schreibblock in der Hand, zu unserem Haus heraufkam. «Ich komme vom Tierschutzverein», verkündete er, und wir erbleichten. «Wie ich höre, gewähren Sie hier einem Esel Obdach.» Bei dem Wort «Obdach» spürte ich ein leichtes Zucken im linken Mundwinkel.

Schweigend führten wir ihn zur Garage. Er runzelte des öfteren die Stirn, brummte vor sich hin und machte sich auf seinem Block viele Notizen.

Dann setzte er sich auf einen Heuballen. Eigentlich war er ein netter, umgänglicher und wirklich tierliebender Mann, und es gelang ihm bald, uns zu beruhigen. Er machte Chris und Jon ein Kompliment über die Sauberkeit der Box. (Sie fegten sie gewissenhaft jeden Abend und Morgen aus und streuten frisches Stroh.) Diese Untersuchung sei eine reine Formsache, sagte er; zwar liege eine Beschwerde vor, aber von ihm aus sei alles in Ordnung; Jack sei ein schöner, gesunder Esel. Dann fragte er, ob wir ihn auch bewegten, und wir zeigten ihm die bewußte Leine. Er fand sie wunderschön, meinte aber, wir sollten das Tier ein bißchen mehr ausführen. Vielleicht könnten die Kinder auf ihm reiten.

Am nächsten Tag erwarb Jane einen gebrauchten Ponysattel, und abends machten wir den ersten unserer nächtlichen Ausritte, die so etwas wie eine stadtbekannte Einrichtung wurden. Christopher fand eine flauschige Bademattte, die eine weiche Satteldecke abgab, und nach Einbruch der Dunkelheit ging er in die Box und sattelte den Esel. Ich hatte mich aus Feigheit geweigert, bei Tag mit ihnen auf die Straße zu gehen.

Wenn man Jack sich selbst überließ, ging er genau dahin, wohin er wollte, und wer auf ihm saß, mußte wohl oder übel mit. Darum führten Chris oder ich ihn meistens. Ich hob zwei kleinere Kinder hinauf, eins auf den Sattel und eins dahinter, so daß es sich am Sattelkranz festhalten konnte. Dann brachte ich am Halterring einen Strick an und führte Jack, von den übrigen Kindern gefolgt, auf die Straße.

«Seid um Himmels willen leise!» sagte ich. «Wir wollen nicht mehr Aufmerksamkeit erregen, als unbedingt nötig ist.»

Wir erregten jedoch selbst im Dunkeln erhebliche Aufmerksamkeit. Pendler, die spät von der Arbeit zurückkamen, schlossen sich uns häufig an, während wir durch das dürre Novemberlaub trabten. Mir scheint, sie taten es aus einer atavistischen Regung heraus. In unserer recht verstädterten Gemeinde kam unser langsam dahintrottendes kleines Reittier den Leuten wie ein Relikt aus alten Zeiten vor, das sie irgendwie genossen.

Unser Sohn Brian war damals noch sehr klein und schwer zum Einschlafen zu bringen. Aber wir merkten, daß er unweigerlich eindöste, wenn Alison ihn vor sich im Sattel hielt. Infolgedessen ließ Jane ihn, wenn er gebadet und in seinen warmen Schlafanzug und eine Decke gehüllt war, bei jedem Wetter ausreiten. Wenn Jack dann in seine Box zurückklapperte, lag Brian schnarchend in Alisons Armen.

Anfangs fuhr die Polizei, wenn sie uns begegnete, ganz langsam, um uns neugierig zu beobachten, aber angehalten wurden wir nie. Wir verstießen ja gegen kein Gesetz, und so winkten sie unserem seltsamen Aufzug nur lachend zu und fuhren weiter.

Eins, zwei, drei, wer hat den Knopf?

ICH WEISS nicht recht, wie ich es überzeugend beschreiben soll, aber Jack war wirklich ein Sonderling unter den Eseln. Zunächst einmal war er unglaublich neugierig. Außerdem hatte er einen sehr leichten Tritt, so daß er ungehört immer dort auftauchte, wo man ihn am wenigsten erwartete. Jane nannte ihn einen Schleicher, aber ich glaube, er war nur wißbegierig.

Als ich eines Nachmittags nach Hause kam, stieg mir schon vor der Haustür der Duft von frisch gebackenem Kuchen in die Nase. Gleich darauf hörte ich aus der Küche einen halb erstickten Schrei, ein Krachen und dann Hufgetrappel. Ich stürzte ins Haus. In der Küche stand Jane mit blassem Gesicht, die Fingerknöchel an den Mund gepreßt, vor den am Boden liegenden Trümmern eines Apfelkuchens.

«Er ist einfach hereingekommen», sagte sie leise. «Er hat sich selbst die Tür aufgemacht und ist hereingekommen. Ich nahm gerade den Kuchen aus dem Ofen und dachte, es wäre eins von den Kindern. Und dann hat er seine nichtsnutzige Schnüffelnase unter meinen Arm gesteckt und dieses blubbernde Geräusch gemacht!»

Nachdem Jack aus der Küche geflüchtet war, galoppierte er die Straße entlang, wo er Jon und Melissa traf und nach Hause begleitete. Wir gaben ihm den Kuchen, denn darauf hatte er es schließlich abgesehen.

Ich versuchte Jane einzureden, es sei eine Art Kompliment für sie, aber sie wollte nichts davon wissen. Im Grunde haben sie und Jack sich nie gut vertragen. Sie fürchtete sich vor ihm, und er wußte das. Sie sahen einander mit scheelen Blicken an. Vielleicht hatte es etwas mit dem dicken grauen Mantel zu tun, den Jane sich in jenem Winter kaufte. Als sie ihn zu Hause auspackte, entdeckte sie zu ihrem Schrecken, daß er sich in Farbe und Struktur kaum von Jacks Winterfell unterschied. Wir nannten ihn ihren «Eselsmantel», und wenn Jack sie darin sah, spitzte er die Ohren und bekam große, runde Augen.

«Frank», murmelte Jane dann, «verbiete ihm, daß er mich so ansieht!»

Mit der gleichen Unlogik faßte Jack eine leidenschaftliche Vorliebe für Herrn MacIntosh, der auf seinem Weg zum Bahnhof täglich an unserer Ecke vorüberkam. Die einzig mögliche Erklärung dafür wäre, daß *er* einen schönen Kamelhaarmantel trug.

Als ich eines Montagmorgens im Dezember beim Rasieren war, erscholl unten der Schreckensruf «Er ist los!» Barfuß, im Schlafanzug, das Gesicht voller Seifenschaum, raste ich los — die Treppe hinunter und, alle Kurven schneidend, die Straße entlang.

Es schneite, und da die Bürgersteige noch nicht freigeschaufelt waren, ging MacIntosh mit einem Bekannten in den Reifenspuren der Autos auf dem Fahrdamm zum 7.01-Uhr-Zug. Plötzlich tauchte aus dem Schneetreiben im Galopp der Esel auf und kam unmittelbar vor MacIntosh rutschend zum Stehen. Der Ärmste blieb, Auge in Auge mit der Erscheinung, wie angewurzelt stehen. Woraufhin Jack sich unvermutet sachte aufrichtete und zärtlich die Vorderhufe auf MacIntoshs Schultern legte. Just in diesem Augenblick kam ich keuchend angerannt; ich packte Jack beim Halfter und holte ihn auf die Erde zurück.

MacIntoshs Augen wirkten ein bißchen glasig. Mit leicht schwankender Stimme sagte er: «Na, wenn das nicht ein freundliches Tier ist!»

Von da an begrüßte Jack, wenn er draußen an seiner Leine war, den vorübergehenden MacIntosh jeden Morgen mit lautem Trompetenton.

Viele Dinge erregten Jacks Neugier, zum Beispiel Taschentücher, die er einem mit der Geschicklichkeit eines Meisterdiebs aus der Gesäßtasche zog — oder auch Knöpfe. Er streckte den Kopf vor, drehte ihn zur Seite, und ehe man sich's versah, hatte er einen Ärmelknopf abgebissen. Mit geschlossenen Augen zermalmte er genießerisch seine Beute, und sein Spitzbubengesicht wurde von einem Lächeln verklärt. Bald hatte er sämtlichen Ärmelknöpfen meiner Mäntel und Jacketts den Garaus gemacht.

Expreßdienst

VON UNSEREM Haus zum Bahnhof ist es nur zwei Straßen weit, deshalb gehe ich morgens immer zu Fuß zum Zug. Viele andere Pendler, die weiter weg wohnen, lassen sich von ihren Frauen zum Bahnhof fahren; die letzteren sehen um diese Tageszeit häufig etwas mumienhaft aus. Wenn sie abends ihre Männer abholen, bieten sie einen sehr viel reizvolleren Anblick, das läßt sich nicht leugnen.

Es war schon immer mein heimlicher Wunsch, auch einmal nach einem langen Arbeitstag abgeholt zu werden. Aber warum sollte Jane aus dem Chaos der Vorbereitungen zum Abendessen und dem Mahlstrom der Hausarbeit wegrennen, um einen kerngesunden Ehemann zwei Straßenecken weit nach Hause zu fahren? Allerdings insgeheim...

Nun hatte ich kurz vor Weihnachten in einem Warenhaus Einkäufe gemacht — mehrere umfangreiche Pakete —, bevor ich nach Hause fuhr. Es hatte den ganzen Tag geschneit, und ich beschloß, ausnahmsweise meinem heimlichen Wunsch nachzugeben. Ich rief also vor der Abfahrt Jane an und bat sie, mich vom Bahnhof abzuholen.

Noch ehe der Zug hielt, merkte ich, daß ich eine große Dummheit gemacht hatte. Jane war nicht am Bahnhof, das sah ich — dafür standen im Schnee zwischen den wartenden Kombiwagen vier Knirpse und ein gesattelter Esel.

Wäre Port Washington nicht Endstation gewesen, ich wäre nie ausgestiegen. So aber machte ich mir eine Weile im Abteil zu schaffen, als hätte ich etwas verloren. Schließlich warf der Schaffner auf seinem letzten Kontrollgang durch den Zug mir einen etwas befremdeten Blick zu und blaffte: «Port Washington! Endstation!»

Ich zog den Hut in die Stirn, schlug den Mantelkragen hoch und stahl mich aus dem Zug. Hoffentlich waren die anderen Pendler schon auf dem Heimweg. Ja, die meisten waren fort, aber nicht wenige standen doch wartend um Jack und die Kinder herum, um zu sehen, wem dieses eigenartige Beförderungsmittel gehörte.

Ich kämpfte gegen die aufsteigende Panik an und beschloß, die Sache durchzustehen. Lässig schlenderte ich zu meiner Nachkommenschaft hinüber und reichte Chris meine Aktentasche und die Pakete zum Festbinden.

«*Buenas tardes, muchachos*», sagte ich. «Hat *Mamacita* die *enchiladas* fertig?» Die Kinder zeigten sich wirklich jeder Situation gewachsen. Während ich den beladenen Esel bestieg, erwiderte Alison: «Ja, aber sie hat gesagt, du möchtest aus dem Laden sechs Flaschen Bier mitbringen.»

Ihr Kinderlein, kommet . . .

DEZEMBER UND Januar brachten viel Schnee. Der Winter hatte zeitig begonnen und dauerte ungewöhnlich lange. Der Schnee türmte sich zu hohen Hügeln und Wällen auf, so daß man ein kleines Kind, das auf dem von mir freigeschaufelten schmalen Pfad die Auffahrt heraufkam, erst dann sah, wenn es bereits vor der Küchentür stand.

Jack erwies sich in dieser Zeit als recht nützlich. Chris und Jon montierten zwei große Holzkisten auf einen Schlitten, und ich fertigte aus einer starken Latte eine Wagendeichsel, so daß wir Jack vor den Schlitten spannen konnten. Die Kinder nahmen telephonisch Einkaufsaufträge von den eingeschneiten Nachbarn entgegen, und der Eselschlitten fuhr jeden Nachmittag hochbeladen zwischen den Wohnhäusern und Läden hin und her.

Am Weihnachtsabend führten wir Jack früher als sonst spazieren und brachten ihn in seine Box; dann holten wir die große Tanne herein und stellten sie im Wohnzimmer auf. Um zehn Uhr war der Baum fertig geschmückt, und die Kinder gingen zu Bett. Jane und ich setzten die unvermeidlichen Schiebkarren und Dreiräder zusammen, räumten auf und entkorkten eine Flasche Wein. Fünf Minuten vor Mitternacht klingelte es an der Haustür.

Wer in aller Welt . . .? Ein Telegramm? Ein Gläubiger? Der Weihnachtsmann?

Wir öffneten, und vor der Tür stand, in einen warmen Schal gewickelt, eine ältere Dame. Ich hatte sie schon mehrmals gesehen, denn sie hatte sich manchmal unseren nächtlichen Eselsritten angeschlossen. Zuweilen gab sie Jack eine Mohrrübe oder einen

Apfel und unterhielt sich mit ihm leise auf spanisch. Wie sie sagte, hatte sie früher in Mexiko gelebt und viel mit Eseln zu tun gehabt.

Wir baten sie, einzutreten und ein Glas Wein mit uns zu trinken, aber sie lehnte sehr höflich ab. Nein, sie habe uns nur sagen wollen, daß am Weihnachtsabend um Mitternacht alle Tiere in ihren Ställen niederknien, um das neugeborene Christkind zu ehren.

Ich konnte mir bei dieser Mitteilung ein Schmunzeln nicht verkneifen, und dann hörte ich ein Geräusch und wandte mich um. Das Treppengeländer entlang zog sich eine Girlande von Kindergesichtern mit glänzenden Augen, die stumm auf uns herabblickten; eigentlich hätten die Strolche längst schlafen sollen.

Die Dame trat in den Schnee zurück, zog sich den Schal fester um den Kopf und winkte uns.

«Kommen Sie. Sie werden sehen.»

Die Kinder holten eilig ihre Jacken und Stiefel und liefen hinter der Dame her. Jane zog ihren Eselsmantel an, und Christopher, in Skijacke und Überschuhen, reichte mir eine Taschenlampe.

Leise betraten wir die Garage. Ich wußte, daß der Esel gewöhnlich schnarchend flach auf der Seite lag. Ich knipste die Taschenlampe an.

Was soll ich sagen... Jack kniete wirklich. Er hatte die Vorderbeine unter sich gezogen, die Augen geschlossen, die Ohren zurückgelegt – in vollendetem Weihnachtskartenstil.

Die Dame sagte leise zu den Kindern: «Seht ihr? Die Eselchen wissen, daß Weihnachten ist.» Sie lächelte ihnen zu und ging.

Von Schlafen war jetzt bei den Kindern keine Rede mehr; wir blieben auf und lasen die Weihnachtsgeschichte. Später ging Angela noch einmal in die Garage und kam mit der Botschaft zurück: «Er liegt flach auf der Seite und schnarcht.»

Lieber rot als tot

WIR HATTEN nie beabsichtigt, Jack auf die Dauer in der Beengtheit unseres Hauses in Port Washington zu lassen. Wir besaßen in den Adirondackbergen ein ererbtes Grundstück mit einem Sommerhaus und gedachten, ihn dort draußen bei einem benachbarten Farmer auf die Koppel zu bringen.

Bei den ersten Frühlingszeichen fuhren wir hinaus, Jack in einem gemieteten Viehanhänger. Auf den Wiesen lag noch eine ganze Menge Schnee, aber Jack hatte es schön warm in Jim Harveys Stall. Dort fand er auch endlich vierbeinige Freunde — eine schwarz-weiße Kuh und einen Wallach namens Huckshaw.

Wir sahen ihn erst im Sommer wieder, als die ganze Familie die Ferien über ins Gebirge fuhr. Inzwischen hatte er sich so an die beiden anderen Tiere gewöhnt, daß er sich gar nicht von ihnen trennen wollte, aber wir nahmen ihn doch mit auf unser Grundstück. Er war genauso selbständig wie immer, bewegte sich ungezwungen zwischen den Gartenmöbeln und naschte die hohen Grashalme, die um die Baumstämme herum wuchsen und dem Rasenmäher entgangen waren. Er war auch noch ebenso gesellig, und zuweilen beugte er sich zutraulich über meine Schulter und las mit in meinem Buch.

Das einzige, was er nicht leiden konnte, war, bei Regen draußen zu sein und naß zu werden. Wenn er auf der Weide von einem Gewitter überrascht wurde, flüchtete er schleunigst in den Stall. Passierte dasselbe auf unserem Grundstück, schlug er uns alle auf dem Weg zur Vorderveranda, wo wir dann das Ende des Gusses abwarteten.

An einen solchen Gewitterabend erinnere ich mich besonders gut. Ich hatte Gitarre gespielt und versucht, die Kinder zu Volkstänzen zu animieren. Jack, der mit uns auf der Veranda Zuflucht gesucht hatte, kam mit wißbegierigen Augen und gespitzten Ohren zu mir und beschnupperte das Instrument.

Anerkennung schmeichelt mir, auch wenn sie von einem Esel kommt. Ich spielte weiter. Nach einer Weile verlagerte Jack sein Gewicht auf drei Beine und begann mit dem rechten Vorderfuß zur Musik den Takt zu klopfen. Ich hörte auf zu spielen — er hörte auf zu klopfen. Ich fing wieder an — er desgleichen. Ich habe dressierte Pferde im Zirkus «zählen» oder zu einer Musikkapelle «Walzer tanzen» sehen. Aber Jack war augenscheinlich musikalisch von Natur.

Im Herbst, kurz vor Schulanfang, brachten wir unseren Esel wieder auf die Harveysche Farm. Das nächste Mal sah ich ihn im Spätherbst, als ich wie jedes Jahr noch einmal hinausfuhr, um das Wasser abzustellen. Das war an sich eine Angelegenheit von einer halben Minute und vier Umdrehungen des Schraubenschlüssels, aber ich machte immer eine große Sache daraus, um einmal übers Wochenende allein in den Bergen sein zu können.

In dem Jahr machte ich eine lange Wanderung durch den prachtvollen Herbstwald, und am Spätnachmittag kam ich an der

Mauer von Harveys Weide heraus. Etwa hundert Meter weiter saß ein Jäger ruhig beobachtend auf dem grauen Gemäuer. Dann hörte ich es im Wald rascheln, der Jäger hob das Gewehr, und im selben Augenblick trat Jack aus dem Wald.

Ich stieß einen Schrei aus, Jack machte kehrt und verschwand, und der Jäger wandte sich empört zu mir um in der Meinung, ich hätte ihm den Schuß auf ein Stück Wild verpatzt. Er wollte auch nicht glauben, daß es kein Wild, sondern ein Esel gewesen war; erst als ich ihn zum Waldrand führte und ihm die frischen Abdrücke von Jacks Hufen in dem weichen schwarzen Boden zeigte, ließ er sich überzeugen. Ich hätte nicht gedacht, daß der Esel in der Dämmerung einem Wild so ähnlich sehen könne. Damit will ich nicht sagen, daß irgend etwas einem Wild ähnlich sehen muß, um von gewissen Jägern angeschossen zu werden.

Jedenfalls gab mir der Vorfall zu denken. Ich sprach mit Jim Harvey darüber, und er stimmte mir zu. Im Jahr zuvor war in einem Nachbarort eine schwarzbunte Kuh mit einer Glocke um den Hals abgeknallt worden. Wir mußten etwas tun.

Ich wußte, daß die Jäger bei uns rote Jacken tragen, damit sie nicht von anderen Jägern angeschossen werden, und diese farbenfreudige Tradition brachte mich auf eine Idee. Hinter dem Stall stand ein seit Jahren unbenutzter großer Bottich zum Desinfizieren von Schafen. Ich säuberte ihn und füllte ihn mit Wasser, in das ich einige Päckchen knallroter Farbe schüttete. Jim und ich steckten den Esel in die Farbbrühe und versuchten ihn davon zu überzeugen, daß es in seinem Fall besser sei, rot zu sein als tot. Sein Gesicht färbten wir mit einem Schwamm.

Leuchtend rot, wirklich prachtvoll anzuschauen, ging er aus der Prozedur hervor. Die Farbe schadete ihm kein bißchen und hielt monatelang. Im Umkreis von mehreren Kilometern hieß Jack nun «der andersfarbige Esel».

Ein sauberer Schuß

ICH WOLLTE, diese Geschichte ginge glücklich aus, aber das tut sie leider nicht. Auch im folgenden Sommer teilte Jack unser Ferienidyll. Er war ein unentbehrlicher Gefährte beim Beerenpflücken, und wenn wir zelteten, trug er nicht nur unsere Pfannen, Eimer und Kochgeschirre, sondern auch die kleinen Kinder. Am Ende der Ferien brachten wir ihn wieder zu Jim Harvey, und danach haben wir ihn nicht mehr lebend wiedergesehen.

Im Juni des nächsten Jahres fuhren Chris und ich hinaus, um das Haus in Ordnung zu bringen. Am Morgen nach unserer Ankunft kam Jim Harvey herüber. «Ich kann den Esel nicht finden», sagte er. «Er ist seit zwei Tagen verschwunden.»

Wir gingen zu ihm und kontrollierten den Zaun, aber der war in Ordnung. Dann sahen wir, daß Huckshaw sein Futter nicht angerührt hatte und jetzt auf dem Scheunenhof stand, den Blick unverwandt auf einen kleinen Teich neben der Straße gerichtet. Wir gingen hinunter und fanden Jack. Er war erschossen worden — ein sauberer Schuß, genau zwischen die Augen. Er hatte sicher nicht zu leiden brauchen.

Wir hatten sein Fell in dem Jahr nicht gefärbt, aber ich glaube kaum, daß es daran lag. Wahrscheinlich war er in der Abenddämmerung zum Teich hinuntergegangen, um den Fliegen zu entgehen, und das Opfer eines nächtlichen Wilderers geworden. Der Mann mußte im Licht seiner Scheinwerfer die Eselsohren und die allgemeinen Konturen erkannt haben.

Wir begruben Jack in der Nähe des Teiches auf einem windumwehten kleinen Hügel inmitten des weiten Graslands, das unserer Familie so sehr ans Herz gewachsen ist.

Für uns alle ging mit Jacks Tod eine Epoche zu Ende. Jeder von uns hatte ihn auf seine Weise liebgehabt. Wenn wir heute Photos aus jener Zeit betrachten, denken wir natürlich auch an die Ärmel ohne Knöpfe und an alle möglichen anderen ärgerlichen Dinge. Aber am besten erinnern wir uns der nächtlichen Ausritte mit Jack, des schlafenden Brian in Alisons Armen und des Eselsschreis, der so fröhlich durchs Tal schallte. Mag sein, daß wir Jack noch manchmal in der Erinnerung verwünschen, aber das ändert nichts an unserer herzlichen Zuneigung.

*Begegnungen mit der scheuen Majestät
des südamerikanischen Urwaldes*

Der Jaguar setzt zum Sprung an

Von Stanley E. Brock

Zum erstenmal bin ich dem Jaguar, der unbekanntesten und geheimnisvollsten unter den großen Katzen, mit siebzehn Jahren begegnet. Mein Vater arbeitete damals für die Regierung von Britisch-Guayana an der Entwicklung des Telephonnetzes mit, und ich war zu einem Besuch aus England gekommen. In Georgetown, der Hauptstadt, sah ich eines Tages über einer Tür ein Schild: Rupununi Development Co., Ltd., Zentralverwaltung der Dadanawa-Ranch. Ich öffnete die Tür und trat damit — aus purem Zufall — ein in den erregendsten Abschnitt meines Lebens.

Die riesige Dadanawa-Ranch umfaßte, so hörte ich, 7500 Quadratkilometer wilder tropischer Savanne am Nordrand des Amazonasbeckens. Sie ist einer der größten noch existierenden Viehzuchtbetriebe der Welt. Durch das weite Gebiet ziehen dreißigtausend Longhorn-Rinder, gepeinigt von Wassermangel, Überschwemmungen und Stechfliegen und überdies bedroht von Jaguaren, die jedes Jahr an die fünfhundert Stück Vieh reißen. Die Ranch, sagte man, suche einen *vaquero*, einen Viehhirten; ob ich interessiert sei.

So kam es, daß ich die nächsten fünfzehn Jahre mit Rinderherden und mit der Jagd auf die große Katze verbrachte.

In vielen Begegnungen mit diesem schönen Raubtier habe ich sowohl seine große Klugheit wie seine unglaubliche Kraft bewundern gelernt. Eines Morgens trieben wir Vieh zusammen auf ziemlich bewaldetem Terrain. Ich ritt, eingeschläfert vom vielstimmigen Gesang der Urwaldvögel und dem von fern herüberklingenden Geschrei der Brüllaffen, über eine taufeuchte, dunstige Lichtung und sah einen schweren schwarz-weißen Bullen, der sich von der Herde abgesondert hatte und etwa hundertfünfzig Meter vor mir aus seiner belaubten Deckung trat und zu grasen begann. Dieser «Buschläufer» war wachsam und schnell wie ein Hirsch und mit seinen tausend Pfund ein Bündel unbändiger Kraft. Da erregte plötzlich eine rasche Bewegung fünfzig Schritte links von dem Ausreißer meine Aufmerksamkeit: Ein Jaguar lief durch das hohe Gras auf den Bullen zu.

Wie ein gelber Pfeil schoß die Katze vorwärts, dicht am Boden, bis sie nur noch zwei Meter vom Hinterteil des Bullen entfernt war. Jetzt schreckte den das Rascheln des Grases auf — aber es war zu spät. Als der Bulle den Kopf hob, war der Jaguar schon auf seinem Rücken und schlug Zähne und Tatzen tief in Schädel und Nacken des Opfers. Der Bulle, sechsmal so schwer wie sein Angreifer, sprang verzweifelt und schüttelte den Körper der Katze wie einen Sack Stroh. Dann stürzte er tot zu Boden.

Die Indianer nennen den Jaguar «die Katze, die mit einem Sprung tötet». Er ist unter allen großen Katzen der behendeste und wirksamste Würger. Tiger, Löwe, Leopard und Puma beißen ihren Opfern die Kehle durch, so daß sie ersticken und an der zerrissenen Halsschlagader verbluten. Auch der Jaguar verschmäht diese Art des Zugriffs nicht, mit Vorliebe durchbeißt er jedoch die Schädeldecke zwischen den Hörnern oder den Ohren, eine Methode, die augenblicklich tötet, aber enorme Körperkraft voraussetzt.

Der Jaguar ist die drittgrößte Katze der Welt, übertroffen nur von Löwe und Tiger. Seine Färbung — schwarze Rosetten auf gelbem Fell (gelegentlich ist auch das Fell schwarz) — ähnelt der seines afrikanischen Vetters, des Leoparden, aber der Körperbau der beiden ist sehr verschieden. Der Leopard ist schlank, lang und geschmeidig, der Jaguar hingegen gedrungen, muskulös und für schlagartige Kraftentfaltung gebaut. Seine Brust ist so breit, daß mich der Anblick, als das erstemal einer von vorn auf mich zukam, an eine krummbeinige Bulldogge erinnerte.

Der Jaguar kommt nur in der Neuen Welt vor. Man findet ihn von Mexiko, wo man ihn *el tigre* nennt, durch ganz Mittel- und Südamerika bis hinunter zum nördlichen Patagonien. (Gelegentlich ist er auch in den nordamerikanischen Staaten Arizona, Neumexiko und Texas angetroffen worden.) Die Tiere sind größer, je weiter im Süden sie vorkommen. Der männliche Jaguar in Mexiko wiegt im Durchschnitt 65 Kilogramm; die von mir im Amazonasgebiet gewogenen waren an die 100 Kilogramm schwer, und im Süden Brasiliens steigt ihr Gewicht bis auf 180 Kilogramm.

Jaguare sind im allgemeinen Nachttiere, die allein jagen und sich selten weit von der Walddeckung entfernen. Ich bin diesen Katzen meistens am frühen Morgen begegnet, bevor sie sich für den Tag zurückziehen, oder am Abend, wenn sie ihre Streifzüge aufnehmen. Sie treten nie in Rudeln auf wie Löwen. Das männliche Tier tut sich selbst mit dem weiblichen in der Paarungszeit nur für ein paar Tage zusammen.

Männliche und weibliche Exemplare sieht man also nur sehr selten zusammen. Eines Morgens hatte ich Glück. Ein Jaguarpaar spielte miteinander auf der Sandbank eines Flusses. Das Männchen jagte das Weibchen. Von Zeit zu Zeit drehte sie sich um und schlug nach ihm. Das Männchen knurrte, schlug zurück und warf das Weibchen auf den Rücken. Es wehrte sich energisch, sprang auf und lief fort — und die Jagd begann von neuem.

Die Jungen, ein bis drei in einem Wurf, wiegen weniger als zwei Pfund und kommen etwa dreieinhalb Monate nach der Begattung in einer Höhle oder im dichten Unterholz zur Welt. Sechs Wochen später folgen sie ihrer Mutter bei nächtlichen Jagdausflügen. Mit etwa anderthalb Jahren machen sie sich selbständig und durchstreifen auf eigene Faust ein Gebiet von etwa hundertfünfzig Quadratkilometern. Ist das Revier reich an Schweinen und Hirschen, können darin bis zu fünfzehn Jaguare jagen, ohne sich ins Gehege zu kommen. Sie legen in einer Nacht bis zu zwanzig Kilometer zurück. Kaum jemals hat ein Jaguar sein Lager zweimal hintereinander an derselben Stelle.

Ich habe mit El Tigre meist um unser Vieh kämpfen müssen, seine eigentliche Leibspeise aber sind Weißbart- und Halsbandpekaris, Tiere, die unserm Wildschwein ähneln. Fehlt es daran, schlägt der hungrige Jaguar jedoch nahezu alles, selbst den bis zu viereinhalb Meter langen Kaiman (das südamerikanische Krokodil) und die Anakonda, die riesige Wasserschlange. Vor dem Wasser hat er keine Angst, er schwimmt sogar ausgezeichnet und fängt sehr geschickt Fische.

Vor einigen Monaten sah ich in einem Nebenfluß des Amazonas einen Jaguar in einem Tümpel fischen, der wegen der Trockenheit keinen Abfluß mehr hatte und in dem ein kleiner Schwarm Fische eingeschlossen war. Er hob die Vorderpfote und schüttelte sie in der Luft, als wollte er seitlich zuschlagen. Als die Fische in Erwartung eines Angriffs mit der Pfote die Richtung änderten, steckte der Jaguar blitzschnell den Kopf unter Wasser und kam mit einem Fisch zwischen den Zähnen wieder hervor. Ich habe ferner Jaguare beobachtet, die wie eine Hauskatze mit den Vorderpfoten frisch gelegte, am Ufer metertief vergrabene Schildkröteneier ausbuddelten. Sie machen sich auch über Schildkröten her, bei denen sie mit Zähnen und Tatzen den Rückenvom Bauchpanzer trennen — eine Demonstration schierer, brutaler Kraft.

Jagen zwei oder drei Katzen im selben Revier, so setzen sie auf ihrem Weg immer wieder mit Urin Duftmarken ab, um nicht aufeinander zu treffen. Stößt einer der anderen auf ein solches Zeichen, so ändert er seine Richtung. Manchmal brüllt der Jaguar, um den Anspruch auf sein Revier zu bekräftigen, oder in der Paarungszeit, um einen Partner anzulocken. Dieses Brüllen ist jedoch eher ein mehrfach wiederholtes knurrendes «uh-uh-uhuh». In stillen Nächten ist es über einen Kilometer im Umkreis zu hören. Das Weibchen schreit, wenn es seine Jungen ruft, wie eine Straßenkatze, nur viel lauter.

Daß ein Jaguar einen Menschen angefallen und getötet hätte, habe ich nur ganz vereinzelt gehört. Dazu kommt es wohl nur, wenn die Katze in die Enge getrieben wird, verwundet ist oder Junge verteidigt. Ich selbst hatte meine gefährlichste Begegnung, als wir eines Tages ausritten, um uns eine frisch geschlagene Färse anzusehen, die ein Indianer gemeldet hatte. Als wir an die Stelle kamen, war der Kadaver verschwunden. Die Spur im blutigen, niedergetretenen Gras führte in ein Gestrüpp.

Da ich annahm, die Katze habe sich inzwischen satt gefressen und in der Nähe hingelegt, stieg ich ohne mein Gewehr vom Pferd und kroch auf Händen und Füßen in das Unterholz. Ich war etwa fünf Meter weit gekommen, da ließ mich ein leises, drohendes Knurren erstarren. Ich hob den Kopf und blickte geradewegs in die gelben Augen eines großen Jaguarmännchens, das nur wenige Meter vor mir neben dem halbgefressenen Kadaver stand, das Maul zu einem bösartigen Fauchen geöffnet, während der Schwanz wütend das Gebüsch peitschte.

Langsam und vorsichtig zog ich meine einzige Waffe, ein Jagdmesser, und begann rückwärts zu kriechen. Das Tier stand mit den Vorderpfoten auf seiner Beute, um mich besser beobachten zu können. Seine Vorderbeine strotzten von Muskeln, und auf seinem Nacken, da wo seine Schulterblätter zusammenkamen, bildeten Knochen und Muskeln einen dicken Klumpen. Zweimal legte es die Ohren zurück und streckte den Kopf nach vorn, um mich mit kehligem, hustendem Brüllen einzuschüchtern.

Schließlich langte ich bei meinem Pferd an, aber als ich mich mit dem Gewehr noch einmal vorsichtig der Stelle näherte, war El Tigre verschwunden.

Die Zukunft des Jaguars ist zum Glück gesicherter als die der anderen großen Katzen. Gewiß, Pelzjäger und Wilderer haben in den letzten Jahren versucht, sein schönes Fell auf den Markt zu bringen. Jaguarmäntel sind ebenso begehrt und ebenso teuer wie Leopardenmäntel. Aber da es schon schwierig ist, den Jaguar überhaupt zu Gesicht zu bekommen, und erst recht, erfolgreich Jagd auf ihn zu machen, dürfte die Aussicht, mit seinem Fell große Geschäfte zu machen, gering sein.

*Georgie, die Katze,
die mit Musik Einbrecher in die Flucht schlug*

Die Musikleidenschaft der Katze Georgie

VON ADELE MILLARD

GEORGIE hatte ein Ohr für Musik. Der große, graue Kater sah zwar aus wie ein alter Haudegen, war aber in Wirklichkeit eher gutmütig und sanft. Er verbrachte seine Nachmittage meist auf einem Stuhl neben dem Radio und schnurrte, wenn sein Lieblingssender sanfte Melodien spielte. Er hatte moderne Unterhaltungsmusik nicht gern; sie war ihm zu laut und der Rhythmus zu hart. Dies ärgerte die drei Kinder im Haus, denn sie mußten auf ihre Zimmer gehen, um ihre Art Musik zu hören. Ihre Mutter hingegen freute sich darüber und unterstützte Georgie auf der ganzen Linie.

Bach und andere weniger melodiöse Barockmusik gefiel der Katze weniger. Dr. Childs, der Hausherr, der im Akademiker-Orchester Horn spielte, war auch ein Opfer des musikalischen Geschmacks der Katze. Frau Childs, die die Überei und das ewige Wiederholen der gleichen Passagen kaum mehr hören konnte, richtete ihrem Mann zum Geburtstag einen Teil der Garage als Musikzimmer her. Sie wußte, daß das Musizieren ihren Mann entspannte und wollte ihm sein Hobby nicht wegnehmen, also mußte wieder einmal Georgie als Entschuldigung herhalten.

Außer Frau Childs brachten die Familienmitglieder ihrer Katze eher gemischte Gefühle entgegen. Einerseits hatten sie das Tier gern und waren stolz auf seine Größe und seine wuchtige Erscheinung, andrerseits aber wollten sie nicht nach seiner Pfeife tanzen. Georgie, der nach mehr Anerkennung strebte, lernte die Knöpfe und Tasten des Radios zu bedienen und konnte ihn bald alleine anstellen. Jetzt prahlten plötzlich alle mit der Katze, und sie wurde die Sensation des Tages. Aber als ein paar Nächte lang um drei Uhr früh plötzlich der Radio in voller Lautstärke losging, änderte sich das schnell; sogar Frau Childs mußte zugeben, daß die Katze jetzt zu weit ging.

Dieser Zustand hätte vermutlich auch angedauert, wäre nicht etwas geschehen, das die Katze zu einem richtigen Helden machte; und alles geschah nur wegen ihrer Liebe zur Musik.

Wie bei den meisten Ärzten, war Dr. Childs Arbeitstag lang und anstrengend. Er war ständig unter Druck. Schon zweimal hatte er in diesem Jahr Ferien geplant, und beide Male mußte er seine Pläne wieder aufgeben. Es traten bei langjährigen Patienten, die keinen anderen Arzt wollten, in der letzten Minute ernsthafte Schwierigkeiten ein. Schließlich war es doch soweit, daß man ein paar Tage wegfahren konnte. Es war Sommer, und die Kinder hatten Ferien, so daß die ganze Familie mitkommen konnte. Ein Mädchen aus der Nachbarschaft, Alice, würde die Katze füttern und den Briefkasten leeren. Der Arzt bereitete alles vor, und endlich konnte die Familie Childs ihre langersehnten, zehntägigen Ferien antreten.

Drei Tage lang ging alles gut. Alice fütterte die Katze und spielte mit ihr. Georgie hielt sich im Garten auf, wo er zur Übung Vögeln und Blättern nachjagte. Dann schlüpfte er durch das eigens für ihn offengelassene Badezimmerfenster ins Haus, aß, stellte den Radio an und döste vor sich hin. Er hatte inzwischen auch gelernt, das Radio wieder abzustellen, und vergnügte sich nun stundenlang mit den Knöpfen und Tasten.

Die Kinder hatten unvorsichtigerweise herumerzählt, daß sie in die Ferien fuhren, und es war bekannt in der Stadt, daß das Haus leer stand. Dies war eine Einladung für Einbrecher. Um zwei Uhr in der vierten Nacht brachen zwei Männer in das Haus ein. Sie drangen durch ein rückwärtiges Schlafzimmerfenster ins Haus ein, nahmen die Kissenbezüge von den Betten und stopften sie mit allem voll, was einigermaßen wertvoll aussah. Georgie erwachte, eilte ins Schlafzimmer und sah die Männer. Diese waren zu geschäftig und ihr Licht zu schwach, als daß sie den stummen, grauen Schatten in der Schlafzimmertüre wahrgenommen hätten.

Georgie war beunruhigt. Er kannte die Männer nicht und hatte das Gefühl, daß irgendetwas nicht stimmte. Die Katze drehte, wie immer, wenn sie nervös war, das Radio im Wohnzimmer an. Das plötzliche Einsetzen der Musik ließ die Einbrecher vor Schreck erstarren. Sie ließen die halbgefüllten Kissenbezüge fallen und flohen aus dem Haus.

Das Schlafzimmer von Alices Eltern lag gegenüber, und die Musik war laut genug, daß sie sie durch das offene Fenster hören konnten. Ihr Vater stand auf, nahm den Schlüssel der Nachbarn und schaute nach, was los war. Die Spuren der Einbrecher waren eindeutig, also rief er die Polizei. Georgie war begeistert von diesem Kommen und Gehen. Der Nachbar hatte das Radio abgestellt. Jetzt wollte er seine außerordentlichen Fähigkeiten all den fremden Leuten im Wohnzimmer vorführen und stellte das Radio wieder an. Die Polizisten staunten. Endlich hatten sie die Antwort auf die Frage, weshalb wohl die Einbrecher zuerst das Radio eingestellt und sich dann aus dem Staube gemacht hatten. Es gab viel Aufsehen um die Katze, und sie genoß es in vollen Zügen, obwohl ihr nicht ganz klar war, warum sie plötzlich im Mittelpunkt stand.

Da nichts fehlte, wollte der Nachbar nicht die Familie Childs anrufen und ihnen die Ferien verderben. Er reparierte das Fenster und bat seinen fünfundzwanzigjährigen Neffen, das Haus zu hüten, bis die Besitzer zurück waren.

Als die Familie Childs zurückkam und hörte, was geschehen war, durfte Georgie fortan seiner Musikleidenschaft uneingeschränkt freien Lauf lassen. An Weihnachten kauften die Kinder zusammen ein paar Musik-Kassetten für Georgie und ließen sie auf ihrem Tonbandgerät laufen. Auch der Arzt war seiner Katze für den geleisteten Dienst äußerst dankbar, aber leider hatte er in der letzten Zeit immer wieder widerliche kleine Dinge in seinem Horn vorgefunden. Jetzt vermutet er, daß ihm Georgie entweder etwas ganz Bestimmtes sagen möchte, oder aber, daß er sich eine neue Freizeitbeschäftigung zugelegt hat.

Wie dem auch sei ... der Doktor macht jetzt die Türe seines Musikzimmers immer sorgfältig zu, und für den Fall, daß Georgie plötzlich lernt, Türen zu öffnen, hält er ein Vorhängeschloß bereit!

*Die verschiedenen Erfahrungen eines Tierarztes —
auf der einen Seite der besondere Charme des Lämmchens,
auf der anderen die geballte Kraft des Hengstes,
der sich nicht operieren lassen wollte*

Heute Geburtshelfer bei Lämmern — morgen Hengstbezähmer

Von James Herriot

Ich entdeckte plötzlich, daß der Frühling gekommen war. Ende März, als ich ein paar Schafe in einer Bergmulde untersucht hatte, lehnte ich mich beim Abstieg im Windschatten eines kleinen Tannenwaldes gegen einen Baum, um kurz zu verschnaufen, und auf einmal spürte ich die Wärme des Sonnenlichts auf meinen geschlossenen Augenlidern, hörte den Gesang der Lerchen und das gedämpfte Rauschen des Windes in den hohen Zweigen. Obwohl der Schnee noch immer in langen Streifen hinter den Mauern lag und das Gras leblos und winterlich gelb war, schien mir, daß sich eine Veränderung vollzogen hatte, eine Befreiung, denn ohne es zu wissen, hatte ich mich mit einem Panzer gegen die harten Monate, die unerbittliche Kälte umgeben.

Es war kein warmer Frühling. Ein scharfer Wind ließ die weißen Köpfe der Schneeglöckchen erzittern und knickte die Narzissen auf dem Dorfanger. Im April leuchteten die Straßenböschungen vom frischen Gelb der Primeln. Und im April kamen auch die jungen Lämmer zur Welt. Diese Geburten brachen wie eine große Flutwelle über uns herein, immer dann, wenn wir am meisten zu tun hatten.

Im Frühjahr spürte das Vieh die Auswirkungen des langen Winters. Die Kühe standen seit Monaten im Stall und brauchten dringend grünes Gras und Sonnenschein; die Kälber hatten zuwenig Widerstandskraft gegen Krankheiten. Und gerade wenn wir uns fragten, wie wir mit den Erkältungen, Lungenentzündungen und Azetonämien fertig werden sollten, überflutete uns die Welle der neugeborenen Lämmer, und in den folgenden zwei Monaten verdrängten diese wolligen Dinger nahezu alles andere.

Da waren zunächst die Früherkrankungen der Mutterschafe, die Blutvergiftungen während der Trächtigkeit und die Vorfallserscheinungen. Dann kam die Geburtenwelle, deren Folge oft Kalzium-Mangelerscheinungen waren oder die fürchterliche brandige Mastitis, bei der das Euter schwarz wird und Schrunden bildet. Und dann die Krankheiten der Lämmer. Allmählich ebbte die Flut ab, und Ende Mai war sie praktisch versiegt. Die Schafe wurden wieder zu den wolligen kleinen Dingern auf den Berghängen.

In diesem ersten Jahr war ich fasziniert von den Lämmergeburten, und so ist es seither geblieben. Das Lammen erschien mir ebenso erregend wie das Kalben und obendrein längst nicht so mühsam für den Geburtshelfer, weil die Schafe meist im Freien warfen, entweder in zugigen Verschlägen, die man aus Strohballen und Gattern improvisiert hatte, oder, häufiger noch, draußen auf dem Feld. Es kam den Bauern nicht in den Sinn, daß das Schaf seine Jungen lieber im warmen Stall zur Welt gebracht hätte oder daß der Tierarzt nicht gerade begeistert war, wenn er stundenlang in Hemdsärmeln im strömenden Regen hocken mußte.

Die eigentliche Arbeit war dagegen die einfachste Sache von der Welt. Nach meinen Erlebnissen bei der Korrektur von Fehllagen bei Kälbern machte es geradezu Spaß, den winzigen Geschöpfen auf die Welt zu helfen. Lämmer werden meistens zu zweit oder zu dritt geboren, und dabei kommt es mitunter zu einem großen Durcheinander. Ein Knäuel von Köpfen und Beinen will gleichzeitig heraus, und es ist Aufgabe des Tierarztes, die einzelnen Körperteile zu sortieren und festzustellen, welches Bein zu welchem Kopf gehört. Ich genoß es sehr, endlich einmal stärker und größer zu sein als der Patient, doch ich habe über diesem Vorteil nie vergessen, daß beim Lammen zwei Dinge sehr wichtig sind — Sauberkeit und Sanftheit.

Alle Jungtiere sind niedlich, aber das Lamm besitzt einen besonderen Charme. Ich erinnere mich an einen bitterkalten

Abend, als ich auf einem windumbrausten Berghang ein Mutterschaf von Zwillingen entband. Die Lämmer schüttelten krampfhaft die Köpfe, und schon nach wenigen Minuten richtete sich eines der beiden auf und lief wackelig und x-beinig zum Euter der Mutter, während das andere auf den Knien hinterherkroch.

Der Schäfer, dessen rotes, wettergegerbtes Gesicht fast in dem hochgeschlagenen Kragen seines schweren Mantels verschwand, ließ ein kurzes Lachen hören. «Zum Teufel, woher wissen sie denn das nur?»

Er hatte es tausendmal miterlebt und empfand es immer wieder als Wunder. Mir geht es genauso.

Und dann erinnere ich mich an zweihundert Lämmer in einer Scheune an einem warmen Nachmittag. Wir impften sie gegen Nierenerkrankungen, und der schrille Protest der Jungtiere, vermischt mit dem unablässigen tiefen Bä-ä-ä von nahezu hundert Mutterschafen, die draußen unruhig umherliefen, machte jede Unterhaltung unmöglich. Ich fragte mich, ob diese Schafe imstande wären, ihre eigenen Kinder in der Masse der nahezu gleich aussehenden kleinen Geschöpfe aufzuspüren. Zumindest würde es eine Ewigkeit dauern.

Es dauerte ungefähr fünfundzwanzig Sekunden. Als wir mit dem Impfen fertig waren, öffneten wir die Scheunentore, und die herausströmenden Lämmer wurden stürmisch von ihren besorgten Müttern empfangen. Zunächst war der Lärm ohrenbetäubend, aber er ebbte bald ab, und als das letzte verirrte Lamm in Sicherheit war, hörte man nur noch gelegentliches Blöken. Dann, immer hübsch zu zweien, zog die Herde aufs Feld.

Den ganzen Mai herum wurde die Welt um mich herum zunehmend milder und wärmer. Der kalte Wind legte sich, und in der Luft, die frisch wie die See war, hing der zarte Dufthauch unzähliger Feldblumen. Manchmal empfand ich es geradezu als ungerecht, daß ich für meine Arbeit bezahlt wurde, besonders wenn ich frühmorgens hinausfuhr und die Felder in dem fahlen Sonnenlicht glänzten, während die hohen Berggipfel noch von Nebelschwaden umhüllt waren.

In Skeldale House brachte die Glyzinie eine verschwenderische Fülle malvenfarbener Blüten hervor, die sich durch die offenen Fenster drängten. Allmorgendlich atmete ich beim Rasieren den berauschenden Duft der langen Blütentrauben ein.

Das Leben war idyllisch, und es gab nur einen einzigen Mißton: die Pferde. In den dreißiger Jahren waren noch viele

Pferde auf den Bauernhöfen, obwohl die Traktoren sie bereits zu verdrängen begannen. Auf den Höfen am Fuß des Dale, wo es ziemlich viel Ackerland gab, waren die Ställe halb leer, aber immerhin reichte die Anzahl der Pferde aus, den Mai und den Juni für uns recht beschwerlich zu machen. Sobald das Wetter wärmer wurde, kamen nämlich die Bauern und wollten ihre einjährigen Fohlen kastrieren lassen.

Ich mochte diese Arbeit nicht, und da bis zu hundert Fälle erledigt werden mußten, warf sie einen Schatten über diese schönste Zeit des Jahres. Seit Generationen war man bei der Kastration so vorgegangen, daß man das Fohlen zu Boden warf und ihm dann die Beine zusammenband. Es war ein bißchen mühsam, aber das Tier war unfähig, sich zu bewegen, und so konnte man völlig konzentriert arbeiten. Zu der Zeit aber, als ich das Examen machte, kam die Kastration im Stehen auf. Bei dieser Methode brauchte man nur eine Lippenbremse einzusetzen und den Hoden örtlich zu betäuben. Dann konnte man frisch drauflos arbeiten. Zweifellos ging das schneller, aber nur, wenn alles programmgemäß verlief. Manchmal schlug das Fohlen aus oder warf sich auf uns oder wurde einfach wild. Es war immer ein Risiko. Ich weiß nicht, ob andere Tierärzte sich fürchteten, ich weiß nur, daß ich immer ungeheur nervös war, wenn ich eine Kastration vornehmen mußte.

Natürlich lag es zum Teil daran, daß ich kein Reiter war und auch nie einer sein werde. Meiner Meinung nach muß man entweder als Reiter geboren werden oder die Kunst in früher Jugend erlernen. Ich wußte, es hatte keinen Sinn, mit fünfundzwanzig Jahren anzufangen. Ich kannte mich zwar in Pferdekrankheiten aus, ich traute mir auch zu, kranke Pferde wirksam zu behandeln, aber ich besaß nicht die Fähigkeit, die der echte Reiter besitzt, nämlich ein Tier zu beruhigen, zu besänftigen und geistig zu beherrschen.

So war an solchen Morgen meine Stimmung nicht gerade die beste. Würde das Tier wild oder ruhig sein? Und wie groß? Ich hatte von Kollegen gehört, daß sie große Pferde vorzögen, weil die Zweijährigen leichter zu handhaben wären — man bekäme die Hoden besser zu fassen. Aber mir waren kleine Tiere sehr viel lieber — je kleiner, desto besser.

Eines Morgens, als die Saison auf ihrem Höhepunkt war und ich schon kein Pferd mehr sehen konnte, rief Siegfried mich zu sich. «James, der Bauer Wilkinson in White Cross hat ein Pferd mit einer Geschwulst am Bauch. Fahren Sie hin und erledigen Sie das. Möglichst noch heute. Wenn Sie's nicht mehr schaffen, bestimmen Sie selbst den Zeitpunkt, ich überlasse es Ihnen.»

Ein wenig mißgestimmt, weil das Schicksal mir zu all der vielen Arbeit auch noch diese aufhalste, kochte ich Skalpell, Tumorlöffel und Spritze aus und legte die Instrumente zusammen mit einem Lokalanästhetikum, Jod und einem antitoxischen Serum auf mein Tablett.

Ich fuhr los, und das Tablett auf dem Rücksitz klapperte unheilverkündend. Ich fragte mich, was für ein Pferd ich wohl vorfinden würde — vielleicht war es nur ein Jährling. Bei Jährlingen bildeten sich manchmal kleine Geschwülste. Während der sechs Meilen langen Fahrt gaukelte mir meine Phantasie ein sanftäugiges, kleines Fohlen mit Hängebauch und üppiger Mähne vor; es war ihm nicht gutgegangen im Winter, und wahrscheinlich hatte es Würmer — war vor Schwäche wackelig auf den Beinen.

Bei Wilkinson war alles still. Kein Mensch auf dem Hof — mit Ausnahme eines zehnjährigen Jungen, der nicht wußte, wo der Bauer war.

«Und wo ist das Pferd?»

Der Junge zeigte auf den Stall. «Da drinnen.»

Ich ging hinein. Aus einer hohen, oben offenen Box, deren Holzwände mit einem Eisengitter umzäunt waren, drang wütendes Wiehern und Schnauben, begleitet von heftigen Hufschlägen. Ein Schauder überlief mich. Da drinnen war kein kleines Fohlen.

Ich öffnete die obere Türhälfte und prallte zurück. Vor mir stand ein riesiges Tier und sah auf mich herab; ich hatte mir niemals klargemacht, daß Pferde so groß sein konnten. Es war ein kastanienbrauner Hengst mit einem schön gewölbten Hals und schwellenden Muskeln an Schultern und Kruppe. Bei meinem Anblick legte er die Ohren an, verdrehte die Augen und schlug bösartig aus. Ein langer Splitter flog in die Luft, als der mächtige Huf gegen die Bretter krachte.

«Allmächtiger Gott», flüsterte ich und schloß hastig die Tür. «Wie alt ist das Pferd?» fragte ich den Jungen.

«Sechs Jahre, Sir.»

Ich versuchte ruhig nachzudenken. Wie sollte man so ein mörderisches Geschöpf anpacken? Ich hatte noch niemals ein solches Pferd gesehen — es mußte mindestens eine Tonne wiegen. Plötzlich fiel mir die Geschwulst ein, die ich entfernen sollte. Ich öffnete die Tür einen Spalt weit und spähte hinein. Ja, da baumelte etwas vom Bauch des Hengstes herab; vermutlich ein Papillom, etwa so groß wie ein Kricketball, mit zerklüfteter Oberfläche, einem Blumenkohl nicht unähnlich. Es schwang bei jeder Bewegung des Pferdes sanft hin und her.

Keine Schwierigkeit, das Ding zu entfernen; ein paar Kubikzentimeter Lokalanästhesie, und ich konnte es mit den Löffeln herausdrehen.

Die Sache hatte nur einen Haken: ich mußte unter diese glänzende Tonne von Bauch kriechen — in Reichweite der großen Hufe — und mit der Nadel in die Haut über der Geschwulst stechen. Keine sehr angenehme Vorstellung.

Ich zwang mich, an praktische Dinge zu denken. Was ich vor allem brauchte, war heißes Wasser, Seife und Handtuch. Und einen kräftigen Mann für die Lippenbremse. Ich ging zum Haus hinüber.

Auf mein Klopfen rührte sich nichts. Ich versuchte es noch einmal — wieder erfolglos. Nun hielt ich es für die natürlichste Sache der Welt, die Operation auf einen anderen Tag zu verschieben. Der Gedanke, daß in den Wirtschaftsgebäuden oder auf den Feldern jemand sein könnte, kam mir überhaupt nicht.

Ich ging, besser gesagt, ich rannte zum Wagen, wendete mit quietschenden Reifen und ratterte davon.

Siegfried war erstaunt. «Niemand da? Komisch, ich bin sicher, daß von heute die Rede war. Na, macht nichts, ich überlasse es Ihnen, James. Rufen Sie Wilkinson an und verabreden Sie so bald wie möglich einen Termin.»

Es war herrlich einfach, den Hengst im Lauf der folgenden Tage und Wochen zu vergessen, nur vergaß ich ihn leider nicht ganz. Mindestens einmal in der Nacht donnerte er mit geblähten Nüstern und fliegender Mähne durch meine Träume, und ich entwickelte die unangenehme Angewohnheit, um fünf Uhr morgens aus dem Schlaf zu fahren und in Gedanken das Pferd zu operieren.

Ich sagte mir, es wäre bedeutend einfacher, einen Termin zu vereinbaren und die Sache hinter mich zu bringen. Worauf wartete ich eigentlich? Hoffte ich vielleicht im Unterbewußtsein, daß ich es nur lange genug hinauszuschieben brauchte, damit irgend etwas passierte und ich aus allen Schwierigkeiten heraus wäre? Der Tumor konnte einfach abfallen oder schrumpfen und verschwinden, oder das Pferd konnte tot umfallen.

Ich hätte Siegfried den Fall übergeben können – er wußte gut mit Pferden umzugehen –, aber ich litt sowieso schon an Minderwertigkeitskomplexen.

Die Entscheidung fiel, als Mr. Wilkinson eines Morgens anrief. Er war nicht im geringsten ärgerlich über die Verzögerung, sagte jedoch rundheraus, daß er nicht länger warten könne. «Sehen Sie, junger Mann, ich will das Pferd verkaufen, aber dazu muß erst mal dieses Baumelding weg, verstehen Sie?»

Meine Fahrt zu Wilkinson wurde nicht heiterer durch das vertraute Klappern des Tabletts auf dem Rücksitz; es erinnerte mich an das letzte Mal, als ich überlegte, was mir wohl bevorstünde. Jetzt wußte ich es.

Als ich aus dem Wagen stieg, kam ich mir körperlos vor. Mir schien, daß ich ein paar Zoll über dem Boden schwebte. Aus dem Stall drang ein ohrenbetäubender Lärm: das gleiche wütende Wiehern und splitternde Krachen, das ich schon einmal gehört hatte. Ich versuchte mich zu einem Lächeln zu zwingen, als ich den Bauern begrüßte.

«Meine Burschen legen ihm einen Halfter um», sagte er, aber seine Worte wurden durch wilde Proteste aus der Box und zwei donnernde Schläge gegen die Holzwände fast übertönt. Ich fühlte, wie mir die Zunge am Gaumen klebte.

Der Lärm kam näher; dann flogen die Stalltüren auf, das riesige Pferd schoß heraus und schleifte zwei kräftige Burschen am Halftergriff hinter sich her. Die Kopfsteine sprühten Funken unter den Stiefeln der schlitternden Männer. Ich hatte das Gefühl, daß der Boden unter meinen Füßen bebte, so stark stampften die Hufe auf die Steine.

Nach vielem Hin und Her brachten die Männer das Pferd endlich zum Stehen. Einer der beiden schob die Bremse auf die Oberlippe des Hengstes und zog sie fachmännisch fest; der andere packte den Halfter und rief mir zu: «So, Sie können anfangen, Sir.»

Ich durchstach die Gummikappe auf der Kokainflasche, zog den Kolben der Spritze zurück und beobachtete, wie die klare Flüssigkeit in den Glaszylinder floß. Sieben, acht, zehn Kubikzentimeter. Wenn es mir gelang, soviel zu injizieren, war das übrige einfach. Trotzdem zitterten mir die Hände.

Nun näherte ich mich dem Pferd, und mir war, als beobachtete ich eine Filmszene. Der Mann, der hier ging, war gar nicht ich – das Ganze war etwas Unwirkliches. Das mir zugewandte Auge des Hengstes flackerte gefährlich, als ich mit der linken Hand über seine Halsmuskeln strich, über die glatte, zitternde Flanke und dann den Bauch entlang, bis ich die Geschwulst zu packen bekam. Ich hatte sie jetzt in der Hand und zog sie sanft nach unten, reckte die braune Haut, die die Geschwulst mit dem Körper verband. Hier wollte ich das Betäubungsmittel injizieren. Es würde schon nicht so schlimm werden. Der Hengst legte die Ohren an und wieherte warnend.

Ich holte tief Luft, hob meine rechte Hand mit der Spritze, setzte die Nadel gegen die Haut und stieß zu.

Der Schlag kam prompt und traf mich mit voller Wucht. Zunächst empfand ich eigentlich nur Staunen, daß ein so riesiges Tier sich so flink bewegen konnte. Es war ein blitzschneller Schlag nach außen, den ich nicht einmal gesehen hatte; der Huf traf die Innenseite meines rechten Oberschenkels. Als ich auf dem Boden landete, fühlte ich mich merkwürdig benommen. Trotzdem wollte ich mich aufrichten, aber ein stechender Schmerz durchzuckte mein Bein.

Als ich die Augen öffnete, stand Mr. Wilkinson über mich gebeugt. «Ist alles in Ordnung mit Ihnen, Mr. Herriot?» Seine Stimme klang besorgt.

«Ich glaube, nicht.» Ich wunderte mich, daß ich so ruhig und sachlich sprechen konnte. «Es wird wohl das beste sein, Mr. Wilkinson, wenn Sie das Pferd zurück in seine Box bringen. Wir werden die Operation ein paar Tage verschieben. Könnten Sie bitte Mr. Farnon anrufen, damit er herkommt und mich abholt? Ich fürchte, ich kann nicht fahren.»

Mein Bein war zwar nicht gebrochen, aber ein starker Bluterguß an der Stoßstelle bewirkte, daß sich der ganze Oberschenkel mit einer Skala von Farben — vom zartesten Orange bis zum tiefsten Schwarz — überzog und ich noch immer wie ein Veteran aus dem Krimkrieg humpelte, als Siegfried und ich vierzehn Tage später mit einer kleinen Schar von Helfern zurückkehrten, den Hengst fesselten, ihn chloroformierten und das Gewächs entfernten.

Ich habe zur Erinnerung an diesen Tag eine Narbe am Oberschenkel zurückbehalten, aber der Vorfall hatte auch etwas Gutes. Ich erkannte, daß die Angst schlimmer ist als die Wirklichkeit, und seither hat es mir auch nichts mehr ausgemacht, Pferde zu behandeln.

*Obwohl es die Gastfreundschaft des Menschen genoß,
wußte das wilde, aber bei alledem reizende kleine Biest
sich sein exzentrisches Eigenleben zu bewahren*

Abenteuer mit Mademoiselle Nerz

Von Irving Petite

Als ich einmal an einem regnerischen Junitag in der Nähe von Seattle im Nordwesten der USA einem Freund beim Dachdecken half, hörte ich durch das Gehämmer und das unablässige Prasseln des Regens plötzlich empörtes Gequieke. Ich guckte hinunter. In dem von der Dachkante herabstürzenden Wasservorhang hopste ein buckliges Etwas mit lebhaft graubraunem Pelz herum.

Ich stieg von der Leiter, um mir den Besuch näher anzusehen. Das durchnäßte Tier war so groß wie ein kleines Eichhörnchen und auch ungefähr ebenso zierlich gebaut, nur hatte es am Hinterteil einen kleinen Höcker. Mit triefendem Fell blickte es aus gemarterter Seele zu mir auf, winselte und gab zwischendurch hier und da einen schrillen, quiekenden Angst- oder Warnschrei von sich. Das Wasser lief ihm in die Augen. Es drehte sich zur Hauswand und lamentierte noch lauter, hörte aber nicht auf, unter der kalten Dusche da seinen Jitterbug zu tanzen, anscheinend hypnotisiert von dem Geriesel und unfähig, davon loszukommen.

«Es ist ein junger Nerz», sagte mein Freund. «Nach dem Spektakel zu urteilen, sicher ein Weibchen.» So tauften wir es an Ort und Stelle Mademoiselle.

Ich besorgte mir einen leeren Pappkarton und schob ihn unter die zappelnden Füße. Noch beim Hineinbugsieren wollte das Gezeter nicht verstummen. Erst als ich das Tierchen in einem alten, mit einem Teppichrest ausgelegten Werkzeugkasten gesteckt und den Deckel zugemacht hatte, beruhigte es sich. Dafür breitete sich ein stickiger Moschusgestank aus, der an den Geruch von Pilzen in modrigem Waldlaub erinnerte. Er zeigte an, daß Mademoiselle Angst hatte — was in der langen Zeit, die wir miteinander verbracht haben, nur ganz wenige Male vorgekommen ist. (Wenn sie später trotzdem gelegentlich die Luft verpestete, dann deshalb, weil sie wütend war.)

Das Nerzlein mußte auf einem der ersten Jagdausflüge, die seine Mutter mit ihren Jungen unternommen hatte, im Regen abhanden gekommen sein. Wir schätzten es auf vier bis sechs Wochen, aber es hatte schon etwa drei Fünftel seiner endgültigen Körpergröße. Ich nahm die junge Dame mit nach Hause, um sie näher kennenzulernen.

In den Sümpfen und Flußauen des Staates Washington leben viele Nerze. Kürzlich sind dort von Fallenstellern in einer einzigen Saison 6571 Wildnerze erbeutet worden — die Felle hatten einen Wert von über 100000 Dollar. Außerdem gibt es rund 300 Nerzfarmen in diesem Gebiet. Mademoiselle war aber wohl die erste Vertreterin ihrer Art, die in eine menschliche Behausung einziehen sollte.

Zuerst richtete ich im Freien ein provisorisches Quartier für sie her — einen großen Käfig mit einem Drahtgeflecht vorn und frischem Heu auf ein paar Lagen Zeitungspapier. Es war eine Tränke da und als Bau eine sechzig Zentimeter lange und sechs Zentimeter dicke, schwarze Röhre.

Als sein von der Nässe am Körper klebendes Fell trocken wurde, entpuppte sich das arme, durchweichte, hilflose Ding als ein anmutiges, graziles Geschöpf von einem kräftig leuchtenden, ins Graue spielenden Rötlichbraun mit Obsidianaugen in einem Koboldgesicht mit possierlichem Schnurrbart. Mademoiselle war — mit Schwanz — ganze zwanzig Zentimeter lang. Wenn sie den Maschendraht ansprang und im Bogen darüber hinlief, sah man an ihrer Kehre einen weißen Fleck im Fell aufblitzen. Die Beine waren kurz, die Zehen der Hinterfüße durch zarte Spannhäute verbunden.

Als ich die Tür aufmachte und ihr ein frisches Stück Lachsfleisch hinhielt, kam Mademoiselle angesaust, das Maul mit den quarzweißen Zähnen weit aufgerissen. Sie blaffte kurz, riß mir den Fisch aus der Hand und verschwand damit wie der Wind im Heu. Ihrem Appetit hatte der erlittene Schock nicht geschadet.

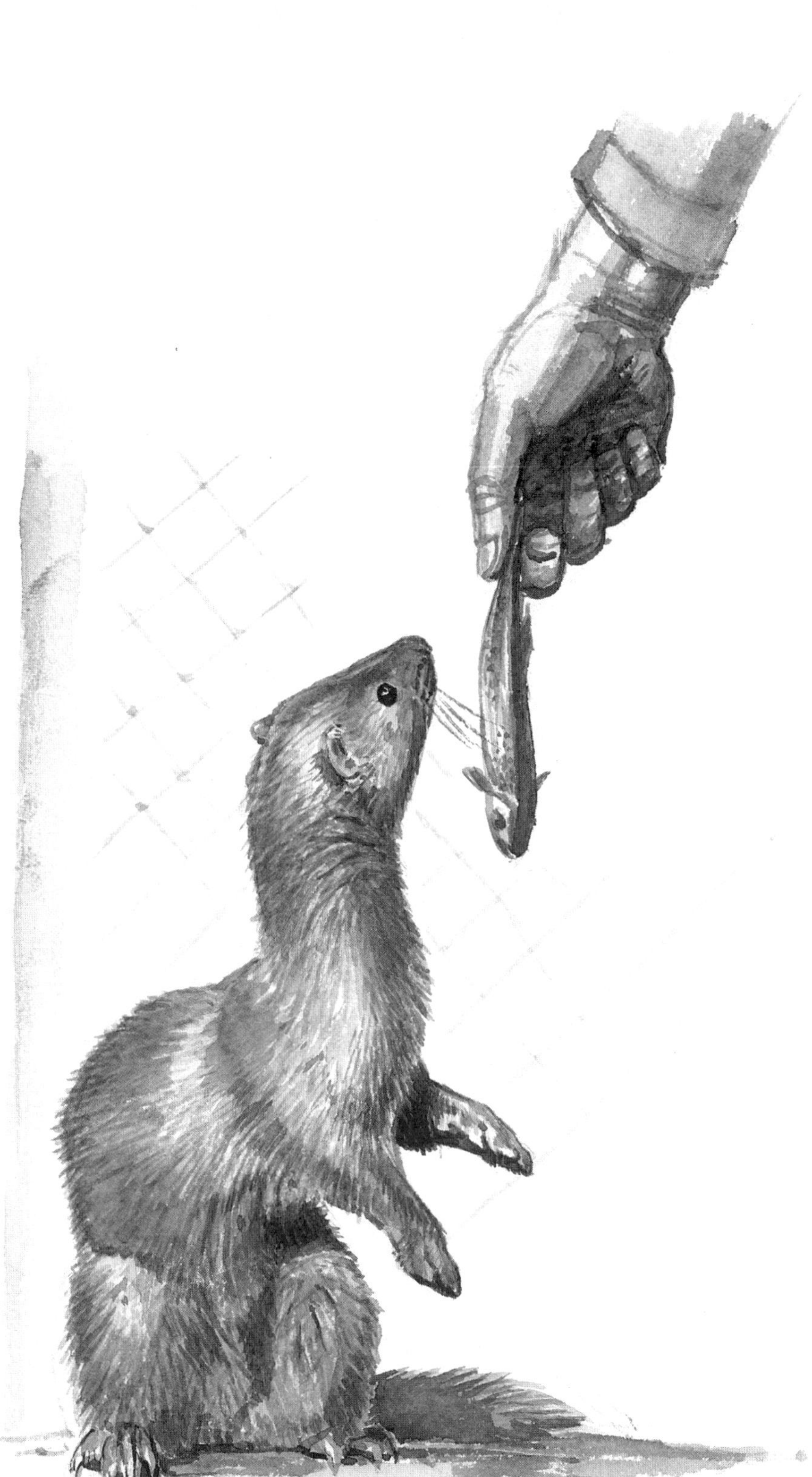

Am anderen Morgen schien sie verschwunden zu sein, aber sie hatte sich nur unter den Zeitungen vergraben. Als ich sie rief, kam in der hintersten Ecke, wie ein gut geschmiertes Periskop, ihr Kopf zum Vorschein. Eine Sekunde später tauchte sie wenige Zentimeter vor mir auf und blaffte mich an. Es klang wie: «Wo ist das Frühstück?»

In der Natur oder im Zoo sind Nerze still und machen wie ihre Vettern, die Wiesel, einen beinahe finsteren Eindruck. Mademoiselle aber hatte, wie sich zeigte, viele Stimmen. Gab es etwas zu fressen, so bedankte sie sich, das Maul sperrangelweit offen, mit einem langgezogenen *His-s-s-s*, aber am häufigsten ließ sie ihr *Jiiik* ertönen — einen Schrei, der so schrill klang, daß man glaubte, er müsse dem kleinen Tier die Kehle zerreißen. Sie gebrauchte ihn als Warnruf, Gruß und wenn sie etwas haben wollte. Jedem Auto, das sich zeigte, gellte das *Jiiik* entgegen, ebenso sämtlichen Haustieren von der Katze bis zum Pferd.

Die Hunde waren fasziniert, besonders Bozo. Er und Mademoiselle sahen einander oft lange an, ohne zu mucksen, aber sowie der Hund sich rührte, war sie schon mit ihrem Jiiik da. Als er dem Drahtgitter einmal zu nahe kam, mußte er mit heftig blutendem Ohr abziehen. Mademoiselle hatte ihn mit ihren nadelspitzen Schneidezähnen hineingebissen. Menschen tat sie aber nichts. Hielt man ihr einen Finger hin, so nibbelte sie blitzschnell an ihm entlang, rannte weg, drehte sich um, sah einen an und schrie.

Um sie besser beobachten zu können, fing ich Mademoiselle mit Hilfe der Röhre ein und ließ sie im Haus frei. Ihre Lieblingsplätze — sie hatte sie in kürzester Zeit endeckt — waren, wie es sich für einen Nerz gehört, Wasserleitungen und kühle dunkle Nischen.

Trotz ihrer Erfahrungen mit dem Regen bedeutete Wasser Seligkeit für sie, und in einem Waschbecken war immer sauberes für sie da. Einmal setzte ein kleiner Besucher zwei verwaiste junge Enten in das Waschbecken. Eine Minute später rief er in hellem Entsetzen: «Kommt her! Rasch! Der Nerz ist im Waschbecken!»

Wahrhaftig, Mademoiselle teilte ihr Bassin mit den Enten und schwamm munter im Kreis um sie herum, man sah den braunen Rücken mit dem langen Schwanz hintendran durchs Wasser kurven. Die Enten schaukelten in der Mitte wie Plastiktiere auf den Wellen und schnatterten leise vor sich hin, während Mademoiselle sich königlich amüsierte — endlich einmal ohne Gequieke. Wäre sie hungriger oder eine bessere Jägerin gewesen, hätte sie die Enten vielleicht bei den Füßen geschnappt, aber das tat sie nicht.

Tagsüber schlief Mademoiselle stundenlang. Nachts heulte sie — wenn sie nicht gerade kegelte. In einer der ersten Nächte, die sie im Haus war, weckte mich plötzlich ein Gerassel und Gepolter. Ich ging zur Badezimmertür und knipste das Licht an. Mademoiselle hatte eine Vorderpfote aufgehoben und bearbeitete damit einen von den halbrunden Porzellanknöpfen, die bei sanitären Anlagen die Bodenverschraubungen verdecken. Die anderen Knöpfe lagen um sie her über den Fußboden verstreut. Der Klamauk ging eine gute Stunde so fort, und das blieb nicht der einzige Kegelabend.

Einmal erwachte ich um drei Uhr morgens mit dem unbehaglichen Gefühl, beobachtet zu werden. Ich machte ein Auge auf und sah vor mir eine Schnauze mit langen, seidigen Schnurrhaaren. Es war Mademoiselle. Sie kauerte am anderen Ende des Kissens und betrachtete mich aufmerksam mit ihren schwarzen Augen. Als sie abzog, sich in ihrer eigentümlichen, krummrückig hüpfenden Art über die Bettdecke fortbewegte und auf den Boden sprang, mußte ich an den Züchter bei uns denken, von dessen Farm einmal ein Nerz verschwunden war. «Gefunden habe ich das Tier dann auf einer Weide», hatte er mir damals erzählt. «Wissen Sie, was es machte? Es war gerade dabei, *sich an eine Kuh heranzupirschen.*»

Wenn wir Gäste erwarteten, kam Mademoiselle in ihr Freiluftquartier. Um sie einzufangen und dorthin zu befördern, verwendete ich einen Fangkäfig. So ein Ding hat zwei Kammern. Das Tier gelangt durch eine trichterartige Öffnung in die eine und muß, um an den Köder heranzukommen, der in der anderen ist, über eine Klappe hinweg, die unter seinem Körpergewicht nachgibt und sich hinter ihm durch Federkraft schließt.

Nun hatte Mademoiselle aber von allen Tieren, die ich kenne, den besten Fallenverstand. Als sie das erstemal drinsaß, hatte sie sich bereits nach drei Minuten befreit, schlüpfte aber gleich wieder hinein, nur um zu beweisen, daß sie herauskonnte, wann es ihr gefiel. (Außerdem hatte sie eine Schwäche für kleine Öffnungen.) Sie ließ sich dann zwar in der Falle von mir forttragen, ging aber unterwegs manchmal quietschvergnügt über die Klappe drinnen aus und ein.

Obwohl Mademoiselle des öfteren Gelegenheit hatte, davonzulaufen, wenn fremde Leute ihren Käfig offenließen oder die Haustür nicht zu war, blieb sie stets in der Nähe und kehrte immer wieder mit ihrer charakteristischen buckligen Haltung in ihr jeweiliges Quartier zurück. Als es Herbst wurde, schaffte ich ihren Käfig in den tiefergelegenen Teil des Ranchgeländes und stellte ihn ein paar Meter vom Flußufer entfernt auf — in einer Umgebung, wie die Nerze sie lieben. Das fließende Wasser, das zu jeder Stunde des Jahres ein anderes Gesicht, eine andere Melodie hat, schien Mademoiselle sehr zu interessieren.

Im Oktober bekam sie ihre volle Freiheit. Ich erinnere mich noch gut an den Tag, an das Eichhörnchen, das mit dem Kopf nach unten an der von Flechten versilberten Rinde eines Ahornbaums innehielt, um einem herbstlichen Traum nachzuhängen, und an den Graureiher, der sich aus dem Sumpf erhob, und dessen Schwingen sich am hellichten Tag so gespenstisch ausnahmen — wie Vorboten des Winters. Dieses Mal kehrte Mademoiselle nicht zu ihrem Käfig zurück. Als ich die Tür aufmachte, lief sie fort, und ich sah ihr nach, wie sie davonhuschte. Geröll und Baumstämme benutzend, sprang sie vergnügt durch das aufspritzende Wasser stromab — unentwegt forschend, schnuppernd, schmeckend. Sie suchte ihresgleichen.

Es dauerte fast sieben Monate, bis ich Mademoiselle wiedersah. Als ich an einem Maiabend in der Scheune zu tun hatte, zeigte sich ganz hinten im Heu ein dunkler Schatten mit krummem Buckel. Mein Herz schlug höher; nach dem Gang konnte es Mademoiselle sein. Und dann wußte ich, daß sie es war — sie *jiiikte* mich kurz an und verschwand unter den Bohlen des Heubodens. Mit Spiegel und Taschenlampe warf ich einen Blick in ihren Bau. In einem Grasnest lagen vier winzige Nerze, nicht größer als ein kleiner Finger und beinahe so nackt und zappelig wie neugeborene Mäuse. Mademoiselle, nun eigentlich Madame, hatte sich vor ihnen aufgebaut, den rosaroten Rachen weit offen, als wollte sie mich verschlingen.

Ich stellte ihr nur ab und zu frische Fische und nach jedem Melken eine Schüssel Milch hin. Sonst ließ ich sie in Ruhe. *Ein* kegelnder Nerz im Badezimmer hatte mir genügt. Einen ganzen Klub konnte ich nicht brauchen.

*Dschingis, der Wolf, hatte nie seine Wildheit verloren.
Groß ist der Unterschied in den Reaktionen
gegenüber seinem Nachfahren, unserem Haushund*

Sind Wölfe und Hunde Erbfeinde?

Von Bernhard Grzimek

In den siebziger Jahren des vergangenen Jahrhunderts war der verstorbene Zirkusbesitzer Carl Krone noch das Söhnchen des Inhabers der kleinen «Menagerie Continental». Mit seinem älteren Bruder mußte er beim Vorführen von wilden Wölfen als Sprungbock dienen. Dabei gab es manche Kratzwunde, und ein paar Jahre später starb der größere Bruder, nachdem ihn ein Bär übel zugerichtet hatte. Wenn aus solch einer Menagerie einmal ein Wolf entwischt, dann erregt das kaum so viel Aufsehen wie etwa bei einem Löwen oder Tiger. Denn meist wird ein Wolf als Schäferhund angesehen, und der Besitzer macht sich bei dem geringen Wert wenig Mühe, ihn wieder einzufangen. Ein einziger freilebender Wolf hat aber in den Jahren 1947/48 bei Lichtenmoor für mehrere hunderttausend Mark Großwild gerissen.

Seit den Tagen dieser Menagerie sind Wölfe, soviel ich weiß, kaum noch dressiert worden. Auch die Vorführung in der «Menagerie Continental» war wohl nach damaliger Sitte eine «wilde Dressur», also nur ein Herumjagen der aufgeregten Tiere im Vorführraum, ohne daß sie schwierigere Kunststücke machen konnten. «Sie sehen also, Wölfe sind unzähmbar, wenn man sie nicht von klein an aufgezogen hat», sagten Bekannte zu mir, als ich mir meinen ersten Wolf Dschingis anschaffte. «Selbst wenn es gelingt, bricht sicher eines schönen Tages doch die wahre Raubtiernatur durch.»

Aber die Ansichten der Tierfachmänner widersprachen sich. Sicherlich werden Wölfe auch deswegen so wenig dressiert, weil sie im Vergleich zu Löwen und Tigern zuwenig gefährlich aussehen. Panther sieht man ja ebenfalls recht selten im Zirkus (obwohl sie viel bedrohlicher als die großen Raubkatzen sind), weil das Publikum enttäuscht erklärt: Die sind ja nur halb so groß wie die Tiger! Wie dem auch sei – ich wollte jedenfalls einmal selbst mein Glück versuchen. –

Beim Spazierengehen interessiert meinen Dschingis jedes herrenlose Papier, jede leere Zigarettenschachtel. Halbe Kilometer trägt er sie im Fang mit, und ich muß nur aufpassen, daß er mir nicht alles ins Haus schleppt. Auch mein Hut wird brav getragen; er wird von den langen spitzen Wolfszähnen nicht besser.

Wie Dschingis zum ersten Male einen fremden Hund trifft, einen großen, schwarzen Schäferhund, geht er freudig auf ihn zu. Der Hund knurrt, und Dschingis an der Leine versucht die Flucht zu ergreifen. Ein andermal macht Dschingis nachts durch einen Zaun die Bekanntschaft einen Terriers. Der Wolf steckt die Schnauze durch das Gitter, versucht es mit der Pfote wegzukratzen, wedelt mit dem Schwanz und zieht mich an der Leine nochmals zu dem Hund zurück. Von Feindschaft auf beiden Seiten keine Spur. Ich habe den Eindruck, als ob die Hunde den Wolf ohne weiteres als Hund ansehen. Ein andermal kommt ein Dobermann aus einem Kohlenhof herausgeeilt: beiderseits eingehende Beriechung. Wenn die Schnauzen sich dabei zu nahe kommen, fletscht Dschingis auf dieser Seite die Lippen, als ob er die Berührung scheue. Dann stubst er den Rüden unvermutet mit der Nase, der Hund springt erschreckt zurück. Die Neugier ist auf beiden Seiten befriedigt.

Auch kleine Hunde kommen meist schweifwedelnd und nichtsahnend auf Dschingis zu. Dabei ist das für sie nicht einmal so ungefährlich. Dschingis hat einmal nachts einen Dackel am Genick gepackt und geschüttelt. Ich konnte den Hund in der Dunkelheit mit Faustschlägen noch freibekommen, er hat aber den Überfall nicht lange überlebt.

Aber ich glaube, Wölfe benehmen sich auch fremden Wölfen gegenüber, die nicht zu ihrem Rudel gehören, kaum besser. Meine spätere Wölfin Katja biß sofort auf einen halbwüchsigen Jungwolf ein, der harmlos, mit der Aufforderung zum Spielen, auf sie zugetapst kam. Das erstemal verbiß sie sich in seine Schnauze; als er durch ein Versehen zum zweiten Male mit ihr zusammenkam, biß sie ihm eine Zehe so weit an, daß ich sie nachher abnehmen mußte. Die Beziehungen zwischen wilden Wölfen und Haushunden sind wohl sehr ähnlich. Der Polarforscher Leden, der drei Jahre mit Eskimos umherzog, hörte eines Nachts, wie Wolfsgeheul von den Hunden beantwortet wurde. Er schnitt mit den beiden Eskimos Gucklöcher in die Wände seiner Schneehütte und sah ein großes Wolfsrudel quer über das Eis des Sees kommen und in hundert Meter Abstand haltmachen. «Nur ein weißer Wolf nähert sich, mehrmals stehenbleibend, dem Lager, läuft endlich geradewegs auf das Schneehaus zu und mischt sich unter unsere Hunde. Unsere Rüden beschnuppern ihn neugierig und freundlich. Bald weiß ich nicht mehr, was Wolf und was Hund ist. Ich wage nicht, Feuer zu geben, weil ich nie ganz sicher bin, ob es wirklich der Wolf ist. Erst als die Eskimos, die darin einen sicheren Blick haben, den Wolf genau bezeichnen, knallt die Büchse. Der Wolf fällt.»

Eine peinliche Überraschung macht mir Dschingis eines Tages beim Spazierengehen. Oder besser: eines Nachts. Ich führe es nämlich hartnäckig durch, jeden Tag wenigstens eine Stunde mit ihm herumzulaufen, aber meist komme ich erst im Dunkeln nach Hause, und dann wandeln wir um die Geisterstunde durch die menschenleeren Straßen, ein langer Mann in einem altmodischen Regenumhang, der bis zu den Knöcheln reicht, und ein Wolf mit funkelnden Augen – so recht eine Sache für Gruselgeschichten. Dieser Gruselwolf geht nun an einer Frau mit Markttasche vorbei, kriegt einen Anfall seiner übermütigen Necklust, und plötzlich gibt es ein grelles Klappern und Klirren. Eine leere Milchkanne mit Deckel scheppert über das Pflaster. «Meine Äpfel, meine Äpfel!» schreit eine empörte Frauenstimme. «Nehmen Sie Ihren Hund weg!» Dschingis hat zunächst gar keine Lust, die Markttasche loszulassen. Eine zweite Frau beruhigt: «Sie sehen doch, daß es ein junges, verspieltes Hundchen ist!» Aber die Frau schimpft weiter: die Glasur der Kanne sei abgeschlagen, der Taschenhenkel eingerissen! Ich drücke ihr schnell ein Geldstück in die Hand. Daran, daß sie so plötzlich still ist, merke ich, daß ich in der Aufregung einen ordentlichen Batzen gegriffen haben muß. Aber ich gehe schnell weiter: *das* Geschrei, wenn sie merkt, daß es kein Hund, sondern ein leibhaftiger Wolf war!

Was die Leute für Zoologiekenntnisse haben. Daß es kein Schäferhund sein kann, sehen bei jedem Spaziergang dreie oder viere. Aber *was* es alles sein soll: «Sieh mal, ein Luchs!» — «So ein hübscher Fuchs!» Sogar Namen wie Panther fallen. Ein beliebter Ausruf ist: «Der Hund sieht fast wie ein Wolf aus!» Selbst kleine Kinder von vier, fünf Jahren merken den Unterschied, wahrscheinlich weil ein Zoo in der Stadt ist.

Die nächtliche Wolfsjagd neulich hat mich vorsichtig gemacht. Ich gebe Dschingis jetzt sein Futter nur noch bissenweise aus der Hand. Jedesmal fasse ich ihn dabei am Halsband und halte ihn fest. Er muß sich daran gewöhnen, gefangen zu werden, ohne zu beißen. Wochenlang übe ich auch frühmorgens und spätabends das Hineingehen in den Käfig, zwanzig-, dreißigmal hintereinander. Endlich klappt es auf die bloßen, halblauten Befehle: «Geh» und «Komm». Er ist jetzt auch so weit, daß er mir Fleisch erst aus der Hand oder Futterzange nimmt, wenn ich «Nimm!» sage. Seit zwei Tagen muß er außerdem dazu jedesmal auf einen Schemel steigen. Aber so ein Ding ist kipplig, und nachdem Dschingis zweimal damit umgefallen ist, traut er sich nicht mehr hinauf. Ich nagle den Schemel also auf einer viereckigen Bretterplatte fest. Während mein Wolf bisher nur Fleisch — Pferdedärme und Abfälle — genommen hat, verzehrt er jetzt auch mal eine Scheibe altes Brot. Aber er muß dazu schon sehr hungrig sein, und während er sonst meist alles unbesehen «wie ein Wolf» verschlingt, kaut er das Brot mit sehr, sehr langen Zähnen. Übrigens ißt er gern Zucker und Bonbons, Kirschen, Pflaumen und anderes Obst.

Ich vermerke in meinem Tagebuch: «Gestern, am Heiligabend, war dämmriges, nebliges Wetter. Ich redete beim Spazierengehen hin und wieder mit Dschingis. Er antwortete mir, das erstemal seit wir uns kennen, mit leisem Fiepen. Dann blieb er plötzlich stehen, hob den Kopf, machte den Fang halb auf und heulte, erst hoch, dann tief. Als ich auch heulte, war er sehr erstaunt, antwortete dann aber zweimal.» Später konnte ich ihn oft zum Heulen bringen, indem ich selbst damit anfing. Er fiel dann ein. Manche Stellen waren unsere Lieblings-Heulplätze. Wir blieben dort beide ganz von allein stehen und machten unsere Musik, zum Beispiel unter dem Erdgeschoßfenster von Bekannten. Dort kletterte Dschingis übrigens sehr geschickt, ohne jedes Springen, geschmeidig über einen Zaun und auch über eine 1,60 Meter hohe Hecke.

Man kann so schwer etwas bei ihm voraussagen. Auf einer langen Brücke über den Rangierbahnhof — man sieht durch ihre Bodenbretter hindurch, und Geländer hat sie in Wolfshöhe gar nicht – geht Dschingis ohne jedes Zögern. Wie ich aber mit ihm gerade in der Eisenbahnunterführung bin und zwei Stadtbahnzüge donnernd über uns hinwegbrausen, reißt mich mein Wolf fast um. Ich bin erstaunt – nicht über sein verständliches Erschrecken, sondern über unsere gewohnheitsmäßige Abstumpfung, die uns diesen ohrenbetäubenden Lärm überhaupt nicht mehr empfinden läßt. Obwohl ich jetzt oft unter der Bahn hin und her gehe, legt Dschingis seine Furcht nie ganz ab.

Ich habe ein Bild von Dschingis veröffentlicht und daraufhin eine Anzahl Zuschriften bekommen. Bei einem Herrn Walch, der vierzig Jahre in Rußland gelebt hat, haben drei Wölfe Gastrollen gespielt. Ein Rüde sogar zwei Jahre lang, wobei er alle Hunde auf der Jagd durch seine Spürnase übertraf. Allein konnte man ihn dazu nicht gebrauchen, weil er nicht Laut gab. Er soll mit zwei Hunden zusammen nachts Privatjagden veranstaltet haben. Als er einen von seinen Hundefreunden verteidigte, verletzte er zwei andere Jagdhunde so, daß sie starben. Das Tier sollte daraufhin getötet werden. «Wir Kinder aber befreiten es in der Nacht.» Bevor es endgültig verschwand, richtete es noch einigen Schaden in den Herden an. «Der zweite Rüde wurde von mir 1911 großgezogen. Er wurde nie ganz zahm, erkannte nur mich an und war anderen gegenüber bissig. Alle Vögel stimmten interessanterweise einen Heidenskandal an, wenn der junge Wolf ins Freie tapste. Mit der dritten Wölfin, die ich in der Internierung großzog, konnten Kinder ringen, je toller, desto lieber. Sie roch auf zweihundert Schritte bei windstillem Wetter, ob Freund oder Feind herankam.»

Hier kümmern sich die Vögel um Dschingis gar nicht. Wahrscheinlich, weil sie auch keine wilden Wölfe kennen. Wie ich ihm, das erstemal in seinem Leben, einen Maulkorb ummache, versucht er ihn zwar zunächst abzustreifen. Er gewöhnt sich aber rasch daran, viel rascher als sonst Hunde – die gleiche Beobachtung machte ich auch bei Wölfen, die später bei mir lebten. Beim Kämmen hält er ebenfalls artig still. Ich probiere aus, ob er mir im Freien weglaufen würde, und nehme ihn dazu an eine zehn Meter lange Leine. Er galoppiert weit voraus, kommt aber auf Zuruf stets zurück, weil ich ihn dabei oft mit einem Stückchen Fleisch belohne, das in Papier eingewickelt ist. Dschingis ist sonst im Essen nicht gerade kleinlich. Das Fleischhäppchen wird aber stets mit Pfoten und Zähnen sorgsam ausgepackt; notfalls spuckt er das Papier wenigstens nachträglich aus. Wie wenig sich so ein Wolf beim Suchen seiner Augen bedient! Ein hingeworfener Bissen kann neben dem Kopf sichtbar daliegen — Dschingis fährt erst suchend mit der Nase auf dem Boden herum, oft dicht daran vorbei.

Er kann jetzt bald so viel wie die Löwen im Varieté. Wenn er Futter bekommt, holt er in halsbrecherischen Sprüngen über den Tisch weg auf Kommando eine Holzhantel vom Schrank, steigt damit auf den Schemel, setzt sich auf Befehl brav hin, gibt die Pfote und liefert mir die Hantel artig ab. Zuerst nahm er das Ding nur aus der Hand; ich mußte es in Hunderten von Übungen immer tiefer an den Boden bringen, dann wenigstens die Hand in die Nähe halten. Auch zum Hergeben war er nur zu bewegen, wenn ich ihm Fleisch vorhielt. Nachher sieht alles so einfach aus, aber es verlangt erst von uns beiden viel, viel Geduld.

Wenn ich es mir so recht überlege, hat Dschingis mich bisher noch nie freudig begrüßt, auch wenn ich ihm Futter bringe oder ihn zum Spazierengehen hole. Hunde können das so von Herzen tun. Wie ich den Wolf nach einer achttägigen Reise zum erstenmal wieder an die Leine nehme, springt er jedoch begeistert wie ein Hund um mich herum. Seitdem tut er es öfters.

Weil der Käfig saubergemacht wurde, war Dschingis gestern mal wieder an der Kette. Und wieder brachte er es fertig, loszukommen. Jetzt lag aber eine schöne Schneedecke im Garten. Welch eine Begeisterung! Mein Wolf pflügt mit der Nase meterlange tiefe Rinnen hinein, kugelt sich, nimmt sich den ganzen Mund voll, saust im Galopp herum. Kein Schneeschuhläufer, der bei wochenlangem Tauwetter in der Berghütte wartet, kann sich mehr über den ersten Schnee freuen als Dschingis. Jetzt zeigt sich der Mühe Preis: Dschingis kommt auf Zuruf sofort her, setzt sich, gibt brav die Pfote und läßt sich an die Leine legen. Wenn ich da noch an meine erste, nächtliche Wolfsjagd denke!

Ein freilebendes Wolfsrudel legt in einer Nacht spielend fünfzig bis achtzig Kilometer zurück. Ich komme mir schuldbewußt vor, weil Dschingis nur seinen Spaziergang mit mir macht. Er soll es ja schließlich bei mir besser haben als seine Artgenossen im Zoo. Am tunlichsten wäre es, er müßte hinter dem Fahrrad herlaufen, aber das geht nicht im Schnee. (Auch Hunden kann man übrigens nichts Besseres antun, obwohl sie dann von mitleidigen Seelen bedauert werden.) Also trainiere ich selber Dauerlauf. Erst springt er übermütig an der langen Leine voran, nachher fällt er in Trab und läßt sich etwas ziehen. In den ersten Tagen ist es ein Dauerlauf von einer Viertelstunde; allmählich geht mir die Puste immer später aus. Wie gut ein Wolf doch für die eigene Lunge ist.

Auf so einem Spaziergang gibt es erstaunlich viel zu beriechen und zu besehen. Jedes wartende Auto muß sorgsam beschnüffelt werden; in leere Güterwagen steigt Dschingis hinein, um auch von innen jede Ecke untersuchen zu können. Er heult jetzt gar nicht mehr beim Spazierengehen, vielleicht, weil er sich in meiner Gesellschaft nicht mehr verlassen vorkommt.

Wie oft aber faßt ihn im Wohnzimmer der Übermut. Er stiehlt einen Kinderpullover, sieht mich herausfordernd an, läßt ihn aber auf mein Schimpfen hin fallen. Dann springt er mit erhobener Lunte begeistert und «lachend» um den Tisch herum; er spielt Haschen mit mir. Immer wieder macht er Miene, irgend etwas zu fassen, Tischtuch, Brotkorb, ein Mundtuch, den Teewärmer, und sieht mich dabei neckend an. Einmal reißt er wirklich ein Loch in die Tischdecke. Zum Schluß ist der Teppich mit dem schweren Tisch darauf völlig verrückt.

Wer etwas leistet, von dem verlangt man immer mehr. Dschingis soll nicht nur eine Pfote geben, sondern beide; er soll «schön» machen! Dabei schnappt er mich vor Übereifer erst in den Ärmel, dann in die Hand, allerdings nicht durch die Haut. Nach zwei Tagen kann er es schon ganz gut, wenn ich ihm eine Hand hinhalte, auf die er sich mit einer seiner breiten Pfoten stützen kann. Allmählich nehme ich meine Hand fort, und es ist possierlich, wie Dschingis mit der Pfote danach in der Luft sucht, um nicht umzukippen. Er ist so ein netter Kerl.

Nachmittags beißt mich der nette Kerl allerdings wieder mal in den Schenkel, weil ich ihn kurzerhand mit Gewalt in einen kleinen Käfig stecken will, der ihm gar nicht paßt. Er bekommt eine Tracht Prügel dafür. Nachher spielt er mit mir im Garten. In einer Ecke liegt ein Haufen Zeitungen. Dschingis holt die Bogen einzeln, zerreißt sie und verschleppt sie. Der Garten sieht aus, als hätte der Kirschbaum statt Blätter die «Morgenpost» und der Apfelbaum die «Nachtausgabe» getragen. Da ich die Zeitungen sammle, holt er sie sofort von neuem, ja reißt sie mir sogar aus der Hand. Er legt sie vor sich hin, sieht mich an, wartet, bis ich herankomme, und saust im letzten Augenblick damit fort. Oder er kommt mit einer Zeitung auf mich zugeschossen, haarscharf in rasender Fahrt an mir vorbei. Ich versuche, ihn zu greifen oder wenigstens umzustoßen. Er rast dauernd im Bogen um mich herum, macht Vorstöße und Scheinangriffe. Wie da die Lunte hoch vor Begeisterung weht, was der große Kerl für Freudensprünge aufführt! Dieses Hasche-mich-Spiel kann mich manchmal ernstlich böse machen, wenn ich eilig in die Stadt muß und er die Leine oder meinen Hut erwischt hat. Aber was stört das Dschingis! Einmal schlägt sich ein Bogen Zeitungspapier vor Dschingis' Augen, als er gerade im D-Zug-Tempo damit durch das Gebüsch saust. Er knallt mit der Schulter gegen einen Eisenpfosten, daß ich glaube, er bleibt liegen. Aber drei Minuten Hinken, und alles ist wieder vergessen.

Eine nervenspannende Angelegenheit: Ich lasse Dschingis mit Maulkorb auf freiem Felde ohne Leine laufen. Wird er das Weite suchen? Er trottet brav und bieder mit mir. Beim üblichen Dauerlauf ist er aber auf einmal weit zurück, kein Rufen und Pfeifen hilft. Zurücklaufen zu ihm, das geht mir wider meine Ehre als Oberwolf. Da plötzlich kommt dicht neben Dschingis eine dampfende, prustende Lokomotive angefahren. Er springt auf und flüchtet wie der Blitz zu mir. Dabei bringt er trotz dem Maulkorb einen Knochen an, den zu zerbeißen er sich vorher vergeblich bemüht hatte.

Der erste Versuch ist also leidlich gut ausgefallen. Soll ich es nun wagen, meinen Wolf frei wie einen Hund neben mir herlaufen zu lassen?

*Eine dramatische Episode aus dem Daseinskampf der Kreatur
in der afrikanischen Steppe*

Die Nacht der Hyäne

Von Franklin Russell

Die alte Hyäne lag eingewühlt im Schlamm, regungslos bis auf ihr eines, braunes Auge, mit dem sie den vom Abendhimmel stürzenden Geiern zusah. Um sie her dehnte sich die Steppe Ostafrikas, das Reich der Löwen, Leoparden, Elefanten und Antilopen. Die Sonne versank in rotem Dunst und machte bizarre Silhouetten aus den fünf Akazien vor der Szenerie für die große nächtliche Jagd.

Das Tier stand auf und schüttelte sich den Schlamm aus dem Pelz. Seine eingefallenen, stumpfbraun getüpfelten Flanken waren übersät mit Narben von Bissen, Löwenkrallen, Hörnern verzweifelt kämpfender Opfer. Die Ohren hatten Kerben und Risse, das rechte Auge starrte glasig und ausdruckslos schräg nach oben ins Leere. Die Oberlippe war gespalten und entblößte das Gebiß wie zu einem permanenten Fauchen. Auch hinkte die Hyäne infolge alter Verletzungen, und von einem Zebrahufschlag, den sie zwei Tage zuvor hatte einstecken müssen, schmerzte ihr der Kopf. Zehn Jahre sind für ein Raubtier der Steppe ein schönes Alter, und sie spürte die Last der Jahre.

Sonst hielt sie es tagelang ohne Nahrung aus, doch jetzt, wo sie zwei hungrige Junge hatte, die gut sechzig Kilometer entfernt in einem Erdloch lagen, mußte sie zusehen, daß sie wieder Milch bekam. Ausgerechnet jetzt aber waren, da die Herbstregenfälle auf sich warten ließen, die Antilopen und Zebras auf der Suche nach ergiebigeren Weidegründen südwärts gezogen, so daß es im Umkreis ihrer Höhle nichts mehr für sie zu holen gab.

Der plumpe Körperbau der Hyäne und der verwahrloste Eindruck, den sie machte, ließen trotz ihrer kräftigen Läufe nicht ahnen, was für ein großartiger Jäger sie war. Als die Nacht sich violett über die weite Steppe senkte, stimmte das Tier ein unterdrücktes, doch durchdringendes Geheul an, das von allen Seiten erwidert wurde. Aus einem ausgetrockneten Bachbett in der Nähe kamen dunkle Schemen hervor, ein ganzes Rudel Hyänen, über ein Dutzend. Sie alle — starke Männchen, jüngere Weibchen, Jungtiere — gehorchten der Alten.

Sie beherrschte die anderen nicht nur, weil sie groß und stark war — bei den Hyänen sind die Weibchen durchweg größer als die Männchen —, sondern vor allem wegen der besonderen Geschicklichkeit, mit der sie ihre Opfer stellte. Zebras erledigte sie oft mit einem einzigen Biß in die Weichteile, obwohl sie mit ihren 70 Kilo Körpergewicht gegen die 270 Kilo schweren Tigerpferde verschwindend klein war. Noch ahnten ihre Artgenossen nicht, daß ihr das Jagen jede Nacht schwerer fiel. Bei schnellen Verfolgungen kam es vor, daß sie strauchelte oder gar stürzte. Sie hatte eben nicht mehr die Kraft und Selbstsicherheit der Jugend.

Nun lief die Hyäne einen Pfad neben dem ausgetrockneten Bachbett entlang. Die anderen trabten in unregelmäßigen Abständen hinter ihr drein. Bei dem gutturalen Ruf eines Leoparden, dem abgehackten Gekläff eines Pavians wandte keines der Tiere den Kopf. Der Mond ging auf und spiegelte sich silbern in dem gesunden Auge des Hyänenweibchens. Mit einemmal beschleunigte sie ihren Lauf, vielleicht einem inneren Antrieb folgend, vielleicht aber auch, weil sie mit ihren empfindlichen Ohren irgend etwas gehört hatte. Alle Steifheit wich aus ihren Gliedern, das wallende Blut erfüllte sie mit neuer Zuversicht.

Ein Stück weg war das dröhnende Stampfen von Zebrahufen zu hören. Die Tiere galoppierten mit ungefähr 25 Kilometern pro Stunde vor ihnen her, am Schluß die Hengste, jeder mit seiner Stutenfamilie vor sich. Die Hyänen, die ohne Mühe auf die doppelte Geschwindigkeit kommen, hatten sie bald eingeholt. Die Hengste machten sofort Front gegen sie. Zähnebleckend und mit angelegten Ohren sprangen sie umher, attackierten die Hyänen, schlugen aus und bissen. Hinter ihnen scharten sich, zweihundert aufgeregt trappelnde Hufe, die Stuten. Das Schnauben und Wiehern der Zebras, das Geschrei und Geheul der blutdürstigen Hyänen verwandelte die Nacht in ein Inferno. Eines der jungen Hyänenmännchen flog, von einem Hufschlag getroffen, hoch in die Luft, aber seine Klagelaute waren noch nicht verstummt, da griffen die anderen schon wieder an.

Plötzlich sank der alten Hyäne der Mut. Statt sich ein Opfer herauszugreifen und ihm den Garaus zu machen, wandte sie sich keuchend ab. Ihr Rückzug brach auch die Kampflust der anderen. Manche hinkend, kamen sie aus dem grauweißen Staubschleier hervor und ließen sich jappend zu Boden fallen. Wenig später war ihr schwerer Atem das einzige Geräusch in der nächtlich stillen Steppe.

Die alte Hyäne war selbst in ihren besten Zeiten immer nur bei einer von drei solchen Unternehmungen erfolgreich gewesen. Bei großer Dürre oder wenn die Steppe von Seuchen heimgesucht wurde, brachten manchmal auch ein Dutzend Jagdzüge noch keine Beute. Früher freilich hätte sie gleich die nächste Hatz begonnen. In dieser Nacht aber blieb sie erschöpft liegen und ließ die tatendurstigen Jüngeren allein ziehen. Eine Stunde blieb alles ruhig. Dann sagte ihr ein ferner Schrei, begleitet von Hufgetrappel und Hyänengeheul, daß hier Artgenossen ein Weißschwanzgnu von seiner Herde getrennt hatten und verfolgten.

Das Hyänenweibchen rannte, was es konnte, um wieder Anschluß an die anderen zu finden. Wenn der Mond hinter den Wolken verschwand, mäßigte es, durch Erfahrung gewitzigt, sein

Tempo. Kein Tier kann, ohne seine Knochen aufs Spiel zu setzen, auf dem mit Termitenhügeln und den Löchern der Wüstenfüchse, Schakale, Honigdachse, Hyänen und Warzenschweine übersäten Steppenboden einfach drauflosrennen. Ein Fehltritt in ein Mungoloch genügt, um ein Hyäenenbein zu knicken. So lag die Alte noch immer ein Stück zurück, als das Gnu, beiderseits von Hyänen flankiert, in ein Flußuferdickicht brach und sich mit letzter Kraft in das dunkle Wasser stürzte.

Die Hyänen sprangen hinterdrein. Das alte Weibchen wartete noch ab — vielleicht gab es Krokodile in dem Fluß. Am Ende aber konnte sie dem Gefauche und Geschmatze unten nicht mehr widerstehen. Eben setzte sie zum Sprung an, da jagte ein lautes Platschen die Hyänen in die Flucht. Krokodile! Eine Sekunde lang bäumte sich der Kopf des Gnus empor, dann verschwand das Tier in einem gewaltigen Strudel unter Wasser.

Ratlos und hungriger denn je ließ sich das alte Weibchen zu Boden fallen. Mitternacht kam und ging vorüber. Die Hyäne schlief — wie immer so leicht, daß sie bei Tage das Rauschen eines viele hundert Meter entfernt vom Himmel stoßenden Geiers aufwecken konnte. In ihrer Kindheit hatte sie oft tagelang hungern müssen, wenn ihre Mutter auf der Jagd war. Ihr Bruder und ihre Schwester waren von einem hungrigen Hyänenmännchen ausgegraben und aufgefressen worden, aber sie hatte sich tiefer in die Erde gewühlt als diese und nur so war sie davongekommen.

Jetzt schreckten sie die schweren Tritte eines Löwen aus dem Schlaf. Im selben Augenblick stand sie hellwach da, den buschigen Schweif nach vorn über den Rücken geschwungen. Böse Erinnerungen jagten ihr ein Zittern in die Glieder. Einmal hatten Löwen fast über dem Erdloch, in dem ein Wurf ihrer Jungen lag, eine große Elenantilope gerissen und sich fünf Tage lang daran gütlich getan. Sie war um die gefräßige Gesellschaft herumgeschlichen und hatte mit anhören müssen, wie ihre Kinder nach Futter schrien und schließlich eines nach dem anderen verstummten. Löwen brachten sie in Harnisch und machten ihr Angst. Trotzdem hängte sie sich oft an ihre Spuren und wartete, wenn nötig fünfzig bis sechzig Stunden, auf die Überreste ihrer Mahlzeit. Mit ihren kräftigen Kinnbacken konnte sie Knochen zermalmen, die die Löwen liegenlassen mußten. Ihr scharfer Magensaft zersetzte alles — Fell und Schädelgehäuse, Gedärme und Hufe, womit andere Raubtiere nichts anfangen konnten.

Das gleichmäßige Tappen sagte ihr, daß es ein einzelner Löwe war. Wenn er Beute fand, war er verwundbar. Sie lief in Richtung des Geräuschs. Zum Abwarten hatte sie keine Zeit mehr. In zwei Stunden wurde es hell, und ihre Milchdrüsen waren noch immer leer. Die Jungen hatten schon zwei volle Tage keine Nahrung mehr gehabt.

Eine Stunde lang verfolgte sie den Löwen, querte halb ausgetrocknete Wasserläufe und die tiefen Schatten der mondbeschienenen Kandelaberbäume, tastete sich behutsam durch dichtes Dorngestrüpp. Ab und zu tauchten an ihrer Seite andere Hyänen auf, beschnupperten sie und verschwanden wieder. Fernes Gekreisch kündete von einer Verfolgungsjagd, aber sie ließ sich durch nichts ablenken.

Dann hörte das Tappen mit einemmal auf. Auch die Hyäne blieb stehen, mit gespitzten Ohren und bebendem Schweif. Dem pfeifenden Warnruf eines Zebras folgte das Getrappel galoppierender Hufe. Kurze Stille, dann ein neuer Warnruf. Wildes Galoppieren, ein heftiges Klatschen, schrille Schreie.

Das war für die Hyäne das Signal zum Rangehen. Das Geschrei erstarb. Der Löwe hatte sich in die Nüstern des Zebras verbissen, das große Tier erstickte. Aus dem Dunkel schälten sich weitere Hyänen, umkreisten lautlos den Löwen und seine Beute.

Die Ungeduld des Weibchens wuchs zusehends. Mit gesträubtem Fell, den Schweif starr abgebogen, machte sie sich kreischend und fauchend, teilweise seitwärts vorrückend, langsam an den Löwen heran. Der beachtete sie nicht. Die Hyäne bleckte die Zähne, jetzt nur noch knapp zwei Meter von der Raubkatze weg. Der Löwe reagierte mit einem aus tiefer Kehle dringenden drohenden Grollen; sie kam ihm zu nahe. Er stand auf. Im selben Augenblick war das Hyänenweibchen mit einem Satz bei dem Zebrakadaver, schnappte sich einen Fleischfetzen und beutelte ihn los. Die mächtige Pranke des Löwen sauste auf die Diebin nieder, aber die war schon wieder weg.

Der Erfolg des alten Weibchens lockte die anderen Hyänen näher. Ihr Geschrei schwoll zu einem ohrenbetäubenden Konzert an. Als der Löwe die erste attackierte, stibitzten sich gleich ein Dutzend Hyänen ein Maulvoll Fleisch. Der Löwe warf sich blitzschnell herum, um sie zu vertreiben, aber da biß ihn das Weibchen bis auf den Knochen ins Bein. Er brüllte laut und versetzte einer der Hyänen einen Hieb, daß aus der Wunde die Rippen hervorleuchteten. Dann rannte er wieder zu dem Kadaver zurück, der mittlerweile zugedeckt war von kichernden, schreienden Hyänen, deren Laute fast etwas Verächtliches hatten.

Der Löwe hieb wie wild um sich, aber er richtete nichts aus und mußte einen Biß nach dem andern einstecken. Seine Hinterbeine waren voller Blut. Zum Schluß sah er sich zwanzig Hyänen gegenüber und ergriff die Flucht. Eine Viertelstunde später war das Zebra weggeputzt.

Als der Sonnenaufgang den Osthimmel korallenrot färbte und das raspelnde Schnarren der Trappen dem Morgenfrieden ein Ende machte, war das Hyänenweibchen wieder in seinem Schlammpfuhl. Das Tier hatte den Bauch so voll, daß es nicht mehr weiterkonnte. Es mußte erst einmal abwarten, bis das Fleisch verdaut und die Milch da war. Dann konnte es den langen Heimweg antreten.

Mit ihrem einzigen braunen Auge verfolgte sie, wie die Sonne in den goldgelben Himmel stieg, wie die Geier sich in die klare Morgenluft emporschraubten. Dann schloß sie das Auge. Schlaf umfing sie, die überstandenen Gefahren verblaßten, und im Traum wurde sie wieder jung.

Dieser mutige, anhängliche und kluge Hund war ein Gefährte, wie man sich keinen besseren wünschen kann

Mein Freund Booto

Von Mike Tomkies

ER ERSCHIEN in einer stürmischen Februarnacht. Aus dem Dunkel hinter den regengepeitschten Fenstern meiner Hütte leuchteten mir zwei große, hin- und herwandernde Augen entgegen. Dann zuckte ein Blitz über den Himmel und beleuchtete ein martialisches Gebiß und eine große, braune Tiergestalt. War es am Ende der hungrige Puma, von dem es hieß, daß er sich in der Gegend herumtrieb?

Ich hatte mich in die unberührte Wildnis an der Pazifikküste Britisch-Kolumbiens zurückgezogen, um einen Roman zu schreiben, und hauste dort seit sieben Monaten mutterseelenallein in einer Holzhütte. Da ich mich mit Pumas nicht auskannte, verzog ich mich erst einmal vorsichtig, ohne das Tier aus den Augen zu lassen, in die Küche, um Taschenlampe und Axt zu holen. Wenigstens einen Hieb wollte ich dem Biest versetzen, wenn es auf mich losging. Als ich in respektvollem Abstand vom Fenster die Taschenlampe anknipste, sah ich mich einem großen schwarz-braun gescheckten Hund gegenüber, der verzweifelt erwartungsvoll mit dem Schwanz wedelte.

Ich machte die Tür einen Spalt auf, und das triefnasse Tier schlüpfte herein. Es wußte sich vor Freude nicht zu lassen. Von dem klobigen Schädel abgesehen, war es entsetzlich dürr. Unter dem Fell standen die Knochen hervor, und über seinen Rücken zog sich eine fünfzehn Zentimeter lange Narbe von einer Wunde, die ihm ein betrunkener Holzfäller mit einer Axt beigebracht hatte. In seinen Augen aber stand, deutlicher als es Worte hätten ausdrücken können: «Bitte, gib mir was zu fressen!»

Ich gab dem Hund, was er nur vertilgen konnte: die Reste meines Abendessens und zwei Büchsen erstklassiges Rindfleisch. Er schlang alles in sich hinein. Dann bedankte er sich eine halbe Stunde lang bei mir auf alle erdenkliche Weise. Er winselte, grub den nassen Kopf in meinen Schoß, bearbeitete meine Beine mit den Pfoten, achtete mit rührender Hingabe auf jeden meiner Blicke, jede Bewegung. Jedesmal, wenn ich von der Arbeit aufsah, richtete er seine tiefbraunen Augen auf mich und schlug zum Beweis seiner Sympathie mit dem Schwanz auf den Boden.

So trat an jenem Abend Booto, der streunende Hund aus den Wäldern, in mein einsames Leben. Das Tier konnte ein paar Kunststücke, die auch das härteste Herz erweichen mußten. Wenn er um etwas bettelte, machte er Männchen und legte dabei drollig die Vorderpfoten über Kreuz. Oder er wälzte sich am Boden und hielt sich mit einer Pfote die Augen zu. Ein andermal kaute er vielsagend auf ein paar Grashalmen herum, um mir zu zeigen, was für einen Hunger er hatte.

Er ließ mich nicht lange über seine Lieblingshundekuchen im unklaren. Als ich ihm eines Morgens drei Sorten zur Auswahl anbot, machte er plötzlich Männchen und bettelte. «Aber welche willst du denn?» fragte ich und hielt ihm die rötlichen, fleischähnlichen hin. Er antwortete mit einem so kräftigen kehligen Bellaut, daß es in der alten Hütte wie Kanonendonner widerhallte.

«Pst!» sagte ich, «nicht so laut», und bellte ihm ganz leise etwas vor. Da er Hunger hatte und sich folgsam zeigen wollte, ging er zu meinem Erstaunen darauf ein, und nach einer Weile hatte ich seinen Zustimmungslaut auf ein kaum hörbares «Wuff» reduziert, das sich wirklich beinahe wie ein «Ja» anhörte. Bootos außergewöhnliche Fähigkeit, die Lautstärke seines Gebells nach Bedarf zu regulieren, sollte sich später noch als nützlich für uns beide erweisen.

Drei Kilometer von meiner Hütte wohnte der wettergegerbte, pensionierte Bulldozerfahrer Fred Jackson. Der wußte eine Menge über Bootos Vorleben. Das Tier war eine Mischung aus Schäferhund und Neufundländer — das erklärte seine kräftigen Kinnladen wie auch seine Zutraulichkeit — und zu einem Viertel Wolf, was sich in seinem langen gebogenen, buschigen Schwanz verriet. Er war oben aus dem Norden gekommen mit einem Ehepaar, das ihn später sich selbst überließ. Stets kinderfreundlich, hatte Booto einmal ein kleines Mädchen, das in einen See in der Nähe gefallen war, vor dem Ertrinken gerettet. Der Vater des

Kindes nahm sich dann aus Dankbarkeit des Hundes an, ging aber kurze Zeit später als Hafenarbeiter nach Vancouver. Von da an war der damals noch sehr junge Hund von neuem auf sich selbst angewiesen. Im Sommer lebte er von Schlangen und Nerzen, die er an See- und Flußufern unter Steinen aufstöberte. Im Winter bettelte er sich bei Holzfäller- und Fischerhütten durch.

Ich hätte nie gedacht, daß ein Tier nach so bitteren Erfahrungen so gutmütig sein könnte. Der Hund war ein lebendiger Beweis dafür, daß Intelligenz frühere Erfahrungen in den Hintergrund zu drängen vermag. Wenn ihn in dieser wilden Küstengegend, wo im Laufe der Jahre Dutzende von herrenlosen Hunden erschossen worden waren, das Schicksal noch nicht ereilt hatte, so nicht zuletzt, weil er sich nie mit seinesgleichen zusammengetan hatte, um Jagd auf Schalenwild zu machen. Ähnlich einer Katze zog er es vor, als Einzelgänger zu leben.

Booto war für die Wildnis ein idealer Gefährte, und ich lernte eine Menge von ihm. Auf unseren ausgedehnten Streifzügen durch die Wälder legte er oft das Fünffache meiner Wegstrecke zurück und stöberte dabei alle möglichen interessanten Dinge auf, die ich sonst nie bemerkt hätte. Manchmal verfolgte er auf steinigem Untergrund Hirschfährten, die kein menschliches Auge wahrnehmen konnte, oder führte mich zu versteckten Höhlen.

Eines Morgens sah ich ihn im Bach stehen und wie eine Katze, die einen Goldfisch aus seinem Glas schnippen will, mit der Pfote unter einem Stein herumfuhrwerken. Sekunden später hatte er einen kleinen Krebs beim Wickel. Gleich darauf sah er gelassen und mit selbstzufriedener Miene zu, wie das Tier ins Wasser zurückkrabbelte. Jetzt, wo er regelmäßig sein Futter bekam, war er auf solche Beute nicht mehr angewiesen. Er hielt sich nur in Form für den Fall, daß sich sein neuer Herr als ebenso unzuverlässig erwies wie die anderen.

Als ich im Mai meinen Roman beendet und nach London abgeschickt hatte, war ich mit meinen Finanzen so gut wie am Ende. Ich hatte früher einmal als Journalist in Hollywood gearbeitet und gedachte nun, die alten Verbindungen dort wieder aufleben zu lassen. Nur lag Hollywood 2700 Kilometer weiter südlich. Ich brauchte ein Fahrzeug und ein billiges Nachtquartier, und so erstand ich ein altes Milchauto, das ich in einen Wohnwagen verwandeln wollte.

Bei der Arbeit an dem Auto dachte ich über Booto nach. Er hatte sein ganzes Leben an dieser rauhen Küste zugebracht, ein

Geschöpf der freien Natur. War es nicht grausam, den Hund in das smogverseuchte Los Angeles mitzunehmen und dort den Gefahren und Zwängen des Großstadtlebens auszusetzen, ihn in das heiße Auto zu sperren, während ich meiner Arbeit nachging? Widerstrebend entschloß ich mich, ihn zurückzulassen. Fred Jackson und ein Gastwirt in der Nähe versprachen mir, ihn zu füttern.

Am Tag meiner Abreise sah mir Booto mit vorwurfsvoller Miene beim Packen zu. Er winselte in einem fort. Dann war er plötzlich verschwunden. Es konnte die Sache nur leichter machen, wenn ich mich nicht von ihm zu verabschieden brauchte. Doch als ich gen Süden zur Fähre fuhr, sah ich ihn in einer Kurve die Straße entlangtrotten, wie immer ein bißchen seitwärts laufend, als wollten die Hinterbeine das Vorderteil überholen. Der Hund hörte das Auto kommen und drehte sich um, aber ich fuhr einfach an ihm vorbei. Ich traute mich nicht anzuhalten. Im Rückspiegel sah ich Booto hinter mir hersetzen.

Ich gab Gas und jagte den Wagen durch die Kurven, bis ich den Hund glücklich abgehängt hatte. Aber nach zwei Kilometern bekam ich Gewissensbisse und hielt an. Ich mußte an den langen, strengen Winter denken, in dem Booto meine einzige Gesellschaft gewesen war. Im selben Augenblick hörte ich draußen Steine spritzen, und da war er schon. Selbst jetzt, ganz außer Atem und erschöpft, hielt er die Ohren aufgerichtet. In seinen Augen stand eine große, bange Frage.

«Also dann komm her, du alter Esel!» war alles, was ich sagen konnte, als ich ihm die Tür aufmachte. Booto sprang neben mir auf den Sitz und leckte mir das Gesicht. Dann rollte er sich hinter mir am Boden zusammen, wo ich ihn nicht sehen konnte — falls ich es mir doch anders überlegte.

Booto fand sich erstaunlich gut in der Filmmetropole zurecht. Er hatte in einem Tag gelernt, daß er nicht auf die Fahrbahn laufen durfte, und ging auf Kommando bei Fuß. Ohne seine Klugheit hätten wir unsere erste Hollywooder Wohnung, ein Gartenhäuschen im Park einer Villa in Beverly Hills, nie bekommen.

Im ersten Moment war der Hausbesitzer entsetzt, als er Booto sah. «Es tut mir leid», meinte er, «aber so einen großen Hund können wir hier nicht brauchen. Der letzte, den wir hatten, hat uns die halbe Nacht nicht zum Schlafen kommen lassen mit seinem Gebell.»

«Booto bellt aber nicht, außer wenn ich es ihm sage», erwiderte ich. «Warten Sie einen Augenblick, ich zeig's Ihnen.»

Ich lief zum Auto, um ein paar Hundekuchen zu holen, und Booto hatte die Situation sofort erfaßt. Er setzte sein freundlichstes Gesicht auf, wedelte mit dem Schwanz, machte Männchen und produzierte sich in seiner schönsten Bettelpositur. Als ich zurückkam, schüttelten sich die beiden gerade feierlich die Hand.

Ich hielt Booto den Hundekuchen hin und fragte: «Wie macht der Hund?»

«Wuff», antwortete er leise.

«Lauter», sagte ich. «Ganz laut!»

«Wuff!» schmetterte er, daß die Luft erzitterte.

«Und jetzt wieder schön leise», befahl ich, «ganz, ganz leise.»

Booto spitzte förmlich die Lippen und stieß ein kaum hörbares «Pff» hervor.

Der Hausbesitzer schüttelte sich vor Lachen und gab mir den Schlüssel.

Wir hausten fünf Monate im Gartenhäuschen, und meine finanzielle Lage besserte sich zusehends. Manchmal begleitete mich Booto zu meinen Interviews mit bekannten Filmstars. Es schien ihn nicht sonderlich zu beeindrucken, wenn die Hand, die ihm den Hals kraulte, einem John Wayne oder Robert Mitchum gehörte.

Von all den Stars, deren Bekanntschaft wir machten, schien nur ein einziger, Peter Finch, unsere Einstellung zum Großstadtleben uneingeschränkt zu teilen. Er habe einmal an einem stillen Abend allein einen Spaziergang gemacht, erzählte er mir. Weit und breit sei keine Menschenseele zu sehen gewesen.

«Mit all den makellosen Vorgärten und den Rasensprengern darin kam ich mir vor wie in einer Geisterstadt. Auf einmal kam schweifwedelnd ein Hund auf mich zu gelaufen. Er freute sich offensichtlich, endlich einem Lebewesen zu begegnen, das wie er zu Fuß unterwegs war. Nachdem wir ein Stück zusammen gegangen waren, kamen wir zu einem ganz verwilderten Garten. Der Hund lief hinein und wälzte sich in dem Unkraut. Nichts hat mir hier je soviel Spaß gemacht wie dieser Anblick!»

Der Hund war natürlich Booto gewesen. Als Booto sich an die neue Umgebung gewöhnt hatte, machte er sich, wenn ihm mein Schreibmaschinengeklapper zuviel wurde, oft still aus dem Staub. Er hatte am Halsband ein Schildchen mit meiner Telephonnummer und der Aufforderung, mich gegebenenfalls gegen eine kleine Belohnung zu verständigen.

Einmal blieb er zwei Tage lang weg, und ich machte mir schon Sorgen. Aber am Abend klingelte das Telephon. Am Apparat war ein Koch des Magic Castle, eines Restaurants, in dem berühmte Zauberkünstler aus aller Welt die Gäste unterhielten. Booto hatte sich in seiner plump-vertraulichen Art mit dem Küchenpersonal angefreundet, und so war einer der Zauberkünstler auf ihn aufmerksam geworden; er war gerade dabei, das Tier zum Kabarettstar auszubilden.

Der Mann zeigte einen seiner Tricks, sah Booto nach dem spärlichen Applaus, den er damit erntete, an und fragte ihn: «Was sagst du dazu?», worauf der Hund laut zu bellen anfing. Dann wandte sich der Artist an sein aus Köchen und Kollegen bestehendes Publikum und sagte: «Sehen Sie, dem Hund hat's gefallen, ich möchte nur wissen, was mit Ihnen los ist!» Nach dem nächsten Kunststück fragte er Booto, der sein Tun mit freundlicher Miene verfolgte, ganz leise nach seiner Meinung — und erhielt zur Antwort ein kaum hörbares «Wuff».

Während der ganzen improvisierten Vorstellung steckte sich der Zauberkünstler eine Zigarette nach der andern an und warf sie halb geraucht scheinbar achtlos hinter sich. Da Booto qualmende Zigarettenkippen nicht leiden konnte, sprang er immer gleich hin und trampelte sie wütend aus, während der Artist unter dem Gelächter der Zuschauer den Verblüfften spielte.

Ich hatte große Mühe, Booto wiederzukriegen. Der Zauberkünstler bot mir erst 50, dann 100, schließlich 150 Dollar für ihn. Wer weiß, wie hoch er noch gegangen wäre, wenn ich nicht erklärt hätte, daß ich den Hund nicht für eine Million hergäbe.

Ich kann nicht verhehlen, daß ich ein bißchen eifersüchtig war, Booto seine Künststücke für jemand anders machen zu sehen. Hollywood begann auf ihn abzufärben. Der Hund war auf dem besten Wege, sich zum Komödianten zu entwickeln. Auch ging mir der falsche Glanz der Filmstadt langsam auf die Nerven. Uns fehlte das Leben in der freien Natur mit seiner gesunden Härte. Booto wurde fett und fetter, genau wie ich.

Mit einem Wort, wir hatten genug, und da kam, gerade im rechten Augenblick, ein Brief vom Britisch-Kolumbischen Katasteramt. Ich hatte ein Jahr zuvor leichtsinnigerweise einen Antrag auf Überlassung eines fast ein Hektar großen Stückes Kronland am Strand in der Nähe meiner Hütte gestellt. Nun teilte man mir mit, daß ich das Grundstück für eine Jahrespacht von ganzen 110 Dollar haben könne. Das war der Anstoß, den ich brauchte. Ich erledigte in aller Eile, was beruflich noch zu tun war, und belud das Auto für die lange Rückreise nach Kanada.

Mein neues Grundstück lag anderthalb Kilometer von der nächsten Landstraße ab. Dafür hatte man einen wunderschönen Blick auf den Pazifischen Ozean und sieben tannenbestandene Inseln. Während ich im Schweiße meines Angesichts mit einem Boot Baumstämme herbeischaffte und mir hoch über einer steilen Felswand eine Hütte zimmerte, half mir Booto mit seinem Naturinstinkt ein großes Problem lösen. Es war Spätsommer, und wir hatten kein Süßwasser in der Nähe. Ich mußte es von weit her herbeischleppen. Eines Tages hörte ich den Hund aus einem Felstümpel nahe der Hochwassergrenze Wasser lappen. Ich hatte es immer für Seewasser gehalten, aber Booto wußte es besser. Es stammte aus einer unsichtbaren Quelle in der Felswand.

Booto und ich lebten über zwei Jahre in der Hütte. Unsere einzigen Nachbarn waren Weißkopfseeadler, Nerze, Waschbären, Stinktiere, Hirsche, Enten, Möwen und Seeschwalben; dazu kamen die vielen Lachse und vereinzelte Bären. Als wir eines Sommermorgens einen Waldweg entlanggingen, bemerkte ich plötzlich einen merkwürdigen Jodgeruch. Dann knackte es im Gebüsch, und ein junger Schwarzbär lief mir vor die Füße. Hinter ihm schälten sich die massigen Umrisse von Kopf und Schultern der Bärin aus dem Dickicht, die im selben Augenblick, als sie uns sah, ein gereiztes Brummen hören ließ.

In meiner Angst fiel mir der Rat eines alten Indianers ein: «Wenn Sie sich einem wütenden Bären gegenübersehen, dann verhalten Sie sich ruhig, und zeigen Sie keine Furcht.» Ich blieb wie angewurzelt stehen. Die Bärin schien unschlüssig, ob sie mich angreifen oder ihrem Jungen folgen sollte. Als sie dann auf den Pfad heruntersprang und auf mich zu lief, schaltete sich Booto ein. Er bellte die Bärin an, und sie ging auf ihn los.

Auf seinen viel flinkeren Beinen vor ihr hin und her springend, lockte der Hund die Bärin von mir weg. Als die beiden in Richtung Strand im Gestrüpp verschwanden, raffte ich mich auf und rannte zu meiner Hütte zurück. Zwanzig Minuten später erschien mein Retter, nicht die Spur verängstigt.

Im Spätsommer des dritten Jahres fand unser kanadisches Idyll ein jähes Ende. Eines Morgens wachten wir von Motorlärm und Gehämmer auf. Die einsame Landzunge am Nordende unserer Bucht war von einem Bodenspekulanten erworben worden, der dort Ferienhäuschen bauen wollte.

Ich hatte schon einige Zeit mit dem Gedanken gespielt, nach England zurückzukehren, mir dort ein Naturparadies einzurichten und vielleicht für die vielen Millionen, denen ein solches Leben versagt ist, darüber zu schreiben. Als deshalb eine fremde Familie auf der Suche nach einem Grundstück an meinem Strand entlangstolperte, und ich den sehnsuchtsvollen Ausdruck in den Augen ihrer drei Stadtkinder bemerkte, sah ich, ein Mann ohne Anhang, keinen triftigen Grund mehr, länger zu bleiben. Eine halbe Stunde später hatte ich mein Wort gegeben, das Grundstück an das Familienoberhaupt zu verkaufen.

Die schwierigste Frage war: Was wurde mit Booto? Sollte ich ihn mitnehmen? Er war an diesem unberührten kanadischen Küstenstreifen zu Hause. Er hätte die Internierung im Quarantänezwinger nie verwunden.

Vor allem aber hatte er mir oft selbst zu verstehen gegeben, daß er sich nicht mir allein zugehörig fühlte, und in den letzten Monaten, meines dauernden Tippens überdrüssig, die halbe Zeit bei Fred Jackson und seiner Frau und den Kindern in dem Wirtshaus zugebracht. Alle versicherten mir, daß sie ihn auch in Zukunft gern füttern und sich um ihn kümmern würden.

Als ich am letzten Tag meine Hüttentür verschloß, gab Booto leise, winselnde Laute von sich. Er wußte, daß ich fortging, und so waren die letzten Stunden, die uns noch blieben, nicht leicht für uns beide. Eine Weile saß ich mit ihm am Strand, hielt seine Pfote, streichelte ihm den Kopf, erzählte ihm, ich würde einmal wiederkommen, und versuchte ihm zu erklären ...

Am nächsten Morgen machte ich mich mit dem alten umgebauten Milchauto, mit dem Booto und ich 40 000 Kilometer hinter uns gebracht hatten, auf den Weg nach Vancouver. Von dort ging es Richtung Osten 4800 Kilometer quer durch Kanada.

Heute lebe ich in einer Feldsteinhütte an einem einsamen See in den Bergen der westschottischen Grafschaft Argyll. Ich denke oft an Booto, meinen verwilderten Hund, aber meine Freunde schreiben mir aus Kanada, daß er wohlauf ist.

In meinem ersten Antwortbrief habe ich sie gebeten: «Wenn mit Booto einmal etwas ist, auch wenn er nur abgemagert oder krank aussieht, dann laßt es mich wissen. Ich komme dann mit dem nächsten Flugzeug.» Ich meinte das ganz ernst. Das Reisegeld habe ich beiseite gelegt. Ein Mann, der fernab der Zivilisation allein lebt, hat nur wenige wahre Freunde. Deshalb werde ich die Freundschaft mit dem Hund aus den Wäldern nie vergessen.

*Dieses prachtvolle Raubtier ist ein schlauer Jäger
von unglaublicher Kraft — mit einem Temperament,
das seiner Stärke kaum nachsteht*

Der Eisbär —
König der Arktis

Von Jack Denton Scott

Im Spätsommer kreuzten wir mit dem norwegischen Zweimaster *Havella* im Nördlichen Eismeer, als uns weit voraus an Backbord ein V-förmiger Wellenzug auffiel. Tatsächlich, da schwamm etwas, in diesen Gewässern, die zu den ungemütlichsten der Welt gehören. Alf Olsen, der Bestmann, kam aus dem Ruderhaus, und ich machte ihn darauf aufmerksam. «Ein Eisbär», sagte er.

Wir standen so weit von Land ab, daß nicht einmal seine schwachen Umrisse mehr zu erkennen waren. Bald hatten wir den Bären überholt. Es war ein mächtiger Kerl, ein gewandter Schwimmer, der nur mit den Vorderpranken ruderte und seine Hinterbeine wie ein Steuer gestreckt achteraus hängen ließ. Unserer Schätzung nach machte er über fünf Kilometer die Stunde. Drohend schwang sein Kopf herum, als wir neben ihm herfuhren und ihn photographierten.

Ich meinte, es sei doch erstaunlich, so weit draußen einem Bären zu begegnen. «Das ist nichts Besonderes für einen *isbjørn* (Eisbären)», sagte Olsen. «Vor zwei Jahren habe ich eine alte Bärin mit ihren halbwüchsigen Jungen in offenem Wasser gesehen, 300 Kilometer nördlich von Grönland — die drei wollten offenbar hinauf zum Packeis, noch weitere 150 Kilometer nordwärts.»

Der Eisbär, den man nur in der Arktis antrifft, ist eines der größten und stärksten Raubtiere überhaupt. Ein ausgewachsenes Exemplar wiegt bis zu 725 Kilo. Mit seinem langgestreckten

Rumpf und zugespitzten Kopf, seinen verhältnismäßig schlanken Beinen, seinem langen Hals und dem die Schultern überragenden Hinterteil wirkt er plump, ist aber auf dem Eis überraschend flink. Er kann auf dem Eis 40 Kilometer in der Stunde erreichen, seine Stundengeschwindigkeit im Wasser ist mit neuneinhalb Kilometer gemessen worden, und er kann beim Schwimmen plötzliche «Weitsprünge» von fast fünf Metern machen.

Als wir eines Tages in einem stillen Fjord vor Anker lagen, sah ich einen Eisbären auf eine Schar Eiderenten zusteuern, die zu den geschicktesten Tauchern im Federkleid gehören. Er schwamm ganz langsam, kaum daß sich die Wasseroberfläche kräuselte, nur seine Stirnpartie lugte heraus. Dann war er plötzlich zwischen ihnen, und sie tauchten — er ebenfalls. Nach einer Weile kam er wieder hoch, eine flügelschlagende Ente im Maul. Er schien ziemlich lange unter Wasser gewesen zu sein, doch nach meiner Uhr war es noch keine Minute. F. J. de Gisbert, der viele Jahre in der Arktis zugebracht hat, um Bären zu beobachten und sie für zoologische Gärten einzufangen, behauptet, daß sie trotz ihrer schier unglaublichen Kräfte nicht mehr als 50 Meter unter Wasser schwimmen können, auch nicht, wenn Gefahr droht.

Die meisten Landtiere müssen heftig paddeln, um über Wasser zu bleiben; der Eisbär dagegen kann sich ganz gemütlich längere Zeit bewegungslos treiben lassen — Luftblasen in seinem Fell, Talgdrüsen in der Haut und eine dicke Speckschicht tragen ihn. Die Gelenkstruktur seiner Beine erlaubt ihm, weit mit ihnen auszuschwingen, was seinen Schwimmkünsten und seiner Wendigkeit sehr zugute kommt. Er hat eine Spezialsonnenbrille für die Arktis: ein membranartiges, drittes Lid, das seine Augen vor Eisblendung und Schneeblindheit schützt. Seine Zehen sind fast in halber Länge durch Spannhäute verbunden, und die Sohlen haben Haare zwischen den Ballen, so daß seine Tatzen zum Schwimmen wie zum Laufen auf glattem Eis geeignet sind.

Außerdem sind seine Pranken mit den nichteinziehbaren, scharfen Sichelkrallen Präzisionswerkzeuge, mit denen er die Robben aus ihren Atemlöchern herauswuchtet. Er faucht wie eine Katze, wenn er wütend ist, und brüllt, wenn er verwundet wird; doch gewöhnlich ist er stumm wie der Schnee ringsum. Einmal hatte sich ein Bär übers Eis auf 15 Meter an mich herangeschlichen, bevor ich ihn entdeckte. Dabei stand ich in einem Boot und hielt sorgfältig Ausschau nach ihm. Lautlos wie Polarnebel war er herangekommen. Nur an seiner schwarzen Nase erkannte ich ihn.

Weil er weiß, daß sie ihn leicht verrät, versteckt der Eisbär gewöhnlich seine Nase, wenn er auf Beute lauert oder sie beschleicht. Ein bekannter Arktisjäger hat einmal zwei an einer Wake auf dem Eis kauernde Bären beobachtet. Ihre schwarzen Nasen hatten sie sorgfältig mit den Pranken verdeckt. Da tauchte ein Seehund aus dem Wasser auf. Der eine Bär fuhr mit der Tatze unter ihn und schnellte die 225 Kilogramm Fleisch mit einem einzigen Hieb aufs Eis.

Neben den gewaltigen Körperkräften besitzt der Eisbär einen vorzüglichen Geruchssinn. Er wittert Robbenspeck auf 30 Kilometer Entfernung — manchmal zu seinem Verhängnis, denn die Jäger verbrennen Speckstücke und locken ihn damit in den Tod. Olsen erzählte mir von einer Touristengruppe, mit der er hinausgefahren war, um Bären zu photographieren. Sie verankerten die *Havella* an einer Eisscholle und verbrannten dann Robbenspeck. Nach einer Stunde etwa sahen sie einen Bären auf sich zuschwimmen. Er kletterte aus dem Wasser, trottete zum Ankertau und zog, seine Pranken wie Hände benutzend, das Boot dichter an die Eisscholle heran.

Die Männer steckten Speckstreifen auf eine lange Stange und hielten sie außenbords. Der Bär richtete sich auf (er war über drei Meter groß) und angelte sich die Speckstücke von der Stange herab ins Maul. Das dauerte rund eine halbe Stunde, bis alle das Schauspiel gefilmt hatten. Doch als der Robbenspeck ausblieb, wurde der Bär rabiat, zog wieder das Boot am Ankertau näher heran und duckte sich zum Sprung.

«In der nächsten Sekunde», sagte Olsen trocken, «hätten wir neun Zentner rasender Wut an Bord gehabt. Wir waren nicht erpicht darauf und mußten ihn abschießen.»

Manche Fachleute behaupten, der Eisbär greife Menschen nicht nur an, wenn er gereizt oder verwundet ist, sondern stelle ihnen auch nach und fresse sie auf. So berichtet ein berufsmäßiger Eisbärjäger von zwei Matrosen eines vor Anker liegenden Robbenschoners; die beiden waren, ein gutes Stück weg, auf dem Packeis dabei, einen Bären abzuhäuten. «Da sahen wir einen anderen Eisbären, der sich an sie heranschlich», erzählt der Jäger, «waren aber zu weit entfernt, um rufen oder helfen zu können. Der eine Matrose griff sofort zur Büchse und ging dem herankommenden Bären entgegen. Als er ihn nahe genug hatte, schoß er, aber der Eisbär stürmte auf ihn los und schlug ihn nieder. Der andere Mann rannte zu dem kleinen Beiboot und ruderte in wilder Hast zum Schoner, um Hilfe zu holen. Bald darauf standen wir vor den Überresten des unglücklichen Schützen. Es waren nur noch Fetzen.»

Doch manchmal wirken Eisbären eher komisch als furchterregend. Kaare Rodahl, der jahrelang in der Arktis gelebt hat, erzählt, er habe einmal einen großen Bären beobachtet, der an eine sich auf einer Eisscholle sonnende Robbe heranschwamm. Mit einem Satz war er aus dem Wasser und schlug nach ihr. Aber die Robbe entwischte ihm. Hoch aufgerichtet stand der Bär auf der Scholle, griff sich Eisklumpen und schmiß sie wutentbrannt in die Gegend. Dann ließ er sich aufs Eis plumpsen, um griesgrämig vor sich hinzubrüten.

Und eines Tages, als die *Havella* dicht vor der eisbedeckten Insel Kvitoya beigedreht lag, sahen wir, wie ein Bär auf einen kleinen Packeishügel kletterte, sich hinhockte und dann wie ein Kind auf der Rutschbahn hinabschlitterte. Zwei andere Bären beteiligten sich bald an diesem Rodelsport.

Doch der Eisbär ist seinem Wesen nach weder ein Clown noch ein Mörder. Er ist ein erbarmungsloser Jäger. Dem Sonnenstand folgend, wandert er im Herbst südwärts und kehrt im Frühjahr wieder in den Norden zurück, um dann in dem Eisgürtel längs der arktischen Küsten zu bleiben, wo es reichlich Robben gibt. Während seiner Lebensspanne von durchschnittlich fünfundzwanzig Jahren ist er ständig unterwegs, wobei er manchmal an die 120 Kilometer in einer Woche zurücklegt. Seine Streifzüge hängen mit den Wanderungen der winzigen, garnelenartigen Meerestierchen zusammen, die im Norwegischen Krill heißen, und von denen es in weniger salzhaltigen Gewässern wimmelt. Die Krillschwärme suchen Gegenden auf, wo Eisberge abschmelzen und dadurch das Salzwasser etwas verdünnen. Hier tun sich Fische am Krill gütlich, die Robben fressen die Fische, und die Bären jagen die Robben.

Beliebte Jagdgründe des Eisbären sind die nur oberflächlich zugefrorenen Spalten im Eis, die stets durch die Gezeitenströmungen entstehen. Denn dort suchen sich die Robben ihre Atemlöcher, weil sie mit ihren Köpfen leicht die Neueiskruste durchstoßen können. Die meisten Robbenarten der Arktis bleiben knapp zehn Minuten unter Wasser, dann kommen sie für 45 Sekunden nach oben, um Luft zu schnappen. Sobald eine Robbe zum Atemholen auftaucht, schnellt sie der lauernde Bär mit einer Vorderpranke aufs Eis und tötet sie mit einem einzigen, krachenden Biß.

Häufig macht sich der Eisbär auch die Gewohnheit der Robbe zunutze, neben ihrem Atemloch ein Sonnenbad zu nehmen. Die Robbe liegt ein Weilchen wohlig auf dem Bauch, hebt ab und zu den Kopf und lugt umher, ob Gefahr droht. Der Bär schleicht sich ganz langsam heran, schiebt sich auf Brust und Vorderpranken übers Eis vorwärts, aber nur, wenn die Robbe den Kopf unten hat. Und dann kommt schließlich der Moment, wo der Bär zuspringt und sein nichtsahnendes Opfer packt.

Das einzige Lebewesen, das der Eisbär fürchtet (anders als den Schwertwal oder «Mörder», von dem man weiß, daß er Eisbären im Wasser anfällt), ist das Walroß. Dreimal so groß wie der Eisbär, hat es lange scharfe Hauer, eine nahezu undurchdringliche Haut und kann besser schwimmen als er und ihn ersäufen. Aber das Walroß ist dumm — und der Bär nicht. Eskimos haben berichtet, daß ein Bär sich an ein schlafendes Walroß heranschlich und ihm mit einem Eisblock den Schädel zerschmetterte.

Weibliche Eisbären gehören zu den liebevollsten Tiermüttern. Nach der Paarung im Frühjahr, im Alter von drei bis vier Jahren, gräbt sich im Januar die Bärin in Preßeishöckern oder tiefem Schnee ihre Höhle, wo sie ein bis zwei Junge zur Welt bringt. Im Gegensatz zu anderen Bären halten die Eisbären keinen Winterschlaf; aber die Alte bleibt bis Ende März oder Anfang April in ihrem Lager, um die Kleinen den Winter über zu säugen und sie im warmen Fell ihres Bauches zu hätscheln. Sie behält die Jungen zwei Jahre bei sich, ohne sich in dieser Zeit wieder zu paaren, und unterrichtet sie mit sehr großer Geduld in allen Jagdkünsten.

Der wilde weiße Bär erträgt Gefangenschaft und Sommerhitze besser als die meisten Tiere unserer gemäßigten Zone. Sein ungewöhnliches Aussehen, seine ergötzlichen Possen und großartigen Kunststücke im Wasser machen ihn zum Liebling der Zoobesucher — und er weiß es. Zwei Eisbären im Zoo von Quebec, die ein Sprungbrett an ihrem Bassin haben, führen ihren Spezialkopfsprung nur vor, wenn genügend Zuschauer da sind. Und ein Bär im Londoner Zoo setzt sich nur dann aufrecht hin, so daß er wie ein würdiger, alter Gentleman aussieht, wenn jemand mit einem Photoapparat erscheint.

Doch sogar ein eingesperrter Eisbär ist gefährlich. Vor ein paar Jahren besuchten zwei junge Soldaten mit ihren Freundinnen frühmorgens den Zoo im Central Park in New York. Sie kletterten über ein meterhohes Geländer, um näher an den Käfig heranzukommen, wo Soc, ein großer Eisbär, mit seiner Gefährtin Cony hauste. Die Bären lagen behaglich zusammengekuschelt im Schlaf.

Mit Pfiffen und Rufen weckten die jungen Leute schließlich Soc auf. Einer der beiden Soldaten stieg auf die Mauereinfassung, so daß er mit beiden Händen durch die Käfigstäbe über ein Maschendrahtnetz hinweglangen konnte, und winkte dem Bären mit seiner Mütze zu. Soc holte aus und schlug mit der Pranke die Mütze in den Käfig hinein. Um den Bären von den beiden Burschen abzulenken, die mit einem Stock die Mütze wieder herauszuangeln versuchten, steckte eines der Mädchen ihren Arm durch die Gitterstäbe und wedelte mit ihrem weißen Taschentuch. Soc ließ plötzlich von den beiden Soldaten ab und packte das Mädchen am Arm, den er mit Zähnen und Krallen im Nu bis zum Ellbogen abriß.

Der Eisbär ist ein internationales Tier, und jedes Land, das ans Nordpolarmeer grenzt, hat seine eigene Ansicht darüber, ob er geschützt werden soll oder nicht. Außerhalb der Dreimeilenzone ist er ohnehin vogelfrei. Die Bewohner Norwegens und des größten Teils von Grönland dürfen ihn ohne jede Einschränkung abschießen. Er steht dort nicht unter Schutz, weil er, wie es heißt, der Ruin der Robbenindustrie sei. (Noch einen anderen Grund gibt es. Ein lebendes Eisbärjunges bringt 500 Dollar im Tierhandel, und für ein Eisbärfell zahlen Touristen 200 Dollar.) Alaska erlaubt jedem Sportjäger, der bloß besuchsweise im Lande weilt, nur einen Eisbären. In der Sowjetunion ist das Abschießen von Eisbären verboten. Auch Kanada schützt sie, weil es den Standpunkt vertritt, der Eisbär trage zur Erhaltung eines hochwertigen Pelztieres bei, des Eisfuchses. Der Bär hinterläßt ihm die Robbenkadaver zum Fraß.

Die Gesamtzahl der Eisbären in der Welt wird auf etwa 25 000 geschätzt. Jahrhundertelang ist es für jeden x-beliebigen Arktisreisenden Ehrensache gewesen, so viele Bären abzuknallen, wie ihm vor die Büchse kamen. Allein seine Unerreichbarkeit hat den weißen Bären vor dem Aussterben bewahrt. Doch heute, wo es in der Arktis immer mehr Flugzeuge, schnelle Schiffe und weittragende Gewehre gibt, ist der Eisbär in Gefahr, ausgerottet zu werden, wenn nicht die Anrainerstaaten ein Abkommen zu seiner Erhaltung treffen.

*Unter der dicken grauen Haut steckt eine gewaltige Kraft,
die sich vielseitig nutzen läßt*

Asiens lebender Lastkran: der Elefant

Von John E. Frazer

VOR DER grünen Laubwand eines Waldes in Südindien sah ich ihn plötzlich — einen massigen, schwarzgrauen Riesen, der den sonnenbeschienenen Bergpfad herabkam, quer auf den Stoßzähnen einen Rosenholzstamm, den er mit dem eingerollten Rüssel festhielt. Sein Gang war von überraschender Leichtigkeit und Anmut, ja es lag ein gewisser Humor darin, als ob er, der König des Dschungels, sich darüber amüsiere, als Waldarbeiter im Dienst des Menschen zu stehen.

Das war mein erster Eindruck von einem Arbeitselefanten. Tausende dieser prächtigen Tiere tun in asiatischen Ländern etwa fünfzig Jahre ihres Lebens geduldig ihren Dienst, schleppen, ziehen und schieben, heben und befördern alle möglichen Lasten. Als Zugtier vorgespannt, pflügt der Elefant an der indisch-nepalesischen Grenze die Felder. Mit DDT-Kanistern bepackt, trottet er durch den thailändischen Dschungel zu malariaverseuchten Dörfern weitab der Straßen. Auf Rangierbahnhöfen schiebt er mit seiner breiten, gutgepolsterten Stirn die Güterwagen hin und her, stellt auch manchmal mit der Stemmkraft seines Schädels und seiner Stoßzähne ein umgestürztes Auto wieder auf die Räder.

Aber sein Bestes leistet der Elefant als Waldarbeiter. In Thailand kann man ihn sehen, wie er einen zwei Tonnen schweren Teakholzstamm bis dicht an den Rand einer Schlucht bugsiert und ihn dann auf einen Schleifpfad hundert Meter weiter unten hinabsausen läßt. Oder er entwirrt in Birma einen Haufen Baumstämme, die sich in einem Fluß verkeilt haben; mit sicherem Blick findet er heraus, welcher Stamm das Ganze blockiert, wuchtet ihn los und tritt dann schnell beiseite, damit die wieder in Bewegung geratene Holzlawine ihn nicht überrollt. An einem zwischen seine dreißig Zentimeter langen Backenzähne geklemmten Tau kann er, zusammen mit einem Artgenossen, einen Baumstamm ziehen, dicker, als ein Mann groß ist. Im südindischen Bundesstaat Kerala gibt es sogar einen Elefanten mit nur einem Stoßzahn, der das eine Ende eines Baumstamms auf einen Lastwagen legt, dann das andere Ende mit dem herumgerollten Rüssel und dem einzigen Stoßzahn anhebt und, seitwärts gehend, Schritt für Schritt den Stamm ganz auf die Ladefläche hinaufschiebt.

Die erstaunlichen Fähigkeiten des indischen Elefanten im Dienste des Menschen sind von alters her bekannt. Bereits im Jahre 326 vor Christus hat sich König Porus vom Pandschab mit zweihundert Kriegselefanten den Soldaten Alexanders des Großen entgegengestellt. Und sogar heute transportieren in Südvietnam bestimmte amerikanische Einheiten Lebensmittel und Medikamente auf Elefanten über verschlammte Pfade ins Innere. Durch Jahrhunderte ist der Elefant, prächtig geschmückt, bei festlichen Anlässen mit Priestern und Königen einhergezogen. Vor Jahren habe ich bei den Krönungsfeierlichkeiten für König Mahendra von Nepal einen langen Zug dieser noblen Tiere gesehen, wie sie, tiefschwarz, scharlachrot und golden bemalt, nepalesische und ausländische Würdenträger gemessenen Schrittes durch die buntbeflaggten Straßen von Katmandu trugen.

Wie geht es zu, daß ein Wildtier, im Urwald aufgewachsen, sich eines Tages in einem Festzug, beim Transport von Medikamenten oder beim Schleppen von Langholz in einem Teakwald wiederfindet? Das ist auf die Lebensgewohnheiten des Elefanten zurückzuführen und auf seine Anpassungsfähigkeit, dank denen man ihn leicht abrichten kann.

In freier Wildbahn ist der indische Elefant in fünf- bis fünfzigköpfigen Herden ständig unterwegs auf der Suche nach den etwa fünf Zentnern Grobfutter, die er täglich braucht. Er bricht belaubte Äste von Bambus- oder Feigenbäumen und zerkaut sie samt den Zweigen. Oder er reißt eine schmackhafte Pflanze aus dem Boden und schlägt sie gegen das Vorderbein, um die Erde aus den Wurzeln zu klopfen; dann strafft er die vierzigtausend Muskeln seines nervigen, elastischen Rüssels und stopft sich damit das Futter ins Maul. Um das Grünzeug hinunterzuspülen, geht er zum nächsten Fluß oder Tümpel und saugt riesige Mengen Wasser in sich hinein — 130 bis 200 Liter pro Tag.

In jedem Fall aber, ob er frißt oder säuft, hinterläßt er eine deutliche Fährte, die Elefantenfängern die Arbeit sehr erleichtert. Es gibt verschiedene Methoden. Man kann einfach eine Grube ausheben und warten, bis ein Dickhäuter hineinfällt, ihn dann fesseln und von zwei zahmen Elefanten, die ihn zwischen sich nehmen, über eine Rampe herausführen lassen. Oder man legt Seilschlingen auf Dschungelpfaden aus, in denen sich die Füße des Elefanten verfangen; oder man benutzt Betäubungsmittel, mischt Opium unter Grünfutter oder schießt mit Narkosepatronen auf ihn. Manchmal kirrt man ihn auch mit zahmen Elefantenkühen, den Delilas des Dschungels, die einen wilden Bullen so nahe heranlocken, daß die Mahauts ihn mit Wurfschlingen einfangen können. Außerdem wird in Indien wie in Ostpakistan die Khedda-Methode angewandt, bei der man — ein aufregendes Schauspiel — eine ganze Herde wilder Elefanten aus ihren Schlupfwinkeln aufstöbert und in ein Gehege treibt, das von einem Graben oder Zaun umgeben ist.

Von den eingefangenen Elefanten sind manche zu störrisch oder zu alt, als daß man sie noch zähmen könnte. Die meisten aber lassen sich in neun bis zwölf Monaten zu wertvollen Arbeitstieren erziehen. Verfolgen wir einmal die Lehrzeit eines dieser indischen Elefanten.

Nennen wir ihn Rawi, nach dem majestätischen Fluß, der im Himalaja entspringt. Auch dieser graue Riese wirkt majestätisch: ein Vollblut mit fast drei Meter Schulterhöhe, breitem Schädel und Brustkasten, langgestrecktem, kaum gewölbtem Rücken, der nach hinten abfällt, mit stämmigen, ziemlich kurzen Säulenbeinen und langem Schwanz, der in einer Quaste endet. Als wir zu ihm kommen, trompetet er wütend. Er ist gerade aus der Fallgrube herausgeholt worden, in der man ihn gefangen hat, und ein Paar zahme Elefanten, eng an ihn gedrängt, eskortieren ihn zum Stall.

Das ist ein klobiger Schuppen aus Baumstämmen, in dem sechs Elefanten in Einzelboxen angekettet sind. «Nach ein bis zwei Wochen», erklärt uns der Inspektor, «kann Rawis Mahaut schon in die Box gehen, kann ihm Palmblätter und Wasser geben, ihn mit Rohrzuckermelasse oder Bananen verwöhnen, auch einmal seine Flanken und seine Stirn streicheln und leise mit ihm sprechen. Etwa nach einem Monat darf Rawi den Stall verlassen, wenn auch immer noch an ein zahmes Elefantenpaar gefesselt, und im Fluß baden; hinterher wird er an einen Baum gebunden. Damit ist seine Zeit im Stall endgültig vorbei.»

Nach und nach bringt ihm sein Mahaut nun die Kommandosprache für Arbeitselefanten bei. Mit einem spitzen Stab verleiht er seinen auf Hindi und stets im gleichen Tonfall erteilten Befehlen Nachdruck: «Sitz!», «Auf die Knie!», «Vorwärts!», «Hinlegen!», «Sauf!», «Fuß hoch!». Wie viele Kommandos Rawi lernen kann? Zwei Dutzend bestimmt — aber wo die Höchstgrenze liegt, weiß man nicht. Sir Richard Aluwihare, ein ehemaliger hoher Diplomat in Ceylon, will maximal 82 Wörter ermittelt haben, die von Elefanten verstanden werden.

Ein genau eingehaltener Stundenplan, dazu regelmäßiges Füttern und liebevolle Behandlung lassen das Tier den ersten Schock, ein Gefangener zu sein, langsam vergessen. Rawi gehorcht nun seinem Mahaut willig, reagiert sogar auf leichten Schenkeldruck von ihm oder sanftes Stupsen mit der Zehe hinterm Ohr. Bei der nächsten Elefantenauktion wird er sicher einen hohen Preis bringen.

Wenn er dann im Dschungel eingesetzt wird, arbeitet er von acht Uhr morgens bis ein Uhr mittags; für einen Achtstundentag ist es zu heiß. Anschließend marschiert der Elefant zum Camp zurück, verschnauft, bis sein Schweiß getrocknet ist, und danach schrubbt ihm sein Mahaut unten am Fluß die Schwarte mit einem Stein oder einer Kokosnußschale ab. Ins Lager zurückgekehrt, frißt er etwa 25 Kilo Heu und 15 Kilo Reis und wird dann mit einer Fußfessel zur eigenen Futtersuche in den Wald entlassen. Abends wird er wieder gefüttert, schläft nur vier Stunden und äst nochmals bis zum Morgengrauen.

Arbeitselefanten werden mit äußerster Sorgfalt behandelt. «Bei jedem Elefanten setzen wir genau fest, was er schleppen darf», sagte uns Dr. Raghawend Rao, ein Veterinärbeamter. «Wieviel das ist, hängt ab vom Geländegefälle, der Größe der Baumstämme, der Länge des Schleifweges und auch von der körperlichen Verfassung des Tieres.»

Während der Unterhaltung mit Dr. Rao kam ein Elefant angetrottet, und sein Mahaut bat um Medizin für ihn. «Arbeitselefanten leiden manchmal an Magenverstimmungen», sagte der Beamte, «auch Koliken oder Durchfall, oder sie holen sich eine ansteckende Krankheit, Milzbrand zum Beispiel.» Dieser hier hatte eine eiternde Wunde am Bauch. Dr. Rao gab dem Mahaut etwas Jodsalbe, mit der dieser die empfindliche Stelle vorsichtig einrieb. Das brannte natürlich höllisch. Doch der Patient schwang nur seinen Vorderfuß hin und her, als wollte er damit den Schmerz etwas lindern.

Die Besorgtheit des Mahauts war verständlich, denn wohl jeder, der mit diesen Dickhäutern zu tun hat, lernt sie bald lieben. Von wenigen Ausnahmen abgesehen — störrischen, bösartigen, ja gefährlichen Exemplaren —, ist der Elefant gehorsam, gutmütig und die Geduld in Person. Tatsächlich hat man Elefantenkühe als charakterlich nahezu vollkommene Geschöpfe bezeichnet.

Können sich diese Tiere im modernen Asien als Arbeitskräfte halten? Können sie mit Traktoren oder den neuen Abholzmaschinen konkurrieren, die Bäume fällen, sie glätten und stapeln?

Für manche Waldgebiete lautet die Antwort nein. Thailand setzt jetzt für den Langholztransport neben seinen Elefanten schon Traktoren ein, und auch auf den Holzplätzen indischer Sägewerke finden die Dickhäuter immer weniger Verwendung. Doch Asien ist groß, und es gibt Millionen Hektar Wald, in denen der Arbeitselefant unentbehrlich ist. Er ist nicht nur verhältnismäßig billig, sondern auch Kraftmaschine, Traktor, Bulldozer und Gabelstapler in einem. Und er hat Köpfchen.

Die überlegten Bewegungen eines Elefanten, wenn er mit Baumstämmen umgeht, hat man ihm keineswegs beigebracht. Er sucht sich selber den Schwerpunkt, hebt ein Stammende hoch, legt sich die Kette im Maul zurecht und schiebt sie bis zur günstigsten Stelle am Stamm hinauf. Hat so ein Dickhäuter einmal kapiert, was er tun soll, so handelt er ganz selbständig. Welcher Traktor könnte das?

Übrigens ist es durchaus möglich, daß sich der Wildelefant, intelligent, wie er ist, für die Zukunft ein Leben vorstellt, in dem Frondienst für den Menschen nicht mehr vorgesehen ist. Wie mir ein Forstmeister allen Ernstes versicherte, haben einige Dschungelelefanten gelernt, sich ein langes Bambusrohr abzubrechen und es mit dem Rüssel wie eine Fahnenstange vor sich herzutragen. Damit stochern sie, während sie vorsichtig ihre Trampelpfade entlangtrotten, ab und zu im Boden herum, um getarnte Fallgruben aufzuspüren.

Der Forstmeister hatte dieses raffinierte Manöver allerdings nicht selber beobachtet, sondern nur davon gehört. In einem Camp in Indien habe ich einen Elefanten unverblümt danach gefragt. Stimmte das wirklich? Der mächtige Dickhäuter gab keine Antwort — aber er zwinkerte vielsagend.

*Außerplanmäßige Verhaltensstudien
an einem nicht alltäglichen Hausgenossen, der
vor dem sicheren Tod gerettet wurde und mit seiner drolligen
Wesensart die Herzen seiner Pflegefamilie eroberte*

UKK, das anhängliche Kaninchen

Von R. M. Lockley

Mr. X, ein kastrierter Kater mit getigertem Fell und weißer Frackschleife vor der Brust, lebte in unserem Landhaus wie Gott in Frankreich. Er hatte alles, was er brauchte, bis hin zum komfortablen Korb am Kamin und einer eigenen Katzentür zur Gartenveranda, und wurde maßlos verwöhnt. Trotzdem kam er hin und wieder mit einer Feldmaus an, um zu beweisen, daß er sich seine Schale Frühstücksmilch verdient hatte.

Eines Januarmorgens stürzte unser Sohn Martin herein und schrie, Mr. X habe ein junges Wildkaninchen gefangen und sei drauf und dran, ihm den Garaus zu machen. Das Opfer, ein kleines, graubraunes Fellbündel, hockte starr vor Angst da und ließ sich willenlos von dem Kater traktieren. Am linken Ohr blutete es aus zwei von den spitzen Fangzähnen seines Peinigers herrührenden Wunden.

«Du mußt es retten, Papa!» Tränen in den Augen, stampfte Martin verzweifelt mit dem Fuß auf, was den Kater derart einschüchterte, daß ich das kleine Kaninchen greifen konnte. Doch als ich es in den Armen hielt, sank es plötzlich zur Seite, offenbar tot vor Schreck.

«Unser kleines Kaninchen», wir pflegten es UKK zu nennen, blieb nur am Leben, weil Martin es partout nicht sterben lassen wollte. Es atmete kaum noch, aber er hielt es über eine Stunde fest an sich gedrückt. Endlich erwachte es aus seinem Koma, blieb aber weiter mit geschlossenen Augen hocken und verweigerte jegliche Nahrung. Am Abend flößten Martin und ich ihm mit dem Gummischlauch meines alten Füllfederhalters ein bißchen Milch mit Traubenzucker und Weinbrand ein. Martin hielt die ganze Nacht bei dem unruhig schnaufenden Tier Wache, nachdem er es in eine Puppendecke gewickelt in den Katzenkorb gebettet hatte. Der Kater war empört über diesen Affront, doch Martin ließ ihn vernünftigerweise trotzdem im Zimmer. Mr. X sollte lernen, daß er UKK nie wieder etwas zuleide tun durfte.

Beim Frühstück berichtete Martin gähnend, aber glückstrahlend: «UKK ist über dem Berg. Nach der letzten Kognakmilch hat es sich sogar schon seinen Schnurrbart geputzt.» Später brachte ich dem Tier eine Handvoll Löwenzahnblätter und Klee aus dem Garten. Martin unkte: «UKK ist noch viel zu klein für feste Nahrung.» Aber da kam es schon an und verleibte sich bedächtig eines der Blätter ein. Als es das ganze Grünzeug verputzt hatte, hopste es mit einemmal aus dem Korb, machte einen Luftsprung, drehte eine Art Pirouette und kehrte wieder in den Korb zurück, wo es dann, anscheinend von Magenbeschwerden geplagt, in sich zusammengekauert dasaß wie ein Häuflein Unglück.

Ich hatte auf unserem Grundstück einige große, mit Maschendraht eingefriedete Gehege angelegt, in denen ich unter annähernd natürlichen Bedingungen das soziale Verhalten von Wildkaninchen studierte, doch Martin ließ es nicht zu, daß ich UKK zu seinem Schutz während Martins Schulstunden dort hineinsetzte. Er meinte zu Recht, die großen Kaninchen würden UKK drangsalieren, aber der wahre Grund war, daß er es für sich als Haustier haben wollte.

So wurde das Kaninchen als vollwertiges Mitglied in unsere Familie aufgenommen. Es erwies sich zu meinem Erstaunen von Anfang an als ungemein zutraulich und gescheit (Wildkaninchen lassen sich normalerweise nur schwer zähmen und abrichten). Wir waren zweifellos bereits voreingenommen, doch durch seine Gelehrigkeit und sein anschmiegsames Wesen eroberte UKK unsere Herzen vollends im Sturm.

UKK war ungemein verspielt. Nach dem Tee, den es schwach und mit Zucker nahm, war es stets zu allerlei Allotria aufgelegt. Besonderen Spaß machte es ihm, wenn man es jagte und zu fangen suchte; oft wurde ein regelrechtes Versteckspiel daraus. Gewöhnlich verkroch es sich unter irgendein Möbelstück, aber wenn man es zu lange nicht fand, trommelte es mit den Hinterläufen, um auf sich aufmerksam zu machen, und dann streckte es auch schon triumphierend seinen prachtvollen Schnurrbart hinter einem Sofa- oder Sesselbein hervor.

Unserem Kaninchen stand das ganze Haus offen. Oft lief es die Treppen hinauf in den ersten Stock und äugte hinter Mauerecken hervor, um zu sehen, ob man auch nachkam. Das Tier war stubenrein; es hatte bald die Katzentür benutzen gelernt, um ins Freie zu gelangen — eine weitere Demütigung für Mr. X.

Um sich verständlich zu machen, bediente sich UKK einer Reihe von Zeichen, die wir mit der Zeit anstandslos zu deuten lernten. Ein dumpfes Grunzen war begeisterte Zustimmung, einmaliges Klopfen mit dem Hinterlauf freundliche Ablehnung, mehrmaliges Klopfen ein entschiedenes Nein, manchmal auch Ausdruck von Ärger oder Angst. Blickte das Tier mit schief gehaltenem Kopf zu einem auf, so wollte es etwas. Ein langgezogenes Zischen war UKKs Imitation des so oft von mir gebrauchten «Please!» (bitte). Dieser beschwörende Laut kam stets zuerst, wenn es mich für ein Spiel gewinnen wollte.

Zwischen UKK und Mr. X war das Verhältnis weiterhin gespannt. Da wir dem Kater eingeschärft hatten, dem Kaninchen ja nichts zu tun, stand er, sowie es erschien, aus seinem Korb auf und entfernte sich gemessenen Schrittes und mit ärgerlichem Schwanzschlagen, das durch unseres Kaninchens dreiste Versuche, mit dem stolzen Anhängsel zu spielen, nur noch wütender wurde. Dann fanden wir die beiden eines Abends zu unserer Verwunderung Seite an Seite auf dem Kaminvorleger. Mr. X leckte dem Kaninchen schnurrend das Fell. Mir fiel ein, daß ich UKK am Nachmittag unter der Katzenminze in der Erde hatte wühlen sehen. Es roch noch immer nach der Pflanze, und diesem Duft kann kaum eine Katze widerstehen. Von da an waren die beiden die besten Freunde, obwohl das Kaninchen weiterhin den Korb für sich in Anspruch nahm.

Für sein Leben gern trieb es sich im Garten herum. Es kostete mich viele Stunden, bis ich ihm abgewöhnt hatte, an Blumen und Gemüsepflanzen zu knabbern und in den Beeten zu scharren. Ich bediente mich dazu seiner Sprache — zweimaliges Fußstampfen — und rief dabei laut: «Nein!» Das wirkte prompt, aber dafür mußte ich auch grunzen und es darüber hinaus ausgiebig loben, wenn es einmal brav war.

Wenn niemand für UKK Zeit hatte, setzte ich es in ein transportables Maschendrahtgitter, wo es viel Bewegungsfreiheit hatte und nach Herzenslust grasen konnte. Das ging ein paar Tage gut, aber dann mußte ich es eines Nachmittags mit Gewalt in das Gitter befördern. Es wollte absolut nicht und trommelte zum Zeichen des Protestes wie wild mit den Hinterläufen.

Die plötzliche Abneigung gegen das Gitter entpuppte sich als Todesangst. An dem Tag gelang einem Wiesel, was es ohne unser Wissen schon einmal versucht haben mußte: Es drang in das Gehege ein. Das arme Kaninchen kauerte vor Schreck wie gelähmt in einer Ecke und stieß einen herzzerreißenden Angstschrei aus. Zum Glück war ich in der Nähe und konnte es retten, bevor das Wiesel zupackte.

Als UKK nach ein paar Stunden zu sich kam und seine glasigen Augen wieder klar wurden, versprach ich ihm, daß ich es nie mehr einsperren würde. «Wenn je wieder ein Wiesel hinter dir her ist», belehrte ich es, «dann renn, so schnell du kannst, durch die Katzentür in mein Arbeitszimmer. Ich sorge dafür, daß die Tür dort immer offen ist».

Das Tier verstand mich nur zu gut und wich fortan nicht mehr von meiner Seite. An Regentagen, wenn es ihm draußen nicht gefiel, leistete es mir Gesellschaft, während ich am Schreibtisch arbeitete. Manchmal sprang es mir, nachdem es eine Weile an meinen Schuhbändern gezupft hatte, um sich bemerkbar zu machen, trotz meines unwirschen Stampfens und lauter Aufforderungen, schleunigst zu verschwinden, unbekümmert auf den Schoß und von dort im Handumdrehen auf den Schreibtisch, um sich schließlich auf dem Buch niederzulassen, in dem ich gerade las, oder auf dem Brief, an dem ich schrieb. Was blieb mir dann anderes übrig, als das Kaninchen aufzunehmen, sein weiches, schnurrbärtiges Gesicht zu küssen, die kecken schönen Augen zu bewundern und ihm zu sagen, was für ein lästiger Patron es sei?

Eine Drüse am Kinn der Kaninchen sondert einen Duftstoff ab, mit dem sie ihr Revier und ihren Besitz markieren. Wenn ich UKK liebkoste, benetzte es mich mit ein paar Tröpfchen dieses kaum wahrnehmbaren Parfüms und machte mit diesem Kaninchenkuß immer wieder deutlich, daß es mich als sein persönliches Eigentum betrachtete.

Es machte UKK offensichtlich großen Spaß, mich zu beobachten, vor allem aber, mir beim Reden zuzuhören. Das Tier saß dann ganz still da und ließ ein Ohr hängen, so als halte es meine Stimme auch bei halber Lautstärke noch immer für durchdringend genug. Sobald ich stillschwieg, richtete es augenblicklich beide Ohren auf und hoppelte nervös umher, als wollte es sagen: «Na, was ist? So erzähl doch endlich weiter!»

Unser Kaninchen war unerhört anhänglich und entfernte sich auch auf gemeinsamen Spaziergängen nie weit von mir. Sowie sich eine Gefahr zeigte, etwa eine Katze, ein Hund oder ein Habicht, kam es gleich angewetzt und sprang mir in die aufgehaltenen Arme.

Als der Herbst kam, war UKK zu einem schönen, großen Tier mit glattem Fell herangewachsen, nicht mehr so verspielt wie anfangs und viel selbständiger. Es hatte keine Angst mehr vor den Hunden der Leute, die uns besuchen kamen, sondern blieb, wo es war, trommelte mit den Hinterläufen sein «Nein» und hieb mit seinen scharfbekrallten Vorderpfoten um sich. Eines Novemberabends kehrte es so lange nicht von seiner abendlichen Weideexkursion zurück, daß ich schließlich auf die Veranda hinaustrat und nach ihm rief. Es kam sofort angehoppelt und legte sich in den Katzenkorb, wo es sich umständlich den Pelz reinigte, der voll Erde war. «UKK gräbt sich einen Bau», konstatierte mein kenntnisreicher Sohn. «Ich habe es heute nachmittag oben im Wald beobachtet. Guck doch mal, was es für einen dicken Bauch hat!»

Irgendwie hatte das Kaninchen einen Bräutigam gefunden. Wir bekamen ihn allerdings nie zu Gesicht. Kurz vor Weihnachten krabbelten vier Junge aus dem Bau, den die Mutter während der ersten Tage, als die Kleinen noch blind und nackt waren, vorsorglich zugescharrt hatte. In den folgenden Monaten produzierten UKK und der mysteriöse Rammler noch vier weitere Würfe, und mit jedem lockerte sich die Bindung des Tieres an uns. Schließlich kam es überhaupt nicht mehr, ließ sich aber meine Besuche weiterhin gefallen.

Gemeinsam mit seinem Partner bevölkerte UKK bald die verödeten Wälder und Felder. Die Weibchen aus dem ersten Wurf bekamen bereits im Sommer ihrerseits Junge, so daß UKK nun Großmama war, Stammutter einer blühenden Dynastie — eine unumschränkte Herrscherin wie schon bei uns zu Haus.

*Der Mensch verabscheut sie, doch erfüllen auch diese Vögel
ihre Aufgabe im großen Plan der Schöpfung.
Und ihre Flugkünste sind unübertroffen*

Putzgeschwader der Natur: die Geier

VON EMILY UND PER OLA D'AULAIRE

GEIER! FÜR viele Leute hat schon das Wort einen abstoßenden Klang. In Menschengestalt ist ein Geier jemand, der andere ausnutzt – jemand, der auf seine Chance lauert, spähend, beharrlich, gierig. Als Vogel verbindet sich mit dem Geier der Gedanke an den Tod und an abscheuliche Freßgewohnheiten.

Vielleicht liegt es daran, daß diese Vögel als schauerliche, aber nützliche Bestatter tierischer Kadaver uns an die eigene Sterblichkeit erinnern. Oder vielleicht daran, daß sie ausgesprochen böse aussehen. Ein federloser, schlangenhafter Hals kann kaum Zutrauen wecken. Die dunklen, schlaffen Flügel wirken bedrohlich. Geier können nicht einmal einen wohlklingenden Ton hervorbringen; es fehlt ihnen der untere Kehlkopf, das Stimmorgan, dem die meisten anderen Vögel ihren Gesang verdanken. Sie können bestenfalls gackern, grunzen, stöhnen und zischen. Den zärtlichen Paarungsruf einer Art hat man mit dem Geräusch verglichen, mit dem eine Hacke über einen Betonboden schrappt.

Doch nach Ansicht des Vogelkundlers Dean Amadon vom Amerikanischen Museum für Naturgeschichte in New York haben die Geier zu Unrecht einen so schlechten Ruf. «Ihr Anblick mag häßlich sein», gibt er zu, «aber sie erfüllen in der Natur eine wichtige Aufgabe. Im Nu beseitigen sie jederlei Aas und Unrat. Und mit ihren langen, breiten Segelflügeln verkörpern sie sehr eindrucksvoll das Prinzip des Fliegens.»

Trotz ihrer Vorliebe für Aas erbeuten manche Geier gelegentlich auch kleine lebende Tiere. Doch im allgemeinen ernähren sie sich von Tierleichen. Mit ihren Hakenschnäbeln reißen sie zähe Haut und Bauchwände auf. Ihre Füße sind groß und hühnerähnlich, nützliche Widerlager, um sich darauf abzustützen, während sie an einem Kadaver zerren. Und mit ihren phänomenalen Augen können diese großen Vögel noch aus 800 Meter Höhe ein nur spannenlanges Tier entdecken.

Die oft nackten Köpfe und langen Hälse der Geier kommen ihnen zustatten, wenn es darum geht, sich tief in Kadaver einzubohren, um an die Eingeweide zu gelangen. An dem federlosen Hals bleibt kaum Blut haften.

Eine kragenartige Halskrause hilft wahrscheinlich das darunterliegende Gefieder rein zu halten und wird sorgfältig gepflegt. Überhaupt sind viele Geierarten überraschend sauber; sie baden oft und verbringen tagsüber viel Zeit damit, sich gründlich zu putzen und mit ausgebreiteten Flügeln zu sonnen.

Geier verzehren fast alles, was die Natur ihnen vorwirft, von Aas oder Fleisch- und Fischabfällen bis zu faulem Obst und Gemüse. Der amerikanische Truthahngeier ist weitgehend immun gegen die hochgiftigen Botulismuserreger, und in Afrika fressen Geier, ohne Schaden zu nehmen, an Milzbrand verendetes Vieh.

Fahrgäste im Thermikaufzug. Alles, was uns an seinem Verhalten auf dem Erdboden anrüchig vorkommt, ist rasch vergessen, wenn ein Geier sich in die Luft schwingt. Geier sind genial konstruierte Schweb- und Segelapparate, die weite Entfernungen zurücklegen, indem sie sich von Aufwinden tragen lassen.

Ihr Start ist oft unbeholfen. Sitzen die Vögel nicht auf einem Felsen oder Baum, so brauchen sie bis zu 12 Meter Anlauf. Dabei galoppieren sie ungeschickt über den Boden, bis die Startgeschwindigkeit erreicht ist, um dann mit schlagenden Flügeln aufzuspringen, sich in den Aufwind zu werfen, scharf nach einer Seite abzukippen und die langen Schwingen auszustrecken.

Sind sie einmal in der Luft, wird ihr Flug schwerelos. Beim Langstreckenflug über Land wandern die Vögel von einer Thermikblase zur andern. Nach Erreichen der richtigen Höhe verlassen sie eine Blase und gleiten zum nächsten Thermikaufzug — ohne weitere Anstrengung als ein gelegentliches In-den-Wind-Stellen der Federn. Auf breiten Schwingen balancierend, die Schwingenenden wie Finger ausgestreckt, können sie auf diese Art stundenlang segeln und dabei fast ohne Muskelbewegung Kilometer um

Kilometer zurücklegen. Die Bänder und Sehnen, die die Flügel gestreckt halten, sind so zäh wie ungegerbtes Leder.

Es überrascht nicht, daß die gut 20 Geierarten manche seltsamen Eigenheiten an den Tag legen. Der Schmutzgeier zum Beispiel nimmt einen großen Stein mit dem Schnabel auf und schleudert ihn gegen ein Straußenei, bis die Schale zerspringt.

Eine echte Kuriosität ist der afrikanische Palmgeier, ein überwiegend vegetarisch lebender Vogel mit einer Vorliebe für die ölige Frucht der Raphiapalme, die er mit dem Schnabel von ihrer Schale befreit. Zwar frißt der Vogel auch Fische und Weichtiere, doch meidet er normalerweise anderes Fleisch. Fühlt er sich wohl, so quakt er wie eine Ente und duldet auch Menschen in seiner Nähe – ein höchst ungeierhaftes Verhalten.

Bombardierter Dichter. Das Prunkstück der Sippe, wenn es so etwas geben kann, ist der Bartgeier im Alterskleid, ein riesiger, anmutiger Vogel. Er hat einen weißen Kopf mit einer schwarzen Maske, die von den Augen bis zu den bartähnlichen Federbüscheln um den Schnabel reicht. Er ist ein Bergbewohner Südeuropas, Afrikas und Asiens. Auf seinem Speisezettel finden sich auch Knochen; die kleineren verschlingt er ganz, und größere zertrümmert er, indem er sie aus der Höhe zielbewußt auf eine Felsplatte fallen läßt. Als «Lämmergeier» ist er in den Alpen und Pyrenäen immer wieder verfolgt worden. Man beschuldigte ihn fälschlich, Lämmer und sogar Kleinkinder davonzutragen – eine unmögliche Aufgabe für so schwache Fänge.

Glaubhafter sind schon Berichte, nach denen die Vögel durch das Schlagen ihrer großen Flügel Gemsen erschrecken, um die Tiere über eine Steilwand zu scheuchen und sich an den Überresten gütlich zu tun. Und eine bekannte Tatsache ist, daß diese Vögel sich Schildkröten schnabelgerecht machen, indem sie sie auf Felsen zerschellen lassen. Dieses Verfahren üben sie seit Menschengedenken. Plinius erzählt die Legende von dem griechischen Dichter, den ein Orakel gewarnt hatte, er werde dadurch sterben, daß ihm etwas auf den Kopf falle. Er hielt sich im Freien von jedem Haus oder Baum fern. Und hier, heißt es, wurde sein Kopf eines Tages das Ziel einer Schildkröte – wahrscheinlich einer, die ein Bartgeier fallen gelassen hatte.

König aller Geier ist der Andenkondor, der größte fliegende Vogel auf Erden, ein bis zu 12 Kilogramm schwerer Flugkörper mit einer Flügelspanne von über drei Metern. Von Luftströmungen getragen, sucht dieser majestätische Vogel die Andenhänge nach toten Säugetieren ab, begibt sich aber auch bis hinunter zur Meeresküste, wenn sein Fernrohrauge ihm am Strand angespülte Wale oder Seeschildkröten zeigt. Der Mensch, sein einziger Feind, stellt dem Kondor nach, weil der die Eier aus den Seevogelkolonien vor der südamerikanischen Küste raubt, der Quelle des als Kunstdünger verkauften Guanos. Aus diesem Grund verzieht sich der Andenkondor allmählich aus seinem Revier, das sich ursprünglich über die ganze Länge der Anden vom westlichen Venezuela bis hinunter nach Feuerland erstreckte.

Sein Vetter, der kalifornische Kondor, ist in noch größerer Bedrängnis. Einst wurde er wegen seiner hohlen Federkiele (die als Behälter zur Aufbewahrung von Goldstaub dienten) oder aus Übermut geschossen, oder er vergiftete sich an den zur Vertilgung von Bär und Wolf ausgelegten Strychninködern. Deshalb haben sich diese «Königsadler», wie die Pioniere sie nannten, so drastisch vermindert, daß sie jetzt fast am Aussterben sind. Heute lebt nur noch eine winzige Gruppe von rund 40 Exemplaren in einem Bergschutzgebiet nordwestlich von Los Angeles.

Kondore können bis zu 50 Jahre alt werden. Ein Kondorpaar bleibt auf Lebenszeit zusammen, doch sorgt es erst mit sechs oder sieben Jahren für Nachwuchs und legt normalerweise nur jedes zweite Jahr ein Ei. So mag ihm dasselbe Schicksal beschieden sein wie seinen Vorfahren, den größten Vögeln, die jemals geflogen sind. Mit einem Gewicht von über 20 Kilogramm und einer Flügelspannweite von fast fünf Metern ernährten sich diese prähistorischen Kondore von Mammuten und Erdfaultieren, die sich vor der letzten Eiszeit in Pechgruben gefangen hatten. Das Vordringen der Gletscher, das der Ära der großen nordamerikanischen Säuger ein Ende setzte, besiegelte schließlich auch das Schicksal jener Riesengeier.

Eilige Mahlzeit. Wie kommt es, daß sich bei einem Aas so rasch und in so großer Zahl Geier einstellen — von weit hinter dem Horizont? Ist ein Tier verendet, so können urplötzlich Hunderte von Geiern auftauchen, wo noch Minuten zuvor der Himmel leer war. Woher wissen sie Bescheid? Der in der Nähe von Nairobi lebende Naturforscher Leslie Brown schätzt, daß ein einzelner Geier, der in 600 Meter Höhe patrouilliert, ein Gebiet von 130 Quadratkilometern auf Anzeichen von Tod absuchen kann. Ein anderer Geier überblickt 6 bis 7 Kilometer davon entfernt ein gleich großes Gelände — und so weiter über Hunderte von Kilometern. Entdeckt ein Vogel ein Aas, so geht er mit angelegten Flügeln in einen Sturzflug über. Das plötzliche Herabstoßen wird von den Nachbarn bemerkt. Sie schließen sich an, und ihnen wiederum folgen andere. So können hundert um ein einziges Aas versammelte Geier aus einem Gebiet von rund 13 000 Quadratkilometern angelockt worden sein.

Manchmal versammeln sich so viele Geier um einen Kadaver, daß sie zu einer einzigen wogenden Vogelmasse werden. Die größeren Vögel vertreiben die kleineren, es kommt zu Zank und Streit, während in der Luft ein weiterer Schwarm von Aasjägern kreist. In Afrika machen sich auch Löwen und Hyänen das Herabstoßen von Geiern als Beutesignal zunutze — zum Schaden der Vögel, denn selbst der Gänsegeier muß einer Hyäne weichen.

Da die Geier den großen Raubtieren nicht gewachsen sind, müssen sie gierig schlingen, solange Zeit ist. Eine Gruppe Gänsegeier kann eine zentnerschwere Gazelle in acht Minuten bis auf die Knochen vertilgen, wobei die Vögel sich mit einem Viertel ihres Eigengewichts vollschlagen. Das zusätzliche Gewicht macht das Starten für die Vögel schwierig und, wenn sie sich zu lange aufhalten, sogar unmöglich. Wenn die Abendluft den Boden auskühlt, sinkt die Thermik in sich zusammen. Dann müssen die Geier am Boden in der feindlichen Savanne übernachten, bis die Sonne des nächsten Tages wieder aufsteigende Luftsäulen schafft.

Von Verfolgung bedroht. Seit den Zeiten des Aristoteles haben die Menschen darüber debattiert, ob Geier riechen können. Das wäre ein logischer Weg, zum Aas zu finden, sagte die eine Seite. Aber warum, fragten die Gegner, fielen die Vögel dann nicht auf reife Kadaver ein, die man unter Planen oder in Holzkisten versteckt hatte? In zahllosen Fällen, bei denen man in Ostafrika dieses Experiment machte, tauchte kein einziger Geier auf, um nachzuforschen. Die Geier der Alten Welt scheinen wie die meisten Vögel selbst für den allerstärksten Riecheindruck keine Witterung zu haben; manche Arten der neuen Welt allerdings, insbesondere der Truthahngeier, können riechen und finden das Aas zuweilen mit der Nase.

Wie so vielen Geschöpfen droht, wo die Zivilisation sich breitmacht, auch den Geiern Gefahr. Eines der Probleme ist das schwindende Nahrungsangebot. Die Hygienevögel sehen sich um ihren Lebensunterhalt betrogen, wo die sanitären Verhältnisse sich bessern. In Spanien zum Beispiel gerät der riesige Mönchsgeier in Nöte, da totes Vieh, das früher auf den weiten Weideflächen liegenblieb, heute abtransportiert wird.

Vielleicht die größte Bedrohung aber ist die direkte Verfolgung. Die als Schädlinge geltenden Geier sind oft abgeknallt worden, wo man sie fand. Dem Lämmergeier hat man so wirkungsvoll nachgestellt, daß er aus den Alpen nahezu verschwunden ist. Selbst der kalifornische Kondor, der von den Neuweltgeiern am meisten bedroht ist, fällt gelegentlich einer Kugel zum Opfer.

*Das Geräusch eines Zahnbohrers hatte er von seinem Herrn,
dem Zahnarzt, gelernt — den Werberuf «Bildzeitung»
von einer Zeitungsverkäuferin*

Jako, der singende Star aus Indien

Von Hildegard Grzimek

PAPAGEIEN gelten nicht nur bei Vogelfreunden, sondern ganz allgemein bei allen Menschen, die Sinn für Humor haben, als die Komiker unter den Tieren. Man erzählt die drolligsten Geschichten über sie, und es gibt wohl keine Sammlung von Witzen, in der nicht auch Papageien vorkommen. Dabei sind Papageien gar nicht die gelehrigsten Vögel, wie behauptet wird. Viel nachahmungsbegabter ist der Beo, ein indischer Star. Er lernt besser sprechen als der intelligenteste Papagei und singt, wenn man sich fleißig mit ihm beschäftigt, ganze Melodien nach.

Natürlich durfte auch ein solcher Stimmenimitator in unserem Tierhaushalt nicht fehlen, nicht nur wegen des wissenschaftlichen Interesses, das mein Mann als Tierpsychologe daran hatte, sondern auch zur Freude und Erheiterung der ganzen Familie. Und als ein Frankfurter Zahnarzt, dessen Frau verstorben war, seinen Beo nicht mehr behalten konnte und ihn dem Zoo zum Geschenk anbot, ergab sich die Gelegenheit. Der Zoo besaß nämlich schon einige Beos und zeigte kein Interesse an einem weiteren Exemplar. So nahm ich das Tier in meinen Haushalt auf.

Nun hatten wir also einen Beo, dessen Sprechtalent von Vogelkundigen so gerühmt wird. «Jako, Jako», meldete er sich, als er in der Wohnung ankam. Das war sein Rufname, und mit dem hatte er sich also vorgestellt. Aber sehr bald zeigte er, daß er noch viel mehr konnte. «Wer is'n det, he?» war die nächste Glanznummer in seinem Repertoire.

Es ist klar, daß sich die Erweiterung des Grzimekschen Haushaltes um ein so merkwürdiges Tier in unserem großen Bekanntenkreis bald herumgesprochen hatte. Und jeden neugierigen Besucher überraschte Jako mit einem deutlichen wohlakzentuierten «Wer is'n det, he?»

Wir weideten uns jedesmal an den verblüfften Gesichtern, wenn der ahnungslose Jako seine scheinbar so vernünftige Frage stellte. Wer sie ihm beigebracht hatte, war nicht mehr festzustellen. Auch sein vorheriger Besitzer, der Zahnarzt, hatte den Vogel seinerzeit durch Zufall erworben und konnte uns keine Aufklärung über die Herkunft des sonderbaren Wortschatzes geben. Aber daß Jako lange Zeit in einer Zahnarztpraxis verbracht hatte, das bewies er uns schon binnen kurzem. Das Geräusch der Bohrmaschine, das niemand gern hört, ahmte er ebenso täuschend nach wie das Geräusch des Ausspuckens der Patienten im Behandlungsstuhl. Ich konnte mir vorstellen, daß das den Zahnarzt auf die Dauer nervös gemacht hatte und seine Patienten auf dem Martersitz schon vor der Prozedur zusammenzuckten, wenn bloß Jakos Stimme das Geräusch des Bohrers nachahmte. Vielleicht hat diese Kunstfertigkeit mit dazu beigetragen, daß der Beo als «lästiger Ausländer» abgeschoben wurde.

Meinen Mann und mich störte Jakos surrendes Rädchen im allgemeinen nicht, außer wenn einer von uns beiden merkte, daß er dringend wieder einmal zum Zahndoktor gehen müßte. An solchen Tagen hat Jako für sein Bohrergeräusch dann oft einen bösen Blick geerntet und ein wütendes «Mistvieh, elendes!», ein im Hause Grzimek sonst völlig unmögliches Schimpfwort. Aber wer läßt sich schon gern an Unangenehmes erinnern, dessen Erledigung man lieber noch ein paar Tage hinausgeschoben hätte!

Indessen konnte man auch unter solchen Umständen unserem Beo eigentlich nicht gram sein, weil er immer lachte. Er lachte so ansteckend, daß uns viele Besucher versicherten, sie hätten noch keinen begabteren Alleinunterhalter erlebt.

Zur Abwechslung fing Jako manchmal auch an zu husten wie ein alter Mann. Wir haben erfahren, wie er dazu kam. Der Zahnarzt wohnte in einer Parterrewohnung, und dort stand der Vogelkäfig vormittags meist am offenen Fenster. Genau darunter sonnten sich auf einer Bank die Insassen eines benachbarten Altersheimes. Diese braven, von Asthma und anderen Altersbeschwerden geplagten Leutchen waren unbewußt Jakos Lehrmeister geworden.

Die schönste Lektion aber hatte Jako an seinem Fensterplatz von einer Zeitungsverkäuferin gelernt, die jeden Morgen mit lauter Stimme die Bildzeitung ausrief.

Dieses Wort «Bildzeitung» hat Jako vollendet nachgemacht ohne das geringste knurrende Geräusch, wie es bei der Stimmimitation durch Papageien doch meistens zu hören ist. Das bringt in solch absoluter Tonrichtigkeit eben nur ein Beo fertig. Und genau so stimmecht kam das «Danke scheen» der Zeitungsfrau, die das Geld von ihren «Bankkunden» einkassierte. Kein Mensch, der nichts von den Künsten unseres Jako wußte, hätte geglaubt, daß die Wörter «Bildzeitung» und «Danke scheen» von einem Vogel ausgesprochen sein könnten.

Das Deutsche Fernsehen ist in unserer Wohnung im Frankfurter Zoo kein seltener Gast. Wieder einmal wurden von unseren «Haustieren» Aufnahmen gemacht. Zu diesen Haustieren gehörten auch Gorillas, Schimpansen, eine afrikanische Schleichkatze und sogar ein junger Leopard. Das merkwürdige Beieinander von Mensch und Tier in Bild und Ton festzuhalten, das war die Aufgabe der Fernsehmänner. Verständlich, daß Jako bei den fremden Gesichtern und dem gleißenden Scheinwerferlicht lebhaft wurde. «Bildzeitung, Bildzeitung», schrie er mit durchdringender Stimme, wie es der Verkäufer eines Extrablattes beim sensationellsten Tagesereignis nicht lauter gekonnt hätte.

Die überraschten Filmleute waren sprachlos vor Staunen. Es blieb meinem Mann nichts anderes übrig, als kurz über Jako, seine Geschichte und seine Sprechkünste zu berichten. Da es ihm natürlich fernlag, Reklame für eine Zeitung zu machen, bat er die Herren, Jakos Zwischenrufe aus dem Film herauszuschneiden. Das ist dann auch geschehen. Irgend jemand muß aber doch geschwatzt haben, denn ein paar Tage später rief die Redaktion der Bildzeitung bei uns an, um — wenn das Gerücht zutreffen sollte — den gelehrigen Papagei zu erwerben, koste es was es wolle. Die Anrufe kamen mehrmals. Schließlich holte ich meinen Mann an den Apparat, und er versicherte höchstpersönlich, er habe keinen Papagei der «Bildzeitung» rufe.

Jedesmal, wenn ich telephonisch mit Zeitungsredaktionen und Reportern sprach, habe ich damals meiner Hausangestellten ein verabredetes Zeichen gegeben, und dann wurde Jakos Käfig zugedeckt. Während dieser Verdunkelung war das Tier stumm und ich vor Überraschungen gesichert. Andernfalls wäre mein Gesprächspartner wohl sehr erstaunt gewesen, wenn er in voller Lautstärke eine zweite Stimme gehört hätte: «Wer is'n det, he?» Auf die Dauer wären mir die dann notwendigen Erklärungen doch zuviel geworden. Freilich hat jedes Zudecken immer ein Bröckchen Butter gekostet. Meine Hausangestellte mußte Jako nämlich, wenn sie ihm morgens die Decke vom Käfig nahm, ein Stückchen Butter reichen, und das tat sie selten, ohne dem Vogel vorzureden: «Der gute Jako.» Ein Beo nimmt Butter gern, und so wußten wir schließlich genau, was der Vogel wollte, wenn er uns mahnte: «Jako, der gute Jako!»

Wir wußten nicht, wie alt unser Beo war. Eines Morgens lag Jako tot in seinem Käfig. An jenem Tag hat uns allen das Frühstück nicht geschmeckt.

*Der anschleichende Leopard schreckte die Paviane aus dem Schlaf.
Dann ließ er sie nicht mehr zur Ruhe kommen*

Tierdrama im Tropenwald

VON FRANKLIN RUSSELL

DIE VERTRAUTEN Geräusche der Nacht konnten den kräftigen, langmähnigen Pavianmann hoch oben in seiner dornigen Akazie nicht täuschen. Um ihn kauerten, mit halbgespreizten Beinen an dünne Äste geklammert, seine schlafenden Artgenossen. Keiner von ihnen ahnte, welch bedrohliche Botschaft der kühle Nachthauch eben ihrem Anführer zutrug: Leopardenwitterung.

Mit fast 35 Kilogramm das größte Tier der Herde, war er nicht durch Zufall ihr Führer. Dank des hohen Rangs seiner Mutter als Oberhaupt der Weibchen war er sehr selbstbewußt aufgewachsen. In seiner Jugend hatte er sich mit sicherem Instinkt für Imponiergehabe den ersten Platz unter seinesgleichen erobert. Dann war er die Stufenleiter der Herdenhierarchie emporgeklommen. Dabei bot er den über ihm Stehenden, die ihn unten halten wollten, so lange die Stirn, bis er mit sieben Jahren unangefochten als Hordenführer dastand.

Seine langgestreckte Schnauze war mit teuflisch scharfen Zähnen bewehrt, doppelt so groß wie die der Weibchen, Zähnen, die einem Leoparden böse zusetzen, eine Gazelle in Stücke reißen und seine Untergebenen Mores lehren konnten. Manchmal wurde er entsetzlich wild, zeigte sich aber gegen Weibchen in Nöten oder ein verzweifeltes Junges grenzenlos fürsorglich. Die meiste Zeit verbrachte er damit, sich an Insekten, Vogeleiern, Mäusen, Blättern, Pflanzenstengeln und -samen, Baumrinde, Blüten, trockenen Beeren und dem Gummisaft aus Akazienstämmen gütlich zu tun. Mit Daumen- und Zeigefingernagel knipste er Grastriebe ab. Eine große Vorliebe hatte er für Skorpione, denen er geschickt den Stachel ausriß, bevor er sie zerpflückte und verzehrte.

Der Baum, in dem der Alte hockte, erzitterte leicht. Die dichten Haare an Kopf und Hals des Tieres stellten sich auf und ließen ihn noch größer erscheinen. Eigentlich war das ein Zeichen von Zorn und diente zur Einschüchterung. Jetzt aber schwoll ihm die Mähne vor Angst. Ein Leopard war mit einem unhörbaren Satz auf den untersten Ast des Baumes gesprungen. Ein in der Nähe des Alten schlafendes Weibchen erwachte. Es wartete gespannt, was der Anführer tun würde.

Während der Alte hinabspähte, schob sich in einen breiten Mondlichtstrahl plötzlich der Kopf der Raubkatze. Im nächsten Augenblick waren sämtliche Paviane munter und stimmten, in panische Angst versetzt, ein heiseres Gegrunze an.

Der hungrige junge Leopard äugte hinauf zu den Pavianen, die sich dunkel vom mondhellen Himmel abhoben. Aber er wagte nicht den Sprung hinauf in das Astgewirr, denn dort oben erwarteten ihn dieselben scharfen Zähne wie am Boden. Außerdem konnte er abstürzen. Angriffe auf Paviane mußten sorgfältig abgewogen werden gegen den eigenen Hunger, und es kam sehr darauf an, wie gut sich die Affen ihren Schlafplatz ausgesucht hatten.

Auf einmal durchschnitt der schrille Schrei eines früh erwachten Vogels die Stille. Es war zu spät für eine Überrumpelung. Lautlos sprang der Leopard hinab und verschwand.

Mit Tagesanbruch legte sich die Aufregung unter den Pavianen. Der Anführer thronte regungslos da, äußerlich gelassen, als wolle er seinen Schutzbefohlenen kraft seiner Persönlichkeit alle Angst nehmen. Seine Augen blitzten im Widerschein der heraufkommenden Sonne und huschten mit durchdringendem, starrem Blick von einem zum andern. Jedes Tier hatte in der sozialen Rangordnung eines unter sich und suchte seine Stellung durch Bluff und Einschüchterung zu behaupten. Da Machtkämpfe die Herde zersplittern konnten, lag dem Alten sehr viel an der Aufrechterhaltung der Disziplin.

Während in der sich langsam erwärmenden Luft noch immer ein Rest Leopardenwitterung hing, mußte der Anführer nun seine Strategie für die morgendlichen Unternehmungen planen. Langsam ließ er sich durch den Laubbaldachin hinunter, der die Tiere umschloß. Zwei andere kräftige Männchen sahen das und sprangen auf den Boden. Die übrigen folgten. Die jungen Männer schwärmten als Vorhut aus, um den Nachwuchs und die Weibchen, die zusammen mit dem Führer auf den Streifzügen das Gros bildeten, vor Überraschungen zu bewahren.

Der Alte blieb, noch immer mißtrauisch, auf seinem Baum. Er fürchtete sich sehr vor Schlangen, die eine Vorliebe für das warme, dichte Gras unter den Bäumen hatten. Als er klein war, war er einmal versehentlich auf eine getreten. Das Reptil hatte sich aufgebäumt und ihm zwei feine Giftstrahlen in die Augen gespritzt. Den Schmerz hatte er nicht vergessen. Aber es rührte sich nichts, und so glitt der Hordenführer mit den letzten seiner Trabanten hinunter.

Paviane sind eigentlich Bodentiere. Das Revier, in dem sich dieser Trupp seine Nahrung suchte, bestand aus einem kleinen Wasserloch, einem drei Kilometer langen, baumbestandenen Trockenflußstück und einem Berg wild übereinandergetürmter Felsen knapp zwei Kilometer westlich.

Die Tiere zogen jetzt unbekümmert dahin. Die Wachen hatten nichts Verdächtiges bemerkt. Ein Weibchen kletterte in einen Strauch und plünderte ein Vogelnest. Eine Maus, die aus einem Erdloch schoß, wurde von einem gierigen Händepaar gepackt. Steine wurden umgedreht und Käfer vertilgt. Jungtiere tollten umher, rannten einander um, bissen sich und schrien in gespieltem Schmerz auf. Die Augen des majestätischen Alten inmitten der Horde aber waren hellwach.

Er wußte, daß ein Leopard keine Mühe hatte, sich an den Trupp heranzumachen. Das Schwierige für den Räuber war die Wahl des Opfers. Die Pavianherde war ständig in Bewegung. In diesem Augenblick mochten zwei Jungtiere am äußersten Rand des Trupps gefährdet sein, aber da war schon ein Pavianmann zur Stelle und bot ihnen Flankenschutz. Zwei lahmende Paviane blieben hinter der Nachhut zurück, aber ein Angriff auf sie hätte etwa ein Dutzend Männchen auf den Plan gerufen, die einen Leoparden ohne Zögern angegriffen hätten.

Am Mittag hatte das Rudel anderthalb Kilometer zurückgelegt. Über einen Hang mit vereinzelten Bäumen strebte es seinem Wasserloch zu. Erleichtert sah der Alte vor sich die schlanken Impalas äsen. Diese Tiere ziehen oft mit den Pavianen zusammen umher, wobei sie sich gegenseitig vor Gefahren warnen.

Ein junger Pavian lief durch das Unterholz auf eine der Antilopen zu. Dicht an den Ast geschmiegt, auf dem er lag, beobachtete der Leopard aus halbgeschlossenen Augen die beiden näher kommenden Tiere. Er hatte seit zwei Tagen nicht gefressen. Als er im Morgengrauen zu seinem Vorratskammerbaum nahe dem Wasserloch zurückgekehrt war, hatte er feststellen müssen, daß sich Geier über den halbverzehrten Kadaver seines letzten Opfers, einer Gazelle, hergemacht hatten. Jung, wie er war, hatte er die Beute nicht ordentlich versteckt. Ein zweites Mal würde ihm das nicht passieren.

In diesem Augenblick sah der Alte, der genau wußte, wo ein Leopard Deckung fand, ein geflecktes Fell lautlos einen Baumstamm hinabgleiten. Laut bellend gab er das Leopardenwarnsignal. Die Impalas fielen in Trab, die Pavianweibchen und die Jungen drängten sich zusammen — bis auf das Kleine, das dem Leoparden am nächsten war. Als es merkte, daß es allein war, bekam es Angst. Auf seine Schreie eilten ihm vier Männchen zu Hilfe.

Wenn der Leopard auch noch ungeübt war in der Jagd auf Paviane, er wußte doch, daß er ein bestimmtes Tier aufs Korn nehmen mußte. Das Junge war nur ein Dutzend Sprünge entfernt. Er schnellte vorwärts.

Der Alte sah den Leoparden springen. Die Weibchen und Jungtiere rannten den Bäumen zu. Die Männchen bleckten die Zähne und kreischten, rissen Grasbüschel aus, taten alles, um den Angreifer in die Flucht zu jagen.

Beim vierten Satz merkte der Leopard, daß er sich verrechnet hatte. Das verängstigte Junge war ins Dickicht entkommen. Drei Paviane liefen, es zu retten, vier andere tauchten vor dem Leoparden auf. Selbst in diesem schreckenerregenden Augenblick bewahrten die Paviane Disziplin.

Der Leopard wandte sich von den vier Verteidigern ab und ging auf den Alten los, der jetzt allein war. Der Pavian schwang sich blitzschnell in einen Baum, aber in der Eile traf er eine schlechte Wahl. Dornen schrammten ihm über die Augen, zerstachen ihm die Hände. Außerstande, sich höher hinaufzuflüchten, wandte er sich dem geschmeidigen Verfolger zu und zeigte ihm die Zähne. Aber dann verlor er den Halt und rutschte ab. Pavian und Raubkatze prallten im Geäst des Baums zusammen. Der Alte schlug seine Zähne in den Leib des Gegners, während scharfe Krallen seine Mähne zausten. Nur seine Kiefer hielten ihn, doch dann verspürte er einen bis auf den Knochen gehenden Biß und stürzte weiter — in eine krallenbewehrte Tatze.

Seine Schreckensschreie riefen den ganzen Trupp zusammen. Einer nach dem andern näherten sich die Männchen ihrem im Baum hängenden Führer. Der Leopard, der Mühe hatte, sich selbst und den zappelnden Pavian festzuhalten, erkannte die Falle. Er ließ von seinem Opfer ab, und der Pavian fiel schwer zu Boden.

Zwar saß die Katze nun auf dem Baum fest, aber kein Pavian würde sie von unten her anzugreifen wagen. Unter ihr schleppte sich der verwundete Alte langsam weg, während die anderen Paviane in einem wilden Reigen der Empörung kreischend um den Baum hüpften. Erst als die Sonne sank, beruhigten sie sich und zogen still ab.

Der Alte hockte sich in die Astgabel einer gelbrindigen Akazie. Alles war anders. Der Leopard hatte aus seiner mißglückten Attacke gelernt. In Zukunft würde er gefährlicher sein. Die Pavianhorde versammelte sich um ihren Führer. Aber der konnte sich nicht rühren. Er konnte nicht mehr führen.

Morgen oder irgendwann in nächster Zeit würde er einen neuen Kampf zu bestehen haben. Mindestens zwei andere kräftige Männchen von niederem Rang würden seine Schwäche spüren und ihm seine Stellung streitig machen. Von fern kam abendliches Löwengebrüll. Die Paviane bezogen in der Sicherheit der Baumwipfel ihr Nachtquartier.

Von einer Wachtel adoptiert zu werden, bringt manche Unruhe ins Haus, aber auch viel Freude

Eine Wachtel namens Robert

VON MARGARET A. STANGER

AN EINEM Morgen Mitte Juli führten mich meine Nachbarn und guten Freunde Dr. Thomas Kienzle und Frau in die Küche ihres Hauses und ließen mich in eine Kartonschachtel schauen. Zuerst sah ich nichts als eine kleine Lampe, einen lammwollenen Staublappen und zwei Näpfe mit Hühnerfutter und Wasser. Dann hob Mildred Kienzle behutsam den Staublappen, und darunter lag ein reizendes Baumwachtelküken, etwa so groß wie eine Puderquaste, mit blanken Äugelchen.

«Tom und ich haben das Ei vor vier Tagen in einem verlassenen Nest gefunden», sagte Mildred. Sie hatten das Ei mit nach Hause genommen, und zwei Tage lang war nichts geschehen. Dann regte sich das Ei am dritten Tag ein wenig, und als sie es ans Ohr hielten, konnten sie ein schwaches Ticken hören wie von einer Miniaturzeitbombe.

Gespannt schauten sie zu, wie rings um die Eispitze ein winziges Loch nach dem anderen erschien. Als der Kreis geschlossen war, gab es ein lautloses kleines Rucken, und das Ei zerbrach. Langsam kam etwas zum Vorschein, was einer aus dem Wasser gezogenen Hummel ähnelte. Aber schon nach einer halben Stunde veränderte sich das Aussehen des kleinen Wachtelbabys, und als ich es an seinem zweiten Lebenstag wiedersah, war es braun statt schwarz, und er wurde mit jedem Augenblick wolliger und flaumiger.

Unter den Nachbarn sah man schwarz für das Vogeljunge. «Der macht's nicht lange», prophezeiten sie. Aber das Tierchen kuschelte sich behaglich unter seinen Lammwollappen, als wär's das weiche Gefieder seiner Wachtelmutter. Wir beschlossen, es Robert zu nennen.

Robert will bleiben. Robert wuchs schnell, und bald zeigten sich weiche Brustfedern über den Daunen und bildeten ein winziges Kettenpanzermuster. Sein Kopf wurde oben dunkler, und zwei goldbraune Streifen liefen an beiden Seiten hinab, gegen die seine schwarzbraunen Augen lebhaft abstachen. Aber das Erstaunlichste an dieser Entwicklung war seine mehr und mehr zum Vorschein kommende Wesensart. Wachteln gehören zu den scheuesten Vögeln, doch Robert war eine durch und durch «extrovertierte» Natur. Er füllte das ganze Haus mit seinem Gesang, begrüßte Mildred und Tommy jedesmal mit einem stürmischen Gezwitscher freudiger Erwartung, gurrte klagend, wenn ihn nach Gesellschaft verlangte, und zirpte sich sogar, immer leiser werdend, selber in den Schlaf.

An einem warmen, sonnigen Augusttag, als Robert zwei Wochen alt war, kamen Mildred und Tommy betrübten Herzens überein, daß es an der Zeit sei, ihn in Freiheit zu setzen, und trugen ihn auf den Rasen hinaus. Ein, zwei Minuten lang schaute Robert verdutzt um sich, erspähte dann einen winzigen Käfer, lief ihm nach und verspeiste ihn. Beruhigt, daß Robert selber imstande war, seine Nahrung zu finden, gingen Mildred und Tommy in ihr Haus zurück.

Eben legte Tommy die Hand auf die Türklinke, als hinter ihnen ein scharfes Piep! erklang, und als die Tür aufging, schoß Robert, so schnell ihn seine Beine trugen, vor den beiden ins Haus. Nachdem dieser Vorgang sich mehrere Tage wiederholt hatte, war die Sache klar: Robert war entschlossen zu bleiben.

Von da an hielt er sich viel im Freien auf. Tommy, Arzt im Ruhestand, hatte seinen Garten zu einem Vogelparadies gemacht, und wenn er dort arbeitete, machte sich Robert in der Nähe zu schaffen. Einige Male kam Roberts Wachtelverwandtschaft vorbei — seine Mutter und elf Junge. Aber nie war auch nur das geringste Anzeichen gegenseitigen Erkennens, geschweige denn ein Verlangen nach Wiedervereinigung zu bemerken. Wer wem die kalte Schulter zeigte, blieb unklar.

Robert belegte das ganze Kienzlehaus mit Beschlag, stelzte überall herum und untersuchte alles mit vorgestrecktem Hals.

Wenn Mildred in der Nähstube saß, war Robert dabei, pickte in Schnittmustern herum oder lief mit Stoffetzen im Schnabel davon. Wenn Tommy die Zeitung las, kam Robert ihm auf den Schoß gehüpft und forderte Beachtung. Er war überaus gesellig und begrüßte jeden Besucher mit Begeisterungsgeschrei. Er sprang auf den Teetisch, putzte ungeniert sein Gefieder, bediente sich wählerisch mit Gebäck und trank sogar Tee, wenn er abgekühlt war.

Mildred und Tommy gaben bei alledem den Gedanken nicht auf, Robert in die Freiheit zu entlassen, für die er geboren war, und wandten sich um Rat an eine Vogelschutzwarte. Der Leiter sagte ihnen, daß Wachteln keinen Vogel annehmen, der mit Menschen in Berührung gekommen ist. «Da er sich in Ihrer Pflege so gut herausgemacht hat», setzte er hinzu, «ist es vielleicht das beste, Sie behalten ihn. Nur sollte er beringt werden. Dann hätte man die Kennummer für den Fall, daß er Sie doch einmal verläßt.» Tags darauf wurde dann Robert ein leichter Metallring um das eine Bein gelegt.

Leben mit Robert. Als Schlafstelle wählte er sich ein flaches, rotes Samthütchen von Mildred auf dem Wandbrett im Ankleidezimmer. «Mit den Vögeln aufstehen» war nicht seine Sache; er erschien oft erst um zehn oder elf Uhr morgens. Da kam er vom Wandbrett heruntergeflattert und schoß blitzschnell ins Badezimmer, wo er auf einem eigens zu dem Zweck am Boden ausgebreiteten Papiertaschentuch zwei ansehnliche «Morgengrüße» deponierte. (Um etwaigem Naserümpfen über eine frei in der Wohnung herumlaufende Wachtel vorzubeugen: Robert war musterhaft stubenrein!)

Jede Veränderung in seiner Umgebung regte ihn auf. War eine Couch verschoben oder eine Flasche mit Nagellack irgendwo stehen geblieben, wo sie nicht hingehörte, oder ein Teppich versehentlich an einer Ecke umgeschlagen — schon war Robert da und piepste, bis jemand kam und die Sache in Ordnung brachte. Wenn das Telephon läutete, wußte er, dass man herangehen mußte, hüpfte rasch auf die Schulter des Sprechenden und zwitscherte neben ihm in den Hörer.

Eines Tages kam ein Telephonmechaniker wegen einer Reparatur. Er hatte zwar in der Zeitung etwas über Robert gelesen, aber eine Wachtel, die wißbegierig herbeigelaufen kam und mit vorgestrecktem Hals in seinen Werkzeugkasten schaute, war ihm denn doch noch nicht begegnet. Als er das Amt anrief, hüpfte ihm Robert auf die Schulter und fing an zu zwitschern. Wir hörten den

Mann sagen: «Klar bin ich im Haus. Meinen Sie vielleicht, ich rufe aus dem Wald an? Das Piepsen, das ist diese Wachtel, der Robert.»

Als der Herbst kam, wurde Roberts Gefieder voller und farbiger, und auf seinem Oberkopf erschienen die charakteristischen weißlichen und schwarzen Abzeichen. Als der erste leichte Schnee fiel machte er ein paar vorsichtige Schritte ins Ungewohnte und verzog sich dann schleunigst wieder ins Haus. Sein Lieblingsplatz an schneereichen Tagen war eine Lampe am Küchenfenster; da setzte er sich auf den Lampenschirm, wärmte sich das Hinterteil und schaute herablassend den anderen Vögeln zu, die draußen mit dem Schnee ihre Not hatten. Er war nun mal ein Hausbewohner, gewöhnt an seine Bequemlichkeiten unter Dach.

Robert entpuppt sich. Der Lenz hielt seinen Einzug, und mit ihm erhob sich eine bange Frage für Roberts Freunde: Würde jetzt der Paarungstrieb in ihm erwachen und ihn die Freiheit suchen lassen? Wachteln erschienen paarweise ums Haus, aber Robert beachtete sie nicht. Doch eines Tages ließ er einen kleinen Schrei vernehmen. Mildred und Tommy eilten hin, um zu sehen, was los sei, und siehe da, Robert erhob sich, gab ein befriedigtes kleines Zirpen von sich und schritt hinweg — ein Ei hinterlassend! Nachdem er — pardon — «sie» diese Leistung vollbracht hatte, begab er — nein — sie sich an ihr Frühstück und tat sich an Speis und Trank gütlich wie noch nie. Das Ei ignorierte sie völlig und schien froh, daß die ganze Angelegenheit vorbei war. Da das Ei nicht befruchtet war, konnte sich auch kein Junges entwickeln. Wir waren neugierig, ob noch mehr folgen würden; das Gelege einer Wachtel besteht gewöhnlich aus zwölf bis fünfzehn Eiern. Aber Robert ließ es bei dem einen bewenden, als hätte sie nur zeigen wollen, daß sie es konnte. Nun gab es eine grosse Beratung über ihren Namen, aber schliesslich kam man überein, sie sei immer Robert gewesen und Robert solle sie bleiben.

Dann erhob sich ein neues Problem. Schon seit Jahren hatten die Kienzles von einer Europareise geträumt. Jetzt hatte ihr jüngster Sohn, angehender Diplomat in Westberlin, sein Herz an eine junge Berlinerin verloren und wollte gern die Eltern mit seiner Verlobten bekannt machen. So erbot ich mich, während ihrer Abwesenheit Robert in Pflege zu nehmen, und traf sogleich die nötigen Vorbereitungen. Neben meinem Haus ließ ich ein Drahtgehege anlegen (es gab dort viele Katzen), lockerte die Erde meiner Geranienbeete für Roberts Sandbäder und pflanzte ein paar Büschel Vogelmiere.

Freundschaft mit einem Pudel. In diesen drei Monaten bekam ich einen Begriff von der Geschicklichkeit der Wachteln. Zum Beispiel sah ich, wie eine Wachtel Tau trinkt. Robert suchte sich einen mit Tautropfen beladenen Grashalm, fuhr geschickt mit dem Schnabel daran entlang und löffelte jeden Tropfen auf. Sie liebte die langbeinigen Spinnen, die man Weberknechte nennt, Ameisen, Spannerraupen, Fliegen und Mücken, jagte Bienen, vermied aber Wespen, Regenwürmer, Maden und Ohrwürmer. Ihr Sandbad ging immer in der gleichen Weise vonstatten. Sie wühlte sich mit Kopf und Flügeln in den Boden, kam, das Gefieder voller Staub und Erde, wieder herausgestelzt und schüttelte sich dreimal, nie weniger, nie mehr.

Vor anderen Vögeln scheute sie sich, vielleicht aus instinktiver Furcht vor dem Habicht. Wenn nur eine Meise über ihr Gehege flog, stieß sie einen kleinen Schrei aus und duckte sich flach ins Gras. Vor Vierbeinern hatte sie dagegen keine Angst. Einmal belauerten drei Katzen sie durch den Drahtzaun des Geheges mit begierig zuckenden Schwänzen, aber sie beachtete sie gar nicht. Mit einem alten weissen Pudel, den eine Bekannte von mir oft zu Besuch mitbrachte, schloß sie Freundschaft und erfand ein lustiges Spiel mit ihm. Sie schlich sich von hinten an den schlafenden Hund heran, faßte mit dem Schnabel ein paar Schwanzhaare und zog daran, daß er auffuhr und heulte.

Robert wird berühmt. Unser Lokalblättchen hatte einen Artikel über sie gebracht — «Unsere prominente Mitbürgerin», — und andere Zeitungen verbreiteten die Kunde weithin im Land. Am ersten Sonntag, seit ich Robert bei mir hatte, waren es neunzehn Besucher, die sich in ihr «Gästebuch» eintrugen, und in den folgenden Wochen hielt der Zustrom an, im ganzen waren es an dreihundert. Manche kamen aus Neugier, andere aus wissenschaftlichem Interesse an Vögeln. Niemand konnte der Zutraulichkeit des springlebendigen, federleichten Tierchens widerstehen, das jeden mit lautem Gezwitscher begrüßte, ihm auf die Schulter hopste und sich schnell unter ein Ohr kuschelte.

Einer der Besucher war ein junger Künstler, der wunderhübsche Vögel schnitzte. Er war erstaunt, daß das Tierchen sich berühren ließ, und untersuchte es entzückt wie ein seltenes Kleinod. «Ich habe schon Dutzende von Wachteln geschnitzt», sagte er zu mir, «aber jetzt sehe ich erst, was für Fehler ich gemacht habe.» Ein anderer Besucher war Photograph; eine seiner Aufnahmen von Robert erschien auf einer Ansichtskarte, von der Tausende verkauft wurden. Viele Leute wurden bei ihrem Anblick knipssüchtig, und Robert benahm sich bald vor der Kamera wie ein richtiges Photomodell.

Als die Kienzles wiederkamen, begrüßte Robert sie freudig. Von da an war sie jedoch an zwei Orten zu Hause und besuchte mich oft. Im nächsten Februar kam eine «Bombe»: eine Anfrage, ob Robert zu Fernsehaufnahmen nach New York kommen könne. Anfangs waren die Kienzles Feuer und Flamme, aber dann setzten die Bedenken ein, und schliesslich riet ihnen ein im Fernsehbetrieb Erfahrener, nein zu sagen — die intensive Hitze der Beleuchtung sei gefährlich und würde das Tierchen geradezu ausdörren.

So einigte man sich auf einen Mittelweg: Aufnahmen Roberts von Berufsphotographen wurden gezeigt, und ich kommentierte sie. Die Folge war eine Überschwemmung mit begeisterten Zuschriften.

Eine Freude für Aug und Ohr. Im folgenden Mai, gerade vor Roberts zweitem Geburtstag, überraschten wir sie dabei, wie sie anscheinend irgend etwas Neues mit ihrer Stimme probierte. Ihr Köpfchen ruckte vor und zurück, und die Kehle zitterte und schwoll, während sie dastand und irgendeinen Laut hervorzubringen suchte. Und dann endlich kam er, laut und klar, der echte Baumwachtelruf, den wir noch nie von ihr gehört hatten: «Bobweit.» Sie schien sehr zufrieden mit sich und trippelte, mehrmals den Ruf wiederholend, stolz davon. Aber nach einer Woche hörte sie wieder damit auf.

In den Monaten und Jahren, die noch folgten, erfuhr Robert immer nur Freundlichkeit und Liebe von jedermann. Als ihr vierter Herbst herankam, fiel allgemein auf, dass sie nicht mehr so lustig und mutwillig war wie früher.

Anfangs November zeigte sich ein dornartiger Auswuchs am Rande ihres Schnabels, der ins Schnabelinnere immer grösser wurde. Sie brauchte Hilfe bei der Fütterung und konnte sich nicht mehr ordentlich putzen. Nach zwei Wochen war sie bereits sehr schwach. Sie flatterte jetzt immer schon in aller Morgenfrühe von ihrem Wandbrett herunter, und Tommy fand sie beim Erwachen regelmäßig unter sein Kinn gekuschelt vor.

Am 2. Dezember wollte sie immer wieder in der Hand gehalten werden, und an diesem Abend steckte sie zum erstenmal in ihrem Leben den Kopf zum Schlafen unter den Flügel. Am nächsten Tag rief Mildred mich an, und ich merkte sogleich an ihrer Stimme, was sie mir sagen würde. «Robert ist tot. Sie hat den Kopf immer noch unterm Flügel.» Ich konnte nicht anworten.

In all ihrer Winzigkeit übte Robert doch einen beträchtlichen Einfluss zum Guten aus. So gelobten junge Männer, die sie gesehen hatten, nie wieder auf Vögel zu schiessen. Allen hatte sie Vergnügen gemacht und ihnen ans Herz gerührt, und der letzte, der sich ins Gästebuch eintrug, schrieb ihr den Abschiedsgruß: «Eine Freude für Aug und Ohr!»

Eine Schimpansin erschüttert die Theorie von der Einzigartigkeit des Homo sapiens: Sie versteht Sprache nicht nur, sondern kann sie auch sinnvoll anwenden

Der Affe, der mit Menschen redet

VON EMILY UND PER OLA D'AULAIRE

ES SIEHT aus wie eine Szene in einem Science-Fiction-Film: glänzende Plexiglaswände, Schränke mit Galerien leuchtender Drucktasten in mehreren Farben, Kabel, die zu einem summenden Computer führen. In dem verglasten Raum sitzt eine junge Schimpansin, die mit Hilfe der Tasten mit Menschen draußen «spricht». Unglaublich, mit welcher Zielsicherheit sie Tasten mit sonderbaren Symbolen drückt. Dann blickt sie zu einer Reihe Schaukästchen über ihrer Tastenkonsole auf, um sich zu vergewissern, ob der Satz, den sie hat schreiben wollen, richtig ist, und wartet auf Antwort.

Das Ganze ist kein Phantasieprodukt. Es handelt sich hier um ein erstaunliches Experiment mit der Kommunikationsfähigkeit von Tieren. Sein Ausgang könnte die These von der Einzigartigkeit des Menschen empfindlich erschüttern. Denn das Schimpansenmädchen Lana versteht Sprache nicht nur, sondern kann sie auch sinnvoll anwenden — eine Fähigkeit, die man bisher allein dem Menschen zuerkannt hat. Nach Meinung des Projektleiters, des Psychologen Duane M. Rumbaugh, «übertrifft Lanas Begabung alle Erwartungen».

Lana lebt ihr außergewöhnliches Leben im Primatenzentrum Yerkes der Emory-Universität in Atlanta. Sie beherrscht «Yerkisch», ein abgewandeltes Englisch, so souverän, daß sie Ihre Umgebung fest in der Hand hat. Mit dem Sprachcomputer kann sie sich Tag und Nacht jeden Wunsch nach Essen, Trinken, Spielzeug oder Unterhaltung erfüllen — wenn sie diese Wünsche grammatisch korrekt vorbringt. Auch nach Gesellschaft kann sie verlangen, für die dann Menschen sorgen, meist Timothy V. Gill, ein Psychologe. Er ist gleichzeitig ihr Lehrer.

Vor unseren Augen schwang sich Lana von einer Stange an der Decke herab und drückte mehrere Knöpfe an ihrem Computer. Nacheinander leuchteten über dem Tastenschrank die Schaukästchen mit rätselhaften Symbolen auf. Jedes Symbol stand für ein Wort. Ein Fernschreiber übersetzte ratternd Yerkisch in Englisch: «Bitte Tim gib Saft in Maschine.» Von einem ähnlichen Tastenschrank vor Lanas Raum antwortete Tim: «Saft in Maschine.»

«Kein Saft in Maschine.»

Als Tim im automatischen Saftspender hinter Lanas Tastenschrank nachsah, fand er ihn leer. Er füllte ihn und wiederholte: «Saft in Maschine.»

«Ja», gab Lana zurück. «Bitte Maschine gib Saft.» Der Computer summte und rasselte, und in einen Kunststoffbecher unter dem Tastenschrank platschte Saft. Lana trank ihn mit einem Halm und ging zurück an ihre Tasten: «Bitte Tim komm herein.» Tim drückte auf «Ja», öffnete eine gläserne Schiebetür und wurde von der wartenden Schimpansin gleich zum Tastenschrank gezogen. Dort fragte sie: «?Tim kitzel Lana.» (Im Yerkischen stehen Fragezeichen am Anfang des Satzes.)

Tim bemühte sich, ernst zu bleiben, und streckte den Finger nach der «Nein»-Taste aus. Aber Lana nahm rasch seine Hand und hielt sie so lange vors «Ja», bis er es schließlich drückte. Darauf sprang Lana in wilden Sätzen durchs Zimmer und Tim hinter ihr her. Als er sie eingefangen hatte, kitzelte er sie kräftig. Sie kreischte vor Vergnügen.

Rumbaugh war einer der Affenexperten am Yerkes-Zentrum gewesen. Er hatte sich eingehend mit der Lernfähigkeit von Menschenaffen beschäftigt (Schimpansen, Gorillas, OrangUtans) und wußte, daß sie über ein hochentwickeltes Kommunikationssystem verfügten und sich durch Mimik, Laute und Gebärden verständigen konnten. Vielleicht ruhten in diesen Geschöpfen Sprachfähigkeiten, die nur noch nicht geweckt worden waren.

Vor Jahrzehnten hatte man Affen Wörter beizubringen versucht, indem man ihnen die Mundstellung für diesen oder jenen Laut vormachte. Aber kein Tier gelangte je auch nur annähernd zum Sprechen. Heute meinen die Tierphysiologen, daß Affen viele menschliche Lautelemente gar nicht hervorbringen können, weil ihr Sprechorgan nicht entsprechend gebaut ist.

1966 glückte es dann dem Ehepaar Allen und Beatrice Gardner in Nevada, der jungen Schimpansin Washoe die Zeichensprache der Taubstummen beizubringen. Washoe konnte um Essen, Spielzeug, menschliche Gesellschaft bitten. Aber war das wirkliches Sprechen? Kritiker forderten konkretere Beweise. Ihrer Meinung nach vertraute man bei der Gebärdensprache zu sehr menschlicher Auslegung; damit war noch kein Sprachverständnis bei Affen nachzuweisen.

Mit einer Automatisierung der Sprachschulung, sagte sich Rumbaugh, ließen sich die Zweifler vielleicht überzeugen. Aber konnte man eine computergesteuerte Apparatur bauen, die als objektive Schaltstation zwischen Mensch und Affe gelten durfte? Er beriet sich mit dem Biotechniker Harold Warner am Yerkes-Zentrum. Warner machte sich daran, ein solches Instrumentarium zu konstruieren.

Als erstes brauchten sie eine besondere Sprache, die sie dem Computer eingeben konnten. Ernst von Glasersfeld, ein Sprachpsychologe, und sein Kollege Pier Pisani ein Fachmann für Datenverarbeitung, entwickelten eine Sprache mit einer sinnbezogenen Grammatik und neun Grundzeichen wie Kreis, Quadrat, Wellenlinie, aus denen die Wörter gebildet wurden. Durch Aneinanderreihen von bis zu vier Zeichen schufen sie 255 Symbolkombinationen, die wichtigsten «Wörter» des Yerkischen. Hinzu kam für sieben verschiedene Wortarten ein jeweils andersfarbiger Untergrund: Rot für Essen und Trinken, Violett für Menschen, Blau für Tätigkeiten. Streng logisch konnten bestimmte Wörter nur bestimmten andern Wörtern folgen.

Die für das Experiment ausgesuchte Schimpansin war «ein durchschnittliches Labortier», das im Zentrum geboren war. Mit zwei Jahren kam Lana in ihr neues Heim. Zuerst zeigte Tim ihr, wie die Tasten mit den Zeichen aufleuchteten, wenn man sie drückte. Bald drückte Lana, neugierig, wie sie war, selbst die Knöpfe, anfangs wahllos, dann immer überlegter. Rasch hatte sie heraus, welches Symbol was zur Folge hatte. Bei «M & M» (ihrem Lieblingsbonbon) kam prompt so ein Ding aus dem Spendemechanismus; bei «Wasser» gab es stets etwas zu trinken.

Nach einiger Zeit wurde die Maschine so eingestellt, daß sie nur reagierte, wenn Lana vor alles, was sie wollte, ein «Bitte» setzte und danach einen «Punkt». «Damit wollten wir Lana nicht etwa zur Höflichkeit erziehen», erklärt Rumbaugh. «Mit dem 'Bitte' wollten wir nur dem Computer mitteilen, daß gleich ein Ersuchen an ihn gerichtet werde, und mit dem 'Punkt', daß jetzt ein Satz auszuwerten sei». Schon in der ersten Woche ließ Lana mit dem Vertrauen eines Kindes, das um eine Süßigkeit bittet, den Apparat «Bitte M & M.» sagen.

Nach und nach wurden neue und andersartige Wörter hinzugefügt, mit denen sich ganze Sätze bilden ließen. So mußte Lana bald, wenn sie ihr Bonbon haben wollte, schreiben: «Bitte Maschine gib M & M.» Um auszuschließen, daß sie sich einfach die Lage der einzelnen Tasten einprägte, wurden die Tasten täglich umgestellt.

Von Anfang an war die Maschine so programmiert, daß die Symbole in der gleichen Anordnung von links nach rechts, wie sie unten gedrückt wurden, oben in den Schaukästchen erschienen. Aber würde Lana diese Symbole «lesen» und ihre Fortschritte dabei kontrollieren lernen? Und würde sie verstehen, was Tim ihr von seinem Tastenschrank aus mitteilte? Zur Überraschung der Beteiligten kam Lana ganz von selbst dahinter.

Erst stellten die Wissenschaftler fest, daß Lana nach jedem Tastendruck zur Schaukastenreihe hinaufblickte, und dann, daß sie bei einem Fehler mitten im Satz ihren Irrtum an den Kästchen bemerkte und darauf sofort die Punkttaste drückte. Das bewirkte eine elektronische Löschung und machte Tasten und Schaukästen frei für einen neuen Versuch. «Wir selbst hatten nie daran gedacht, die Punkttaste auf diese Weise zu benutzen», sagt Rumbaugh. «Auf diese Möglichkeit ist Lana selbst gekommen.»

Weiter verblüffte Lana ihre Lehrer, indem sie eigene, neue Sätze bildete. Einmal erschien Tim mit einer Apfelsine im Institut, die die Schimpansin gar zu gern gehabt hätte. Doch für diese Frucht gab es auf ihrer Tastatur kein Zeichen. Was tun? Sie kannte sich mit ihren Farben aus und wußte das Wort für Apfel, so versuchte sie es mit: «?Tim gib Apfel orangefarben.»

Nicht lange danach zeigte Tim Lana eine kleine Schachtel mit Bonbons. «Schachtel» war ein neues Wort, eine unter mehreren anderen Zeichengruppen, die an diesem Morgen hinzugefügt worden waren. Die Schimpansin sprang zum Tastenschrank. Nachdem sie mit «Schale» und «Büchse» — Wörtern, die sie kannte — um das Ding gebeten hatte, drückte sie: «?Tim gib Lana Name davon.»

«Schachtel Name davon», antwortete Tim. Darauf Lana: «?Tim gib Lana Schachtel.»

Es war ein dramatischer Augenblick. Daß Lana solche Fragen stellen würde, kam völlig unerwartet.

Zur Unterhaltung hat Lana eine eigene Stereoanlage (Rockmusik mag sie lieber als Bach), daneben zwei automatische Film- und Diaprojektoren, die sich auf den richtigen Befehl einschalten. Alles, was sie an den Tasten anstellt, wird per Fernschreiber für eine spätere Untersuchung festgehalten. «In den frühen Morgenstunden steht sie oft auf, holt sich ein Glas Wasser und unterhält sich mit Dias oder Musik», berichtet Rumbaugh.

Von den Experimenten mit Lana erhofft man sich Aufschluß darüber, was die ersten Sprechversuche eines Kindes auslöst. Vielleicht helfen die im Yerkes-Zentrum entwickelten Methoden auch den Tausenden von Kindern, die gar nicht sprechen lernen. Für diesen Zweck gibt das amerikanische Institut für Kindesentwicklung und -gesundheit dem Yerkes-Zentrum und einem Zentrum für behinderte Kinder in Atlanta in diesem Geschäftsjahr einen Forschungszuschuß von etwa 180 000 Dollar. Bei dem zweiten Institut wird jetzt ein Kommunikationssystem à la Yerkes installiert. Damit soll festgestellt werden, ob stumme Kinder auf dem Weg über aufleuchtende Zeichen und einfache Drucktasten Zugang zur Sprache gewinnen können. Dorothy Parkel, die zusammen mit Harold Warner dieses Projekt leitet, verspricht sich einiges davon, da der Apparat geistig behinderte Kinder sehen und nachprüfen läßt, was gesagt wird. Das ist wichtig, weil viele sich bei gesprochener Sprache schon beim folgenden Wort nicht mehr an das vorhergehende erinnern können.

Die Untersuchungen sollen fortgesetzt werden. Man will vier weitere Schimpansen in die Geheimnisse der Sprache einweihen und Lana — (Schimpansen können 50 Jahre alt werden) — mit größeren Tastenschränken und Computern noch härter trainieren.

Lana ist inzwischen eine selbstbewußte junge Dame geworden. Während unseres Besuchs im Yerkes-Zentrum schleuste Tim, als sie die Maschine um Milch bat, von seinem Schalttisch aus falsche Wörter in ihren Satz. Jedesmal drückte Lana energisch den Punktknopf und begann von vorn. Dann merkte sie, daß wir an der Verzögerung schuld waren. Sie blickte scharf in unsere Richtung und schrieb: «Bitte geh aus Zimmer.» Wir wurden hinausgeworfen — von einem Schimpansen!

*Die Wunderwirkung des neuen Medikamentes
rettete die hoffnungslos kranken Kälber*

Die Rettung der kranken Kälber

VON JAMES HERRIOT

MERKWÜRDIG, doch mit den auf ihr Hinterteil gepappten Schildern glichen die kleinen Kälbchen wahren Jammergestalten. Es waren Zettel vom Viehmarkt, durch die die Rolle der kleinen Geschöpfe als hilflose Handelsware unübersehbar hervorgehoben wurde.

Als ich den nassen Schwanz eines der Tiere hob und das Thermometer einführte, lief aus dem Rektum sofort dünnflüssiger Kot.

«Es ist leider immer dasselbe, Mr. Clark», sagte ich.

Der Mann zuckte die Achseln und schob die Daumen unter die Hosenträger. In dem blauen Overall und der spitz zulaufenden Gepäckträgermütze sah er nicht nach einem Bauern aus, und auch das kleine Anwesen hatte nur wenig Ähnlichkeit mit einem Bauernhof: Die Kälber standen in einem umgebauten Eisenbahnwagen, um den herum ein verwirrendes Konglomerat von verrosteten Landwirtschaftsgeräten, ausrangierten Waggonteilen und zerbrochenen Stühlen lag. «Eine wahre Plage, ich weiß. Was glauben Sie, wie froh ich wäre, wenn ich meine Kälber nicht auf Versteigerungen zu kaufen brauchte. Die hier machten einen völlig gesunden Eindruck, als ich sie vor zwei Tagen erwarb.»

«Ja, das glaube ich Ihnen gern.» Ich blickte auf die fünf jungen Rinder, die mit gekrümmten Rücken zitternd dastanden. «Aber sie haben in ihrem jungen Leben auch schon allerhand erlebt, das sieht man deutlich. Kaum eine Woche alt, hat man sie von der Mutter getrennt und sie meilenweit in einem zugigen Güterwagen in die Stadt befördert, wo sie stundenlang auf dem

Markt gestanden haben. Schließlich die Fahrt hierher bei diesem kalten Wetter. Das war einfach zuviel für sie.»

«Aber ich hab ihnen gleich eine ordentliche Portion Milch vorgesetzt. Sie sahen ziemlich ausgehungert aus, und ich dachte mir, das tut ihnen gut.»

«Ja, das sollte man annehmen. Aber leider ist eine so gehaltvolle Nahrung reines Gift für den Magen, wenn die Tiere durchgefroren und müde sind. Beim nächstenmal sollten Sie ihnen vielleicht nur warmes Wasser geben, allenfalls mit etwas Traubenzucker vermischt, und die Kälber dann bis zum nächsten Tag ganz in Ruhe lassen.»

«Weiße Diarrhöe» wurde diese Krankheit genannt. Sie tötete alljährlich viele Tausende von Kälbern, und mich durchlief jedesmal ein kalter Schauer, wenn ich den Namen nur hörte, denn die Sterblichkeitsziffer war bedrückend hoch.

Ich gab jedem der Tiere eine Spritze und drückte Mr. Clark noch ein Päckchen von unserem Adstringens in die Hand, einem Gemisch aus Kreide, Opium und Katechu.

«Hier, geben Sie ihnen dreimal täglich etwas davon», sagte ich. Ich bemühte mich, einen unbekümmerten Ton anzuschlagen, aber es klang vermutlich wenig überzeugend. Schon vor hundert Jahren war diese Mischung bei Durchfall verordnet worden, und wenn das Mittel auch bei leichteren Fällen ganz gute Dienste leistete, war es bei der weißen Diarrhöe doch so gut wie wirkungslos; was wir gebraucht hätten, war ein wirksames Präparat, das die tückischen Bakterien tötete, die sie verursachten, aber das gab es nicht.

Doch die Tierärzte taten damals etwas anderes, was heute manchmal versäumt wird: Wir kümmerten uns um das Wohlbefinden der Tiere und ließen ihnen die beste Pflege angedeihen. Mr. Clark und ich wickelten jedes Kalb in einen großen Sack ein, aus dem nur noch der Kopf hervorguckte. Dann stopfte ich sämtliche Löcher in dem alten Wagen zu und schichtete hohe Strohballen um die Kälber, damit sie keine Zugluft bekamen.

Bevor ich wegging, warf ich noch einen letzten Blick auf sie; zumindest waren sie jetzt warm und geborgen. Sie würden jede erdenkliche Hilfe brauchen können, wenn sie durchkommen sollten, denn vom Adstringens versprach ich mir nicht viel.

Als ich am nächsten Nachmittag wiederkam, war Mr. Clark nirgends zu finden, und so ging ich allein zu dem ausrangierten Eisenbahnwagen und öffnete die Tür.

Sich zu fragen und sich darum zu sorgen, wie es dem Patienten gehen mag, ist nach meiner Auffassung eine der wichtigsten Obliegenheiten des tierärztlichen Berufs. Die Kälber lagen derart regungslos da, daß ich ein zweites Mal hinsehen mußte, um festzustellen, ob sie überhaupt noch lebten. Absichtlich schlug ich die Türe hinter mir kräftig zu, aber nicht ein Kopf hob sich.

Als ich durch das tiefe Stroh von einem Kälbchen zum anderen ging, fluchte ich leise vor mich hin. Es sah ganz so aus, als ob sie alle verenden würden. Kaum zu glauben, sagte ich mir, während ich mit dem Fuß im Stroh herumstocherte — nicht nur eins oder zwei, sondern gleich alle: eine Sterblichkeitsziffer von hundert Prozent.

«Na, Sie blicken ja nicht gerade hoffnungsvoll drein, junger Mann.» Mr. Clark tauchte in der Tür auf.

Ich wandte mich ihm zu. «Nein, verdammt, das bin ich auch nicht. Es geht ihnen zusehends schlechter, nicht wahr?»

«Ja, es geht zu Ende mit ihnen. Ich habe Mallock schon angerufen.»

Der Name des Abdeckers klang wie das Läuten einer Trauerglocke. «Aber noch sind sie ja nicht tot», sagte ich.

«Das nicht, aber lange dauert es nicht mehr, und Mallock zahlt ein oder zwei Shilling mehr, wenn er ein Tier lebend kriegen kann. Gibt frischeres Fleisch für die Hunde, sagt er.»

Ich erwiderte nichts, aber ich muß sehr niedergeschlagen ausgesehen haben, denn Mr. Clark schenkte mir ein freudloses Lächeln und kam zu mir herüber.

«Es ist nicht Ihre Schuld, junger Mann. Ich kenne diese verdammte weiße Diarrhöe und weiß, daß man im Grunde nichts dagegen tun kann. Sie dürfen es mir umgekehrt aber auch nicht verübeln, wenn ich versuche, wenigstens noch ein bißchen was dabei rauszuholen. Ich muß sehen, den Verlust so niedrig wie möglich zu halten.»

«Jaja, ich weiß», sagte ich. «Ich bin halt etwas enttäuscht, daß ich nun das neue Mittel nicht ausprobieren kann.»

«Was für ein Mittel?»

Ich holte eine Blechdose aus der Tasche und las des Etikett. «Es heißt M und B 693 oder Sulfapyridin. Hab es heute morgen mit der Post bekommen. Es gehört zu einer völlig neuen Gruppe von Medikamenten, Sulfonamide genannt. Durch sie werden die Bakterien augenblicklich abgetötet, unter anderem auch solche Krankheitserreger, die weiße Diarrhöe verursachen.»

Mr. Clark nahm mir die Dose ab und machte den Deckel auf. «Hm, lauter kleine blaue Tabletten. Jeder glaubt, er hat ein Wundermittel gegen diese Krankheit gefunden, aber bisher kenne ich keines. Vermutlich taugt auch das hier wieder nichts.»

«Das läßt sich im voraus nicht sagen. Aber in unseren Fachzeitschriften ist viel über die Sulfonamide geschrieben worden. Es handelt sich dabei um synthetische, chemische Arzneimittel, mit denen man gerade bei der Bekämpfung von Infektionen große Erfolge erzielt haben soll. Schade, ich hätte sie gern an Ihren Kälbern ausprobiert.»

Wir hatten das Thema noch nicht zu Ende erörtert, da kam ein hoher Kastenwagen rumpelnd auf den Hof gefahren. Ein munterer, stämmiger Mann sprang aus dem Fahrerhaus und kam auf uns zugestiefelt.

«Das ging aber schnell, Jeff», sagte Mr. Clark.

«Ja, es traf sich gut. Ich war auf dem Hof von Jenkinson hier in deiner Straße, Willie. Dort hat man mich angerufen.» Er lächelte mir mit besonderer Liebenswürdigkeit zu.

Wie immer betrachtete ich Jeff Mallock mit staunendem Interesse. Er war ein Mann um die Vierzig, und mehr als die Hälfte seines Lebens hatte er damit verbracht, in verwesenden Kadavern herumzuwühlen. Er hatte die klaren Augen und die glatte rosige Haut eines Zwanzigjährigen, und dieser Eindruck wurde noch verstärkt durch die gelassene Heiterkeit seines Ausdrucks. Soviel ich wußte, kümmerte Jeff sich bei seiner Arbeit nicht im geringsten um irgendwelche hygienischen Vorsichtsmaßregeln, wie zum Beispiel, sich die Hände zu waschen, und ich habe ihn mehr als einmal in der Abdeckerei auf einem Haufen Knochen sitzen und mit schmutzigen Händen genüßlich ein Käsebrot verzehren sehen.

Er warf einen flüchtigen Blick auf die Kälber. «Seh schon, ein typischer Fall von Lungenstauung. Gibt es zur Zeit häufig.»

Mr. Clark sah mich scharf an. «Lungenstauung? Davon haben Sie kein Wort gesagt, junger Mann.» Wie alle Bauern hatte er blindes Vertrauen zu Jeffs Diagnose.

Ich murmelte irgend etwas. Es hatte keinen Sinn, ihm zu widersprechen, das wußte ich aus Erfahrung. Die erstaunliche Fähigkeit des Abdeckers, auf Anhieb sagen zu können, was einem Tier fehlte oder woran es verendet war, hatte mich schon oft in Verlegenheit gebracht. Er brauchte das Tier nicht erst lange zu untersuchen — er wußte, was los war, und von allen eindrucksvollen Krankheiten, die er auf Lager hatte, war Lungenstauung ihm die liebste.

Er wandte sich an den Bauern. «Es ist wohl das beste, wenn ich sie gleich wegbringe, Willi. Sie machen's doch nicht mehr lange.»

Ich bückte mich und strich mit der Hand über den harten kleinen Schädel des Kälbchens direkt vor meinen Füßen. Unter meinen Fingern fühlte ich die winzigen Ansätze der Hörner. Ich hob den Kopf etwas, doch als ich die Hand zurückzog, fiel er schlaff aufs Stroh, und mir kam es vor, als läge in dieser Bewegung etwas von Endgültigkeit und Resignation.

Meine Gedanken wurden durch das Aufheulen von Jeffs Motor unterbrochen. Er wendete den Wagen und fuhr rückwärts dicht an die Stalltür heran, und als der hohe Kasten den Eingang verdunkelte, verdichtete sich die Atmosphäre der Hoffnungslosigkeit im Stallinneren. Nun sollten diese kleinen Tiere, die in ihrem kurzen Leben bereits zwei traumatische Reisen durchgemacht hatten, ihre letzte antreten, die schicksalsschwerste und abscheulichste.

Jeff Mallock kam wieder herein. Er pflanzte sich neben dem Bauern auf und sah mich an, wie ich da im Stroh zwischen den armseligen kleinen Tieren hockte. Beide warteten darauf, daß ich mich geschlagen gab.

«Vergessen Sie nicht, Mr. Clark», sagte ich, «selbst wenn wir nur eins von den Tieren retten, würde das Ihren Verlust verringern.»

Der Bauer sah mich ausdruckslos an. «Aber sie sind doch alle am Verenden, Sie haben es doch selbst gesagt.»

«Ja, schon...»

«Ich weiß, worum es Ihnen geht.» Plötzlich lachte er. «Sie möchten zu gern eine Versuch mit den kleinen blauen Tabletten machen, stimmt's?»

Ich erwiderte nichts, sondern sah nur stumm zu ihm auf.

Er sagte nichts darauf, doch nach einer Weile legte er Mallock die Hand auf den Arm. «Jeff, wenn der junge Mann so besorgt um mein Vieh ist, muß ich ihm den Willen tun. Es macht dir doch nichts aus, oder?»

«Nein, ganz und gar nicht», erwiderte Jeff gelassen. «Kann sie ebensogut morgen abholen.»

«Dann wollen wir uns die Anweisung ansehen.» Ich fischte den beigelegten Zettel aus der Dose, las ihn rasch durch und berechnete die für die Kälber in Frage kommende Dosis. «Wir beginnen mit einem Sulfonamid-Stoß, am besten mit jeweils zwölf Tabletten und dann alle acht Stunden wieder jeweils sechs.»

«Und wie wollen Sie erreichen, daß sie die Dinger schlukken?» fragte der Bauer.

«Wir müßen die Tabletten zerkleinern und in Wasser auflösen.»

In der Küche borgte ich mir Mrs. Clarks Kartoffelstampfer aus und zerklopfte insgesamt 60 Tabletten. Dann füllte ich Wasser auf, und wir kehrten in den Stall zurück. Wir mußten sehr behutsam vorgehen, denn die kleinen Geschöpfe waren so schwach, daß sie nur mit Mühe schlucken konnten, aber Mr. Clark hielt das Tier am Kopf fest, während ich ihm die Medizin seitlich ins Maul träufelte.

Jeff genoß jede einzelne Minute dieser Prozedur. Er machte keinerlei Anstalten, das Anwesen zu verlassen, zog vielmehr eine Pfeife heraus und beobachtete uns, bequem an die Tür gelehnt und zufrieden pfaffend, bei unserem Tun. Es kümmerte ihn offensichtlich nicht im geringsten, daß er vergebens gekommen war, und als wir fertig waren, stieg er in seinen Wagen und winkte uns freundlich zu.

«Ich komm morgen früh und hol sie ab, Willie», rief er, und das meinte er nicht boshaft, da bin ich ganz sicher. «Gegen Lungenstauung ist kein Kraut gewachsen.»

Ich dachte an seine Worte, als ich am nächsten Tag wieder hinfuhr. Für Jeff Mallock bestand kein Zweifel, daß sein Nachschub an Hundefutter lediglich um vierundzwanzig Stunden verschoben worden war, und vielleicht hatte er mit seiner Annahme sogar recht. Aber ich hatte wenigstens den Versuch gemacht, sagte ich mir, und da ich nichts erwartete, konnte ich auch nicht enttäuscht werden.

Kaum daß ich auf dem Hof hielt, kam Mr. Clark schon angelaufen. «Sie brauchen gar nicht erst auszusteigen.» Er hatte eine grimmige Miene aufgesetzt.

«So schlimm?» sagte ich, und mein Herz krampfte sich zusammen.

«Kommen Sie und sehen Sie selbst.» Er wandte sich um, und ich folgte ihm zu dem alten Eisenbahnwagen. Mir war ziemlich elend zumute.

Widerwillig blickte ich ins Innere.

Vier der Kälber standen nebeneinander und sahen uns neugierig an. Vier struppige Geschöpfe, in rauhes Sackleinen gehüllt, helläugig und munter. Das fünfte lag auf dem Stroh und kaute auf einem Stück von der derben Schnur herum, mit der der Sack verschnürt war.

Ein erfreutes Lächeln zog über das wettergegerbte Gesicht des Bauern. «Na, hatte ich nicht recht, Ich sagte ja, Sie hätten gar nicht auszusteigen brauchen. Meine Kälber sind wieder in Ordnung und brauchen keinen Tierarzt mehr.»

Ich konnte kein Wort hervorbringen. Mein Verstand stand praktisch still. Während ich noch ungläubig auf die Tiere starrte, stand auch das fünfte Kalb vom Stroh auf und streckte sich wohlig.

«Da, sehen Sie?» rief Mr. Clark. «Das tun sie nur, wenn sie sich wohl fühlen.»

Der Reihe nach untersuchte ich die kleinen Tiere. Die Temperatur war normal, der Durchfall hatte aufgehört — es war kaum zu fassen. Und während ich noch mit den anderen beschäftigt war, begann das eine Kälbchen, das gestern praktisch in den letzten Zügen gelegen hatte, aus purem Übermut umherzuhüpfen und wie ein Mustang die Beine hochzuwerfen.

«Schauen Sie sich das nur an!» rief der Bauer begeistert. «Ich wünschte, so gut wäre ich auch beieinander!»

Ich packte das Thermometer ein und steckte es in die Tasche. «Ja, Mr. Clark», sagte ich langsam. «So etwas habe ich noch nicht erlebt. Es ist wirklich kaum zu glauben.»

«Ja, das grenzt an ein Wunder», erwiderte der Bauer mit leuchtenden Augen, dann drehte er sich nach dem Wagen um, der gerade auf den Hof gefahren kam. Es war das vertraute, unheilschwangere Vehikel Jeff Mallocks.

Der Abdecker zeigte keinerlei Gemütsbewegung, als er, die Pfeife im Mund, in den Waggon hineinblickte. Zwar konnte man sich nur schwer vorstellen, daß irgend etwas diese rosigen Wangen und heiterblickenden Augen in Unruhe versetzen könnte, aber mir kam es vor, als stiegen die kleinen blauen Rauchwölkchen heute ein wenig schneller in die Höhe, während er prüfend den Schauplatz überblickte.

Nachdem er genügend gesehen hatte, wandte er sich ab und ging gemächlich zu seinem Wagen. Ehe er einstieg, sah er zu den dunklen Wolken empor, die sich am westlichen Himmel zusammenballten.

«Ich glaub, wir kriegen heute noch Regen», murmelte er.

Ich wußte es damals noch nicht, aber ich hatte den Beginn eines entscheidenden Umschwungs miterlebt. Es war mein erster Einblick in den ungeheuren therapeutischen Durchbruch, der die alten Arzneimittel mit einem Schlag in Vergessenheit geraten lassen sollte. Die langen Reihen reichverzierter Flaschen mit den geschliffenen Stöpseln und den lateinisch beschrifteten Etiketten würden nicht mehr lange auf den Regalen der Apotheken stehen, und ihre seit Generationen so innig vertrauten Namen – Salpetergeist, Salmiak, Kampfertinktur – würden nun für immer verschwinden.

Dies war der Anfang, und hinter der nächsten Ecke wartete schon ein neues Wunder – Penicillin und die anderen Antibiotika. Endlich waren uns wirksame Waffen in die Hand gegeben, endlich konnten wir Medikamente anwenden, von denen wir wußten, daß sie helfen würden.

In ganz England, wahrscheinlich in der ganzen Welt, erzielten Tierärzte damals jene sensationellen Resultate, machten die gleiche Erfahrung wie ich selbst: Manche machten sie mit Kühen, andere mit Hunden oder Katzen, mit teuren Rennpferden, Schafen oder Schweinen. Ich machte sie in jenem alten, umgewandelten Eisenbahnwagen mitten zwischen verrostetem Plunder auf dem Anwesen von Willie Clark.

Natürlich hielten die Erfolge nicht in dem Maße an. Was ich bei Willie Clarks Kälbern erlebt hatte, war die Wirkung von etwas völlig Neuem auf einen gänzlich unvorbereiteten Bakterienherd, aber das blieb nicht so. Mit der Zeit entwickelte der tierische Körper eine gewisse Resistenz, und es mußten neue, stärkere Sulfonamide und Antibiotika produziert werden. Und so geht der Kampf weiter. Wir erreichen jetzt gute Resultate, aber noch immer keine Wunder, und ich bin froh, daß ich zu der Generation gehöre, die das Glück hatte, die Anfänge dieses bahnbrechenden Arzneimittels mitzuerleben.

Die fünf jungen Rinder hatten nie wieder irgendwelche Beschwerden, und bei der Erinnerung an sie überkommt mich noch heute ein warmes Glücksgefühl. Willie war begreiflicherweise außer sich vor Freude, doch auch Jeff Mallock zollte der glücklichen Wendung der Ereignisse Beifall. Er tat es auf seine Weise. Als er abfuhr, rief er uns zu:

«Scheint wirklich was dran zu sein an diesen kleinen blauen Tabletten. Bis heute habe ich noch nichts gesehen, was gegen Lungenstauung hilft.»

Dieser kleine Humusbildner ist eines der wichtigsten Tiere

Der verkannte Regenwurm

Von Jack Denton Scott

Er fühlt sich wohl im duftenden Garten, im Hochgebirge und im tropischen Regenwald. Lebendig begraben, sichert er den Bestand unserer Welt, indem er sie frißt. Alle vierundzwanzig Stunden nimmt er in Form von Blättern, Gras, Kräutern und Erde eine Nahrungsmenge zu sich, die seinem Gewicht entspricht. Dabei düngt und entwässert er den Boden, fördert das Pflanzenwachstum und wirkt der Erosion entgegen. In unermüdlicher Arbeit verstärken Regenwürmer die Humusschicht alle zehn Jahre um zweieinhalb Zentimeter.

Ungefähr 2000 Arten von Regenwürmern schlängeln sich über unsere Erde. In Australien werden sie bis zu dreieinhalb Meter lang. Eine winzige Art glüht wie eine Laterne; eine andere schützt sich gegen Feinde durch eine beißende alkalische Flüssigkeit, die sie 35 Zentimeter weit spritzen kann. Aber keiner dieser Würmer ist so faszinierend wie das meistens etwa zehn Zentimeter lange Exemplar, das wir alle kennen. Es hat fünf Paar Herzen und zwei kräftige Muskelschläuche — Ringmuskeln und Längsmuskeln. Seine Füße sind mit Widerhäkchen versehene Borsten, acht an jedem der etwa hundertzwanzig Segmente seines Körpers, die sich fest in die Erde krallen können, während sich die übrigen Glieder beim Weitergleiten strecken. Trennt man einem Regenwurm Kopf und Schwanz ab, so wächst ihm, wenn er Glück hat, ein neuer. Daß zwei Würmer aus ihm werden, ist unwahrscheinlich. Schneidet man ihn genau in der Mitte durch, dann wächst dem Kopfteil meist ein neuer Schwanz; die andere Hälfte geht gewöhnlich an Nahrungsmangel ein, da es drei Wochen dauert, bis ein neuer Kopf nachgewachsen ist.

Obwohl ohne eigentliche Augen und Ohren, besitzt der Regenwurm scharfe Sinne. Lichtempfindliche Zellen unter der Hautoberfläche melden ihm selbst das schwache Licht der Morgendämmerung. Die leiseste Erschütterung, wie das Hüpfen einer Amsel oder das Trippeln einer Feldmaus, läßt ihn sofort tiefer in die Erde verschwinden.

Der Regenwurm hat keine Lungen; er atmet durch die Haut, deren feuchte Oberfläche Sauerstoff aus der Luft aufnimmt, gleichgültig, ob er sich im Erdreich oder außerhalb aufhält. Schwere Regenfälle können ihn ersticken, denn Wasser, das in die Erde einsickert, verliert sehr schnell an Sauerstoff. Aber er ist zäh. Man hat entdeckt, daß er in sauerstoffreichem Wasser 247 Tage ohne Nahrung aushält, aber auch starke Austrocknung, bis zu siebzigprozentigem Verlust seines Körpergewichts, überlebt. Bei sehr heißem Wetter bohrt er sich tief in die Erde, rollt sich in einem Hohlraum zusammen — nachdem er die ihn umgebenden Wände mit Schleim abgedichtet hat — und sinkt dann in wohligen Schlaf.

Er sondert mehrere Arten Schleim ab. Eine Sorte wird von den Rückenporen ausgeschieden und strömt einen ekelerregenden Geruch aus, der bestimmte Feinde abschreckt. Eine andere hält seine Haut glitschig und schützt ihn vor Bakterien und Pilzen.

Gewöhnt, im Dunkeln zu leben, verbringt er die meiste Zeit grabend. Im Unterschied zu anderen Wühltieren schiebt der Regenwurm die Erde nicht zur Seite. Er verschluckt sie und ernährt sich von den organischen Stoffen in ihr. Zugleich zementiert er die Wände seiner Tunnel mit Schleim. Er kaut sich in vier Tagen durch ein ansehnliches Stück Erde und dringt manchmal zweieinhalb Meter in die Tiefe. Seine Tätigkeit lockert den Boden, macht ihn für Luft und Wasser durchlässig und erleichtert es den Pflanzen, ihre Wurzeln auszubreiten. Experimente haben gezeigt, daß in einem Boden mit viel Regenwürmern das Wasser viel besser versickern kann und sich wesentlich langsamer staut.

Wenn der Regenwurm an die Erdoberfläche kommt, krallt er seinen flachen Schwanz in seiner Röhre fest und bewegt sein Vorderteil auf der Suche nach Nahrung hin und her. Mit diesem sicheren Halt kann er bei der leisesten Bewegung wie ein Gummiband in seinen Tunnel zurückschnellen. Als Allesfresser macht er sich an jede Substanz, von toten Insekten bis zu den Schuppen von Tannenzapfen. Blätter oder Grashalme, die ihm zu zäh sind, bedeckt er mit einer Art Speichel, der die Nahrung aufweicht, oder er vergräbt sie, damit sie sich zersetzen.

Als Bodenbearbeiter sucht der Regenwurm seinesgleichen. Er macht das Erdreich fruchtbar, indem er es aufwühlt, pflanzliche Stoffe von oben unter die tieferliegenden Schichten mischt und mineralreiche, unverbrauchte Erde nach oben bringt, wo die Pflanzen sie nutzen können. Er zerrt Blätter in seinen Tunnel hinunter und überläßt sie den Bakterien. Was er frißt, kommt in Form kleiner Klumpen wieder zum Vorschein.

Salze und Säuren, die den Verdauungstrakt des Regenwurms passieren, werden stark neutralisiert. Und Mineralien und Chemikalien, die in der Erde enthalten sind, werden aufgespalten, so daß die Nährstoffe von den Pflanzen leichter assimiliert werden können. Wissenschaftler haben die fünfzehn Zentimeter dicke Oberschicht des Bodens und den Kot der Regenwürmer analysiert und verglichen. Sie fanden, daß der Kot — *in einer Form, die von Pflanzen genutzt werden kann* — fünfmal soviel Nitrate, doppelt soviel Kalzium, zweieinhalbmal soviel Magnesium, siebenmal soviel Phosphor und elfmal soviel Kalium enthält. Sie entdeckten außerdem, daß sich der Gehalt der Erde an Aktinomyzeten — Strahlenpilzen, die bei der Umwandlung organischer Stoffe in Humus eine wesentliche Rolle spielen — um das Siebenfache vermehrt, wenn die Erde durch den Regenwurm hindurchgeht.

Der erstaunliche kleine Wurm ist ebenso fleißig, wie er vielseitig ist. Jedes ausgewachsene Tier hinterläßt ungefähr 200 Gramm Humus pro Jahr. Da ein Hektar normaler Boden durchschnittlich von 125 000 Regenwürmern bevölkert ist (in einem halben Hektar hat man einmal sieben Millionen festgestellt), kann man sich ausrechnen, daß Regenwürmer in jedem Hektar guten Gartenbodens pro Jahr 25 Tonnen Humus produzieren.

Trotz dieser Unermüdlichkeit findet der Regenwurm Zeit, bei trockenem Wetter eine Schlafpause einzulegen und seinen Winterschlaf zu halten, wozu er sich unterhalb der Frostgrenze mit seinen Artgenossen versammelt. Hunderte von Regenwürmern verschlingen sich dort zu einem großen Ball, um zu verhindern, daß die Feuchtigkeit auf ihrer Haut verdunstet. Wenn der Boden auftaut, entwirrt sich das Knäuel, und die Gesellschaft drängt, dem Paarungstrieb folgend, an die Oberfläche.

Wie alles beim Regenwurm, weicht bei ihm auch die Liebe von der Regel ab. Der Hermaphrodit — alle Regenwürmer besitzen weibliche und männliche Geschlechtsorgane — verläßt seine Röhre und schlängelt sich, von seinem Verlangen getrieben, ziellos über den Boden. Trifft er auf einen Partner, so klammert er sich mit seinen Häkchenfüßen an ihn und prüft seine Länge — er bevorzugt einen gleich großen Wurm. Wenn beide zufrieden sind, drängen sie sich in einer schleimigen Umarmung Kopf an Schwanz und Schwanz an Kopf aneinander. Ein paar Tage später bildet sich unterhalb der Kopfpartie jedes Wurms ein Kokon. Darin werden die Eier abgelegt und mit dem Sperma des anderen befruchtet. Der Kokon wird schließlich über den Kopf des Wurms gestreift und sorgfältig in feuchte Erde gebettet. Vier Wochen später schlüpfen ein bis acht junge Würmer aus, die vollständig für den Lebenskampf gewappnet und in sechs Monaten ausgewachsen sind. Sofern sie nicht von Vögeln, Fröschen, Kröten, Spitzmäusen, Maulwürfen gefressen oder von Anglern gefangen werden, können sie sechs Jahre und älter werden — obwohl die normale Lebenserwartung bei zwei Jahren liegt.

Wenn Sie also das nächste Mal einen Regenwurm mit der Hacke freilegen, befördern Sie ihn liebevoll in die Erde zurück. Er ist für uns Menschen von größter Nützlichkeit.

*Haben Sie schon einmal einen «Quieker» beobachtet
oder eine Beutelmaus getroffen? Oder kennen Sie vielleicht
die Schmalfußbeutelmäuse, die wie winzige Mäuschen
aus einem Zeichentrickfilm aussehen?*

Meine Freunde, die Beuteltiere

Von Margaret Fraser

Ich ging noch zur Schule, als ich zu meinem Kummer las, wie wenig Schmeichelhaftes Anthony Trollope, ein englischer Erzähler des 19. Jahrhunderts, über Australien zu berichten wußte: «Dem Lande mangelt es völlig an wilden Tieren; es finden sich dort weder Löwen noch Tiger, keine Panther, keine Pumas und keine Schneeleoparden, nicht einmal Affen.» Daß ausgerechnet ein Engländer so etwas schrieb, gab mir einen Stich ins Herz. Aber er hatte ja recht, denn die Tiere, die ich damals kannte — Känguruhs und Wallabys, Koalas und Beutelratten —, waren im Vergleich zu Löwen und Tigern langweilig. Wenn man einen Koala im Lauf einer Stunde einmal gähnen sah, hatte man Glück gehabt.

Sicher, die typischen australischen Säuger waren Beuteltiere, die ihre Jungen bis zur Lebensfähigkeit in äußeren Brutbeuteln mit sich herumtragen, und das unterscheidet sie von den Tieren anderer Länder. Aber ich sehnte mich damals eben doch nach Löwen und nach Schneeleoparden.

Dann, als ich einmal 300 Kilometer von Sydney entfernt auf einer Schaffarm zu Besuch war, führte mich ein alter Buschmann namens Ferdie eines Abends zu einem Pfad in der Nähe des Hauses und strahlte mit seiner Taschenlampe einen Baumstamm an. Da wimmelte es plötzlich in dem hellen Lichtkegel von unzähligen grauen Beuteltierchen. Ihre flauschigen Schwänzchen steil himmelwärts gerichtet, die rosa Schnäuzchen nach unten, krabbelten sie aufgeregt den Stamm hinunter, um sich an dem Honig gütlich zu tun, mit dem Ferdie am Tag die Rinde bestrichen hatte.

«Zuckerhörnchen», flüsterte Ferdie. «Das sind die größten Schleckermäuler im ganzen Busch. Die würden sogar Dauerlutscher verschlingen!»

Plötzlich löste sich ein Tier aus dem wuselnden Fellknäuel, spannte die flügelartigen Arme und schwang sich durch die Dunkelheit auf einen fast 20 Meter entfernten Baum.

Ferdie, ein Buschläufer der alten Schule, hatte noch mehr solcher Überraschungen für mich. Als er mir erzählte, es gebe auch fleischfressende Beuteltiere, wollte ich ihm zunächst nicht glauben. In meiner Vorstellung paßten die verschlafenen, blattfressenden Koalas oder die friedlich äsenden Wallabys einfach nicht zu dem Bild, das ich mir von Raubtieren machte.

Bis mir Ferdie einen Tüpfelbeutelmarder zeigte. Dieser braun-weiß gefleckte, ungefähr katzengroße Nachtjäger hatte den geschmeidigen, wachen, gespannten Blick des echten Räubers. Ich konnte mir leicht die Verheerungen ausmalen, die so ein Beutelmarder in einem Hühnerstall anrichtet. Diese Tiere seien so raubgierig, so schnell und so kräftig, daß sie sogar ausgewachsene Truthähne anfielen, erzählte Ferdie. Doch die Farmer würden im allgemeinen nichts gegen sie unternehmen, weil sie auch Ratten und Mäuse jagten.

Als ich an einem anderen Abend mit Ferdie unterwegs war, sah ich zum erstenmal die winzige Gelbfußbeutelmaus. Sie lebt verborgen in Felsspalten, Erdhöhlen oder Astlöchern und verläßt ihr Versteck nur, um auf Beutezüge zu gehen. Am liebsten fängt sie Insekten, aber auch Spinnen und Eidechsen sind vor ihr nicht sicher. Nach der Jagd verschwindet sie wieder in ihrem Schlupfwinkel, und nur ein geübtes Auge vermag sie zu entdecken.

Das ist natürlich der Grund, weshalb Trollope die faszinierende australische Tierwelt entging und weshalb die meisten Arten selbst den Bewohnern des Kontinents bis heute unbekannt sind. Die Tiere können sich einfach zu gut verstecken. Außerdem sind sie im allgemeinen klein und hauptsächlich nachts unterwegs.

Känguruhs auf Bäumen. In Australien leben 37 verschiedene fleischfressende, insektenvertilgende Arten, von der Größe eines menschlichen Daumens bis zu den 50 Zentimeter langen blutrünstigen Beutelteufeln, die bei drohender Gefahr oder im Kampf bellende Knurrlaute ausstoßen.

Es gibt Beuteltiere, die wie der Kurznasenbeutler auf der Suche nach Nahrung Tunnel graben, und andere, die in Erdhöhlen Schutz vor der unwirtlichen Außenwelt finden wie der Haarnasenwombat oder der Beutelmuß. Die Fauna in den Wäldern ist vielfältig und zahlreich. In Queensland gibt es sogar Känguruhs, die auf Bäume klettern.

Dem Leiter der Versuchsstation der Commonwealth Scientific and Industrial Research Organization (CSIRO) in Canberra Dr. David Ride zufolge nehmen die Beuteltiere in Australien die gleiche ökologische Stellung ein wie die höheren Säuger in anderen Ländern. So bildet nach Dr. Ride etwa der wunderschön gestreifte Ameisenbeutler entwicklungsgeschichtlich das Gegenstück zum südamerikanischen Ameisenbären. Die Ringelschwanz-Kletterbeutler leben in Bäumen wie viele asiatische und afrikanische Affen, und die Känguruhs sind die Beuteltierverwandten der Huftiere.

Insgesamt gibt es 123 Beuteltierarten in Australien; nur die Ratten, Mäuse und Fledermäuse, die Dingos (Wildhunde) sowie die merkwürdigen Ameisenigel und Schnabeltiere gehören nicht dazu. Doch ganze Arten bleiben jahrzehntelang von der Bildfläche verschwunden.

Bis 1967 galt die Sprenkelbeutelmaus selbst in der Fachwelt als ausgestorben. Seit 1884 hatte man kein Exemplar dieser gierigen kleinen Fleischfresser mehr gesehen. Dann entdeckte der Biologe Michael Morcombe sie rein zufällig auf einer blühenden Wiese in der Nähe von Albany in Westaustralien, als er die relativ häufigen Honigbeutler bei der Nahrungsaufnahme mit der Kamera beobachtete. Die beiden Tierchen, die Morcombe fing, waren fast doppelt so lang wie die mausgroßen Honigbeutler, hatten weißumränderte Augen, buschige Schwänzchen und kein braunes, sondern ein weißgeflecktes Fell. Außerdem fingen sie sofort an, mit winzigen, nadelspitzen Zähnen wütend an Morcombes Finger zu nagen – und das paßte so gar nicht zum Verhalten der Nektarsauger.

Waren Morcombes kleine Gefangene etwa die letzten Exemplare einer aussterbenden Art? Keineswegs! Sprenkelbeutelmäuse wurden inzwischen auch in Südwestaustralien gesichtet, wo sie wahrscheinlich schon von jeher ansässig sind.

Kaum jemand bekommt je einen «Quieker» zu Gesicht, obwohl er ungefähr so groß wie ein Kaninchen ist und sich verhältnismäßig stark vermehrt. Dieses Bürstenschwanz-Rattenkänguruh lebt nur auf den Inseln vor der westaustralischen Küste, meist in Erdhöhlen zum Schutz vor den extremen Temperaturen und in Deckung vor den Fängen der Greifvögel, insbesondere des Seeadlers.

Die «Quieker» sind die Sonderlinge ihrer Gattung. Kein anderes Mitglied der Känguruhfamilie scharrt sich Wohnröhren und transportiert die Polsterstoffe für sein Nest (Gras und Zweige) mit seinem beutelartigen Greifschwanz. Anständige Känguruhs benutzen dazu die Vorderpfoten, die ihnen auch als Stütze dienen, wenn sie rasten oder grasen, und als Mittel zur schnelleren Fortbewegung. Das Bürstenkänguruh hüpft und steht nur auf den Hinterbeinen; die Vorderläufe verbirgt es im Körper.

Wie im Zeichentrickfilm. Wer hat schon jemals die Schmalfußbeutelmaus beobachtet? Diese winzigen Tierchen — sie wiegen höchstens 30 Gramm — mit ihrem weichen Fell siedeln in den rauhesten, unwirtlichsten Landstrichen Australiens. Mit ihrem spitzen Gesichtchen, den Flatterohren und den großen, leicht hervorstehenden Augen sehen sie aus wie das putzige Mäuschen in einem Zeichentrickfilm.

Man sollte sich jedoch von dem niedlichen Äußeren nicht täuschen lassen. Die Schmalfußbeutelmaus ist ein gefräßiger

Räuber, der, ohne zu zögern, auch gleich große Tiere wie Heuschrecken und Tausendfüßler anfällt. Selbst vor riesigen, sogar menschlichen Lebewesen, die in ihr Revier eindringen, hat diese Beutelmaus keineAngst. Sie stellt sich auf die Hinterbeine, fletscht die nadelspitzen Zähnchen und zischt furchterregend.

Es kann sehr leicht vorkommen, daß man weniger bekannte Beuteltiere mit anderen Tieren verwechselt. Als mein Mann und ich kürzlich einen Campingausflug ins Landesinnere unternahmen, begegneten wir auf einem schönen Lagerplatz einer Familie, die gerade ihre Zelte abbrach.

«Bleiben Sie bloß nicht hier», wurden wir gewarnt. «Es wimmelt in der Gegend nur so von Mäusen. Die kommen aus ihren Löchern, wenn es dunkel wird, und krabbeln sogar in die Kleider. Letzte Nacht haben wir kein Auge zugetan».

Der Platz gefiel uns jedoch so gut, daß wir uns nicht abschrecken ließen, und kaum war die Sonne untergegangen, füllte sich der Busch mit Leben. Aber die Tierchen, die in den Schein unseres Lagerfeuers krochen, waren keine gewöhnlichen Mäuse, sondern Springbeutelmäuse, eine Beuteltierart, die zwar verbreitet ist, die man jedoch selten zu Gesicht bekommt.

Wir blieben fast eine Woche und fütterten jeden Abend unsere kleinen Besucher zu ihrem und unserem Vergnügen. Sie wurden von Tag zu Tag zutraulicher und neugieriger.

Wie erklärt es sich, daß von allen Kontinenten nur Australien eine solche Vielfalt an Beuteltierarten hat? John Calaby von der CSIRO, der wahrscheinlich beste Kenner der australischen Säugetiere, meint, es liege an der vor Urzeiten erfolgten Abtrennung des fünften Kontinents von den übrigen Erdteilen.

Vor vielen Jahrmillionen, als Australien noch mit der Antarktis und Südamerika verbunden war und zu Gondwanaland, der riesigen Landmasse der südlichen Hemisphäre, gehörte, wanderten die Beuteltiere über den Kontinent und gelangten auch nach Australien. Zu jener Zeit entwickelten sich die ersten höheren Säuger, doch als sich Australien durch die Kontinentalverschiebung von Gondwanaland löste, waren dort nur die Beuteltiere angekommen.

Echte Ureinwohner. Der Kampf ums Überleben ging außerhalb Australiens zugunsten der höheren Säuger aus, denn ihre Jungen reiften geborgen im Mutterleib und nicht mehr relativ ungeschützt im äußeren Brutbeutel. So wurden die Beuteltiere mit der Zeit fast völlig verdrängt. Nur einige wenige Opossumarten und rattenartige Insektenfresser haben sich auf dem amerikanischen Kontinent erhalten. Die entwicklungsgeschichtliche Phase der Beuteltiere ist also abgeschlossen — ausgenommen in Australien. Denn dort drohte ihnen keine Konkurrenz von den höheren Säugern, und die weiten Flächen des Kontinents boten ihnen ideale Überlebenschancen. Sie sind echte Ureinwohner.

Doch Beuteltier ist nicht gleich Beuteltier — es gibt da große, seltsame, verblüffende Unterschiede. Üblicherweise stellt man sich den Beutel *(Marsupium)* als tiefe, oben offene Einkaufstasche vor, die die Känguruhs und Wallabys vor sich hertragen, und aus der manchmal das sanftäugige Gesichtchen eines Jungen neugierig hervorlugt. Doch die Beutel der Koalas, Nasenbeutler und Wombats sind nach unten geöffnet.

Der Beutel der meisten fleischfressenden Beuteltiere ist kaum mehr als eine im Fell verborgene untertassengroße Vertiefung im Unterleib des Weibchens. Bis die Jungen etwa drei Monate nach der Geburt allein lebensfähig sind, bleiben sie mit der Mutter durch die Zitzen verbunden, die beim Saugen in ihren Mäulchen am unteren Ende stark anschwellen.

Sogar die größten Känguruhs bringen im allgemeinen nur ein Junges zur Welt. Die winzige, angriffslustige Nördliche Flachkopfbeutelmaus allerdings krabbelt mit einem Dutzend Sprößlingen im Busch herum, die — keines größer als ein Reiskorn — an ihrem fünf Zentimeter langen Körper hängen. Eigentlich gebührt ihr der erste Preis für Mütterlichkeit, aber mein Lieblingstier ist immer noch Ferdies Zuckerhörnchen, eine der fünf Beutelflughörnchenarten des australischen Kontinents.

Der Naturforscher David Fleay, in dessen Wildtiergehege in Queensland Beuteltiere in einzigartiger Vielfalt leben, bezeichnet die Beutelhörnchen als die Trapezkünstler der Eukalyptuswälder. Nachts schwirren sie geschäftig umher und ernähren sich von den Blüten und dem Saft des Eukalyptusbaums. Mit Hilfe ihrer Flughäute, die längs des Körpers zwischen den Vorder- und Hinterbeinen verlaufen, gleiten sie in flachen Bögen bis zu 45 Meter weit durch die Luft.

Im Vergleich zu ihren stillen Artgenossen sind die Zuckerhörnchen unverbesserliche Schwätzer. Meistens unterhalten sie sich in schrillen Grunz-, Kläff- oder Belltönen. Wenn sie wütend sind, summen sie scharf und durchdringend. Diese Mitteilsamkeit hat den Ausschlag für meine Vorliebe gegeben. Das Geplapper der Zuckerhörnchen klingt in meinen Ohren wie eine Hymne.

*«Aus einem Goldfasan wird immer nur ein Goldfasan,
ein Pfau wird nie Besseres oder Schlimmeres als ein Pfau;
aber aus einem Spatzen kann alles mögliche werden —
das ist das Menschliche an ihm.»
(Eugen Skasa-Weiß)*

Frech wie ein Spatz

Von Mike Tomkies

An einem Frühlingsmorgen sah ich von einem Londoner Hotelzimmer aus ein keckes Spatzenmännchen auf eine weißgrau gemusterte Taube zuhüpfen, die würdevoll über den Asphalt stolzierte. Die Taube hob kurz einen Flügel wie ein schwerfälliger älterer Herr, der ein achtlos heranstürmendes Kind abwehrt. Wie der Blitz fuhr der kleine Spatz auf sie zu, rupfte ihr einen Schnabelvoll dicker weißer Federn aus der Flanke und flog damit rasch in sein Nest.

Während die Taube mit hängendem Flügel beleidigt davonschritt, mußte ich lächeln. So ein Frechdachs! Schon öfter hatte ich Spatzen weiße Federn zum Nest tragen sehen; vielleicht, fiel mir ein, um ihre Eier im Dunkeln besser erkennen zu können. Doch der Gedanke erschien mir absurd.

Erst als ich *The House Sparrow* (Der Haussperling) las, das klassische Werk von Englands führendem Spatzenforscher Denis Summers-Smith, erfuhr ich, daß Spatzen ihre Nester tatsächlich mit einer dicken Schicht heller Federn polstern — als Wärmespeicher und wahrscheinlich auch, damit ihre Eier und Jungen in der Nisthöhle besser sichtbar sind. Dieser Trick ist nur ein Phänomen unter vielen, hinter die Summers-Smith gekommen ist. Der Ingenieur hat sich ganz dem Studium der 35 Gramm schweren Frechlinge verschrieben.

Vom Schnabel bis zur Schwanzspitze mißt der Hausspatz nur knapp 15 Zentimeter. Er ist vital, robust, laut und gesellig. Am wohlsten fühlt er sich in unserer Nähe; deshalb zieht er auch bewohnte Gebäude leerstehenden vor. Er lebt wie der Mensch nach strengen sozialen Regeln, und sein Leben kreist um ein ständiges Heim — sein Nest.

Im Gegensatz zu den meisten anderen Kleinvögeln verpaaren sich Hausspatzen auf Lebenszeit. Ich erinnere mich an die Partnertreue eines Pärchens, das ich allabendlich auf meinem Fenstersims fütterte. Als das Männchen von einem Lastwagen überfahren wurde, saß seine Gefährtin mit eingezogenem Köpfchen vor meinem Fenster — ein Bild des Jammers. Erst als ich ihr gehacktes Ei vorsetzte, erwachten ihre Lebensgeister allmählich wieder.

Im Verlauf seiner Beobachtungen an über 100 Pärchen sah Summers-Smith nur ein Weibchen, das sich von mehr als einem Männchen begatten ließ, und nur einen Fall von außerehelichem Flirt. Ein Männchen, das im gleichen Jahr schon eine Familie gegründet hatte, begann ein vorjähriges Weibchen in einem Apfelbaum zu umbalzen. Plötzlich hielt er inne und putzte verlegen sein Gefieder. Summers-Smith sah genauer hin, und richtig: Soeben war das angestammte Weibchen im Baum eingefallen!

Um Material für sein Buch zu sammeln, lebte Summers-Smith elf Jahre lang Tag und Nacht mit Spatzen. «Ich stand vor dem Morgengrauen auf, ließ Mahlzeiten aus und beschäftigte mich abends meist mit meinen Aufzeichnungen. Als ich zu schreiben begann, führte meine Frau die Spatzenbeobachtungen weiter», erinnert er sich. Auf seinen Reisen studierte er die Art auch in Nordamerika, auf dem europäischen Festland und in Nordafrika.

Die Urheimat des Haussperlings *(Passer domesticus)* lag vor vielleicht 10 bis 20 Millionen Jahren im tropischen Afrika. Manche Exemplare verbreiteten sich durch Südasien bis in den Fernen Osten und wurden die Stammväter einer östlichen Art und des Feldsperlings, andere nach Norden und Westen, wo sie sich zum Haussperling und zum spanischen Weidensperling entwickelten. Man nimmt an, daß der Spatz Westeuropa und die Britischen Inseln zusammen mit den ersten Menschen besiedelt hat; zu Römerzeiten war er hier schon völlig eingebürgert.

Heute findet man den Haussperling in ganz Europa, Nordafrika und dem Vorderen Orient, in großen Teilen Rußlands und den meisten Gebieten Asiens — nur nicht in China; dort herrscht unumschränkt der Feldsperling. Im 19. Jahrhundert führten Auswanderer den Haussperling in die Neue Welt ein, und heute erstreckt sich das Verbreitungsgebiet des «englischen Sperlings», wie er in Amerika noch immer genannt wird, über den größten Teil der USA, Südkanada und Mexiko. Die Population im südlichen und mittleren Südamerika geht zurück auf 20 Pärchen, die 1872 in Buenos Aires ausgesetzt wurden. Gegen Ende der 60er Jahre des vorigen Jahrhunderts wurden auch die ersten Spatzen nach Australien und Neuseeland importiert, wo manche heimwehkranken Einwanderer bis zu einem Pfund Sterling pro Pärchen zahlten.

Nachdem sich so sein Lebensraum in den letzten 100 Jahren auf mehr als das Doppelte erweitert hat, ist der Spatz zum verbreitetsten Landvogel der Welt geworden: Er bewohnt ein Viertel der gesamten Erdoberfläche. Und noch immer ist er weltweit auf dem Vormarsch, vor allem in Süd- und Mittelamerika, Kanada, Südafrika und wahrscheinlich auch in Westaustralien.

Das Spatzenjahr beginnt Ende Februar, Anfang März, wenn die Tage länger werden. Während die vorjährigen Männchen sich um die besten Nistgelegenheiten unter Dachvorsprüngen und in Mauerlöchern balgen, sitzen die älteren stundenlang vor ihren Winternestern und machen sich mit Schilplauten bemerkbar. Ende März, Anfang April folgt dann die Zeit der Spatzenhochzeiten.

Der Spatzenmann muß das Weibchen fleißig umwerben, denn es ist zunächst spröde. In seinem prächtigen Frühlingskleid — satt kastanienbraune, schwarz gestreifte Oberseite, blauschwarzer Schnabel, im Flug aufblitzende weiße Flügelbinden — umhüpft und umdienert er das schlichter gefärbte Weibchen. Bald fliegen andere Männchen herbei und beteiligen sich an der Balz. Fliegt das Weibchen davon, so wird es von allen hitzig verfolgt.

Alljährlich zieht der Spatz zwei bis vier Bruten auf. Im April produziert das Weibchen das erste Gelege mit vier bis sechs weißlichen, grau und braun gefleckten Eiern. Wenn 13 bis 14 Tage später die Jungen schlüpfen, wird das Männchen zum pflichteifrigen Vater und übernimmt während der ersten Tage meist den größten Teil der Fütterung.

Nach etwa 17 Tagen sind die Jungen flügge. Nun ermuntern beide Altvögel mit lautem Geschilp ihre Brut, das Nest zu verlassen. Das Spatzenmännchen hat jetzt viel zu tun, denn sein Weibchen ist bald erneut legebereit; unter günstigen Bedingungen legt es sogar in ein Zweitnest, noch bevor das erste Geheck selbständig geworden ist.

An Partnerschaftlichkeit können es die Spatzen fast mit uns aufnehmen. Sie gehen zusammen auf Nahrungssuche, singen zusammen, balzen zusammen, baden sogar zusammen. Ihr Familiensinn ist vorbildlich. In Poole in der englischen Grafschaft Dorset sah man ein Spatzenpärchen noch lange nach der Brutzeit regelmäßig Futter in sein Nest eintragen. Neugierig geworden, schaute schließlich ein Beobachter nach. Er fand einen voll ausgewachsenen jungen Spatz, der sich in einem um sein Bein gewickelten Faden verfangen hatte. Statt ihr Junges im Stich zu lassen, hatten die Alten es liebevoll monatelang durchgefüttert.

Mit einem um 4,3 Prozent höheren Gehirngewicht als andere Vögel vergleichbarer Größe ist der Spatz ungemein klug. Durch Intelligenztests bei verschiedenen Kleinvögeln haben Ornithologen festgestellt, daß Spatzen ein ebenso gutes Lern- und Erinnerungsvermögen besitzen wie manche Säugetiere, zum Beispiel Ratten. Nur einige gelehrige Spatzen brachten es fertig, 30 Zentimeter unter Wasser zu schwimmen, um aus einer Falle zu entkommen.

Von 820 Spatzen, die Summers-Smith in elf Jahren gefangen und beringt hat, gingen nur 26 zweimal in die Falle. Manche Vögel machten sich die Fallen sogar zunutze. Sie lauerten in der Nähe, bis die wendigeren Meisen den Köder weggepickt hatten. Dann griffen sie die kleineren Vögel im Sturzflug an und zwangen sie, ihre Beute fallen zu lassen.

Mehrere Jahre lang hielt Summers-Smith sechs Spatzen in einem großen Vogelhaus in seinem Garten. Eines Tages entkamen vier. «Gewöhnlich zeigten sie an den freifliegenden Artgenossen draußen kaum Interesse», berichtet er, «aber als die entflogenen Vögel in den Garten zurückkamen, wurden die zwei zurückgebliebenen ganz aufgeregt und schwatzten durch das Gitter auf die Ausreißer ein. Offensichtlich können Spatzen ihre Artgenossen genau unterscheiden.»

Nur selten entfernen sich Spatzen weiter als ein paar Kilometer von ihrem Geburtsort. Im Spätsommer verlassen sie gelegentlich die Städte und ziehen schwarmweise auf Heuwiesen und Getreidefelder. Aber sowie die Ernte vorbei ist und Gras und Unkrautsamen verschwunden sind, kehren sie zurück in die Stadt.

Nun gehen die Jungvögel auf Quartiersuche. Finden sie keine Spalten oder Nischen an Gebäuden, so müssen sie den ganzen Winter hindurch in Efeugerank oder Büschen schlafen. Ein Winterobdach ist lebenswichtig, denn Temperaturen unter dem Gefrierpunkt überlebt ein Spatz im Ruhezustand nicht länger als 15 Stunden.

Das Spatzendasein ist reich an Gefahren. Etwa die Hälfte der Nestjungen übersteht den ersten Lebensmonat; aber von diesen erlebt wahrscheinlich nur jeder achte die nächste Brutzeit. Ein hohes Alter erreichen die wenigsten freilebenden Spatzen. Der älteste Vogel, von dem man weiß, wurde im August 1929 in Belgien beringt und $11\frac{1}{4}$ Jahre später tot aufgefunden. Die häufigste Todesursache sind Motorfahrzeuge, zumal für unerfahrene Jungvögel und für alte.

Eine Gefahr für Spatzen sind auch Sperber, Eulen und Katzen, Krähen, Elstern, Möwen, Hunde und Ratten. Wohl der berühmteste in England erlegte Spatz ist der arme Kerl, der im Juli 1936 auf dem Kricketplatz der Universität Cambridge versehentlich von einem Ball getroffen wurde. Der ausgestopfte Spatz ist samt Ball noch immer in der Ehrengalerie des Platzes zu besichtigen.

Seit Jahrhunderten sind Spatzen als Landplage verschrien. Aber wieviel Schaden richten sie tatsächlich an? Im Frühjahr zerpflücken sie manchmal Blumen und fressen sie zum Teil — mit Vorliebe gelbe Blüten wie Krokus und Primeln. Sie stibitzen auch hier und da ein paar frisch gesäte Erbsen, zupfen Keimlinge aus dem Boden und knabbern an Fruchtknospen. Doch die Spatzen beseitigen auch Abfall, der sonst faulen würde, fressen vielerlei Unkrautsamen, und von Ende April bis in den September füttern sie ihre Jungen mit Insekten und Maden, vertilgen also viele Gartenschädlinge.

Alles in allem, folgert Summers-Smith, stiften Stadtspatzen wahrscheinlich ebensoviel Nutzen wie Schaden, während die Vögel auf dem Land vorwiegend schädlich sind.

Doch wer von uns möchte schon in einer spatzenlosen Gegend leben? Kein Vogel ist so auf uns angewiesen, aber er entlohnt uns auch reichlich dafür. Er räumt mit verstreuten Krümeln auf und erscheint an tausend Fenstersimsen, ist Trost der Alten, der Einsamen und Bettlägerigen. Ohne diese kecken Gesellen, die ungebetenen Gäste bei unseren Picknicks im Park, vor unseren Fabrik- und Bürokantinen, wären unsere Großstädte langweiliger und öder.

Für den Städter ist der Spatz oft das einzige Band zur freien Natur. Mag er auch laut, dreist und unverschämt sein — kein anderes freilebendes Tier trägt mehr zu unserer Freude bei. Und aus dem ganzen Umkreis der Schöpfung sind wir die Gefährten, die es sich erwählt hat.

*Das Beste im Leben kommt von selbst, oft sogar von ganz unerwarteter
Seite – und weil das so ist, fiel uns an einem Maitag eine
heilpädagogische Aufgabe zu, an die wir nie gedacht hätten: ein Huhn*

Yolanda – ein Huhn mit Persönlichkeit

Von Irène Méline

Unsere Familie bestand damals aus sechs Mitgliedern: Ein großer Hund, immer bemüht, menschliche Moralbegriffe widerzuspiegeln; zwei Katzen, seit ägyptischen Zeiten siegreich darin, sich Amoralität und Geheimnis zu bewahren – und von den drei Menschen fuhr einer, nämlich ich, an jenem Montagmorgen im Auto in die Stadt. Die Tiere blieben vom zweiten Menschen betreut in unserem Bauernhäuschen; ich hatte von der Stadtwohnung aus einiges zu erledigen. Im Auto ins Zentrum, halb elf Uhr morgens. Wenig Verkehr. Bei einer breiten Kreuzung nach links – aber dort mitten auf dem Platz, jetzt schon rechts von mir, lag doch etwas Sonderbares? Rosa? Eine marrokanische Ledertasche mit Fransen? Oder bewegte es sich gerade – ein Tier, verletzt? Ich hielt, lief hin. Ein rosa Huhn mit weißlichen Federfransen. Fast pfannenfertig gerupft, noch lebend, aber still, bereit zu sterben. Dann stirb wenigstens in Frieden bei uns, dachte ich und enteilte, das außerordentlich stinkende Huhn an meine frisch gereinigte Jacke gedrückt. War es wirklich aus einem Lastwagen gefallen? Merkwürdige Sache.

Im Auto lag es weiter still neben mir, mit hängendem Hals und geschlossenen Augen. Ich fuhr notfallmäßig rasch zu unserer Wohnung, einhändig, denn die rechte Hand mußte bald seinen Kopf auf den Sitz zurückschieben, bald bei Kurven die Schultern schützen. Die federlose Haut fühlte sich klebrig an wie bei allen

Brathühnern. Von Schwanzfedern keine Spur; nichts als ein rosa Hinterteil voller Krusten. Baden oder sterben lassen? Da hob es kurz den Kopf, schien zu antworten: Nicht sterben. Schön, sagte ich, aber baden lieber auch nicht, sonst erkältest du dich.

Zu Hause zögerte ich, denn der dritte Mensch war ausgegangen. Wohin mit dem Huhn? Ich mußte sofort in die Stadt zurück, war verabredet. Ha, ich weiß, einfach auf den Balkon. Dort hinter den festen Mauern mit Blumenkästen war es geborgen.

Ich setzte es auf den Boden. Es konnte nicht stehen, hockte zusammengeklappt da, sah mich aber aus müden Fischaugen an. Schnell noch ein Schälchen Wasser — und haben wir ihm irgend etwas Genießbares zu bieten? Am besten ein paar Haferflocken; es wird zwar kaum essen wollen.

Nun fehlte nur noch eine Empfehlung für freundliche Obhut. Ich schrieb also in Windeseile auf ein Blatt: «Huhn auf Balkon!», legte das Blatt an die Wohnungstür, wo es auch ein geistesabwesender Mensch bemerken mußte, zog eine andere Jacke an und stob verspätet davon.

Der dritte von uns Menschen kam bald darauf heim, las das Blatt und dachte dazu, er habe aber keine Lust auf ein vorgebratenes Poulet. Während er sich eine Suppe wärmte, verfiel er in staunendes Sinnen: Warum kauft sie an einem Montag Huhn? Warum legt sie es in die Sonne auf den Balkon?

Schließlich reifte aus dem Sinnen der Gedanke, einfach draußen nachzusehen. Und dort saß auf dem Boden ein Huhn, das ebensowenig wußte, warum es dort saß.

Inzwischen war ich auf die Trambahn gestiegen, um im Mittagsverkehr rascher zu sein. Leider, denn ich stieß auf eine Demonstration von Geflügelhaltern und hätte meinen Wagen mit Opferhühnern füllen können. Viele lagen zermalmt auf der Straße, viele flatterten in Panik kreuz und quer, andere krochen unter stehende Autos, verendeten dort oder legten verzweifelt ein Ei. In der Meinung, die Tiere zu retten, fing ich im Wettlauf mit lachenden Burschen zwei Dutzend Hühner und setzte sie in Jeeps und Lieferwagen, die herangefahren waren. Ehe ich weiterzog, sprach ich mit einigen Bauern. Es handle sich um ausrangierte Batteriehühner, sagte man mir, um alte oder kranke, die nicht mehr legten. Es sei nicht schade um sie, gestorben wären sie ohnedies bald, jetzt würden sie halt von den Leuten geschlachtet.

Der Zusammenhang erhellte sich: Mein Huhn war tatsächlich aus einem Lastwagen gefallen, der zur Demonstration fuhr.

Ein altes oder krankes Batteriehuhn also; seine Überlebenschancen waren gering.

Halb bekümmert, halb wütend — und äußerlich gefleckt wie ein Jaguar — ging ich zu meiner Verabredung. Demonstrieren heißt zeigen, dachte ich. Es mag gegen billige Importeier gerichtet sein, aber vor allem demonstriert man auf diese Weise die eigene Roheit. Jetzt erschien es mir doppelt wichtig, daß unser Huhn davonkäme.

Bei meiner Rückkehr saß es zwar immer noch hilflos da, aber es hörte sich ohne Widerrede an, daß es mithelfen müsse, als kleines Licht gegen die Finsternis zu leben. Wo soll man denn anfangen, wenn nicht bei sich selbst, erklärte ich ihm, und es nickte mit müden Augenlidern. Dann fuhr es in einer Schachtel zu uns aufs Land.

Unser Hund roch sofort durch das Wagenfenster, daß endlich wieder ein neues Tier eintraf, so wie er es jedesmal erhoffte, wenn ich heimkam. Und er verstand auch sofort meine Anweisungen: Ja, neues Tier, aber ganz in Ruhe lassen, ist krank, vorläufig nur beschützen. Die Katzen starrten mit Glühaugen von ferne, zäh gewillt, keine Menschenwünsche zu respektieren. Eine Unterkunft für die erste Nacht war leicht zu richten, denn offensichtlich hätten sich diese schlaffen Füße nicht an einer Sitzstange festhalten können. Wir betteten es auf würziges Heu in ein Hundetransporthäuschen, das wir in Augenhöhe auf Kisten stellten. Abstand vom Erdboden ist ja ein Hühnerstatussymbol; wer einen Rang hat, sitzt oben. Auf diese Achtungsbezeugung hin nahm unser Huhn etwas Wasser, das ich ihm unter die Nase hielt. Durften wir hoffen? Gute Nacht, sagten wir, behüte dich Gott.

Am nächsten Morgen noch keine Veränderung. Wir kauften die besten Hühnerkraftfutter, die es gab; es wollte nichts aus dem Schälchen picken. In der Zeitung stand inzwischen schon, die eingefangenen Hühner sollten im Tierpark abgegeben werden, da sie eine Spezialbehandlung brauchten; auch dort sei allerdings schon eine große Zahl an Kreislaufkollaps gestorben. Was tun?

Plötzlich fiel uns ein, daß unser Huhn vielleicht vorbeigleitende Fließbandfütterung gewohnt sein könnte. Wir schütteten also Körner in eine Pflanzkelle und bewegten diese Ersatzrinne von rechts nach links, langsam, unter dem Schnabel vorbei, noch einmal, noch einmal — da, es pickte zögernd zwei, drei Male. Ein Augenblick von Bedeutung. Mehr gefühlsmäßig als verstandesmäßig schien uns der Kampf gewonnen zu sein.

Man konnte nun eine Therapie entwerfen. Zuerst mußte ein Name her, um das Leben zu verankern. Nur für uns Menschen, gewiß, aber was sich dadurch überträgt, hilft dem Tier. Du bist Yolanda, du bist jemand, du gehörst zu uns und bleibst am Leben bei uns, verstehst du? Yolandas Augenlider nickten kurz.

Dann jede Stunde ein paar Minuten Luft und Sonne, jeden Tag länger. Dann Heilgymnastik, ein Gehege im Gras mit Schattenstellen, bald eine flache große Kiste für Sandbäder, noch später Freiheit.

Anfänglich war dies weit über Yolandas Vermögen hinausgegriffen. Apathisch ließ sie uns gewähren. Wir beobachteten und lernten. Als wir ihre Beine streckten und bogen, sahen wir erst, daß die Krallen unförmig lang waren. Nach dem Schneiden schien sie etwas sicherer auf den Füßen zu stehen, auf denen sie immer nur gesessen hatte.

Der Hund gab uns wortlos ein, daß Yolanda vielleicht ihr Futter am besten finden würde, um ein neues Leben zu beginnen. So war es. Dazu Aufbaukalk. Aber nur zentimeterweise konnten wir die Distanz zwischen ihr und dem Futter vergrößern, sonst riß ihr die Verbindung ab, die unterentwickelte Phantasie versagte.

Zuerst gelang nur, daß Yolanda sitzend den Hals streckte, doch dann kam der große Tag, an dem sie uns ein paar Schritte entgegenschwankte.

Andere große Tage folgten. Der Tag, an dem wir die weißen Pünktchen von neuen Federkielen entdeckten. Das bedeutete, daß ihr Körper vergaß, wie die aus Verzweiflung kannibalischen Genossinnen sie mißhandelt hatten. Dann der Tag, an dem sie mit ausgebreiteten Flügeln dalag, und wir dachten, sie wollte sterben — bis wir erfaßten, daß sie ein Sonnenbad nahm, endlich die Sonne suchte.

Geduld brauchten wir nicht. Der Zorn über diese Naturentfremdung inspirierte uns. Verbrecherisch, ein Huhn so zu halten, daß es mit Käfern nichts anfangen kann. Ich setzte ihr Käfer auf das Futter und erklärte ihr, daß sie wieder ein Huhn werden müsse, damit die von Menschen gestörte heilige Ordnung wieder hergestellt würde. Werde, der du bist, sagte ich, wir versuchen's ja auch, ist für uns alle schwierig. Es war ihr einerlei, was ich daherredete, sie brauchte nur Menschenstimme und Menschenhand.

Sie aß gerne aus meiner Hand. Ich legte die Hand auf den Boden, spreizte die Finger etwas, so daß Körner durchfielen, und ließ Yolanda eifrig picken, zwischen den Fingern, versehentlich vom Boden. So kam auch der Tag, an dem sie Körner, die ich langsam streute, ohne meine Hand aufpickte.

Damit war es Zeit für die nächste Nummer, das Scharren. Ich hielt Yolanda, die schon recht hühnerhaft gierig war, mit einer Hand zurück, ließ Körner aus der andern Hand rieseln, schob rasch etwas Erde darüber und ließ Yolanda los. Sie torkelte hin — sah mich ratlos an. Ich lockte, kratzte die Erde weg, lockte. Yolanda pickte die abgedeckten Körner auf und erwartete mehr. Nichts begriffen. Also weiter.

Nach vielen Tagen des Vormachens kam plötzlich der Geist über sie. Mit entrücktem, in die Ferne gerichtetem Blick wie ein Discotänzer begann sie rhythmisch zu schaukeln, scharrte links, rechts, links, rechts, bückte sich dann und pickte, scharrte, pickte. Ein verlorenes Huhn war heimgekehrt und wußte wieder, was ein Huhn zu wissen hat.

Es sind Versuche mit Webervögeln gemacht worden — das sind Vögel, die besonders kunstvolle Nester bauen. Acht Generationen lang hielt man sie in einem leeren Käfig. Sie brüteten in Kästen. Der neunten Generation endlich gab man geeignete Baustoffe; sofort stellten sie das ihnen vorgeschriebene kunstvolle Nest her, dessen Bild sie unversehrt in sich getragen hatten — durch acht Generationen des Verzichtens hindurch. Dasselbe Wunder ging mit Yolanda vor. Sie hatte es leichter als Kaspar Hauser: Kaum war sie auf den Hühnerschlüssel gestoßen — und der war im Scharren verborgen —, kaum hatte sie einen Schlüssel wieder, konnte sie alles besser als wir und mehr dazu. Wir hatten laienhaft die Stafette übergeben, nun zog Yolanda professionell gekonnt los. Unermüdlich von Tagesanbruch bis Feierabend säuberte sie den Garten von Ohrwürmern, Schnecken, Kellerasseln, lockerte um jede Pflanze die Erde. Auch wußte sie, wann Regen bevorstand: dann ging sie spät zu Bett, um das trockene Wetter auszunützen. Oft sagten wir: «Nein, es bleibt schön, Yolanda ist schon im Stall.»

Bald hatte sie das prächtigste, blütenweißeste Gefieder, das ein Huhn nur haben kann. Zum Festhaltereflex auf einer Stange brachten es ihre verkümmerten Sehnen nicht mehr, aber sie bewegte sich mit vorbildlichem dreiteiligem Schreiten — Heben, Tragen, Aufsetzen —, und sie flog uns auf den Arm oder in ihr Schlafhäuschen und in ihr absichtlich etwas tiefer angebrachtes Legehäuschen.

Ja, tatsächlich begann sie nach zwei Monaten zu legen, pünktlich jeden Morgen ein Ei, gegen hundert wunderbar wohlschmeckende Eier im ersten Jahr und hundertfünfzig im zweiten. Davon gediehen Hund und Katzen, und viele Freunde fanden Besuche bei uns doch wieder lohnend.

Wenn ich aus dem Haus trat, eilte Yolanda in Flugsprüngen herbei und heftete sich an meine Fersen, immer hoffend, daß ich Steine für sie umdrehen würde, was ich auch tat. Manchmal wimmelte es unter Brettern und Kübelpflanzen, die ich anhob: dreißig, vierzig Kellerasseln oder Ohrwürmer. Yolanda zwängte sich furchtlos in den Kippwinkel und beseitigte das Gekrabbel pickpickpick, pro Sekunde sieben Stück. Nur mit Zeitlupe hätten unsere Menschenaugen folgen können.

Einen leidenschaftlicheren Jagdhund als dieses Jagdhuhn hat es nie gegeben. Auch einen treueren nicht. Stand ich hoch auf einer Leiter, so harrte Yolanda unten aus. Den Katzen wurde es bald langweilig, dem Hund zu heiß, zu kalt, zu feucht, aber Yolanda wartete stundenlang am Fuß der Leiter, vertrieb sich die Zeit nur mit kleineren Handarbeiten, bis ich zur Erde zurückkehrte. Einsam war ihr sicher nie zumute. Im Hund sah sie ihren Freund, in den Katzen die ungewünschten Dazugehörenden, die man eben nach Möglichkeit ärgert und erträgt. Mich zumindest betrachtete sie als Mithuhn oder sich als Mitautorin — wer weiß das; vielleicht sah sie beide Teile der runden Wahrheit zugleich.

Natürlich wurde sie bald auch frech; wie könnte es anders sein, wenn jemand sich entwickelt. Sie verscheuchte die Katzen von ihren Schüsselchen; einst hatten wir Yolanda vor den Katzen schützen müssen, jetzt fürchteten die Katzen ihren sehr harten Schnabel. Sie flog auf den Eßtisch im Freien, sie pickte allen Gästen, die Sandalen trugen, an den Zehen herum. Oft, wenn wir weise redeten, war ein ruckartiges Aufhorchen des Gastes nicht auf Ergriffenheit zurückzuführen, sondern nur auf das Gepicktwerden unter dem Tisch. Auch Yolandas Überfälle auf die Küche gingen zu weit; saßen wir draußen beim Essen, klirrte drinnen Besteck und Geschirr, weil Yolanda wieder einmal ein offenes Fenster gefunden hatte.

Rührend dagegen war ihr Vertrauen in den Hund. Sie untersuchte sein Fell, seine Pfoten, und wenn er, sich sonnend, auf dem Rücken lag, so daß sein schweres Maul zurückfiel, pickte Yolanda zwischen seinen Zähnen. Er fand das so natürlich wie ein Krokodil, das sich von Vögeln zahnputzen läßt.

Im zweiten Herbst aber kündigte sich an, daß ihre Zeit doch allmählich ablief. Die Lebhaftigkeit ließ nach, das Gefieder hatte bleibende kahle Stellen, immer häufiger zog sich die sonst so Fleißige mitten am Tag in ihr Schlafhäuschen zurück. Dort plusterte sie sich auf und sah still vor sich hin, bereits in eine ferne, näherrückende Welt.

Es überraschte uns nicht, als nun auch unglückliche Zufälle hinzukamen — es kommt von allen Seiten, wenn es sein soll.

Erst wurde sie nachts durch irgendein Tier geängstigt — Marder? Sie stand am Morgen nicht auf, wir fanden sie blutbesprenkelt unter den Dachbalken sitzen. Nachdem sie sich hatte waschen lassen, sah man nur eine leichte Verletzung über dem Schnabel, als hätte sie sich im Dunkeln gestoßen — aber sie blieb verstört und wollte nicht mehr in ihr Schlafhäuschen zurück.

Wir mußten ihr ein neues zimmern, zuoberst im Schuppen.

Dann kam Krankheit für uns selbst, wir waren gezwungen, das Landhaus im November zu schließen und Yolanda einem Bauern zu geben, der uns versprochen hatte, sie nicht zu verzehren, sondern nur notfalls zu töten. Das mußte er gegen Weihnachten tun. War das traurig? Für uns sicher, wir vermissen sie heute noch, und auf den Speisekarten kommt für uns nichts in Frage, was so klingt wie «Yolanda-Bouillon, Geschnetzelte Yolanda auf Reis, Gebratene Yolanda mit Nüdeli».

Aber war es wirklich traurig, hören Tiergeschichten immer traurig auf? Nicht immer, scheint mir. Es ist ja auch möglich, daß ein Tier sein Wesen entfalten kann, seine Bestimmung erfüllen kann, in der dann nicht der Tod wirklich ist, sondern nur der Wechsel von zugeteilter und abgelaufener Zeit. Sie kommen für eine kurze Spanne und kehren in ihr Reich zurück und kommen wieder — und einmal müssen wir ihnen besser danken können. Das Urhuhn hatte uns Yolanda geschickt und Yolanda hat dem Urhuhn eine kleine, vorläufige Botschaft von Liebe und Freude zurückgebracht — scheint mir.

Wer es als Kind gelernt hat, behutsam mit einem Tier umzugehen,
wer mit einem Tier gut Freund geworden ist,
der wird auch als Erwachsener
kein Griesgram und Welt- und Menschenverächter werden

Kind und Tier

Von Hildegard Grzimek

Sie haben vieles gemeinsam, Kind und Tier. Als Mutter und als Frau eines Zoodirektors habe ich da wie kaum sonst jemand Gelegenheit gehabt, jahrzehntelang Erfahrungen zu sammeln in der Beobachtung des Verhältnisses, das zwischen Tieren und Kindern bestehen kann. Es kommt hinzu, daß ich selbst als Kind mit Tieren zusammen aufgewachsen bin.

Soweit meine Erinnerung zurückreicht, hatten wir Kinder im Elternhaus immer lebende Tiere. Damals waren es in erster Linie Hund und Katze, aber auch anderes Kleinzeug von Tieren. Ich erinnere mich noch sehr gut daran, wie ich alle möglichen Tiere nach Hause geschleppt habe, was ich gerade auf der Straße oder im Garten fand – Eichhörnchen, Igel und Katzen.

Meine Eltern hatten immer Verständnis für mich. Mein Vater war Studienrat und wußte daher, wie wertvoll Tiere für die Erziehung von Kindern sind. Als ich später selbst Mutter wurde, habe ich die Grundsätze stets beherzigt, die meinem Kindergemüt als etwas Selbstverständliches und unverrückbar eingeprägt worden waren: Das Tier ist ein Lebewesen wie du, und wenn du es schlecht behandelst, dann fühlt es den Schmerz wie du, wenn man mit dir genauso unvorsichtig oder lieblos umgehen würde. Es ist schon so: Es gibt kein besseres Mittel, bereits im kleinen Kind den Sinn für die Achtung und Ehrfurcht vor dem lebenden Wesen zu wecken. Wer es als Kind gelernt hat, behutsam mit einem Tier umzugehen, wer mit einem Tier gut Freund geworden ist, der wird auch als Erwachsener kein Griesgram und Welt- und Menschenverächter werden.

Es gibt kaum ein Tier, zu dem ein Kind bei vernünftiger und unmerklicher Anleitung durch die Eltern nicht in gute, sogar in herzliche Beziehung treten könnte. Ich habe in dieser Hinsicht bis zum heutigen Tag eine Fülle von eigenen Beobachtungen gemacht, und zwar sowohl bei Kindern als auch im Meinungsaustausch mit Erwachsenen, insbesondere mit Eltern, die von der Wichtigkeit der Erziehung ihrer Kinder zur Tierliebe überzeugt waren und doch nicht recht wußten, wie sie die Sache anpacken sollten. Eine Mutter zum Beispiel schrieb mir: «Unsere fünfjährige Tochter Dorett quält uns, seitdem sie sich überhaupt verständlich machen kann, wir möchten ihr doch auch ein lebendiges Tierchen schenken, wie es ihre kleine Freundin Annette in der Nachbarschaft hat. Stofftiere freilich hat sie ihr ganzes Zimmer voll, da fehlen auch Elefant und Giraffe nicht. Wir besitzen in einem Vorort von Köln eine geräumige Vierzimmerwohnung im ersten Stock. Glauben Sie nicht auch, daß unser Töchterchen noch zu klein für ein lebendes Tier ist? Man sagt doch, daß Kinder grausam seien und Tiere quälen.»

Ich meine — und in diesem Sinn habe ich den Eltern auch geschrieben —, wenn der Fall so liegt, sollte man dem Kinde den so sehnlich gewünschten Spielkameraden schon zugesellen. Auch ein aufgewecktes fünfjähriges Kind wird begreifen, daß es im Hund kein Spielzeug erhält wie ein Stofftier, dem es nichts ausmacht, wenn ihm ein locker sitzendes Beinchen abgedreht wird. Man soll einem Kind nie ein Tier aufdrängen wollen. Wenn es aber selbst danach verlangt, wird es auch aufnahmefähig sein für die Belehrung: Dieses Tierchen bedarf nun deiner Fürsorge und Pflege, du bist jetzt sein Mütterchen, es braucht jetzt wie du auch sein Essen und Trinken, es hat geradeso wie du sein Plätzchen nötig, an dem es nachts schläft und sich ausruht.

Wenn man eine geräumige Vierzimmerwohnung hat, noch dazu im Vorort einer Großstadt, rate ich in erster Linie zu einem Hund als Tiergefährten des Kindes. Natürlich darf es kein Riesenhund sein. Es gibt eine ganze Reihe geeigneter Hunderassen: Zwerg- oder mittelgroße Pudel, Dackel oder Zwergdackel, die ganz entzückend sind. Ich selber habe über achtzehn Jahre ein Dackelpärchen gehabt. Zu noch kleineren Rassen, wie etwa Rehpinschern oder Pekinesen möchte ich nicht raten. Diese Hunde sind überaus nervös und überzüchtet. Ebenso würde ich Zwergspitze nicht für geeignet halten. Solche Hunde sind maßlose Egoisten. Auch von einem schneeweißen Hund rate ich ab, es sei denn, der Haushalt verfüge über genügend dienstbare Geister, die das Tier alle drei Tage baden können, damit es sauber aussieht.

Wenn das Kind seinen Hund im Anfang wirklich einmal zu fest oder zu ungeschickt anpackt, wird ihm der Vierbeiner schon begreiflich machen, was ihm nicht paßt oder ihm weh tut. Im Umgang mit seinem Liebling lernt das Kind Rücksicht zu nehmen auf den Schwächeren, es wird in einen kleinen Pflichtenkreis eingewöhnt, fast ohne erzieherisches Zutun der Eltern. Natürlich muß es mit seiner Aufgabe erst vertraut gemacht werden. Aber wenn es dann weiß, wann Karo sein Futter zu bekommen hat und seinen Trank, dann muß die Mutter konsequent bleiben und darf kein «Vergessen» des Kindes durchgehen lassen.

Oft werde ich gefragt: Welches Tier paßt zu welchem Kind? Manchmal aber heißt das Problem auch: Welches Tier paßt zu unserer Wohnung? Ein großer Neufundländer beispielsweise wird sicher nicht nur der gute Spielkamerad des Kindes, sondern auch sein bester Beschützer auf Weg und Steg sein. Paßt ein so großes Tier aber auch in eine großstädtische Zweizimmerwohnung? Nein, liebe Eltern, das geht einfach nicht und wäre Tierquälerei. Für Ihr vier- oder fünfjähriges Kind wäre der Neufundländer nicht zu groß, aber ein solches Tier braucht genügenden Auslauf, und den können Sie ihm in einer kleinen oder mittelgroßen Wohnung nicht bieten. Ich habe es bei guten Bekannten, einem kinderlosen Ehepaar, allerdings erlebt, daß sie in einer Dreizimmerwohnung, noch dazu in einer Großstadt, eine Deutsche Dogge hielten, die fast größer war als ein neugeborenes Kalb. Zwar behaupteten beide, sie gingen täglich zweimal ausgiebig mit ihrem Tier spazieren, und damit hätte die Dogge wohl genügend Auslauf. Da beide Ehepartner Künstler sind und fast den ganzen Tag mit Proben und Lernen zu tun haben, ist das mit dem angeblich genügenden Auslauf für das arme Tier doch mehr oder weniger frommer Selbstbetrug.

Aber zurück zum Thema! Ein Kind, das sich selbst einen Hund oder eine Katze wünscht, wird dieses Tier wohl niemals bewußt quälen. Häufig aber wird der Umgang mit dem vierbeinigen Spielkameraden dem Kind unbewußt zur Tierquälerei.

Vor kurzem erzählte mir ein Bekannter von einer Beobachtung, die er gerade vom Balkon seiner Wohnung aus machen mußte. Hatten sich doch da zwei Mädchen von schätzungsweise sechs und acht Jahren zum Spielen im Vorgarten des gegenüberliegenden Hauses einen Vogelkäfig mit einem eingesperrten weißen

Meerschweinchen mitgebracht. Es war am zweiten Osterfeiertag. Die Kinder hatten ihre Ostereier im Körbchen und verteilten sie dann mit viel Hin- und Herspringen hinter Büschen und Grasplätzen, so wie sie es wohl in ihren Bilderbüchern gesehen hatten. Als Osterhase mußte nun das Meerschweinchen herhalten. Unaufhörlich wurde das arme Tier bald an diesen, bald an jenen Platz befördert, immer wieder hochgerissen und in hastigem Rennen an einen anderen Platz mehr geworfen als gesetzt, sobald es sich nur bewegte und in eine stille Ecke zu entkommen suchte. Und die Mutter der beiden Mädchen stand die ganze Zeit über, so lange das grausame Spiel dauerte, am Fenster und sah dem Herumtollen der Kinder und der scheußlichen Tierquälerei zu, ohne eine Miene zu verziehen. Einen Kunststoffhasen hatten die beiden Mädchen nicht, und da war das lebende Meerschweinchen eben das Ersatzspielzeug. Tiere sind aber kein Spielzeug! Nur eine Mutter, die selbst tierlieb ist, sollte ihrem Kind ein Tier schenken, und nur in einem solchen Fall wird dem Kind der Umgang mit dem Tier zum inneren Gewinn für sein ganzes Leben.

Es ist auch nicht verwunderlich, daß es meistens Frauen sind, die mich um Ratschläge bitten, wenn die Frage an sie herantritt, ob und wann sie ihrem Kind ein Tier beigesellen sollten. Väter haben ja meistens nicht genügend Zeit, sich im einzelnen um die Erziehung ihrer Sprößlinge zu kümmern; das ist mehr Sache der Mutter, die viel länger mit dem Kinde zusammen ist.

Selbstverständlich geht es ganz ohne Mehrarbeit für die Mutter nicht ab, wenn Sohn oder Töchterchen die Anzahl der Familienangehörigen durch Hund, Katze oder ein anderes Tier um eins erhöht hat. Insbesondere der Hund braucht ja immer gekochtes Essen, und das belastet die ohnedies oft überforderte Hausfrau immer noch ein bißchen mehr. Das Kind aber muß sich darum sorgen, daß Flocki, oder wie er sonst heißen mag, sein Essen zurechtgemacht bekommt. Das Futter dem vierbeinigen Freund dann auf den gewohnten Platz zu tragen, später sein Tellerchen sauberzumachen, immer für frischen Sand oder Torfstreu in seinem Kästchen zu sorgen, das muß seine Arbeit sein.

Oft geht es bei Kindern wie bei uns Erwachsenen auch. Zunächst sind sie Feuer und Flamme für das Neue, aber nach einiger Zeit, wenn der Reiz der Neuheit verflogen ist, legt sich ihr anfänglicher Eifer, und sie versuchen sich zu drücken. Ich habe bei meinen eigenen Kindern dasselbe erlebt. Meine beiden Söhne bettelten immer wieder, ihnen doch ein Aquarium zu schenken.

Sie würden bestimmt ganz alleine für die Tiere sorgen und pünktlich alle acht Tage das Becken säubern. Sie seien ja außerdem zu zweien und würden sich vielleicht sogar darum streiten, wer nun das Aquarium in Ordnung halten dürfe. Mein Mann stimmte der Anschaffung des Aquariums sofort zu, nur verriet er mir, er sei nicht so felsenfest davon überzeugt, daß die Begeisterung der Buben für die neue Errungenschaft lange anhalten werde. Er hatte recht. In der ersten Woche kümmerte sich Rochus mit Feuereifer um die Fische. Die nächsten acht Tage konnte dann Michael seine Begeisterung praktisch austoben. Damit war aber auch Schluß. Auf einmal hatten beide merkwürdig viel Schularbeiten auf, da mußte dann Mutti eben einmal helfen, das Aquarium zu säubern. Und dabei blieb es. Mutti konnte das doch so gut und eigentlich viel besser als sie. Leider war ich nicht so konsequent, wie meine Mutter es in diesem Punkte früher immer mit mir gewesen war. Ich kann also den Müttern nur dringend raten: Schenkt dem Kind die Freude am Zusammenleben mit Tieren, aber seid auch unerbittlich, wenn sich die Quälgeister dann um die kleinen Pflichten herumdrücken wollen, die sie erst mit so großem Eifer übernommen hatten.

Kind und Tier vertragen sich meistens gut miteinander. Vor wenigen Tagen schrieb mir ein neunjähriges Mädchen: «Ich darf gar nicht daran denken, daß Tiere totgemacht werden. Ich kann es auch nicht ertragen, wenn Tiere gequält werden. Mir liegt nicht viel daran, ein Fahrrad zu besitzen, sondern vielmehr viele Tiere. Wenn mein Hündchen Terry einmal stirbt, werde ich wohl nie mehr in meinem Leben richtig froh sein. Ich würde Terry auch noch liebhaben, wenn er mich einmal beißen würde. Ich bin neun Jahre alt und Terry fünf. Also habe ich ihn mit vier Jahren bekommen.»

Ich glaube kaum, daß einem so gefühlvoll veranlagten Kind etwas Besseres geschehen kann, als daß ihm verständnisvolle Eltern ein Tier schenken, dem es sein Kinderseelchen ganz zu eigen geben kann. Dieses Mädchen wird bestimmt einmal später kein herzloser Mensch, der nur sich selbst kennt und zu anderen nur in Beziehung tritt, wenn er sich für sich selbst etwas davon verspricht.

Vier Tierstudien eines der großen Erzähler der Weltliteratur

Komische Kreaturen auf meinem Weg

Von Mark Twain

Zwei Renner

In der Wüste sahen wir nach dem Frühstück unseren ersten Kojoten. Wie häßlich so ein Tier ist! So dürr und struppig, so erbarmungswürdig, und dazu dieses durch und durch Verschlagene. Wenn er dich erblickt, zieht er die Lefzen hoch, läßt die Zähne aufblitzen und trabt dann auf weichen Sohlen mit langen Schritten unaufhaltsam durch das Beifußgestrüpp. Von Zeit zu Zeit wirft er einen Blick über die Schulter, bis er sich halbwegs außer Pistolenschußweite weiß. Dann hält er inne und mustert einen, trottet fünfzig Meter weiter und bleibt wieder stehen — bis sich das Grau seines dahingleitenden Körpers schließlich mit dem Grau des Beifuß vereint und er verschwunden ist. Doch bei der geringsten Angriffsgeste setzt er seine Läufe unter Strom und legt so viel Grundbesitz zwischen sich und deine Waffe, daß ihn, wenn du ihn endlich im Visier hast, nur noch ein besonders langlebiger Blitzstrahl zu erreichen vermöchte.

Aber setze ihm einmal einen schnellfüßigen Hund auf die Spur, einen Hund, der eine gute Meinung von sich hat und dazu erzogen worden ist, zu glauben, er verstehe einiges von Geschwindigkeit. Der Kojote wird in seinem trügerischen, schwingenden Trott davontraben und immer wieder einmal mit einem falschen Grinsen über die Schulter lugen, das den Hund mit Hoffnung und

Ehrgeiz erfüllt, so daß er den Kopf noch tiefer senkt, noch heftiger keucht, die wirbelnden Beine noch wilder schleudert und eine immer breiter, höher und dichter werdende Wolke von Wüstensand hinter sich aufwirbelt, die seinen langen Weg über die weite Ebene markiert.

Dabei befindet sich der Hund die ganze Zeit knapp fünf Meter hinter dem Kojoten und kann ums Verrecken nicht begreifen, warum er ihm nicht näher kommt. Er wird ärgerlich, es erbost ihn zu sehen, wie mühelos der Kojote dahingleitet, ohne daß er je japst oder schwitzt oder aufhört zu grinsen. Immer wütender macht ihn der Gedanke, daß ihn ein Fremder so dreist hat hereinlegen können und was für ein hinterhältiger Schwindel dieser stetige, lässige, leichtfüßige Trab eigentlich ist. Und dann fühlt er seine Kräfte erlahmen; jetzt muß der Kojote wahrhaftig sein Tempo ein wenig drosseln, damit er ihm nicht davonläuft — und in diesem Augenblick dreht der Stadthund vollends durch. Er strengt sich bis zum äußersten an, er heult und flucht, er wirbelt den Sand höher auf denn je und wirft sich mit einer verzweifelten Anspannung aller Kräfte dem Kojoten hinterdrein. Dieser Spurt trägt ihn bis auf zwei Meter an seinen dahineilenden Feind heran und drei Kilometer von seinen Freunden weg. Doch als gerade eine wilde neue Hoffnung das Gesicht des Hundes erhellt, dreht sich der Kojote um, lächelt noch einmal milde, als wolle er sagen: «Da schau, wir werden uns trennen müssen, Brüderchen. Geschäft ist Geschäft, schließlich können wir nicht den ganzen Tag so vertrödeln» — und plötzlich klafft ein langer Riß in der Lufthülle, und schon ist der Hund allein in der unendlichen Einsamkeit.

Ihm dröhnt der Schädel. Er bleibt stehen und blickt um sich. Er erklettert die nächste Sanddüne und starrt in die Weite, schüttelt sinnend den Kopf, und dann macht er ohne einen Laut kehrt, zockelt zurück zu seiner Kolonne, nimmt bescheiden einen Platz unter dem hintersten Wagen ein und fühlt sich unsagbar elend und läßt seinen Schwanz vor lauter Beschämung eine Woche lang auf halbmast hängen.

Die dumme Ameise

Die Ameise, will mir scheinen, wird hinsichtlich ihrer Verstandeskräfte merkwürdig überschätzt. Ich meine natürlich die gewöhnliche Ameise; mit den wunderbaren schweizerischen und afrikanischen Ameisen, die abstimmen, stehende Heere und Sklaven halten und über Religion debattieren, habe ich noch keine Erfahrungen machen können. Mit der durchschnittlichen Ameise ist es nach meiner Überzeugung jedenfalls nicht weit her. Ich gebe zu, daß sie emsig ist, sie ist das am schwersten arbeitende Geschöpf der Welt — wenn ihr jemand zusieht. Aber niemand bringt mich davon ab, daß sie ein Brett vor dem Kopf hat.

Sie begibt sich auf Futtersuche und macht einen Fang, und was tut sie? Geht sie nach Hause? Mitnichten; sie weiß gar nicht, wo das ist. Und mag ihr Zuhause nur einen Meter entfernt sein, sie findet's nicht. Sie macht ihren Fang. Meistens kann weder sie selbst noch ein anderer etwas damit anfangen, und er ist gewöhnlich siebenmal größer, als gut wäre. Sie spürt die unbequemste Örtlichkeit auf, um sich ihre Beute aufzuladen, stemmt sie mit äußerster Kraft in die Höhe und stürzt in wilder Hast davon. Sie kommt an einen Kiesel, überklettert ihn rückwärts, ihre Beute hinter sich herziehend, taumelt auf der anderen Seite zu Boden, springt mit Feuereifer wieder auf, schüttelt sich den Staub aus den Kleidern, spuckt in die Hände, packt grimmig ihr Besitztum, zerrt es hierhin und dorthin, schiebt es jetzt vor sich her, macht kehrt und schleift es im nächsten Augenblick nach, wird immer wütender, hebt es hoch über den Kopf und rennt in eine völlig neue Richtung.

Nach einer halben Stunde hält sie fünfzehn Zentimeter von dem Ort, von dem sie aufgebrochen ist, inne und legt ihre Bürde ab. Sie wischt sich den Schweiß von der Stirn, streicht sich über die Glieder und hastet plötzlich blind wieder los. Im Zickzack durchquert sie ein gut Teil des Geländes und stolpert schließlich über ihre frühere Beute. Ohne sich zu erinnern, daß sie das Ding schon einmal gesehen hat, schaut sie sich um, stellt fest, in welche Richtung es nicht heimwärts geht, packt ihre Last, und das ganze Abenteuer beginnt von vorn.

Endlich legt sie eine Pause ein, und eine Freundin kommt des Weges. Die Neue begreift offenbar, daß das Bein eines vorjährigen Grashüpfers eine wertvolle Erwerbung ist, und erbietet sich, es mit heimzuverfrachten. Jede packt ein Ende des Grashüpferbeins und beginnt, es mit aller Macht in ihre Richtung zu ziehen. Bald darauf halten sie inne und konferieren miteinander. Sie stellen fest, daß etwas nicht stimmt, können aber nicht herausbringen, was. Also fassen sie wieder — mit dem gleichen Ergebnis.

Es folgen gegenseitige Beschuldigungen, man erhitzt sich, der Disput mündet in einen Kampf. Sie kauen einander eine Weile an den Kiefern herum und kullern und wälzen sich über den Boden, bis eine einen Fühler oder ein Bein verliert und wegen Reparaturbedürftigkeit ablassen muß. Sie rappeln sich auf und gehen in altbewährter, unsinniger Weise erneut ans Werk, aber die verkrüppelte Ameise ist nun im Nachteil. Sie kann zerren, soviel sie will, die andere schleppt die Beute und sie selbst an ihrem Ende mit sich fort.

Nachdem das Grashüpferbein abermals über dasselbe Terrain geschleift worden ist, wird es endlich etwa dort fallen gelassen, wo es ursprünglich gelegen hatte. Die beiden schwitzenden Ameisen mustern es nachdenklich und befinden, daß vertrocknete Grashüpferbeine doch ein gar zu kümmerlicher Erwerb seien. Und schon eilen sie in verschiedenen Richtungen von dannen, um zu sehen, ob sich nicht irgendwo ein alter Nagel oder etwas anderes findet, das schwer genug ist, um Freude zu bereiten, und zugleich so wertlos, daß es eine Ameise nach seinem Besitz gelüstet.

Der Röhrenhund

Im Zug von Baroda nach Bombay in Indien saßen wir mit einem Herrn zusammen, der einen Hund von bemerkenswertem Äußeren bei sich hatte. Sein Fellkleid war glatt und von einem glänzenden Schwarz, und an den Kanten — und vielleicht auch an der Unterseite — trug er, glaube ich, einen lohfarbenen Besatz. Es war ein langer, niedrig gebauter Hund mit sehr kurzen, seltsamen Beinen, die wie verkehrt gegeneinandergestellte Klammern nach innen gebogen waren:) (. In Länge und Höhe war er offenbar nach der Werkzeichnung einer Gartenbank gefertigt. Ich fand diesen Plan kümmerlich und in Anbetracht des Abstands zwischen den vorderen und den hinteren Stützen mit konstruktiven Schwächen behaftet. Mit fortschreitendem Alter mußte der Rücken des Tieres durchhängen, und mir schien, es wäre ein stabilerer und brauchbarerer Hund geworden, wenn er ein paar Beine mehr bekommen hätte. Noch hing er nicht durch, aber die Form seiner Beine zeigte, daß das übermäßige Gewicht sich bereits auszuwirken begann. Er hatte eine lange Nase, Schlappohren und einen resignierten Gesichtsausdruck.

Aus Taktgefühl hielt ich es für besser, den Hund nicht zu sehr zu beachten. Zweifellos ist einem Herrn mit solch einem Hund genauso zumute wie dem Vater eines mißgestalteten Kindes. Doch der Mann war stolz auf seinen Hund. Das Tier, erzählte er, habe auf Hundeausstellungen in Indien wie in England Preise gewonnen, und wenn er mit ihm in London herumspaziere, blieben oft Leute stehen, um den Hund zu betrachten. Natürlich wollte ich seine Gefühle nicht verletzen, doch hätte ich ihm erklären können, daß wohl überall auf der Welt, wo man solch einen großen, langen, niedrigen Hund die Straße entlangwatscheln und gebührenfrei bestaunen läßt, die Menschen stehenbleiben und schauen werden. Er war zufrieden, weil sein Hund Preise einheimste. Aber das besagte gar nichts; wäre ich so gebaut, könnte ich auch Preise gewinnen.

Er wollte wohl mit dem Hund auf Elefantenpirsch gehen; aus beiläufigen Bemerkungen war zu entnehmen, daß er in Indien und Afrika Großwild gejagt hatte. Nun, wenn er das tut, wird er eine Enttäuschung erleben. Ich glaube nicht, daß der Hund sich für die Elefantenjagd eignet. Ihm fehlt Energie, Charakterstärke, Härte. Das zeigt sich in seinen demuts- und entsagungsvollen Zügen. Er würde keinen Elefanten angehen, dessen bin ich sicher. Möglich, daß er nicht gleich davonrennt, wenn sich einer nähert — aber er sah mir aus wie ein Hund, der sich in einem solchen Augenblick hinsetzt und betet.

Das hungrige Kamel

In Syrien, am Oberlauf des Jordans, befaßte sich einmal ein Kamel mit meinem Mantel, während die Zelte aufgestellt wurden, und untersuchte ihn so interessiert, als erwöge es, sich auch einen machen zu lassen. Nachdem es ihn als Bekleidungsstück genugsam ins Auge gefaßt hatte, begann es, seine Eignung zu Ernährungszwecken zu erforschen. Es setzte den Fuß darauf, riß mit den Zähnen einen Ärmel heraus und kaute und kaute darauf herum, und während es sich den Ärmel nach und nach einverleibte, öffnete und schloß es die Augen in einer Art religiöser Verzükkung, als hätte es sein Lebtag nie etwas Besseres gekostet als einen Überzieher.

Nun schmatzte es ein-, zweimal mit den Lippen und langte sich den anderen Ärmel. Als nächstes probierte es den Samtkragen und lächelte dabei ein derartig zufriedenes Lächeln, daß jedem klar wurde: Der Kragen war für das Kamel das Delikateste an dem Mantel. Schließlich kamen die Schöße dran nebst ein paar Zündhütchen und einigen Hustenbonbons sowie etwas Feigenkuchen aus Konstantinopel.

Dann fielen meine Presseberichte heraus, und es versuchte sich auch daran. Aber mit diesen handschriftlichen Berichten für meine Zeitungen daheim hatte es sich auf gefährlichen Boden begeben. Die Dokumente enthielten einige handfeste Wahrheiten, die ihm schwer im Magen lagen. Gelegentlich geriet es an einen Witz und schüttelte sich darob, daß ihm die Zähne wackelten. Das Tier ging gefährlichen Augenblicken entgegen, doch behielt es die Dinge guten Mutes und hoffnungsvoll im Griff, bis ihm zuletzt Bemerkungen in die Quere kamen, die nicht einmal ein Kamel ungestraft schlucken kann. Es begann zu würgen und zu röcheln, die Augen traten ihm aus dem Kopf, es spreizte die Vorderbeine, und binnen einer Viertelminute kippte es um, steif wie ein Sägebock, und verschied nach unbeschreiblichen Todesqualen. Ich ging zu ihm, zog ihm das Manuskript aus dem Maul und stellte fest, daß das empfindsame Geschöpf an einer der mildesten, freundlichsten Wahrheiten erstickt war, die ich je einer vertrauensvollen Leserschaft vorgelegt habe.

Horaz — was war das für ein Tier?
Sein Biß half mir
auf Umwegen zur Aufklärung der Frage

Potto, der Halbaffe

Von David Taylor

Obwohl ich nun seit fast zwei Jahren in der Praxis Norman Whittles arbeitete, war ich meinem ersehnten Ziel nicht viel näher gekommen. Ohne weitgefächerte Fachausbildung geriet ich häufig in eine Klemme, die meine Unwissenheit deutlich erkennen ließ. Es lag nicht nur an der Schwierigkeit, bei Tieren, die im orthodoxen Veterinärstudium nirgends aufgeführt waren, Krankheiten zu diagnostizieren, ach nein, es kam vor, daß ich nicht einmal Gattung, Art und Familie des Geschöpfs kannte, das ins Sprechzimmer getragen, gezogen oder geschoben wurde. Tierbesitzer sind dem Veterinär, der Katzen und Hunde behandelt, nicht wohlgesinnt, wenn er die Namen «Fluffy», «Putschie» oder «Garibaldi» vergessen hat, selbst wenn Jahre seit dem letzten Besuch vergangen sind. Noch viel verflixter war meine Lage, als ein braunes Pelztier von der Größe eines Frettchens mit großen orangefarbenen Augen auf meinen Tisch gesetzt wurde, und der stolze Besitzer sagte: «Horaz, das ist Herr Doktor Taylor. Sei jetzt schön brav», und dann zu mir: «Ich komme mit Horaz aus Carlisle, Herr Doktor, weil man mir dort im Zoo sagte, Sie könnten die Hautkrankheit heilen, die das Tier schon seit Monaten plagt.»

Ich hätte dem lächelnden Horaz-Besitzer, der mit diesem «Was-weiß-ich» 170 Kilometer zurückgelegt hatte, einen schlechten Eindruck gemacht, wenn ich ihn rundheraus gefragt hätte, was für ein Tier das eigentlich sei. Er war felsenfest überzeugt, ich wüßte es. Ich betrachtete Horaz, und er gab meinen Blick freundlich zurück. Er schien zahm zu sein, denn er spazierte unbekümmert auf dem Tisch herum. Jedenfalls mußte er ein Säugetier sein, da er ein Fell hatte.

«Er hat kleine, kahle Stellen am Kopf, Herr Doktor», belehrte mich der besorgte Besitzer.

Ich betrachtete Horaz' Kopf. Er war mungoähnlich mit kleinen Ohren und einem feuchten, niedlichen Näschen, nicht größer als bei einem Chihuahua.

«So, so», begann ich hoffnungsfreudig, «so etwas bekommt unsereins nicht oft zu sehen.» Mit dieser kunstvollen Eröffnung wollte ich den Mann dazu bringen, mir den benötigten Hinweis zu liefern, denn ich stellte mir vor, er werde mir zustimmen und sagen, freilich, Knirschläppchen oder Schlupfkoller, oder was sonst das Tierchen sein mochte, seien recht selten.

Er ging nicht in die rhetorische Falle. «Glaube ich gern, Herr Doktor», antwortete er, «aber Herr Soundso sagt, bei seinem wären hier in der Praxis Wunder vollbracht worden, als er krank war.»

Ich betrachtete Horaz' Füße. Sie waren fingerähnlich und erinnerten mich an die eines Affen. Um Zeit zu gewinnen, wollte ich Horaz streicheln und ihn dann aufnehmen, so daß ich mir die kahlen Stellen näher ansehen konnte. Er schnupperte vorsichtig an meinen Fingern. Ich erschrak, als ich beim Streicheln sein Rückgrat fühlte. Wie alle Säugetiere hatte Horaz eine Wirbelsäule, aber ich staunte, als ich fühlte, daß die Wirbel durch das Fell spürbar waren, als ob sie durch die Haut hervorstießen. Er kam mir durchaus rundlich vor, und von einem Unfall war keine Rede gewesen — wieso sorgte sich sein Besitzer wegen ein paar kahlen Stellen, wenn mit dem Rücken seines Haustierchens etwas viel Ernsteres los war? Vielleicht konnte ich Untersuchung, Diagnose und Behandlung bewerkstelligen, ohne zu wissen, was Horaz eigentlich war. Nein, das war hoffnungslos. Ich war ein Dummkopf — ich hätte meine Unwissenheit sofort zugeben sollen.

In diesem Augenblick beschloß Horaz, mich zu beißen. Er biß nur einmal zu, gezielt und kräftig, und zwar hatte er es auf den Zeigefinger abgesehen, der seinen Rücken streichelte. Als ich mit einem Schmerzensschrei zurückzuckte und den blutenden Zeigefinger in den Mund steckte, schaute er mich wieder zutraulich an.

«Aber, aber Horaz», rügte sein Besitzer, «so ein unartiges Kerlchen! Aber vermutlich bekommen Sie viele Bisse ab, Herr Doktor, wenn Sie mit diesen Tierchen zu tun haben.»

Mein Finger blutete ausgiebig und tat höllisch weh, doch wenigstens hatte mir Horaz die Gelegenheit gegeben, die ich brauchte, um meine angeknackste Würde zu retten. «Ich hole mir nur schnell ein Pflaster», sagte ich und flüchtete aus dem Sprechzimmer.

In einer halben Minute hatte ich den Finger mit einem Pflaster versehen und schoß hinauf zu meinen Tierbüchern. In irgendeinem mußte ich, so Gott wollte, eine Spur finden, die zu Horaz führte. Fieberhaft durchblätterte ich ein dickes Tierlexikon. Die Finger des unbekannten Wesens schienen mir ein wichtiges Merkmal zu sein, doch dann fielen mir seine hervorstehenden Wirbel ein. Kein Affe, aber ebensowenig ein kleines Raubtier wie etwa das Wiesel. Bei den Mungos fand ich nichts ähnliches. Ich ging die Marderfamilie durch — vielleicht war Horaz ein Olingo, wie immer dieser Schlankbär aussehen mochte. Ich fand die Abbildung eines Olingos. Ja, das Gesicht war ähnlich, aber die Ohren waren viel größer, die klauenbewehrten Füße gar nicht fingerhaft.

Ich prägte mir das Aussehen des Olingos ein, falls mir jemals einer gebracht würde und schlug das Kapitel der Halbaffen auf, jener Ordnung in der Reihe der Herrentiere, die zwischen Insektenfressern und Affen liegt. Horaz hatte etwas vom typischen Aussehen der Insektenfresser und zugleich Greiffüße. Gewonnen! Als ich die niedlichen Gesichter dieser entferntesten Vettern des Menschen betrachtete, des Fingertiers, des Tupajas und der übrigen, sah ich mich auf einmal Horaz gegenüber, wie er leibte und lebte, auf einer prächtigen farbigen Abbildung.

«Lange her, seit ich das letzte Mal von einem Potto gebissen worden bin», sagte ich vergnügt, als ich die Tür zum Sprechzimmer öffnete.

Pottos haben, wie in der Beschreibung zu Horaz' Konterfei stand, am letzten Halswirbel und an den ersten zwei Brustwirbeln stark verlängerte Dornfortsätze, die man durch die Haut hindurch fühlt. Wenigstens war meine Befürchtung, Horaz hätte ein verletztes Rückgrat, aus der Welt geschafft. Immerhin war er mein erster Halbaffenpatient, und von den Krankheiten der Halbaffen wußte ich überhaupt nichts; aber ich hatte vor, abgeschilferte Zellen seiner kahlen Stellen analysieren zu lassen, um herauszufinden, was den Haarausfall verursachte.

Eine Woche später übergab mir Edith den Laborbericht, der folgendermaßen begann: «Ihr Abstrich von einem Dotto??? (was für eine Katze ist das eigentlich, oder soll es ein Scherz sein?)...»

Ich mußte mich daran gewöhnen, daß man mich für einen Witzbold hielt, der sich gern Scherze erlaubte. Ich mußte lernen, geduldig zu warten, wenn die Person, die das Telefon eines Chemiekonzerns bediente, ungläubig schnödete, weil ein Tierarzt in Rochdale ein besonderes, tropisches Mittel gegen Schistosoma (bestimmte Saugwürmer) bei Pavianen bestellte, oder wenn die Fernamttelefonistin mich mitten im Telegrammdiktat «Vermutlich haben Ihre Pinguine Klumpfüße» mit den Worten unterbrach: «Jetzt machen Sie aber einen Punkt. Ist das ein Aprilscherz oder etwas Ähnliches?» Viele Jahre später mußte ich einem Telegrafisten mit einer gerichtlichen Klage drohen, wenn er mein Kabel über eine todernste Angelegenheit, die weder einen Potto noch sonst ein freilebendes Tier betraf, nicht wörtlich morse. Sie betraf einen Fußballspieler, den Star des berühmten Real Madrid, der sich eine einzigartige Pilzinfektion, eine Mykose, an der Kniescheibe zugezogen hatte und vielleicht nie wieder spielen konnte. Noch nie war diese Mykose bei Menschen verzeichnet worden, aber die spanischen Ärzte wußten, daß ich bei Zootieren verschiedenerlei Mykosen behandelt hatte. Über die Madrider Zoodirektion nahmen sie mit mir Kontakt auf, und ich kabelte ihnen die Auskunft, die ich zu geben vermochte. Man muß dem Telegrafisten seine Ungläubigkeit verzeihen, als ich zu diktieren begann: «Bezüglich der Kniescheibe des Fussballers kenne ich den Fall eines Otters in Afrika und eines Stachelschweins...» Schließlich wurde das Telegramm durchgegeben, und ich denke gern daran, daß der Otter und das Stachelschwein dem Fussballstar dazu verhalfen, den Ball weiter ins Tor zu treten.

Des weiteren stand im Laborbericht über Horaz, den Potto: «... ist Trichophyton positiv.» Damit war eine durch einen Pilz hervorgerufene Hautkrankheit gemeint. Ich gab Edith den Bericht zurück und schrieb seufzend für den Pottobesitzer ein Rezept, das dem Haarausfall bald ein Ende machen würde. So ungewöhnlich ein Potto auch sein mochte, seine Hautkrankheit war es gewiß nicht.

«Wenn ich eine Gans wäre», sagte er, «und du ließest mir die Wahl zwischen der Gefangenschaft in Sicherheit und der Freiheit zu fliegen — ich wüßte, wie ich mich entscheiden würde!»

Walter und die Gänse

VON H. GORDON GREEN

Zwölf Jahre saß ich schon auf unserer Farm, und wir hatten noch nie eine Gans gehabt. Da kam eines schönen Junimorgens ein Junge von zehn Jahren mit einem Korb die Straße herauf — über den Rand spähten fünf flaumbedeckte Gänseküken.

«Mein alter Herr sagt, wir müssen wieder umziehen», begann er bekümmert. «Diesmal in die Stadt. Schauen Sie die Gänschen an. Sind die nicht niedlich? Folgen mir auf Schritt und Tritt.»

Ich gab ihm 10 Dollar für alle fünf. Der Tag war noch nicht um, da folgten sie *mir* auf Schritt und Tritt. Wenn ich Zeit gehabt hätte, darüber zu lachen, hätte es ja ganz lustig sein können; da ich aber ein großes Pensum zu erledigen hatte, war es ausgesprochen lästig.

Bald wurden die Gänschen kecker. Sie streiften umher, und ihre Federstümpfe durchstießen nach und nach das gelbgraue Daunenkleid. Sie waren tolpatschig und unglaublich neugierig.

Mein Nachbar von der andern Straßenseite fand die jungen Gänse bald interessanter als das Fernsehprogramm. Walter war schwer herzkrank. «Ich habe früher öfter Gänse gesehen», sagte er, «aber diese hier sind anders. Das sind richtige Clowns. Manchmal sitze ich hier den halben Nachmittag und habe immer etwas zu lachen.»

Er hatte sich sein Leben lang am liebsten in der freien Natur aufgehalten, und ich war nie jemandem begegnet, der besser in der Tierseele zu lesen gewußt hätte. Für einen Mann wie ihn gab es sicher nicht mehr viel zu lachen, seit er sich damit bescheiden mußte, die Welt durch das Viereck seines Fensters zu betrachten.

«Sie sind aber auch schlau!» erzählte Walter weiter. «Weißt du, was sie jetzt immer machen, wenn die Hunde ihnen zu nahe kommen? Sie steuern eilends deine Veranda an und bauen sich dort vorm Hauseingang auf. Sie wissen nämlich genau, daß ein Hund da nichts anstellt!»

Es dauerte nicht lange, und die Gänse führten sich auf, als gehörte die Farm ihnen. Jedem Neuankömmling versuchten sie mit Drohgebärden und wüstem Gekreisch Angst einzujagen. Im September entdeckte ich sie eines Morgens in Walters Garten. Sie hatten schlimm darin gehaust. Ich bot Walter an, den Schaden zu ersetzen, doch er wollte nichts davon wissen. «Ich hätte sie vertreiben können, wenn ich gewollt hätte», sagte er. «Aber es hat ihnen unheimlich Spaß gemacht, einmal etwas Verbotenes zu tun. Außerdem war ich gestern beim Arzt. Er hat gesagt, ich dürfe mich auf keinen Fall aufregen.»

Ich musterte Walter unwillkürlich und fand, daß er grauer aussah als sonst. «Was hat der Doktor noch gesagt», fragte ich.

«Er hat mir eine neue Medizin verschrieben», erwiderte Walter. «Dafür hat er mir verboten, noch mehr Fortsetzungsromane zu lesen.»

Ich versuchte, mit ihm zu lachen – es fiel mir schwer.

Die Novemberstürme kamen, und eines Abends, als der Wind den Mond über den Himmel jagte, fingen meine Gänse zu spektakeln an. Kurz darauf klingelte das Telefon. «Du möchtest sicher wissen, was in deine Gänse gefahren ist», sagte Walter. «Ein Flug Kanadagänse zieht gerade über uns hinweg. Ich vermute, deine Kleinen versuchen sie herunterzurufen.»

Als ich nach draußen ging, konnte ich die Wildgänse kaum erkennen. Es waren 30 oder 40. Walter kam herüber, und wir beobachteten sie gemeinsam. Meine fünf erdgebundenen Gänse reckten die Köpfe himmelwärts und schrien aus vollem Hals.

Sie setzten ihr albernes Gerufe noch fort, als der Himmel längst wieder leer und still war. Wir gingen zu einer Tasse Kaffee ins Haus, und Walter sagte: «Ist schon ein eigenartiges Gefühl, den ersten Flug dahinziehen zu sehen. Irgendwie traurig. Als wäre es ein Zeichen, daß es nun dem Ende zugeht.»

Die Art, wie er das sagte, machte mich abermals verlegen.

Eines Nachts klingelte Walter mich aus dem Schlaf. «Willst du mal was Lustiges sehen?» fragte er. «Also, vor deinem Wald rastet ein Schwarm Wildgänse. Sie sind gerade niedergegangen. Ich bin ganz sicher! Und deine Gänse sind auf dem Marsch nach hinten. Wollen sie begrüßen.»

Nun mag ich Vögel zwar gern, aber, um ehrlich zu sein, nicht so sehr, daß ich ihretwegen in einer Novembernacht so ohne weiteres aus dem warmen Bett spränge. Ich machte mich hauptsächlich Walter zuliebe auf den Weg, denn er selbst durfte sich nicht hinauswagen, und er war natürlich neugierig, wie es weiterging.

Der Boden war silberweiß von Reif, und der Mond schien so hell, daß ich meinen Schatten neben mir hergehen sah. Ich hörte die Kanadagänse schon von weitem. Auch meine Gänse hörte ich; irgendwo vor mir riefen sie, noch auf dem Marsch, ihr Hallo. Ich hatte noch nie erlebt, daß sie sich so weit vom Haus entfernten, und als ich sie endlich eingeholt hatte, da packte es auch mich. Ich fragte mich, wie mir wohl zumute wäre, wenn ich in einer unirdischen Nacht die Chance hätte, eine Jahrmillion zurückzuwandern und meinen Ahnen von Angesicht zu Angesicht zu begegnen.

Die Kanadagänse schenkten den sich nähernden Besuchern anfangs keine Beachtung. Vielleicht hörten sie sie gar nicht, weil sie selber zuviel redeten. Aber dann — ich sah den Schwarm gerade verschwommen vor mir auftauchen — erstarrten sie plötzlich, und man hörte nichts mehr als das hysterische Rufen meiner Gänse. Die Kanadagänse horchten sichtbar auf, die Hälse gereckt wie Königskerzen. Und dann war die Luft voller Flügelschlag. Sie hoben sich über den Wald und waren bald außer Sicht.

«Ein so großer Flug könnte die Nachhut sein», sagte Walter ein wenig später.

Er hatte recht. Wir hatten die letzten Wildgänse gesehen und die letzte Herbstnacht erlebt. Tags darauf graupelte es zum erstenmal, und noch vor Ende der Woche hatte der Schnee bis auf die Goldruten am Ackerrain alles zugedeckt. Meine Gänse mußten die Futtersuche jetzt aufgeben und bezogen auf der Stufe vor der Haustür Stellung. Sie waren merkwürdig still.

Ich teilte Walters Aufregung nicht, als er mich eines Abends besuchte und mir berichtete, daß diese blöden Gänse sich jetzt das Fliegen beibrächten. «So was hast du noch nicht gesehen», sagte er. «Jeden Morgen gegen Sonnenaufgang stellen sie sich drüben in der Ecke deiner vorderen Weide in Positur. Und dann drehen sie auf und strecken die Nase in den Wind und rennen wie besessen über das ganze Feld. Und ich schwöre dir, sie sind jetzt so weit, daß sie den Boden kaum noch berühren!»

Dabei kommt nie etwas heraus, dachte ich. Hausgänse sind wie die Menschen, die sie zu besitzen glauben, zu schwach und zu schwer, um ins Paradies zurückkehren zu können.

Dann bog ich einmal morgens mit zwei Eimern Kälberfutter um die Stallecke und begegnete einer Gans, die sich so hoch geschwungen hatte, daß sie mir den Hut vom Kopf schlug. Alle fünf waren anfangs unglaublich ungeschickt. Einmal prallte ein Gänserich so heftig gegen die Telefonleitung, daß ich schon meinte, er habe sich den Hals gebrochen, doch zwei Tage danach flog er höher denn je. Auch als die Gänse schon über die Baumkronen hinwegkamen, machten sie noch eigenartige Fehler. Mal kamen sie mitten unter den Kühen zu Boden, mal landeten sie auf dem Stalldach, rutschten über die Kante und plumpsten auf den Misthaufen. «Ein Wunder, daß sie sich nicht zu Tode stürzen», sagte Walter.

Dann war die Tölpelei plötzlich überwunden. Ihr Flug wurde sicher und wunderbar schön, und wenn sie über mir dahinschwebten, waren sie voller Grazie, daß es mir den Atem verschlug.

Walter sagte, er winke jedesmal, wenn sie an seinem Fenster vorbeikämen. Er mußte nun viel liegen, aber er hatte sein Bett ans Fenster gerollt, so daß er von den Gänsen trotzdem mehr sah als ich. Er war es auch, der mir von dem Unglück berichtete.

«Geh mal nach draußen und sieh hinter deinem Fliederbusch nach», sagte er eines Tages, als ich nach Hause kam. «Dein Springerspaniel und dein Pointer — also, die Gänse kamen direkt vor ihnen herunter, und die beiden gingen auf eine los. Sie konnte wohl nicht schnell genug davonfliegen.»

Ich war ziemlich sicher, daß die Hunde ihr Spiel bei der ersten besten Gelegenheit wiederholen würden. Deshalb trug ich meinen Eimer Hafer an diesem Abend in den Maschinenschuppen, und als die Gänse mir folgten, schlug ich die Tür hinter ihnen zu. «Genug für dieses Jahr», erklärte ich.

An Walter hatte ich an diesem Abend gar nicht gedacht. Als ich eines Morgens zu ihm hineinging, um ihm etwas Holz zum Anzünden kleinzumachen, fiel mir jedoch auf, daß seine Liege nicht mehr am Fenster stand.

«Mein Gott, sind die Tage jetzt lang!» sagte er.

Sein Gesicht war so dünn und grau, daß ich unwillkürlich wegblickte und mich im Zimmer umsah, aber das machte es auch nicht besser, denn wohin ich auch blickte, überall erinnerte etwas an die freie Natur, die er immer so geliebt hatte. Schneeschuhe, Rucksack, Felle, Geweihe, Federn, eine Eiersammlung. «Ich muß immer noch an deine Gänse denken», sagte er. «Daß sie nicht mehr an meinem Fenster vorbeifliegen und mir ihr Hinterteil zudrehen, fehlt mir schon sehr, das kannst du mir glauben. Ich denke immer, wenn ich eine Gans wäre und du ließest mir die Wahl, ob ich lieber in Gefangenschaft sicher sein oder frei umherfliegen und einen Biß in den Hals riskieren möchte, ich wüßte, wie ich mich entscheiden würde!»

Am nächsten Morgen ließ ich die Gänse aus dem Schuppen und sperrte die Hunde ein. Und die Gänse schwangen sich in die Luft und flogen schreiend um die Farm herum und über das Haus hinweg, bis ich glaubte, sie müßten gleich vor Erschöpfung abstürzen.

«Aber die sind doch gar nicht müde!» sagte Walter. «Hörst du sie nicht droben lachen?»

Er hatte sein Lager wieder ganz dicht ans Fenster gerückt. *Eines Morgens komme ich hier herein,* mußte ich denken, *und er liegt tot auf dem Bett.*

Es kam anders. An einem milden, dunstigen Aprilmorgen fand man ihn, einen kleinen Tornister auf dem Rücken und mit einem Feldstecher bewaffnet, auf dem Weg in den Wald. Er hatte nur die Hälfte geschafft.

Sollte einer von Ihnen vor mir hinübergehen, könnte er Walter vielleicht ausrichten, daß die Gänse noch immer frei umherfliegen.

Das in Gefangenschaft geratene Jungwiesel hatte sich bald eingewöhnt und dem Hause angepaßt, aber seinen Instinkt konnte es nicht verleugnen: alles wurde von dem wendigen Wiesel ausgeforscht und ausprobiert

Kobold mit scharfen Zähnen

Von Ulrich Sedlag

DIE ZUR Pilzsuche ausgezogene Familie war überraschend schnell zurück: «Wir haben ein Tier, wissen aber nicht, was es ist!» «Tragt es zurück in den Wald!» war meine Antwort darauf, denn erst kürzlich hatten wir erneut beschlossen, unseren Tierbestand zu verringern. Trotzdem mußte man natürlich feststellen, um was für ein Tier es sich dabei handelte.

Dem Plastikbeutel entströmte entsetzlicher Gestank. Als Urheber erwies sich ein noch sehr junges Mauswiesel. Ein Grund mehr, das Tier wieder zurückzubringen, denn Mauswiesel stehen unter Schutz. Aber Gesetz hin, Gesetz her – konnte man es verantworten, ein offensichtlich noch auf die Mutter angewiesenes Tier wieder auszusetzen? Außerdem ist die Sterblichkeit von Jungwieseln im ersten Winter so hoch, daß es wahrscheinlich ohnehin nur einige Monate leben würde ...

Aber dies wurde erst in zweiter Linie erwogen. Noch staunten wir über das kleine Wesen, das seinen eigenen Gestank überlebt hatte, eine Portion Hackfleisch verspeiste und nach der Mahlzeit ohne alle Umstände die für solche Fälle bereitstehende Flasche annahm. «Das Tier bleibt!» sagte meine Frau, die sich dabei sehr wohl der Mühen erinnerte, die das Hochpäppeln anderer Hausgenossen gekostet hatte.

Jungwiesel sind nur eine kurze Zeit munter, und so ringelte sich unser neuer Freund im eilends eingerichteten Terrarium sofort zum Schlaf zusammen. Aber dabei fehlte ihm offensichtlich der Kontakt mit Mutter und Geschwistern, mit denen es noch vor einer halben Stunde gespielt hatte. In meiner Hosentasche dagegen kam der kleine Kerl schnell zur Ruhe, und es verging geraume Zeit, bis es darin wieder zu krabbeln begann und hellwache Augen aus der Tasche heraus die Umgebung musterten.

Wir nannten das Wieselkind Quicky. Wie quicklebendig ein Wiesel ist, erkannten wir aber erst allmählich, denn vorläufig waren Quickys Bewegungen noch recht verhalten. Eine Maus hätte er noch nicht erjagen können.

Doch nach wenigen Tagen glückten die ersten Sprünge von der Couch auf einen Sessel und auf den Tisch. Dabei zeigte sich immer wieder eine Verhaltensweise, die beim erwachsenen Wiesel nicht mehr auffiel: Jeder neu erkundete Wegabschnitt wurde nach sofortiger Umkehr wiederholt und so zugleich eingeprägt und trainiert. Als Quicky auch den Fußboden und die Bücherregale in sein Revier einbezogen hatte, wurde es schwierig, ihn wieder einzufangen: Erstens finden, zweitens fangen, drittens den Biß seiner spitzen Zähne aushalten!

Vorübergehend konnte man Quicky allerdings in allerlei Röhren, Vasen und Schachteln locken, denn ein Mauswiesel erkundet seine Umgebung genau und schlüpft dabei in alle Winkel und Hohlräume, in denen es in der Natur seine Beutetiere findet. Aber bald wurden die «Fallen», in denen sich Quicky schon einmal gefangen hatte, gemieden. Da kam mir der Gedanke, seine ohnehin zu klein gewordene Kokosnußhütte durch einen Vogelnistkasten zu ersetzen, und mit dieser neuen Heimstatt konnten wir Quicky bald mühelos einfangen.

Dabei spielte es sicher eine entscheidende Rolle, daß die einzige Mahlzeit des Tages nach dem Fang fällig war. So entwickelte sich ein Dressurerfolg, auf den man sich auch in «Katastrophenlagen» unbedingt verlassen konnte. Wie anders hätte man Quicky sonst aus der unerreichbaren Tiefe des Papageienkäfigs herausholen können, in dem es zu nächtlicher Panik gekommen war, nachdem die Papageien am Tag unbemerkt Quickys Käfig beschädigt hatten!

Quickys Fähigkeit, in erstaunlich enge Spalten einzudringen, hatte ich völlig unterschätzt, als es um die Rückwand unseres Rundfunkgerätes ging, in den er schon einmal eingedrungen war.

Eines Tages ein Schreckensschrei: Dieses Mal hatte sich Quicky in das eingeschaltete, mit heiß werdenden Röhren bestückte Gerät gezwängt. Nach Ansicht meiner Frau, die die sich ausbreitende Gestankswolke mißdeutete, war er dort verbrannt. Als wir die Hinderseite endlich mit zitternder Hand aufgeschraubt hatten, erblickten wir kein verschmortes Wiesel, sondern — gar nichts! Doch dann schob sich Quicky sichtlich mitgenommen, aber noch heil unter dem Gerät hervor. Nachwirkungen von Verbrennungen, Schlag oder Schock waren längst überwunden, als wir noch immer auf allen Wellenlängen ein für unsere Nasen bestimmtes «Zusatzprogramm» empfingen. Ein zweites Mal lernten wir den für Schrecksituationen aufgesparten Abwehrgeruch kennen, als ich einmal ungeduldig in die Tasten griff, obwohl Quicky der Aufforderung zum Verlassen meiner Schreibmaschine nicht nachgekommen war. Es war unklug — statt für Minuten mußte ich die Arbeit für mehrere Stunden unterbrechen.

Und noch etwas: Quicky stahl! Aßen wir ausnahmsweise in seinem Revier, mußten wir manchmal um unser Essen kämpfen. Bald versuchte er die Bockwurst wegzuschaffen, bald verschwand er mit einer Nudel nach der anderen hinter den Kissen oder «seiner» Decke. Im Schreibtisch fanden sich die merkwürdigsten Dinge ein. Aus den Vasen wurden regelmäßig die Alpenveilchen entführt. Gelang es Quicky, aus dem Schlafzimmer einen Rest Maus mitzunehmen, brauchte ich nur nach einigen Minuten meinen Karteikasten herauszuziehen. Die Mausreste wurden stets unter «Tiergeographie» abgelegt. Ein großes Schneckenhaus lagerte Quicky dagegen häufig unter anhaltendem Geklapper um. An ähnlichem Geklapper war der Transport einer Hartwurstscheibe zu erkennen, die ich aus dem Verkehr zog, nachdem ich sie bei feierlicher Gelegenheit unerwartet mit den zu überreichenden Auszeichnungen in der Hand gehalten hatte.

Es waren ereignisreiche Jahre mit Quicky, der schließlich das Opfer seiner Furchtlosigkeit wurde, die ihn von der Flucht in den Schlafkasten abhielt, als unser Sumpfmungo in seinen Käfig eindrang.

Aber niemand möge meine Erlebnisse oder Bilder zum Anlaß nehmen, gesetzwidrig auf Wieselfang zu gehen! Man bedenke auch die Fütterung: Wir haben für Quicky schätzungsweise 1000 Mäuse aufgezogen.

*Einer der letzten Meister eines aussterbenden Gewerbes
bringt seinen Vögeln alte Volkslieder bei*

Der «Vogel-Grösch» und seine Dompfaffen

Von James Stewart Gordon

In Trätzhof, einem kleinen Dorf bei Fulda, steht ein rotgedecktes Bauernhaus, das erfüllt ist von den Stimmen eines lustigen Sängervölkchens. Hausherr ist Christian Grösch, ein vierschrötiger Mann mit graumeliertem Haar, weithin bekannt als «Vogel-Grösch», und die Sänger sind rund hundert Dompfaffen, denen Grösch beibringt, auf Kommando alte Volksweisen zu pfeifen. Christian Grösch entstammt einer Familie berühmter Vogellehrer und ist heute einer der letzten, die noch das aussterbende Gewerbe betreiben, den Dompfaffen oder Gimpel, den liebenswürdigen Finkenvogel mit der rostroten Brust, den schwarzen Flügeln und der schwarzen Kappe mit Können, Wissen und Geduld zum Gesangsvirtuosen zu machen.

Die Stimme der von ihm ausgebildeten Vögel hat nichts gemein mit dem Trillern des Kanarienvogels. Der Dompfaff pfeift mit flötenartigem, reinem Ton ganze Melodien. Das Repertoire eines ausgebildeten Dompfaffen besteht aus zwei Liedern, der Vortrag dauert etwas über drei Minuten. Dabei sitzt der Vogel mit scheinbar geschlossenem Schnabel, das Köpfchen leicht schief gelegt, regungslos auf seiner Stange. Wenn man es nicht hörte, wüßte man gar nicht, daß er singt.

Für einen Lehrgang braucht Grösch außer unendlicher Geduld viel Zeit — sechs bis acht Monate. Wenn Anfang Dezember die Abschlußprüfungen beginnen, merken das in Trätzhof alle, die Ohren haben — sie hören, wie in dem Bauernhaus das Aufklopfen eines Taktstockes in das Gezwitscher fährt, wie Grösch mit tiefen Pfeiftönen eine Melodie anstimmt, und gleich darauf hundert Dompfaffen aus voller Kehle einfallen in das Volkslied: «Blau blüht ein Blümelein.»

Schon nach wenigen Takten hören die schwachbegabten Schüler auf, und gegen Ende des Liedes singt nur noch die Hälfte mit. Unaufgefordert beginnen diese Vögel sogleich mit einer zweiten Melodie — «Grad aus dem Wirtshaus komm ich heraus», schon bald aber pfeifen nur noch etwa zehn, diese allerdings mit der musikalischen Vollkommenheit wahrer Philharmoniker. Die «Kommandovögel», die Grösch später an Kunden in allen Teilen der Welt verschickt. Solche Künstler werden hochbezahlt.

Grösch hat diese «Singakademie» in seiner Wohnung untergebracht. Tagaus, tagein steht er bei Morgengrauen auf, greift mit seiner Bärenpranke nach dem Taktstock und macht sich an die Arbeit. Er geht in den Raum, wo die Holzkäfige der Lehrvögel neben- und übereinanderstehen, und klopft, um seine Schüler aus dem Schlaf zu holen, energisch mit dem Taktstock auf. Im Nu wird es in den Käfigen lebendig — ganz wie in einer Kaserne beim Wecken —, und ein großes Gezwitscher und Flügelstrecken hebt an. Sobald Grösch findet, daß es damit genug ist, beginnt er mit dem Unterricht. Er pfeift ihnen die eine Melodie vor und läßt später die zweite folgen. Unbedingt erforderlich ist es, daß er für jede jeden Tag dieselbe Tonhöhe und Tonart einhält.

Die Vögel lauschen ihm wie Schulkinder mit unterschiedlicher Aufmerksamkeit. Die guten, die eines Tages in Ehren bestehen werden und einer glanzvollen Sängerlaufbahn entgegengehen, sind ganz Ohr und üben sich zirpend in der Wiedergabe der Tonfolge, bis sie imstande sind, sie laut hinauszuflöten. Die weniger begabten folgen nur so lange, wie es ihre beschränkte Konzentrationsfähigkeit erlaubt, und pfeifen gewöhnlich die Töne ohne Vorübung sofort nach. Die hoffnungslosen erkennt man schon jetzt daran, daß sie sich mit einem scheuen Seitenblick auf den Lehrer in eine Käfigecke verziehen, wo sie sich unbeobachtet glauben und so tun, als hätten sie gerade ein paar ganz wichtige Körner entdeckt. Überhaupt benehmen sie sich wie die bösen Buben einer Schulklasse.

Mit dem Herrn Lehrer aber ist nicht zu spaßen. So gern er einen guten Schüler lobt, so streng tadelt er einen Taugenichts.

«Sehr schön, Hänschen», sagt er zu einem folgsamen Schüler. Und «Du Stümper, du!» schilt er ein notorisches Faultier. Nach lebenslanger Beobachtung kann Grösch schon bald nach Beginn der Lehre vorhersagen, welcher Vogel einmal ein Virtuose und welcher eine Niete sein wird.

Der Dompfaff — so genannt wegen seines schwarzen Käppchens — ist als einziges Mitglied der überaus zahlreichen und überall verbreiteten Finkenfamilie imstande, ganze Lieder zu erlernen. Diese einzigartige Gabe hat jedoch ihre zwei Seiten. So muß Grösch seine Meisterschüler davor bewahren, unerwünschte Töne zu kopieren, etwa die eines Kanarienvogels. Denn für das Liebhaberohr gibt es nichts Schlimmeres, als wenn ein Dompfaff plötzlich wie ein Kanarienvogel trillert.

Der Dompfaff ahmt auch andere Geräusche nach, nicht nur Vogelstimmen. Grösch, der sich an die Eigenheiten jedes seiner Meisterschüler erinnert, schickte einmal einer Dame, die einen Pudel hatte, einen Kommandovogel, auf den er besonders stolz war. Einige Wochen darauf fuhr der Hund eines Tages zur Überraschung seiner Herrin ohne erkennbare Ursache aus dem Schlaf auf und umsprang sie. Nachdem sich das einige Male wiederholt hatte, entdeckte sie, daß der Dompfaff heimlich ihren Pfiff nachahmte. Später flocht er den Hundepfiff in die Melodie ein, die er gerade flötete. Fortan mußte die Dame, wenn er zu singen begann, ihren Pudel schleunigst außer Hörweite bringen.

Manche Liebhaber möchten von Grösch einen Vogel haben, der ein Lied ihrer eigenen Wahl singen kann. Grösch übt der Vogelklasse jedoch grundsätzlich immer ein und dasselbe Repertoire ein. Vor einigen Jahren aber bekam er einmal einen Auftrag, der so verlockend war, daß er nicht widerstehen konnte. Ein Argentinier wollte einen Dompfaffen haben, der die argentinische Nationalhymne pfeifen konnte. Er ging auch auf die Bedingung ein, die ganze Klasse abzunehmen. Um nämlich einen zuverlässigen Kommandovogel zu bekommen, mußte Grösch die gewünschte Melodie mit einem ganzen Jahrgang üben. Zur Examenszeit hatte er tatsächlich einen Meistersinger, der die Nationalhymne konnte, dazu allerdings zahlreiche andere Vögel, die nur die Hälfte oder sogar nur vier Töne zustande brachten, und einige, die nicht mehr konnten, als mit dem Sterz zu wippen.

Grösch wußte, daß die Vögel nur gut lernen, wenn man ihnen eine Melodie immer wieder in genau gleichbleibender Weise vorpfeift, und so kaufte er sich eines Tages ein Tonbandgerät, pfiff sein Repertoire auf Band und glaubte nun, den idealen automatischen Lehrer zu haben. Das Ergebnis war jedoch enttäuschend. Wohl lauschten die Vögel dem Tonband, doch reagierten sie darauf nur mechanisch. Grösch zog seine Lehre daraus. «Das Tonband», sagt er, «kann zwar die Töne wiedergeben, den Vögeln aber keine Liebe bezeigen – und ein Schüler bringt es nur zu etwas, wenn man ihm Liebe bezeigt.»

In der guten alten Zeit vor dem Ersten Weltkrieg gab es in Deutschland viele Menschen, die aus Liebhaberei Vögel zum Singen abrichteten. Ein Züchtungsobjekt war bei Bauern und

Waldarbeitern namentlich im Harz der importierte Kanarienvogel. Die Leute züchteten den beliebten Sänger in der Küche oder im Schuppen und stockten durch den Verkauf ihr mageres Einkommen auf. Es war die Zeit, als der Harzer Roller zu Weltberühmtheit gelangte. Bald jedoch besann man sich darauf, daß auch die Dompfaffen aus den heimischen Wäldern vorgepfiffene Volksweisen vorzüglich nachpfeifen konnten und überdies jederzeit leicht zu haben waren.

Grösch, übrigens ein tüchtiger, erfolgreicher Landwirt, ist heutzutage der einzige, der sich noch damit abgibt. Er ist seiner Natur und seiner Familientradition nach der geborene Vogelliebhaber. Sein Vater und sein Großvater waren bekannte Vogellehrer. Sie stellten ihre Dompfaffen in ganz Europa aus und zählten gekrönte Häupter, Adelsfamilien und Industrielle zu ihren Kunden.

Als sein Großvater einmal in Rußland war, bestellte die damalige Zarin, eine deutsche Prinzessin, die singende Dompfaffen aus ihrer Heimat kannte, einen Vogel bei ihm. Darauf wurde es in russischen Hofkreisen Mode, bei Grösch einen Dompfaffen zu bestellen und ihn im Wohnzimmer singen zu lassen.

Christian Grösch ist kein studierter Ornithologe, doch dürfte es kaum jemand geben, der vom Dompfaffen mehr weiß als er.

In jedem Spätfrühling durchstreift er die Wälder auf der Suche nach Jungvögeln für seine Singakademie (er hat dafür eine Sondergenehmigung). Den Rucksack auf dem Rücken, geht er ein rund 130 Quadratkilometer großes Gebiet ab. Dompfaffen sind Strichvögel, die gern an ihre Brutplätze zurückkehren, und Grösch weiß aus langer Erfahrung, wo die Nester sitzen, die guten Schülernachwuchs versprechen, denn er fahndet in den Wäldern seit Jahren systematisch nach Dompfaffen, die besonders schön singen, merkt sich ihre Nester und holt sich dort Jungvögel — in der Erwartung, daß sie etwas von Papas Gesangskunst abbekommen haben. Zu Hause atzt er sie mit hartem Ei, bis sie Körner fressen und im Einzelkäfig für sich selber sorgen können. Gesangsunterricht gibt er ihnen täglich dreimal.

Nach dem Lehrgang kommen die Vögel, bevor sie an Kunden verschickt werden, zu Nachbarn in Pension, damit sie sich an Fremde gewöhnen. Vor dem Zeitalter des Düsenflugzeugs war es immer ein Problem, Vögel über größere Entfernungen zu versenden. Heute kommt der Vogel in einen eigens dafür angefertigten Karton, auf dem in mehreren Sprachen eine genaue

Anweisung fürs Füttern und Tränken steht. Die Kartons werden von Fulda zum Frankfurter Flughafen und von dort mit Düsenmaschinen in alle Welt gebracht.

Als seine vier besten Kunden betrachtet Grösch einen Stuttgarter Ingenieur, der alljährlich zu Weihnachten Dompfaffen verschenkt, einen Essener Brauer, einen Düsseldorfer Börsenmakler und einen Athener Kaufmann. Der Athener hat ihn zum Dank für seine geliebten Dompfaffen – er hat schon den dritten – mit griechischen Weinen überrascht. Der Börsenmakler, ein Junggeselle, hat die Gewohnheit, sich jährlich um die Weihnachtszeit zu verlieben und der Dame seines Herzens einen Dompfaffen zu verehren. In seinem Auftrag hat Grösch seit 1950 solche gefiederten Angebinde schon an dreizehn Damen gesandt.

Heute ist das Angebot an ausgebildeten Dompfaffen knapp. Eine Dame in Schottland, die sich einen solchen Vogel schon seit ihrer Kindheit wünschte, als ihr Onkel einmal einen aus Deutschland mitgebracht hatte, hat durch Vermittlung des Frankfurter Senckenberg-Museums schließlich den «Vogel-Grösch» ausfindig gemacht und von ihm einen Dompfaffen bekommen. Als der heißgeliebte Sänger einging und sie Grösch um einen anderen bat, mußte er ihr zu seinem Leidwesen mitteilen, daß sie sich eine Weile gedulden müsse. Er züchtet zwar schon selber Kommandovögel, kann den Bedarf damit aber nicht decken. So muss er immer wieder in die Wälder gehen und sich Jungvögel aus den Nestern holen.

Da sich sein Vogelhandel über die ganze Welt erstreckt, bedient sich Grösch bei seinen Geschäften der internationalen Verbindungen der Deutschen Bank, die in Fulda eine Filiale hat.

«Es hat etwas Bezauberndes», sagt der Leiter der Fuldaer Filiale, «wenn solche entzückende Tierchen durch unsere Bücher laufen.»

Des Herrn Handshaws seligen Vaters Heilmethoden waren besser als diejenigen des Tierdoktors

Die alte Heilmethode

Von James Herriot

Mr. Handshaws Miene verriet, daß er mir kein Wort glaubte. Er stand mit zusammengepreßten Lippen da und blickte auf seine Kuh.

«Ein Beckenbruch? Sie wollen mir einreden, daß sie nie mehr aufstehen kann? Sehen Sie doch, wie sie wiederkäut! Ich sage Ihnen, junger Mann — mein Vater hätte sie bald hochgebracht, wenn er noch lebte.»

In meiner damals einjährigen Praxis als Tierarzt hatte ich einiges gelernt, zum Beispiel, daß Bauern schwer zu überzeugen waren — vor allem die Männer aus den Yorkshire Dales.

Und dieses Gerede von seinem Vater! Mr. Handshaw war in den Fünfzigern, und sein Vertrauen in die Geschicklichkeit und das Urteilsvermögen seines seligen Vaters hatte etwas Rührendes. Aber ich hätte sehr gut ohne das auskommen können, denn der Fall brachte schon genügend Unannehmlichkeiten mit sich. Es gibt nämlich kaum etwas, was einem Tierarzt mehr an die Nieren geht als eine Kuh, die nicht aufstehen will. Dem Laien mag es seltsam erscheinen, daß ein offensichtlich von seinen ursprünglichen Beschwerden kuriertes Tier sich trotzdem nicht vom Boden erheben kann, aber es kommt vor. Und eine Milchkuh, die nur liegt, hat logischerweise keine Zukunft.

Die Sache hatte damit angefangen, daß mich Siegfried zu einem Fall von Milchfieber schickte. Dieser plötzlich auftretende Kalziummangel befällt hochergiebige Tiere unmittelbar nach dem Kalben und verursacht Kollaps und anhaltendes Koma. Als ich Mr. Handshaws Kuh zum erstenmal sah, lag sie regungslos ausgestreckt auf der Seite, und ich mußte sehr genau hinschauen, um mich zu vergewissern, daß sie nicht tot war.

Aber ich holte vertrauensvoll meine Kalziumflaschen hervor, denn glücklicherweise hatte ich mein Examen gerade zu dem Zeitpunkt gemacht, als die Gelehrten endlich Herr über dieses bis dahin tödliche Phänomen geworden waren. Mit Hilfe der Kalziumtherapie konnte man innerhalb weniger Minuten ein Tier vor dem unmittelbaren Tod bewahren. Das erforderte nur ein Minimum an Geschicklichkeit, machte aber stets großen Eindruck.

Als ich zwei Injektionen gemacht hatte — die eine intravenös, die andere subkutan — und Mr. Handshaw mir half, das Tier auf die Seite zu rollen, war bereits eine deutliche Besserung eingetreten. Die Kuh blickte umher und schüttelte den Kopf, als frage sie sich, wo sie in den letzten Stunden gewesen sei. Ich war sicher, daß es nicht lange dauern würde, bis sie wieder auf den Beinen stand. Aber ich konnte nicht warten, denn auch anderswo wurde ich gebraucht.

«Rufen Sie mich an, falls sie heute mittag noch nicht wieder hoch ist», sagte ich pro forma. Für mich stand fest, daß ich hier nicht mehr benötigt wurde.

Als der Bauer mittags anrief, um mir zu sagen, daß die Kuh noch immer lag, nahm ich das ziemlich gelassen hin. Manche Tiere brauchten eben eine zusätzliche Injektion. Ich fuhr hin und spritzte nochmals Kalzium.

Auch als ich am nächsten Tag erfuhr, daß sie noch immer nicht aufgestanden war, machte ich mir keine Sorgen. Mr. Handshaw dagegen, der mit hochgezogenen Schultern neben seiner Kuh stand, war enttäuscht über meinen Mangel an Erfolg.

«Wird Zeit, daß sie sich aufrappelt. Ewig kann sie hier doch nicht liegen. Können Sie ihr denn nichts geben? Ich habe ihr heute morgen schon eine Flasche Wasser ins Ohr gegossen, aber nicht mal das hat geholfen.»

«Sie haben ihr . . . ?»

«Kaltes Wasser ins Ohr gegossen. Mein Vater kriegte damit jede Kuh wieder auf die Beine, und er verstand was von Tieren.»

«Das bezweifle ich nicht», sagte ich kühl. «Aber ich halte eine weitere Injektion für wirksamer.»

Der Bauer sah mürrisch zu, wie ich das Kalzium injizierte. Die Prozedur hatte ihre Magie eingebüßt.

Als ich die Spritze einpackte, sagte ich, sehr um Herzlichkeit bemüht: «Ich würde mir keine Gedanken machen. Viele Kühe bleiben ein oder zwei Tage liegen — morgen früh wird sie wahrscheinlich wieder umherspazieren.»

Das Telefon klingelte kurz vor dem Frühstück, und mein Magen krampfte sich zusammen, als ich Mr. Handshaws Stimme hörte. Sie klang düster. «Es hat sich nichts geändert. Sie liegt da und frißt, steht aber nicht auf. Was wollen Sie jetzt machen?»

Ja, was soll ich jetzt machen, dachte ich, als ich zum Hof des Bauern fuhr. Die Kuh lag nun schon achtundvierzig Stunden.

Der Bauer ging prompt zur Attacke über. «Mein Vater hat immer gesagt, wenn sie so daliegen, haben sie einen Wurm im Schwanz, und dann hilft nur eins: das Schwanzende abhacken.»

Dieser Hinweis trug nicht dazu bei, meine Stimmung zu heben. Ich hatte schon früher Ärger mit diesem Mythos gehabt. Besonders tückisch daran war, daß Leute, die diese Barbarei betrieben, oft auf gute Erfolge verweisen konnten — wenn man das Schwanzende abhackt, berührt ja der Stumpf den Boden, und der dabei entstehende Schmerz hat schon so manche widerspenstige Kuh auf die Beine gebracht.

«Es ist überhaupt kein Wurm im Schwanz, Mr. Handshaw», sagte ich. «Und finden Sie es nicht grausam, einer Kuh den Schwanz abzuhacken?»

Der Bauer kniff die Augen zusammen. «Aber was wollen Sie denn unternehmen, in Dreiteufelsnamen? Irgendwie müssen wir die Kuh doch hochkriegen.»

Ich holte tief Luft. «Also das Milchfieber hat sie zweifellos überstanden, denn sie frißt gut und sieht recht zufrieden aus. Wahrscheinlich ist es eine leichte rückwärtige Lähmung. Noch mehr Kalziumspritzen sind sinnlos, ich werde es lieber mit einem Aufputschmittel versuchen.» Ohne die geringste Hoffnung machte ich die Spritze zurecht. Ich hatte nicht einen Funken Vertrauen zu dem Stimulans.

Als ich mich zum Gehen wandte, rief Mr. Handshaw mir nach: «He, Mister, da fällt mir gerade was ein. Mein Vater hat viele Kühe auch dadurch hochgekriegt, daß er ihnen ins Ohr brüllte. Ich habe keine kräftige Stimme, wollen Sie's nicht versuchen?»

Es war ein bißchen spät, mich auf meine Würde zu berufen. Ich ging also zu dem Tier, packte es beim Ohr, beugte mich vor und schrie aus vollem Hals in die haarige Tiefe. Die Kuh hielt im Kauen inne und sah mich fragend an; dann sanken ihre Lider herab, und sie kaute zufrieden weiter. «Wir werden ihr noch einen Tag Zeit lassen», sagte ich müde. «Und wenn sie morgen immer noch so daliegt, werden wir versuchen, sie hochzuhieven. Könnten Sie ein paar Nachbarn bitten, mit anzufassen?»

Als ich an diesem Tag zu meinen anderen Patienten fuhr, war ich voller Minderwertigkeitsgefühle. Verdammte Geschichte! Meine Möglichkeiten waren begrenzt. Heutzutage gibt es auch noch Kühe mit Milchfieber, die nicht aufstehen wollen, aber der Tierarzt verfügt über eine viel größere Auswahl an Hilfsmitteln, wenn das Kalzium nicht wirkt.

Wie ich erwartet hatte, brachte der nächste Tag keine Veränderung im Zustand der Kuh. Mr. Handshaws Nachbarn umringten mich, als ich aus dem Wagen stieg. Sie waren in Feststimmung, grinsten voller Zuversicht und sparten nicht mit hilfreichen Ratschlägen, wie Bauern es immer tun, wenn dem Vieh anderer Leute etwas fehlt.

Es wurde viel gelacht und gefrotzelt, während wir Säcke unter den Körper der Kuh zogen. Eine Flut von verrückten Vorschlägen ergoß sich über mich, die ich jedoch zu überhören suchte. Als wir die Kuh mit einem gemeinsamen Hauruck aufrichteten, war das Ergebnis wie erwartet: Sie hing ganz gelassen mit baumelnden Beinen in der Luft. Ihr Besitzer lehnte an der Wand und beobachtete niedergeschlagen unsere Bemühungen.

Nach vielem Keuchen und Stöhnen ließen wir den schwerfälligen Körper herunter, und alle sahen mich erwartungsvoll an. Ich zermarterte mir noch verzweifelt das Gehirn, als Mr. Handshaw sich wieder zum Wort meldete.

«Mein Vater hat immer gesagt, ein fremder Hund bringt eine Kuh unweigerlich auf die Beine.»

Die versammelten Bauern murmelten zustimmend, und alle boten spontan ihre Hunde an. Ich versuchte ihnen klarzumachen, daß ein Hund genügen würde, aber ich hatte viel an Autorität eingebüßt: außerdem war jeder begierig, die Tüchtigkeit seines Hundes im Umgang mit Kühen zu demonstrieren. Es erfolgte ein plötzlicher erregter Aufbruch, und sogar Mr. Smedley, der Krämer, radelte in rasendem Tempo davon, um seinen Terrier zu holen. Schon wenig später wimmelte der Kuhstall von kläffenden, knurrenden Kötern. Die Kuh ignorierte sie jedoch alle; sie schwenkte lediglich ihre Hörner.

Der Höhepunkt wurde erreicht, als Mr. Handshaws eigener Hund vom Feld kam, wo er beim Schafehüten geholfen hatte. Er war ein knochiges, zähes Tier mit blitzschnellen Reaktionen und sehr reizbar. Angriffslustig stolzierte er in den Kuhstall, warf einen einzigen erstaunten Blick auf die Meute der vierbeinigen Eindringlinge und fing sofort an, sein Territorium zu verteidigen.

Innerhalb von Sekunden war der schönste Hundekampf entbrannt, den ich je gesehen hatte. Die Rufe der Bauern übertönten das wütende Kläffen und Knurren. Ein beherzter Mann sprang mitten in das Gewühl hinein und tauchte mit einem winzigen Jack Russel auf, der sich in den Absatz seines Wellingtonstiefels verbissen hatte. Mr. Reynolds von Clover Hill rieb den Schwanz der Kuh zwischen zwei kurzen Stöcken und schrie: «Auf! Auf!» Ich stand hilflos dabei. Ein mir völlig unbekannter Mann zupfte mich am Ärmel und flüsterte: «Haben Sie schon versucht, ihr alle zwei Stunden einen Teelöffel Jeyestropfen in einem halben Liter Bier zu geben?»

Mir war, als wären alle Kräfte der schwarzen Magie entfesselt und fielen über mich her. Meine spärlichen wissenschaftlichen Hilfsmittel schienen gegen diesen Ansturm keine Chance zu haben. Ich weiß nicht, wie ich bei dem Höllenlärm den knarrenden Laut hören konnte — vermutlich weil ich mich zu Mr. Reynolds hinuntergebeugt hatte und ihm ins Gesicht schrie, er solle aufhören, den Schwanz der Kuh zu reiben. Gerade in diesem Augenblick veränderte die Kuh ein wenig ihre Lage, und ich hörte das Knarren ganz deutlich. Es kam vom Becken.

Ich brauchte einige Zeit, um mir Gehör zu verschaffen — offenbar hatten alle meine Anwesenheit vergessen —, aber endlich wurden die Hunde voneinander getrennt und mit Stricken angeleint, das Geschrei verstummte, Mr. Reynolds wurde von dem Kuhschwanz weggezerrt, und die Bühne gehörte mir.

Ich wandte mich an Mr. Handshaw. «Würden Sie mir wohl heißes Wasser, Seife, und ein Handtuch holen?»

Er schlurfte brummend davon, als erwarte er nicht viel von dem neuen Versuch. Meine Aktien standen offensichtlich schlecht.

Ich zog die Jacke aus, seifte meine Arme ein und schob eine Hand in den Mastdarm der Kuh, bis ich den harten Knochen des Schambeins fühlte. Ich packte ihn durch die Wand des Mastdarms hindurch und blickte zu meinem Publikum auf. «Würden zwei von Ihnen die Kuh an den Hüftknochen festhalten und sie ganz sanft hin- und herschaukeln?»

Ja, da war es wieder. Ganz einwandfrei. Ich konnte es hören und auch fühlen — eine Lockerheit, ein schwaches Knarren, fast ein Kratzen.

Ich stand auf und wusch meinen Arm. «Also, Mr. Handshaw, ich weiß, warum Ihre Kuh nicht hochkommt — sie hat einen Beckenbruch. Ist wahrscheinlich in der ersten Nacht passiert, als sie mit dem Milchfieber umherwankte. Die Nerven scheinen auch beschädigt zu sein. Es ist hoffnungslos, fürchte ich.» Obwohl ich eine schlechte Nachricht verkündete, empfand ich es als Erleichterung, daß ich eine vernünftige Diagnose zu bieten hatte.

Mr. Handshaw starrte mich an. «Hoffnungslos? Wieso das?»

«Tut mir leid», sagte ich, «aber so ist es nun einmal. Sie können nichts weiter tun, als das Tier zum Schlachter zu bringen. Es hat keine Kraft in den Hinterbeinen und wird nie wieder aufstehen.»

Das brachte Mr. Handshaw endgültig auf die Palme, und er hielt eine längere Rede. Er war nicht eigentlich unfreundlich oder beleidigend, aber er wies mit Nachdruck auf meine Unzulänglichkeit hin und beklagte von neuem die Tatsache, daß sein Vater nicht mehr am Leben war und alles in Ordnung bringen konnte. Die anderen Bauern standen herum und genossen jedes Wort.

Als Mr. Handshaw mit seiner Rede fertig war, ging ich fort. Für mich gab es nichts mehr zu tun, und irgendwann würde der Bauer einsehen müssen, daß ich recht hatte.

Am nächsten Morgen war mein erster Gedanke die Kuh. Es war eine fatale Angelegenheit, aber wenigstens bestanden jetzt keine Zweifel mehr, und das fand ich beruhigend. Ich kannte die Ursache der Lähmung, ich wußte, es gab keine Hoffnung, und ich brauchte mir über nichts mehr den Kopf zu zerbrechen.

Ich war überrascht, Mr. Handshaws Stimme schon so bald wieder am Telefon zu hören. Ich hatte geglaubt, es würde zwei oder drei Tage dauern, bis er einsah, daß er im Unrecht war.

«Ist da Mr. Herriot? Ja, dann also guten Morgen. Ich rufe nur an, um Ihnen mitzuteilen, daß meine Kuh wieder auf den Beinen ist und es ihr gutgeht.»

Ich umklammerte den Hörer mit beiden Händen. «Was? Was sagen Sie?»

«Ich sagte, meine Kuh ist wieder in Ordnung. Spazierte heute morgen kreuzfidel im Stall umher. Kein Mensch würde glauben, daß ihr irgendwas gefehlt hat.» Nach einer Pause fügte er vorwurfsvoll wie ein strenger Schulmeister hinzu: «Und Sie haben dagestanden und behauptet, sie würde nie wieder aufstehen.»

«Aber... aber...»

«Sie wundern sich, wie ich das gemacht habe? Wissen Sie, mir fiel auf einmal ein anderer alter Trick meines Vaters ein. Ich besorgte mir das Fell von einem frischgeschlachteten Schaf und legte es der Kuh auf den Rücken. Im Handumdrehen war sie hoch

— Sie müssen herkommen und sich das anschauen. War doch ein wunderbarer Mann, mein Vater.»

Ich ging wie betäubt ins Eßzimmer, um meinen Chef zu konsultieren. Siegfried war um drei Uhr nachts durch eine kalbende Kuh aus dem Schlaf gerissen worden und sah völlig zerknittert aus. Er hörte mir schweigend zu, während er sein Frühstück verzehrte. Dann schob er den Teller beiseite und goß sich eine letzte Tasse Kaffee ein. «Pech, James. Das alte Schafsfell — haben Sie noch nie davon gehört? Komisch, Sie sind doch schon über ein Jahr in den Dales. Wahrscheinlich kommt es allmählich aus der Mode. Wissen Sie, es steckt ein Fünkchen Vernunft darin wie bei vielen dieser alten Heilmittel. Sie können sich ja vorstellen, daß unter einem frischen Schafsfell eine ganz schöne Hitze herrscht, und folglich wirkt es wie ein Breiumschlag. Wenn eine Kuh aus purer Bosheit so daliegt, steht sie oft auf, nur um es loszuwerden.»

«Aber verdammt, was ist mit dem Beckenbruch? Ich sage Ihnen, es knarrte und kratzte und wackelte hörbar und fühlbar.»

«Mein lieber James, Sie sind nicht der erste, der darauf reingefallen ist. Manchmal ziehen sich die Beckenbänder erst ein paar Tage nach dem Kalben wieder zusammen, und in der Zwischenzeit liegt der Verdacht auf einen Bruch nahe.»

«Oh Gott», stöhnte ich und starrte auf das Tischtuch. «Was habe ich da zusammengepfuscht.»

«Nein, nein.» Siegfried zündete sich eine Zigarette an. «Diese alte Kuh spielte wahrscheinlich gerade mit dem Gedanken aufzustehen, als Handshaw ihr das Fell über den Rücken warf. Sie hätte ebensogut nach einer Ihrer Injektionen aufstehen können, und dann wären *Sie* der große Mann gewesen. Wissen Sie noch, was ich Ihnen damals gesagt habe, als Sie zu uns kamen? Ein Tierarzt kann noch so gescheit sein, er läuft jeden Augenblick Gefahr, sich unsterblich zu blamieren. Keiner von uns ist davor sicher, also vergessen Sie die Geschichte, James.»

Aber das war leichter gesagt als getan. Diese Kuh wurde zu einer Berühmtheit in unserer Gegend. Mr. Handshaw zeigte sie voller Stolz dem Postboten, dem Polizisten, den Getreidehändlern, den Lastwagenfahrern, den Beamten des Landwirtschaftsministeriums, und sie alle sprachen mich darauf an, oft genug mit belustigtem Lächeln. Mr. Handshaws Worte waren immer dieselben: «Da ist die Kuh, von der Mr. Herriot gesagt hat, sie würde nie wieder aufstehen.»

*Immer schlechter ging es dem riesigen Tier, es konnte nicht mehr essen und nicht mehr trinken.
Man mußte unbedingt etwas tun*

Der Apfel und der Elefant

VON DAVID TAYLOR

SCHON ALS Schuljunge streifte ich gern durch die Felder und Hochmoore meiner Heimat, der englischen Grafschaft Lancashire, denn ich interessierte mich brennend für alles, was da kreuchte und fleugte und schwamm. Unablässig waren Tiere in Not. Ich vergaß meine Hausaufgaben, während ich versuchte, ein krankes Schaf mit Kräutersud aus unserer Hausapotheke zu kurieren, oder ein Loch in einem Schildkrötenpanzer mit Gummilösung aus der Satteltasche meines Fahrrads flickte. Aber im Lauf der Jahre fühlte ich mich mehr und mehr zu exotischen Arten hingezogen, zu wildlebenden, seltenen Tieren.

Heute habe ich mich als Veterinär auf solche Geschöpfe spezialisiert. Deshalb überraschte es mich keineswegs, als ich zu einem Zirkus gerufen wurde, der in dem Badeort Great Yarmouth an der Ostküste gastierte. Ein Elefant war erkrankt, angeblich an Maul- und Klauenseuche. Ich hatte noch nie einen lebenden Elefanten mit dieser Krankheit gesehen, sondern nur von ein paar Verdachtsfällen gehört, bei denen hinten in der Mundhöhle große Geschwüre aufgetreten waren.

Ein älterer Deutscher mit trauriger Miene, der, wie sich herausstellte, die Elefanten trainierte, ein Polizist und ein Mann in einem schwarzen Gummimantel unterhielten sich. «Ich bin Dr. Taylor und soll nach dem Elefanten sehen», sagte ich.

Der Mann im Gummimantel streckte mir die Hand hin. «Tompkins», sagte er, «Tierarzt vom Landwirtschaftsministerium, bin mit dieser MKS-Meldung befaßt.»

«Mein Name ist Hopfer», sagte der Deutsche. «Bitte, Herr Doktor, kommen Sie hier entlang. Gerda ist sehr krank.»

DER APFEL UND DER ELEFANT

Die Elefantenkuh Gerda stand trübselig in einer Pfütze aus Speichel, der von ihrer Unterlippe auf das Pflaster triefte.

«Sie soll den Mund aufmachen», sagte ich zu Herrn Hopfer.

«Gerda, auf, auf!» rief er.

Sie hob den Rüssel, und Tompkins leuchtete mit seiner Taschenlampe in die rosarote Höhle hinein. Es war weder eine Blase noch ein Geschwür zu sehen.

«Meines Wissens kriegen Elefanten keine MKS», meinte Tompkins. «Aber gucken wir uns zur Sicherheit mal die Füße an.»

Vorsichtig ging er um Gerda herum und betrachtete ihre säuberlich gefeilten und eingeölten Zehennägel. Auch dort keine Anzeichen von Geschwüren. Als Tompkins sich niederbeugte und mit seiner Lampe den linken Hinterfuß anleuchtete, mußte Gerda Wasser lassen. Zu seinem Pech hatte der Amtsveterinär den zu seinem Ölzeug gehörenden wasserdichten Hut nicht auf. So kriegte er den Sturzbach direkt auf den Kopf.

«Urin soll ja sehr gut für den Teint sein», bemerkte der Polizist trocken.

«Mir reicht's», stieß Kollege Tompkins hervor und schüttelte sich. «Verdacht auf Maul- und Klauenseuche nicht bestätigt. Damit ist der Fall für mein Ministerium erledigt.»

«So, Herr Hopfer», sagte ich, «nun erzählen Sie mir mal die ganze Geschichte.»

«Heute morgen, wie ich zu Gerda komme, trieft ihr schon das Maul. Sie will nicht essen, nicht einmal trinken. Vielleicht hat sie etwas am Zahn?»

Zahnweh war tatsächlich eine Möglichkeit. Auf Hopfers Kommando öffnete Gerda wieder das Maul. Sorgfältig leuchtete ich mit der Taschenlampe jeden Zahn ab, während ich mit der anderen Hand ihre glitschige, dicke Zunge niederdrückte. Ich befühlte Gerdas Drüsen, betastete ihre Kehle, maß die Temperatur und entnahm eine Blutprobe. Alles war in Ordnung. Aber Gerdas Speichel rann.

«Bringen Sie mir ein paar Bananen und einen Eimer Wasser», sagte ich zu Hopfer.

Gerda packte eine geschälte Banane mit dem Rüssel, schob sie ins Maul und schluckte. Doch kurz darauf kam die Banane als Brei langsam wieder zum Vorschein und tropfte ihr aus den Mundwinkeln. Ich setzte ihr den Eimer Wasser vor. Prompt sog die Elefantendame den Rüssel voll und spritzte es sich in den Mund. Schluckte. Doch das Wasser strömte postwendend wieder heraus.

«Was haben Sie den Elefanten gestern zuletzt zu fressen gegeben?» fragte ich Herrn Hopfer.

«Gehackte Möhren und Äpfel.»

Äpfel! Sicher war einer davon dem Hackmesser entgangen und Gerda irgendwo im Schlund steckengeblieben. Er konnte an einer von drei Stellen sitzen: wo die Speiseröhre in den Brustkasten einmündet, wo sie über dem Herzen verläuft oder wo sie das Zwerchfell passiert. Jedenfalls war Gerda in großer Gefahr.

Beim Rind werden solche Pfropfen oft auf natürlichem Wege ausgeschieden, wenn man das Tier 24 Stunden sich selbst überläßt. Das war meine erste schwache Hoffnung. Ich nahm mir ein Hotelzimmer in der Nähe und sorgte dafür, daß die bedauernswerte Elefantendame wenigstens reichlich Trinkwasser zur Verfügung hatte. Vielleicht sickerte etwas an dem Apfel vorbei in den Magen.

Doch am nächsten Tag hatte sich Gerdas Zustand wesentlich verschlechtert. Die Augen lagen tief in den Höhlen, sie war schwach, litt offensichtlich unter Flüssigkeitsmangel. Ich mußte diesen Apfel in Bewegung bringen — aber wie? Schob ich nach, so konnte die Speiseröhre bersten. Operieren kam nicht in Frage; keine Maschine vermochte die Lungen der sechs Tonnen schweren Riesin bei geöffnetem Brustraum mit Sauerstoff zu füllen.

Am dritten Tag hatte Gerda rote Augen, ihr Atem roch übel, und unaufhörlich floß der Speichel. Sie hatte furchtbaren Durst. Ich machte ihr jetzt stündlich einen Einlauf mit einem Plastikschlauch und einer alten Handpumpe aus dem Arsenal der Zirkusfeuerwehr. Dabei versuchte ich ihr eine Traubenzuckerlösung so tief wie möglich in den Darm hineinzupumpen. Es war eine mühselige, schmutzige Arbeit, und Gerda behielt jeweils nur etwa vier bis fünf Liter bei sich.

Um den fünften Tag verfiel sie zusehends. Am Morgen unternahm ich einen Strandspaziergang und dachte angestrengt nach. Dann faßte ich einen Entschluß. Ich würde Gerda leicht betäuben, dann eine Schlundsonde (das ist ein langer Lederschlauch mit einer abgerundeten Metallverdickung am Ende) einführen und auf mein und Gerdas Glück vertrauen.

Ich verabreichte der Elefantendame eine kräftige Dosis eines bewährten, starken Beruhigungsmittels. Nach einer halben Stunde legte sie sich still und friedlich auf die Seite. Der Speichelfluß dauerte an. Herr Hopfer zog am Oberkiefer, ein Stallgehilfe am Unterkiefer. Behutsam schob ich Gerda die mit Lebertran eingefettete Sonde in den Hals.

Ein halber Meter Schlauch verschwand — und plötzlich ging es nicht mehr weiter. Ich markierte den Schlauch, nahm ihn heraus und legte ihn als Meßband an den Körper des Tieres. So ermittelte ich, daß der Apfel dort steckte, wo die Speiseröhre über dem großen Herzen verläuft. Ich mußte ihn hinabdrücken.

Wieder führte ich die Sonde bis zu dem Apfel ein. Der nächste kräftige Stoß konnte zur Folge haben, daß Gerdas Herz versagte, daß die Speiseröhre platzte und der Apfel in den Brustraum rutschte. Aber es konnte ja auch gutgehen.

Ich biß die Zähne zusammen und verstärkte stetig den Druck gegen die Sonde. Da — mit einemmal ließ sie sich ganz leicht bewegen. Etwas hatte nachgegeben. War der Apfel weitergeglitten, klaffte in der Speiseröhre ein Loch, lag der Apfel auf der Lunge?

Langsam zog ich die Sonde zurück, bis das blinkende Metallende aus Gerdas Maul fiel. Der Schlauch war mit klarem Schleim und Resten von Bananenbrei bedeckt, wies aber keinerlei Blutspuren auf.

Wir konnten es kaum erwarten, daß die Wirkung des Beruhigungsmittels abklang. Endlich, gegen 21 Uhr, stand Gerda taumelig auf.

Ich ließ einen Eimer Heutee (frisch gemähtes Wiesenheu mit heißem Wasser) kommen und stellte ihn vor Gerda hin. Da ihr Rüssel schlaff herabhing, steckte ich ihn in die goldfarbene Flüssigkeit. Wenig später war der Eimer zur Hälfte geleert. Langsam rollte das entkräftete Tier den Rüssel ein und spritzte den Inhalt in den Mund. Ich sah, daß sich die Schlundmuskeln zusammenzogen. Eine Welle durchlief Gerdas Kehle — sie hatte geschluckt. Wie zu Bildsäulen erstarrt, warteten wir. Doch der Tee blieb drin.

«Rasch eine Banane!» rief ich.

Herr Hopfer rannte los und brachte ein ganzes Büschel. Ich riß eine Banane ab und schob sie Gerda ungeschält in den Mund. Schwupp! war sie verschwunden. Noch immer entsetzlich schwach, streckte Gerda den Rüssel zittrig, doch gierig nach weiteren Bananen aus.

In dieser Nacht wachte ich bei ihr und paßte auf, daß sie sich nicht zu viel Futter oder Wasser auf einmal einverleibte. Bei Tagesanbruch hatte sie sich erholt. Ich ging ins Hotel zurück.

«Sieh da!» sagte die Kellnerin, als ich am Frühstückstisch erschöpft auf meinen Stuhl sank. «Sie haben sich wohl in der Stadt herumgetrieben, Sie Schlimmer. Hab's ja gewußt, daß Sie in Great Yarmouth auf Ihre Rechnung kommen würden.»

*Winter für Winter führte derselbe kecke Vogel
die geschäftigen Schwarzkopfmeisen vor unserem Fenster an.
Aber dann war auch seine Zeit eines Tages um*

Freundschaft mit Schwarzkopfmeisen

VON JEAN GEORGE

WENN DER Waschbär sich in einen hohlen Baum verkriecht, um Winterschlaf zu halten, wenn das Stinktier seinen Bau mit einem Pfropfen aus Laub verrammelt und der Biber sich unter dem Eis einfrieren läßt, kommt es einem draußen in der Natur recht still vor, geradezu verödet. Aber es regt sich trotzdem noch genug. Dafür sorgen schon die Schwarzkopfmeisen. Was die für einen Heidenspektakel machen können, wenn sie irgendwo ein Futterhäuschen haben und über ihren mit Körnern vermengten Talg herfallen, erlebe ich täglich vor meinem Fenster.

Lange Jahre habe ich mir aus diesen allerliebsten Akrobaten der Vogelwelt, die sich noch dazu so bequem beobachten lassen, gar nicht viel gemacht. Doch dann erzählte mir John, mein Mann, der von Beruf Naturwissenschaftler ist, von seiner Absicht, die Schwarzkopfmeise zum Gegenstand einer siebenjährigen Untersuchung zu machen. Ich sah ihn erstaunt an. Wußte man denn über diesen Allerweltsvogel nicht schon längst Bescheid? Keineswegs, belehrte er mich. Man kenne ihn sogar weniger gut als die meisten anderen in Amerika häufig vorkommenden Vögel.

An einem Dezemberabend machte ich erstmals die persönliche Bekanntschaft einer Schwarzkopfmeise. Wir wohnten damals in Poughkeepsie im Staate New York, wo John am Vassar College Vorlesungen über das Verhalten der Vögel in ihrer Umwelt hielt. John kam in die Küche und drückte mir ein kleines Vöglein in die Hand. «Halt es fest!» sagte er, «damit ich ihm seine Fußringe anlegen kann.»

Der Vogel stellte das zwischen meinen Fingern herausragende Köpfchen schief und fixierte mich mit einem funkelnden Auge. Singvögel können das Objekt ihrer Beobachtung zwar auch wie unsereiner mit beiden Augen zugleich betrachten, gewahren aber doch mehr Einzelheiten, wenn sie nur mit einem schauen. Daher die schiefe Kopfhaltung. Sitzt ein Vogel auf einem Baum, so kann er das Laubwerk nach Raupen, den Himmel nach Raubvögeln und den Zaun hinter sich nach Katzen absuchen — und alles zur gleichen Zeit!

Während ich den schwarz-weiß gezeichneten Vogel so hielt, sah ich voller Bewunderung, auf was für Feinheiten die Schönheit seines Gefieders beruht. Die Federn des schwarzen Käppchens schmiegten sich wie ausgebreitete Farnwedel an den kleinen Kopf. Hell leuchteten die weißen Wangenflecken, und das schwarze Brustlätzchen, auf dem ich den Daumen liegen hatte, fühlte sich an wie Seidenpapier. Mit einem Finger spürte ich das Herz schlagen. Es pochte so wild, daß das ganze Körperchen davon vibrierte. Ein paar hundertmal in der Minute, wie John mir sagte.

Als ich hinter den Augen ein bißchen die Federn auseinanderblies, gaben sie eine kleine Öffnung frei, das Ohr. Ich sagte etwas, aber die Meise blieb ganz still sitzen. Im allgemeinen ist die menschliche Stimme nämlich zu tief für das Gehör dieser Vögel.

Wir beringten unseren kleinen Gefangenen in derselben Weise wie alle anderen Schwarzkopfmeisen aus der Umgebung. Ich streichelte ihm mit den Fingerspitzen die Brust, bis er zu zappeln aufhörte und ganz still, wie hypnotisiert, dalag. Dann brachte John an seinem rechten Fuß einen blauen Kunststoffring an. Um den linken bekam er einen Aluminiumring mit der Nummer 48-53487. Ich hob das Vöglein hoch und drückte es an meine Wange. Das Gefieder roch nach frischem Laub. Ich trat ans offene Fenster, und als ich die Meise in die sinkende Dämmerung hinaushielt, merkte ich erst, wie leicht sie war und was es doch ausmacht, daß die Vögel hohle Knochen haben. Das kühle Abendlüftchen weckte den kleinen Kerl aus seiner Betäubung. Er schwang sich mit raschen Flügelschlägen in die Lüfte und flog hurtig davon. «Gute Nacht, Blaufüßchen!» rief ich ihm nach.

Unser Hochschulgelände war für Schwarzkopfmeisen ideal. Fünfzehn Schwärme bevölkerten die 200 Hektar, die für die Untersuchung zur Verfügung standen. Ihre Stärke schwankte zwischen fünf und fünfzehn Vögeln, je nachdem, wie keck und gewitzt ihr Anführer war und — weit wichtiger noch — wieviel

Futter sie hatten. Mein Interesse galt in erster Linie dem Schwarm, der sich bei unserem Haus aufhielt und zu dem auch Blaufüßchen gehörte.

Von John erfuhr ich, daß Blaufüßchens Trupp aus zehn Meisen bestand, also von durchschnittlicher Stärke war. Er bewohnte rund acht Hektar allerbesten Meisengeländes — Wald, Kleingärten, Dickicht. Die Nacht verbrachten die Vögel größtenteils in einem nahen Gehölz. Sobald sie munter waren, kamen sie immer gleich zu unserem Futterhäuschen, flogen dann zu der Buche beim Kraftwerk hinüber, von dort zum Eulenhain, dann hinüber zum Anglistischen Institut und zu den Professorenwohnungen und schließlich, mittags, wieder zu unserem Futterhäuschen zurück. An sehr kalten Tagen blieben sie im schützenden Wald und suchten sich dort ihre Nahrung. John sah oft, wie sie sich im Gebüsch ausruhten und still und stumm in den Schnee hinausstarrten.

Am Tage, nachdem wir Blaufüßchen beringt hatten, stand ich in aller Frühe auf. Ich war neugierig, welchen Rang der Vogel unter seinen Artgenossen einnahm. Sobald es hell wurde, kamen die Meisen angeschwirrt, wie eine Garbe von Leuchtkugeln aus einer zerplatzenden Feuerwerksrakete. Kaum hatten sie sich in den Büschen, Bäumen und Rankengewächsen ringsumher niedergelassen, suchte als erster ein Gelbberingter seinen Hunger zu stillen, verschwand aber gleich wieder, als Blaufüßchen drohend die Flügel regte. Dann ist Blaufüßchen wohl der Anführer, dachte ich mir gerade, da ließ sich ein Grüner vernehmen, und meiner flog davon. Aber nach einer Stunde wußte ich immerhin, daß der Blaue gleich nach dem Grünen kam.

Ende Dezember kannte ich die soziale Ordnung meiner Vogelschar schon ganz gut. Ich hatte gesehen, wie die einen die anderen beherrschen, wie aber andererseits der ganze Schwarm für jedes seiner Individuen einsteht. Auch ein ungeschickter Vogel findet seine Nahrung, wenn er sich an die anderen hält, und den Unbedachten warnen die Artgenossen vor dem Raubvogel, der am Himmel kreist.

Ende Januar ging mit meinen Vögeln eine Veränderung vor. Jetzt durften auf einmal mehrere gleichzeitig das Futterhäuschen aufsuchen. John sagte mir, warum. Die Paarung setzte ein. So ging ich den folgenden Tag fast gar nicht mehr von meinem Fenster weg; denn ich wollte wissen, wen Blaufüßchen sich ausgesucht hatte. Gegen Abend entdeckte ich ihn endlich. Er saß unten in

FREUNDSCHAFT MIT SCHWARZKOPFMEISEN

einem Strauch, putzte sein Gefieder und reckte sich den Hals nach einer rotgelb beringten Meise aus, einer kecken kleinen Dame, die er aber schon wenige Augenblicke später allein sitzenließ, um seine hübsche Stimme drüben beim Kraftwerk ertönen zu lassen. Mit diesem Gesang nahm er das Gebiet dort in Besitz, und noch bevor der März zu Ende ging, lebten die beiden als unzertrennliches Paar im eigenen Revier.

Mittlerweile hatte sich der ganze Schwarm aufgelöst. Manche Männchen hatten weit wegfliegen müssen, um ein Revier für sich zu finden. Alle waren beweibt, bis auf zwei ganz junge, die nun die Gegend unsicher machten. Beide brachten den Weibchen der anderen Ständchen, wurden aber – da bei den Schwarzkopfmeisen Männchen und Weibchen einen Bund fürs ganze Leben schließen – immer wieder weggejagt und am Ende in ein neutrales Gebiet am See abgedrängt. Da sangen sie dann munter weiter und warteten, bis einem der anderen Männchen etwas zustieß und ein «Ersatzmann» gebraucht wurde.

Einmal sah ich Blaufüßchen eine volle Woche nicht. Dann führte mich mein Weg in sein Frühlingsrevier, gut anderthalb von den acht Hektar, die die ganze Schar bewohnte. Beim Kraftwerk hörte ich emsiges Klopfen und entdeckte bei näherem Zusehen mein Blaufüßchen, das gerade dabei war, mit dem Schnabel in einen halbvermoderten Espenstumpf ein Loch zu treiben. Die Späne flogen nur so. Und immer, wenn Blaufüßchen müde und hungrig wurde, löste die Rotgelbe ihn ab, bis das Werk vollendet war, eine fast 25 Zentimeter tiefe, mit Wurzelwerk und Haaren ausgekleidete Nisthöhle.

Als ich eine Woche später aus dem Fenster guckte, sah ich Blaufüßchen in der Schierlingstanne sitzen und sein Gefieder putzen. Aber was war denn das? Da rührte sich ja noch etwas. Ein Stückchen weiter oben saß die Rotgelbe, aufgeplustert wie eine Pusteblume und mit herabhängenden, erwartungsvoll bebenden Flügeln. Er verstand die Aufforderung und quittierte sie mit einem Schütteln seines Gefieders. Dann drehte er sich langsam, wie ein Ballettänzer, wetzte den Schnabel, flog leicht wie ein Windhauch zu ihr hin und vereinigte sich mit ihr. Im gleichen Augenblick setzte in dem Ei, das sich in ihrem Organismus gebildet hatte, die Entwicklung eines neuen Lebewesens ein.

In den Stunden nach der Befruchtung wanderte das Ei durch den Eileiter des Weibchens hinunter, bekam seinen Eiweißmantel, seine häutigen Hüllen und schließlich die schützende Schale. Am frühen Morgen des folgenden Tages spürte die Meise, wie das Ei ans Licht drängte. Sie flog geschwind zu ihrer Espe, schlüpfte in die Höhle und legte das Ei hinein. Dann kam sie wieder heraus und gesellte sich zu Blaufüßchen, als wäre nichts gewesen. Erst am achten Tag, nach dem achten Ei, blieb sie endgültig drin. Nun war das Gelege vollständig.

Die Meisenmama setzte sich auf die Eier und deckte sie mit ihrem Brutfleck zu, einer besonders warmen, federlosen Stelle an ihrer Brust. In dieser Stellung verharrte sie dreizehn Tage und Nächte lang fast ununterbrochen. Ab und zu kam Blaufüßchen während der langen Wacht zu ihr, um sie zu füttern. Oft war sie so versunken, daß er sie kaum aufwecken konnte. Dann reagierte sie nur auf Blaufüßchens Nestruf, ein leises Zwitschern, das kaum drei Meter weit zu hören war, aber trotzdem genügte, um Glanz in ihre Augen zu bringen und sie zum Aufsperren ihres Schnabels zu veranlassen, den Blaufüßchen ihr sogleich mit Würmern vollstopfte.

Da die Schwarzkopfmeise ihre Eier am selben Tag auszubrüten anfängt, schlüpfen die Jungen auch am selben Tag aus. Am 9. Mai war es soweit. Da ging es hoch her in der Nisthöhle. Die Kleinen befreiten sich von ihren Schalen und verschlangen soviel grüne Raupen, wie sie selber wogen. Für die Reinhaltung der Nester hat die Natur bei vielen Singvögeln in außerordentlich sinnreicher Weise Vorsorge getroffen. Die von den Jungen ausgeschiedenen Kotballen sind von einer häutigen Membran umgeben und können so von den Eltern leicht beseitigt werden. Am ersten Tage sah ich Blaufüßchen Dutzende dieser Beutelchen fortschaffen, ganz wie ein pflichtbewußter Papa, der die Schwedenwindeln seines Babys wegwerfen geht.

Als die Jungen nach sechzehn Tagen flügge wurden, bezog ich meinen Beobachtungsposten wieder gleich am frühen Morgen. Um acht herum erschien auf unsicheren Füßen ein struppiger Geselle in der Rundung des Flugloches. Der gelbe Schnabel mit dem von einem Auge zum anderen reichenden Rand erinnert an die Grimasse eines Clowns. Lange bleibt er ja nicht so. Er ist nur bei den Nestlingen gelb, damit die Eltern ihn beim Füttern besser sehen. Sobald die Jungen allein fertig werden, nimmt er seine richtige Farbe an.

Plötzlich bereitete das Junge seine Flügel aus und flog unbeholfen los, ließ sich auf einem Zweig nieder, kippte ein paarmal bedenklich vorn- und hintenüber, lüpfte noch einmal die Flügel und kam endlich zur Ruhe. Dann verlangte es lauthals sein Futter. Gleich darauf kamen die anderen nach.

Bis zum August hatten Katzen, Schlangen, Eulen und Falken Blaufüßchens Nachwuchs derart dezimiert, daß nur noch drei übrig waren, und Anfang September war er auf einmal ganz allein. Die restlichen Jungen hatten sich, einem der Inzucht entgegenwirkenden Instinkt folgend, anderen Schwärmen in unserem Hochschulgelände angeschlossen, und das rotgelb beringte Weibchen war umgekommen. Wie, wußten wir nicht. Aber nun kamen von überallher, aus den Wäldern und aus dem Buschland, junge Vögel herbei, um sich für das gesellige Leben der Winterzeit zu sammeln und zu gruppieren.

In diesem Jahr war Blaufüßchen der Anführer. Er bewies das bei den Kämpfen, die die Vögel mit ihrem Gesang, mit Flügeln und Schnäbeln untereinander austrugen. Auch in den folgenden Jahren konnte er sich glänzend behaupten. Er sorgte dafür, daß sein Trupp von Katzen und Sperlingsfalken verschont blieb, zeigte seinen Artgenossen verborgene Futterplätze und wußte die besten Schlupfwinkel gegen die Unbilden der winterlichen Witterung. Verlor einer der anderen Schwärme seinen Anführer, scharte Blaufüßchen ein paar unternehmungslustige Männchen um sich, flog mit ihnen in das fremde Revier und eignete es sich kurzerhand an. So erweiterte er sein Reich nach und nach beinahe um weitere acht Hektar. Es war eine kühne Vogelschar, der es an nichts fehlte.

Dann kam das siebente Jahr. Wir waren baß erstaunt, als Blaufüßchen auch in diesem Winter an unserem Futterplatz erschien. Noch nie hatten wir von einer Schwarzkopfmeise gehört, die so alt geworden war, und der kleine Kerl spielte noch immer die erste Geige. Davon konnte ich mich selbst überzeugen, als John mich eines Abends rief, um mir zu zeigen, wie der Vogel seine Schutzbefohlenen zu Bett brachte. Sie flogen alle zum nahen Wäldchen, wo ein jedes noch rasch sein Liedchen sang. Dann verschwanden sie in ihren Löchern und Höhlen in den Bäumen. Alle bis auf Blaufüßchen. Der lief noch gemächlich ein paarmal um einen Baumstamm herum, lauschte mit geneigtem Köpfchen dem Ruf einer närrischen Spechtmeise und flötete sein «Dih, Dih, Dih». Dann endlich schlüpfte auch er in sein Loch, das er in einem alten Apfelbaum hatte. Ich konnte ihn mir gut vorstellen, wie er da mit aufgeplustertem Gefieder in seiner Höhle hockte und die Augen mit ihren von unten heraufklappenden Lidern schloß. Es war windig und wurde schnell finster und kalt.

Um drei Uhr früh wurde unsere Gegend von einem Unwetter heimgesucht, und dann bildete sich Glatteis. Die eisüberkrusteten Bäume ächzten im Wind. Wir horchten in die Nacht hinaus. Was wohl die Vögel in ihren Löchern machten?

Am anderen Morgen wollte es lange nicht hell werden, und als die Vögel endlich zum Vorschein kamen, fanden sich nur recht wenige bei unserem Futterhäuschen ein. Blaufüßchen war nicht darunter.

Ich hielt eine Woche lang nach ihm Ausschau, aber er kam nicht mehr. John meinte, es sei immer noch möglich, daß er in einem anderen Revier, dessen Bewohner die eiskalte Nacht nicht überlebt hatten, auf Nahrungssuche gegangen sei, aber wir glaubten beide nicht recht daran, um so weniger, als unter unseren Vögeln den ganzen Tag über eine heftige Fehde ausgetragen wurde, bei der es offenbar um Blaufüßchens Nachfolge ging.

Eines schönen Morgens erschien einer mit einem orangeroten Fußring, verjagte alle anderen vom Futterplatz und stillte unbehelligt seinen Hunger. Da wußte ich, daß wir Blaufüßchen nie wiedersehen würden. Ich nahm meine Aufzeichnungen zur Hand und sah nach, was ich mir über den Orangeroten notiert hatte. «Enkel von Blaufüßchen» stand neben seinem Namen. Mir ging das Herz auf. Sieht man nicht immer wieder, daß die Natur ihre Erfolge zu wiederholen liebt? Nun konnte ich von meinem Fenster aus gewiß noch sehr viele Blaufüßchen beobachten.

Mit ihrer zerbrechlichen Eleganz und ihren
großen, violetten Augen schien mir Lulu
mit dem Unfaßbaren und Unergründlichen
des afrikanischen Kontinentes zu verschmelzen

Eine Gazelle

Von Tania Blixen

Lulu kam aus den Wäldern zu mir, so wie Kamante aus den Steppen gekommen war.

Im Osten von meiner Farm lag das Ngongwaldreservat, das zu der Zeit noch nahezu ganz aus Urwald bestand. Ein afrikanischer Urwald ist ein geheimnisvoller Aufenthalt. Man reitet in die Tiefe eines alten Gobelins, der an manchen Stellen verblaßt, an anderen vom Alter gedunkelt, aber wunderbar reich an grünen Farbtönen ist. Den Himmel sieht man da drinnen nicht, wohl aber spielt das Sonnenlicht, das durch das Laub hereinfällt, auf mannigfache, seltsame Art im Gezweig. Die grauen Flechten, die wie lange Bärte an den Bäumen niederwallen, und die Schlingpflanzen, die allenthalben herabhängen, schaffen eine lauschige, verwunschene Stimmung im Urwald. Ich ritt dort öfters mit Farah an Sonntagen, wenn es auf der Farm nichts zu tun gab, hügelauf und -ab und quer über die kleinen gewundenen Waldbäche. Die Luft im Wald war kühl wie rieselndes Wasser und voll vom Duft der Pflanzen; in der beginnenden Regenzeit, wenn die Schlingpflanzen blühten, ritt man durch Wolken und aber Wolken von Wohlgerüchen. Eine afrikanische Gattung des wilden Seidelbastes, mit kleinen crèmefarbigen klebrigen Blüten, strömte einen berauschenden Duft aus wie Flieder oder wilde Maiglöckchen. Hie und da sah man ausgehöhlte Knubben an ledernen Riemen im Geäst schweben; die Kikuju hängten sie auf, damit die wilden Bienen darin nisten und Honig sammeln sollten. Einmal, als wir um ein

Waldstück bogen, sahen wir einen Leoparden auf dem Wege sitzen, wie eingewoben in einen Teppich.

Hier lebte, hoch überm Boden, das ruhelose, geschwätzige Volk der kleinen grauen Affen. Wo ein Affenrudel den Weg gekreuzt hatte, hing der Geruch noch lange Zeit in der Luft, ein trockener, schaler Geruch nach Maus. Ritt man weiter, so hörte man plötzlich ein Rascheln und Schwirren über seinem Kopf, wo das Völkchen seines Weges vorüberzog. Hielt man sich still am gleichen Platz, so sah man nach einer Weile einen der Affen regungslos auf einem Baum hocken und entdeckte nicht lange danach, daß der ganze Wald ringsum von seiner Familie bevölkert war; wie Früchte saßen sie auf den Ästen, graue oder dunkle Gestalten, je nachdem wie die Sonne sie beschien, und ließen ihre langen Schwänze herabhängen. Sie stießen einen merkwürdigen Ton aus, einen schmatzenden Kuß mit nachfolgendem Hüsteln; wenn man ihn vom Boden her nachahmte, konnte man sehen, wie die Affen ihre Köpfe affektiert von einer Seite zur anderen wandten; sowie man jedoch eine hastige Bewegung machte, waren augenblicks alle weg, und man hörte nur noch das leiser werdende Klatschen der zurückschnellenden Baumwipfel, in denen sie verschwanden wie ein Schwarm von Fischen in den Wellen.

Im Ngongwalde habe ich auf einem schmalen Pfad, der sich durch dichtes Gesträuch wand, mitten an einem sehr heißen Tag den Riesenwaldeber gesehen, einen selten anzutreffenden Gesellen. Er kam plötzlich mit seinem Weib und drei Ferkeln in großer Hast an mir vorbei; die ganze Familie sah aus wie nach einem Muster, größer und kleiner, aus dunklem Papier ausgeschnittene Figuren, die sich vom sonnenbeschienenen grünen Hintergrund abhoben. Es war ein prachtvoller Anblick, wie eine Spiegelung in einem Waldsee, wie etwas, was vor tausend Jahren geschehen war.

LULU WAR eine junge Antilope vom Stamme der Buschböcke, die wohl die hübschesten aller afrikanischen Antilopen sind. Sie sind ein wenig größer als Damhirsche, leben in den Wäldern oder im Busch und sind scheu und ängstlich, so daß man sie nicht so häufig sieht wie die Antilopen der Steppe. Aber die Ngongberge und das umliegende Land waren ein schönes Revier für Buschböcke, und wenn man sein Lager im Gebirge aufschlug und frühmorgens oder bei Sonnenuntergang jagen ging, sah man sie aus dem Gehölz auf die Lichtungen hinaustreten, und wenn die Sonne sie beschien, leuchtete ihre Decke rot wie Kupfer. Die Männchen tragen ein fein geringeltes Gehörn.

Daß Lulu mein Hausgenosse wurde, geschah folgendermaßen:

Ich fuhr eines Morgens von der Farm nach Nairobi. Meine Aufbereitung auf der Farm war kurze Zeit vorher abgebrannt, und ich mußte viele Male in die Stadt fahren, um die Versicherungssumme festsetzen und mir auszahlen zu lassen; so hatte ich an dem frühen Morgen nichts als Zahlen und Voranschläge im Kopf. Als ich die Ngongstraße entlangfuhr, rief mich eine kleine Schar von Kikujukindern vom Wegrande her an und hielt mir einen ganz kleinen Buschbock hin. Ich wußte, daß sie das Kitzlein vermutlich im Busch gefunden hatten und es mir nun zu verkaufen gedachten, aber ich mußte mich beeilen, eine Verabredung in Nairobi einzuhalten, und hatte keine Gedanken für derlei frei; so fuhr ich also weiter.

Als ich abends zurückkehrte und wieder an der gleichen Stelle vorbeikam, gab es wieder ein großes Geschrei vom Straßenrand; die kleine Bande war immer noch da, recht müde und verdrossen, denn sie hatten den ganzen Tag versucht, das Kitzlein an andere Passanten zu verkaufen; um so mehr waren sie nun drauf aus, vor Sonnenuntergang das Geschäft noch zu machen, und hielten das Tierchen hoch in die Luft, um mich zu verlocken. Aber ich hatte einen langen Tag in der Stadt hinter mir und hatte mit der Versicherung Verdruß gehabt, so daß ich keine Lust verspürte zu halten und zu schwatzen; ich fuhr an ihnen vorüber. Ich dachte auch nicht mehr an sie, als ich wieder zu Hause war, aß zu Abend und ging zu Bett.

In dem Augenblick, als ich eingeschlafen war, erwachte ich wieder von einem heftigen Gefühl des Grauens. Das Bild der Buben mit dem Kitzlein, das sich inzwischen verdichtet und Gestalt gewonnen hatte, trat mir deutlich, als wäre es gemalt, vor Augen, und ich setzte mich im Bett auf, schaudernd, als hätte jemand versucht, mich zu erwürgen. Was würde wohl, dachte ich, aus dem Kitzlein werden in den Händen seiner Häscher, die einen ganzen heißen Tag lang mit ihm am Weg gestanden und es an seinen gefesselten Läufen hochgehoben hatten? Es war sicher zu jung, um selbst zu äsen. Ich war zweimal am selben Tag an ihm vorbeigefahren, wie der Priester und der Levit in einer Person, und hatte ihm keinen Gedanken zugewendet, und nun, in diesem Augenblick, wo war es nun? Ich stand in einer wahren Panik auf und weckte alle meine Hausboys. Ich sagte ihnen, das Kitzlein müsse gefunden und mir bis zum Morgen gebracht werden, sonst würden sie alle aus meinem Dienst entlassen. Sie waren sofort bei der Sache. Zwei von den Burschen waren am Tage mit mir im Wagen gefahren und hatten sich für die Kinder und das Kitzlein nicht im mindesten interessiert, jetzt drängten sie vor und erzählten den anderen eine lange Liste von Einzelheiten über die Örtlichkeit und die Zeit und die Familien der Buben. Es war eine mondhelle Nacht, meine Leute stoben alle davon und verteilten sich, lebhaft die Sachlage beratend, in der Landschaft; ich hörte, wie sie sich immer wieder darüber verbreiteten, daß sie alle entlassen würden, wenn der Buschbock nicht gefunden würde.

In der Frühe des nächsten Morgens, als Farah mir meinen Tee hereinbrachte, kam Juma mit ihm herein und trug das Kitzlein auf seinem Arm. Es war ein Weibchen, und wir nannten es Lulu, was auf Kisuaheli, wie sie mir sagten, Perle heißt.

Lulu war damals noch nicht größer als eine Katze und hatte große, stille, violettblaue Augen. Sie hatte so zarte Läufe, daß man fürchtete, sie würden es nicht überstehen, zusammen- und auseinandergefaltet zu werden, wenn sie sich hinlegte oder erhob. Ihre Ohren waren weich wie Seide und unsagbar ausdrucksvoll. Ihre kühle Nase war schwarz wie ein Trüffel. Ihre winzigen Hufe gaben ihr das Aussehen einer jungen chinesischen Dame alten Stils mit bandagierten Füßen. Es war ein seltsames Erlebnis, ein so vollkommenes Geschöpf in Händen zu halten.

Lulu gewöhnte sich bald an das Haus und seine Bewohner und benahm sich, als sei sie daheim. In den ersten Wochen waren die polierten Fußböden in den Zimmern ein Problem in ihrem Leben, und sowie sie übern Rand der Teppiche geriet, rutschten ihre Beine nach allen vier Richtungen davon; es sah beängstigend aus, aber sie machte sich nicht allzuviel draus, und schließlich lernte sie, auf den Fußböden zu laufen; es klang, als ob jemand immerfort ärgerlich mit den Fingern trommelte. Sie war äußerst sauber in all ihren Gewohnheiten. Schon als Kind war sie eigensinnig, aber wenn ich ihr etwas verwies, was sie gern getan hätte, dann war es, als wollte sie sagen: «Nur ja keine Szene, bitte.»

Kamante zog sie mit der Milchflasche auf und sperrte sie abends ein, denn wir mußten uns in acht nehmen mit ihr, nach Einbruch der Dunkelheit strichen Leoparden ums Haus. So hielt sie sich an ihn und folgte ihm überallhin. Von Zeit zu Zeit, wenn er nicht tat, was sie wollte, versetzte sie seinen hageren Beinen

einen harten Puff mit ihrem jungen Kopf; sie war so anmutig, daß man unwillkürlich, wenn man die beiden zusammen sah, an eine neue paradoxe Illustration zu der Sage von der schönen Jungfrau und dem häßlichen Untier denken mußte. Kraft dieser großen Schönheit und Lieblichkeit eroberte sich Lulu eine überragende Stellung im Hause und wurde von allen mit Respekt behandelt.

In Afrika habe ich nie eine andere Rasse Hund gezüchtet als schottische Windhunde. Es gibt keinen Hund, der edler und anmutiger wäre. Sie müssen wohl viele Jahrhunderte mit Menschen gelebt haben, um sie so zu verstehen und sich ihnen so anzupassen. Man sieht sie auch auf alten Gemälden und Geweben, und sie haben selbst etwas in ihrem Aussehen und ihrem Gehaben, was ihrer Umgebung das Gepräge eines Gobelins gibt; sie erzeugen eine aristokratische Atmosphäre. Der erste des Geschlechts meiner Windhunde, namens Dusk, war mir zur Hochzeit geschenkt worden und hatte mich begleitet, als ich mein Leben in Afrika begann, auf meiner «Mayflower»-Fahrt sozusagen. Er hatte einen ritterlichen, vornehmen Charakter. Er war bei mir in den ersten Monaten des Krieges, als ich mit meinen Ochsenwagen für die Regierung die Transporte im Massaireservat besorgte. Aber einige Jahre später wurde er von einem Zebra getötet. Zu der Zeit, als Lulu zu uns ins Haus kam, hatte ich zwei seiner Söhne bei mir.

Die schottischen Windhunde, die afrikanische Landschaft und die afrikanischen Menschen paßten gut zueinander. Vielleicht hing es mit der Lage zusammen, dem Hochlandrhythmus, der alle drei durchpulste, denn an der Küste in Mombasa wirkten sie nicht so organisch. Es war, als hätten der großen, weiten Landschaft mit ihren Steppen, Bergen und Flüssen die Windhunde gefehlt, um sie vollkommen zu machen. Alle schottischen Windhunde waren große Jäger und hatten bessere Nasen als die kurzhaarigen, aber sie gebrauchten bei der Jagd die Augen, und es war ein staunenswertes Schauspiel, zwei von ihnen zusammenarbeiten zu sehen. Ich nahm sie mit, wenn ich in das Wildschutzgebiet ritt — was ich eigentlich nicht durfte —, da hetzten sie die Herden der Zebras und Wildbeestantilopen über die Steppe, als stürmten alle Sterne entfesselt übers Firmament. Jagte ich im Massaireservat, so verlor ich kein einziges waidwundes Stück, wenn ich die Windhunde bei mir hatte.

Schön waren sie auch im Urwald anzusehen, dunkelgrau gegen die satten grünen Tönungen. Einer von ihnen tötete, aus freien Stücken, einen großen alten Pavian; im Kampf wurde ihm durch einen Biß die Nase mitten durchgespalten; die Narbe verdarb zwar sein edles Profil, wurde aber von jedermann auf der Farm als Ehrenmal betrachtet, denn der Pavian ist ein übler Schädling und bei den Schwarzen verhaßt.

Die Windhunde waren kluge Tiere und wußten, wer in meinem Hause Mohammedaner war und keinen Hund berühren durfte. In den ersten Jahren in Afrika hatte ich einen Somalijäger namens Ismail; er starb, solange ich noch draußen war. Er war noch einer der Jäger aus der alten Schule, wie es sie heute nicht mehr gibt. Er war unter den echten alten Großwildjägern aus dem Anfang des Jahrhunderts aufgewachsen, als noch ganz Afrika ein einziger Wildpark war. Seine Berührung mit der Kultur beschränkte sich ausschließlich auf das Gebiet der Jagd, und sein Englisch war nichts als ein Jägerjargon. Als Ismail nach Somaliland zurückgekehrt war, bekam ich einen Brief von ihm, der war adressiert an die «Löwin Blixen» und fing an: «Verehrte Löwin.» Ismail war ein strenger Mohammedaner und wäre nicht um sein Leben einem Hund nahe gekommen; das hat ihm in seinem Beruf manches Mal zu schaffen gemacht. Aber mit Dusk machte er eine Ausnahme und hatte nichts dagegen einzuwenden, wenn er im kleinen Jagdwagen mit uns fuhr, ja, er ließ Dusk sogar in seinem Zelt schlafen. Denn Dusk, sagte er, kenne einen Mohammedaner vom Ansehen, er würde ihn nie berühren. «Wahrhaftig», beteuerte mir Ismail, «Dusk kann unterscheiden, ob einer im Herzen ein echter Mohammedaner ist.» Einmal sagte er zu mir: «Jetzt weiß ich, daß Dusk vom gleichen Stamme ist wie du selbst. Er lacht über die Menschen.»

So verstanden die Hunde auch Lulus Macht. Die Anmaßung der großen Jäger schmolz vor ihr dahin. Sie schubste sie von der Milchschüssel und von ihren Lieblingsplätzen vor dem Feuer fort. Ich hatte Lulu an einem Halsband ein Glöckchen angehängt, und es kam so weit, daß die Hunde, wenn sie das Klingeln des Glöckchens von weitem herannahen hörten, von ihren warmen Lagerplätzen am Feuer aufstanden und sich anderswo im Zimmer niederließen. Und doch konnte niemand sich feiner benehmen als Lulu, wenn sie eintrat und sich hinlegte, wie eine vollendete Dame, die zimperlich ihre Röcke an sich zieht und niemandem im Wege sein möchte. Sie trank ihre Milch mit höflich gezierter Schnauze, als hätte eine übereifrige Gastgeberin sie ihr aufgedrängt. Sie verlangte, hinter den Ohren gekrault zu werden, und machte eine niedliche Duldermiene dazu, wie eine junge Frau, die schnippisch ihrem Gatten eine Liebkosung gestattet.

Als Lulu heranwuchs und in ihrer jungen Anmut erblühte, war sie eine schlanke, zartgerundete Hindin, von der Nase bis zu den Zehen von unfaßlicher Schönheit. Sie sah aus wie eine genau gemalte Abbildung zu dem Heinelied von den weisen und edlen Gazellen am Ufer des Ganges.

Aber Lulu war im Grunde nicht edel, sie war, wie man sagt, vom Teufel geritten. Sie zeigte im höchsten Grade die weibliche

Eigenart, scheinbar völlig in der Abwehr zu sein, ganz nur darauf bedacht, die Heilheit ihres Wesens zu wahren, indes sie in Wahrheit mit all ihren Kräften im Angriff stand. Gegen wen? Gegen die ganze Welt. Ihr Mutwille setzte sich über alle Grenzen und Maße hinweg, sie ging auf meinen Gaul los, wenn er ihr nicht gefiel. Ich mußte an den alten Hagenbeck in Hamburg denken, der gesagt hat, von allen Tiergattungen, einschließlich der Raubtiere, seien die Hirscharten die unberechenbarsten; man könne wohl einem Leoparden trauen, wer aber einem Bock traute, dem würde er früher oder später in den Rücken fallen.

Lulu blieb der Stolz des Hauses, auch als sie sich wie eine richtige schamlose Kokotte benahm, aber ihr Glück fand sie bei uns nicht. Zuweilen wanderte sie stundenlang, ganze Nachmittage lang, vom Hause fort. Zuweilen, wenn der Geist sie überkam und ihr Mißvergnügen an der Umwelt ihren Höhepunkt erreichte, vollführte sie, um ihrem Herzen Luft zu machen, auf der Wiese vor dem Hause einen Kriegstanz, der aussah wie ein Zickzack-Stoßgebet an Satan.

Oh, Lulu, dachte ich, ich weiß, daß du wunderbar stark bist und daß du höher springen kannst, als du hoch bist. Du zürnst uns jetzt, du wünschst, wir wären alle tot, und das wären wir auch, wenn wir dich reizen wollten, dein Mütchen an uns zu kühlen. Aber das schlimme ist ja nicht, wie du jetzt meinst, daß wir dir Hindernisse in den Weg stellen, die du nicht überspringen kannst — und wie sollten wir das auch vermögen, du große Springerin? Das Schlimme ist, daß wir dir gar keine Hindernisse aufrichten. Die große Kraft ist in dir, Lulu, und die Hindernisse sind auch in dir — nur ist die Zeit noch nicht erfüllt, das ist das Ganze.

Eines Abends kam Lulu nicht heim, und wir sahen vergebens nach ihr aus, eine Woche lang. Das war ein harter Schlag für uns alle. Ein heller Klang hatte das Haus verlassen, und es war nur noch ein Haus wie andere Häuser. Ich mußte an die Leoparden am Fluß denken und sprach eines Abends über sie mit Kamante.

Wie gewöhnlich ließ er einige Zeit verstreichen, ehe er antwortete, um meine mangelnde Einsicht auszukosten. Erst nach einigen Tagen brachte er das Gespräch wieder darauf: «Du glaubst, daß Lulu tot ist, Msabu», sagte er.

Ich wollte das nicht so geradezu aussprechen, aber ich sagte ihm, ich machte mir Gedanken darüber, daß sie nicht heimkomme.

«Lulu ist nicht tot», sagte Kamante. «Sie ist verheiratet.»

Das war eine freudige Überraschung, und ich fragte ihn, woher er das wisse.

«O ja», sagte er, «sie ist verheiratet. Sie lebt im Walde mit ihrem Bwana — ihrem Gatten oder Herrn. Aber sie hat die Menschen nicht vergessen, morgens kommt sie meistens ans Haus. Ich streue hinter der Küche Mais für sie aus, und da kommt sie, grad bevor die Sonne aufgeht, vom Walde herüber und ißt davon. Ihr Bwana kommt mit, aber er hat Angst vor den Menschen, weil er sie nie kennengelernt hat. Er steht unter dem großen weißen Baum am anderen Ende der Wiese. Aber bis zum Hause wagt er nicht zu kommen.»

Ich sagte Kamante, er solle das nächste Mal kommen und mich holen, wenn er Lulu sähe. Ein paar Tage später kam er vor Sonnenaufgang herein und rief mich.

Es war ein schöner Morgen. Die letzten Sterne verblaßten, während wir warteten, der Himmel war klar und heiter, aber die Welt, in die wir hinaustraten, lag in düsterer Stille und tief im Schweigen. Das Gras war feucht, unten bei den Bäumen, wo der Boden sich senkte, glitzerte es im Tau wie mattes Silber. Die Morgenluft war kalt, von jener zwickenden Kälte, die einem in nördlichen Ländern sagt, daß der Frost nicht fern ist. Sooft man es auch erlebt, dachte ich, immer wieder ist es in dieser schattigen Kühle unvorstellbar, daß die Glut der Sonne und der Glanz des Himmels nach wenigen Stunden kaum zu ertragen sein werden. Der Nebel lag auf den Bergen, ihre Gestalt auf seltsame Art verwischend; es mußte für die Büffel, die jetzt vielleicht dort waren, bitter kalt sein, an den Berghängen zu grasen wie in einer Wolke.

Die große Kuppel über unseren Köpfen füllte sich allmählich mit Helle, wie ein Glas sich mit Wein füllt. Plötzlich, unmerklich, fingen die Gipfel der Berge den ersten Sonnenstrahl auf und erglühten. Und langsam, wie die Erde sich der Sonne zuneigte, überzogen sich die Grasmatten am Fuß der Osthänge und die Wälder der Massai unter ihnen mit zartem Gold. Und jetzt leuchteten die hohen Baumwipfel in dem Walde auf unserer Seite des Flusses kupferrot auf. Das war die Stunde für den Flug der großen violettblauen Wildtauben, die jenseits des Flusses nisteten und zur Atzung in die Kapkastanien meines Waldes herüberkamen. Sie lebten hier nur eine kurze Zeit im Jahre. Die Vögel kamen überraschend schnell, wie eine leichte Kavallerieattacke in der Luft. Darum war die morgendliche Taubenjagd auf der Farm bei meinen Freunden in Nairobi so beliebt; um rechtzeitig, grad wenn die Sonne aufging, bei uns zu sein, fuhren sie so früh morgens aus, daß die Scheinwerfer ihrer Wagen noch leuchteten, wenn sie in meinen Auffahrtsweg einbogen.

Wenn man so in der feuchten Dämmerung stand und zu den vergoldeten Höhen und in den klaren Himmel schaute, bekam man ein Gefühl, als ginge man in Wirklichkeit auf dem Grunde des Meeres, mitten in der Strömung, und schaue zum Spiegel des Ozeans empor.

Ein Vogel fing zu singen an, und dann hörte ich, ein Stück weit entfernt im Walde, das Klingen eines Glöckchens. Ja, es war wahr, Lulu war wieder da und ihrer alten Heimat nahe. Der Ton näherte sich, ich konnte ihre Bewegungen am Rhythmus verfolgen, jetzt ging sie, blieb stehen, ging wieder weiter. Bei der Biegung um eine der Gesindehütten kam sie uns in Sicht. Plötzlich war es sonderbar und reizvoll, einen Buschbock so nahe am Hause zu sehen. Sie blieb reglos stehen, sie hatte wohl erwartet, Kamante zu treffen, aber nicht mich. Doch lief sie nicht davon, sie sah mir unerschrocken ins Auge, nicht eingedenk unserer vergangenen Scharmützel und ihrer undankbaren wortlosen Flucht.

Die Lulu des Waldes war ein höheres, freieres Wesen; ihr Herz hatte eine Wandlung erfahren, sie war geweiht. Hätte ich einmal eine junge Prinzessin in der Verbannung gekannt, zu einer Zeit, da sie erst Anwärterin auf ihren Thron war, und sie dann in ihrem vollen königlichen Schmuck, eingesetzt in alle ihre Rechte, wiedergesehen, so würde die Begegnung den gleichen Charakter gehabt haben wie diese. Lulu bewies nicht mehr Gesinnungslosigkeit als König Louis Philippe, als er erklärte, der König von Frankreich erinnere sich nicht an die Tücken des Herzogs von Orleans. Sie war nun die vollendete Lulu. Der Geist des Angriffs war von ihr gewichen, denn wen oder warum sollte sie angreifen? Sie stand geruhsam da in ihrem göttlichen Recht. Sie kannte mich hinlänglich, um zu wissen, daß ich nicht zum Fürchten sei. Sie schaute mich eine Weile an, ihre tiefblauen Augen waren bar jeden Ausdrucks und zwinkerten nicht; mir fiel ein, daß die Götter und Göttinnen niemals zwinkern, und ich meinte, der kuhäugigen Hera von Angesicht zu Angesicht gegenüberzustehen. Sie knabberte sorglos an einem Grashalm, als sie an mir vorüberging, machte einen anmutigen kleinen Satz und schritt weiter zur Küche, wo Kamante ihr den Mais auf den Boden gestreut hatte.

Kamante berührte mit einem Finger meinen Arm und wies gegen den Wald. Als ich der Richtung folgte, sah ich unter dem hohen Kapkastanienbaum einen männlichen Buschbock, eine kleine lohbraune Silhouette gegen den Rand des Waldes, mit einem schönen Gehörn, reglos wie ein Baumstamm. Kamante beobachtete ihn eine Zeitlang und lachte dann. «Schau nur», sagte er, «Lulu hat ihrem Mann erklärt, daß hier beim Hause nichts zu fürchten ist, aber er wagt es doch nicht, herzukommen. Jeden Morgen denkt er sich, heut werd ich den ganzen Weg mitgehen, aber wenn er das Haus sieht und die Menschen, dann kriegt er einen kalten Stein im Magen —» das ist ein häufiger Zustand bei den Schwarzen, der die Arbeit auf der Farm oft genug behindert — «und dann bleibt er bei dem Baume stehen.»

Lange Zeit kam Lulu frühmorgens ans Haus. Ihr helles Glöckchen verkündete die Sonne auf den Bergen, ich lag im Bett und wartete darauf. Manchmal blieb sie ein oder zwei Wochen aus, und wir vermißten sie und fingen an, von den Leuten zu sprechen, die ins Gebirge jagen gingen. Aber dann meldeten die Hausboys wieder: «Lulu ist da», als wäre eine verheiratete Tochter des Hauses auf Besuch gekommen. Einige Male habe ich auch die Silhouette des Buschbocks zwischen den Bäumen gesehen, aber Kamante hatte recht: er brachte nie den Mut auf, den ganzen Weg bis zum Hause mitzugehen.

Eines Tages, als ich von Nairobi heimkam, lief mir Kamante, der vor der Küchentür auf mich gelauert hatte, sehr aufgeregt entgegen und erzählte, Lulu sei heute bei der Farm gewesen und habe ihr M'toto — ihr Kleines — bei sich gehabt. Nach einigen Tagen hatte auch ich die Ehre, ihr zwischen den Gesindehütten zu begegnen; sie war auf der Hut und hatte es wichtig; ein winziges Kitzlein, das ihr nicht von den Fersen wich, war grad so ungelenk in seinen Bewegungen, wie Lulu gewesen war, als wir sie kennenlernten. Es war kurz nach der Regenzeit, und während der Sommermonate war Lulu nachmittags und bei Tagesanbruch beim Hause zu finden. Sogar über Mittag blieb sie manchmal in der Nähe und hielt sich im Schatten der Hütten.

Lulus Kitzlein hatte keine Angst vor den Hunden und ließ sich rundum von ihnen beschnuppern, aber an die Schwarzen oder an mich konnte es sich nicht gewöhnen, und sowie wir versuchten, seiner habhaft zu werden, stoben Mutter und Kind davon.

Lulu selbst kam nach ihrer ersten langen Trennung vom Hause niemals mehr so nahe heran, daß einer von uns sie hätte berühren können. Im übrigen war sie zutraulich, sie hatte Verständnis dafür, daß wir ihr Kitzlein gern anschauen wollten, und nahm auch ein Stückchen Zucker von der ausgestreckten Hand. Sie trat an die offene Tür des Eßzimmers und schaute nachdenklich in das Dämmerlicht der Zimmer hinein, aber die Schwelle überschritt sie nicht wieder. Sie hatte inzwischen ihr Glöckchen verloren und kam und ging lautlos.

Meine Hausboys baten, ich sollte sie Lulus Kitzlein fangen und behalten lassen wie einst Lulu. Aber ich fand, das wäre eine rüde Erwiderung auf das noble Zutrauen Lulus gewesen.

Mir schien auch die freie Bindung zwischen meinem Hause und der Antilope als etwas Kostbares, Ehrwürdiges. Lulu kam herein aus der Wildnis, uns zu zeigen, daß wir mit ihrer Welt in Frieden lebten; mein Haus wurde durch sie so eins mit der afrikanischen Landschaft, daß niemand hätte sagen können, wo das eine zu Ende ging und das andere begann. Lulu wußte, an welchem Ort der Riesenwaldeber sein Lager hatte, sie hatte die Nashörner sich paaren sehen. Es gibt einen Kuckuck in Afrika, der an den heißen Tagen mittags in der Tiefe des Waldes ruft, wie der dröhnende Herzschlag der Welt; ich habe nie das Glück gehabt, ihn zu sehen; aber Lulu war vielleicht auf einem schmalen grünen Wildwechsel grad unter dem Ast vorübergestreift, auf dem der Kuckuck saß. Ich las damals in einem Buch über die alte große Kaiserin von China, wie die junge Yahanola nach der Geburt ihres Sohnes zu einem Besuch in ihr Elternhaus fuhr und in ihrer goldenen, grünverhangenen Sänfte die verbotene Stadt verließ. Mein Haus, dachte ich mir, war nun wie das Haus des Vaters und der Mutter der jungen Kaiserin.

Die zwei Antilopen, die große und die kleine, waren den ganzen Sommer über in meiner Nähe, zuweilen war eine Pause von vierzehn Tagen oder drei Wochen zwischen ihren Besuchen, dann wieder sahen wir sie täglich. Zu Beginn der nächsten Regenzeit erzählten mir die Hausboys, Lulu sei wieder mit einem jungen Kitzlein da. Ich habe es selbst nicht gesehen, denn zu der Zeit kamen sie nicht in die unmittelbare Nähe des Hauses, aber späterhin habe ich im Walde drei Buschböcke beieinander gesehen.

Das Band zwischen Lulu und ihrer Familie und meinem Hause blieb viele Jahre bestehen. Die Buschböcke waren häufig in der Umgebung des Hauses, sie kamen aus den Wäldern und kehrten in sie zurück, als wäre mein Land eine Provinz ihres wilden Reiches. Sie kamen meist kurz vor Sonnenuntergang und wandelten erst unter den Bäumen wie zarte dunkle Silhouetten auf dunklem Grün, aber wenn sie hervortraten, um in die Abendsonne auf der Wiese zu äsen, leuchteten ihre Decken wie Kupfer. Einer von ihnen war Lulu, denn sie kam bis ans Haus und strich gemächlich herum. Sie spitzte die Ohren, wenn ein Auto kam oder wir ein Fenster öffneten, und die Hunde kannten sie. Sie bekam mit den Jahren eine dunklere Färbung. Einmal kam ich vors Haus gefahren und traf auf der Terrasse drei Buschböcke an dem Salz, das für meine Kühe ausgelegt war.

Es war merkwürdig, daß außer dem ersten großen Buschbock, Lulus Bwana, der mit erhobenem Gehörn unter der Kapkastanie gestanden hatte, sich nie ein männliches Tier unter den Antilopen zeigte, die zum Hause kamen. Anscheinend hatten wir es mit einem Waldmatriarchat zu tun.

Die Jäger und Naturfreunde der Kolonie interessierten sich für meine Buschböcke, und der Jägermeister kam auf die Farm heraus, um sie zu sehen, und traf sie auch an. Ein Korrespondent hat im «East African Standard» über sie geschrieben.

Die Jahre, in denen Lulu und die Ihren an mein Haus kamen, waren die glücklichsten meines Lebens in Afrika. Darum betrachtete ich hernach meine Bekanntschaft mit den Waldantilopen als eine besondere Gnade und ein Zeichen, daß Afrika mir wohlgesinnt war. Das ganze Land war darin beschlossen, gute Vorzeichen, uralte Bindungen und Lieder:

«Eile, mein Geliebter, und sei wie eine Hindin und wie ein junger Hirsch auf dem Berge der Wohlgerüche.»

Der neugierige Mungo, er schien für Zoologie besonderes Interesse zu haben, und die Flughörnchen brachten uns die Flöhe

Vom Mungo, von Flughörnchen und Flöhen

Von Hildegard Grzimek

Viele Menschen wissen mit dem Wort «Mungo» nichts anzufangen, und auch die Bezeichnungen «Ichneumon» oder «Manguste» sagen ihnen nichts. Und doch steckt hinter diesen Begriffen eine ganze Gruppe von Raubtieren. Groß sind sie nicht gerade, aber wer einmal einen Vertreter dieser Schleichkatzengattung gesehen hat, vor allem sein Gebiß, der wird ihm doch einen gewissen Respekt zollen. Etwa 65 Zentimeter lang wird der «Heilige Ichneumon», auch «Pharaonenratte» genannt. In Nordafrika und in Kleinasien ist er beheimatet. Daß Raubtiere keinen Appetit auf Salat und Gemüse haben, ist einleuchtend, aber daß der Mungo mit Vorliebe lebende Giftschlangen verzehrt, macht ihn doch in der Gefangenschaft zu einem etwas merkwürdigen Kostgänger.

Gibt es überhaupt ein Tier, das mein Mann mir nicht in die Wohnung schleppte, wenn es nicht gerade so groß war, daß es nicht durch die Flurtür ging? Aber in diesem besonderen Falle ging dem Tier der Ruf voraus, jungaufgezogene Mungos seien wegen ihrer Reinlichkeit und ihres munteren Wesens nette Pfleglinge, die ihrem Herrn wie ein kleiner Hund auf Schritt und Tritt folgen.

Wie unser Mungo ins Haus kam, wer ihn uns in die Wohnung gebracht hat, wissen wir heute nicht mehr. Auf jeden Fall war er eben eines Tages da. Wir gaben ihm den Namen «Stifter» aus einer etwas merkwürdigen Überlegung heraus: Mungos, wenn sie in einer Privatwohnung leben und sich unbeobachtet fühlen, stiften so allerhand Unfug an.

Unser Stifter gehört zu den kleineren Raubtieren, die aber, wenn sie Beute erwischen, ganz gehörig damit aufräumen, ganz gleich, ob sie sie noch verschlingen können oder vor lauter Sattheit gar nicht mehr in der Lage dazu sind.

Bisher liefen alle unsere Tiere fast den ganzen Tag über frei in dem großen Flur der Wohnung herum. Nach Herzenslust konnten sie da herumtollen, so daß sie am zeitigen Abend müde in ihr «Bettchen» gingen. Nun aber kam plötzlich ein Störenfried unter meine «Hausgenossen», nämlich ein Mungo.

Jetzt konnte ich die ganze Gesellschaft eben nur zeitweise im Flur spielen lassen, denn der Mungo brauchte ja auch für eine gewisse Zeit seinen Auslauf. Gewiß, ich hatte schon Menschenaffen und Raubtiere aneinander gewöhnt — es ist immer gut gegangen. Bei unserem Mungo wollte ich aber nichts riskieren. Darum wurde er jedem Tier, das damals bei mir lebte, ferngehalten. Es wäre mir schrecklich gewesen, wenn er einem meiner Tiere etwas zuleide getan hätte.

Mungos sind sehr neugierige Tiere, alles was sie sehen, wird ganz gründlich untersucht. Eine ganz besondere Vorliebe hatte unser Stifter für das Arbeitszimmer meines Mannes. Hatten wir versehentlich die Tür nicht verschlossen, reckte er sich zu seiner ganzen Länge daran hoch, drückte mit den Vorderbeinen die Türklinke herunter und kam dann so ins Zimmer mit den vielen Bücherregalen. Jetzt wurde dieser Raum erst einmal gründlich untersucht. Zum Essen fand er ja nichts. Aber dort — waren die Regale mit den vielen Büchern! Unser Stifter scheint zoologisch sehr interessiert gewesen zu sein, denn er begann zunächst die unterste Reihe der Regale, wo die zoologisch-wissenschaftlichen Bücher standen, systematisch anzuknabbern — und das mit großer Gründlichkeit.

An uns Zweibeiner hat sich Stifter sehr schnell gewöhnt. Ihm wäre niemals eingefallen, uns anzugreifen oder auch nur im Spiel zu verletzen. Ganz besonders aber hatte er unseren verstorbenen Sohn Michael in sein Herz geschlossen. Kam Michael aus der Schule, war sein erster Gang zum Tierzimmer. Sobald er in die

Nähe des Mungos kam, war unser Stifter außer Rand und Band. Michael konnte nicht schnell genug den Käfig öffnen, schon hing ihm der Mungo um den Hals. Nun begann im Flur der Wohnung eine wilde Spielerei zwischen den beiden. Unsereiner konnte dabei in dem wüsten Knäuel kaum noch auseinanderhalten, was Mensch und was Tier war. Michael versteckte sich gern vor dem Mungo. Der gab dann keine Ruhe, bis er seinen menschlichen Spielkameraden wiedergefunden hatte. Mit Freuden stürzte er sich dann auf Michael, um ihn mit seinen Liebkosungen zu überschütten. Viele schöne Aufnahmen hat mein Mann von den beiden tollen Burschen gemacht.

Am meisten gefährdet von meinen «Hausgenossen» war unser Papagei Lora. Papageien gehören zur Lieblingsbeute der Mungos, sie jagen besonders gern Vögel. Wenn sie sie auch nicht ganz verzehren, so saugen sie ihnen aber das Blut aus, und mit Vorliebe verspeisen sie ihr Herz.

Unsere Lora stand in einem großen Käfig im Eßzimmer. Tollte Stifter frei im Flur herum, war das Eßzimmer vorsorglich verschlossen. Aber trotzdem wollten mein Mann und ich auch wissen, wie sich unser Mungo verhielt, wenn er einen Papagei zu sehen bekam. Er war ja nun mehrere Monate bei uns und hatte sich an alle mit ihm unter einem Dach wohnenden Tiere gewöhnt. Wenn er im Flur frei herumlief, hörte er ständig Lora sprechen und kreischen. Nie aber konnten wir feststellen, daß er sich besonders dafür interessiert hätte.

Aus diesem Grunde wagten mein Mann und ich es eines Tages, den Mungo ins Eßzimmer zu unserer Lora zu lassen. Michael hat den Anfang der Szene rasch geknipst. Nie hätten wir dieses Experiment gewagt, wenn wir gewußt hätten, wie es auslief.

Stifter kam ins Eßzimmer, sah Lora, und mit einer Geschwindigkeit, die man dem kleinen Kerl mit seinen kurzen Stummelbeinchen nie zugetraut hätte, stürzte er sich auf den Käfig des ahnungslosen Papageien. Nun, wir waren sehr schnell zur Stelle, um unseren Mungo von dem verängstigten Tier zurückzuholen.

Jetzt hatte mein Mann eingesehen, daß der Stifter für mich und die anderen Hausgenossen eine zu große Belastung war. Bald darauf kam unser Mungo in den Zoo. Die friedliche Hausgemeinschaft in meiner Wohnung war wiederhergestellt.

Ähnlich ging es mit den Flughörnchen, auch ihr Gastspiel in unserer Wohnung war nur von kurzer Dauer.

«Flughörnchen sind eine Säugetiergruppe, die als Baumbewohner zum Gleitflug übergegangen ist. Die Fallschirmhaut läuft vom Hinterkopf zum Handgelenk und weiter bis zum Fußgelenk. Der Schwanz wirkt als Steuerruder bei dem schräg abwärts führenden Gleitflug von Baum zu Baum. Kommt vor in Nordskandinavien, Nordrußland und Sibirien, in Japan, Vorderindien, Südostasien und Indonesien. Mit Schwanz etwa 26 Zentimeter lang. Flinke Kletterer, essen Früchte, Knospen, Nüsse und unter Umständen auch Insekten. Nachttiere, schlafen tagsüber.»

So ungefähr lautet der naturwissenschaftliche Steckbrief der kleinen Halunken. Aber ich will den Dingen nicht vorgreifen.

Eines Tages schleppte der Tierpfleger des Kleinsäugetierhauses unseres Frankfurter Zoos einen geräumigen leeren Käfig in meine Wohnung an. Daß der nicht lange leerstehen würde, habe ich gleich gewußt. Noch am selben Tage brachte der Mann in zwei kleinen Käfigen die Zuzügler an. Als Frau eines Zoodirektors ist man da allerlei gewöhnt. «Wenigstens keine Ratten», atmete ich erleichtert auf.

Vor Jahren hatte mich mein Mann einmal mit einer weißen Ratte überrascht und tatsächlich angenommen, ich würde auch dieses Tier liebevoll betreuen. Da hatte er sich aber getäuscht. Dazu konnte ich mich bei aller Tierliebe nicht überwinden. «Entweder verschwindet die Ratte oder ich!» Vor dieser kategorischen Forderung hat mein Mann sehr schnell kapituliert, und der widerliche Nager verschwand.

Flughörnchen sind zwar auch Nagetiere, aber dagegen hatte ich kein Vorurteil. Im Käfig waren sie auch, sie seien tagsüber – so wurde mir vom Tierpfleger versichert – recht ruhige Gesellen und einfach zu füttern. Also, warum nicht! Der Mann setzte sie aus den beiden kleinen Transportkäfigen um in den großen, im Schlafzimmer aufgestellten Käfig, in dem sie sich ganz friedlich verhielten. Was mein Mann mit den Tieren vorhatte, wußte ich nicht; ich bin auch nicht dahintergekommen, denn das Gastspiel, das die Flughörnchen in unserer Wohnung gaben, war nur kurz bemessen. Wie gesagt, es sind Nachttiere, und wenn man die beobachten will, kann man das eben nur nachts. Nun wurde mir auch klar, weshalb mein Mann den Käfig in unser Schlafzimmer hatte stellen lassen. «Na, wenn schon!» sagte ich mir. «Was tut man nicht alles den Tieren – und einem auf deren Beobachtung versessenen Ehemann zuliebe!» Es wurden recht unruhige Nächte. Da ich aber einen ziemlich guten Schlaf habe, gewöhnte ich mich nach ein paar Tagen an das nächtliche Rumoren.

Eines Abends besuchten wir eine uns bekannte Familie. Es wurde spät, bis wir nach Hause kamen, und ich war froh, endlich ins Bett zu kommen. Gerade hatte ich mich richtig ausgestreckt und das Kissen in die gewohnte Einschlafstellung zurechtgerückt, auch noch einmal schon halb im Schlummer nach dem Käfig der Flughörnchen geblinzelt, da wurde ich mit einemmal hellwach. Mit einem Satz war ich aus dem Bett. «Die Flughörnchen sind fort!» Mein Mann war schon eingeschlafen, und es dauerte eine Weile, bis ich seine Lebensgeister wieder wachgerüttelt hatte. Aber dann ging's gemeinsam auf die Jagd. Im Zimmer mußten sie sein; aber wo? Eine tolle Sucherei war das! Auf dem Schrank, auf dem Toilettentisch, dahinter und davor, hinter der Heizung, hinter den Betten und darunter – nichts! Wie Indianer auf dem Kriegspfad sind wir auf allen vieren in den Schlafanzügen im Zimmer herumgekrochen, und schließlich entdeckte ich die Ausreißer im Schaft eines der Reitstiefel, die in einer Ecke standen. Da hineingreifen? Gerne überließ ich meinem Mann den Vortritt. Aber auch er verspürte wenig Lust, das Pärchen aus dem Stiefelschaft herauszuangeln. Ohne empfindliche Bisse in die Fingerspitzen wäre das wohl kaum abgegangen. Er hielt also mit der einen Hand den Stiefel oben zu, klappte mit der anderen den Käfigdeckel auf, stülpte den Stiefel um, und schon purzelte das unternehmungslustige Pärchen in den Käfig zurück. Nun rasch noch das Loch, aus dem sich die wanderfreudigen Flughörnchen ins Freie geschafft hatten, notdürftig verschlossen — zum Glück war ein Stück Draht rasch greifbar —, und dann stand der wohlverdienten Nachtruhe nichts mehr im Wege.

Einige Tage später vermißte ich einen meiner Nylonstrümpfe. Unerklärlich, wo der hingeraten sein konnte. Der Reihe nach verdächtigten wir sämtliche in der Wohnung gehaltenen Tiere: Gorillas, Schimpansen, Schleichkatze, Pudel, Hauskatze, Feldhase und Jako, den indischen Star. Der Jako kam aus seinem Vogelbauer nicht heraus, aber auch den anderen allen, die sich frei in der Wohnung tummelten, war nichts nachzuweisen.

An die Neuankömmlinge, die Flughörnchen, dachte niemand von uns. Und doch fanden wir den vermißten Strumpf schließlich in einer Ecke ihres Käfigs. Anstelle fehlender Blätter und Zweige sollte das zarte Geflecht des Strumpfes offenbar als Nest dienen. Wieder wurde der Käfig, und zwar diesmal von den Zoo-Handwerkern, gründlich ausbruchsicher repariert, so daß wir von nun an vor unangenehmen Überraschungen durch die Flughörnchen sicher sein konnten. So dachten wir!

Vor einigen Jahren wurde ich in Afrika von einer Tsetsefliege gestochen. Mein Mann veranlaßte die sofortige Einweisung in das nächstgelegene Krankenhaus, in dem ich mit allen Mitteln ärztlicher Kunst behandelt wurde. Ich habe dadurch die gefürchtete Schlafkrankheit auch nicht im Anfangsstadium bekommen, habe aber von damals eine Allergie, eine Überempfindlichkeit des Blutes und eine Reizbarkeit der Haut gegen gewisse Stoffe zurückbehalten. Unter anderem verursachen zum Beispiel ganz bestimmte Waschmittel bei mir eine starke Hautrötung, andere wieder einen sehr unangenehmen Juckreiz.

Da mußte also wieder einmal der Hausarzt bestellt werden, der in solchen Fällen mit einer entsprechenden Spritze die Beschwerden rasch wieder zum Verschwinden bringt. Er lachte laut auf, als ich ihm diesmal meine juckenden Arme vorwies. «Heute juckt es wahrscheinlich nicht nur an den Armen!» Er hatte recht — aber war das ein Grund zum Lachen? «Seien Sie außer Sorge, gnädige Frau, diesmal brauchen Sie keine Spritze; Sie haben Flöhe!»

Ich habe wahrscheinlich kein sehr geistreiches Gesicht gemacht, aber der Arzt lachte, daß ihm die Tränen die Backen herunterliefen. «Flöhe sind gerade keine beliebten Haustiere, aber wer so tierverbunden ist wie Sie, warum sollte der nicht auch einmal mit Flöhen Bekanntschaft machen!» Mittlerweile hatte ich mich von meinem Schrecken erholt, aber der gute Doktor hänselte weiter: «Forschungsreisen, Photosafaris in Afrika haben Sie ja schon mehrmals unternommen, da ist doch die Jagd im Schlafzimmer nach Flöhen einmal etwas Neues!»

Es gab für mich keine Zweifel: die Flughörnchen hatten die Flöhe mitgebracht. An meinen Mann gingen sie nicht, aber tags darauf wurde auch meine Hausangestellte von dieser merkwürdigen «Allergie» befallen.

Goethe läßt im «Faust» die Zechkumpanen schmettern:
«Uns ist ganz kannibalisch wohl
Als wie fünfhundert Säuen . . .»
und in derselben Szene den Mephisto das Lied von einem König singen, der einen großen Floh hatte. Besagter Floh soll der komischen Majestät sogar ein angenehmer Gesellschafter gewesen sein — und dann heißt es in dem schönen Lied:
«Und Herrn und Fraun' am Hofe,
Die waren sehr geplagt,
Die Königin und die Zofe
Gestochen und genagt . . .»

Der Floh ist zwar kein Nagetier, es handelte sich im vorliegenden Fall auch nicht um Königin und Zofe; man muß halt bei der Poesie der dichterischen Freiheit Zugeständnisse machen. Nur meinem Mann habe ich keine Zugeständnisse gemacht, so wenig wie damals bei der Ratte. Sie flogen, die Flughörnchen! Mir waren ihre Flöhe keineswegs angenehme Gesellschafter wie dem ollen König. Sehr zu seinem Verdruß mußte mein Mann nachgeben. Der Käfig kam in sein Arbeitszimmer in der Zooverwaltung. Ein Tierpfleger säuberte täglich den Käfig. Futter und Wasser hineinzustellen, war keine große Arbeit; das übernahm die Sekretärin meines Mannes bereitwilligst.

Der Posten dieser Sekretärin ist nicht so beneidenswert, wie sich das mancher Leser und vor allem manche Leserin vorstellen mag. Neben der üblichen Vorzimmerarbeit einwandfrei französisch und englisch zu sprechen und zu korrespondieren, ist bei den vielen Auslandsverbindungen meines Mannes schon anstrengend genug. Dazu kommen, allein als Folge seiner Fernsehsendungen, unausgesetzt Telephonanrufe, die von seiner Sekretärin eine auf die Dauer nervenaufreibende Mitarbeit verlangen. Ich bedauere das geplagte Menschenkind oft und lade die junge Dame gelegentlich zu einem Täßchen Kaffee und einem gemütlichen Schwatz ein.

Wieder einmal war sie mein Gast. An Gesprächsstoff fehlt es bei solchen Gelegenheiten natürlich nie. Nur fiel mir auf, daß sie viel unruhiger im Sessel saß als sonst. Und da kam mir ein Verdacht! «Haben Sie Flöhe?» fragte ich sie unvermittelt. Sie wurde rot im Gesicht, aber dann mußte es heraus: «Ja, seitdem die Flughörnchen im Büro sind!» Das war es also! Nicht nur die dienstliche Überbeanspruchung mußte die Ärmste verkraften, dazu nun auch noch die Flöhe! Nein, das ging zu weit, das konnte man einer guten Sekretärin nicht zumuten.

«Ich getraue mich gar nicht, es Ihrem Gatten zu sagen; an ihn scheinen die Biester nicht zu gehen!» sagte sie, mit den Tränen kämpfend.

Der Bedauernswerten mußte geholfen werden! Da gab's nur eines: Auch aus dem Büro mußten sie raus, die vermaledeiten Flughörnchen. Jetzt konnte mein Mann auch nicht mehr abstreiten, daß es tatsächlich die Flughörnchen waren, die in Haushalt und Büro Flöhe eingeschleppt hatten. Die kleinen Nager von ihren Parasiten befreien zu wollen, war eine problematische Sache. Hunde oder Katzen lassen sich leichter einstäuben, und ob die üblichen Mittel zur Vernichtung von Ungeziefer den seltenen und wertvollen Flughörnchen nichts schaden könnten, das getraute sich niemand mit unbedingter Gewißheit zu behaupten. Die merkwürdigen Tierchen wurden also wieder in das Haus für Klein-Säugetiere zurückgebracht.

Daß Flughörnchen so viele Flöhe haben! Nun, sogar im Konversationslexikon — wer wollte mir das bestreiten — sind sie dicht beieinander: «Flöhe» und «Flughörnchen».

*Niemand vermißte ihn — und seine neuen «Herrschaften»
und auch er selbst waren froh darüber*

Der Hund, der aus der Kälte kam

Von William Iversen

«Geh nach Haus!» sagte ich zu ihm, nachdem er mir drei Straßen nachgelaufen war. «Sei brav und geh jetzt schön nach Haus!»

Er war kaum mehr als ein zitternder Schatten, wie er da in der Abendkälte saß und nur darauf wartete, daß ich mich umdrehte, damit er weiter hinter mir hertrotten konnte. Er ging wirklich nach Hause, wie sich später herausstellte. Doch das wußte ich da noch nicht.

«Los! Scher dich weg! Geh nach Haus!» herrschte ich ihn von der Vortreppe aus an. Dann öffnete sich die Tür, und Lisa, meine Frau, steckte den Kopf heraus.

«Was ist denn?» fragte sie.

«Nichts», antwortete ich. «Bloß ein Hund. Er ist mir nachgelaufen und will nicht weg.»

Sie schaute sich meinen neuen Freund an. Es war ein struppiger, magerer Bastard mit ungetrimmtem, braunem Fell, einem zu langen Schwanz und überaus traurigen, seelenvollen Augen.

«Armer Kerl», sagte sie mit vor Bedauern vorgeschobenen Lippen. «Er friert und hat Hunger.» Im Nu war Struppi, so nannten wir ihn, im Haus, und Lisa rubbelte ihn tüchtig mit einem großen Badetuch ab, auf dem ER eingewebt war.

«Warum hängst du denn deinen Mantel nicht auf und machst dich fertig zum Essen?» fragte sie und drückte mir mein nasses

Badetuch in die Hand. «Ich richte inzwischen für Struppi ein paar Häppchen von unserer Mahlzeit.»

Die «paar Häppchen» waren, wie ich dann feststellte, vier bis fünf Scheiben frisch gebratene Rindslende, schön in bißgerechte Stücke geschnitten und mit einem ordentlichen Schlag warmer Sauce darüber.

«Ob er nicht vielleicht auch ein paar 'Häppchen' von der Zitronenbaisertorte möchte?» fragte ich harmlos, während Struppi im Eingang zur Eßnische saß und sich dort zufrieden seine Schnauze leckte.

«Für Witze ist jetzt keine Zeit», belehrte mich Lisa. «Zuerst müssen wir die Verlustanzeigen in der heutigen Abendzeitung durchsehen. Und dann müssen wir überlegen, wo er die Nacht über bleiben kann.»

«Da hast du recht», gab ich zu. «Wie wär's mit der Garage? Ich lege eine alte Decke in eine Kiste, und er kann da draußen schlafen.» Kein Hund hat je einen solchen Blick bekommen wie den, den Lisa mir zuwarf. «Das ist doch nicht dein Ernst? Da draußen würde er ja erfrieren.»

«Also, dann wollen wir mal überlegen.» Ich tat so, als dächte ich nach, aber ich wußte schon ziemlich genau, wo Struppi die Nacht verbringen würde. «Da wäre zum Beispiel das neue Motel am Autobahnkreuz...»

Später, als ich im Sessel saß und die Verlustanzeigen studierte, wedelte und klopfte Struppi mit seinem inzwischen trockenen Schwanz, sobald ich zu ihm hinüberblickte. «Schade, daß du keine gelbbraune Katze mit weißen Pfoten bist oder ein französischer Pudel namens Gigi», sagte ich zu ihm und legte die Zeitung weg. «Aber offenbar vermißt dich keiner.»

Er sah mich zerknirscht an. Dann kam Lisa aus der Küche herein, und er stand auf, um sie zu begrüßen. Ein vollendeter Kavalier.

«Wir werden weiter die Anzeigen durchsehen müssen», sagte sie und schaltete den Fernsehapparat ein. «Erinnere mich, daß ich nächste Woche den Stadtanzeiger besorge.»

«Nächste Woche?» wiederholte ich, während auf dem Fernsehschirm langsam das Bild erschien. «Du hast gewußt, daß es so kommen würde», flüsterte eine Schauspielerin lächelnd in Großaufnahme. «Du hast es ganz sicher von Anfang an gewußt, nicht wahr?»

«Ja», murmelte ich, «ich glaube, ich hab's gewußt.»

NACH KNAPP einer Woche hatte ich mich an Struppi gewöhnt — sogar daran, daß er bei uns im Bett schlief und dabei den Kopf auf meine Beine legte. (Sein früherer Besitzer mußte Schienbeine aus Gußeisen gehabt haben.) Ich gewöhnte mich daran, daß er mir zur Begrüßung entgegenlief, wenn ich nach Hause kam, an die langen Abendspaziergänge, die wir machten — und auch an das Studium der Verlustanzeigen.

«Nichts?» fragte Lisa jedesmal hoffnungsvoll, wenn ich mit der Zeitung hereinkam. «Nichts», meldete ich jedesmal. Und ihr erleichtertes Lächeln huschte von mir zu Struppi — der die Freudenbotschaft mit stürmischem Wedeln quittierte.

Wenn ich auch meine Gefühle nicht so demonstrativ zeigte wie Struppi und Lisa, war ich doch ebenfalls erleichtert. Denn schon in dieser kurzen Zeit hatte ich festgestellt, daß Struppi kein gewöhnlicher Hund war. Trotz seines fröhlichen Wedelns und Wuffens war er von einem besonnenen Ernst, der ihn zu einem Hund machte, mit dem ein Mann wirklich reden konnte. Manchmal, wenn ich im Schuppen arbeitete, kam er zu einem Schwatz herein. Worüber wir auch diskutierten — Politik, Sport, Steuern oder das Leben im allgemeinen —, seine Ansichten stimmten stets mit meinen überein.

«Er ist ein kluger Kopf», sagte ich zu Lisa. «Das macht seine kleinen Marotten mehr als wett.»

Diese Eigenheiten hatten sich bereits einen Tag nach seiner Ankunft gezeigt. «Heute nachmittag hat er etwas Merkwürdiges getan», erzählte mir Lisa, als wir uns zu Tisch setzten. «Ich hab' ihn in den Hof hinausgelassen, und da hat er die Milchflaschen hereingebracht.»

«Wie bitte?» fragte ich.

«Er hat die zwei leeren Milchflaschen angeschleppt, die ich draußen vor die Hintertür gestellt hatte. Er ließ sich nicht davon abbringen.»

«Hast du das getan?» fragte ich Struppi, der neben meinem linken Fuß saß und alles mit anhörte. Er antwortete mit einem leichten, unbestimmten Wedeln, als wollte er sagen, das könne schon sein.

«Offensichtlich hat ihn jemand dazu abgerichtet», verkündete ich würdevoll. Doch diese Theorie mußte ich während der nächsten Tage erheblich erweitern, denn Struppi schleppte alles herein, was wir draußen liegenließen: Gartenhandschuhe, ein Pflanzholz, ein Stück Wäscheleine — ja sogar einen Plastiksack mit Abfällen.

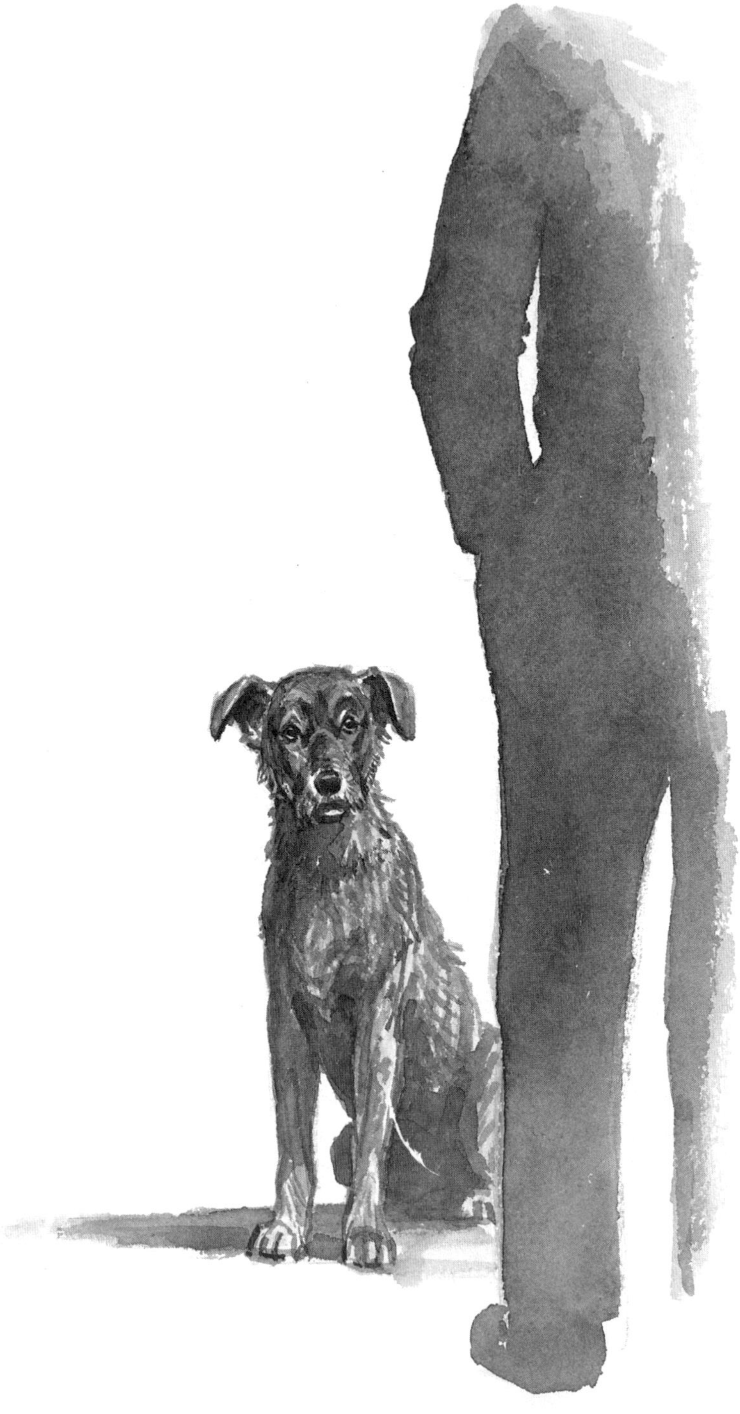

«Und wer», fragte Lisa spitz, «würde wohl einen Hund dazu abrichten, Abfälle hereinzubringen?»

Er hatte noch andere sonderbare Angewohnheiten. Am Samstag wollte ich mit dem Wagen zum Eisenwarenhändler, um Anstreichfarbe zu holen. Ehe ich losfuhr, sah ich nach, ob im Kofferraum Platz genug für die Kanister war. Kaum hatte ich ihn aufgeklappt, da sprang Struppi hinein und legte sich hin.

«Struppi, alter Junge», sagte ich zu ihm, «ich bin kein Schnüffler, das weißt du. Aber was hast du für eine geheimnisvolle Vergangenheit? Bist du einem Verbrecherleben entflohen — ein ehemaliger Milchflaschenräuber mit dem Trick, in einem offenen Kofferraum das Weite zu suchen?»

Struppi blinzelte und sah weg, als ob er sagen wollte, das Vergangene sei vergangen, und er möchte lieber nicht darüber sprechen. Später vielleicht. Aber inzwischen müsse ich eben Vertrauen zu ihm haben.

Das hatte ich auch, und mit der Zeit wurde Struppi allmählich *unser* Hund, mit allem Drum und Dran, mit Hundesteuer, Impfzeugnissen, Lieblingsball — und einem größeren Platz in unserem Leben, als ich für möglich gehalten hätte.

MANCHMAL WACHE ich nachts auf und bin überrascht, daß ich die Beine bewegen kann, ohne Struppis Kopf wegzuschubsen. Im ersten Augenblick frage ich mich jedesmal, wo er sein mag; dann erinnere ich mich an jenen Juniabend, als wir von einem Spaziergang zurückkamen und plötzlich ein breitschultriger Handwerker auf die Bremse seines Kleinlastwagens trat und freudestrahlend brüllte: «He, Buschi!»

Ich sehe noch, wie Struppi erstarrte und dann, als jäh die Erinnerung in ihm wach wurde, wie wild an seiner Leine zerrte und den fremden Mann mit lautem Freudengebell begrüßte. Es war — Sie haben's erraten — sein früherer Besitzer. Oder richtiger, der Hund gehörte dessen vier Kindern.

Der Mann hieß Karl Schneider und wohnte mit seiner Familie knapp einen Kilometer entfernt. Da er keine Papiere hatte, die beweisen konnten, daß Struppi sein Hund war, kam er am selben Abend noch einmal mit einem Stoß Photos vorbei, die unseren Struppi — seinen Buschi — in allen Lebenslagen zeigten.

«Hier ist er, wie er das Spielzeug der Kinder vom Garten hereinschleppt», sagte Karl Schneider stolz. «Hab' ich ihm beigebracht, als er noch ganz jung war. Und hier ist er wieder, auf meinem Lieferwagen, und wartet ungeduldig, bis es losgeht.» Der Kleinlastwagen diente auch als Familienvehikel, und Struppi fuhr immer hinten mit.

Damit waren wenigstens seine Eigenheiten erklärt. Und es ließ sich nicht bestreiten, daß er den Leuten gehörte. Strahlende Freude, wie Lisa und ich sie selten an ihm gesehen hatten, verklärte sein Gesicht, als die vier Kinder des Mannes den Vorgartenweg heraufstiefelten. Nur einmal verschwand sie – als er schließlich draußen auf dem Lastwagen saß und Lisa und ich hinauflangten, um ihn das letzte Mal zu streicheln. Für diese wenigen Sekunden war er noch einmal *unser* Hund, und seine Augen bettelten um Verständnis.

Als der Lieferwagen losfuhr, schaute Struppi ein-, zweimal zurück, doch in der Dunkelheit konnten wir seinen Gesichtsausdruck nicht erkennen. Nur seinen Kopf sahen wir über der Ladeklappe noch auf und ab wippen.

Zu Weihnachten erhielten wir eine Karte von Schneiders; die ganze Familie hatte unter dem Firmenaufdruck «Karl Schneider, Innenausstattung & Renovierung» unterschrieben. Dann kam vor einer Woche am Sonntagmorgen Karl Schneider hereingeschneit. Ich war noch oben beim Rasieren und hörte ihn zu Lisa sagen: «Sie müssen ihn natürlich nicht nehmen. Wir können ihn auch jemand anders geben.» Darauf hörte ich Lisa antworten: «Nein, nein. Wir würden ihn sehr gern behalten!»

Es ist Struppi, dachte ich, die Schneiders geben ihn zurück! Mit halb eingeseiftem Gesicht folgte ich den Stimmen in die Küche. «Sieh nur», rief Lisa und hielt ein flauschiges Etwas hoch, das einen zu langen Schwanz hatte. «Eins von Struppis Jungen!»

«Wir haben ihn die Tina von unserm Nachbarn decken lassen», erklärte uns Schneider. «Sie ist eine Art Collie, mit Spanielohren – aber der Kleine hier ist recht hübsch ausgefallen.»

«Ja, das finde ich auch», sagte Lisa und setzte das Hundchen auf den Fußboden. «Er sieht genau wie Struppi aus, und er wedelt auch so wie Struppi.»

Struppi II haben wir ihn genannt, und er schlägt ganz seinem Vater nach. Er wird noch etwas wachsen müssen, ehe er eine Milchflasche schleppen oder auf mein Bett springen kann. Und wenn man sich mit ihm ernsthaft unterhalten will, dann legt er sich einfach auf den Rücken, um sich den Bauch kraulen zu lassen. Doch er ist, so meine ich, ohne jeden Zweifel die gelungenste Innenausstattung, die Karl Schneider je geliefert hat.

*Die Verbindung vom Menschen zum Tier
schafft unerklärliche Situationen –
Sind es die Folgen starker Zuneigung zum Tier?
Lassen sie sich mit dem Begriff «übernatürlich» erklären?*

Unerklärliche Erlebnisse mit Katzen

Von Adele Millard

Seit Jahrtausenden betrachtet man Katzen als die geheimnisvollsten aller Geschöpfe. Die alten Ägypter schrieben ihnen magische Kräfte zu und verehrten Katzen wie Götter. Durch alle Epochen hindurch wurden Katzen entweder vergöttert oder verteufelt, je nachdem, ob die verschiedenen Kulturvölker sie für Gesandte Gottes oder Verbündete des Teufels hielten. Fast jeder, der kurze oder längere Zeit eine Katze gehalten hat, weiß von seltsamen Vorkommnissen zu berichten, die darauf hindeuten, daß Katzen anders sind als andere Tiere.

Gibt es eine Seelenverwandtschaft zwischen Mensch und Katze? Gewisse Leute bejahen es, und die Begründungen, die sie anführen, stimmen auch die Zweifler nachdenklich. Ich habe im Lauf der Jahre viele Katzen um mich gehabt und kann ihre Gewohnheiten und Verhaltensmuster erklären, ohne auf Okkultes und Übernatürliches zurückgreifen zu müssen. Aber trotzdem erinnere auch ich mich an drei Ereignisse, die ich mit dem Verstand nicht erklären kann, weder mir selber, noch Außenstehenden.

Ich will Ihnen hier darüber berichten. Ich überlasse es dem Leser, seine Schlüsse zu ziehen — ich kann nur dafür bürgen, daß die Geschichten wahr sind. Ich weiß noch heute nicht, weshalb und wie sie geschehen konnten.

Vor Jahren brachte meine Tochter eine junge Katze nach Hause, die die Herzen meines Sohnes, meines Mannes und mein eigenes im Sturm eroberte. Wir nannten sie Abby. Sie war manierlich und zärtlich; eine ideale Hauskatze, die uns viele schöne Stunden bereitete. Abby schlief in der Küche, und jeden Morgen, wenn mein Mann aufwachte, ließ er sie ins Schlafzimmer, um mich zu wecken. Das tat sie, indem sie sanft mit den Pfoten mein Gesicht berührte und dazu schnurrte. Es war eine nette Art, geweckt zu werden.

Abby war seit einem Jahr bei uns, als wir uns entschlossen, drei Wochen lang mit dem Auto in die Ferien zu fahren. Inzwischen hatte ich die Katze sehr ins Herz geschlossen, und auch sie schien große Zuneigung zu mir zu haben. Ich dachte, in einem Tierheim sei sie während unserer Abwesenheit am besten aufgehoben und machte mich auf die Suche. Schließlich fand ich ein sauberes, nettes Heim, dessen Leiter offensichtlich ihre Pflichten noch etwas ernster nahmen als anderswo. Als wir Abby im Heim ablieferten und unsere Reise antraten, hatte ich ein ruhiges Gewissen.

Es waren schöne Ferien. Auf dem Heimweg, drei Tage vor unserer Rückkehr, schlief ich im Wagen ein. Ich träumte von Abby. Sie lag in meinen Armen und kaute an einer gänseblümchenartigen Pflanze. Plötzlich begann sie zu würgen, und ich konnte fühlen, wie sie steif wurde, an der Blume erstickte und starb. Ich wachte zitternd auf. Meine Familie beruhigte mich und versicherte mir, es sei nur ein Traum gewesen und habe keine Bedeutung. Schließlich fand ich es selber dumm, sich von einem Traum so ängstigen zu lassen.

Drei Tage später kamen wir zu Hause an. Ich ging die liegengebliebene Post durch und fand darunter einen Brief des Tierheims. Der Direktor bedauerte, mir mitteilen zu müssen, daß Abby an einer Hirnhautentzündung gestorben war, obwohl sie alles getan hätten, um sie zu retten. Das Datum auf dem Brief war der Tag, an dem ich meinen Traum hatte!

Die zweite Geschichte ereignete sich mehrere Jahre — und mehrere Katzen — später. Ich interessierte mich damals für Bücher, die sich mit Methoden zur Förderung der geistigen Kräfte befaßten. In den meisten Büchern stand im Grunde das gleiche, und nachdem ich drei oder vier gelesen hatte, fand ich nichts Neues oder Nützliches mehr. Dann stieß ich auf eines, das besonderen Wert darauf legte, den eigenen Geist von Alltäglichkeiten und Nichtigkeiten zu befreien, um auf diese Weise für wichtigere und neue Gedankengänge Platz zu schaffen. Die Anweisungen begannen mit dem Rat: «Machen Sie Ihren Geist frei und leer, und denken Sie an nichts.» Wissen Sie, wie schwierig es ist, an nichts zu denken? Ich brauchte ganze drei Tage, um diesen Zustand der geistigen Leere zu erreichen, und er dauerte nur wenige kurze Augenblicke. Aber in diesen Sekunden fühlte ich einen Zwang,

zur Garage hinauszugehen. Ich tat es unverzüglich. Meine damalige Katze hatte dort eben einen Wurf Kätzchen geboren, und zwar mindestens zwei Wochen früher, als ich erwartet hatte. Eines der Kätzchen war tot, und die verzweifelte Mutter versuchte, es wieder zu beleben, indem sie den leblosen Körper wie wild mit der Zunge leckte. Ich brachte ihr Milch, und während sie trank, nahm ich das Kätzchen weg. Als es verschwunden war, schien sie den Frieden wiedergefunden zu haben. Ich brauchte längere Zeit, mit den Folgen meines «An-nichts-Denkens» fertig zu werden! Ich versuchte es nie wieder!

Mein letztes Beispiel ist eine einfache Geschichte, und doch schwer erklärbar. Fast alle Katzen haben einen bestimmten Laut, mit dem sie kundtun, daß sie ins Freie möchten. Wenn man dieses bestimmte Miauen hört, weiß man, daß man eine Türe öffnen muß. Eine meiner Katzen brauchte nicht Laut zu geben, wenn sie hinauswollte. Sie setzte sich nur vor die Türe, die sie gerne geöffnet haben wollte. Es spielte keine Rolle, in welchem Raum ich mich in diesen Augenblicken gerade befand, oder womit ich beschäftigt war, ich wußte immer genau, wann sie von mir erwartete, daß ich sie hinauslasse. Dann legte ich den Telefonhörer hin, stellte den Staubsauger ab, unterbrach, was immer ich gerade tat, und ging dorthin, wo Castor sich befand und geduldig auf mich wartete, bis ich die Türe öffnete.

Die Liebe schmiedet ein Band zwischen allen lebenden Geschöpfen. Wozu die Erklärungen für meine drei außerordentlichen Erlebnisse mit Katzen im Übernatürlichen suchen? Können es nicht geradesogut die Folgen unserer starken Zuneigung zueinander gewesen sein, einer Beziehung, die so intensiv ist, daß sie den Rahmen des Gewohnten, des von uns erwarteten sprengt? Ich zumindest glaube lieber an diese Deutung.

*Dieser sich frei in den Lüften
tummelnde Vogel, für uns die Verkörperung
der Ungebundenheit, ist in Wirklichkeit
einigen seltsamen Ritualen und Tabus unterworfen*

Die Möwe lebt nicht gern allein

Von Jean George

Jedes Jahr fahre ich an die Küste und beobachte die Möwen — wie sie am strahlend blauen Himmel kreisen und dahinsegeln, klagend kreischen und manchmal, ohne einen Flügelschlag zu tun, seewärts schießen und steil auf einen Fisch hinabstoßen. Sie sind nicht nur schön anzusehen, es ist auch reizvoll, sie näher kennenzulernen, denn sie haben ein kompliziert geregeltes Gemeinschaftsleben.

Jede Möwe, ob man sie allein auf einem Schiffsmast sitzen oder inmitten von Hunderten anderer fliegen sieht, gehört zu einem kleinen, exklusiven «Klub». Das Leben in diesen Klubs beginnt jedes Frühjahr aufs neue, wenn die Vögel von ihren Streifzügen zu ihrem angestammten Brutplatz zurückkehren, einem abgelegenen, zwischen Felsen und Dünen versteckten Strandstück. Tagelang kreist dann ein Schwarm von 200 oder mehr Möwen über den Dünen und Grasstreifen, wo sie aufgewachsen sind. Schließlich fällt der ganze Schwarm in geschlossener Formation ein — ein großartiger Anblick. Die lose Gemeinschaft der Vögel ist zur straffen gesellschaftlichen Ordnung geworden.

An einem Märzmorgen sah ich auf einer Insel vor der Atlantikküste einen Schwarm Silbermöwen einfallen. Es glich einer Art Frühjahrsparade, wie sie da, die grauen Flügel fächerförmig ausgebreitet, auf den Sand niedergingen. Als der Himmel wieder klar war, entdeckte ich, daß sich die Vögel säuberlich in Klubs aufgeteilt hatten, in Gruppen von 40 bis 50 Exemplaren, jede deutlich von der anderen abgesondert.

Ein solcher Klub umfaßt einen «Vorsitzenden», ältere Vögel mit gesellschaftlichem Rang, Neuaufgenommene (jüngere Vögel), die sich langsam in der Rangordnung hocharbeiten, und ein paar Mitglieder, auf denen alle anderen herumhacken. Möwen sind mehr oder weniger monogam und behalten oft Jahr für Jahr denselben Partner; den noch ledigen Jungvögeln aber bietet der Klub, in den sie hineingeboren sind, Gelegenheit, sich kennenzulernen und Ehen zu schließen. Und wie alles im Gemeinschaftsleben der Möwen ist auch das Liebeswerben an strenge Regeln gebunden.

ICH ERINNERE mich an ein junges Paar in einer Möwenkolonie am Strand. Ein Männchen stand unbeweglich auf einer Düne und starrte auf die See hinaus. Plötzlich kam ein Weibchen angetrippelt — es ist gewöhnlich die Möwin, die die Wahl trifft —, umkreiste ihren Auserkorenen, den Kopf vorgestreckt, und flötete zärtlich «Kliuu». Der Umworbene plusterte sich auf und hob den Kopf. Das gefiel der jungen Dame, und wieder umtrippelte sie ihn. Er putzte sich das Gefieder. Sie warf kokett den Kopf zurück. Das machte das Männchen wild, es rannte im Klubgelände umher und suchte nach einem anderen Männchen, mit dem es kämpfen konnte. Da es aber keines fand, das mit ihm anbinden wollte, kehrte es zu seiner Schönen zurück. Sie umtrippelte ihren Auserwählten von neuem. Darauf würgte er einige Meeresdelikatessen hervor und fütterte die Braut, während sie vor Wonne die Augen schloss. Die Möwe hatte ihren Lebensgefährten gefunden.

Jedes Paar hat etwa vier Quadratmeter Boden, auf denen es lebt, ein Nest baut und Junge aufzieht. (Zum Vergleich: ein Falke hat mehrere Hektar.) Die Möwen hausen hauptsächlich zum Schutz gegen Feinde so dicht beisammen, und damit das überhaupt möglich ist, haben sie komplizierte Gesetze entwickelt. Das erste ist einfach und wird sehr ernst genommen: Jeder, der das Revier eines anderen betritt, wird angegriffen.

Die Kämpfe werden nach einem strengen Zeremoniell ausgetragen. Bei einem war ich Zeuge, wie ein älterer Vogel seine Füße auf das Stückchen Land eines jungen Paares setzte, in der Hoffnung, ein bißchen mehr Raum für sich zu bekommen. Das junge Männchen stellte sich dem Eindringling entgegen, die Schwingen etwas angehoben — was dem Knurren eines Hundes oder der geballten Faust eines Mannes entspricht. Der Nachbar zeigte keine Angst. Der junge Vogel machte den Hals lang (im Möwenzeremoniell gewissermaßen ein Zähnefletschen); der alte verzog sich immer noch nicht. Schließlich wurde der junge so wütend, daß er sich vorbeugte und Gras ausrupfte. Das ist eine gefährliche Drohung — als halte man jemand die Pistole vor —, und die meisten Kämpfe finden damit ihr Ende. Aber selbst das vertrieb das alte Männchen nicht. Es zupfte ebenfalls Grashalme aus! Da versetzte der junge Vogel plötzlich mit einem lauten Klatschen dem älteren einen Schlag mit dem Flügel und wollte zuhacken, worauf der Missetäter doch lieber aufgab und sich in sein eigenes Revier zurückzog.

Die erste Regel, die eine frisch geschlüpfte Möwe lernen muß, lautet: «Spiel nur in deinem eigenen Hof.» Die Eltern kennen ihre Kleinen aus sämtlichen anderen heraus, und verläuft sich ein fremdes in ihr Revier, so hacken sie es meistens tot.

Dank dieser Regel kam ich in den Besitz einer Möwe. Geschützt durch Regenmantel und Tropenhelm (weil die Altvögel auf Eindringlinge herabstoßen und man sogar mit einem «Schuß» hervorgewürgter Nahrung rechnen muß) ging ich in eine Möwenkolonie, um mir für ein Weilchen ein Junges zu Studienzwecken aus dem Nest zu holen. Nachdem ich das Kleine skizziert und gemessen hatte, brachte ich es wieder zurück und setzte es in die Grasmulde, die ich für die richtige hielt. Als aber von oben ein Altvogel mit lautem «Hahahaha haha», dem Alarmschrei der Möwen, auf mich herabschoß, war mir klar, daß ich mich geirrt hatte. Um den Nestling zu retten, steckte ich ihn unter meinen Mantel und nahm ihn mit nach Hause.

Die ersten Wochen im Leben einer Möwe sind nicht einfach. Nach sechsundzwanzig Tagen im Ei und einem vierundzwanzigstündigen Kampf, in dem es sich aus der Schale befreit, kommt ein kritischer Moment. Um geatzt zu werden, muß ein Möwenjunges zuvor nach dem roten Fleck vorne am Unterschnabel eines der Eltern picken. Das veranlaßt gewöhnlich den Altvogel, Futter hervorzuwürgen und es auf den Boden zu speien. Erst dann erwacht beim Anblick von Futter *und* Nestling die elterliche Liebe, die den Altvogel dazu treibt, das Kleine zu füttern. So stark sind die Möwen diesem Zeremoniell unterworfen, daß ein Junges, das verabsäumt, den «roten Knopf zu drücken», aus Nahrungsmangel verenden kann.

Meine kleine Möwe, die ich Sol nannte, ging mir beinahe ein, weil ich dieses verzwickte Zeremoniell nicht kannte. Am ersten Tag konnte ich sie nicht dazu bewegen, den Schnabel zu öffnen und zu fressen. Ich schob ihr Futter in den Schlund hinab, aber sie würgte es sofort wieder heraus. Gegen Abend war sie schon ganz matt. In einem Standardwerk über das Verhalten der Möwen fand ich etwas über den roten Fleck und fragte mich, ob es nicht auch zweiseitig seine Wirkung täte. Vielleicht mußte meine Seemöwe ihn erst anpicken, damit sie den Schnabel aufsperrte. Ich schmierte einen Klecks Lippenstift auf meinen Daumen und hielt ihn ihr von oben hin. Sie hackte gierig danach, öffnete den Schnabel und ließ mich ihren mächtigen Schlund vollstopfen.

Hat ein Nestling gelernt, so um Futter anzuklopfen, muß er als nächstes lernen, immer schön den Kopf eingezogen zu halten. Auf dem Brutplatz lagen mehrere tote Jungmöwen, die mit hochgerecktem Hals einem Altvogel in die Quere gekommen waren. Ein hochgetragener Kopf und gestreckter Hals sind Kennzeichen gesellschaftlichen Ranges. Es versetzt einen Altvogel in Wut, wenn er ein vorwitziges junges Ding dreist den Kopf hoch tragen sieht.

Anderseits gilt aber auch die strikte Regel: Eine Möwe darf eine andere, die den Kopf eingezogen hat, nicht hacken. Ein Kollege von mir berichtet, wie er einmal ein Männchen beobachtet hat, das es fertigbrachte, sich im Revier eines anderen umzutun — mit eingezogenem Genick nämlich. Als der Revierbesitzer hinüberging, um den Eindringling zu stellen, duckte der sich zusammen wie ein Jungvogel, eine Demutshaltung, die vor einem Angriff schützt. Der listige Bursche schlich weiter, über das Strandgras und über den Sand, direkt auf das schlanke, grauweiße Weibchen zu — das seinen Plan zuschanden machte, indem es zärtlich «Kliuu» flötete. Denn automatisch richtete sich der Ducknackige auf und sträubte sein Gefieder. Im selben Moment bekam er einen so furchtbaren Schnabelhieb, daß er drei Meter weit wegtrudelte.

Eine Möwe verbringt viel Zeit damit, ihr Federkleid zu putzen. Das war mir immer als müßige Eitelkeit vorgekommen, bis ich Sol, meine Möwe, auf einem Teich schwimmen lassen wollte. Als ich sie in den Händen ans Wasser trug, wehrte sie sich heftig, was ihr Gefieder in Unordnung brachte. Ich setzte sie auf die Oberfläche, und zu meiner Verblüffung ging Sol unter. Rasch fischte ich sie heraus. An Land putzte sie sich, strich mit dem Schnabel den Kiel jeder Feder entlang, um die Fahnen wieder zu glätten und zu schließen, die ich bei der Balgerei aufgesträubt hatte. Ein paar Stunden später trippelte Sol ans Wasser und segelte über den Teich — hoch und stolz wie eine Chinesendschunke.

Ein gut geglättetes Gefieder hält eine Möwe nicht nur über Wasser, sondern erleichtert ihr auch das Fliegen. Mit ihrem leichten Skelett aus hohlen Knochen — rund einem Siebentel ihres Gesamtgewichts — und einer Flügelspannweite von 1¼ Metern ist die Möwe fast im selben Moment, in dem sie die Schwingen hebt, schon in der Luft. Um ihr Startvermögen noch zu verbessern, streichen sie die obersten Deckfedern der Schwingen zu einem windschlüpfigen, reibungsarmen Flügelprofil zurecht. Alles das trägt zu ihren Flugkünsten bei. Eine Möwe kann gegen 50, vom Wind begünstigt bis 80 Kilometer in der Stunde fliegen und in weniger als vierundzwanzig Stunden 1150 Kilometer zurücklegen. Nur von Wildgänsen, Falken und Brieftauben wird sie darin übertroffen.

Wenn sich die Möwen in den Lüften tummeln, sind sie nicht immer auf Futtersuche, sondern oft bloß aus Freude am Fliegen unterwegs. Eine Möwe, die den Strand entlangschwebt, nutzt den Aufwind aus, der entsteht, wenn der Seewind auf die Dünen am Strand trifft und emporsteigt. Möwen wiegen sich auch gern in den Schichten verschiedener Windgeschwindigkeit, die sich zuzeiten dicht über den Wellen bilden; manchmal tun sie das stundenlang, indem sie sich von einer Schicht in die andere schwingen. Die meisten Menschen glauben, daß Möwen wegen des Futters hinter den Schiffen herfliegen; in Wirklichkeit sind Kombüsenabfälle nur ein kleiner Teil ihrer Kost, hauptsächlich leben sie von Muscheln und Fischen und oft Aas. Die Seemöwen folgen Schiffen wegen des Auftriebs in der sogenannten Leewelle, die sich hinter fahrenden Schiffen bildet.

Badegäste sehen gern zu, wie Möwen Muscheln knacken, indem sie sie auf felsigen Boden hinabfallen lassen. Das ist offenbar eine alte und instinktive Gewohnheit, und manchmal wird die Möwe zur Sklavin dieses Automatismus. Ich habe einmal eine Möwe beobachtet, die eine Miesmuschel wohl fünfunddreißigmal auf den Sand hinabplumpsen ließ, ehe sie enttäuscht aufgab. Keine 1000 Meter entfernt warfen andere Möwen ihre Muscheln mit Erfolg auf die Felsklippen, doch der einsame Vogel konnte offenbar nicht soweit denken.

Die Angewohnheit, Muscheln zum Knacken hinabzuwerfen, hat übrigens vor ein paar Jahren in England einigen Schaden angerichtet. Ein Hersteller von Schraubenmuttern und -bolzen hatte das Dach seiner Fabrik mit Oberlichtfenstern versehen lassen. Das machte das Arbeiten in dem Gebäude angenehm, bis der Fabrikant auf die Idee kam, die nahebei gelegenen Dünen als Abladeplatz für fehlerhafte Muttern und Bolzen zu benutzen. Die Möwen fanden das Zeug rasch. Da es hart und muschelähnlich war, pickten sie es auf und nahmen es mit. Dann ließen sie ihre Beute auf die Fabrik fallen. Als Oberlichtfenster zersplitterten und Schrauben herabregneten, wurde die gesamte Belegschaft im Galopp in die Dünen hinausgeschickt, um alles noch daliegende Ausschußmaterial zu vergraben.

So streng und kompliziert ihre Sitten und Bräuche uns auch erscheinen mögen, leisten sie doch den Seemöwen gute Dienste. Ihre Art des Gemeinschaftslebens hat sie über unendlich lange Zeiträume gedeihen lassen; auf andere Weise können sie nicht wirklich leben. Das ist mir an Sol anschaulich klargeworden. Allein, weit von der See und auf unsern Hof beschränkt, verlor Sol ihre Lebensfreude. Fast den ganzen Tag hockte sie da und betrachtete ihre Füße — was zwar für die Möwen charakteristisch ist, aber schließlich tun sie das nicht stundenlang. Zuerst dachte ich, sie bekomme nicht das richtige Futter, und fuhr jeden Tag über Land, um frische Fische für sie zu holen. Doch das half nicht.

Eines Morgens meinte ein mir befreundeter Zoologe, Sol brauche Möwengesellschaft. «Für sich allein ist sie keine Möwe, sondern bloß ein Einzelexemplar», sagte er. «Zu einer richtigen Möwe gehört ein Schwarm.»

Tags darauf fuhr ich mit ihr ans Meer und setzte sie auf den einsamen, windgepeitschten Strand. Die Brandungswellen rauschten, Krabben hasteten ins Wasser. Sol ließ den Kopf hängen und beschaute ihre Füße. Doch plötzlich legte sie ihn schief und horchte. Langsam hob sie den Kopf und reckte den Hals, plusterte sich wohlig auf, bis sie ganz groß aussah. Dann schwang sie sich mit kraftvollen, weitausgreifenden Flügelschlägen in die Lüfte.

Als sie davonflog, kreischte sie ihr «Miiu» — diesen wilden, klagend klingenden Schrei, der in Wirklichkeit Wohlbehagen ausdrückt. Beim Weggehen kletterte ich auf eine Düne und blieb stehen, um noch einen letzten Blick auf Sol zu werfen. Ich entdeckte sie außerhalb der Brandungszone, wo etwa 50 Möwen schaukelten und mit schräg gelegtem Kopf auf Sols Schrei horchten: «Hier bin ich, ich fühle mich herrlich. Ich bin da!» Dann umkreiste sie sie dreimal, kurvte hinab und landete in ihrer Mitte — endlich war sie eine Möwe.

Der gravitätische Vogel
ist eines der merkwürdigsten Geschöpfe unserer Erde

Das Jahr des Pinguins

Von Franklin Russell

Der stattliche Kaiserpinguin stand auf einer Eisscholle, der roten Mitternachtssonne zugewandt, die eben in den antarktischen Horizont eintauchte. Die untergehende Januarsonne warf einen gelben Schein über das Eis. Aber schon nach einer halben Stunde war sie wieder aufgegangen, jetzt in strahlendem Weiß. Der rund einen Meter große Kaiserpinguin wiegte sich auf den mit starken Krallen bewehrten Füßen und stürzte sich ins Meer.

Unter Wasser vollzog sich mit ihm eine Veränderung. Einem Fisch gleich tauchte er in die düstere Tiefe. Schneller als die meisten Fische, blieb er gewöhnlich 20 Minuten unter Wasser, um zu jagen. Ein Mensch wäre in dieser Eiseskälte in wenigen Sekunden erfroren — der Pinguin jedoch war durch eine isolierende Luftschicht unter dem dichten, öligen Federkleid geschützt. In der totalen Finsternis in 200 Meter Tiefe spürte der große Vogel, wie von den andern Geschöpfen, die sich in dieser Schwärze bewegten, Wellen ausgingen. Urplötzlich schoß er in einen Schwarm Tintenfische, und sein spitzer Schnabel schnappte sich ein Opfer nach dem anderen. Dann machte er sich wieder auf den Weg nach oben.

Das Wasser schimmerte, als er sich in die Luft schnellte und bäuchlings auf das Eis klatschen ließ. Hunderte anderer Kaiserpinguine verließen gleichzeitig mit ihm das Wasser. Sie richteten sich auf und standen da — eine Versammlung von Oberkellnern mit weißer, gestärkter Hemdbrust unter dem schwarzen Frack. Unser ausgewachsener Kaiser war mit seinen 45 Kilogramm der größte unter ihnen.

Hier stand eines der merkwürdigsten Geschöpfe der Erde — ein flugunfähiger Vogel der weglosen antarktischen Wasserwüsten, der auf seinen Jagdzügen Tausende von Meilen offenen Meeres zu durchmessen vermochte, ein Geschöpf, das grimmigste Kälte und wütendste Stürme nicht schrecken konnten. Seine Art hatte phantastische Fähigkeiten entwickelt, den bevorstehenden Winter zu überleben. Die Tiere konnten von ihrem Fettüberschuß zehren und wochen-, ja monatelang ohne Nahrung auskommen. Aneinandergedrängt, um sich gegenseitig Wärme zu spenden, konnten sie mit Hilfe ihres langen, dichten Federkleids Winde von Orkanstärke überstehen, denen nur die wenigsten anderen Lebewesen gewachsen waren.

Erneut stürzte sich der mächtige Kaiser ins Wasser. Er hörte die pfeifenden Schreie, Grunzer und Schnaufer der Wale und Robben, die in den gleichen Gewässern fischten. Sein Leben war verwoben mit einer Fülle anderen Lebens in dieser unwirtlichen Welt aus Eis und Kälte. Von Diatomeen, mikroskopisch winzigen Meeresalgen, nährte sich der Krill, bis zu zwei Zentimeter lange, garneelenartige Lebewesen, die ihrerseits wieder zur Nahrung für Millionen Räuber wurden — Wale, Seelöwen, Seevögel, Tintenfische. Die Sommermonate Januar und Februar waren die beste Jagdzeit des Jahres, und der Kaiser schlang gierig immer mehr Fische in sich hinein und setzte weiter Fett an.

Gegen Ende Februar, als der Herbst nahte und immer heftigere Stürme Meer und Eis peitschten, stellte der große Kaiserpinguin das Fressen ein und wanderte südwärts. Tausende seiner Genossen schlossen sich ihm an. Die Wanderung ins angestammte Brutgebiet hatte begonnen. Alljährlich trieb ihr Instinkt sie zurück zu der gleichen Senke im Eis in der Nähe des Kontinentalsockels.

Sechsmal hatte er diese Reise in den acht Jahren seines Lebens schon gemacht. Ein Jahr lag der Brutplatz nur knapp zwei Kilometer vom offenen Wasser entfernt. Ein andermal war er über 40 Kilometer Eis gewatschelt, um ihn zu erreichen. Dieses Jahr war das Eis im zeitigen Februar aufgebrochen und dann wieder zu einem Gewirr aufgetürmter Schollen erstarrt, das Barrikade um Barrikade bildete. Der Kaiser verhielt vor einem mächtigen Eisklotz, und die Vögel hinter ihm stolperten durcheinander, krabbelten und rempelten sich und keiften sich an, bis alles zum Stillstand gekommen war.

Das Hindernis hielt sie einen halben Tag auf. Endlich krabbelte der Kaiser über die letzte der zackigen Barrieren, um dann bäuchlings auf freiem glattem Eis weiterzugleiten, indem er sich durch Stöße mit den kräftigen Füßen voranschnellte. Innerhalb einer Stunde hatte er den Brutplatz erreicht. Hier stieß er helle Trompetenstöße aus, um mit seinem Weibchen vom letzten Jahr in Kontakt zu kommen. An ihrem Lied würde er sie erkennen. Jeden Tag sangen zahlreiche Weibchen vor ihm. Manche zankten sich um seine Aufmerksamkeit, aber er ignorierte sie. Er wartete und schritt gravitätisch inmitten eines wachsenden Chors gackernder, singender, balzender Pinguine dahin. Die Temperaturen sanken. Bald sollte die Sonne sich kaum noch über den nördlichen Horizont erheben — dann herrschten nur noch 7 Stunden fahles Tageslicht und 17 Stunden Nacht. Das Meer war stetig weiter zugefroren: Inzwischen lag das offene Wasser schon über 65 Kilometer weiter im Norden.

Eines Abends während eines wütenden Sturms traf der Pinguin auf ein einsames Weibchen, das hinter einem Eisblock Windschutz gesucht hatte. Er sang und dann auch sie. Der große

Kaiser verbeugte sich, blies den Hals auf und sang abermals. Er und seine alte Gefährtin standen dicht beieinander, Brust an Brust. Der Wind trug das grollende Brüllen eines reißenden Eisbergs zu ihnen herüber.

In dieser Nacht sank die Temperatur bis auf 40 Grad unter Null, und die Pinguine scharten sich zu langgestreckten, ovalen Gruppen zusammen. Der große Kaiser und sein Weibchen waren eingezwängt zwischen Tausenden anderer Vögel. Der Sturm tobte die ganze Nacht weiter, aber in der Gemeinschaft hatten sie es trotzdem warm.

Balz und Paarung setzten sich unter den schwersten Stürmen des Frühwinters durch den ganzen April und das erste Maidrittel fort. Dann kehrte in der Kolonie Stille ein. Die Tage wurden immer kürzer. Um Mitte Mai erschien der flammende Scheitel der Sonne nur noch für Minuten über dem Horizont, und die Nächte verlängerten sich auf 23 Stunden. Eines Tages kurz vor Sonnenaufgang legte das Weibchen sein Ei. Der große Kaiser begrüßte es in frohem Duett mit ihr. Um sie her sangen weitere Paare zur Feier neugelegter Eier; ihre Stimmen trillerten und pfiffen laut im Morgenwind.

Der Triumph über das Ei jedoch bedeutete zugleich das vorläufige Ende der Brautschaft des großen Kaisers und seiner Gefährtin. Bald nach dem Legen verbeugte sie sich vor ihm und gab den Blick auf das Ei frei, indem sie die lockere Haut ihrer Brutfalte zurückklappte. Das Männchen sang und verneigte sich und berührte das Ei mit dem Schnabel. Sie trat zurück. Das Ei lag frei auf dem Eis.

Der Kaiserpinguin watschelte vorwärts und zog das Ei mit dem Schnabel zu sich, bis es auf seine platten Füße mit den Schwimmhäuten zu liegen kam. Er zog seine kräftigen Krallen zusammen, so daß das Ei sich vom Eis hob. Dann barg er es in seiner Brutfalte. Das Weibchen sang, verbeugte sich und wandte sich ab. Sie gesellte sich zu anderen Weibchen, die nach Norden aufbrachen, dem offenen Wasser zu.

Während des nächsten Monats erduldete der große Kaiser, sein Ei hütend, die ganze Härte des antarktischen Winters. Manche der schwächeren Pinguinmännchen verloren den Lebenswillen — wenn der Sturm sie umblies, kullerten sie fort über das Eis. Andere Männchen ließen in der fast totalen Finsternis ihre Eier im Stich und strebten ebenfalls nach Norden, dem Ozean zu; oft eigneten sich dann Junggesellen die verlassenen Eier an.

Dann eines Tages, als der Scheitel der Sonne eben über das Eis guckte, erhellte ein Lichtfunke den Horizont im Norden. Die Kolonie war wie elektrisiert. Die ersten Jungen begannen zu schlüpfen. Hungrig schrien sie, aber es half ihnen nichts — die Weibchen mit ihrer Futterlast kämpften sich noch aus über 100 Kilometer Entfernung dem Brutplatz entgegen.

Gegen Mitte Juli spürte auch der große Kaiser, daß sich in seinem Ei etwas regte. Er beugte sich nieder und öffnete die Brutfalte; das angesprungene Ei, in dem es jetzt heftig zappelte, wurde sichtbar. Er schloß die Tasche wieder, und das Ei rieb sich an der nackten Innenhaut. In der Morgenfrühe des nächsten Tages brach das Ei vollends. Das winzige Geschöpf darin stieß einen Schrei aus und sprang unter dem Bauch des Vaters hervor ins Freie. Der Kaiserpinguin beugte sich nieder und gab dem Kleinen ein Schlückchen seines Milchsekrets — den letzten Rest seiner Reserven aus den zurückliegenden Jagdmonaten. Das Überleben des Jungen hing jetzt ab vom Wärmeschutz, von dem winzigen bißchen Nahrung, das ihm sein Vater geben konnte, und von einem Dotterrest in seinem Magen. Der Kaiser putzte dem Jungtier die Federn und schob es zurück in seine Bruttasche. Jetzt mußte er, selbst vom Hunger gequält, ausharren, bis seine Gefährtin ihn erlöste.

Eine Woche später erschienen nach einem heftigen Schneesturm allmählich die Weibchen. Fett und rund, kamen sie angewatschelt, während sich auf dem Brutplatz ein stürmischer Krakeel erhob. Viele Pinguine machten vor Freude eine strampelnde Rutschpartie durch den Schnee. Endlich hörte der große Kaiser, der nahezu 65 Tage lang gebrütet und über 18 Kilogramm verloren hatte, eine vertraute Stimme. Er rief, und seine Gefährtin antwortete.

Aber selbst ihr mochte er das Junge nicht ohne weiteres abtreten. Am zweiten Tag attackierte sie ihn mit kräftigen Schnabelhieben. Das Junge schrie, fiel aus der Brutfalte und lag hilflos auf dem Eis. Beide Eltern mühten sich, es in Sicherheit zu bringen. Dann versuchte auch noch ein Junggeselle, das Kleine zu entführen. Als sich das Durcheinander gelegt hatte, trug das Weibchen das Junge in der Brutfalte und fütterte es mit etwas halbverdautem Tintenfisch. Der Kaiser zögerte noch 24 Stunden; dann machte er sich auf die Wanderschaft zum Meer.

Während der große Kaiser sich im neuerwachten Meer gütlich tat, teilte das Weibchen dem Jungen sparsam die Nahrung zu, die es in seinem Körper mitgebracht hatte. Gegen Ende August kehrte der Vater zurück, jetzt wieder rund und prall. Die schlimmsten Stürme waren überstanden, und das Kleine sollte jetzt unter der Fürsorge beider Eltern rasch wachsen. Schon Ende Oktober, als das Meereis bis auf ein paar Kilometer an den Brutplatz heran zurückgewichen war, war das Jungtier bereit, auf eigene Faust zu jagen. Eines Morgens machte sich seine Mutter auf zum Meer. Der große Kaiser blieb zurück und fütterte das Junge in unregelmäßigen Abständen — bis es eines Tages ebenfalls verschwunden war. Sein Instinkt würde ihm sagen, wie es für sich selbst zu sorgen hatte.

Der Brutplatz, jetzt nur noch ein langes gelbliches Oval verschmutzten Eises, löste sich im November allmählich in seine Bestandteile auf. Die Eisschollen knackten, ächzten und zersprangen unter aufschießenden Wasserfontänen. Der große Kaiser stand mit einigen Gefährten auf einer der Schollen. Er reckte die Ruderflügel, blies den Hals auf und stieß seinen schallenden Trompetenruf aus, als freue er sich auf den kurzen, reichen Jagdsommer im offenen Meer. Dann umhüllte ihn die hereinbrechende Dämmerung, und er verschwand im Schlemmerparadies des antarktischen Ozeans.

*Verfressen wie ein Schwein? Schmutzig
wie ein Ferkel? Barer Unsinn, sagt
dieser leidenschaftliche Schweinefreund*

Das liebenswerte Schwein

Von Kent Britt

Natürlich, Ihr Hund ist ein kluges Tier, und Ihre Katze ist wahrscheinlich ebenso pfiffig. Doch was die angeborene Intelligenz betrifft, schlägt meines Erachtens ein alter Bekannter vom Bauernhof beide um Längen — das Schwein.

«Dummes Schwein?» Glauben Sie's bloß nicht!

Schweine sind zum Beispiel viel geschickter als alle anderen Haustiere. So berichten Experten, daß man Schweinen fast alles beibringen kann und beigebracht hat, was ein Hund an Kunststückchen schafft, und daß sie es meist rascher kapieren. Schweine werden leichter stubenrein als Welpen und lernen im Nu apportieren, einen Wagen ziehen, tanzen, ja sogar Landminen in Kampfzonen erschnüffeln. In England gab es eine Sau, die Hühnerhunden ihre Künste einfach abguckte und ein viel besserer «Vorstehhund» wurde, als ihre Vorbilder es waren. In den Vereinigten Staaten richtete ein Gauner ein Schwein als «Wachhund» ab und ließ es ein verstecktes, mit Marihuana bebautes Stückchen Land sichern. Das Tier biß zwei Hilfssheriffs, bevor man es überwältigen konnte.

Und schließlich ist da mein eigenes Heimschwein Fido. Es wurde spielend mit dem Riegelschloß fertig, das ich an einem Küchenschrank angebracht hatte, um seine regelmäßigen Attacken auf meine Gewürzschätze zu vereiteln.

Zugegeben, ich bin ein großer Schweinefreund. Seit Jahren unterhalte ich Bekannte mit lebendigen Geschichten über die

Intelligenz, die Reinlichkeit und das sympathische Naturell von *Sus scrofa,* und wer sich in meiner Gegenwart auch nur im geringsten schweinefeindlich zeigt, der zieht sich meinen lodernden Zorn zu.

Im allgemeinen fürchten sich Schweine vor keinem Geschöpf außer dem Menschen, und selbst diese Furcht ist wohl mehr Vorsicht als wirkliche Angst. Denn Schweine mögen Menschen um sich, ganz besonders solche, die zu ihnen reden und sie kratzen. Aber auch Vierbeiner werden von ihnen meist geduldet. Nur zu völlig beinlosen Wesen sind sie regelrecht bösartig. «Ein Schwein verschlingt eine Schlange wie ein Stück Spaghetti», sagte mir ein Bauer. «Ich halte ein paar Schweine am Viehteich, wo viele Kühe von Schlangen gebissen werden, und sie sind eine gute Leibwache dort. Selbst eine Giftschlange kann einem Schwein nichts anhaben.» Das läßt sich wissenschaftlich beweisen. Gewöhnlich neutralisiert die dicke Speckschicht des Schweines das Schlangengift oder verhindert dessen Eindringen in den Blutstrom.

Genüßliche Schlemmer. Schlangen sind freilich nur einer von vielen Leckerbissen. Der nichts verschmähende Appetit des Schweins ist wahrscheinlich schuld an einem der verbreitetsten Mißverständnisse. «Verfressen wie ein Schwein» — das ist glatter Unsinn. Schweine überfressen sich nicht, auch wenn sie noch soviel Futter vor sich haben. Sie schlingen es nicht hinunter, sondern kauen es gründlich und mit Genuß, nachdem sie es mit der Schnauze hin und her geschoben haben, um das Aroma freizusetzen. Schweine fressen nicht, sie schmausen.

Mein Fido ist kein gewöhnliches Schwein. Er ist ein «Sinclair(S-1) miniature» mit einer Lebenserwartung von 15 bis 20 Jahren. Diese Rasse wurde für die Laborforschung entwickelt und ist besonders leichtgewichtig. Ein normales weibliches Hausschwein wird über 350 Kilogramm schwer, Fido dagegen bringt als ausgewachsenes Tier nur etwa 100 Kilogramm auf die Waage.

Fido bekam einen Futter- und einen Trinkwasserspender, die er nach Herzenslust benutzen darf, eine eigene Pforte zu unserem Einfamilienhaus (für die er aber schließlich zu groß wurde) und zwei eigene Behausungen. Eine davon ist aus Plexiglas; in ihr kann er die Wärme der Wintersonne genießen. Im Sommer verfügt Fido über ein Kinderplanschbecken, das in eine Holzkonstruktion eingelassen ist und die «Schweinebucht» heißt.

Reinlich wie ein Schwein. Schweine sind arm an Schweißdrüsen und müssen sich bei zu großer Hitze Kühlung verschaffen. Sie suhlen sich zu diesem Zweck meist in einem Schlammpfuhl. Aber das Wort vom «schmutzigen Ferkel» ist dennoch unzutreffend. Schweine gehören nämlich zu den reinlichsten Haustieren.

Ich behaupte keineswegs, daß Schweine eine Abneigung gegen Schmutz und Erde hätten. Mit ihren empfindlichen Rüsseln können sie auch tief im Boden verborgene Nahrung ausfindig machen, und ihr Suchtrieb ist gewaltig. Im Périgord in Frankreich, wo die besten Schwarzen Trüffel wachsen (das Pfund kostet im Einzelhandel bis zu 400 Franken), setzen Bauern das Schwein von alters her als Trüffelschnüffler ein. Die knorpelige Schnauze des Schweins besitzt viele winzige Poren und feine Härchen; damit kann das Tier aus sechs Meter Entfernung eine 25 Zentimeter tief in der Erde steckende Trüffel aufspüren. Nicht schmutzig sollte man Schweine nennen, sondern erdverbunden.

«Fett wie ein Schwein?» In den meisten Industrieländern werden heute vorwiegend fettarme Schweine gezüchtet, um den Bedarf an magerem Schweinefleisch zu decken — folglich sind sie gar nicht so «fett». Zwar gibt es auch hemmungslos gemästete Schweine, doch macht gerade ihre körperliche Erscheinung einen Teil ihres Reizes aus. G. K. Chesterton, selbst nicht gerade schlank, schrieb bewundernd: «Die Formen eines Schweines, ich meine eines wirklich fetten, gehören zum Herrlichsten und Üppigsten in der ganzen Natur. Das Schwein zeigt dieselbe großartige, schwungvolle und doch wuchtige Linienführung, die wir an einem reißenden Wasser oder an wallenden Wolken beobachten.»

Lieferant für Medikamente. Schweine liefern uns nicht nur delikaten Schinken, Braten und Schnitzel. Über 500 weitere Erzeugnisse werden aus ihnen hergestellt, darunter ein Kleber auf Schweineblutbasis für Sperrholz. Da sich Schwein und Mensch anatomisch in vielem gleichen (beide sind Allesfresser, Verdauungssysteme, Hautstruktur, Gebiß und Blut weisen große Ähnlichkeiten auf), sind vom Schwein produzierte Chemikalien und Drüsensekrete vorzügliche Mittel gegen Krankheiten des Menschen.

Das Schwein liefert Insulin für Diabetiker, blutgerinnungshemmendes Heparin, Thyroxin für die Behandlung bei Schilddrüsenunterfunktion und ACTH (Kortikotropin), ein Hormon gegen Arthritis, Leukämie und rheumatisches Fieber.

Schweinsleder, wahrscheinlich das bekannteste Nebenprodukt des Tieres, atmet besser als andere Lederarten, weil nur die Schweinehaut durchgehende Borstenlöcher hat. Sie hilft sogar bei Brandwunden. Besonders behandelt oder keimfrei gemacht, kann sie als Hautersatz dienen, bis die Haut des Verletzten nachwächst.

In den Hancock-Laboratorien in Anaheim in Kalifornien habe ich Technikern zugesehen, wie sie mit größter Sorgfalt künstliche Herzklappen herstellten, und zwar mit «bioplastifizierten» Klappen von Schweineherzen. «Wir machen sie seit zwölf Jahren, und inzwischen sind über 60 000 Stück eingesetzt worden», sagt der Erfinder und Firmenpräsident Warren Hancock. «Solange es keine künstlichen Herzklappen gab, waren die meisten Kranken mit diesem Leiden rettungslos verloren.» Die Schweineherzen, die Hancock benutzt, stammen wie die Schweinehaut für die Brandwundenbehandlung von handelsüblichen Schlachtschweinen. Aber auch das lebende Tier ist der Wissenschaft in Tausenden von Forschungsprojekten von Nutzen. In vielen Untersuchungsreihen sind die «Meerschweinchen», mit denen gearbeitet wird, in Wirklichkeit Kleinschweine, die etwa so viel wiegen wie ein Mensch.

Kontaktfreudig. Schweine teilen ihre Stimmungen durch verschiedene Geräusche mit. Forscher haben sie aufgenommen und klassifiziert, darunter bestimmte Grunzer, die «Obacht!», «Ich bin hier» und «Komm her, hol's dir» bedeuten. Ferner geben sie ein Drohgrunzen und ein rhythmisches Grunzen der Zufriedenheit von sich, zum Beispiel wenn die kontaktfreudigen Tiere dichtgedrängt Rüssel an Rüssel und Schulter an Schulter stehen. Wenn Schweine enttäuscht sind, quieken sie jämmerlich. Mein Fido gebietet über einen herzzerreißenden Klageruf, den er stundenlang ertönen ließ, als er die erste Nacht draußen zubringen mußte, weil er nicht mehr durch sein Türchen paßte.

Quieken aus Freude gehört nicht zum Repertoire der Schweine, sie quieken einzig und allein aus Kummer, und zwar in einer Lautstärke von 100 bis 115 Dezibel, was mehrere Querstraßen weit zu hören ist. (Die überschallschnelle Concorde durfte zunächst in New York nicht landen, weil ihr Triebwerkslärm beim Start den Wert von 112 Dezibel überstieg.)

Doch das Liebenswerteste an Schweinen ist ihr Charakter. Der Naturforscher W. H. Hudson schrieb: «Das Schwein ist weder argwöhnisch noch so scheu-unterwürfig wie ein Pferd, Rind und Schaf; es ist kein 'Nach-mir-die-Sintflut'-Grobian wie die Ziege, kein feindseliger Gesell wie die Gans, es ist nicht herablassend wie die Katze und auch kein Schmeichler wie der Hund. Das Schwein sieht in uns Mitbürger und Brüder und geht davon aus, daß wir seine Grunzsprache verstehen.»

*Ein Naturforscher berichtet über sein faszinierendes,
wenn auch ungewöhnliches Haustier: eine Ringelnatter*

Meine grüne Fee

Von R. M. Lockley

Eines Tages im Spätapril stutzte der Straßenarbeiter unseres Dorfes in der Grafschaft Devon eine Hecke. Dabei scheuchte er eine Schlange auf, die sich im Gestrüpp verkrochen hatte. Instinktiv schlug er mit seiner Heckenschere nach ihr, doch er verfehlte sie. Die Schere blieb lange genug im Boden stecken, um mir genügend Zeit zu lassen, schnell mit beiden Händen die 120 Zentimeter lange Schlange, eine Ringelnatter, zu packen.

«Laß sie fallen!», rief er.

Als ein echter Schuljunge war ich jedoch fest entschlossen, meine bescheidene Reptiliensammlung zu bereichern, und so hielt ich meine «grüne Fee» fest. Ihre geschuppten, olivgrünen Seiten waren reizvoll mit kleinen schwarzen Streifen und Punkten verziert, und auf der Rückseite ihres Halses befand sich ein für sie charakteristischer Ring. Ich wand sie ganz sachte an meinem Arm entlang und hob dabei ihren Kopf hoch, um die frechen, goldumrandeten Augen zu bewundern.

Der Heckenstutzer war entsetzt. «Paß auf — die spuckt bestimmt Gift!» warnte er mich.

In ihrer offensichtlich panischen Angst setzte sich der gesamte Abwehrmechanismus der grünen Fee in Bewegung. Sie wand sich hin und her, strömte dabei einen widerlichen Geruch aus und zischte laut. Aber obwohl es Schlangen gibt, deren Biß tödlich ist, oder die ihr Gift mit tödlicher Treffsicherheit spucken, wußte ich, daß Ringelnattern harmlos sind.

Sorgfältig trug ich meine Fee nach Hause und legte sie in eine alte Badewanne, in der ich meine Reptiliensammlung hielt. Als ich sie am nächsten Morgen heraushob, schien sie mir viel schwerer geworden zu sein, und ihre Bauchgegend wölbte sich alarmierend. Ein rascher Überblick über die Bewohner der alten Wanne zeigte mir sofort, daß eine große Eidechse und zwei Blindschleichen fehlten. Nun, diese Mahlzeit würde der Fee wohl mehrere Tage vorhalten, so daß ich Zeit hatte, ein geräumiges Gehege für sie im Freien anzufertigen.

Da Ringelnattern gewöhnlich dichte, buschige Baumhecken in Wassernähe bewohnen, baute ich einen künstlichen Teich, pflanzte an den Rändern Gras und Büsche an und legte dazwischen große, flache Steine, auf denen sie sich sonnen konnte. Dazu kamen dann noch dünne Zweige und Kieselsteine. Schlangen können sich mit einer Geschwindigkeit von bis zu 14 Kilometern in der Stunde fortbewegen; allerdings bereitet es ihnen Schwierigkeiten, über einen glatten Untergrund zu kriechen, denn zur Fortbewegung benötigen sie einen unebenen Boden, von dem sie sich mit ihren Schuppen abstoßen können.

Als ich der grünen Fee tote Mäuse anbot, kroch sie uninteressiert davon. Ihre Lieblingsnahrung waren junge Frösche, die sie aus dem langen Gras aufscheuchte. Wie alle Schlangen jagte auch sie nach dem Geruchssinn. Obwohl ihre äußere Nasenöffnung recht klein ist, besitzt sie ein zusätzliches Sinnesorgan im Gaumen, mit dem sie Gerüche ausfindig machen kann. Das gespaltene, feinnervige Züngelein schnellt immer wieder heraus, um Geruchspartikel aufzusammeln und sie der «inneren Nase» zuzuführen, die sie dann analysiert.

Sie war eine vollendete, doch langsame Schwimmerin, und verfolgte die Frösche bis tief in den Teich hinein. Einmal sah ich, wie sie einen kleinen Goldfisch am Schwanz packte. Da es für sie unangenehm gewesen wäre, die harten Rückenflossen zuerst zu verschlucken, versuchte sie, ihn herumzudrehen und mit dem Kopf zuerst zu verschlingen. Dabei entwischte der Goldfisch, aber die Fee schwamm ihm nach, zog ihn aus dem Wasser und würgte ihn in ihren außerordentlich dehnbaren Mund. Die Unter- und Oberkiefer einer Schlange sind in je zwei Teile geteilt, die durch Muskelbänder verbunden sind, mit deren Hilfe sie selbst größere Beutestücke verschlingen kann. Jede Seite des Oberkiefers wird wechselweise so lange über das Beutestück vorgeschoben, bis es sich ganz im Rachen der Schlange befindet.

Erstaunlicherweise kann das Opfer diesen Vorgang manchmal überleben. Ein Zoologe aus der Grafschaft Surrey fing einmal eine Ringelnatter, die unmittelbar darauf eine lebendige Kröte wieder von sich gab. Er war fest davon überzeugt, daß die Schlange nun zu verängstigt sei, um sie wieder zu fressen, und so steckte er beide zusammen in seinen Beutesack. Als er aber zu Hause ankam, hatte die Schlange die Kröte noch einmal verschlungen — und dieses Mal wollte sie sich nicht wieder von ihr trennen.

Ringelnattern sind selbst Beutetiere für größere Schlangen. Im Londoner Zoo warf man einmal ein Ringelnattermännchen als Futter zu einem Kobraweibchen, einer der tödlichsten Arten, die es gibt. Die Ringelnatter schätzte offenbar ihre mißliche Lage richtig ein und begann ein kunstvolles Werberitual. Die verwirrte Kobra glitt hin und her und suchte den Aufmerksamkeiten der Ringelnatter zu entkommen. Der entschlossene Freier aber weigerte sich, abgewiesen zu werden, und machte ihr die ganze Nacht über schöne Augen — bis ihn die erstaunten Wärter am nächsten Morgen wieder aus dem Gehege der Kobra entfernten!

Ringelnattern kommen auf der ganzen Welt vor. Die in Britannien bekannte Art hat ihr Ausbreitungsgebiet von Frankreich über Deutschland und die Schweiz bis hinunter nach Italien. Die meisten von ihnen erreichen eine Länge von 120 Zentimetern. Weibchen, die größer als die Männchen sind, werden sogar bis zu 180 Zentimeter lang und können an ihrem langgestreckten Körper und dem kurzen Schwanz erkannt werden.

Die harmlosen, aber tapferen Ringelnattern erreichen in Gefangenschaft eine Lebensdauer von 6 bis 7 Jahren und eignen sich ausgezeichnet als Haustiere. Sie fühlen sich trocken, fest und warm an, obwohl sehr viele Leute darüber gerne anderer Meinung sind.

Gewöhnlich nahm ich meine Fee in der Schultasche mit in die Schule. Als ich eines Tages auf den Zug wartete, blieb ich vor dem Bahnhofskiosk stehen. Plötzlich stieß eine Verkäuferin einen Schrei aus, sprang auf einen Bücherkarren und stieß einen Glacekübel um; eine andere Frau fiel in Ohnmacht. Die grüne Fee hatte sich aus meiner Mappe herausgezwängt und kroch nun über einen Stapel Zeitschriften.

Ein Gepäckträger schlug mit voller Wucht mit einem Besen nach ihr, so daß die Gestelle mit den Zeitungen zusammenfielen und sich eine Unmenge Schriften über den Boden ergoß. In der allgemeinen Verwirrung gelang es mir, die Fee zu fassen und sie unter mein Hemd zu stopfen, bis ich sie wieder ungesehen in meine Schulmappe umsiedeln konnte. Ich gelobte mir, sie nie wieder der aus Unwissenheit entstehenden Feindschaft der Menschen auszusetzen.

Nicht lange nach diesem Vorfall paarte sich die Fee mit einem Männchen, das ich gefunden und zu ihr ins Gehege gesetzt hatte. Normalerweise paaren sich Ringelnattern nach ihrem langen Winterschlaf einmal im Jahr, im April oder Mai. Das Männchen spürt dabei das Weibchen mit seiner Witterung auf. Wenn sie sich gefunden haben, beginnt das Männchen sein Werben: Es reibt sein Kinn am Rücken des Weibchens auf und ab und läßt die Zunge immer wieder herausschnellen. Danach rollen sich die Schlangen eine oder mehrere Stunden ineinander verschlungen zusammen, bis schließlich die Befruchtung stattfindet. Sieben Wochen später werden die Eier gelegt. (Freilebende Schlangen legen ihre Eier in Kolonien, so daß eine Unmenge von Jungen zusammen ausschlüpfen.)

Als die Fee mit gewölbtem Bauch damit begann, sich in einem Haufen trockenen Grases im Gehege ein Loch zu graben, merkte ich, daß sie trächtig war. Ich baute den Haufen mit Kompost und Mist aus, um so einen natürlichen Brutkasten zu erstellen. Wenige Tage später öffnete ich den Haufen und fand die Fee mit dreißig weißen, von einer dünnen Schale umgebenen Eiern vor; ihre Größe entsprach der von kleinen Pilzen. Sie zischte in purer Angriffslust und stieß mit dem Kopf nach mir. Doch nach einem Monat hatte sie das Aufpassen satt, kroch ganz abgemagert hervor und fraß unersättlich.

Fasziniert beobachtete ich, wie die jungen Schlangen die Eierschalen mit Hilfe eines Eizahnes durchstießen, den sie nur während der Zeit des Ausschlüpfens über dem Mund haben. Nachdem sie das Ei an mehreren Stellen gespalten hatten, konnten sie ihren Kopf hindurchzwängen. In dieser Lage blieben sie einige Stunden, dann krochen sie vollends heraus.

Die kleinsten waren nicht viel größer als ein Regenwurm. Bei schlechtem Wetter hielten sie sich versteckt und ernährten sich von Larven und kleinen Insekten. Wenn es schön war, nahmen sie zusammen mit der Fee ein Sonnenbad auf den flachen Steinen am Wasser. Ein derartiges Familienleben gibt es in freier Wildbahn nicht; häufig verläßt das Weibchen die Eier, noch bevor die Jungen ausschlüpfen können.

In der ersten Zeit ihres Wachstums häuteten sich die Jungen der grünen Fee häufig. Manchmal nahm dieser Vorgang einen ganzen Tag in Anspruch. Zuerst sprang das tote Gewebe um den Mund herum auf, dann wurde allmählich der ganze Kopf freigearbeitet. Sogar die Brille — oder das Fenster — über dem Auge wurde abgeworfen. (Schlangen haben keine richtigen Augenlider, sondern nur eine feine, durchsichtige Schuppe, die das Auge beschützen soll.)

Die Fee selbst häutete sich zwei- oder dreimal im Jahr. Bevor sie begann, sich aus ihrer inzwischen dumpf und bräunlich gewordenen Haut zu schälen, war sie immer unruhig und nahm häufig ein Sonnenbad; manchmal half sie dem Häuten nach, indem sie sich an einem Zweig rieb. In neuem, strahlendem Glanz, eingehüllt in einen Mantel von lebhaftem Grün, lag sie dann wieder da.

Bis zur Zeit des Winterschlafs waren die dreißig Jungen der Fee auf sieben reduziert. Die vielen Feinde der Ringelnatter hatten unter ihnen gewütet: Ratten, Wiesel, Dachse und sogar Vögel, welche die Schlangen instinktiv als Nesträuber angreifen. Der schlimmste Feind der friedliebenden Ringelnatter ist allerdings der Mensch. Wenn er sie erblickt, versucht er sie immer zu töten, denn er ist sich ihrer Harmlosigkeit nicht bewußt. Durch die Säuberung unserer Wasserläufe von kranken und schwachen Fischen hilft die Ringelnatter, das Gleichgewicht in der Natur aufrechtzuerhalten.

Der Reptilienaufseher im Londoner Zoo, David Ball, bemerkte einmal sehr treffend über sie: «Die Ringelnatter ist ein treuer Diener der Landschaft. Es ist unsere Aufgabe, sie zu beschützen.»

Die Geschichte einer nicht alltäglichen Freundschaft

André, der gesellige Seehund

VON HARRY GOODRIDGE UND LEW DIETZ

ANDRÉ WAR von Anfang an eine außergewöhnliche Robbe. An jenem Maimorgen kam er mir im Meer entgegen, wie ein Hund zu seinem Herrn kommt – freiwillig und ohne Furcht.

Mein Nachbar Bob Lane hatte mich auf seiner Motorjacht mitgenommen. Wir kreuzten vor dem Robinsonfelsen, einem dunklen, tangbewachsenen Riff vier Seemeilen von der Küste und meinem Wohnort Rockport im Bundesstaat Maine. Als wir uns dem Felsen näherten, deutete Bob plötzlich mit dem Daumen schräg voraus. «Sieh mal, da schwimmt ein Seehundjunges.»

Ich sah einen feuchtglänzenden Knubbel etwa 15 Meter vor uns; nur der runde Kopf mit den Kulleraugen ragte aus dem Wasser. Dann reckte das Tier den Hals, wie um besser sehen zu können. Es blickte mich ruhig und unerschrocken an.

Ich machte Bob ein Zeichen, die Fahrt zu drosseln, und sah mich nach der Mutter des Welpen um. Aber weit und breit war keine Spur von ihr zu entdecken. Robbenmütter sind gewöhnlich rührend um ihren Nachwuchs besorgt und stets in seiner Nähe. Das Junge schien demnach verwaist zu sein. Ich wußte, was einem verlassenen «Heuler» droht: ein langsamer Hungertod oder ein rasches Ende im Rachen eines Hais. Also schwang ich meinen Kescher und hievte das Kleine an Bord.

Normalerweise reagiert ein wild lebendes, nicht an Menschen gewöhntes Tier in einer solchen Lage aggressiv. Nicht aber dieser gutmütige kleine Kerl. Er ging gleich daran, sich häuslich einzurichten – über das ganze Boot robbend, jeden Winkel und jede Ritze untersuchend, neugierig und verspielt wie ein Kätzchen. Ich beugte mich nieder und tätschelte den seidig glänzenden Kopf.

Aus den sanften Augen sprach grenzenloses Vertrauen. Das war vor langen Jahren. Es war ein Wendepunkt in unser beider Leben.

Gesellschaft erwünscht. André paßte sich mühelos seiner neuen Umgebung an. Die übrigen Goodridges — meine Frau und unsere fünf Kinder — konnten ihn weder erschrecken noch einschüchtern. Wir wurden vorbehaltlos akzeptiert.

Die ersten drei Wochen fütterte ich ihn aus der Flasche mit einer Mischung aus Kondensmilch, Eigelb und Vitaminen, danach mit Heringen und Makrelen. Sobald er an Fischkost gewöhnt war, sollte er nicht länger auf den Menschen angewiesen bleiben. Jedoch mußte er allein lernen, sich seine Nahrung zu fangen. Ich konnte ihn nur sich selbst überlassen und das Beste hoffen.

Tag für Tag stemmte er sich auf den Rücksitz des Wagens, und ab ging's zum Schwimmen im Meer. Ich ließ ihn in der Nähe des Hafens frei und ging dann weg. Wenn er das Weite suchte — mir sollte es recht sein. Doch kehrte ich abends zum Strand zurück, so lag er jedesmal schon da und wartete darauf, gefüttert und heimgebracht zu werden.

Eines Tages verweigerte er die Fische, die ich ihm anbot. Da wußte ich, daß er endlich die Kunst des Jagens beherrschte. André war also selbständig und unabhängig geworden. Vielleicht würde er nun seine Freiheit nützen und davonschwimmen. Aber das tat er nicht; er hatte offensichtlich das Bedürfnis, unter Menschen zu sein — in der einzigen Gesellschaft, die ihm wirklich vertraut war.

«*André ist fort.*» Als Spielgefährte war er immer zu Neckereien aufgelegt. Ich hatte eine alte Badewanne im Keller mit Wasser gefüllt, und André lag meistens flach darin, als ob er schliefe. Kam aber jemand vorbei, so richtete er sich plötzlich auf und spritzte den Nichtsahnenden mit einem Flossenschlag naß.

Einmal ging Toni, meine siebenjährige Tochter, in einem nagelneuen, mit Messingknöpfen verzierten Mantel zur Mole. Als sie sich niederbeugte, um André zu streicheln, biß er einen der Knöpfe ab und ließ ihn ins sechs Meter tiefe Wasser fallen.

Tiefbetrübt kam Toni nach Hause. Ich war stocksauer und hielt André eine gehörige Strafpredigt. Dann vergaß ich den Vorfall. Als ich am nächsten Abend zum Strand kam, wartete André bereits — und spuckte mir den Knopf vor die Füße.

Im November wurde das Eis im Hafenbecken immer dicker. André — jetzt selbständig — hielt sich in der Nähe der Landungsbrücke eine Wake offen. Dort zeigte er sich jeden Nachmittag zur gleichen Zeit. Ende Dezember erwachte ich eines Morgens vom

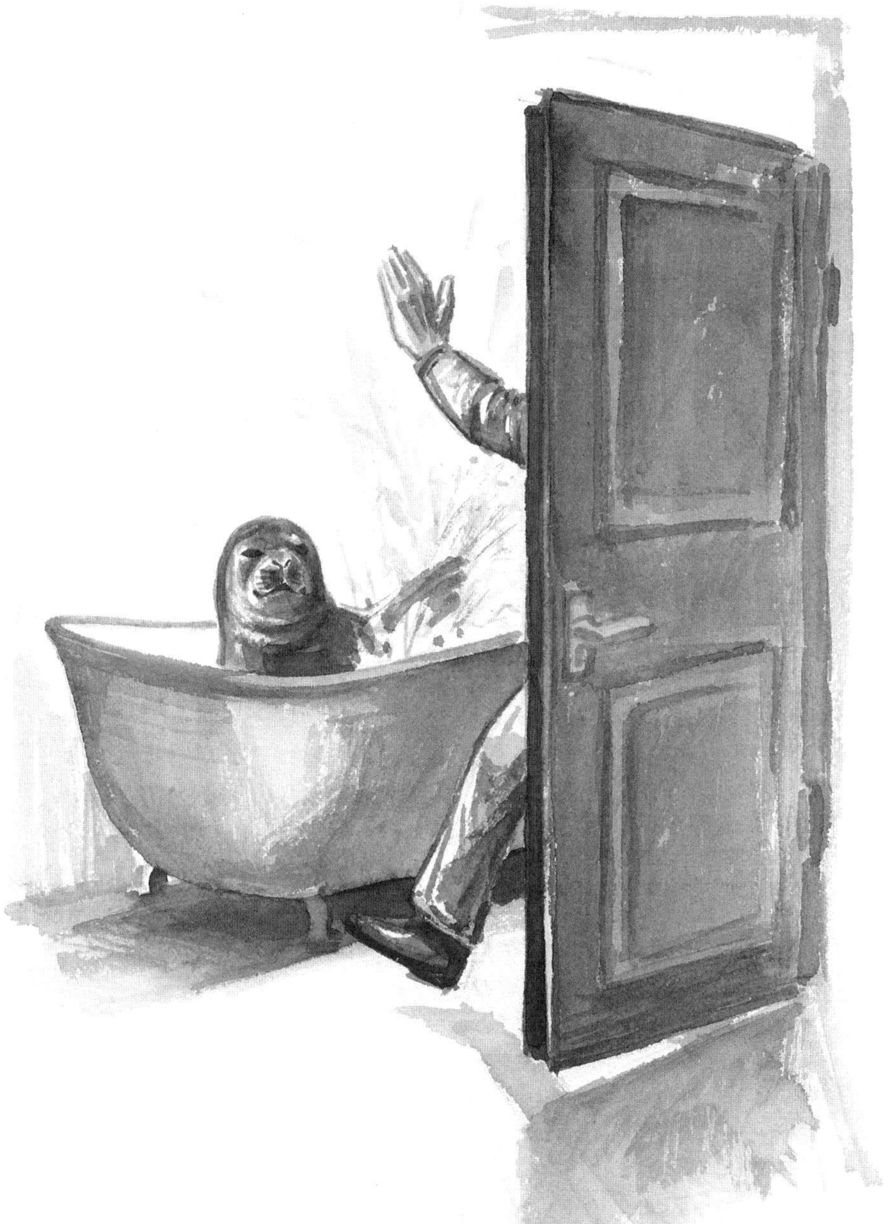

Heulen eines Nordoststurms. Rasch zog ich mich an und machte mich auf den Weg zur Uferpromenade. Das Eis war aufgebrochen, und in der Brandung mahlten und türmten sich Schollen mit scharf gezackten Rändern. Für André bedeutete der tobende Eisgang höchste Gefahr.

Ich behielt meine Befürchtungen zunächst für mich. Am nächsten und übernächsten Tag fuhr ich wieder zum Strand. Die See hatte sich beruhigt, aber von André war nichts zu sehen.

Eines Abends rückte ich schließlich mit der Hiobsbotschaft heraus. «André hat uns verlassen», begann ich. Das bestürzte Schweigen im Zimmer sagte mir, daß dies nicht der richtige Ausdruck war — ganz gleich, was ich dachte. «Er ist fortgeschwommen», erklärte ich den Kindern. Mochte die Wahrheit sein, wie sie sollte: So hörte sich's besser an.

Immer neue Überraschungen. Nach ein paar Wochen hatten wir uns mit Andrés Verschwinden mehr oder weniger abgefunden. Da rief mich ein befreundeter Journalist aus einem Nachbarort an. «Harry», sagte er, «an McLoons Pier liegt ein Seehund, könnte das André sein?»

Die Beschreibung von dem Tier und seinem Verhalten paßte genau auf André. Doch unterwegs plagten mich erhebliche Zweifel. Würde der Vagabund nach einem halben Jahr in Freiheit überhaupt mit mir nach Hause kommen wollen?

Ich näherte mich André bis auf ein paar Meter und sprach ihn dann an. Ein schläfriges Blinzeln war die einzige Antwort. Ich wälzte ihn in einen Hummerkorb, schleppte ihn zu meinem Lieferwagen und fuhr nach Hause.

Die Familie wartete schon gespannt. Ich schleifte den Korb in die Küche und kippte André auf den Boden. Wie würde er reagieren? Ich hatte mir überflüssige Sorgen gemacht. André musterte uns kurz, dann watschelte er zur offenen Kellertür und warf einen Blick nach unten auf sein altes Quartier. Befriedigt ließ er sich auf die Matte plumpsen, im Nu war er fest eingeschlafen.

André sorgte stets für neue Überraschungen. Er war von einer Findigkeit, die, jedenfalls in meinen Augen, von beträchtlichem Denkvermögen zeugte. An einem Herbsttag — er war inzwischen sechs Jahre alt geworden — ging mein Vorrat an tiefgefrorenen Heringen aus, und ich mußte auf Makrelen zurückgreifen, die André gar nicht mochte. Ich ruderte zu dem Schwimmgehege hinaus, wo er jetzt untergebracht war, und schüttete einen Eimer Makrelen auf das Futterfloß.

André stupste die Fische mit der Schnauze an und schnaubte verächtlich. Dann schlenkerte er eine Makrele herum, riß sie schließlich mit den Zähnen auf und stieß sie ins Wasser. Kurz darauf rutschte er hinterher und tauchte unter. Als er wieder nach oben kam, hatte er aber nicht die Makrele im Maul, sondern einen zappelnden Pollack, eine Art Schellfisch. Doch erst als er zwei weitere Fische zerwalkte und ins Wasser stieß, dämmerte es mir: Er benutzte die verabscheuten Makrelen als Köder, um in sein Gehege Fische zu locken, die ihm schmeckten.

Brautsuche. Im nächsten Frühjahr kaufte ich ein kleines rehäugiges Robbenfräulein als Gefährtin für André. Trudy war zwar noch nicht geschlechtsreif, aber André hatte immerhin anregende Gesellschaft. Er versuchte oft, sie mit den Flossen zu umarmen, doch sie scheuchte ihn stets mit Bissen weg, und danach jagten sie einander durch das Gehege. Allmählich wurden sie so enge Freunde, daß ich beschloß, sie im Herbst gemeinsam freizulassen. Ich glaubte, Trudy werde bis dahin auf den Menschen und besonders auf ihre Zweisamkeit mit André «geprägt» sein.

An einem kalten Nachmittag gab ich ihnen die Freiheit. Trudy tauchte noch einmal auf und blickte sich nach der Kaimauer um, auf der ich stand. Dann schloß sich das graue Wasser über ihr. André kehrte ein paar Tage später zurück — allein. Trudy blieb verschwunden.

ANDRÉS Winterquartiere waren schon immer dürftig gewesen. Daher rief ich eines Tages den Verwalter des Neuengland-Aquariums in Boston an und erkundigte mich, ob er André als Wintergast aufnehmen würde. «Mit Vergnügen», erwiderte er.

Am 1. November traf der Transporter des Aquariums ein, begleitet von der jungen Tierpflegerin Annie Potts, in deren Obhut André kommen sollte. Sie fragte mich, ob ich noch irgendwelche Anweisungen für sie hätte.

«Hauptsache, er hat Gesellschaft», sagte ich. «Dann wird er ganz zufrieden sein.»

«Er ist mit drei anderen Hafenseehunden zusammen», erwiderte sie, «einem Männchen und zwei Weibchen.»

«Fein, aber ich dachte an menschliche Gesellschaft.»

Annie lächelte. «Ich bin ja schließlich auch noch da.»

Sie war offensichtlich sehr tierliebend, und das beruhigte mich. Ich legte den Kopf gegen Andrés Transportkäfig, um Abschied zu nehmen. Er beschnupperte meine Haare — das war alles. Als der Wagen anfuhr und die steile Steigung zum Ort hinaufrollte, war mir doch ziemlich schwer ums Herz. Wie würde sich André nach 13 Jahren Bewegungsfreiheit an ein Aquariumbecken gewöhnen? Mir war zumute wie einer Mutter, die ihren Jungen zum erstenmal in ein Sommerlager fahren läßt.

Ein paar Tage später rief ich in Boston an und fragte den Verwalter, wie André sich mache. «Alles in schönster Ordnung», sagte er, «bis auf ein kleines Problem. Hoover, unser anderes Männchen, ist gar nicht glücklich darüber, wie André die beiden Damen mit Beschlag belegt. Er verzieht sich beleidigt auf den Grund des Beckens und hat seit Tagen nichts gefressen. Ich glaube, wir müssen Hoover umquartieren.»

Wieder daheim. Als das Frühjahr und damit Andrés Freilassung näherrückte, kamen mir Zweifel an meiner Entscheidung, ihn auf eigene Faust nach Hause schwimmen zu lassen. Zwar war er körperlich durchaus imstande, die 300 Kilometer nach Rockport zu schaffen, aber würde er nach sechsmonatigem Eingesperrtsein überhaupt noch nach Hause wollen?

Am 26. April brachten wir André 30 Kilometer nördlich von Boston ans Meer. Im äußeren Hafen öffnete ich den Käfig. Er rutschte rückwärts heraus, sah mich noch einmal an, und weg war er.

Nach vier Tagen gespannten Wartens läutete das Telefon. Es war Una Ames, die mit ihrem Mann Leonard auf der anderen Seite des Hafens wohnt. «Er ist hier», rief sie aufgeregt. «Er hat sich's in Leonards Renneiner bequem gemacht.»

Ich raste ans Wasser zu meinem Boot und fuhr hinüber. Tatsächlich, da lag André in Leonards Skiff. Als er den Außenbordmotor hörte, kam Bewegung in ihn, und er hob den Kopf über den Rand des halb vollgeschlagenen kleinen Boots.

«Na, André», sagte ich, «wie war die Reise?»

Er würdigte mich eines trägen Blicks, dann verfiel er in seinen Mittagsschlaf. Ich klopfte ihm das Fell und ließ ihn allein.

Eine Stunde später rief jemand an und meldete, André sei im Hafenbecken und wolle anscheinend zurück in sein Gehege. Als ich dort ankam, schwamm er wartend hin und her. Ich öffnete den Einlaß, und ohne das geringste Zögern schlüpfte er wieder in sein Schwimmbecken.

Nach dem Abendessen schlenderte ich noch einmal zum Hafen hinab, um nach ihm zu sehen. Ein warmer Südwind wehte von See her. Die Einheimischen waren eifrig mit dem Streichen ihrer Boote beschäftigt, um für die neue Saison gerüstet zu sein.

Sie kannte alle Tricks — einschließlich der Taktik, ihre Feinde so zu beklauen, daß sie noch Spaß daran hatten

Der Sommer mit der Krähe

Von Jean George

Es war kurz vor Sonnenaufgang, draußen stritt sich laut krächzend ein großer Krähenschwarm in Krähenchinesisch. Ich lag im Bett und horchte hinaus. Das Heisere «Nein, nein, nein» war die Stimme Chikagos, unserer geliebten zahmen Krähe; die dünnen, hellen Schreie kamen von den anderen. Sie suchten Chikago zu überreden, mit ihnen südwärts zu ihren Winterquartieren zu ziehen.

Dieses Palaver dauerte nun schon fast eine Woche. Jeden Morgen bei Tagesanbruch ließen sich die Krähen in unserem Garten nieder, um auf Chikago einzukrächzen. Und jedes Mal flog er mit ihnen, erst nach Osten, dann nach Süden, kehrte aber zum Frühstück an unser Küchenfenster zurück. Und den ganzen Tag über blieb er getreulich bei uns.

An diesem Morgen jedoch schwang noch etwas anderes in dem Krähendisput mit. Er klang schriller. Er klang verzweifelt. Es ging offenbar um eine Entscheidung, und der endgültige Zeitpunkt dafür schien gekommen zu sein. Chikago sollte entweder für immer fortziehen oder zu uns gehören. Ich weckte die Kinder. Sie schauten vom Fenster aus zu und warteten ab.

Wir hatten Chikago schon kennengelernt, als er noch eines von fünf blaß-blaugrünen Eiern mit braunen Sprenkeln war. Sie lagen zwölf Meter hoch in einem Nest in einer Kiefer. Mein Mann, der

Biologe ist, hatte die Eier von eins bis fünf numeriert. Chikago war Nummer eins. In achtzehn Tagen furchte und teilte sich sein ursprünglich einer Zellkern immer wieder, bis er zu einer Krähe wurde und ausschlüpfte. Beide Eltern (die sich auf Lebenszeit paaren) halfen beim Öffnen der Eier ihrer fünf Vogeljungen, entfernten die Schalen und belebten die Kleinen, indem sie sie ins Genick zwickten. Schon an diesem ersten Tag mußten sie die gierig aufgesperrten fünf Schnäbel unaufhörlich mit Insekten, Spinnen und Vogeleiern füttern.

Zehn Tage später kletterte John auf die Kiefer und griff sich Nummer eins, der inzwischen einen roten Fußring bekommen hatte. Dann legte er den aschgrauen, blauäugigen Nestling in meine geöffneten Hände. Wir wollten genau studieren, wie er aufwuchs, und zwar aus triftigen Gründen.

Seit Jahrhunderten liegen Krähe und Mensch im Krieg miteinander, weil die heißhungrigen Schwarzröcke auf Getreidefeldern und in Gärten großen Schaden anrichten. Also ist man ihnen mit Fallen, mit Gift, mit Schrotflinten und Dynamit zu Leibe gerückt. Trotzdem scheinen sie sich munter weiter zu vermehren. So gewitzt sind diese gegen Fallen und Schrot offenbar gefeiten Räuber, daß der Mensch, will er den Kampf gegen ihre Schläue gewinnen, den Lebenslauf der Krähe vom Ei an bis zum Tode kennen muß, samt all ihren Reaktionen und Verhaltensweisen.

Als John mir den Nestling übergab, kam aus dem dichten Nadelgezweig über uns ein melancholischer Ruf: «*Ähhh höck*». Der Vogel in meiner Hand hob sein mit Stoppelfedern bedecktes Köpfchen und horchte; dann starrte er mich an. Ich hatte das Gefühl, als hätte die Mutter wehklagend mit ihrem gestohlenen Kleinen gesprochen, und ich versetzte mich an ihre Stelle und war traurig — aber nicht lange. Denn der Kleine riß seinen Schnabel so weit auf wie ein Scheunentor, und aus dieser ersten impulsiven Bewegung einer Krähe lernte ich, daß es ihr Hunger ist, der sie zum Feind des Menschen macht.

Die Krähe frißt nicht nur alles, einschließlich Hirse, Tomaten, Mandeln und Reis, sondern sie vertilgt auch riesige Mengen davon. Chikago schlang Tag und Nacht. Ich konnte mir gut vorstellen, wie 10 000 dieser Vögel die reifenden Felder eines Farmers an einem Tage ratzekahl leerfressen. In den folgenden Monaten pickte Chikago bald sämtliche Raupen von den Gartenpflanzen, beseitigte die Spinnen aus allen Winkeln des Hauses und räumte mit den Küchenabfällen auf. Seine Freßgewohnheiten veranlaßten mich, die Krähen draußen eingehender zu beobachten, wobei ich feststellte, daß sie sich als freiwillige Gesundheitspolizei betätigen. Sie fliegen die Landstraßen entlang und suchen sie nach von Autos überfahrenen Tieren und allem, was die Menschen fortgeworfen haben, ab.

Von allen Vögeln und Wildtieren, die mein Mann und ich aufgezogen haben, ist die Krähe (und wir haben versucht, mit dreien fertig zu werden) bei weitem die gewitzteste und scharfsinnigste. Eines Tages demonstrierte mir Chikago, wie raffiniert ein Krähengehirn arbeitet, als er mich überspielte und dann noch seinen Sieg durch ein Tarnmanöver krönte. Der Tisch war für eine Geburtstagsgesellschaft von acht kleinen Mädchen mit Blumen, Luftballons und Körbchen voll Nüssen festlich geschmückt. Ich hatte schon zweimal den kakelnden Chikago vom Tisch gejagt, ehe er sich aufs Fensterbrett verzog und hinausstarrte, als seien ihm Cashewnüsse völlig schnuppe. Aber ich wußte, daß er die Nüsse mit den Augen verschlang (er konnte rückwärts sehen), und stülpte über jedes Körbchen einen schweren Henkelkrug. Dann ging ich, selbstgefällig vor mich hinsummend, in die Küche.

Als ich zurückkam, lagen fast alle Körbchen auf dem Boden, und Chikago futterte fröhlich Nüsse. Ich war platt, denn die umgestülpten Krüge standen noch auf dem Tisch. Deshalb versteckte ich mich und paßte auf. Chikago flatterte rasch zum Tisch, packte mit dem Schnabel den Henkel eines Krugs und zog ihn so weit über die Tischkante hinaus, daß das Körbchen darunter zur Erde fiel. Dann zerrte er, um seine Dieberei zu tarnen, den Krug wieder an seinen Platz zurück. Ich sprang auf ihn zu, ergriff ihn bei seinen schwarztaftenen Flügeln und warf ihn aus dem Fenster. Deutlich hörte ich ihn lachen, als er davonflog.

An heißen Sommertagen vergnügten sich unsere Kinder damit, Chikago leicht mit dem Gartenschlauch abzuspritzen. Er liebte das sehr, und da wir nicht immer dafür parat standen, kam er von allein auf die Idee, so lange am Hahn des Schlauches herumzuprobieren, bis er ihn mit dem Schnabel aufdrehen konnte. Dann spazierte er am Schlauch entlang bis zum wasserspeienden Mundstück. Diese geniale Leistung erinnerte mich an Casey, eine Krähe aus meiner Mädchenzeit. Casey wäre gern mit den Kindern seines Hauses das Geländer der Kellertreppe hintergerutscht, aber seine Füße waren nicht so glatt wie ihre Hosenböden, und er konnte nicht mitmachen. Als ein Junge einmal einen Milchkannendeckel hinabschlittern ließ, schaltete Casey scharf, griff sich den Deckel, schleppte ihn wieder nach oben, stellte sich hinein und gondelte das Kellertreppengeländer hinab — Stolz in der Brust, siegesbewußt! Das machte er von da an, sobald er Langeweile hatte, jeden Tag.

In jenem Sommer offenbarte uns Chikago noch einen anderen Wesenszug der Krähe — Verschlagenheit. Ein Freund besuchte uns und brachte einen schönen Falken mit. Während des Essens band er ihn mit einem langen Strick an einem Baumstumpf fest. Chikago, der Falken instinktiv haßte, war wütend und zeterte vom Dachfirst auf ihn herab. Dann begann sein Krähenhirn zu arbeiten. Als wir kurz danach hinausschauten, sahen wir Chikago im Kreis um den Baumstumpf herummarschieren, während der Falke ihm nachflatterte, bis er schließlich mit gespreizten Fängen und ausgebreiteten Flügeln dicht gegen den Stumpf gepreßt war. Hämisch hockte der heimtückische Chikago auf dem Stumpf und keifte unbarmherzig auf den Falken hinunter.

Als ich mich in dem Krähenchinesisch, das Chikago schwatzte, besser auskannte, verstand ich manches, was die Krähen draußen einander zuriefen: «Hier gibt's Futter», «Rette sich, wer kann!», «Auf zur Eulenjagd», «Halt!», «Fliegt weg» oder «Versteckt euch und seid still». Alles das wurde in vielerlei Varianten von Krächztönen in den verschiedensten Tonlagen und Graden der Erregtheit den andern mitgeteilt.

Die Krähensprache ist der Hauptgrund dafür, daß der Mensch mit seinen Flinten und Fallen so wenig ausrichtet. Staatliche Biologen erzählen kopfschüttelnd von Krähen, die, wenn sie vergiftete Maiskörner entdecken, in wenigen Minuten alle anderen Krähen in der Nähe warnen: «Bleibt weg davon!»

Im Staate Washington hatten einmal Krähen im Herbst fast die gesamte Mandelernte eines Farmers weggefressen. Sie waren in einem Riesenschwarm gekommen, 10 000 oder mehr. Der Farmer schoß nach ihnen, legte Giftkörner und Sprengladungen, zündete qualmende Feuer an und klapperte mit leeren Konservendosen — nichts half. Schließlich kam der verzweifelte Farmer dahinter, weshalb die vergifteten Maiskörner wie die Pest gemieden wurden. Jedesmal, wenn er einen frischen Beutelvoll ausstreute, hörte er die Krähen einen merkwürdigen Laut ausstoßen, der durch den ganzen Mandelhain weitergegeben wurde.

Der Mann begriff, daß sich die Vögel untereinander verständigten, und wollte sie nun auch dahin bringen, über die Mandeln zu sprechen. Er vergiftete einige Mandelkerne. Zwei Krähen fraßen sie, schlugen noch einmal mit den Flügeln und verendeten. Und da eine tote Krähe eine sehr anschauliche Lektion ist, hörten die in der Nähe befindlichen Krähen sofort auf zu fressen. Dann ging innerhalb weniger Minuten ein wehklagender Ruf durch die

Bäume — die Hiobsbotschaft wurde weitergegeben. Wie eine Gewitterwolke erhoben sich die Krähen und brausten als schwarzer Strom über den Horizont davon. Sie kehrten nie mehr zurück.

Auch die Wanderzüge der Krähe zeugen — wie alles, was sie tut — von Intelligenz. Nichts von diesen berühmten Langstreckenflügen; ihr genügen Entfernungen, die so groß sind, daß man noch von einem Wanderzug sprechen kann, aber nicht so groß, daß sie die Vögel erschöpfen. Sie ziehen in mächtigen Schwärmen, fliegen gemächlich, mühelos und nutzen den Wind, bis sie sich abends zu Tausenden an einer geeigneten Stelle zur gemeinsamen Nachtruhe niederlassen. Bei Tagesanbruch schwärmen sie etwa 80 Kilometer im Umkreis aus, um nach Futter zu suchen.

Es war nur ein kleiner Schwarm, der sich an jenem Morgen hinter unserem Haus versammelte, um auf Chikago einzukrächzen und ihn fortzulocken. Während wir noch am Fenster standen, erhob sich in den Ulmen und Ahornbäumen ein wildes Sausen. Flügel rauschten und schlugen die Luft. Ich blickte hinaus und sah alle Krähen auffliegen. Die schwarze Wolke brauste über das Haus hinweg, Chikago aber blieb zurück — allein.

Er trippelte auf einem Ast im Kreise, die Flügel ausgebreitet, den Schnabel geöffnet in quälender Unentschlossenheit. Plötzlich hörte ich jenes «*Ähhh höck*» — den Schrei der Mutterkrähe — hoch über dem Haus, und Chikago schwang sich in die Luft. Er flog über das Dach, den Blick voraus gerichtet, als er dem uralten Wanderruf folgte.

Ich lief an ein nach vorn gehendes Fenster und lehnte mich hinaus. Chikago flog weiter und weiter, zwei Flügelschläge in der Sekunde nach Krähenart, um sich nicht zu überanstrengen. Und auf einmal begriff ich alles. Lange genug hatte ich Krähen um mich gehabt, um ihre Sprache, ihre Verschlagenheit, ihre Intelligenz zu kennen.

«Dieser erste Schrei damals aus dem Nest», sagte ich zu meinem Mann, «war kein Klageruf. Sondern die Mutter rief ihrem Sohn zu: 'Geh in ihr Haus, friß soviel du kannst, lerne, soviel du kannst. Wir werden dich im Oktober holen. Und dann wirst du uns alles über unsere geliebten Feinde beibringen, damit wir noch schlauer werden als sie — und am Leben bleiben.'»

*Dem Pony des Zigeuners half nur noch der Aderlaß —
und die tatkräftige Hilfe seiner Kinder*

Das Pony der Zigeuner

Von James Herriot

Das Bild, das sich mir bot, als ich bei den Zigeunern anhielt, hätte ich gern mit der Kamera festgehalten. Der Grasrand war an dieser Biegung der Straße besonders breit, und dort hockten fünf Zigeuner um ein Feuer, offenbar Vater, Mutter und drei kleine Mädchen. Sie saßen regungslos da und sahen mich durch den aufsteigenden Rauch hindurch mit leeren Blicken an. Es schneite ein wenig, und auf dem dunklen Haar der Kinder glänzten ein paar dicke Flocken. Die Szene hatte irgend etwas Unwirkliches. Gebannt verharrte ich hinter dem Steuer und blickte durch die Scheibe. Ich hatte ganz vergessen, warum ich hier war. Schließlich kurbelte ich die Scheibe herunter und wandte mich an den Mann.

«Sind Sie Mr. Myatt? Ich höre, Sie haben ein krankes Pony.» Der Mann nickte: «Stimmt. Da drüben.» Er stand auf, ein schmaler, dunkelhäutiger, unrasierter Mann, und kam zum Wagen herüber, eine Zehnshillingnote in der Hand.

Zigeuner wurden in Darrowby immer mit einem gewissen Mißtrauen betrachtet. Meist kamen sie im Sommer. Dann kampierten sie unten am Fluß und versuchten, ihre Pferde zu verkaufen. Wir waren schon einige Male zu ihnen gerufen worden. Viele von ihnen hießen oder nannten sich Smith, und nicht selten waren Patient und Besitzer, wenn ich am nächsten Tage wiederkam, über alle Berge. Deshalb hatte Siegfried mir, als ich am Morgen aus dem Haus ging, nachgerufen: «Lassen Sie sich, wenn möglich, gleich das Geld geben.» Er hätte sich keine Gedanken zu machen brauchen — Mr. Myatt war eine grundehrliche Haut.

Ich stieg aus dem Wagen und folgte ihm durch das Gras. Wir kamen an einem schäbigen, rot angemalten Wohnwagen vorbei, bei dem mich ein Wachhund ankläffte, und gelangten zu einer Stelle, wo ein paar Pferde und Ponies angebunden waren. Mein Patient war leicht zu finden: ein hübscher Schecke, der sich jedoch in einem sehr traurigen Zustand befand. Während die anderen Tiere sich an ihren Stricken umherbewegten und uns neugierig beobachteten, stand das scheckige Pony wie aus Stein gemeißelt da.

Schon aus einiger Entfernung sah ich, was ihm fehlte. Es war eine akute Rehe, eine Entzündung der Huflederhaut — nur sie rief eine solche geduckte Haltung hervor —, und im Näherkommen sah ich, daß offenbar alle vier Hufe davon befallen waren, denn das Pony hatte die Hinterhufe direkt unter seinem Körper — in verzweifeltem Versuch, sein Gewicht auf die Fersen zu verlagern.

Ich maß seine Temperatur. «Hat es irgendwelches Extrafutter bekommen, Mr. Myatt?»

«Ja, gestern abend einen Sack Hafer.» Der Mann zeigte mir den großen, halbleeren Sack hinten im Wohnwagen. Es war schwer, ihn zu verstehen, aber ich entnahm seinen Worten und Gesten, daß sich das Pony losgerissen und mit dem Hafer vollgefressen hatte. Er hatte ihm daraufhin eine Dosis Rizinusöl gegeben.

Das Thermometer zeigte 40 Grad, und der Puls ging schnell und unregelmäßig. Ich strich mit der Hand über die glatten, zitternden Hufe und fühlte die anomale Hitze. Dann betrachtete ich das angespannte Gesicht, die geweiteten Nüstern und die erschrockenen Augen. Wer einmal eine Nagelbettentzündung gehabt hat, kann sich eine ungefähre Vorstellung von den qualvollen Schmerzen eines an Rehe leidenden Pferdes machen.

«Können Sie es dazu bringen, daß es sich bewegt?» fragte ich. Der Mann packte das Pony am Kummet, aber es wollte sich nicht vom Fleck rühren.

Ich packte an der anderen Seite zu. «Jetzt! Es ist immer besser, wenn sie sich bewegen.»

Wir zogen gemeinsam, und Mr. Myatt gab dem Pony einen Klaps. Es machte ein paar schwankende Schritte, aber so furchtsam, als sei der Boden glühendheiß. Und jedesmal, wenn es die Hufe aufsetzte, ächzte es. Nach wenigen Sekunden hatte es wieder die typische geduckte Haltung eingenommen.

«Nein, es will einfach nicht», sagte ich, drehte mich um und ging zum Wagen. Ich mußte tun, was ich konnte, um dem Pony Erleichterung zu verschaffen. Zunächst kam es darauf an, soviel wie möglich von dem Hafer herauszuholen. Ich nahm die Flasche mit Arecolin und gab dem Pony eine Injektion in den Nackenmuskel. Dann zeigte ich dem Zigeuner, wie er Tücher um die Hufe des Ponys schlingen konnte, die er ständig mit kaltem Wasser tränken sollte.

Dann trat ich zurück und warf noch einen Blick auf das Pony. Das Arecolin hatte die Speichelabsonderung angeregt, und das Pony hatte seinen Darm entleert, aber die Schmerzen hatten nicht nachgelassen und würden auch nicht nachlassen, bis die schreckliche Entzündung abklang — falls sie jemals abklang. Ich hatte Fälle erlebt, in denen die Lymphe aus der Hufkrone gesickert war. Das führte meistens dazu, daß die Hufe sich ablösten, und manchmal sogar zum Tod.

Während mir diese finsteren Gedanken durch den Kopf gingen, kamen die drei kleinen Mädchen. Sie streichelten das Pony, und die größte schlang die Arme um seinen Hals. Obwohl sie nicht weinten, sah man ihnen an, wieviel das Pony ihnen bedeutete.

Ich ließ dem Mann noch eine Flasche Akonittinktur da. «Geben Sie ihm davon alle vier Stunden eine Dosis, Mr. Myatt, und sorgen Sie dafür, daß die Umschläge immer kalt und feucht sind. Ich komme morgen früh wieder vorbei.»

Ich schloß die Wagentür und blickte durch das Fenster noch einmal auf den langsam aufsteigenden Rauch, die treibenden Schneeflocken und auf die drei Mädchen, die noch immer das Pony streichelten.

«Fein, daß Sie das Geld gleich bekommen haben, James», sagte Siegfried beim Mittagessen und stopfte die Zehnshillingnote in seine volle Tasche. «Was hat das Pony denn?»

«Rehe, Hufverschlag — ein schlimmer Fall, wie ich ihn noch nie erlebt hab. Ich hab das arme Tier kaum von der Stelle bewegen können. Es leidet Höllenqualen. Ich hab das Übliche getan, aber sicher ist es nicht genug.»

«Keine sehr schöne Prognose.»

«Nein, ziemlich düster. Selbst wenn es das akute Stadium übersteht, wird es vermutlich deformierte Hufe behalten. Und dabei ist es so ein reizendes kleines Tier. Ich wünschte, ich könnte etwas tun.»

Siegfried sägte zwei dicke Scheiben von dem kalten Hammelbraten ab und packte sie mir auf den Teller. Dann sah er mich nachdenklich an. «Sie sind ein bißchen durcheinander, seit Sie zurück sind. Scheußlich, solche Fälle, ich weiß, aber es hat keinen Zweck, sich das Hirn zu zermartern.»

«Ach, ich muß einfach immerfort daran denken. Vielleicht hängt es auch mit den Leuten zusammen. Diese Myatts waren etwas völlig Neues für mich. Wie aus einer anderen Welt. Und drei kleine Mädchen, die furchtbar an dem Pony hängen.»

Während Siegfried sein Hammelfleisch kaute, sah ich, wie der alte Glanz in seine Augen trat — wie immer, wenn das Gespräch auf Pferde kam. Ich wußte, von sich aus würde er nichts sagen. Er wartete darauf, daß ich den ersten Schritt tat.

«Ich wünschte, Sie kämen mit und sähen sich das Pony einmal an. Vielleicht fällt Ihnen irgend etwas ein. Meinen Sie nicht, daß es vielleicht noch irgendein Mittel gibt?»

Siegfried legte Messer und Gabel auf den Teller und starrte ein paar Sekunden vor sich hin. Dann sah er mich an. «Wissen Sie, James, vielleicht gibt es tatsächlich etwas. Ganz offenbar ist dies ein besonders gemeiner Fall, bei dem die gewöhnlichen Mittel versagen. Ich hab eine Idee. Man kann nur eins tun.» Er lächelte verschmitzt. «Aber sicher wird es Ihnen nicht recht sein.»

«Oh, nehmen Sie auf mich keine Rücksicht», sagte ich. «Sie sind der Pferdespezialist. Wenn Sie dem Pony helfen können, ist mir alles recht.»

«Gut, dann essen Sie auf. Wir werden gemeinsam etwas unternehmen.»

Nach dem Essen führte er mich ins Instrumentenzimmer. Ich war überrascht, als er den Schrank öffnete, in dem Mr. Grants Instrumente aufbewahrt wurden — ein wahres Museum.

Als Siegfried die Praxis von dem alten Tierarzt erwarb, hatte er auch dessen Instrumente mit übernommen, und seither lagen sie da, sauber und geordnet, doch unbenutzt. Es wäre vernünftig gewesen, sie wegzuwerfen, aber vielleicht empfand Siegfried ihnen gegenüber das gleiche wie ich. Die polierten Holzkästen mit den funkelnden altmodischen Skalpellen, die Klistierspritzen, die Nadeln, die alten Brenneisen — sie waren so etwas wie das Testament sechzigjähriger Mühsal. Oft stand ich davor und malte mir aus, wie der alte Mann sich mit den gleichen Problemen herumgeschlagen hatte, die mich quälten, und wie er dieselben schmalen Straßen entlanggefahren war, die mich jetzt zu meinen Patienten führten. Er war stets allein gewesen — sechzig Jahre lang. Ich stand erst am Anfang, aber ich wußte schon ein wenig von den Triumphen und Katastrophen, von den Sorgen, den Hoffnungen und Enttäuschungen — und von der harten Arbeit.

Siegfried griff in den Schrank und holte ein flaches Etui heraus. Er blies den Staub von dem Lederdeckel und öffnete vorsichtig den Haken. Auf dem abgenutzten Samtpolster lag eine funkelnde Fliete, und daneben ein runder polierter Stab.

Ich sah Siegfried erstaunt an. «Sie wollen also das Pony zur Ader lassen?»

«Ja, mein Junge, ich führe Sie zurück ins Mittelalter.»

Er sah mein überraschtes Gesicht und legte die eine Hand auf meinen Arm. «Und nun kommen Sie mir nicht mit all den wissenschaftlichen Argumenten gegen den Aderlaß. Ich könnte selbst keine starken Argumente dafür vorbringen.»

«Aber haben Sie es schon je getan? Ich habe Sie noch nie diese Geräte benutzen sehen.»

«Doch, ich hab's schon manchmal getan. Und ich hab hinterher die komischsten Sachen erlebt.» Er wandte sich ab, als wünschte er keine weitere Diskussion. Er säuberte die Fliete gründlich und legte sie in den Sterilisator. Mit unbewegtem Gesicht stand er da und horchte auf das Zischen des kochenden Wassers.

Die Zigeuner hockten wieder am Feuer, und als Mr. Myatt sah, daß Verstärkung eingetroffen war, kam er sogleich angeschlurft. Wieder hielt er eine Zehnshillingnote in der Hand.

Siegfried winkte ab. «Wir wollen sehen, was wir tun können, Mr. Myatt», brummte er und ging durch das Gras zu dem vor Schmerzen zitternden Pony.

«Das arme Vieh», sagte er sanft und fügte, ohne mich anzusehen, hinzu: «Sie haben nicht übertrieben, James. Würden Sie bitte das Etui aus dem Wagen holen?»

Als ich zurückkam, war er dabei, dem Pony einen Strick unten um den Hals zu binden. «Ziehen Sie ihn stramm», sagte er. Als die Drosselvene straff und angeschwollen hervorstand, desinfizierte er schnell die kleine Stelle, betäubte sie mit einem Lokalanästhetikum, öffnete das alte Lederetui und entnahm ihm die in sterile Scharpie gehüllte Lanzette.

Und dann ging es los. Er setzte die kleine Klinge der Fliete auf die hervorstehende Ader und schlug ohne Zögern einmal kräftig mit dem Holzstab darauf. Sofort spritzte eine beängstigende Kaskade von Blut aus der Öffnung und bildete einen dunklen See im Gras. Mr. Myatt rang nach Luft, und die drei kleinen Mädchen schnatterten plötzlich alle zugleich. Ich verstand, wie ihnen zumute sein mußte. Und ich überlegte selbst, wie lange das Pony wohl diesen gewaltigen Aderlaß aushalten konnte, ohne zusammenzubrechen.

Doch Siegfried zog einen anderen Stab aus seiner Tasche, stieß ihn dem Pony ins Maul und bearbeitete damit seine Kinnbacken, bis das Pony zu kauen begann und das Blut noch kräftiger strömte.

Als mindestens vier Liter abgeflossen waren, schien Siegfried zufrieden. «Jetzt lockern Sie den Strick, James!» rief er. Rasch schloß er die Wunde am Hals mit ein paar Nadelstichen. Dann ging er mit großen Schritten durch das Gras und blickte über ein Tor in der Mauer am Straßenrand hinweg. «Dacht' ich mir's doch», rief er. «Da ist ein kleiner Bach auf dem Feld. Wir müssen das Pony dort hinschaffen. Los, alle Mann zupacken!»

Er genoß offensichtlich die Situation, und wie gewöhnlich riß er alle anderen mit. Die Myatts fühlten sich angespornt. Sie stolperten ziellos hin und her und rannten einander fast um. Selbst das Pony schien sich zum erstenmal für seine Umgebung zu interessieren.

Die Myatts zogen alle fünf an dem Halfter, Siegfried und ich schlangen die Arme um die Beine des Ponys, und unter unseren aufmunternden Rufen setzte es sich schließlich in Bewegung. Es war ein mühsames Unternehmen, aber das Pony trottete weiter — durch das Tor und über das Feld bis zu der Stelle, wo der seichte Bach zwischen dichtem Röhricht dahinfloß. Da das Ufer flach war, machte es keine Schwierigkeiten, das Pony in die Mitte des Bachs zu bugsieren. Und als es dort stand, und das eiskalte Wasser um seine entzündeten Hufe plätscherte, glaubte ich in seinen Augen zu lesen, daß es ihm endlich besser ging.

«Jetzt muß es eine Stunde dort stehen bleiben», sagte Siegfried. «Dann führen Sie es rund um das Feld, und danach muß es wieder eine Stunde in den Bach. Je besser es ihm geht, um so länger können Sie es herumführen, aber es muß immer wieder mit den Hufen in den Bach. Das alles macht eine Menge Arbeit. Wer will die Aufgabe übernehmen?»

Die drei Mädchen kamen schüchtern näher und sahen ihn mit großen Augen an. Siegfried lachte. «Ihr drei wollt es also machen? Gut, ich sage euch, was ihr tun müßt.»

Er zog die Tüte mit Pfefferminzbonbons, die er immer bei sich hatte, aus der Tasche, und ich machte mich auf eine lange Wartezeit gefaßt. Ich hatte ihn schon manchmal auf Bauernhöfen mit Kindern beobachtet, und wenn diese Tüte erst zum Vorschein kam, war das ein sicheres Zeichen dafür, daß er alles andere vergessen hatte.

Jedes der kleinen Mädchen nahm mit feierlicher Miene einen Bonbon, und dann hockte Siegfried sich vor ihnen hin und redete auf sie ein. Nach einer Weile tauten sie auf und riskierten die ersten Zwischenbemerkungen. Die Kleinste erzählte eine lange Geschichte von den erstaunlichen Sachen, die das Pony gemacht hatte, als es noch ein Fohlen war. Siegfried hörte aufmerksam zu und nickte hin und wieder ernst mit dem Kopf.

Seine Worte waren offenkundig auf fruchtbaren Boden gefallen. Jedesmal, wenn ich an den folgenden Tagen bei den Zigeunern vorbeifuhr, sah ich die drei wilden kleinen Mädchen, wie sie am Bach vor dem Pony standen oder es an seinem Halfter um das Feld herumzogen. Ich brauchte mich nicht einzumischen — ich sah, daß es dem Pony besser ging.

Ungefähr eine Woche später zogen die Myatts weiter. Ich begegnete ihnen, als ihr roter Wohnwagen über den Marktplatz von Darrowby schaukelte. Die Pferde, an verschiedenen Enden des Wohnwagens angebunden, trotteten munter dahin. Die Nachhut bildete das Pony. Es war noch ein wenig steif, lief aber schon wieder recht gut. Bald würde es wieder ganz in Ordnung sein.

Die kleinen Mädchen blickten hinten aus der Tür heraus. Als sie mich entdeckten, winkte ich. Sie sahen ohne ein Lächeln zu mir herüber, doch dann, als der Wagen langsam um die Ecke fuhr, hob eine von ihnen schüchtern die Hand. Die anderen taten es ihr gleich, und ehe sie meinen Blicken entschwanden, winkten sie alle drei eifrig zurück.

*Die sagenhaften Taten des internationalen
Champions der Polizeihunde*

Ein vierbeiniger Meisterdetektiv

VON NINO LO BELLO

IM MONAT seines dreizehnten Geburtstages wurde Dox, dem berühmtesten Hund Italiens, in jedem Restaurant, das er in Rom aufsuchte, eine Schüssel mit Kotelett und Spaghetti vorgesetzt. Von Gaststätte zu Gaststätte zog der große Deutsche Schäferhund mit seinem Herrn, dem Polizeiwachtmeister Giovanni Maimone, mit genüßlichem Schnuppern all die betörenden Küchendüfte begutachtend. Schließlich machte er vor einer kleinen Trattoria halt und stieß die Tür zur Gaststube auf. Aber nicht ums Essen ging es ihm. Wie ein Geschoß schnellte das Tier auf einen behaglich seine *pasta* verzehrenden Gast zu. Der Kumpan entpuppte sich alsbald als ein seit sechs Jahren flüchtiger Gauner aus Turin.

An die 400 Rechtsbrecher wurden dank den ruhmreichen Taten des Hundes mit Roms Squadra Mobile (Bereitschaftstrupp der Kriminalpolizei) dingfest gemacht. Als Weltmeister der Polizeihunde konnte Dox sich des Besitzes von 27 Silber- und vier Goldmedaillen rühmen. Seit seinem Sieg bei den Europäischen Meisterschaften für Polizeihunde im Jahre 1953 hatte er diesen Titel Jahr für Jahr erfolgreich gegen Europas erfahrenste Polizeihunde, darunter Rex von Scotland Yard und Xorro vom Pariser Polizeidepartement, verteidigt. Seine wahren Heldentaten aber hat Dox nicht im Wettkampf mit anderen Hunden vollbracht. Unter seinem braungelben Fell verbargen sich die stummen Zeugen seines Mutes: sieben Narben von Schüssen, die er bei mehr als 160 Polizeiaktionen abbekommen hat.

Dox hätte sich von Rechts wegen schon vor Jahren zur Ruhe setzen können. Denn rechnet man ein Hundejahr für sieben

Menschenjahre, so war Dox schon hoch in den Neunzigern. Aber unverdrossen absolvierte er Tag für Tag seine Tour als Meisterdetektiv. Für Routinearbeiten setzte man jetzt jüngere Hunde ein; wenn aber die Lage Außergewöhnliches verlangte, dann mußte Dox, das As unter Roms vierbeinigen Polizisten, unweigerlich heran. Und er hatte noch nie versagt.

«Dox ist zwar als Hund geboren, aber er ist längst weit mehr als ein Hund», erklärte Dr. Carmelo Marzano, ein hoher Offizier der römischen Questura. «Er hat wohl mehr Fälle aufgeklärt als irgendeiner unserer Kriminalbeamten.»

Dank seiner ausgezeichneten Nase konnte Dox eine Spur bis zu 20 Kilometern verfolgen, und das im Gewühl einer Großstadt, wo Benzingestank und die Witterung unzähliger Fußgänger jede Spur verwischen. Aber Dox war nicht nur Nase; er war ein echter Kriminalist. «Dieser Hund», kommentierte ein römischer Gerichtsreporter, «ist eine Kombination aus feinster Spürnase, Kraft, Teamwork und unheimlicher Geschicklichkeit.»

Beinahe unglaublich erscheint die Geschichte von dem fehlenden Knopf. Eines Nachts hatte sich ein Einbrecher im Kellergeschoß des Principe-Theaters in Rom versteckt. Von hier aus brach er sich einen Gang durch die Mauer in das angrenzende Juweliergeschäft. Von einem Nachtwächter überrascht, gelang es ihm, nach einem kurzen Handgemenge zu entkommen. Dox wurde herbeizitiert und nahm die Witterung des Banditen von der Kleidung des Wachmannes auf.

Er lotste die Polizisten zu einem Keller in einem anderen Stadtteil. Der Kerl, den man dort schlafend vorfand, hatte zwar eine lange Liste von Vorstrafen, brachte es aber irgendwie fertig, jedermann davon zu überzeugen, daß er mit dem Einbruch nichts zu tun hätte. «Selbst ich habe ihm geglaubt», sagt Dox' Besitzer Maimone, «vor allem, als der Wächter sagte, daß er ihn nicht wiedererkenne. Ich drohte Dox mit dem Finger, er solle in Zukunft vorsichtiger sein.» Die Antwort war ein kurzes Bellen, und dann trabte der Hund davon — die Polizisten hinterher.

Dox führte sie in den Lagerraum des Juweliergeschäfts, wo er einen Knopf vom Boden aufnahm und in Maimones Hand legte. Dann bellte er abermals, machte kehrt, und zurück ging's in den andern Stadtteil zu dem Keller. Dort schnupperte Dox am Kleiderschrank, machte die Tür auf, zerrte einen Regenmantel vom Haken und legte ihn Maimone zu Füßen, wobei er eifrig die Fadenenden an jener Stelle des Mantels beschnüffelte, wo ein Knopf fehlte — zweifellos der Knopf, den Dox gefunden hatte. Auch die an dem abgerissenen Knopf hängenden Stoffrestchen entsprachen haargenau dem Mantelstoff. Da kapitulierte der Gauner und legte ein volles Geständnis ab.

Durchblättert man die fünf «Tagebücher», in denen Maimone den Lebenslauf dieses vierbeinigen Kriminalisten aufgezeichnet hat, so findet man noch manches, was man hier anführen könnte, wie etwa folgende Fälle: Dox rettet ein kleines Mädchen vor einem heranrasenden Auto, indem er es durch kräftige Stöße mit der Schnauze aus der Gefahrenzone bugsiert; Dox verfolgt einen Einbrecher, der ihm eine schwere Schußwunde am Bein beigebracht hat, über acht Kilometer auf drei Beinen und stellt ihn schließlich; Dox spürt einen in den Bergen verirrten Skiläufer auf, nachdem ein ganzes Aufgebot von Männern und Polizeihunden die Suche bereits aufgegeben hatte; Dox hält zwölf verdächtige Männer in Schach, während sein Herr von einem anderen Zimmer aus telephonisch Hilfe anfordert.

Die Geschicklichkeit dieses Hundes setzte jeden in Erstaunen, der Gelegenheit hatte, ihn bei der Arbeit zu beobachten. Er war wohl der einzige Hund der Welt, der eine Pistole entladen konnte, ohne daß ein Schuß losging: er betätigte die Sicherung mit der Schnauze, zog mit Pfoten und Zähnen den Verschluß zurück und entfernte die Patrone. Volle acht Jahre brauchte Dox, um diesen Trick zu lernen. Er verstand es auch, einen an einen Stuhl gefesselten Mann zu befreien, so kompliziert die Knoten auch sein mochten.

Die Unerschrockenheit des Hundes war ebenso legendär wie seine Geschicklichkeit. Eines Tages, als Dox und Maimone auf einem ihrer üblichen Erkundungsgänge durch die Elendsviertel Roms waren, kamen zwei Männer auf einem Motorrad vorbei. Kaum erblickten sie Dox, da sprangen sie von ihrem Fahrzeug und suchten das Weite. Maimone schöpfte Verdacht, ließ Dox den Sitz des Motorrads beschnüffeln und nahm dann die Verfolgung der Burschen auf. Kreuz und quer durch enge Gäßchen, treppauf und treppab, über Dachfirste führte die Spur Dox und seinen Herrn bis zu einer schmutzigen kleinen Mansardenwohnung.

Die Frau, die dort wohnte, bestritt hartnäckig, etwas von den beiden Kerlen zu wissen. Da begann Dox vor einem durchgesessenen alten Sofa aufgeregt zu bellen. «Los, rauskommen, mit den Händen zuerst!» rief Maimone. Einer der Ausreißer erhob sich langsam auf die Knie.

«In diesem Augenblick», erzählt Maimone, «kroch der andere, ohne daß ich es merkte, aus dem Schrank, in dem er sich versteckt hatte, und wollte mir ein Messer in den Rücken stoßen. Aber er kam nicht dazu. Dox sprang ihn an, warf ihn nieder und hielt ihn am Boden, das Handgelenk des Mannes fest in seinen Fängen.»

Die sauberen Brüder hatten bei Einbrüchen, die die Polizei noch nicht hatte klären können, eine Beute im Werte von drei Millionen Lire ergattert.

Mehr als einmal hat Dox seinem Herrn das Leben gerettet; das erstemal Ausgang der vierziger Jahre, als der Polizist, mit vier Kugeln im Leib und zweien in der Schulter, dem Tode nah in einer Berghöhle lag. Damals hatte sich um den berüchtigten Banditen Salvatore Giuliano in den Bergen Siziliens eine Legende gebildet. Maimone, der zu jener Zeit in Turin tätig war, hatte dadurch eine gewisse Berühmtheit erlangt, daß er seinen Vorgesetzten, der fast zwei Zentner wog, mit einer Hand hochgestemmt hatte. Nach diesem Bravourstückchen pflegten die Reporter Maimone mit Vorliebe den «Herkules der Polizei» zu nennen. Irgend jemand schlug nun vor, Turins «Herkules der Polizei» sollte sich doch mit dem sizilianischen Räuber schießen. Beide waren einverstanden, Maimone erhielt Sonderurlaub für dieses Duell.

Aber Maimone und Giuliano sind sich nie begegnet. Der Turiner Polizist wurde von Giuliano und Mitgliedern seiner Bande vor einer Höhle in den sizilianischen Bergen aus dem Hinterhalt angeschossen. Man hielt ihn für tot und ließ ihn liegen. Damals war Dox noch ein ganz junger Hund; aber er wußte schon, was er zu tun hatte. Er jagte nicht Verbrechern nach, sondern machte sich auf und holte ärztliche Hilfe. So wurde Maimone gerettet.

Dox ist in Deutschland geboren und war noch keine sieben Wochen alt, als Maimone ihn kaufte. Der Wachtmeister hat ihn selbst abgerichtet, und Herr und Hund wurden im Laufe der Jahre unzertrennlich. Sie hausten gemeinsam in einem Zimmer im obersten Stockwerk der Squadra-Mobile-Kaserne hoch über dem Tiber. Das Monatsgehalt des Hundes von 35 000 Lire wurde vorsorglich auf ein Sparkonto überwiesen. Gelegentlich erhielt dieses Konto eine kräftige Auffrischung durch Belohnungen, die Dox von dankbaren Menschen zugewiesen wurden. Die größte Belohnung stammte von Carmine de Martino, einem Unterstaatssekretär im italienischen Außenministerium, der im August 1959 das Opfer eines Erpressungsversuchs wurde. De Martino hatte einen Zettel erhalten, auf dem es hieß:

«Wenn Ihnen Ihr eigenes Leben und das Ihrer Kinder lieb ist, dann hinterlegen Sie am Freitag, den 28. August, um 11 Uhr abends an der auf diesem Blatt genau eingezeichneten Stelle fünf Millionen Lire in einem Päckchen, das Sie sorgfältig mit Salatblättern tarnen müssen. Benachrichtigen Sie aber weder die Presse noch die Polizei; das würde Sie teuer zu stehen kommen: dann fliegt Ihr Haus in die Luft, wenn Sie es am wenigsten erwarten.»

Das Geld sollte in einem Baum an der Via Annia Regilla hinterlegt werden. De Martino informierte die Polizei.

Der besagte Baum stand auf einem flachen Feld. Einige Tage vor dem angegebenen Zeitpunkt gruben Agenten der Squadra Mobile – als Müllabfuhrmänner verkleidet – dort ein großes Loch als Versteck, das sie mit Schutt und Gerümpel verdeckten. Die Polizisten konnten so mit Hilfe von Dox die Gauner fassen.

*Sie wiegt keine 20 Gramm, aber die Zoologen
nennen sie trotzdem das blutdürstigste Tier*

Das blutdürstigste Tier

Von Alan Devoe

Als ich noch ein Junge war, habe ich mich nach Jungenart oft gefragt, welches von allen wilden Tieren wohl das wildeste sein mochte. War es der Löwe? Oder vielleicht der Tiger? Oder der Grizzlybär? Als ich dann Zoologie studierte und die Antwort erfuhr, war ich überrascht: der gefräßigste Räuber und furchtbarste Kämpfer unter den Vierbeinern ist ein winziges Säugetier — die Spitzmaus. Mit 15 Gramm wiegt sie kaum soviel wie ein Brief.

Die Spitzmaus ist so mordlustig, daß sie Tiere, die doppelt so groß sind wie sie selbst, angreift, tötet und auffrißt. Und sie hat einen so gewaltigen Appetit, daß sie etwa alle drei Stunden soviel verschlingt, wie sie wiegt. Bei ihrem außerordentlich raschen Stoffwechsel verhungert sie, wenn man sie ohne Nahrung läßt, in weniger als Tagesfrist. Unausgesetzt auf der Jagd nach etwas Freßbarem, verbraucht sie ihre Lebenskraft in einem Tempo, daß sie schon mit etwa sechzehn Monaten an Altersschwäche eingeht.

Spitzmäuse der einen oder anderen Art gibt es fast überall. In der Alten wie in der Neuen Welt, in Tropen- und Wüstenländern, wie in der Arktis sind sie zu Hause. Die zierliche Wimperspitzmaus der Mittelmeerländer ist das winzigste Säugetier, das existiert: sie mißt mit Schwanz noch nicht sechs Zentimeter.

Von hundert Menschen kann wahrscheinlich kaum einer mit Bestimmtheit behaupten, wissentlich eine Spitzmaus gesehen zu haben, und doch gehört sie in manchen Gegenden zu den häufigsten Tieren. Sie ähnelt einer kleinen Maus mit schmalem Kopf und spitzer Rüsselschnauze, winzigen, kaum erkennbaren Augen und dunkelgrauem oder sepiabraunem Samtpelz. Diese Mäuseähnlichkeit ist aber nur äußerlich: die echten Spitzmäuse (Soricidae), zu denen die hier behandelten Arten gehören, sind keine

Nager, sondern Insektenfresser, also eher den Maulwürfen verwandt. Alles, was man von einer im Gras herumflitzenden, ständig auf Nahrungssuche begriffenen Spitzmaus sieht, ist ein winziger, huschender Schatten.

In ihrem Grasdschungel ist die kleine Bestie ganz auf ihre Nase angewiesen — sie muß sich ihre Beute erschnüffeln oder direkt drauf stoßen, denn mit ihren bloß stecknadelkopfgroßen Augen sieht sie nur wenig. Den Rüssel hochgereckt, schnuppert sie und nimmt Witterung. Sie saust um ein Grasbüschel herum, wittert aufs neue, schießt in anderer Richtung davon und springt plötzlich wie ein Tiger, mit federndem Satz, auf die Beute zu.

Die Spitzmaus frißt fast alles, und sie verschlingt ihre Beute mit solcher Hast — dabei unausgesetzt zuckend und zitternd vor Gier —, daß der Raub in wenigen Sekunden verspeist ist. Da sie Unmengen von Schädlingen vertilgt, ist sie überaus nützlich.

Und sie ist ausserordentlich mutig. Als Junge hatte ich einmal einen Spitzmäuserich zu einer jungen weissen Ratte in den Käfig gesetzt — ich wollte ihn nur die wenigen Augenblicke drin lassen, bis ich einen Behälter für ihn hergerichtet hatte. Doch sofort stellte sich der Zwerg im Samtpelz auf die Hinterbeine, bleckte die Zähne und stieß einen schrillen, zwitschernden Kampfruf aus, rasend vor Wut und Hunger. Von panischem Schrecken gepackt, drückte sich seine ungeschlachte Gegnerin in die hinterste Ecke. Aber wie der Blitz war die Spitzmaus über der Ratte, zerfetzte ihr die Kehle und verschlang dann die weiße Riesin mit Haut und Haar: mit Knochen, Krallen und Fell.

Das Leben dieses blutdürstigen Räubers beginnt in einem losen Knäuel aus Laub, Gras und Moos, meist gut versteckt in einem hohlen Baumstumpf oder Baum. In dieser Wochenstube kommen mit einem Wurf vier bis zehn nackte, schrumplige Spitzmäuschen auf die Welt, kleiner als eine Honigbiene. Nach einer Woche fangen sie an, im Nest herumzukrabbeln, und mit drei, vier Wochen werden sie von der Mutter entwöhnt und auf Fleischkost gesetzt. Meist sind es Regenwürmer.

Schon wenige Tage später wirft die Mutter ihre Sprößlinge kurzerhand aus dem Nest — wer nicht geht, wird aufgefressen —, und sie sind selbständig. Wachsam und in fieberhafter Gier, eine Nasevoll Beutegeruch zu erhaschen, tauchen sie in den Grasstauden unter und sausen los — getrieben von der unbezähmbaren Jagdleidenschaft, von der ihr Leben beherrscht ist. Welcher Mitbürger im Kleintierreich ihnen auch begegnen mag — nie fragen sie: «Ob der nicht größer ist als ich?» Nur ein Gedanke beherrscht das winzige Gehirn: «Ran an den Feind!»

In den kurzen der Gründung einer Familie gewidmeten Wochen leben Vater und Mutter Spitzmaus einträchtig beisammen. Das ist aber auch die einzige Zeit in ihrem Leben, in der ihre Mordlust, die ja selbst die eigenen Artgenossen nicht verschont, einmal nachläßt. Es ist gefährlich, zwei Spitzmäuse in einen Käfig zu sperren: in wenigen Minuten sitzt nur noch eine drin und leckt sich die spitze Schnauze ...

Was für Feinde hat die Spitzmaus im Tierreich? Nur wenige Räuber mit kräftigem Magen wie Eulen und Wiesel fressen sie. Denn sie besitzt an beiden Rumpfseiten Moschusdrüsen, die bei Gefahr einen starken widerlichen Geruch verströmen. Der Fuchs, der sich eine Spitzmaus schnappt, läßt seinen Fang in der Regel schleunigst wieder fahren.

Wie Untersuchungen an der in Amerika vorkommenden Kurzschwanzspitzmaus ergeben haben, enthalten ihre Speicheldrüsen ein tödliches Gift wie die Giftschlangen.

*Es war die kälteste Nacht des Jahres, und es schien unmöglich,
daß die kleinen Vögel sie überstehen könnten*

Die lange Nacht
der Winterammern

Von Jean George

SCHON NACHMITTAGS um vier zeigte das Außenthermometer vor meinem Fenster an diesem 21. Dezember 20 Grad unter Null. In der klirrenden Kälte suchte ich in der Dämmerung die berankten Hausfassaden nach Spatzen, die Sträucher um den Gemüsegarten nach Kardinälen, den Pferdestall nach Staren ab — vergebens. Ich war damals Zoologiestudentin und hatte im Rahmen einer Spezialuntersuchung über die Kältefestigkeit gewisser Tiere den Auftrag bekommen, einen schlafenden Vogel zu beobachten und die ganze Nacht hindurch allstündlich nach ihm zu sehen. Es schien aber, als wären die Vögel angesichts der längsten Nacht des Jahres früher zu Bett gegangen als sonst.

Plötzlich fegte ein eisiger Windstoß um die Hausecke und bescherte mir einen Schwarm Winterammern, die sich nach kurzem Umherschwirren auf der windgeschützten Seite des Hauses in den Schnee setzten und mit lebhaftem Kopfwerfen ihr wehmütiges «Sillsill... sillsill» vernehmen ließen. Sie sahen aus wie kleine Mönche mit grauer Kutte und weißem Chorhemd. Ich machte meine erste Eintragung: «Zwanzig Winterammern, auch Winterjunkos oder Winterammerfinken genannt. Scharren mit beiden Füßen im Schnee. Bezweifle, daß sie etwas zu fressen finden; Schnee zu tief.»

So begann meine lange Nachtwache bei den Winterammern. Es war für mich die erste Gelegenheit, an einer richtigen Forschungsarbeit mitzuwirken. «Es wird nicht leicht sein», hatte mein Ornithologieprofessor gesagt. «Das schwierige ist, emotionell unbeteiligt zu bleiben. Futterstreuen und dergleichen gibt's nicht.» Wenn er dazu auch mit den Augen zwinkerte, er meinte es ganz ernst, obwohl unsere Gegend schon seit sechs Tagen unter einer von plötzlichen Schneefällen begleiteten Kältewelle litt, einem Wetter, das schon oft unzähligen Vögeln zum Verhängnis geworden war.

Nach ein paar Minuten hatten die Ammern die dichten Sumachsträucher im Schutz des Pferdestalls entdeckt. Von Zweig zu Zweig hüpfend, schickten sie sich an, sich darin zur Ruhe zu begeben.

Steif vor Kälte ging ich hinein und versuchte mir zu vergegenwärtigen, was ich über die Winterammern gelernt hatte. Als Angehörige der Finkenfamilie waren sie verwandt mit den Kernbeißern, Kardinälen, Zeisigen und Kreuzschnäbeln. Ihr feiner Schnabel eignete sich vorzüglich zum Herauslösen von Grassamen aus ihren Hüllen. Ich erinnerte mich auch, daß mein Onkel sich immer ein Klafter Holz mehr eingelagert hatte, wenn die Winterammern frühzeitig kamen. Das bedeute einen langen Winter und einen späten Frühling, sagte er.

Als ich wieder hinaustrat, war es schon fast dunkel, aber das Licht aus meinem Fenster fiel auf die Sumachsträucher, und ich konnte sehen, wie die Vögel sich um ihre Plätze rauften. Gesellig lebende Vögel ordnen sich zum Schlafen nach der Rangordnung. Der älteste und größte beansprucht den besten Platz, meist in der Mitte zwischen den andern, wo er am wenigsten dem Wind ausgesetzt und am sichersten vor Räubern ist.

Eine der Ammern flatterte aus dem Gebüsch auf die Erde hinab und puderte sich durch Flügelschlagen das Brustgefieder mit Schnee ein. Dann steckte sie den Kopf in den Schnee und bestreute sich den Rücken. Dieses Schneebad scheint, wie ich den Nachschlagewerken auf meinem Schreibtisch entnahm, dem Ordnen der Federn zu dienen. Mehrere andere Vögel taten es dem ersten nach, duschten sich mit Schnee und kehrten anschließend wieder auf ihren Zweig zurück, wo sie dann ausgiebig ihr Gefieder schüttelten. Es war an dem Abend ein wichtiges Geschäft, das schienen die Vögel zu spüren; denn sie widmeten sich neun bis zehn Minuten lang aufs emsigste ihrer Toilette.

Die letzte Phase des Zubettgehrituals war höchst amüsant. «Viel Füßerücken», notierte ich. «Auch eine Menge ‚Volksgemurmel' und Drohgesten mit den Flügeln. Eine der Ammern

macht es sich bequem, kommt aber gleich wieder hoch und rückt ihrer Nachbarin auf den Leib, die ihr durch Hängenlassen der Flügel zu verstehen gibt: ‚Bis hierher und nicht weiter!'» Auf diese Weise kommt eine Platzverteilung zustande, die jedem Vogel ein Optimum an Wohlbefinden sichert — jeder für sich und doch alle dicht genug beisammen, um an der von den Gefährten abgestrahlten Körperwärme teilzuhaben. Baumwachteln schmiegen sich in kalten Nächten ganz eng aneinander und sitzen dabei im Kreis, die Köpfe nach außen, um Gefahren rechtzeitig zu erkennen. Kernbeißer setzen sich mit Vorliebe neben die vielfach an Buchen und Eichen zurückbleibenden dürren Blätter, weil die ihre Körperwärme reflektieren.

Vögel können Angstgefühlen Ausdruck verleihen, und so suchte ich dem Gutenachtgezwitscher meiner Ammern das Maß ihrer Beunruhigung zu entnehmen. «Häufige, schrille Rufe», vermerkte ich. Daß mir die Stimmen immer verzagter zu klingen schienen, je tiefer das Thermometer fiel, schrieb ich nicht. Um 16.40 Uhr wurde es mit einemmal still. Die Dunkelheit hatte den Grad erreicht, bei dem der Organismus der Vögel auf Schlaf umschaltete.

Die Nacht war angebrochen, kalt und Schnee verheißend. Da ich den Auftrag hatte, mir einen bestimmten Vogel vorzunehmen und genau zu beobachten, ging ich näher an den Sumachstrauch heran, und just in dem Augenblick geriet eine kleine Winterammer am Außenrand der Gruppe in den Lichtschein meines Fensters und sah mich aus halbgeschlossenen, schläfrigen Augen an. Sie hatte ihr Brustgefieder dick aufgeplustert, um die Körperwärme zurückzuhalten. Durchs Fernglas entdeckte ich auf ihrem Schnabel einen weißen Punkt, ein großartiges Erkennungszeichen, und während ich den Vogel so betrachtete, fiel mir auch ein Name für ihn ein — «Sill», der letzte Gutenachtgruß der Ammern. Dann ging ich hinein, um mich aufzuwärmen.

Die nächsten stündlichen Kontrollen erbrachten nichts Aufregendes. «Sill tritt von einem Bein aufs andere, rückt zur Seite. Stößt seinen Nachbarn. Nachbar stößt zurück. Entnehme der Fachliteratur, daß dieses Gerempel und die daraus resultierende Erregung das Blut in Wallung bringt und die Körpertemperatur steigert.»

Um zehn stellte ich fest, daß Sill den Kopf ins Rückengefieder gesteckt hatte. «Großartig», kommentierte ich. «Diese Haltung verringert die Körperoberfläche und damit den Wärmeverlust. Außerdem atmet der Vogel so einen großen Teil seiner Körperwärme ins Gefieder zurück.»

Eine Weile später fing es an zu schneien. Die Temperatur fiel unaufhaltsam. Um Mitternacht zeigte das Thermometer 28 Grad unter Null. Vom Universitätsglockenspiel drangen, durch das Schneetreiben gedämpft, die lieblichen Klänge von «Stille Nacht, heilige Nacht» herüber. Die Vögel waren beängstigend ruhig. Besorgt notierte ich: «Vogel zittert, ist dichter an seinen Nachbarn herangerückt.»

Um böse Ahnungen zu verscheuchen, las ich nach, wie andere Vögel kalte Nächte überstehen. Meisen, Spechte und Kleiber suchen in Baumlöchern Schutz, in denen sie mit ihrer Körperwärme Temperaturen von rund 20 Grad erzeugen. Enten bleiben bei Temperaturen um 20 Grad minus einfach auf ihrem Teich, weil das Wasser, solange es nicht gefriert, mit seiner Nulltemperatur das Wärmste ist, was sie haben. Tauben und Stare lassen sich oft auf Hausgesimsen nieder, weil das Gemäuer immer ein bißchen von der Sonnenwärme des Tages speichert. Spatzen und Finken flüchten sich zu Hunderten in Heuschober und Heuböden.

Als ich um ein Uhr hinausging, bekam ich wirklich Angst, daß die Vögel die beißende Kälte nicht aushalten würden. Das Schneetreiben wurde immer dichter, aber einen kurzen Moment lang sah ich Sill mit gesenktem Kopf auf seinem Zweig hocken. «Ich glaube, er leidet», schrieb ich betroffen. «Er ist zu dick aufgeplustert, genau wie der Kanarienvogel von unserem Nachbarn, bevor er an Lungenentzündung einging.» Ich legte den Federhalter aus der Hand und betrachtete meinen wohlig wärmenden Heizstrahler. Wo konnte ich zu dieser nächtlichen Stunde ein Verlängerungskabel herbekommen? Ich eilte ums Haus zu der nach vorn hinaus liegenden Wohnung, traf aber niemanden an und warf einen Zettel ein. Dann lief ich zurück, trotz langer Wollhose, drei Pullovern und Wintermantel vor Kälte schnatternd.

Um zwei hörte ich einen der Vögel einen Alarmruf ausstoßen. Der Strauch war schon so stark eingeschneit, daß ich nicht sehen konnte, was es gab. So wandte ich mich wieder meinen Büchern zu. Gefahrbringende Umweltbedingungen, las ich in einem Werk des Verhaltensforschers David E. Davis, lösen zunächst eine Alarmreaktion aus. Ihr folgt eine Abwehr- und Anpassungsphase, und wenn der Streß weiter anhält, ist das Ende Erschöpfung und Tod. Einer der in diesem Zusammenhang genannten Faktoren war die Kälte.

Einmal kriegte ich es so mit der Angst, daß ich eine Kollegin anrief, um sie um Rat zu fragen, aber es meldete sich niemand. Ein paar Minuten später klopfte mein Nachbar. Er brachte mir das Verlängerungskabel. Ich warf an ihm vorbei einen Blick nach den Sträuchern. Der Sumach war fast ganz zugeschneit. Nichts regte sich, nichts zeigte an, daß die Vögel noch am Leben waren. «Danke», sagte ich, «aber ich glaube, ich werde es gar nicht mehr brauchen.»

Um vier endlich meldete das Radio, daß die Schneefälle nachließen und die Temperatur um ein Grad gestiegen sei. Ich beschloß, in den Sumachsträuchern nachzusehen, was aus den Vögeln geworden war. Vielleicht ließ sich der eine oder andere in der hohlen Hand wiederbeleben. Dann aber überkam mich Hilflosigkeit, und ich ließ die Absicht fallen. Ich stellte den Wecker auf Tagesanbruch und legte mich auf der Couch schlafen.

Als ich aufwachte, erhellte schon das erste Grau mein Zimmerfenster. Das Eis auf dem Froschteich knallte wie ein Gewehrschuß. Widerstrebend ging ich zur Tür. Der Wind hatte sich gelegt, aber hinter dem Stall hatte sich eine hohe Schneewehe aufgetürmt. Um die unvermeidliche Endinspektion noch ein wenig hinauszuschieben, begann ich, die Veranda freizuschaufeln. Da barst plötzlich die Schneehaube über dem Sumachstrauch auseinander, und die Winterammern flatterten, daß die weißen Schwanzfedern blitzten, in den jungen Morgen hinaus, zogen ein paar Kreise und setzten sich unmittelbar neben der Veranda nieder. Ich starrte sie ungläubig an — und dann erkannte ich deutlich den weißen Fleck auf dem Schnabel des einen Vogels.

Zu meiner Erleichterung, meiner Freude darüber, daß die Ammern keinen Schaden genommen hatten, kam das Bewußtsein, daß ich etwas Wertvolles zu berichten hatte. Damals wußte man noch wenig über die isolierende Wirkung des Schnees, aber hier war ein authentischer Beweis dafür. Angesichts der sibirischen Kälte hatte die Nacht die Ammern mit einer warmen Hülle aus duftigem, lufterfülltem Material umgeben, die der Atemhauch der Vögel zu kleinen, schützenden Iglus geformt hatte.

Und dann war es auch um den letzten Rest meiner wissenschaftlichen Unbeteiligtheit geschehen. Ich lief ins Haus, nahm eine Tüte Körnerfutter, Talg und Rosinen und streute den Vögeln ein ausgiebiges Frühstück. Sie machten sich sofort darüber her, und ich rief lachend: «Fröhliche Weihnachten!»

Die Vögel wirbelten glitzernde Schneekristalle in die kalte Luft, im Osten brach die Sonne durch den grauen Himmel, die lange Nacht der Winterammern war vorüber. «Fröhliche Weihnachten!» rief ich noch einmal. Dann entschwanden die Vögel um die Hausecke.

Nicht größer als eine Grille ist ein neugeborenes Känguruh

Familie Känguruh

Von Alan Devoe

Als Kapitän James Cook, der große Forschungsreisende, im Jahre 1770 mit seinem Schiff *Endeavour* nach Australien kam, schickte er Leute an Land, die in dem unbekannten australischen Busch nach Nahrung suchen sollten. Sie konnten sich kaum fassen vor Verwunderung über das Tier, das sie mit zurückbrachten, denn es zeigte mit nichts Ähnlichkeit, was man je vorher an Land oder auf See gesehen hatte. Das Geschöpf war über eineinhalb Meter groß, hatte einen zierlich geformten Kopf und einen Hals wie ein Hirsch. Doch diese eleganten oberen Partien fielen schräg nach unten zu gewaltigen, stark bemuskelten Hinterviertelln ab, die denen eines übergroßen Maultiers glichen, und daran schloß sich ein dicker, kräftiger, über einen Meter langer Schwanz. Das Tier hatte große, sanfte Augen, eine bewegliche kleine Nase, Lippen wie ein Kaninchen, Hände wie ein Mensch und – Gipfel der Absonderlichkeit – unten am Bauch eine geräumige pelzgefütterte Tasche.

Als Kapitän Cooks Seeleute die Eingeborenen über dieses Fabeltier befragten, hoben diese vielsagend die Hände, zuckten die Achseln und murmelten: «Kän – gu – ruh!». Das bedeutet, frei übersetzt: «Es wäre hoffnungslos, euch das erklären zu wollen!»

Die Zoologen in Europa debattierten jahrelang über das Känguruh. Manche vermuteten ernstlich, es sei vielleicht eine Art Riesenmaus. Aber schließlich klassifizierten sie es als Hauptvertreter einer neuen zoologischen Ordnung, der Beuteltiere oder Marsupialier – *marsupium* ist das lateinische Wort für Beutel.

Das Känguruh kommt auf der ganzen Welt nur in Australien und auf seinen Inseln vor. Vor langer Zeit, als dieser Teil der Erde vom asiatischen Festland getrennt wurde, wurde auch dieses phantastische Lebewesen aus der Frühzeit der Erdgeschichte abgesondert. Es gibt etwa zwei Dutzend Arten, die über Australien südwärts bis Tasmanien und nordwärts bis nach Neuguinea und einigen benachbarten Inseln verbreitet sind. Manche sind nicht größer als Kaninchen; einige sind Baumkletterer. Indes, *das* Känguruh — einer der Schildhalter im Wappen Australiens — ist das Graue Riesenkänguruh, das auf den weiten Buschsteppen lebt und, im ganzen Lande gern gesehen, unter allerlei Beinamen wie «der Alte» oder der «Boomer» bekannt ist.

Ein ausgewachsenes Känguruhmännchen (das Weibchen ist etwa ein Drittel kleiner) ist im Stehen größer als ein Mann und wiegt durchschnittlich zwei Zentner. Selbst wenn es in seiner Lieblingsstellung auf seinen kräftigen Keulen ruhend sitzt, zurückgelehnt und auf sein «drittes Bein» — den Schwanz — gestützt, ragt sein Kopf eineinhalb Meter und mehr über den Boden. Seine riesigen Hinterläufe, die die Kraft von stählernen Federn haben, lassen es mit Leichtigkeit über drei Meter hohe Zäune setzen oder gestatten ihm, wenn es zum Kampf gestellt wird, ein Dutzend Hunde abzuwehren. Ein Schlag mit dem Schwanz kann einem Mann das Bein brechen wie ein Streichholz. Und doch ist dieser König der Buschsteppe bei seiner Geburt so winzig, daß man drei seiner Art auf einem Teelöffel halten könnte.

Ein neugeborenes Känguruh ist knapp zweieinhalb Zentimeter lang — etwa so groß wie eine Grille. Sein Körper ist fast durchscheinend wie der eines Regenwurms. Die einzigen voll entwickelten Teile des Jungen sind seine kleinen «Hände». Mit ihnen greift es in seiner Mutter Fell und wandert zu ihrem schützenden Beutel. Gewöhnlich macht es die Reise aus eigener Kraft. Bedarf es jedoch — was selten vorkommt — ihrer Hilfe, nimmt die Mutter es sorglich zwischen die Lippen und steckt es in den Beutel, der nur ihm gehört; Känguruhs haben jeweils nur ein Junges.

Sobald es in dem Beutel untergebracht ist, ergreift es eine Zitze und heftet sich mit unlösbarem Griff daran fest. Noch ist es nicht stark genug, sich durch Saugen selbst zu ernähren. Darum hat die Natur die Mutter mit besonderen Muskeln ausgestattet, mit denen sie die Milch in das Junge preßt. Wie es bei diesem Vorgang atmen kann, war lange Zeit ein Rätsel, bis Naturwissenschaftler herausfanden, daß in der Säuglingszeit eine Verlängerung des Kehlkopfs zum hinteren Teil der Nasengänge eine Verbindung herstellt, so daß die Luft direkt in die Lungen gelangen kann. So kann sich denn das Junge ungestört und ohne zu ersticken dem Milchgenuß hingeben.

Hat es ein Alter von etwa vier Monaten erreicht, ist ihm ein Pelzröckchen gewachsen; es hat sich von der mütterlichen Milchquelle gelöst und schaut jetzt gern aus ihrer Tasche heraus in jener Stellung, die man so oft auf Bildern sieht. Wenn seine Mutter innehält, um zu grasen, hüpft es heraus und knabbert allein ein bißchen an den Gräsern. Zeigt sich auch nur die geringste Gefahr, springt es in den Beutel zurück und wird in hohen Fluchten davongetragen und in Sicherheit gebracht. Doch wenn eine Känguruhmutter nach langer Jagd gestellt und gefangen wird, findet sich niemals ein Junges in ihrem Beutel. Denn wird die Mutter länger gejagt, versteckt sie mit Vorliebe ihr Junges im Busch und holt es erst wieder, wenn die Verfolger völlig ermüdet von ihr abgelassen haben.

Ist das Kleine erwachsen, wird es Mitglied eines Trupps. Känguruhs sind gesellig und leben in Herden von zwanzig bis fünfzig Stück. Sie sind ausschließlich Pflanzenfresser und äsen meist am frühen Morgen, in der Abenddämmerung oder bei Mondschein. Die Mittagsstunden gehören der Ruhe und dem Spiel. Ihr beliebtester und berühmtester Sport ist Boxen.

Die fünffingerige Hand eines großen Boomers ähnelt sehr einer Männerhand, und er benutzt sie ganz genau so wie ein Bub, der anfängt, seine Fäuste zu gebrauchen. Wenn zwei Känguruhs in Boxstellung gehen, hält jedes seine Hände zur Deckung dicht vor die Brust, stützt seinen Körper auf den starken Schwanz und beginnt mit Finten. Es folgt ein munterer Wechsel kräftiger Schläge, und dann treten die boxenden Känguruhs zurück und machen — als Abschluß der ersten Runde — eine Pause. Känguruhs geraten selten in Wut, und Naturforscher haben mit Erstaunen beobachtet, wie gewissenhaft sie einen bestimmten Rhythmus von Runden und Ruhepausen einhalten, selbst wenn sie stundenlang miteinander boxen. Sie kämpfen nicht, um Sieger zu sein, sondern nur aus Freude am Spiel.

Wer je bei einer Schaustellung ein Känguruh im Boxkampf mit einem Menschen als Partner gesehen hat, ist wahrscheinlich der Meinung, daß dazu eine lange Zeit der Abrichtung vonnöten war. In Wirklichkeit ist die Hauptschwierigkeit dabei, dem Känguruh beizubringen, daß es seinen furchtbaren Fußtritt aus dem Spiel läßt. Der Hinterlauf eines Känguruhs hat vier Zehen, doch hat die Natur drei davon so winzig gestaltet, daß sie nicht zählen. Dafür ist die vierte Zehe ungewöhnlich lang und stark, wie ein riesiger Sporn mit krummer rasiermesserscharfer Spitze. Obwohl gewöhnlich von sanfter Gemütsart, kann der «Alte», wenn er in die Enge getrieben wird, zu einem lebensgefährlichen Gegner werden. Auf seinen Schwanz gestemmt, die Fäuste dicht vor der Brust geballt, schlägt er dann plötzlich mit einem seiner gespornten Hinterfüße zu. Ein solcher Schlag kann leicht selbst einen starken Hund oder einen Menschen töten.

Indessen verläßt sich das Känguruh nur selten auf diese Waffe. Es kann fast allem, was Beine hat, entkommen, und es zieht die Flucht der Verteidigung vor. Ein Weitsprung von neun Meter macht einem Känguruh, das Grund zur Eile hat, nicht die geringste Schwierigkeit, und es kann ohne Unterbrechung in stetigen gleitenden Sätzen von fünf bis sechs Meter Länge Meile um Meile dahinjagen. Man hat beobachtet, daß es so in einer Stunde fast achtzig Kilometer in einer pausenlosen Flucht zurückgelegt hat.

Die ersten australischen Siedler versuchten die Känguruhs mit Fuchshunden zu jagen, mußten aber bald einsehen, daß diese dafür völlig ungeeignet waren. Im Laufe der Jahre haben sie dann eine besondere Abart rauhhaariger Windhunde gezüchtet und so eine Art «Känguruh-Hund» geschaffen — einer der wenigen Vierbeiner, die Aussicht haben, den Boomer einzuholen. Eine Känguruhjagd kann von Sonnenaufgang bis in die sinkende Nacht dauern und schließlich mit einem Hundesterben durch Ersäufen enden. Denn der «Alte» wird sich nicht auf eine Verteidigung mit den Hinterläufen einlassen, es sei denn, er wäre hoffnungslos in die Enge getrieben. Er springt einfach in flaches Wasser, watet hinein, bis ihm das Wasser bis zur Hüfte geht, und wartet. Wenn dann die Hunde ihn im Wasser umdrängen, greift er sie und hält sie mit dem Kopf unter Wasser. In einem Fall hat ein starkes Känguruh so nacheinander ein halbes Dutzend Hunde ersäuft.

Känguruhs sitzen am liebsten stundenlang im hohen sonnengebleichten Gras — wie Kaninchen auf einer Wiese —, machen ein Schläfchen, knabbern ein wenig an dem Gras und kräuseln die Nase. Dann spielen sie — auch wie riesige Kaninchen — mit verzwickten Sprüngen ein Spiel, das dem «Haschen» der Kinder ähnelt. Eines Känguruhs Vorstellung von einem glücklichen Abend, wenn der Mond Australiens seinen Silberzauber über das weite Grasland breitet, besteht darin, friedlich mit den Gefährten zu äsen und dann und wann die Stille durch eine freundschaftliche Boxrunde zu beleben.

Die Känguruhs sind von jeher für Australien von großer Bedeutung gewesen. Sie waren ein Hauptnahrungsmittel für die Eingeborenen — die sie natürlich mit dem Bumerang erlegten —, und sie waren gleichermaßen bedeutend als Fleischnahrung für die ersten Kolonisten. Känguruhfleisch ist grobfaserig und hat Wildgeschmack; aber Känguruhlende ist schon auf manchem Tisch im Hinterlande aufgetragen worden, und Känguruhschwanzsuppe halten viele für wohlschmeckender als Ochsenschwanzsuppe. Australien exportiert sie für Feinschmecker in alle Welt. Die Australier haben auch ein Gericht, «Dampftopf» genannt, das aus gekochtem Känguruhfleisch mit Schinkenscheiben besteht.

Heute hat die Zivilisation die Känguruhs in die riesigen Steppen des Inneren gedrängt. Dort leben sie und vermehren sich in großer Zahl. In Dürrejahren sind sie für Weideländereien und Wasserstellen eine Gefahr. Ein Schafzüchter zählte jüngst zweitausend in einer Stunde — und jedes verschlingt mehr Futter als ein Schaf. In manchen Gebieten bringt der Abschuß von Känguruhs guten Gewinn. Über eine Million Felle kommt jedes Jahr auf den Markt. Sie geben ein ausgezeichnetes Leder für Handschuhe und Stiefel, und der Pelz ist ein wertvoller Exportartikel.

Die Känguruhs liefern auch Stoff für immer neues Jägerlatein, das staunenden Fremden im Land der Antipoden freigebig aufgetischt wird. Das Beste an diesen Geschichten ist, daß sie noch so übertrieben sein können und doch von der Wahrheit nicht allzu weit entfernt sind.

*Weder das Schwein Gertrud, noch der Hund Coco kümmerten sich
darum, daß man einem alten, weißhaarigen Mann auf jeden
Fall Rücksicht schuldet*

Rezepte für Haustiere

Von James Herriot

KEIN TIER ist wie das andere. Viele Leute glauben, meine Patienten seien alle gleich, aber Kühe, Schweine, Schafe und Pferde können launisch, bösartig, störrisch oder auch folgsam, geduldig und lieb sein.

Da war zum Beispiel ein ganz besonderes Schwein namens Gertrud, aber bevor ich zu ihr komme, muß ich bei Mr. Barge beginnen.

Die jungen Leute, die uns Tierärzten heutzutage Arzneimittel anbieten, bezeichnen wir schlicht als Vertreter, aber als Berufsbezeichnung für Mr. Barge wäre uns das niemals eingefallen. Er war in jeder Hinsicht ein Repräsentant der Chemischen Manufaktur Cargill und Söhne, gegründet 1850, und er war so alt, daß man hätte annehmen können, er habe immer dazugehört.

An einem eisigen Wintermorgen öffnete ich die Haustür. Draußen stand Mr. Barge. Er lüftete kurz den schwarzen Hut über seinem Silberhaar, und sein rosiges Gesicht blühte in einem wohlwollenden Lächeln auf. Er behandelte mich immer wie einen Lieblingssohn, und in Anbetracht seiner Würde war das ein Kompliment.

«Mr. Herriot», flüsterte er mit einer leichten Verbeugung. Die Geste war sehr würdevoll und paßte zu seinem Gehrock, den gestreiften Hosen und der auf Hochglanz polierten Aktentasche.

«Bitte, kommen Sie herein, Mr. Barge», sagte ich.

Er kam stets um die Mittagszeit un blieb zum Essen. Mein junger Chef, Siegfried Farnon, der sich sonst nicht leicht beeindrucken ließ, behandelte ihn mit großem Respekt. Mr. Barge war eine Art Staatsgast für uns.

Der moderne Vertreter kommt kurz vorbei, erwähnt beiläufig, wie sich Antibiotika im Blutspiegel niederschlagen, weist auf den Mengenrabatt hin, legt die Bestellzettel auf den Tisch und eilt davon. Eigentlich tun mir diese jungen Leute leid, denn sie verkaufen alle das gleiche.

Mr. Barge dagegen hatte — wie es zu seiner Zeit üblich war — einen dicken Katalog ausgefallener Heilmittel bei sich, die alle exklusiv von seiner Firma hergestellt wurden.

Siegfried wies ihm den Ehrenplatz am Mittagstisch zu und rückte den Stuhl zurecht. «Bitte nehmen Sie Platz, Mr. Barge.»

«Sehr liebenswürdig von Ihnen.»

Wie gewöhnlich wurde während des Essens nicht über Geschäfte gesprochen, und erst beim Kaffee ließ Mr. Barge ganz beiläufig seinen Katalog auf den Tisch gleiten, als ob dieser Teil seines Besuches ganz nebensächlich sei.

Siegfried und ich blätterten in dem Buch und genossen jenen Hauch von Hexenkunst, den der Wind der Wissenschaft aus unserem Beruf vertrieben hat. Hie und da gab mein Chef eine Bestellung auf.

«Wir brauchen wieder Latwerge. Schreiben Sie uns bitte zwei Dutzend Packungen auf, Mr. Barge.»

«Vielen Dank.» Der alte Herr öffnete sein ledernes Bestellbuch und machte die Eintragung mit seinem silbernen Bleistift.

«Und Fiebertränke...» Siegfried schaute mich an. «Wie steht es damit, James? Ja. Ein Gros könnten wir brauchen.»

«Sehr verbunden», hauchte Mr. Barge und schrieb es auf.

Mein Chef bestellte noch Salpetergeist, Formalin, Kastrationsklemmen, Kaliumbromid, Teersalbe — alles Dinge, die heute nicht mehr verwendet werden —, und Mr. Barge bestätigte jeden Auftrag mit einem feierlichen «verbindlichen Dank» oder «recht herzlichen Dank» und einer Eintragung mit dem Silberbleistift.

Schließlich lehnte sich Siegfried in seinem Stuhl zurück. «Nun, das wär's wohl, Mr. Barge — oder haben Sie noch etwas Neues zu bieten?»

«Zufällig haben wir das, mein lieber Mr. Farnon.» Die Augen blinzelten im rosigen Gesicht. «Ich kann Ihnen unser neuestes Präparat empfehlen. Relax, ein herrliches Beruhigungsmittel.»

Das ließ uns aufhorchen. Jeder Tierarzt ist besonders an Beruhigungsmitteln interessiert. Alles, was unsere Patienten gefügiger macht, ist ein Segen. Mr. Barge erläuterte die einzigartigen Eigenschaften von Relax, und wir stellten zusätzliche Fragen.

«Wie ist es mit Säuen, die ihre Jungen anfallen?» fragte ich. «Nützt es da was?»

«Mein lieber junger Herr.» Mr. Barges Lächeln glich dem eines Bischofs, der einen jungen Priester auf Abwegen ertappt hat. «Relax ist spezifisch für solche Fälle entwickelt worden. Eine einzige Injektion bei der werfenden Sau, und Sie haben keine Probleme mehr.»

Die edlen Züge verklärten sich in stillem Triumph. «Ebenfalls eine klassische Anwendungsmöglichkeit, Mr. Herriot. Eigens dafür gibt es Relax in Tablettenform.»

«Ausgezeichnet.» Siegfried trank seine Tasse aus und stand auf. «Schicken Sie uns davon bitte einen reichlichen Vorrat. Wenn Sie uns jetzt bitte entschuldigen wollen, Mr. Barge — wir müssen auf unsere Nachmittagstour. Besten Dank für Ihren Besuch.»

Wir gaben uns die Hände. Vor dem Haus lüftete Mr. Barge abermals den Hut, und die feierliche Visite war beendet.

Eine Woche später traf die bei Cargill und Söhne bestellte Ware ein. Medikamente wurden damals in Teekisten versandt, und als ich den Holzdeckel abnahm, interessierte ich mich besonders für das schön verpackte Relax in Ampullen- und Tablettenform. Und seltsamerweise hatte ich sofort Verwendung dafür.

Mr. Ronald Beresford, ein Bankdirektor, kam in die Praxis.

«Mr. Herriot», sagte er. «Wie Sie wissen, habe ich hier einige Jahre die Bank geleitet, aber man hat mir die Leitung einer größeren Zweigstelle im Süden angeboten, und ich fahre morgen nach Portsmouth.» Er blickte mich aus seiner Höhe kühl und herablassend wie immer an.

«Portsmouth? Donnerwetter, das ist ein weiter Weg.»

«Ja. Fünfhundert Kilometer. Und ich habe da ein Problem.»

«Ein Problem?»

«Leider ja. Vor kurzem habe ich einen sechs Monate alten Cockerspaniel erworben, und er ist sonst ein ausgezeichneter kleiner Hund, aber im Wagen führt er sich äußerst seltsam auf.»

«Was macht er denn?»

Er zögerte. «Er ist jetzt draußen. Wenn Sie einen Augenblick Zeit haben, kann ich es Ihnen vorführen.»

«Natürlich», sagte ich. «Ich komme gleich mit.»

Wir gingen zum Wagen. Seine Frau saß auf dem Beifahrersitz, und sie war so dick, wie er mager war, jedoch genauso herablassend wie er. Sie nickte mir kühl zu, aber der hübsche kleine Hund auf ihrem Schoß begrüßte mich begeistert.

Ich streichelte ihm die langen seidigen Ohren. «Ein lieber kleiner Kerl.»

Mr. Beresford sah mich von der Seite an. «Ja. Er heißt Coco, und er ist wirklich reizend. Aber sobald der Motor läuft — dann fängt der Ärger an.»

Ich setzte mich auf den Rücksitz, Mr. Beresford ließ den Motor an, und wir fuhren los. Mir wurde sofort klar, was er meinte. Der Spaniel machte sich steif, stieß die Schnauze bis an die Wagendecke und brach in ein schrilles Heulen aus.

«Huuh, huuh, huuh, huuh», jaulte Coco.

Ich war wirklich erschrocken, denn etwas Derartiges hatte ich noch nie gehört. Ich weiß nicht, woran es lag — ob an der Gleichmäßigkeit der Jauler, am durchdringend schrillen Ton oder daran, daß Coco sich keine Pause gönnte —, jedenfalls bohrte sich das Jaulen in mein Gehirn, und nach zwei Minuten dröhnte mir der Schädel. Ich atmete auf, als wir wieder vor der Praxis hielten.

Mr. Beresford stellte den Motor ab — und damit auch den Lärm, denn das kleine Tier beruhigte sich augenblicklich und leckte mir die Hand.

«Ja», sagte ich. «Das ist wahrhaftig ein Problem.»

Er zog nervös an seinem Schlips. «Und je länger man fährt, desto lauter wird es. Wenn Sie noch etwas Zeit haben, kann ich es Ihnen ...»

«Nein, nein, nein», unterbrach ich ihn hastig, «das ist nicht nötig. Ich weiß schon Bescheid. Aber schließlich haben Sie Coco ja noch nicht lange, und außerdem ist er fast noch ein Baby. Ich bin sicher, daß er sich mit der Zeit ans Autofahren gewöhnt.»

«Das ist durchaus möglich.» Mr. Beresford klang leicht gereizt. «Aber ich denke an morgen. Ich muß mit meiner Frau und diesem Hund nach Portsmouth fahren, und ich habe es mit Pillen gegen Reisekrankheit versucht — aber vergeblich.»

Dieses Gejaule einen ganzen Tag lang aushalten zu müssen, war eine grauenhafte Vorstellung, aber da kam mir der rettende Gedanke. Wie ein ältlicher Schutzengel erschien Mr. Barge vor meinem geistigen Auge. Welch ein unglaublicher Glücksfall!

Ich lächelte zuversichtlich. «Gerade ist ein neues, sehr wirksames Mittel für solche Fälle auf den Markt gekommen», sagte ich. «Und durch einen glücklichen Zufall ist es heute bei uns eingetroffen. Kommen Sie herein, ich gebe es Ihnen mit.»

«Na, Gott sei Dank.» Mr. Beresford musterte die Packung. «Also eine halbe Stunde vor der Abfahrt eine Tablette, und dann ist alles in Ordnung?»

«So ist es», erwiderte ich fröhlich.

«Ich bin Ihnen sehr dankbar. Sie haben mir einen Stein vom Herzen genommen.» Er ging zum Wagen zurück, und ich sah ihm zu, wie er den Motor anspringen ließ. Wie auf ein Signal richtete sich der kleine braune Kopf zur Wagendecke.

«Huuuh, huuh, huuh», heulte Coco, und sein Herr warf mir einen verzweifelten Blick zu, als er abfuhr.

Ich stand auf den Eingangsstufen und lauschte fassungslos. Viele Leute in Darrowby mochten Mr. Beresford nicht besonders, wahrscheinlich wegen seiner kühlen Art, aber meiner Meinung nach war er im Grunde kein schlechter Kerl, und mein Mitgefühl war ihm gewiß. Noch lange, nachdem der Wagen um die Kurve von Trengate gebogen war, hörte ich Coco jaulen.

Am selben Abend gegen sieben rief mich Will Hollin an. «Gertrud ferkelt! Und sie will den Kleinen an den Kragen!»

Das war eine böse Nachricht. Es kommt gelegentlich vor, daß die Säue ihre neugeborenen Ferkel anfallen, und wenn man sie ihnen nicht gleich wegnimmt, bringen sie ihre Jungen sogar um. Und natürlich ist dann an Säugen gar nicht zu denken.

Dieses an sich schon vertrackte Problem war in Gertruds Fall besonders schlimm, denn sie war eine teure Zuchtsau, mit der Will Hollin seinen Schweinebestand verbessern wollte.

«Wie viele hat sie geworfen?» fragte ich.

«Vier — auf jedes ist sie losgegangen.» Seine Stimme zitterte.

Da fiel mir wieder das Relax ein, und ich dankte dem Himmel für Mr. Barge.

Ich lächelte in den Hörer. «Ich habe ein neues Mittel, Mr. Hollin. Gerade eingetroffen. Ich komme sofort.»

Bevor ich die Ampullen einsteckte, las ich schnell noch den Beipackzettel durch. Ja, da stand es. «Zehn Kubikzentimeter intramuskulär. Innerhalb von zwanzig Minuten beruhigt sich das Mutterschwein und nimmt die Ferkel an.»

Es war nur eine kurze Fahrt bis zu Hollins Farm, aber als ich durch die Nacht raste, war ich dem Schicksal dankbar für die glückliche Fügung an diesem Tag. Erst am Morgen war das Relax eingetroffen — und schon konnte ich es beim zweiten dringenden Fall brauchen. Mr. Barge war ein Werkzeug der Vorsehung. Ein ehrfürchtiger Schauer lief mir über den Rücken.

Ich konnte es kaum erwarten, der Sau die Spritze zu geben, und kletterte schwungvoll in die Box. Gertrud gefiel es gar nicht, mit einer langen Nadel in den Schenkel gestochen zu werden, und sie grunzte mich wütend an. Aber ich schaffte es gerade noch, ihr die zehn Kubikzentimeter zu verpassen, bevor sie mich in die Flucht schlug.

«Jetzt müssen wir also zwanzig Minuten warten?» Will Hollin lehnte sich über die Boxwand und sah besorgt auf sein Schwein. Seine Farm war klein, er mußte hart arbeiten, und ich wußte, daß Gertruds Wurf eine wichtige Angelegenheit war.

Ich wollte ihm gerade etwas Tröstliches sagen, als Gertrud wieder ein rosiges, zappelndes Ferkel warf. Will Hollin langte in die Box und schob das kleine Geschöpf sanft an das Gesäuge der auf der Seite liegenden Sau, aber sobald die kleine Nase die Zitze berührte, warf sich das große Schwein wutschnaubend in die Höhe und bleckte die gelben Zähne.

Er griff rasch nach dem Ferkel und legte es zu den anderen in einen großen Pappkarton. «Jetzt sehen Sie, wie es ist, Mr. Herriot.»

«Allerdings. Wie viele haben Sie jetzt da drinnen?»

«Sechs. Und es sind wahre Prachtferkel.»

Ich blickte in die Kiste. Sie hatten alle den langgestreckten Körperbau des guten Zuchtschweins.

«Ja, das kann man wohl sagen. Und sie sieht aus, als ob sie noch eine Menge im Bauch hat.»

Der Farmer nickte, und wir warteten.

Die zwanzig Minuten schienen eine Ewigkeit zu dauern, und schließlich nahm ich ein paar Ferkel und stieg in die Box. Ich wollte sie eben an die Sau setzen, als eines schrie. Gertrud stürzte wütig brüllend auf mich los, und ich sprang mit einer Behendigkeit hinaus, die mich selbst erstaunte.

«Sie sieht nicht sehr schläfrig aus», bemerkte Mr. Hollin.

«Nein... nein... eigentlich nicht. Vielleicht sollten wir noch ein bißchen warten.»

Wir gaben ihr noch zehn Minuten und versuchten es noch einmal, aber mit dem gleichen Ergebnis. Ich gab ihr eine zweite Spritze und eine Stunde später eine dritte.

Um neun hatte Gertrud fünfzehn herrliche Ferkel geworfen und mich und ihre Nachkommenschaft sechsmal aus der Box verjagt. Sie schien lebhafter und wilder als je zu sein.

«So, jetzt ist sie leer», sagte Mr. Hollin finster. «Sieht so aus, als ob sie fertig ist.» Er blickte traurig in den Pappkarton. «Und ich sitze da mit fünfzehn Ferkeln, die ich ohne Muttermilch großziehen muß. Wahrscheinlich gehen die mir alle ein.»

«Ach was!» Die Stimme kam von der offenen Tür her. «Kein einziges geht ein.»

Ich sah mich um. Es war Opa Hollin, und er lächelte wie gewöhnlich aus seinem runzeligen Gesicht. Er trat an die Box und stupste Gertrud mit seinem Stock gegen die Rippen.

Sie antwortete mit einem bösen Grunzen und einem noch böseren Blick. Das Lächeln des Mannes wurde noch strahlender.

«Dem ollen Mistvieh werd ich's eintränken», sagte er.

«Eintränken?» Ich trat verlegen von einem Fuß auf den andern. «Was wollen Sie damit sagen?»

«Ach, die braucht nur'n bißchen Beruhigung, wissen Sie?»

Ich holte tief Luft. «Jawohl, Mr. Hollin, darum bemühe ich mich ja gerade.»

«Tja, aber Sie stellen's nicht richtig an, junger Mann.»

Ich sah ihn scharf an. Mit Besserwissern und ihren großzügigen Ratschlägen muß sich jeder Tierarzt herumschlagen, aber über Opa Hollin ärgerte ich mich nicht. Ich mochte ihn. Er war ein netter Mann und das Oberhaupt einer liebenswerten Familie. Will war der älteste seiner vier Söhne, und einige seiner Enkel waren Farmer in der Gegend.

Außerdem hatte ich nichts erreicht. Es war nicht der rechte Augenblick für Überheblichkeit.

«Eben habe ich ihr die letzte Spritze verpaßt», brummte ich.

Er schüttelte den Kopf. «Sie braucht keine Spritzen. Sie braucht Bier.»

«Bier, junger Mann. Gutes starkes Bier.» Er wandte sich an seinen Sohn. «Hast du einen sauberen Eimer, Will?»

«Ja, in der Molkerei steht ein frisch ausgeschrubbter.»

«Gut. Dann geh ich mal zum Pub runter. Bin gleich wieder da.» Opa machte kehrt und schritt in die Nacht hinaus. Er mußte um die Achtzig sein, aber von hinten sah er wie ein junger Bursch aus — kerzengerade, elastisch und flott.

Will Hollin und ich hatten uns nicht viel zu sagen. Er war in finstere Grübeleien versunken, und ich schämte mich in Grund und Boden. So waren wir erleichtert, als Opa mit einem emaillierten Eimer voll brauner Flüssigkeit zurückkehrte.

«Donnerwetter», kicherte er. «Ihr hättet die Gesichter da unten im *Wagon and Horses* sehen sollen. Ich wette, bei denen hat noch niemand zehn Liter auf einmal bestellt.»

Ich starrte ihn an. «Sie haben zehn Liter Bier geholt?»

«Genau, junger Mann. Soviel wird sie brauchen.» Er wandte sich wieder an seinen Sohn. «Sie hat doch noch nichts getrunken, Will?»

«Nein. Ich wollte ihr Wasser geben, als sie fertig war, bin aber noch nicht dazu gekommen.»

Opa stellte den Eimer hin. «Na, dann wird sie schön durstig sein.» Er lehnte sich über die Box und goß das schäumende braune Getränk in einem Strahl in den leeren Trog.

Gertrud trottete gemächlich heran und beschnupperte die seltsame Flüssigkeit. Nach kurzem Zögern tunkte sie die Schnauze hinein, versuchte einen Schluck, und Sekunden später hallte ihr geschäftiges Schlürfen durch den ganzen Stall.

«Donnerwetter, es schmeckt ihr!» rief Will erstaunt.

«Kein Wunder», seufzte Opa. «Es ist Smiths bestes Bitter.»

In erstaunlich kurzer Zeit hatte die große Sau den Trog leer getrunken, und als sie fertig war, leckte sie noch gründlich die Ecken aus. Sie zeigte keinerlei Neigung, sich wieder hinzulegen, sondern ging gemütlich in der Box spazieren. Hie und da blieb sie am Trog stehen, um sich zu vergewissern, daß nichts übriggeblieben war, und dann schaute sie zu den drei Gesichtern auf, die ihr über die Box entgegenblickten. Überrascht stellte ich fest, daß der eben noch so unheilschwangere Ausdruck einem Blinzeln gewichen war. Man hätte fast meinen können, daß sie lächelte.

In den nächsten Minuten wurden ihre Schritte bedenklich unsicher. Sie torkelte und strauchelte, fiel einmal fast hin, und dann ließ sie sich mit einem laut vernehmlichen Rülpser auf das Stroh fallen und rollte sich auf die Seite.

Opa pfiff leise vor sich hin und stieß ihr den Stock an den Schenkel, aber sie rührte sich nicht und antwortete nur mit einem zufriedenen Grunzen.

Gertrud war sternhagelvoll.

Der alte Mann zeigte auf den Pappkarton. «Leg jetzt die Kleinen rein zu ihr.»

Will packte die Ferkel auf den Arm und stieg mit ihnen in die Box. Wie alle neugeborenen Tiere brauchten sie keine Anweisung, und bald hatten sich fünfzehn hungrige Schnäuzchen an den Zitzen festgesaugt, und ich starrte mit gemischten Gefühlen auf das Resultat, das ich mit meiner modernen tierärztlichen Kunst vergeblich zu erreichen versucht hatte. Ich war nicht stolz auf mich.

Beschämt räumte ich die Relax-Ampullen weg und stahl mich heimlich zu meinem Wagen, als Will mich zurückrief.

«Trinken Sie doch noch eine Tasse Kaffee, bevor Sie gehen, Mr. Herriot.» Seine Stimme klang freundlich — er schien es mir nicht nachzutragen, daß ich so kläglich versagt hatte.

Ich folgte ihm in die Küche, und als ich an den Tisch trat, gab er mir einen Rippenstoß.

«Da, schauen Sie mal.» Er hielt mir den Eimer entgegen, auf dessen Grund noch ein reichliches Maß Bier herumschwappte. «Hier haben wir was besseres als Kaffee — reicht gut für zwei. Ich hole uns mal Gläser.»

Er kramte im Schrank, als Opa eintrat. Er hängte Hut und Stock weg und rieb sich die Hände.

«Kannst mir ruhig auch ein Glas holen, Will», sagte er. «Vergiß nicht, daß ich es ausgeschenkt hab — und extra so, daß wir drei auch noch was haben.»

Am nächsten Morgen war ich immer noch beschämt über mein gestriges Erlebnis, aber ich kam nicht dazu, darüber nachzugrübeln, denn noch vor dem Frühstück wurde ich zu einer Kuh mit Gebärmuttervorfall gerufen, und so etwas erfordert eine Konzentration, bei der man alles andere vergißt.

Um acht Uhr morgens kam ich nach Darrowby zurück und hielt an der gerade geöffneten Tankstelle auf dem Marktplatz. Bob Cooper füllte mir den Tank auf, und ich dachte an nichts Besonderes, als ich aus der Ferne das Geheul vernahm.

«Huuuh, huuuh, huuuh.»

Zitternd vor Schreck sah ich mich auf dem Platz um. Kein Gefährt war zu sehen, aber der unheilvolle Klagelaut wurde immer lauter — und da bog auch schon Mr. Beresfords Wagen um die Kurve und kam auf mich zu.

Ich stellte mich hinter die Zapfsäule, aber es nützte nichts; der Wagen bremste neben mir.

«Huuuh.» Aus unmittelbarer Nähe war der Lärm unerträglich.

Ich trat zögernd hervor und begegnete dem verquollenen Blick des Bankdirektors, der die Scheibe herunterließ. Er stellte den Motor ab. Coco unterbrach sein Geheul und begrüßte mich mit freundlichem Schwanzwedeln.

Sein Herr dagegen sah gar nicht freundlich aus.

«Guten Morgen, Mr. Herriot», sagte er mit finsterer Miene.

«Guten Morgen», erwiderte ich heiter, zwang mich zu einem Lächeln und trat an den Wagen. «Guten Morgen, Mrs. Beresford.»

Die Dame blickte mich vernichtend an und wollte etwas sagen, aber ihr Mann fuhr fort: «Ich habe ihm auf Ihren Rat hin heute früh eine dieser Wunderpillen gegeben.»

Sein Kinn zuckte leicht.

«Ja...?»

«Jawohl. Und es hat nicht geholfen, und ich gab ihm noch eine.» Er hielt inne. «Da die Wirkung die gleiche war, gab ich ihm eine dritte und eine vierte.»

Ich schluckte. «Tatsächlich?»

«Jawohl.» Seine Augen hatten einen kalten Glanz. «Und ich muß daraus schließen, daß diese Pillen völlig wirkungslos sind.»

«Aber... äh... nun ja... es sieht wirklich so aus, als ob...» Er hob die Hand. «Ich kann mir jetzt keine Erklärungen anhören. Ich habe schon genug Zeit vertan, und ich habe eine Fahrt von fünfhundert Kilometern vor mir.»

«Also, das tut mir wirklich furchtbar leid...» fing ich an, aber er drehte das Fenster wieder hoch. Er ließ den Motor an, und Coco stellte sich sofort in Positur. Ich sah dem Wagen nach, wie er über den Platz fuhr und in die Straße nach dem Süden einbog. Es dauerte noch eine ganze Weile, bis ich Coco nicht mehr hörte.

Eine plötzliche Schwäche überfiel mich, und ich lehnte mich an die Zapfsäule. Mr. Beresford tat mir von Herzen leid. Er war im Grunde ein netter Mensch, aber trotzdem war ich dem Schicksal dankbar, daß ich ihm nie wieder begegnen würde.

Mr. Barge kam nur einmal im Vierteljahr zu uns, und so sah ich ihn erst Mitte Juni wieder am Ehrenplatz unserer Mittagstafel. Sein Silberhaar glänzte im sommerlichen Licht, und als die Mahlzeit beendet war, betupfte er sich den Mund mit der Serviette und ließ beiläufig seinen Katalog auf die Tischdecke gleiten.

Siegfried ergriff das dicke Buch und fragte wie gewöhnlich: «Haben Sie etwas Neues, Mr. Barge?»

«Mein lieber Mr. Farnon.» Das Lächeln des alten Herrn deutete an, daß die Torheiten der neuen Zeit ihm zwar unverständlich waren, aber durchaus ihren Reiz hatten. «Cargill und Söhne schicken mich nie zu Ihnen ohne eine Anzahl neuer Produkte mit verschiedenartigen Anwendungsmöglichkeiten. Ich kann Ihnen viele unfehlbare Heilmittel empfehlen.»

Ich muß eine Art von Würgelaut von mir gegeben haben, denn er sah mich fragend an. «Ja, Mr. Herriot, wollten Sie etwas sagen, junger Herr?»

«Ach... nein... nein, eigentlich nicht, Mr. Barge», erwiderte ich. Ich hätte es nicht über das Herz gebracht, ihm von meinen Erlebnissen mit dem Relax zu erzählen.

*Das Leben zweier Wildkaninchen war der Preis dafür,
daß wir hinter das Geheimnis
der Wildkanincheneinfuhr der Römer kamen*

Das zahme Wildkaninchen

Von Desmond Morris

Damals stand ich im Zoologiestudium und verbrachte mit meiner Freundin Ramona einige Zeit in der englischen Grafschaft Wiltshire.

In jenen Wochen beschäftigten mich die Wildkaninchen, die vor dem Auftreten der Myxomatose auf vielen Feldern der Grafschaft Wiltshire zu einer Plage geworden waren. Irgend jemand hatte mir erzählt, daß wildlebende Kaninchen sich nicht zähmen ließen und durch einen Schock verendeten, wenn man sie einfinge und in Käfigen zu halten versuchte. Das konnte ich nicht glauben, da die Karnickel ursprünglich nicht zur englischen Wildtierfauna gehörten, sondern von den Römern als Fleischlieferanten eingeführt worden sind. Und wenn die Römer sie hertransportiert hatten, dann mußten die Tiere auch zähmbar sein. Das wollte ich dadurch beweisen, daß ich ein Wildkaninchen daheim in einem Gehege hielt.

Ramona war mit meinem Vorhaben nicht ganz einverstanden. Sie erinnerte mich daran, daß ich ihr gepredigt hatte, man solle die Tiere *beobachten,* dürfe aber nicht in ihre natürlichen Lebensabläufe eingreifen. Sie hatte natürlich recht, denn ich wollte gegen meine Grundüberzeugung handeln. Seitdem ich jedoch Zoologie studierte, hatte sich ein Widerspruch in mir aufgetan.

Zwar vertrat ich noch immer die Auffassung, daß es besser sei, Tiere in ihrer natürlichen Umgebung zu beobachten als in Gefangenschaft, aber während meines Studiums mußte ich mehr und mehr erkennen, daß viele Fragen nur durch Eingriffe in das Leben der Tiere zu beantworten waren. Dieses Problem begann mich ernsthaft zu beunruhigen, denn ich sah keine Möglichkeit, mein Studium zu Ende zu führen, ohne mich auf Tierversuche einzulassen. Ich wußte, daß ich bei diesen Experimenten niemals so weit gehen würde, an Tieren herumzuoperieren, doch vorerst war mir noch unklar, wie sich angesichts meiner zoologischen Leidenschaft das Risiko für die mir anvertrauten Tiere so gering wie möglich halten ließe. Später sollte sich herausstellen, daß mir in dieser Hinsicht das Glück hold war, da sich mein Studium in Richtung Verhaltensforschung entwickelte, doch das war im Augenblick noch Zukunftsmusik. Zunächst mußte ich Ramona zugestehen, daß hier tatsächlich ein Widerspruch bestand, über den ich alles andere als glücklich war. Aber meine wissenschaftliche Neugier war so stark, daß ich sie nicht zu zügeln vermochte. Nach einigem Zögern erklärte sich Ramona schließlich bereit, mir zu helfen.

Es würde nicht einfach sein, die Wildkaninchen zu fangen, ohne ihnen etwas zuleide zu tun. Als wir eines Abends langsam eine Landstraße in der Nähe von Marlborough entlangfuhren, bemerkte ich, daß die Kaninchen, die von einem Acker zum anderen über die Straße hoppelten, durch das Licht der Scheinwerfer einen Augenblick lang «hypnotisiert» wurden. Sobald ich jedoch aus dem Wagen sprang, um eines von ihnen zu packen, war es bereits zu spät. Die Tiere hatten Zeit genug, sich aus ihrer Starre zu lösen und im Dunkel zu verschwinden. Ich brauchte also einen Helfer, der sich vorne aufs Auto setzen und beim Bremsen sofort abspringen mußte, um das Kaninchen zu erhaschen, bevor es sich von seinem Schreck erholt hätte. Diese Rolle hatte ich Ramona zugedacht.

Die meisten Mädchen hätten sich sicherlich geweigert, aber Ramona ging, ohne zu fragen, auf meinen Vorschlag ein. Ich glaube, in diesem Augenblick erkannte ich, daß wir wirklich zusammenpaßten. Gibt es einen größeren Liebesbeweis als den, sich mutig von der Kühlerhaube eines Autos auf ein wildes Kaninchen zu stürzen?

Wir fuhren einen schmalen Weg hinunter. Ramona hockte vorne auf dem Wagen, als hätte jemand eine Galionsfigur auf die Kühlerhaube montiert. Als das erste Karnickel auf der Straße auftauchte, trat ich heftig auf die Bremse — und Ramona wurde wie ein Rugbyball nach vorne geschleudert. Leider waren wir zu schnell gefahren, so daß sie über das Tier hinausschoß, das unter dem Auto davonflitzte und verschwand. Beim zweiten Versuch gingen wir behutsamer zu Werke. Ramona machte im Scheinwerferkegel einen Satz nach vorn und war in der Dunkelheit verschwunden. Ich sprang aus dem Wagen und sah, wie sie sich seitlich vom Auto mit einem zappelnden und um sich schlagenden Kaninchen herumbalgte. Es war ein sehr großes Exemplar, das die Kraft von zehn Stallhasen zu haben schien — aber Ramona ließ nicht locker. Es gelang mir, ihr das Tier abzunehmen und es in eine mit Gras ausgepolsterte Kiste auf den Rücksitz des Wagens zu stecken, wo es noch eine Weile tobte, bevor es sich endlich beruhigte. «Armes Ding», sagte Ramona, ohne auf ihre zerkratzten Arme zu achten. Doch sie war sehr stolz auf ihre Leistung, die ich gebührend lobte.

Nach mehreren Fehlschlägen erwischten wir noch ein mittelgroßes Kaninchen, das sich weit weniger wehrte als das erste Riesentier, und ein ziemlich kleines Exemplar, das sich ohne Mühe in die Kiste stecken ließ. Der Abend war, zumindest in meinen Augen ein voller Erfolg, und Ramona konnte sich am Ende wie ein Pfeil vom Kühler losschnellen, wenn ich auf die Bremse trat.

Ich brachte sie heim und raste dann mit meinem Kaninchentrio nach Swindom zurück. Dort stand im Garten eine große, leere Voliere, in der ich mit Steinen und Erde einen Kaninchenbau angelegt hatte; dort sollten die Tiere so schnell wie möglich heimisch werden. Als ich die Kiste in der Voliere öffnete, ließen sich die beiden kleineren Kaninchen leicht herausholen, doch sowie ich hineinlangte, um das große zu packen, begann es zu zappeln und auszuschlagen und sich zu meinem Entsetzen in Krämpfen zu winden. In weniger als einer Minute starb es an dem Schock. Ich wußte, daß sich Ramona darüber sehr aufregen würde, und es war mir äußerst unangenehm, es ihr erzählen zu müssen. Das mittelgroße Kaninchen ging nach einigen Tagen ein, und ich glaubte schon, ich hätte mich tatsächlich geirrt. Die Ansicht, daß die Tiere unzähmbar seien, wurde augenscheinlich durch die Fakten auf traurige Weise bestätigt. Doch das dritte Kaninchen gedieh prächtig und wurde schließlich fast so zahm wie ein Haustier. Da dämmerte mir, freilich zu spät, daß die Römer wahrscheinlich nur junge Kaninchen nach England gebracht hatten, die sie in Gefangenschaft weiterzüchteten, bis sie am Ende einen beliebig manipulierbaren Zuchtstamm erhielten — die Vorfahren unserer heutigen Hauskaninchen.

Ich hatte etwas hinzugelernt, was ich eigentlich schon vorher hätte wissen können. Zwei Kaninchen mußten dafür sterben. Gewiß, sie waren bloß Schädlinge und hätten vermutlich ohnehin schon bald durch die Schrotladung eines Bauern oder in einer Drahtschlinge ihr Leben gelassen; aber trotzdem behielt ich ein unangenehmes Gefühl zurück. Und Ramona war, wie vorauszusehen, sehr unglücklich über den Tod der Tiere. Ihre Hauptsorge war nun, daß durch ihre Mithilfe das überlebende Kaninchen unter einem Zwangszölibat zu leiden hatte. Sie gestand mir zu, das Tier nur solange zu behalten, bis es seinen Part in einem surrealistischen Film gespielt hatte, der jetzt endlich Gestalt anzunehmen begann; aber danach sollte es sofort freigelassen werden. Und so geschah es. Dieses Karnickel war das erste von zahlreichen Tieren, die ihrem «persönlichen Schutz» unterstellt wurden, wie Ramona sich ausdrückte.

In dem geplanten Streifen sollte sie auch mitwirken. Ich hatte ein Drehbuch mit dem Titel «Zeitblume» geschrieben und mit viel Glück einen ortsansässigen Kameramann namens Christopher Simpson gefunden, der sich bereit erklärte, die Dreharbeiten zu finanzieren. Er begriff offensichtlich nicht sehr viel von dem, was da vorging, aber die surrealistischen Szenenbilder beeindruckten ihn mächtig. Seine Frau war noch mehr irritiert als er und fragte mich eines Tages schüchtern: «Wieso explodiert der ausgestopfte Spatz auf der Geige ohne Saiten?» Ich erwiderte, das sei symbolisch, und damit schien sie zufrieden zu sein. Der ganze Film war in der Tat so symbolträchtig, daß selbst die Symbole noch ihr Symbol hatten. Der gesamte Handlungsablauf war ein verwirrender Zyklus von bizarren Bildern, die ständig wiederkehrten.

Wo die echten Sealmäntel wachsen

Die Schatzinseln Amerikas

VON EDISON MARSHALL

AM 29. JUNI 1786 vernahm ein russischer Seefahrer namens Gerasim Pribylow, während er in der nebelverhangenen Öde des Beringmeeres kreuzte, ein höchst sonderbares Getöse. Das gleiche Tosen erschien mir, als ich es über anderthalb Jahrhunderte später hörte, wie das brausende Geschrei in einem ausverkauften Stadion, wenn die Nationalmannschaft das Siegestor schießt.

Beherzt steuerte der Kapitän auf diesen unheimlichen Spektakel los. Nach einer guten Stunde etwa entdeckte er durch Lücken im Nebel vier Inseln. Zwei waren nichts weiter als große Felsen. Der ohrenbetäubende Radau aber kam von einer Herde von zwei Millionen Pelzrobben, von denen der ganze Strand schwarz war, und sie brüllten und röhrten, husteten und blökten alle zugleich.

Pribylow belud sein Schiff mit ihren Fellen, segelte nach Sibirien und verkaufte seine Beute an chinesische Mandarine für eine Summe, die auch heute noch als Phantasiepreis gelten würde. Doch als sein Kompagnon im Oktober wieder dort vor Anker ging, um eine weitere Ladung zu holen, herrschte auf den Inseln Grabesstille — leer und verlassen lagen die Ufer da.

Im darauffolgenden Sommer versuchte es der wagemutige Kapitän noch einmal. Und wieder war das Meer schwarz von schwimmenden Robbenweibchen. Ganze Strandpartien waren eine einzige verknäulte Masse kämpfender Robbenmännchen, auf den Sanddünen tummelten sich die halbwüchsigen Junggesellen, und der Strandweizen wimmelte von den «Hagestolzen», den Männchen, denen es nicht gelungen war, sich Weibchen zu schnappen, und die nun um die Harems herumlungerten in der

Hoffnung, doch noch ihr Glück zu machen. Und alle belferten und bellten so laut wie damals.

Die Pribylow-Inseln haben seitdem Geschichte gemacht. Als der amerikanische Außenminister Seward im Jahre 1866 den knauserigen Kongreß überreden wollte, den Russen Alaska abzukaufen, war das ausschlaggebende Moment der Wert der Inseln als Paarungsplatz der Pelzrobben, mit einer damaligen Ausbeute von etwa hunderttausend Fellen jährlich. Ohne jene Fundgrube wäre dieser historisch so bedeutsame Handel nie abgeschlossen worden.

Anfangs plünderte Amerika diesen Schatz in unverantwortlicher Weise. Die Tiere durften nahezu unbeschränkt abgeschlachtet werden, bis die Herden zu drei Vierteln ausgerottet waren. Damals erlaubten die amerikanischen Behörden, damit die Ausbeute nicht nachlassen, den Robbenschlägern, sich mit ihren Seglern vor die Inseln zu legen und die Matkas, die Muttertiere, zu töten, wenn sie zum Fischen herauskamen. Bei dieser Methode wurden für jedes Fell drei Leben vernichtet: die Mutter, ihr ungeborenes Junges und ihr Säugling, der am Strand dann verhungern mußte. Erst als die Herde schließlich auf armselige 150 000 Exemplare dezimiert und der Strand mit den Kadavern der hilflos eingegangenen jungen Robben übersät war, unternahm die Regierung energische Schritte. Sie verbot den Robbenfang auf See und setzte die Zahl der überschüssigen männlichen Tiere fest, die jede Saison geschlagen wurden durften. Die Herde nahm zu und wuchs wieder auf fast zwei Millionen Köpfe an.

Was mich an diesen Fabelinseln am meisten interessiert, sind nicht die 50 000 erstklassigen Felle, die das amerikanische Fischereiamt dort alljährlich herausholt, weiche und schöne Felle, die noch immer zum edelsten Pelzwerk überhaupt zählen, sondern die Gemeinschaftsordnung der Robben, die sich schon vor Tausenden von Jahren, ehe der erste Mensch in den Meeren des ewigen Nebels Segel setzte, entwickelt hat.

Die Pelzrobbe ist nicht mit der Haarrobbe zu verwechseln, die bei Neufundland vorkommt, oder mit dem Seelöwen, wie er uns aus dem Zirkus bekannt ist. Sie zeigt ganz eindeutig eine Verwandtschaft mit dem Bären und hat auch Bewegungen wie ein Bär. Sie kommt, wie keine andere Robbe, an Land fast so rasch vorwärts wie ein Mensch. Die Jungen können bei der Geburt noch nicht schwimmen, sondern müssen diese Kunst erst mühsam erlernen, und viele ertrinken bei den ersten Versuchen. Später werden die Pelzrobben zu den elegantesten und wendigsten

Schwimmern, und an Schnelligkeit nehmen sie es mit den Tümmlern auf.

Im Mai, wenn der Strandweizen auf den Pribylow-Inseln zu sprießen beginnt und Moose und Flechten vom Frühlingsregen triefen, schleppen sich die Robbenmännchen zu Hunderttausenden an den kahlen Strand. Jedes einzelne wiegt mindestens viereinhalb Zentner und ist schwerfällig und fett von den ergiebigen Fischzügen in allen Meeren der Welt. Und das ist gut so, denn viele strapazenreiche Monate liegen vor den Tieren, ehe sie wieder ins Meer zurückgehen oder auch nur an Fressen und Saufen denken.

Und sofort beginnt nun die größte Massenrauferei, die es im ganzen Tierreich gibt. Die Robbenmännchen verbeißen sich ineinander, weil jedes ein bestimmtes Plätzchen am Strande besetzen will, das ihm gerade in die Augen sticht. Nicht lange, und die besten haben sich ihre Reservate gesichert, aber ausschließlich durch Faustrecht – mit ihren Fängen und Flossen. Wenn sie nur eine Minute nicht auf der Hut sind – und sei es mitten in der Nacht –, bemächtigen sich die heimatlosen Rivalen, die im Grase auf der Lauer liegen, ihrer Wigwams.

Die ausgewachsenen Robben belegen jedoch nicht den ganzen Strand mit Beschlag. Gemäß einer kaum glaublichen gegenseitigen Übereinkunft lassen sie immer einige Streifen frei, um den jungen Männchen, die noch zu schwach sind, sich einen Harem zu erkämpfen und zusammenzuhalten, einen sicheren Durchschlupf zwischen ihren Binnenland-Spielplätzen und dem Meere zu gewähren.

Im Juni kommt dann das Gros der Herde, wohl eine Million weiblicher Tiere und ein Schwarm halbwüchsiger Junggesellen. Die letzteren wandern durch die Gänge hinauf zu den Sanddünen und Grasplätzen, um dort den ganzen Sommer herumzulungern und zu -tollen, mit gelegentlichen Ausflügen ins Meer, wo sie sich einen Bauchvoll Fische holen. Aber die armen kleinen Weibchen, kaum ein Fünftel so schwer wie die mächtigen Männchen, haben Kummer zu gewärtigen. Gegen die Brautwerbung, die nun einsetzt, ist der berühmte Raub der Sabinerinnen ein sanftes Sonntagsschulspielchen.

Die Bullen stürzen sich in die Brandung hinunter, packen die herannahenden Matkas bei den Genickfalten und schleppen sie zu den Haremsplätzen. Oft fallen zwei oder drei Männchen über dasselbe kleine Weibchen her, und wie dieses dem Schicksal entgeht, in der nun folgenden Keilerei nicht in Stücke gerissen zu werden, ist mir niemals klar geworden. Jedes Männchen ist darauf aus, sich so viele Weibchen wie nur möglich zu sichern, aber es muß für seine Gier bezahlen – einen ganzen strapazenreichen Sommer lang. Seine Weiber sind nämlich äußerst unmoralisch und gehorchen gelassen dem Gesetz der Natur, nach dem der süße Lohn dem Sieger gebührt.

Die Weibchen sind, wenn sie auf die Inseln kommen, hochträchtig und werfen bereits nach ein paar Tagen. Fast unmittelbar darauf werden die eben Mutter Gewordenen schon wieder gedeckt, eine Tatsache, die schon mancher Mediziner angezweifelt hat. Kann doch bei keinem anderen Säugetier während der ersten Wochen des Stillens eine neue Schwangerschaft eintreten. Bei anderen Säugetieren, die Jahr für Jahr Junge haben, dauert die

Trächtigkeitsperiode neun Monate oder weniger, und die Natur hat mindestens drei Monate Zeit, den Mutterleib für einen neuen Bewohner vorzubereiten und diesem die Entwicklung zu sichern. Beim Seehund dagegen dauert die Schwangerschaft normalerweise fast ein volles Jahr. Dieser geheimnisvolle Umstand erklärt sich daraus, daß die Matka eine doppelte Gebärmutter besitzt, von der jeweils immer nur eine Seite beansprucht wird.

Der alte Bulle hat Verständnis dafür, daß seine Weiber ihn alle paar Tage verlassen müssen, um ins Meer zu gehen, Fische zu fangen und Milch für ihre Jungen zu produzieren. So sind den ganzen Tag Tausende von Robbenmüttern unterwegs, zum Wasser hinunter- oder wieder heraufrutschend. Und da etwa Mitte Juli einige hunderttausend Junge am Strand herumkrabbeln, im fahlen Sonnenschein schlafen oder in den Brandungsbrechern schwimmen lernen — wie soll da eine Mutter ihr eigenes Kind wiederfinden?

Wie sie es macht, weiß ich nicht — aber sie findet es. Sie steuert sichtbar schnurstracks darauf zu, in höchster Eile und Aufregung alle Nachbarkinder, die ihr im Wege sind, beiseite stoßend. Bisweilen versucht ein heimatloses Kleines, von der Vorbeihastenden eine Mahlzeit zu ergaunern, aber sie will von keinem etwas wissen.

Währenddessen drängen sich die halbwüchsigen Junggesellen zu Hunderten durch die für sie offengelassenen Gänge. Wenn sie nicht draußen auf Fischfang sind, versammeln sie sich herdenweise im Gras und klettern manchmal auf die Sanddünen, offensichtlich aus dem einzigen Grunde, weil ihnen das Herunterrutschen Spaß macht. Diese jungen Herren sind es, die unseren Damen die Sealmäntel liefern. Robbenfänger kommen und treiben sie auf die Schlachtplätze, um sie zu erschlagen und abzubalgen. Und da die Seehunde auf ihren langen Seereisen nie die Furcht vor den Menschen gelernt haben, machen sie auch nicht den Versuch zu entkommen.

Doch jeden Harem meiden die Jäger sorgfältig. Nicht so die reifen, aber ledigen Männchen, die «leer Ausgegangenen», die am Rande des Strandes auf der Lauer liegen. Gelegentlich fängt eines von ihnen an zu toben und überfällt in rasendem Amoklauf die Wigwams, um ein Weib zu rauben. Das gelingt selten, denn meistens stürzt sich ein wutschnaubender Hausherr auf den Eindringling, beißt und beutelt ihn und schleudert ihn dann mit unglaublicher Wucht aus seinem Harem hinaus auf das Privatgrundstück eines Nachbarn. Hier wird er wieder angegriffen und so — in einer Art Ausbruch moralischer Entrüstung seitens aller versorgten Gatten — von Harem zu Harem befördert, bis er in Stücke gerissen ist.

Die Mehrzahl dieser ledigen Robben aber hütet ihre Haut. Kommen sie doch — und das ist wohl eines der größten Wunder in der wunderbaren Lebensgeschichte der Robben — gegen Ende des Sommers ebenfalls zu ihrem Recht. Dem Meere entsteigen die Jungfrauen, hunderttausend oder mehr. Jetzt sind die alten Haremsmeister erschöpft, und die geschmeidigen, munteren Mädchen fallen den wartenden «Wölfen» leicht zum Opfer.

Jene Nachzüglerinnen werfen ihre Jungen im folgenden Sommer zur selben Zeit wie der Großteil der übrigen Weibchen, obwohl sie ihre Jungen nur neun Monate statt normalerweise fast zwölf getragen haben. Warum hat wohl das erste Baby einer Robbenmutter eine kürzere Austragezeit als das zweite? Offenbar entwickelt sich der Fötus schneller, wenn die Mutter keine anderen Jungtiere nährt. Und das Ganze ist ein eklatantes Beispiel für die Vorsorge der Natur zur Erhaltung der Art, nämlich die Paarungszeit zu staffeln, damit auch die jungen Robbenweibchen taugliche Männchen finden.

Bald darauf, im September, beginnt die große Wanderung in die Ferne. Die Jährlinge haben bis dahin schwimmen gelernt. Zusammen mit ihren schon wieder trächtigen Müttern und mit Schwärmen halbwüchsiger Jünglinge brechen sie von den Gestaden auf und wenden sich südwärts, zwichen den Aleuten hindurch, in die pfadlose Unendlichkeit des Stillen Ozeans.

Die alten Bullen verweilen noch ein wenig — der Himmel mag wissen warum. Vielleicht sind sie zu müde, um sich aufzuraffen. Dann aber watscheln auch sie zur Brandung hinab und verschwinden. Die Robbenschläger von den Aleuten verziehen sich in ihre rauchigen Hütten, die Blaufüchse machen sich über die Kadaver der Erschlagenen her, und der Herbstwind fegt jaulend über verlassene Ufer. Die Felsen aber in ihrer gläsernen Glätte geben Kunde von den Herden, die sich hier seit Tausenden von Jahren versammelt haben — und die wiederkommen werden, so gewiß wie der Frühling wiederkehrt...

Ein Unfall veränderte sein Leben, aber er verlor nicht den Mut

Tapferer Kater Marco

Von Era Zistel

Er gehörte mir, aber was wußte ich von ihm? Schon als junges Kätzchen war er auf Entdeckungsreisen gegangen. Früher als seine Geschwister erkundete er das Haus und wagte sich nach draußen. Deswegen wurde er bei uns Marco Polo — später nur noch Marco — gerufen. Wenn ihm danach zumute war, reagierte er darauf mit einem kleinen Zucken des Ohres.

Tagsüber trieb er sich meist im Wald hinter unserem Haus herum. Manchmal stieß ich dort zufällig auf ihn. Dann begegneten wir uns fast wie Fremde und tauschten meist nur einen flüchtigen Blick. Aber zum Fressen und Schlafen kam er immer wieder nach Hause. Soweit immerhin war er doch «mein» Kater.

Wäre Marco eines Tages nicht mehr aufgetaucht, hätte ich ihm vielleicht keine Träne nachgeweint. Aber dann passierte es. Ich hörte ein Auto bremsen und lief hinaus. Ich fand Marco im Straßengraben, den Kopf im Nacken, mit aufgerissenen Augen, die ins Leere starrten.

Er gab kein Lebenszeichen von sich. Ich legte ihn in eine Pappschachtel und sah mich nach einer geeigneten Schaufel für das Grab um. Da hörte ich plötzlich ein schwaches Miauen — Marco war nicht tot! Ich pflegte ihn, so gut ich konnte. Schließlich war er wieder auf den Beinen und ganz der alte — so schien es mir jedenfalls. Doch allmählich merkte ich, daß etwas mit ihm nicht stimmte. Eines Tages, als ich ihn draußen beobachtete, fiel mir sein eigenartiger Gang auf — ein steifes, behutsames Schreiten mit hoch erhobenen Pfoten, die er langsam vorwärts setzte. Ich untersuchte ihn hastig, konnte jedoch nichts feststellen. Doch dann, erschreckt von einem plötzlichen Geräusch, stob er davon – und prallte mit voller Wucht gegen einen Korb.

Er war blind.

Wie lange war er schon so durch die Welt getappt wie ein Blinder, der mit seinem Stock vor sich her tastet! Wie oft mochte er gehungert haben, weil er der unsichtbaren Feindseligkeit der anderen Katzen nicht ausweichen konnte – oder nicht einmal wahrnahm, wo das Futter stand! Ich wußte zwar, daß Katzen normalerweise eine sehr feine Nase haben; aber daß es Futter gab, merkte Marco immer erst, wenn er direkt an den Napf stieß. Endlich kam ich auf die Idee, auf den Boden zu klopfen, wenn ich ihm Futter hinstellte. Marco lernte rasch, daß es an der Stelle etwas zu holen gab.

Ich räumte ihm alle Hindernisse aus dem Weg, bis mir aufging, daß ich ihm damit keinen Gefallen tat. Sein Forschungsdrang war ungebrochen. Nichts machte ihm größeren Spaß als Dinge zu erkunden, die nicht am gewohnten Platz standen. Also sorgte ich absichtlich für ständige Veränderung in seiner Umwelt, um Abwechslung in sein Dasein zu bringen.

Als ich ihn das erstemal auf dem Dach sah, wo er sich in der Sonne rekelte, stockte mir der Atem. Er schien mich da unten zu wittern, erhob sich, gähnte und setzte sich in Bewegung. Am Rand angelangt, tastete er mit der Pfote nach einem Ast, vergewisserte sich noch einmal und sprang. Dann balancierte er auf dem Ast bis zum Stamm, rutschte herunter und kam lässig auf mich zu.

Mit dem Selbstvertrauen wuchs auch sein Aktionsradius. Bald wagte er sich wieder in den Wald hinter dem Haus. Oft beobachtete ich mit Staunen, wie sicher er sich zwischen den Bäumen zurechtfand, ohne je irgendwo anzustoßen. (Wie mancher blinde Mensch hatte er anscheinend einen sechsten Sinn, eine Art Radar, entwickelt.) Manchmal haschte er auch mit unbeholfenen Sätzen nach windverwehten Blättern.

Nur ganz selten verlor er die Orientierung, wenn Hundegebell oder andere bedrohliche Laute ihn so erschreckt hatten, daß er davonstürmte. Er schnellte dann über den Boden wie ein Fisch aus dem Wasser. Dabei stieß er meist einen kleinen Schrei aus. Ich begriff bald, daß dies seine Art war, um Hilfe zu rufen.

Mit der Zeit verstand er nicht nur meinen Tonfall zu deuten, sondern spürte auch meine Stimmung. Wenn ich nicht auf der Höhe war, merkte er es sofort und ließ gleichfalls den Kopf hängen. War ich dagegen guter Laune, wurde auch er gleich munter. Und wenn ich gar zu singen begann (was gelegentlich vorkommt und sogar mir Zahnschmerzen verursacht), so wußte er sich vor Freude kaum zu lassen und hopste umher wie ein spielendes Kätzchen.

Anfangs brachte er mit seiner Tolpatschigkeit die anderen Katzen gegen sich auf. Ein vierschrötiger Kater namens Pert wurde besonders ruppig und beutelte ihn bei jeder Gelegenheit. Doch dann passierte etwas Merkwürdiges. Einige Tage lang beobachtete Pert unverwandt Marcos rätselhaftes Verhalten; dann kam er offenbar zu dem Schluß, daß hier mildernde Umstände vorlagen. Von nun an trat er zur Seite, sooft er Marco auf sich zukommen sah. Mit der Zeit verhielten sich die übrigen Katzen ebenso rücksichtsvoll, und Marco blieb künftig unbehelligt.

Die Jahre vergingen. Wir hatten uns alle so an Marcos Blindheit gewöhnt, daß wir sie als normal ansahen. Er selbst empfand vielleicht ebenso, je mehr die Erinnerung an sein Augenlicht in ihm verblaßte. In seinem zwölften Lebensjahr ging es offenbar mit ihm bergab. Er sonnte sich nicht mehr auf dem Dach, sondern begnügte sich mit einem sonnigen Fleckchen in der Nähe des Hauses. Dann, mit 13, hatte er einen Schlaganfall. Ich überlegte, ob ich ihn einschläfern lassen sollte. Aber ich hatte die Rechnung ohne Marco gemacht. Er dachte nicht daran, aufzugeben.

Tag für Tag mühte er sich mit den gelähmten Beinen ab, bis sie allmählich beweglicher wurden. Er versuchte aufzustehen und fiel um, versuchte es wieder und wieder. Schließlich konnte er sich auf den Beinen halten — schwankend, aber als Sieger. Wenn er ging, gehorchten ihm die Beine nicht recht, so daß sein Gang einer seltsamen Wellenbewegung glich. Immer wieder bettelte er, bis ich ihn hinausließ, purzelte die Stufen hinunter, rappelte sich auf und ging unbeirrt seiner Wege.

In seinem 15. Lebensjahr änderte sich sein Verhalten auffallend. Er konnte es morgens kaum erwarten, hinauszukommen. Aber statt in der Sonne zu liegen, reckte er den Kopf sehnsüchtig nach den Bäumen und miaute kläglich. Es zog ihn in seinen geliebten Wald zurück, aber er konnte es allein nicht schaffen.

Ich gehe auch gern im Wald spazieren. So machten wir uns jeden Nachmittag auf den Weg. Ich rief ihn, und er kam angehoppelt. Über den Bach zu gelangen war nicht einfach. Ich wollte ihn auf den Arm nehmen, aber dagegen sträubte er sich. Er brauchte das Gefühl der Selbständigkeit. Aber wie sollte er die Trittsteine finden? Schließlich fiel mir das Futtersignal ein, und ich trapste vernehmlich auf jeden Stein, so daß er dem Geräusch folgen konnte. Das funktionierte ganz gut, wenn er auch mitunter abrutschte und ins Wasser fiel. Und wenn schon! Er zog sich auf den nächsten Stein, schüttelte sich, fand sein Gleichgewicht wieder und marschierte tapfer weiter. Wir streiften durch den Wald. Er lief frei umher, hielt sich aber stets in Hörweite.

Damals wünschte ich mir, er möge in seinem Lieblingsrevier sterben. Aber er ist immer noch bei uns. Seine Welt ist inzwischen sehr klein geworden und fast auf seinen Korb neben dem Ofen in der Küche beschränkt. Nur wenn die Sonne scheint, sitzt er noch auf der Schwelle und wendet den Kopf nach jedem Geräusch, dem Flügelschlag eines Vogels, dem Rascheln eines Käfers im Laub.

Wenn ich ihn so sitzen sehe, wie er friedlich das Ende erwartet, empfinde ich nicht Mitleid — das wäre ihm genauso unangenehm, wie über den Bach getragen zu werden —. Marco hat mir gezeigt, wie man sich einem Schicksalsschlag stellt.

*Ein Besuch bei der altehrwürdigen und faszinierenden
Gilde der Kobraschausteller*

Bei Schlangenbeschwörern zu Gast

Von Ben Lucien Burman

Das Reptil spreizte seinen Nackenschild und wiegte sich wie das Pendel eines Metronoms im Takt der Musik vor und zurück. Es war eine Kobra, wegen der brillenartigen Zeichnung auf dem Nacken auch Brillenschlange genannt, eines der giftigsten Reptilien, die es auf der Welt gibt.

«Wenn die Kobra ihren Schild ausbreitet, nimmt sie ein Bild von einem auf, Sahib», sagte Hussein, der runzlige alte Schlangenbeschwörer, als er seine plumpe Flöte absetzte.

«Wenn du eine Kobra erschlägst, mußt du ihre Augen zerstückeln», setzte sein struppiger Helfer hinzu, der die Trommel geschlagen hatte. «Sonst gewahrt ihr Partner in ihnen dein Bild. Er wird dich suchen und töten. Und wenn es zwanzig Jahre dauert.»

Wir saßen in Maisur in Südindien vor meinem Hotel auf dem Rasen. In der Ferne zeichneten sich die Kuppeln des Märchenpalastes des Maharadschas vom feuerroten Himmel ab. Vor uns auf der Straße zogen in nicht endendem Strom Männer in hellen Gewändern und Frauen im Sari vorbei. Hin und wieder mischte sich eine dürre heilige Kuh in die Prozession.

Der alte Mann fing wieder zu spielen an, diesmal auf einer Art Geige, die aus einem Stück Bambus und einer halben Kokosnußschale gefertigt war und quietschende Töne von sich gab. Die Schlange pendelte vor und zurück. «Diese Kobra ist eine gute Tänzerin, Sahib», sagte Hussein. «Sie liebt die Musik. Alle Schlangen lieben die Musik sehr, genau wie die Menschen.»

In diesem Augenblick trat der schlaksige indische Journalist herzu, der mich auf meinen Reisen begleitete. Babu — so hieß er mit Spitznamen — hatte die letzte Bemerkung des Alten gerade noch mitbekommen. «Blödsinn!» begehrte er auf. «Schlangen sind absolut taub. Die Kobra tanzt nicht zur Musik. Sie ist lediglich in Alarmbereitschaft und folgt ständig den Bewegungen des Instruments für den Fall, daß es angreift.»

Der Alte legte seine primitive Geige beiseite, ergriff die Kobra mit beiden Händen am Hals, beugte sich über sie und küßte sie auf den Kopf. Dann setzte er sie wieder auf die Erde und kehrte ihr den Rücken. Die Kobra stieß wütend nach ihm, verfehlte ihn aber. Hussein grinste und zeigte mir eine Anzahl Narben an Armen und Beinen. «Ich bin oft gebissen worden, Sahib», sagte er. «Aber ich habe immer meine Schlangenwurzel bei mir, die ich schlucke, oder meinen Schlangenstein, den ich auf die Wunde lege. Außerdem haben wir den Bahnhofsvorsteher bei Madras, der jeden Schlangenbiß aus der Ferne heilen kann. Man braucht ihm nur ein Telegramm zu schicken. Die Eisenbahn befördert es kostenlos.»

Kobrajagd. Für den nächsten Tag verabredete ich mit dem Alten eine Fahrt zu einer kahlen Sandebene, die mit Ameisenhaufen übersät und für ihre Kobras berühmt war. Seine vier jüngeren Brüder und weitere drei Verwandte — sämtlich Schlangenbeschwörer — zwängten sich gleichfalls in unseren Jeep. Wir hielten auf Husseins Geheiß, und ich folgte dem alten Mann. Angespannt musterte er den sonngedörrten Boden. Dann setzte er plötzlich die an seiner Seite hängende Flöte an die Lippen. Eine seltsame Weise, östlich-dissonanzenreich und voller Geheimnis, erklang. «Die Schlangenfängermelodie», sagte Babu trocken. «Keine Kobra kann ihr, heißt es, widerstehen — wenn sie sie hört.»

In der nächsten halben Stunde ließ sich auch nicht die kleinste Ringelnatter blicken, geschweige denn eine Kobra. Ich wollte die Expedition gerade als kläglichen Fehlschlag abbuchen, als ich den Alten rasch herumfahren sah. «Ich rieche eine Kobra!» frohlockte er.

Sekunden später sah ich eine riesige Kobra eilig einem Ameisenhügel zustreben und in einem Loch an seinem Fuß entschwinden. Aber der alte Mann war schneller. Er stürzte ihr nach, packte sie am Schwanz und zog sie wieder heraus. Dann drückte er ihr den Kopf mit einem Stock auf den Boden, öffnete ihr mit einem Zweig das Maul und brach ihr die Giftzähne aus.

Triumphierend hielt er mir das sich krümmende und windende Scheusal entgegen. «Wollen Sie sie mitnehmen, Sahib?» fragte er. Ich hatte die Expedition finanziert, und so gehörte die Schlange mir.

Auf der Rückfahrt nach Maisur — die Kobra war jetzt hochgeschätztes Eigentum der Brüder des Alten — fragte ich, wie eine Kobra eigentlich rieche. Hussein dachte einen Augenblick nach. «Einige sagen, wie rohe Kartoffeln. Andere sagen, wie Gurken. Für mich riecht sie wie Kernseife.»

Schausteller und Kammerjäger. Etliche Wochen bin ich mit Babu umhergezogen und habe mich mit Schlangenbeschwörern unterhalten. Unser Weg führte uns vom großzügig angelegten Bangalur bis zu den menschenwimmelnden Märkten von Madras. In einem kleinen Dorf bei Madras zeigte mir ein englischer Zoologe, daß eine Kobra auf die Bewegung seiner Hände hin genauso vor und zurück pendelte, wie wenn ein Schlangenbeschwörer die Flöte blies — auf die Bewegung kam es an, nicht auf die Musik. Während der Engländer die Kobra festhielt, berührte ich widerstrebend ihre bräunliche Haut. Zu meiner Überraschung war sie überhaupt nicht schlüpfrig, sondern trocken und weich wie Samt.

Ich erfuhr, daß die Schlangenbeschwörer nicht nur Schausteller sind, sondern auch als Kammerjäger fungieren, die ein Haus oder einen Garten von unerwünschten Schlangen befreien — geradeso, wie sie anderswo Ungeziefer vertilgen.

«Die Skrupelloseren unter ihnen wenden gern den Trick an, daß sie einem die Schlangen, die sie angeblich wegbeschwören, vorher ins Haus schmuggeln», sagte Babu. «Ein Freund von mir ließ, obwohl er auch nicht eine Schlange im Garten hatte, zum Spaß einen Schlangenbeschwörer kommen. Als der Mann seine Flöte blies, kamen überall Kobras, Kraits und Kettenvipern hervorgekrochen — sogar unter den Wandbehängen und Möbeln. Noch heute weiß mein Freund nicht, wie das möglich war.»

Im düsteren Benares, vor einem Tempel voller Affen, die von den Vorübergehenden Nüsse forderten, erklärte mir ein beleibter Schlangenbeschwörer: «Drei Dinge fürchtet eine Kobra: den Mungo, den Pfau und den Affen.» Sein Assistent nickte zustimmend. «Ich habe einmal gesehen, wie eine Herde schreiender Affen mit Stöcken und Steinen über eine Kobra herfiel», erzählte er. «Als sich die Schlange nicht mehr rührte, hob der Leitaffe sie auf und hielt sie sich ans Ohr, um sich zu vergewissern, daß sie wirklich tot war.»

Heilige Schlangen. Als wir zuletzt nach Delhi kamen, machten wir einen Abstecher nach Morbund, einem etwa 20 Kilometer entfernten Dorf von 2400 Einwohnern. Morbund ist eine der ungewöhnlichsten Siedlungen der Welt, denn hier leben ausschließlich Schlangenbeschwörer mit ihren Familien. «Es ist ein phantastischer Ort», sagte Babu. «Die Leute haben eine Art

Schlangenbeschwörerakademie und einen eigenen Gerichtshof, dem zwanzig der ältesten und weisesten Schlangenbeschwörer ganz Indiens angehören. Sogar eine Gewerkschaft haben sie — die All India Snake Charmers' Association. Sie sprechen da über ihre Probleme wie Rohrleger oder Schreiner im Westen über die ihren zu sprechen pflegen.»

Unterwegs begegneten wir einer Gestalt in langem Gewand, die an einem Stock einen großen Sack trug. Dann sahen wir mehrere ähnlich gekleidete Männer, die alle über den Schultern eine lange Stange mit je einem Sack an beiden Enden balancierten; man mochte denken, sie schleppten altmodische Waagen mit sich herum. «Das sind Schlangenbeschwörer», sagte Babu. «Jeder Sack enthält mehrere Körbe mit Schlangen. Die Männer mit zwei Säcken sind die Aristokraten.»

Einen Augenblick später kamen die kleinen, strohgedeckten Häuschen des Dorfes in Sicht. Rasch sammelte sich um uns eine Menschenmenge, und ein schmächtiger junger Hindu namens Ravi bot uns eilfertig seine Dienste an. «Ich werde euch zu Modschi Nath bringen», sagte er. «Das ist der Vorsteher von Morbund und unser Guru.» Er führte uns zu einem alten Mann mit Silberbart, der uns auf Hindi herzlich willkommen hieß.

«Er sagt, die meisten Schlangenbeschwörer hier seien Hindus», dolmetschte Babu. «Für sie ist die Kobra heilig wie die Kuh. Wenn sie eine fangen, versprechen sie feierlich, sie nach einem halben Jahr wieder freizulassen.» Ganz anders hielten es ihre muselmanischen Kollegen — für die sei die Kobra nur ein Mittel, sich mehr schlecht als recht ihren Lebensunterhalt zu verdienen.

«Die Freilassung einer Kobra ist eine umständliche Zeremonie», setzte Ravi, unser junger Führer, hinzu. «Wir reinigen den Erdboden, setzen der Schlange Fleisch und Milch vor und meditieren eine halbe Stunde. Dann bringen wir sie in den Wald zurück, setzen ihr abermals Fleisch und Milch vor und lassen sie laufen.»

«Sie sind wirklich heilig, die Kobras, Sahib», sagte ein ehrfurchterweckender Hindu in verschossenem blauem Gewand. «Sie haben unseren Herrn Krischna in der Stunde der Not geschützt. Und sie schützen auch uns, wenn wir sie nicht mißbrauchen.»

Ravi nickte. «Wenn eine Königskobra versehentlich getötet wird, bekommt sie eine schöne Totenfeier, wie ein Mensch.»

Beschwörungsschule. Ein großer, älterer Mann von respektgebietendem Aussehen mit einem gewaltigen Schnurrbart gesellte sich zu uns. Es war ein anderer Lehrer, der die Kinder im Schlangenbeschwören unterwies. Ich fragte, ob ich seinem Unterricht einmal beiwohnen dürfe. Er nickte und rief ein paar Hindiworte ins Dorf. Sogleich kam eine Anzahl Jungen aus den benachbarten Hütten und bildete einen Kreis um uns. Zwei hockten sich in die Mitte; der eine — ein Dreikäsehoch von drei Jahren — hatte eine kleine Flöte in der Hand. «Kobra!» rief der Lehrer. Einer der Männer nahm von einem strohgeflochtenen Korb den Deckel ab, und eine große Kobra kam zum Vorschein.

«Fang sie!» befahl der Alte.

Der Knirps ergriff einen Stock, der vor seinen Füßen lag, lief hinter der Kobra her und drückte sie unbekümmert, als wäre es eine Raupe, auf den Boden. Dann stopfte er sie in ihren Korb. «Das ist Ban Wari», sagte Ravi stolz. «In ein paar Jahren wird er der beste Schlangenbeschwörer Indiens sein.»

Ich machte mich zum Aufbruch bereit. Ravi hielt mich zurück. «Der Guru sagt, morgen wiederkommen. Sie wollen einen Kampf zwischen einer Kobra und einem Mungo arrangieren.»

Philosoph im Raubtierpelz. Als wir am nächsten Tag ankamen, hatte das angekündigte Duell zwischen diesen beiden uralten Widersachern bereits ein großes Publikum angelockt. Der Mungo, ein zierliches Geschöpf mit erstaunlich blanken Augen, lief an einer langen Leine umher, die an einem nahen Busch festgebunden war. Ich streichelte ihm das Rückenfell, und er drückte liebevoll seine Nase gegen meine Hand. Es war kaum zu glauben, daß dieses kleine Tier eine der gefährlichsten Kreaturen auf Gottes Erdboden sollte töten können.

Wie um den Mungo und die noch unsichtbare Kobra auf den Kampf vorzubereiten, intonierten zwei turbangeschmückte Schlangenbeschwörer — ein Flötenspieler und ein Trommelschläger — ein langes, monotones Vorspiel.

Dann wurde die Musik aufreizend. Und plötzlich riß der Flötenspieler den Deckel des vor ihm stehenden Korbes herunter. Eine frischgefangene Kobra fuhr hoch und spreizte den unheildrohenden Nackenschild. Sie gewahrte den Mungo. Augenblicklich straffte sich ihr brauner Leib, bereit zum Angriff. Ihre perlartigen Augen funkelten zornig; ihre gegabelte Zunge zuckte wie eine Folge schwarzer Blitze. Der Flötenspieler zischte herausfordernd und beförderte das Reptil mit einem Stock aus dem Korb auf die gelbe Erde. Der Trommler band den Mungo los, der an der Leine zerrend darauf brannte, sich auf seinen Feind zu stürzen. Während er vorwärtspreschte, stieß die Kobra jäh zu. Aber der Mungo war schneller.

Die Kobra war jetzt aus dem Gleichgewicht; der Mungo sprang ihr an den zitternden braunen Hals, wo ihn die giftigen Zähne nicht erreichen konnten, und biß sich mit aller Kraft fest. Mit ungestüm peitschenden Bewegungen gelang es der Schlange, ihn auf den Boden zu ziehen. Im Nu hatte sie den scheinbar zarten Körper des Mungos umschlungen und zog die Windungen ihres Leibes, strangulierenden Drahtschlingen gleich, an. Das Schicksal des Mungos schien besiegelt. Da schlugen seine Zähne in einem blitzschnellen Manöver der Schlange in den Rücken, wo sie wohl auf einen lebenswichtigen Nerv trafen, denn mit einemmal lockerte sich der Würgegriff des Reptils. Wie ein Boxer, der seine Kräfte sammelt, zog sich der Mungo einen Augenblick zurück. Die Musiker spielten die ganze Zeit fieberhaft; wie unter Hypnose wiegten sich ihre Körper.

Die zweite Runde begann. Der Mungo wechselte die Taktik. Genau im richtigen Augenblick machte er abermals einen ungestümen Sprung. Diesmal packte er die Kobra am Unterkiefer und ließ ihn nicht mehr los, indes die Schlange wieder wie rasend auf- und niederschlug — ein hilfloser Riese, der einem Zwerg in die Falle gegangen war.

«Der Mungo ist der Kobra geistig überlegen», sagte Babu. «Das ist auch der Grund, daß er meistens siegt. Er ist so etwas wie ein Philosoph, der im Kampf stets kaltes Blut bewahrt. Die Kobra hingegen gerät in Wut. Es gibt eine Theorie, die besagt, ihr unkontrollierter Zorn lasse ihr alles Blut in den Kopf schießen, so daß sie blind werde.»

Die Kobra wurde zusehends schwächer. Der Mungo ließ keinen Moment locker, er wußte, er würde die Kobra besiegen. In wenigen Augenblicken würde sie tot sein.

Ich machte dem Kampf ein Ende. Das Blut der Kobra sollte nicht auf mein Haupt kommen. Außerdem war ich sicher, daß sie mich mehrfach angeblickt hatte und mein Bild in ihren Augen festhalten würde. Ich wollte nicht die Rache ihres Gefährten auf mich ziehen.

Die Tiere verständigen sich auf vielfache und manchmal merkwürdige Weise mit ihren Artgenossen, und wir beginnen erst, diese Signale zu entschlüsseln

Wie Tiere miteinander reden

Von Jean George

Vor einigen Jahren konnte man in England jeden Morgen einen Zoologen über einen eichengesäumten Pfad zu einem Beobachtungsposten tief im Walde gehen sehen. Es war Dr. Jan Taylor vom britischen Landwirtschaftsministerium. Kaum hatte er sich in das Versteck gezwängt und mit Notizbuch und Feldstecher auf einen Hocker gesetzt, da tauchten von allen Seiten aus Laubnestern und Baumhöhlungen Eichhörnchen auf. Sie huschten die Stämme abwärts, warfen die Schwänze hoch und jagten einander nach bester Eichhörnchenart fröhlich durchs Geäst. Ursprünglich hatte Taylor herausfinden wollen, weshalb Eichhörnchen Borke von den Bäumen kratzen. Aber nach und nach kam er auf etwas anderes, was jeder sicher schon beobachtet, aber gewiß kaum verstanden hat. Was die Eichhörnchen da trieben, war nämlich gar kein Spiel. Vielmehr werfen sie die Schwänze hoch und jagen sich, um sich untereinander zu verständigen.

Das kann so vor sich gehen. Ein Männchen nähert sich einem anderen und hebt den Schwanz. Das «angesprochene» Tier antwortet durch Senken des Schwanzes. Nun zuckt das erste Männchen mit dem Schweif und blinzelt. Das zweite sperrt die Augen weit auf. Wenn Eichhörnchen eins die Ohren aufstellt, legt Eichhörnchen zwei sie an — und sogleich beginnt eine geräuschvolle Jagd. Nach Taylors Ansicht sind das alles lebende Bilder, mit denen Eichhörnchen eins die Artgenossen wissen läßt, daß es hier der Herr ist und bei der Nahrungssuche wie bei der Partnerwahl Vorrang beansprucht.

Taylor setzte seine Studien ein ganzes Jahr fort und fand heraus, daß sich die Bedeutung der Signale offenbar mit den Jahreszeiten ändert. Im Herbst brachten die Tiere mit ihrem Lärmen und Jagen etwas anderes zum Ausdruck: «Zeit zum Nüsseeingraben.» Das Herumtoben der Tiere lockte andere Eichhörnchen aus dem ganzen Wald herbei; es schien, als müsse die reichlich vorhandene Nahrung von der gesamten Eichhörnchenpopulation geborgen werden.

Der britische Wissenschaftler ist einer der Fachleute in aller Welt, die sich seit der Jahrhundertwende mit der Verständigung der Tiere untereinander befassen. Manche Geschöpfe bedienen sich dabei einer Vielzahl von Signalen, und viele Signale haben wie bei den Eichhörnchen zu verschiedenen Zeiten verschiedene Bedeutungen.

J.C. Brémond vom Laboratorium für akustische Physiologie in Jouy-en-Josas in Frankreich beschäftigt sich seit Jahren mit Vogelstimmen und hat über 1300 Motive oder Tonfolgen des Rotkehlchens auf Band aufgenommen. Über einen Lautsprecher spielte er anderen freilebenden Vögeln Teile dieser Weisen vor, zum Beispiel das Revierlied, mit dem ein Rotkehlchen seinen Besitzanspruch auf ein Stück Land verkündet. Wurde dieses Lied im Frühling im Revier eines männlichen Rotkehlchens abgespielt, so spreizte der kleine Vogel sofort die Flügel und machte sich zum Angriff auf den vermeintlichen Eindringling bereit. Im Herbst dagegen löste dasselbe Lied keine Reaktion aus — indes ließ sich das Angriffsverhalten des Vögelchens durch ein völlig andersgeartetes Lied provozieren.

Daß die Tiersignale für uns keineswegs immer eindeutig sind, erkannte der Psychologe und Anthropologe C. Ray Carpenter von der Pennsylvania State University, als er in Japan die bäumeschüttelnden Makaken von Takasakijama beobachtete. Carpenter reiste dazu in die dortigen Bergwälder und lebte einen ganzen Monat mit den Affen, zog mit ihnen ihre Pfade entlang und studierte das Verhalten der Tiere beim Ausruhen und Fressen.

Nach einiger Zeit konnte er drei verschiedene Gruppen — A, B und C — auseinanderhalten und bemerkte, daß innerhalb jeder Gruppe nur bestimmte Affen an den Bäumen rüttelten. Mehrmals im Laufe des Tages flitzten diese Tiere die jeweils höchsten Bäume der Gegend hinauf, umklammerten die Stämme und schüttelten sie so wild, daß die Wipfel bald nur noch kahle Stümpfe waren. Schließlich ging Carpenter ein Licht auf: «Wenn

Gruppe A sich im Futterbezirk befand», sagt er, «und ein Männchen der Gruppe C an einem Baum rüttelte, stahl sich Gruppe A davon. Daraufhin konnte die Gruppe C das Gebiet unangefochten betreten. Hier also ist das Bäumeschütteln ein Signal, das einen Gruppenkonflikt verhindert.»

Manche solcher Signale drücken einfach Empfindungen aus. Der Zoologe Robert W. Ficken hat entdeckt, daß jedesmal, wenn er einen Stärling in der Hand hielt, der schwarze Vogel seine hellgelben Augen mittels spezieller Häutchen öffnete und schloß. Tat der Vogel dies rhythmisch, so daß seine Augen wie Blinklichter aufblitzten, dann zeigte er an, daß er sich in einer Gefahr befand, der er nicht zu entfliehen vermochte. Sobald sich ein anderes Männchen sehen ließ, wurde das Blinzeln rasch und unregelmäßig — jetzt konnte sich der Vogel offenbar nicht entscheiden, ob er fliehen oder kämpfen sollte.

Ficken studierte viel Filmmaterial über das Verhalten von Stärlingen und interpretierte auch ihre Stellungssignale. Der emporgereckte Kopf eines Stärlings bedeutete die Anwesenheit eines Rivalen. Wenn die Flügel wie ein nach vorn geöffneter Fächer herunterhingen, stand ein Kampf unmittelbar bevor. Und auch mit dem Gefieder geben die Stärlinge Zeichen: Ein Männchen, das einem Weibchen den Hof macht, hält seine Schwanzfedern in V-Form.

Solche Zeichen sind nicht immer für andere gemeint, manche haben nur für den Signalisierenden Bedeutung. Wohl weiß man seit langem, daß Urin- oder Geruchsmarkierungen bei Hunden ein gesellschaftliches Phänomen sind, das männliche und weibliche Tiere zusammenbringt und Fremde anzeigt. Vor kurzem aber hat die britische Zoologin Devra Kleiman mit vierzehn Hundearten experimentiert und ist dabei auf ein Einwegsystem gestoßen. Im Londoner Zoo gab sie den Tieren in ihre Käfige unbekannte Gegenstände wie Holzkisten, Balken und Kleiderreste. Die Hunde beschnüffelten die Fremdkörper argwöhnisch und markierten sie mit Urin. Danach waren die Objekte akzeptiert und wurden kaum noch beachtet. Devra Kleiman schloß daraus, daß sich Hunde mit diesen Geruchssignalen eine Umgebung vertraut machen und danach orientieren.

Nicht alle Mitteilungen lassen sich so leicht erschließen wie die von Eichhörnchen, Affen, Vögeln und Hunden. Der Tümmler zum Beispiel stößt allerlei Piep-, Schnalz- und Pfeiflaute aus, von denen viele so hoch sind, daß das menschliche Ohr sie nicht mehr wahrnimmt. In Kalifornien haben Wissenschaftler solche Laute aufgenommen und durch Hinuntertransponieren für uns hörbar gemacht. Jetzt versuchen sie, die verschiedenen Laute mit dem beobachteten Verhalten in Beziehung zu setzen und auf diese Weise ihren Sinn zu enträtseln.

Auch die Signale von Insekten sind schwierig zu deuten, zumal sie häufig chemischer Natur sind. So experimentierte der verstorbene Entomologe Phil Rau mit dem Weibchen eines amerikanischen Pfauenspinners, des Cecropiafalters, das zur Fortpflanzungszeit jeden Morgen von 3.30 bis 4.30 Uhr Männchen mit einem starken chemischen Lockreiz herbeiruft. Rau entdeckte, daß der Signalstoff mit dem Wind nicht nur rasch, sondern auch sehr weit übermittelt wird. Ein Männchen, das er fünf Kilometer von einem Weibchen entfernt freigesetzt hatte, traf bereits nach einer knappen halben Stunde bei der Schmetterlingsdame ein!

Ebenfalls auf chemischem Wege geben sich Ameisen Nachrichten. Haben Sie sich nicht auch schon gefragt, wie es kommt, daß ein Nahrungsbrocken, der von nur einer Ameise aufgestöbert wird, nach kurzer Zeit von vielen Ameisen wimmelt? Neuere Experimente mit der Blattschneiderameise haben hier einigen Aufschluß gebracht. Diese Ameisenart erzeugt im Hinterleib einen Stoff, dessen chemische Zusammensetzung wir noch nicht kennen. Wenn eine Arbeiterameise einen nahrhaften Krümel gefunden hat, kehrt sie zur Burg zurück und markiert dabei mit dieser geheimnisvollen Substanz ihre «Spur». Sobald nun andere Ameisen auf diese Fährte stoßen, sprechen sie auf diesen Stoff an und folgen ihm zur Fundstelle. Heute ist es im Labor bereits möglich, mit diesen Chemikalien auf sterilisierten Glasplatten Striche zu ziehen, an denen die Ameisen dann prompt entlanglaufen. Für die Tiere ist das Richtschnur: «Zur Nahrungsfundstelle hier entlang!»

Die Kenntnis tierischer Ausdrucksmöglichkeiten hat schon manche praktische Anwendung gefunden. Jeden Herbst steigt im deutschen Weinstädtchen Oppenheim ein Wachmann auf einen Turm, von dem aus er das Weinanbaugebiet überblicken kann. Sobald ein Starenschwarm auf die reifenden Trauben niedergehen will, drückt der Wächter auf einen Knopf, und gleich steigt der Schwarm wieder auf, flattert wild durcheinander, formiert sich indessen bald wieder und steuert einen zweiten Weinberg an. Abermals tritt ein Knopf in Aktion. Die Stare drehen auch hier ab und verschwinden. Des Rätsels Lösung: Eine Tonbandaufnahme ihrer eigenen Alarmrufe verscheucht sie.

Mit ähnlichen Mitteln wird auf Flugplätzen gearbeitet. 1966 hätte sich auf einem New Yorker Flughafen beinahe eine verhängnisvolle Kollision zwischen einer Maschine und einer Silbermöwe ereignet. Man rief den Vogelstimmenexperten John Kadlec zu Hilfe, der schon seit längerem die Möglichkeiten untersuchte, mit Bandaufnahmen von Alarmschreien solche Zusammenstöße zu verhindern. Kadlec brachte Tonbänder mit Angstrufen der Silbermöwe und der Lachmöwe mit, montierte einen Lautsprecher auf ein Auto, verstaute ein Tonbandgerät im Kofferraum, fuhr auf dem Flugplatz herum und schlug die Vögel akustisch in die Flucht.

Offenbar haben die Möwen seitdem ihre Flugwege geändert, denn auf diesem Flugplatz hat sich kaum eine mehr blicken lassen. Ich selbst bin an einem nebligen Morgen mit David Morris von der Bodenüberwachung kreuz und quer über die Makadameinöde des Flughafens gefahren, bis wir endlich nach einer guten halben Stunde fünf junge Silbermöwen über uns dahinfliegen sahen. Morris bediente einen Schalter, und das ohrenbetäubende «Swarakkk» einer erschreckten Silbermöwe erfüllte die Luft. Sofort bremsten die fünf Vögel ihren Flug ab, machten kehrt und verschwanden im Nebel.

Später erzählte ich diese Geschichte einem Freund, der sich ebenfalls mit Zoologie befaßt, und sagte: «Jetzt können wir Vögel in der Luft gängeln wie Kühe auf der Weide. Was kommt als nächstes?»

«Nun — Ameisen? Tümmler?» erwiderte er.

Es schien mir nicht unmöglich!

Igel sind reizende Individualisten,
wie der Verfasser an einem Exemplar erlebte,
das beschlossen hatte, bei ihm Kost und Logis zu nehmen

Ein Igel kam zum Abendbrot

Von Peter Browne

Er erschien an einem Sommerabend — angekündigt durch das Aufjaulen unseres Foxterriers, der gerade entdeckt hatte, wie scharf die Waffen eines Igels sind. Behutsam hob ich die eng zusammengerollte Stachelkugel auf und setzte sie an ein sicheres Plätzchen auf der anderen Seite des Zauns.

Das hätte ich mir sparen können. Ein paar Stunden später hörte meine Frau ein sonderbares Grunzen vor der Küchentür und fand dort den Igel, der mit prüfendem Blick zu ihr aufschaute, während der Hund vorsichtig um ihn herumschlich. Eine Schale Milch, die wir unserem Gast hinstellten, schleckte er aus, kippte das Schälchen mit seiner spitzen Schnauze etwas an, um sich zu vergewissern, daß keine Milch mehr darunter war, und trollte sich. Als er tags darauf in der Abenddämmerung wiederkam, vor Ungeduld brabbelnd, bis ihm seine Milch gebracht wurde, begriffen wir. Er hatte sich bei uns einquartiert.

Zuerst dachten wir, er sei eine ganz besondere Attraktion unseres Gartens, doch stellte sich heraus, daß es nur wenige Rasenflächen in unserem Vorortviertel gab, wo man nicht schon Igel beobachtet hatte. Immer gut Freund mit dem Menschen, siedeln sie sich sogar in Großstadtparks an; manchmal wagen sie sich nachts sogar auf die Hauptstraßen. Mit seinen kurzen Beinen und dem trippelnden Gang eines aufziehbaren Spielzeugs ist der Igel ein komisch-korpulenter Geselle, der mit seinem 25 Zentimeter langen Rumpf bis zu einem Kilo wiegt. Er hat einen pfiffigen

Gesichtsausdruck, seine blanken Äuglein blicken über die Schnurrhaare an der Schnauze hinweg forschend in die Welt, und die Stacheln auf seinem Kopf stehen aufrecht wie ein Bürstenschnitt. Auf dem Rücken trägt er ein normalerweise anliegendes Stachelkleid und am Bauch eine bräunliche Pelzweste.

Nicki, wie wir ihn nennen, ist ein gewöhnlicher Igel, *Erinaceus europaeus,* der zu der gleichen Säugetierfamilie wie Maulwürfe und Spitzmäuse gehört und dessen Vorfahren man bis vor die Eiszeit zurückverfolgen kann. Seine Vettern sind weit nach Osten bis nach China verbreitet. Die Igel, die das Alleinsein der Sicherheit gemütlichen Gemeinschaftslebens vorziehen, streifen nachts als Einzelgänger umher und verbringen den Tag in irgendeinem geeigneten Unterschlupf. Nicki kampiert draußen unter unserem Gartenschuppen und schnarcht laut beim Schlafen, wie ein Hund auf der Seite liegend.

Seine weniger glücklichen Brüder in Wald und Feld nehmen mit einem Erdloch, einem Brombeerdickicht oder einem verfaulten Baumstumpf vorlieb. Doch im Vertrauen auf ihr feines Gehör und ihren scharfen Geruchssinn geben sie sich wenig Mühe, sich zu verstecken.

Wenn Nase oder Ohren Gefahr anzeigen, läuft der Igel nur selten davon. Er verläßt sich auf seine schützenden, nadelscharfen Stacheln — 6000 an der Zahl und etwa zwei bis drei Zentimeter lang, eingebettet in eine lose sitzende, sehr kräftige Hautmuskelkappe, die den Rücken bedeckt. Zieht sie sich zusammen, so sträuben sich die Stacheln und bilden eine von scharfen Spitzen starrende Kugel, in die der Igel Kopf und Füße einzieht. Das Weibchen macht, wenn es sich bedroht fühlt, ein Geräusch wie eine rostige Säge; einmal erschien daraufhin sogar ein Streifenwagen, herbeigerufen von einem Hausbesitzer, der bei den Raspeltönen glaubte, ein Einbrecher wolle ein Vorhängeschloß auffeilen.

Greifvögel und Eulen sind die einzigen Vögel, die den Igel angreifen, wobei sie ihre gepanzerten Fänge durch seine Stachelrüstung schlagen; Dachse und Füchse holen seine Jungen aus dem Nest und wagen sich manchmal auch an einen ausgewachsenen Igel heran. Bauern sagen, der Fuchs wende dabei zwei Methoden an. Die eine ist, den Eingekugelten ins Wasser zu schieben, das er so sehr verabscheut, daß er sich aufrollt und seine unbewehrte Unterseite preisgibt. (Wenn Nicki in unwürdiger Hast vor dem Regen zu einem Unterschlupf trippelt, erinnert mich das immer an eine alte Dame, die mit aufgenommenen Röcken flüchtet.) Die andere Methode ist, eine Pfote unter den Stachelball zu schieben und ihn gegen einen Baum zu werfen; der Anprall hat dann die gleiche Wirkung. Eine Kreuzotter jedoch ist kein Problem für den Igel. Ungeachtet ihrer gefährlichen Angriffe, die er mit den nach vorn gerichteten Kopfstacheln abfängt, tötet er sie durch einen Biß in die Wirbelsäule und läßt sich zu einem üppigen Mahl nieder, wobei er Giftdrüsen und alles andere mitfrißt. (Als auf einer Insel vor der norwegischen Südküste die Kreuzottern überhandnahmen, wurde man der Plage bald Herr. Man wandte sich an eine Nachbarinsel, wo es reichlich Igel gab.)

Jeden Abend im Dämmerlicht kommt Nicki munter aus seinem Versteck und folgt seiner hochempfindlichen Nase, die alles Freßbare bis zu drei Zentimetern unterm Erdboden aufspürt. Sie führt ihn kreuz und quer durch den Garten, wobei er, damit ihm ja kein Häppchen entgeht, ständig begierig schnüffelt; ja manchmal schnauft er wie ein alter Traktor. Gut geschützt in seinem Stachelpanzer, macht er soviel Lärm, wie er will. Er winselt, quiekt und schnattert, knirscht, schmatzt und raschelt mit seinen Stacheln, wenn er sich kratzt. Ab und zu vernimmt man ein lautes Schnauben, dann hat er einen schmackhaften Bissen gefunden.

Die Natur hat ihm eine eiserne Konstitution mitgegeben, die ihn befähigt, fast alles zu fressen — selbst Wespen und Bienen. Einem Igel, der zweiundfünfzig Bienenstiche hatte, machte das gar nichts aus. Immer nach Nahrung herumwühlend — er kann ein Drittel seines Gewichts verzehren —, schlingt Nicki Spinnen und Käfer zu Tausenden hinab, dazu Schnecken, Frösche und (für ihn eine besondere Delikatesse) fette Regenwürmer. Und wenn meine Frau mit seinem Schälchen klappert, kommt er, als sei es ein Gong, der zum Essen ruft.

Freunde mit gärtnerischer Erfahrung versichern uns, daß wir froh sein können, ihn zu haben, denn Nickis Artgenossen vertilgen fast alle für die Pflanzenwelt schädlichen Insekten — weit wirksamer als chemische Mittel. Bauer und Förster sind den Igeln wohlgesinnt, weil sie die Insekten vernichten, die jungen Bäumen Schaden tun, und weil sie bessere Mäusefänger sind als Katzen.

Unser Nicki, der es auf eine Höchstgeschwindigkeit von zehn Kilometern in der Stunde bringt, bleibt meist in seinem Jagdrevier von etwa 250 Quadratmetern. Hindernisse auf seinem Weg machen ihm nichts aus; er zwängt sich durch enge Gatter, klettert über Mauern und Zäune. Eine grasbewachsene Rampe an unserer

Garage nimmt er oft, indem er sich zusammenrollt und hinabkullern läßt. Fremden Artgenossen begegnet er mit äußerstem Mißtrauen. Als meine Kinder ihm sein Bild im Spiegel zeigten, griff er es sofort an. Kämpfende Igel berennen einander wie schwere Panzer, bis einer kapituliert und sich unterwürfig zu einem Bündel zusammenknäuelt, das der Sieger als Zeichen des Triumphes über den Boden rollt.

Bei den Igeln regt sich der Paarungstrieb im April, und ihre Brunstzeit dauert bis in den August hinein. Das Weibchen stößt ein schnaubendes Geräusch aus, das jedes Männchen in Hörweite erwartungsvoll durch die Büsche brechen läßt. Im vergangenen Sommer sahen wir mehrmals, wie Nicki im Kreis auf dem Rasen herumtrottete, wohl zehn Minuten lang, bis er sich dann zielbewußt nach Norden wandte. Zoologen sagten uns, dieses Karussell sei vielleicht ein Mittel des Igels, die Richtung festzustellen, aus der die entfernten, lockenden Laute einer künftigen Partnerin kommen; außerdem sei es ein wichtiger Bestandteil des Werbungszeremoniells. Sind die Flitterwochen vorbei, so gibt das Weibchen seinem Gefährten den Laufpaß und wirft fünf Wochen später zwei bis sieben Junge.

Die blind geborenen, nackten Kleinen richten schon instinktiv ihre weichen, gummiartigen Stacheln auf, wenn man sie anfaßt. Während die Mutter sie säugt, balgen sie sich um den besten Platz, puffen einander und quieken wie Ferkel. Mit zwei Wochen können sie sehen, nach einem Monat gehen sie bereits mit auf Pirschgang, bleiben eng gedrängt hinter der Alten, die ihnen zeigt, wie man Spinnen und Käfer sucht. Sie ist eine fürsorgliche Mutter. Auf das klägliche Piepsen eines Kleinen, das zu weit weggelaufen ist, eilt sie ihm sofort zu Hilfe. Ein Landarbeiter beobachtete einmal, wie ein Igelweibchen aus einem brennenden Reisighaufen herauskam, zu einem Teich lief, das Maul voll Wasser nahm und es auf die Flammen spritzte. Er trat die Zweige auseinander und entdeckte ein Nest mit fünf neugeborenen Jungen. Nach der sechsten Woche hat dann die Alte von ihren Sprößlingen genug und jagt sie weg, damit sie für sich selber sorgen. Ihr Stachelkleid gibt ihnen eine gute Überlebenschance — nur auf Straßen nicht, wo ihr Instinkt, sich bei Gefahr zusammenzurollen, statt zu flüchten, sich als verhängnisvoll erweist.

Ihre Lernfähigkeit sei gut, sagt Dr. Konrad Herter vom Frankfurter Zoo, und lasse auf eine höhere Intelligenz schließen als etwa bei einem Kaninchen oder Fuchs. Herter hat folgendes festgestellt: Setzt man Igel in einen Käfig, der durch eine Trennwand mit drei gleichartigen Schiebetüren abgeteilt ist, von denen nur eine sich öffnet, haben sie in wenigen Minuten heraus, welche Tür aufgeht. Andere Igel lernten rasch, auf einen Pfeifton oder ein besonderes Wort zu reagieren.

Der Igel richtet sich mit seinem Winterschlaf nicht nach dem Kalender, sondern nach der Außentemperatur. Nicki schnupperte noch im Dezember auf unserem Rasen herum, bis er dann plötzlich in der Woche vor Weihnachten verschwand. Bei etwa 10 Grad Celsius läßt sein inneres Thermometer ihn alljährlich nach einem Winterlager suchen. Versehen mit einer unter der Haut angespeicherten Fettreserve, besonders an Genick und Schultern, deckt er sich mit einer Laubschicht zu oder nimmt einen alten Kaninchenbau in Besitz, dessen Eingang er sorgfältig verrammelt. Liegt er dann warm und geschützt in seinem Nest, gleitet er langsam in einen Zustand stark herabgesetzter Lebensfunktionen hinüber. Atmung und Herzschlag lassen bis auf ein kaum feststellbares Mindestmaß nach, während seine Körperwärme automatisch bis auf die Außentemperatur absinkt. Naht der Frühling, so kommt ein abgemagerter, ausgehungerter Igel zum Vorschein, um zu sehen, was das neue Jahr zu bieten hat. Als Nicki im April wieder auftauchte, machte er sich mit ungeduldigem Grunzen nach seinem Futter bemerkbar.

Igel werden ungewöhnlich zahm und schließen sich oft eng an ihre Besitzer an. Doch die beste Art, einen zu bekommen, ist, daß man von ihm auserkoren wird.

Sicherlich würden wir Nicki sehr vermissen, wenn er uns verließe, aber ein Igel ist ein zu ausgeprägter Individualist, als daß man ihn für dauernd an sich binden kann. Solange er zufrieden mit uns ist, freuen wir uns über ihn, den reizenden Genossen und kurzbeinigen Einzelgänger mit der schwarzen Nase, die immerzu schnauft und schnüffelt und schnuppert.

*Die Räbin lockte ihren menschlichen Freund zum Nest,
damit er ihr beim Nestbau helfe – sie hatte ihn
dem Rabenmann vorgezogen*

Raben haben strenge Regeln

VON VITUS B. DRÖSCHER

DIE GESCHICHTE dieser ausweglosen Liebe könnte aus einem Groschenroman stammen. Er umwarb sie nach allen Regeln der Kunst. Sie aber verschmähte und demütigte ihn, denn sie liebte einen anderen. Das Sonderbare an diesem Dreiecksverhältnis war aber, daß der Abgeblitzte ein Kolkrabe (Corvus corax) mit dem Namen Goliath war, das Weib die Räbin Davida, und der von ihr in höchster Liebesverwirrung Auserkorene ein Mensch, nämlich der Verhaltensforscher Dr. Eberhard Gwinner.

Solch groteske Gefühlsverirrungen entstehen bei vielen Vögeln, wenn ihr Pfleger sie vom ersten Lebenstag an wie eine echte Vogelmutter aufzieht. Dann halten die Tiere diesen Menschen tatsächlich für ihre Mutter. Später versuchen sie sogar, ihn als Ehepartner zu gewinnen. Nicht ungewöhnlich, aber verwirrend. Fünf Jahre zuvor hatte der deutsche Zoologe, der am Max-Planck-Institut für Verhaltensforschung in Seewiesen bei München arbeitet, begonnen, zwölf Raben aufzuziehen, um mehr über die Lebensgewohnheiten dieser Vögel zu erfahren, und war so ungewollt zum Rivalen Goliaths geworden.

So leicht gab sich Goliath aber nicht geschlagen. Nach dem Motto «kleine Geschenke erhalten die Freundschaft» besorgte er in aller Stille Liebesgaben für Davida. Er präparierte schmackhafte Fleischbrocken und versteckte sie hinter Baumrinden. Kaum sah er die Räbin, holte er den Leckerbissen hervor und marschierte mit gespreizten Schritten, fortwährendem Flügelzucken und

Fütterungslockrufen zur Dame seiner Wahl. Davida aber verweigerte stets die Annahme, auch wenn der verzweifelte Freier sie mit lautem Geschrei gewaltsam füttern wollte. Wenn Davida mit ihrem mächtigen Schnabel dem Zoologen das Haar kraulte und dieser ihr mit dem Finger das Gefieder streichelte, attackierte der Rabe seinen Nebenbuhler. Doch immer verteidigte Davida den Menschen energisch vor den gefährlichen Schnabelhieben.

Und dann — welch Höhepunkt der Frechheit! — flog die Räbin in das Nest, das Goliath für sie baute, lockte ihren menschlichen Freund dorthin und forderte ihn mit den entsprechenden Rufen der Rabensprache auf, gemeinsam mit ihr weiterzubauen. Unentwegt schleppte sie neue Prügel herbei, die Dr. Gwinner sorgsam einzuflechten hatte.

Schließlich kam es doch noch zu einem Happy-End. Der Zoologe mußte einige Wochen lang verreisen, und als er wiederkam, sah er Davida und Goliath mitten in der schönsten Balz. Mit Höchstgeschwindigkeit schoß der Rabe durch die Luft und vollführte akrobatische Flugfiguren, während Davida vom Nest aus zuschaute. Sodann starteten beide zum Formationsflug. Goliath hängte sich unmittelbar schräg hinten über Davida und machte wie angebunden jede ihrer Kapriolen mit. Kein Wunder, daß der Wissenschaftler nun nicht mehr konkurrieren konnte.

Solche Erlebnisse als vollwertiges Mitglied der Rabengesellschaft haben Dr. Gwinner zu einzigartigen tierpsychologischen Erkenntnissen geführt. Weshalb hatte er sich aber überhaupt zum Studium dieser Vögel entschlossen?

Der vom Kopf bis zum Schwanz etwa sechzig Zentimeter lange, metallisch schwarz schillernde Kolkrabe ist die Schöpfungskrone einer großen Vogelfamilie, von der die diebische Elster (Pica pica), die kluge Dohle (Coloeus monedula), der vorratspeichernde Eichelhäher (Garrulus glandarius) und die militärisch organisierte Krähe (Corvus corone) die bekanntesten sind. Der Kolkrabe aber übertrifft bei weitem alle diese hochentwickelten Vögel an Körper- und Schnabelgröße, Kraft, Intelligenz und gesellschaftlicher Organisation.

Mit dem Menschen hat der Kolkrabe fast immer schlechte Erfahrungen gemacht. Abergläubische Leute dichteten ihm alle nur denkbaren schlechten Eigenschaften als Schädling, Unglücksbringer und sogar als Kleinkindertöter an. Vielerorts rotteten sie ihn aus. So trifft man den Raben, der in Grönland ebenso wie in Zentralafrika, in Sibirien ebenso wie in Indien, Europa und Nordamerika zu Hause ist, heute nur noch selten. Selbst der Wissenschaft war bislang kaum Nennenswertes über diesen Vogel bekannt, bis Dr. Gwinner den Trick anwendete, durch Aufziehen von zwölf jungen Raben als Mitrabe anerkannt zu werden.

Das Drama zwischen Davida und Goliath zeigte ihm zum Beispiel, welch eminente Bedeutung die «Verlobungszeit» im Schicksal der Raben spielt. Während des gesamten zweiten Lebensjahres drängt ein sozialer Bindungstrieb die jugendlichen Raben zur Zweisamkeit von Männchen und Weibchen. Eine Paarung ist aber nur an wenigen Tagen im darauffolgenden Frühjahr biologisch möglich. So müssen die Vögel, ob sie wollen oder nicht, eine rund einjährige ausgesprochen platonische Verlobungszeit durchmachen, bevor sie den Bund der Ehe schließen können. In dieser Zeit können sie allerdings noch öfter den Partner wechseln, bis sie den richtigen gefunden haben. Verlobten ist auch durchaus noch ein kleiner Flirt mit Fremden gestattet. Die Anstandsregeln der Raben erlauben sogar anderen Bewerbern, die Braut zärtlich zu kraulen. Vom Tage der Verpaarung an ist dies aber streng verboten.

Nun kann es geschehen, daß sich verlobte oder verheiratete Raben einmal verlieren. In solchen Fällen beobachtete Dr. Gwinner wiederholt etwas, was man in der ganzen Tierwelt bisher nicht für möglich gehalten hat: Die stark beunruhigten Raben rufen sich wie Menschen laut und unaufhörlich «beim Namen». Das machen sie so:

Kolkraben krächzen nicht nur. Sie imitieren auch fremde Geräusche. Hierbei frönen sie individuellen Angewohnheiten. So hatte zum Beispiel der Rabe Wotan gelernt, Hundegebell zu imitieren, während seine anverlobte Freya ihre Freude daran hatte, wie ein Truthahn zu kollern.

Eines Tages hatte sich Wotan verflogen. Da unternahm die verzweifelte Freya etwas, was sie sonst nie tat. Sie schmetterte unentwegt die Lieblingsmelodie des Verlorenen in die Luft, nämlich Hundegebell. Und Wotan richtete umgekehrt durch Truthahnkollern seine ganz persönliche Adresse an Freya. Tatsächlich verstanden auch beide, was damit gemeint war, und fanden wechselrufend zueinander.

Trotz der vorbildlichen Treue (die Paare bekämpfen gemeinsam Störenfriede, fliegen zusammen auf Futtersuche, spielen miteinander) sind Rabenehen nicht ganz ohne Komplikationen. Die Räbin Eva, die mit Adam jung vermählt war, schikanierte ihren Mann vom ersten Tag an. Während Adam sich abmühte, ein Nest zu bauen, saß Eva untätig auf einer anderen Astgabel und bedeutete ihm durch Lockrufe, das Nest doch dort zu errichten. Also begann Adam an der befohlenen Stelle von neuem.

Sieben Tage ging das gut, bis der Rohbau fertig war. Da siedelte Eva plötzlich auf das erste Nest über, und Adam mußte den Rohbau dieses Nestes vollenden. Kaum war das geschehen, nötigte ihn sein Weib wieder zum zweiten Nest. Und so ging das in ständig schnellerem Wechsel hin und her. Schließlich flog Adam mit einem Ast im Schnabel immer hinter Eva her mehrmals von einem Nest zum anderen. Endlich wurde es ihm zu dumm. Ohne weiter auf Eva zu achten, baute er nur noch am ersten Nest, und so blieb dem Rabenweib nichts anderes übrig, als dort einzuziehen.

Allein am Zustand des Nests kann der Fachmann erkennen, ob das Paar eine harmonische Ehe führt oder nicht, ob beide die Verflechtungen gemeinsam kunstvoll verspannt haben, ob es ein grobstockiges Männernest ist oder ob die Räbin die Aufgabe mit leichtem Material allein bewältigen mußte.

Das Brüten ist allein Sache des Weibchens. Während dieser 18 bis 19 Tage wird es vom Männchen gefüttert. Wenn es darauf ankommt, kann aber auch das Männchen brüten. Kürzlich beobachtete der holländische Vogelforscher Dr. Moesgaard etwas Faszinierendes. In der letzten Brutwoche war eine Räbin von einem Uhu getötet worden. Darauf setzte sich der Rabe auf die fünf blaugrünen Eier mit den grauen und schwarzbraunen Flecken (es können auch vier oder sechs sein) und brütete weiter. Der Witwer hungerte, bis seine Küken das Licht der Welt erblickt hatten. Dann fütterte, umsorgte und pflegte er sie in zärtlichster Weise, bis sie flügge waren. Niemand behaupte also fürderhin, Rabeneltern seien «Rabeneltern»!

Die Alten betreuen ihren Nachwuchs länger als die meisten anderen Vögel, etwa hundert Tage lang. An kalten Tagen graben sie ihre Jungen so tief in den Filz des Nestpolsters ein, daß nur die Schnäbel oben herausschauen. An heißen Tagen aber nimmt die Mutter in der nächsten Wasserstelle ein Bad, fliegt triefend naß zum Nest und setzt sich kühlend auf die Jungen.

Die selbständig gewordenen Jugendlichen schließen sich mit denen benachbarter Rabeneltern zu Banden zusammen, in denen sie bis zur «Hochzeit» beieinander bleiben. Als wichtigsten

Lebensinhalt betrachten die Mitglieder der Jugendbanden das Spielen. Sehr beliebt sind Verfolgungsjagden. Wenn aber keiner so recht Lust hat mitzumachen, provoziert der Spielwillige die andern so: Er stolziert mit einem Regenwurm zu einem der trägen Raben und legt ihm den Bissen mit einer Verbeugung zu Füßen. Sekundenbruchteile, bevor dieser das «Geschenk» ergreifen kann, schnappt es ihm der Provokateur aber wieder vor der Nase weg und fliegt davon – jetzt natürlich von dem Empörten wütend verfolgt.

Großen Spaß bereiten akrobatische Übungen. Das Training beginnt, indem sich der Vogel auf einen dünnen Ast setzt und nach hinten oder vorn in den Hang kippt. Dann läßt er sich fallen und fliegt davon. Fortgeschrittene praktizieren das gleiche mit nur einem Bein. Der Boß der Bande glänzte sogar mit einer Riesenfelge. Sobald er kopfunter hing, wuchtete er sich mit einem Flügelschlag wieder hoch. Als ihm die anderen Raben dies nachzumachen versuchten, ging er noch einen Schwierigkeitsgrad weiter. Er vollführte dieselbe Nummer an einer elastischen dünnen Gerte, die dabei um einen halben Meter auf- und abpeitschte.

Eine neue Mode setzte sich durch, als der Boß eines Tages auf der Waldwiese eine große, glatte Hartfaserplatte entdeckte. Zuerst rutschte der Neugierige gehörig aus. Dann machte er sofort die Schmach zur Tugend. Er flog die Platte an wie einen Flughafen, machte eine Glitschlandung und wiederholte das so oft, bis er nicht mehr hinfiel. Auch übte er das, was Piloten als Durchstarten bezeichnen. Kurz darauf beteiligten sich alle Raben. Wie eine Staffel Jagdflugzeuge kam einer knapp hinter dem anderen angebraust und setzte zur Glitschlandung an. Zuerst gab es ein wüstes Knäuel durcheinanderstürzender Vögel. Aber nach ein paar Tagen klappte es prächtig.

Diese Spielwut hat den Sinn, das Ansehen des einzelnen Raben in der Gruppe zu heben, so daß sich die Rangordnung spielend ergibt, also ohne Kampf.

Hierzu ein Beispiel: An einem Sommermorgen wurde Professor Konrad Lorenz, der Direktor des Seewiesener Max-Planck-Instituts, durch erregtes Brrrrö-Geschrei hochgeschreckt. Das ist das Alarmsignal der Raben für die höchste Gefahrenstufe. Was war geschehen? Der Boß seiner Rabenbande hatte am Rand eines Kornfeldes ein Wiesel entdeckt. Dies ist neben Marder, Iltis, Frettchen und Katze der schlimmste Rabenfeind, deshalb muß er vertrieben werden. Aber wie sollen die Raben das bei einem Tier, dessen Schnelligkeit sprichwörtlich ist, anfangen?

Auf die Alarmrufe hin kamen alle Raben herbei und setzten sich in respektvoller Entfernung um das Wiesel. Dann ging der Tanz los. Selbstmörderisch knapp setzte sich ein Rabe dem Wiesel vor die Nase. Als es zusprang, flog der Rabe blitzschnell hoch, und ein zweiter hackte dem Wiesel von hinten ins Gesäß. Wütend fuhr es herum. Aber im selben Augenblick versetzte ihm ein dritter Rabe von hinten einen Schnabelhieb. Das Wiesel machte meterhohe Luftsprünge, doch immer sauste es ins Leere und bekam unmittelbar darauf von hinten eins ausgewischt. Schließlich flog der Boß dem Wiesel 40 Zentimeter dicht vor der Nase herum und lockte es hinter sich her. Dabei ging er in immer engere Spiralen, bis der Räuber total schwindelig und außer Atem war. Dann fuhr das Wiesel ins Korn und wurde in der Gegend nie wieder gesehen.

Einmal hatte der Rangzweite den Boß in Geschicklichkeitsspielen immer wieder übertroffen und wagte deshalb, ihn in erbittertem Kampf zu entthronen. Wie Hähne sprangen beide aneinander hoch und schlugen mit Schnabel und Füßen. Die Hiebe zielen gegen die Flügelbuge, um die Flugfähigkeit des Gegners vorübergehend zu schwächen. Der Kampf endet, wenn der Rabe, der merkt, daß er keine Chance mehr hat, kapituliert. Der Verlierer nimmt dann die Stellung eines kleinen Rabenkükens ein, das von der Mutter gefüttert werden möchte, und äußert aus dem bettelnd aufgesperrten Schnabel kindlich gierende Laute. So kommt es nicht zu Mord und Totschlag. Die Führerposition ist der verschonte Verlierer allerdings los, und meist wird er zum Rangletzten degradiert.

Der Wechsel in der Führungsspitze hatte einmal ein bitteres Nachspiel. Die Räbin Cleopatra hatte ihr Auge auf Nero geworfen, als er noch Boß war. Nach der Niederlage erlosch die Liebe der Cleopatra zu ihm, das ehrgeizige Weibchen umschwänzelte sofort den neuen Boß und hatte mit ihrer «Damenwahl» tatsächlich Erfolg. Damit behielt sie ihren Rang als «first lady», denn auch unter Raben gilt das Weib soviel wie ihr Mann.

Kolkraben erwarten von ihrem Anführer, daß er jede schwierige Situation meistert. Ob es gilt, einen neuen Landeplatz zu erkunden, Streitigkeiten zwischen Männchen zu schlichten, einen fremden Gegenstand, ein unbekanntes Tier zu untersuchen — immer muß der Boß der erste sein. Alles Neue behält er erst stundenlang im Auge. Zeigt sich nichts Verdächtiges, so fliegt er es von hinten an, hackt kräftig darauf und flieht zum nächsten Baum, von dem aus er beobachtet, was passiert.

Als Konrad Lorenz einmal seine Raben in den Käfig locken wollte, legte er seine Kamera hinein, die seine Vögel aus naheliegenden Gründen noch nie untersuchen durften — und schon hatte er den Boß und die ganze Gesellschaft dort, wo er sie haben wollte.

Diese Gier auf Neues hat für den Vogel große Vorteile. Mit ihr findet er in jeder Landschaft alles, was freßbar ist. Daher kann er sich so vielen verschiedenen Lebensräumen anpassen, wie kaum eine andere Tierart. Auf Vogelinseln ernähren sich die Raben wie Raubmöwen. In afrikanischen Steppen segeln sie wie Aasgeier in großen Höhen und suchen nach verendendem Wild. In landwirtschaftlich genutzten Gebieten Nordamerikas, Europas und Asiens fressen sie Mäuse und Insekten.

Doch wo sich der Kolkrabe auch ansiedelt, einigen scheint er seines schwarzen Gefieders wegen mit dunklen Mächten im Bunde zu sein. Dabei fühlen sich diejenigen, die dieses fesselnde Geschöpf und seine eheliche Treue, seine elterliche Wachsamkeit, seine sportlichen Spiele und seine nie ruhende Wißbegier kennen, an manche menschlichen Züge erinnert.

*Ein gefangener Schwertwal gewann die Herzen
einer ganzen kanadischen Stadt*

Die Geschichte von «Moby Doll»

Von David MacDonald

In einem Juli vor wenigen Jahren kreuzte vor der Insel Saturna unweit der westkanadischen Hafenstadt Vancouver ein Walfangboot. An der Harpunenkanone kauerte der bärtige Bildhauer Samuel Burich und starrte auf ein Rudel Schwertwale, das dem Schiff durch die dunkle Flut entgegenjagte. Burich sollte einen Schwertwal erlegen und nach diesem Modell eine Plastik für das Aquarium von Vancouver anfertigen. Einen Schwertwal erlegen – das ist leichter gesagt als getan; er ist das gefährlichste aller Meerestiere. Mit seiner hohen Intelligenz, die der des Tümmlers, seines verspielten Verwandten, nicht nachsteht, ist er nur schwer zu fassen. Als die weißbäuchigen, bis neun Meter langen, schwarz-weißen Kolosse mit gewaltigem Blasen vorbeikamen, schoß Burich und traf. Er holte die Nylonleine der Harpune ein und sah, daß der Wal am andern Ende quicklebendig war. Rasch sprang er mit einem Gehilfen in ein Boot, um ihm den Fangschuß zu geben. Da kamen die andern Wale mit hellen Biip-Schreien zurück, und der Gefangene suchte sich mit einem mächtigen Satz zu befreien. Burich sah, daß er ein Exemplar von etwa viereinhalb Meter Länge erbeutet hatte. Das Harpunenloch vorn war gut sichtbar. Er hob die Büchse und – begegnete dem Blick des Tiers. «Ich ließ sie wieder sinken», erzählte er. «Ich brachte es nicht fertig. Es kam mir vor wie Mord.»

In einem Funkspruch nach Vancouver schlug er vor, das Tier lebend zu bergen. Und damit begann eine Geschichte, die sich an

Unwahrscheinlichkeit mit der biblischen Erzählung von Jonas und dem Walfisch vergleichen läßt. Sie ging durch alle Zeitungen und zeigte nicht nur den grimmigsten Räuber der Meere, sondern auch den Menschen in einem überraschend freundlichen Licht.

Dr. Newman, der Direktor des Aquariums, flog sofort zur Insel Saturna. Unterwegs war er aufgeregt wie ein Kind am Heiligen Abend. Bisher hatte man nur ein einziges Mal einen Schwertwal lebend gefangen, und der war nach achtzehn Stunden eingegangen. Ein lebender Schwertwal war für die Forschung ein ganzes wissenschaftliches Laboratorium.

Newman machte sich Sorgen — nicht nur des wertvollen Tiers wegen, sondern auch wegen der Fangmannschaft. Man wußte, daß ein wütender Schwertwal ein schweres Boot umwerfen kann. Um so verblüffter war er, als er bei dem Boot eintraf. Das Tier folgte dem Boot an der hundertachtzig Meter langen Leine so gehorsam, daß Burich es «Jagdhund» taufte. Newman hieß ihn, seinen «Jagdhund» nach Vancouver zu führen, eine Strecke von 65 Kilometern.

«Und wo bring' ich ihn da hin?» fragte der Bildhauer.

«Ich denk' mir inzwischen schon was aus», sagte Newman.

Er flog zurück und fragte noch am selben Abend bei einer Dockgesellschaft an, ob er ein Dock als Schwimmbecken für einen Schwertwal benutzen dürfe — natürlich unentgeltlich. Zu seinem Erstaunen war der Direktor einverstanden.

Um den verwundeten Wal beim Abschleppen möglichst zu schonen, spleißte Burich einen Gummireifen in die Fangleine. Auf der siebzehnstündigen Rückfahrt nach Vancouver registrierte er die Blaszeiten und ließ jedesmal stoppen, wenn sie zu schnell aufeinanderfolgten und damit anzeigten, daß der Wal überanstrengt wurde. «Ich wollte von Anfang an, daß er wieder gesund wird», sagte er.

Mit seiner Sorge um das Tier stand er nicht allein. Als der sonderbare Transport im Hafen von Vancouver eintraf, säumten Tausende das Ufer und brachen in Hochrufe aus. Auf Newmans Betreiben war ein ganzes Wissenschaftlerkollegium unter Führung des Neurophysiologen Dr. McGeer herbeigeeilt — mehrere Biologen, ein Herzspezialist, ein Bakteriologe, ein Zoologe, ein Hautarzt, ein Pathologe und ein Tierarzt. «Bis auf einen Psychoanalytiker waren wir vollzählig», erzählt McGeer. «Und die Herren sind bereitwillig gekommen, ohne Überlastung vorzuschützen.»

Zwei Biologen ließen sich in einem Arbeitskorb in das Schwimmdock hinunter, entfernten die Harpune und gaben dem Wal mit einer Spritze, die an einer vier Meter langen Stange montiert war, eine Riesendosis Penicillin.

McGeer hielt das Tier für ein Weibchen. So wurde es — als Gegenstück zu dem berühmten weißen Walbullen Moby Dick aus Melvilles Roman — prompt Moby Doll getauft.

Der Fang erregte überall größtes Aufsehen. Amerikanische und englische Wissenschaftler erkundigten sich bei Newman nach näheren Einzelheiten, und einige flogen in der Hoffnung auf wissenschaftliche Entdeckungen nach Vancouver. Sie wollten versuchen, an Moby Doll die Intelligenz der Schwertwale zu prüfen, ihre «Sprache» zu erforschen und festzustellen, ob der Schwertwal tatsächlich, wie man vermutete, eine natürliche Schallortungsanlage besitzt, mit der er unter Wasser seine Beute sucht. Doch auch die Einwohner von Vancouver waren aus dem Häuschen. Als das Dock für einen Tag zur Besichtigung freigegeben wurde, standen trotz strömenden Regens nicht weniger als 15 000 Menschen an.

Als erstem bezeigte Moby Doll ihre Zuneigung ausgerechnet dem Mann, der sie harpuniert hatte. Burich war aber auch immer schon früh um sechs bei ihr, setzte sich auf ein leichtes Floß, das sie mit einem einzigen Hieb ihrer Schwanzflosse hätte zerschmettern können, und blieb bis zum Dunkelwerden. «Schwertwale sind gesellige Tiere», erklärte er. «Sie soll wissen, daß sie einen Freund hat.» Eins aber wollte ihm gar nicht gefallen: Moby Doll fraß nicht, mochte er ihr auch noch so verlockende Fleisch- und Fischbissen reichen.

Inzwischen hatte Newman auf der Suche nach einer Bleibe für Moby Doll ein altes Militärdock auf der anderen Seite des Hafens ausfindig gemacht. Der zuständige Offizier, Oberstleutnant Matthews, war rasch für den Plan gewonnen. Und während man im Verteidigungsministerium in Ottawa noch über einem sonderbaren Antrag zur Bereitstellung eines Docks für eine gewisse Moby Doll grübelte, rief er schon Freiwillige für die erforderlichen Arbeiten auf. Achtzig Mann meldeten sich. «Für uns», erzählt Matthews heute, «war das nicht irgendein Wal, es war unser Wal!»

Die kanadische Marine stellte für das «Unternehmen Walbecken» sechs Froschmänner zur Verfügung. Die Armee steuerte Maschendraht und Stahlplatten bei. In Vancouver ansässige Firmen stifteten Holz und Ladenetze und stellten kostenlos Arbeitskräfte zur Verfügung. Eine Firma ließ das Dock durch fünf Schlepper auf die andere Hafenseite ziehen; und wieder eine andere schickte einen Motorprahm, der es an seinem neuen Liegeplatz einsetzte.

Den Löwenanteil trug die Dockgesellschaft. Das achttägige Logis der Moby Doll kostete sie an entgangenen Dockmieten rund 15 000 Dollar. «Das war doch das mindeste, was wir für eine in Not geratene Dame tun konnten», meinte der Direktor. Nach dem Umzug schickte die Stadtverwaltung von Vancouver jedem Spender ein Dankschreiben.

Ihre Wunde heilte, doch noch immer wollte Moby Doll nicht fressen. In Vancouver verfolgte man die Entwicklung mit wachsender Sorge. Die Presse gab täglich ein Bulletin über Moby Dolls Gesundheitszustand aus. Die Sendestationen wurden mit Anfragen überschüttet. Es war, wie ein Taxifahrer bemerkte, als läge einer von der Familie im Sterben.

Um ihre Freßlust zu wecken, bot ihr Newman die schönsten Dinge an — Pferdefleisch, Lachs, Dorsch, Flunder, Tintenfisch. Auch gab er ihr Vitaminspritzen zur Appetitanregung. Vergebens.

In den Wochen darauf kamen Wissenschaftler aus allen Teilen Amerikas herbei, unter ihnen der Harvardprofessor Schevill, der beste Kenner der Wal-«Sprache». Schevill nahm Moby Dolls Äußerungen — Biip-, Grunz- und Quieklaute — für sein Wörterbuch der Meerestiefe auf Band auf. Aus der Natur dieser Laute schloß er, daß der Schwertwal einen ausgedehnten Wasserraum mit Schallortungssignalen bestreicht, die besser arbeiten als die Echolotgeräusche unserer Geräte, und daß er diese Signale sogar wie ein Richtstrahler bündeln kann.

Anfang September kam der Direktor des Aquariums von Seattle nach Vancouver. «Als ich mich», so erzählt er, «am Dock mit Dr. Newman unterhielt, schlug Moby Doll plötzlich mit dem Schwanz, als wollte sie unsere Aufmerksamkeit auf sich lenken. Wir warfen ihr einen Fisch zu, und siehe da — sie fraß!» Unter Bravorufen der Anwesenden verschlang sie noch drei Fische. Es war nach fünfundfünfzig Tagen ihre erste Mahlzeit.

Die Zeitungen der Stadt berichteten über das Ereignis. Ein Pressemann sagte, durch ganz Vancouver sei ein Seufzer der Erleichterung gegangen.

Jetzt, wo sie täglich ihren Zentner Fische verputzte, verlor sie bald ihr scheues, teilnahmsloses Wesen, tummelte sich vergnügt in ihrem Becken umher, machte Luftsprünge, trieb Possen und wurde zutraulich. Dr. Penfold, ein Assistent von Dr. Newman, kam auf den Gedanken, sie zum Essen zu rufen, indem er mit einem Dorsch aufs Wasser schlug. Sofort kam sie, sperrte das zähnebewehrte Maul auf und nahm ihm den Bissen behutsam ab. Das wiederholte sich dreimal. Dann hielt er einen Fisch hoch, sie sollte danach springen. Doch sie tauchte weg, kam in der Mitte des Beckens wieder hoch und peitschte vor Empörung mit dem Schwanz.

Nachdem er ihr dann noch einige Male einen Dorsch so, wie sie es erwartete, gereicht hatte, versuchte er es mit einem Klippenbarsch, einem Stachelflosser. Auch das aber nahm sie, wie ihr peitschender Schwanz verriet, übel, und erst als Penfold die scharfen Flossen abgeschnitten hatte, geruhte sie, den Fisch zu vertilgen. «Sieh mal an, die nimmt mich ja richtig in die Schule», rief er.

Auch sonst bewies Moby Doll ihre hohe Intelligenz. Spielte man ihr Bandaufnahmen von den Rufen anderer Schwertwale vor, so reagierte sie mit aufgeregtem Quieken, während ihre eigene auf Band aufgenommene Stimme sie völlig kalt ließ. Das überraschendste aber war ihre Zutraulichkeit. Penfold legte einmal sein Tauchgerät an und ließ sich in einem Drahtkorb hinunter, um sie unter Wasser zu beobachten. Als er ihr bei einer Drehung des Korbes den Rücken kehrte, stieß sie mit dem Maul spielerisch an den Korb und schoß aufquiekend davon.

Einer ihrer Wärter lag auf seinem Floß oft stundenlang neben ihr. Er brachte ihr bei, sich auf den Rücken zu legen, damit er ihr mit einer Bürste den Bauch abkratzen konnte. «Manchmal kommt sie mir vor wie ein riesengroßes Schoßhündchen», sagte er über Moby Doll.

Sie wurde eine richtige Berühmtheit. Im kanadischen Rundfunk hörten viele Millionen ihre Stimme, ein Moby-Doll-Film wurde in vierundvierzig Ländern gezeigt, und unter ihren Besuchern, vorwiegend Journalisten aus ganz Amerika, waren zwei kanadische Minister.

Ein Stadtverordneter schlug vor, sie zum Wappentier von Vancouver zu machen. In den Schulen wurde sie zu einem beliebten Aufsatzthema. Geschäfte warben in Anzeigen mit ihrem Bild. Aus Sicherheitsgründen verwehrte man Neugierigen den Zutritt zum Dock. Viele fanden dennoch einen Weg, sich ihre Moby Doll anzuschauen. Sie überkletterten den zwei Meter hohen Zaun, sie fuhren mit Ruderboot oder Schlauchboot an das offene Ende des Docks, ja sie schwammen sogar dicht an das Gitter heran — wären zufällig auf Moby Dolls Rufe hin ein paar Schwertwale erschienen, hätte das heiter werden können.

Nach einiger Zeit wurde sie zu Newmans Kummer krank. Infolge des niedrigen Salzgehalts des Hafenwassers hatte sie sich eine Pilzinfektion zugezogen. Ihre schöne, schwarzglänzende Haut wurde ganz grau. Newman erklärte der Aquariumsverwaltung, man müsse sie in Wasser von höherem Salzgehalt bringen.

Anfangs Oktober, bevor man noch einen Schwimmkäfig hatte bauen können, verschlimmerte sich ihr Zustand. Sie schoß wild hin und her, und bei der Dreiuhrfütterung fraß sie kaum.

Dann legte sie sich zur gewohnten Bauchkratzung auf den Rücken, tauchte und kam nicht mehr hoch. Der erste, den die traurige Nachricht erreichte, war Burich, der schon angefangen hatte, sie in Lebensgröße nachzubilden.

Tags darauf erschien die Todesnachricht in großer Aufmachung in der Vancouverschen Zeitung *Province,* und sogar die Londoner *Times* widmete dem Ereignis eine ebenso lange Überschrift wie seinerzeit dem Ausbruch des zweiten Weltkriegs.

Bei der Autopsie zeigte sich, daß Moby Doll hauptsächlich an Erschöpfung eingegangen war — das Hafenwasser hatte für sie zu wenig Tragkraft gehabt. Im Tod bescherte das Tier den Wissenschaftlern noch eine letzte Überraschung. Es war ein zweijähriges Männchen.

In den fünfundachtzig Tagen seiner Gefangenschaft hat man für den Schwertwal rund 100 000 Dollar an Spenden aufgewandt. War das die Sache wert? Dr. Newman bejaht es. Man habe der Wissenschaft damit einen großen Dienst erwiesen. Er hofft, daß Vancouver, wenn erst einmal ein Schwimmkäfig gebaut ist, bald wieder einen Schwertwal bekommt.

Der kanadische Zoologe Dr. Fisher meint, das Tier habe mehr als nur wissenschaftlichen Nutzen gebracht. Eine Zeitlang hätten die Menschen sich einmal um etwas Gedanken gemacht, was erfreulicher war als die Sorgen um den kalten Krieg, die Atombombe und sich selbst. «Das hat ihnen gutgetan», sagt er.

Er hatte 15 Winter überlebt. Aber nun war er alt und müde, und seine Feinde witterten ihre Chance

Der Elch und die Wölfe

VON FRANKLIN RUSSELL

DER NACHTWIND trug das anhaltende Geheul der Wölfe durch das Tal. Der große Elchbulle wandte sich um. In einer Stunde würde der Schnee für einen Angriff zu tief sein, und für die Nacht wäre er dann sicher. Aber er war immer noch unruhig. Er hörte die Stimme eines großen Wolfs mit weißer Schnauze heraus – das war der Anführer des Rudels, das ihm schon seit zwei Jahren hartnäckig zusetzte.

Das Geheul wurde zum Chor, kam aber nicht näher. Schließlich ließ sich der Elch für die Nacht nieder und grub seinen 700 Kilogramm schweren Körper in den Schnee. Am Morgen würde er zugeschneit sein, es aber warm haben.

Das graue Licht der Morgendämmerung gab den schneeverhüllten Wald preis. Ein Puma tauchte auf, verharrte und verschwand dann lautlos. Der Elch rührte sich nicht. Im Gegensatz zu den weit umherstreifenden Wölfen verbrachte er sein Leben auf einem zwei Kilometer langen Uferstreifen eines Sees. Eine Insel inmitten des Sees bot ihm sein Lieblingsfutter, die jungen Schößlinge der Balsamtanne. Im Winter lief er über das Eis zur Insel, im Sommer schwamm er hinüber.

Mit einer raschen Bewegung erhob sich der Elch und schüttelte den Schnee in einer Wolke ab. Er lauschte angespannt. Nichts. Als er ein paar Espen erblickte, lief er auf sie zu. In diesem Winter waren Schößlinge – selbst Weidenzweige – rar geworden.

Zwischen den Espen überfiel ihn die Unruhe wieder. Die Wölfe würden zurückkommen, und hier konnte er sich schlecht verteidigen. Nur die Insel mit ihrem dichteren Baumbestand bot Zuflucht. Schon kam von Norden her das gefährlich tönende Grollen eines Wolfs.

Trotz der Kälte war das Eis auf dem See trügerisch. Unterwasserquellen schickten Warmwassersäulen nach oben, die es stellenweise dünn werden ließen. Weit draußen bei der Insel konnte der Elch den dunklen Umriß des Kopfes einer Elchkuh erkennen. Sie hatte versucht, das Eis zu überqueren, war eingebrochen und dann festgefroren.

Doch wenn er blieb, stand ihm ein Kampf bevor, in dem er kaum Chancen hatte. In der Gewißheit, daß das Rudel näher kam, betrat er das Eis. Auf halbem Weg sah er die Wölfe zwischen den Bäumen des Ufers hervorbrechen, und er beschleunigte sein Tempo. Etwa 30 Meter vor der Insel barst das Eis unter seinen Spreizhufen, die Vorderfüße brachen ein, und er schlug mit dem Maul auf das Eis auf. Während er sich abmühte, versank er immer mehr im Wasser. Im Nu hatten ihn die knurrenden Wölfe eingekreist, und als er aufsah, blickte er unmittelbar in die glühenden Augen des Wolfs mit der weißen Schnauze.

Er saß in der Falle — über einer seiner liebsten Futterstellen auf dem Seegrund. Der Elch kannte dort unten jeden Zentimeter Boden, denn in seinen 15 Lebensjahren hatte er in jedem Frühling und Sommer die Tiefen hier durchstreift, war bis zu sechs Meter getaucht und eine volle Minute lang unten geblieben, um Pflanzen büschelweise auszuraufen. Wenn ihm dann die Luft ausging, schwamm er an die Oberfläche und schüttelte sich das Wasser in einem Sprühregen vom Kopf.

Jetzt tauchte er auf und versuchte den Wolf mit der weißen Schnauze aufs Geweih zu nehmen. Der Gischt spritzte, gefror an seinen Schaufeln und hing in Eiszapfen herab. Er kämpfte sich voran, aber das Eis brach weiter. Der Wolf, der den Elch angegriffen hatte, verlor den Halt und strampelte fieberhaft, um nicht ins Wasser zu fallen oder erdrückt zu werden.

Das Eis schnitt dem Elch in die Brust, und Blut strömte auf die zerbrochenen, tanzenden Schollen. Mit äußerster Anstrengung stieß er sich vom Grund ab. Das Wasser floß in Strömen von seinem massigen Körper, als er hochkam und auf festes Eis kletterte. Sofort drangen die Wölfe auf ihn ein. Einer wurde mit einem Tritt sechs Meter weit fortgeschleudert, ein anderer mit dem Vorderhuf aufs Eis geschmettert; mit gebrochenem Rückgrat schleppte er sich davon.

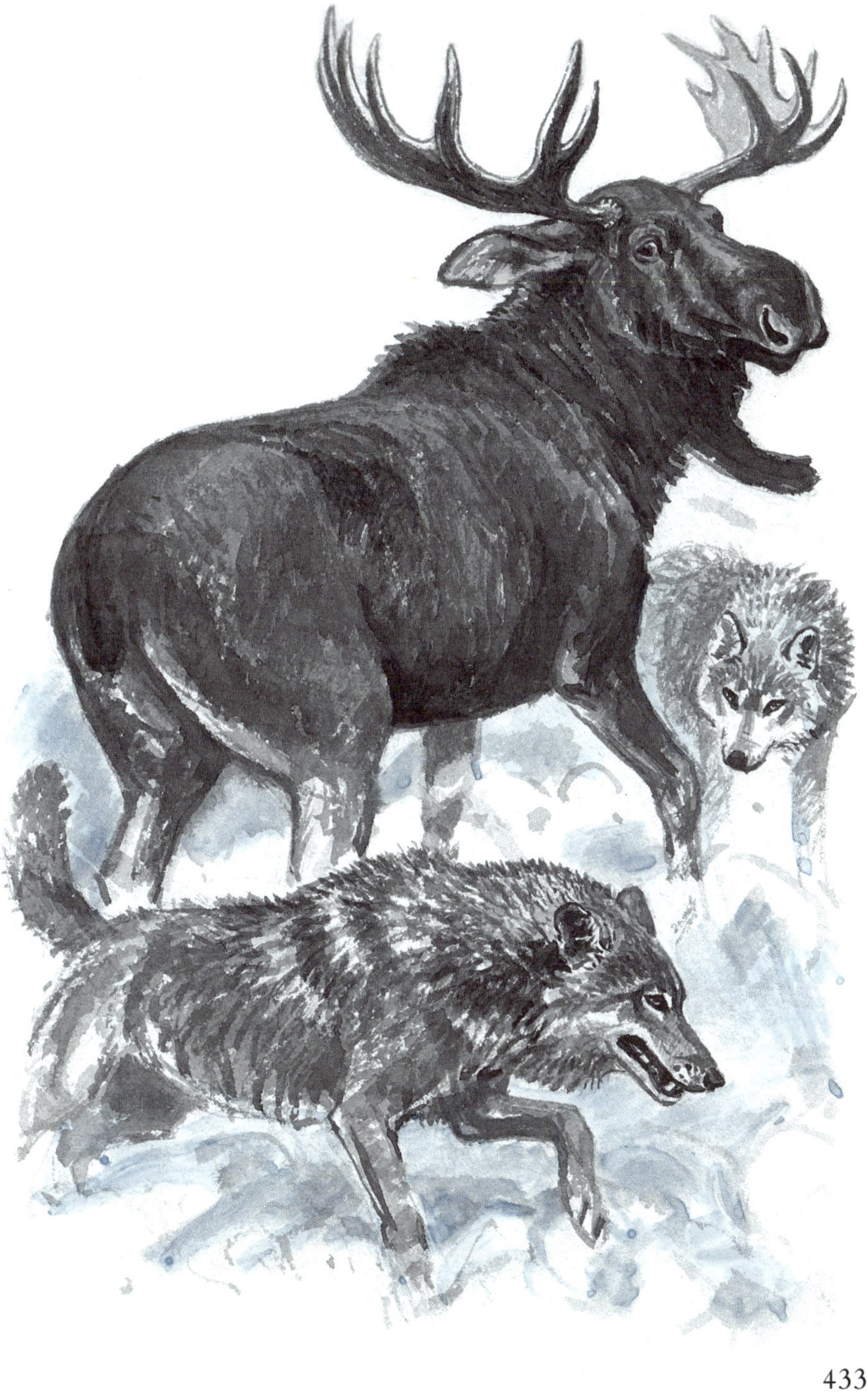

Nun lief der Elch mit einer Geschwindigkeit von 25 Stundenkilometern auf die Insel zu. Trotz Eis und Schnee und obwohl die Wölfe sich in seine Flanken, in Hinterbeine und Hals verbissen hatten, gab er nicht auf. Er pflügte durch eine anderthalb Meter hohe Schneewehe, als wäre sie überhaupt nicht vorhanden.

Und dann erreichte er die Insel, brach durch das Walddickicht, sein Geweih ständig drehend, damit er hindurchkam. Baumstämme streiften die jaulenden Wölfe von ihm ab.

Das letzte Wegstück brachte ihn auf eine windgepeitschte steinige Hügelkuppe in der Mitte der Insel. Dort angelangt, blickte er auf den See zurück. Sechs Wölfe, darunter der mit der weißen Schnauze, zogen blutige Kreise im Schnee. Der Rudelführer hob den Kopf und ließ seine unverkennbare Stimme erschallen. Heulend gesellten sich noch andere zu der Gruppe.

Im Keuchen des eigenen Atems konnte der Elch das Heulen kaum hören. Seine Lunge war wie die der meisten Elche von Bandwürmern durchlöchert, und sein Durchhaltevermögen bei langen Fluchtläufen war geschwächt.

Allmählich ging sein Atem langsamer. Er riß Zweige von einer nahen Tanne ab und kaute mit halb geschlossenen Augen. Vor 13 Jahren war seine Mutter in den See geglitten und hatte Kurs auf die Insel genommen. Als täppisches, 200 Kilogramm schweres Jungtier von 18 Monaten war er ihr ohne Zögern gefolgt.

Doch an jenem Tag hatte sie sich gegen ihn gewandt, ihn angegriffen und in tieferes Wasser getrieben. Verletzt und verblüfft war er allein zum Ufer zurückgewatet. Seine Abhängigkeit von der Mutter war zu Ende. Doch er schwamm noch oft zur Insel hinaus, und nachdem seine Mutter den Wölfen zum Opfer gefallen war, wurde ihre Insel zum Mittelpunkt seines eigenen Reviers.

Als die blutigen Kämpfe mit anderen Elchen begannen, in denen die Tiere einander manchmal töteten oder sich mit den Geweihen verfingen und verhungerten, war die Insel seine Zufluchtsstätte. In der Brunftzeit, wenn die Kühe nach den Bullen riefen, brüllte der Elchbulle von seiner Insel her *Uuumpf, Uuuumpf!*, daß die Luft von den dumpfen Rufen widerhallte. Dann stürzte er sich in den See und schwamm ans Ufer.

Blindwütig warf er sich auf feindliche Bullen, die seine Ansprüche auf das Territorium und die Kühe mißachteten. Einmal hatte er in einem wilden Angriff einem Bullen das Genick gebrochen. Über sieben Jahre lang war seine Kraft unüberwindlich gewesen. Aber mit zunehmendem Alter unterlag er in Kämpfen mit jüngeren Bullen; so blieb er öfter am Ufer der Insel und trompetete seine Enttäuschung in die Lüfte.

Plötzlich schreckte ihn das erneute Heulen eines einzelnen Wolfes auf. Der Elch spürte die beißende Kälte auf der Haut. Er hatte Hunger, brauchte einen Teil seiner täglichen 30-Pfund-Ration. Als er sich zögernd umwandte, erschien der Wolf mit der weißen Schnauze am Rand der Lichtung. Der Elch beobachtete ihn und hörte auf zu kauen. Aber der Wolf legte sich gelassen hin; im Augenblick spähte er nur und wartete. Ein paar Raben ließen sich auf einem nahen Baum nieder. Wenn der Wolf riß, gab es auch für sie etwas zu fressen. Und sie kannten diesen Wolf.

Der Elch zögerte, dann nahm er Kurs auf das Ostende der Insel, wo Bäume den Wind abhielten und tiefe Schneewehen entstanden waren. Dort konnte ihn kein Wolf angreifen. Seine feinen Ohren, die auf siebenhundert Meter Entfernung Tritte wahrnahmen, erfaßten das knirschende Geräusch, mit dem der Wolf ihm folgte. Dann witterte er plötzlich den Wolfsgeruch.

Mit einem Grunzen stürzte der Elch blindlings voran. Sein Geweih verfing sich zwischen zwei Bäumen und brach knackend ab. Jetzt floh er in panischer Angst. Er trat mit den riesigen Hufen kleine Bäume nieder und stieß gegen Baumstümpfe.

Raben flatterten ihm voran, sein Ende erwartend. Aber der Elch blieb unberechenbar — die blinde Panik verwandelte sich jäh in blinde Wut. Keuchend machte er kehrt. Als der Wolf mit der weißen Schnauze zuversichtlich näher kam, ging der Elch zu seiner Verblüffung zum Angriff über. Der Wolf sprang beiseite — mitten in eine tiefe Schneewehe. Die unerschrockenen Bernsteinaugen sahen noch den gewaltigen Huf, der den grauen Himmel über ihm für immer auslöschte.

ALS DER Frühling über den See kam, war der alte Elch immer noch auf der Insel. Er fand die letzten Schößlinge der Balsamtanne nahe bei der Stelle, an der er den Wolf getötet hatte. Als dann das Eis geschmolzen war, tauchte der Elch in das noch kalte Wasser des Sees und kam mit einem Maulvoll saftiger grüner Pflanzen wieder herauf.

Die Insel gehörte jetzt ihm allein. Auch im kommenden Sommer.

Klug, scheu und eitel ist der Pfau, der mit seinem schillernden Gefieder zu den prächtigsten Geschöpfen unserer Erde gehört

Der Apoll unter den Vögeln

Von Jack Denton Scott

Die Strahlen der Tropensonne, die durch den dichten, zentralindischen Dschungel drangen, ließen das Brustgefieder des Vogels in flammendem Blau erstrahlen. Hochaufgerichtet wie ein Adler stand er dreihundert Meter vor mir im jungen Bambusrohr. Es war das erstemal, daß ich einem Pfau, dem exotischsten aller Vögel, auf freier Wildbahn begegnete. Ich arbeitete mich langsam heran, um das Bild auf Farbfilm festzuhalten. Als ich näher kam, sah ich, daß der Vogel vor sich am Boden etwas wie gebannt fixierte — einen Leoparden, der sich da durch das Gras schlich. Ich ließ die Kamera sinken und nahm mein Gewehr zur Hand, doch als ich anlegte, sprang das Raubtier plötzlich auf, sein Fell glitt zu Boden, und eine aufgeregte Stimme rief auf Hindi: «Nicht schießen!» Der Pfau duckte sich und flüchtete flink.

Mein «Leopard» war ein erschrockener indischer Vogelfänger, der sich das Raubtierfell bloß umgehängt hatte. Gemeinhin klug und scheu, zeigt sich der Pfau von der gefleckten Katze häufig dermaßen fasziniert, daß er wie angewurzelt steht und glotzt, bis es um ihn geschehen ist. In manchen Gegenden machen sich die Jäger das zunutze und hüllen sich in Pantherfelle, um an die Pfauen heranzukommen. Sie fangen sie entweder lebend und verkaufen sie oder erlegen sie für den Abendbrottisch.

Der Ferne Osten ist die Heimat der zwei eigentlichen Pfauenarten, die beide der Fasanenfamilie nahestehen, der blaubrüstigen indisch-ceylonesischen und der grünen javanisch-burmesischen. Der indische oder gemeine Pfau ist der uns allen bekannte. Zur Zeit Salomos in Judäa domestiziert und von Alexander dem Großen nach Griechenland gebracht, breitete er sich allmählich weiter nach Westen aus.

Männliche Pfauenjunge kommen mit einem fahlbraunen Flaum auf die Welt, aber schon ein paar Stunden nach dem Ausschlüpfen richten sie wie zum Balzen ihre winzigen Schwänzchen auf. Das Schleppengefieder braucht zwei Jahre zur Entwicklung. Dann ragt es einen, manchmal sogar fast anderthalb Meter über den Schwanz hinaus. Die Gesamtlänge der herrlichen Pfauenschleppe schwankt zwischen 1,40 und 1,80 Metern. Im Spätsommer fallen die Schleppenfedern aus, im Dezember wachsen sie wieder nach. Sie sind grünbronzen mit einem Anflug von Kupfer an den Spitzen. Alle haben ein sich deutlich abzeichnendes Auge aus einem blauen, herzförmigen Fleck und blaugrünen, goldbronzenen, goldenen und tiefbraunen Ringen drum herum. Wenn der Pfau sein Rad schlägt, wird die Schleppe zu einem phantastischen Fächer von hinreißender Farbenpracht, aus dem einen tausend Augen anzublicken scheinen.

Ich habe diese Augen zum erstenmal als Kind bei einem Zoobesuch mit Schulfreunden an einem Pfau gesehen, der, als wir kamen, gerade seinen Fächertanz vollführte. Wir hatten gelernt, daß nach der römischen Göttersage Juno die hundert Augen des von Merkur getöteten Riesen Argus auf den Pfauenschwanz verpflanzt habe. Unser Pfau entfaltete, sich fortwährend schüttelnd, seine lange Schleppe, bis sie ihn wie ein vielfarbiger Glorienschein umstrahlte, aber bevor wir das Rad noch recht gesehen hatten, machte der Vogel eine jähe Wendung und kehrte uns sein Hinterteil zu — einen starren, graubraunen Schwanz und einen schwarzen Federbusch, der den Eindruck erweckte, das Tier trage Winterunterwäsche. Am Ende zeigte er sich uns aber doch. Der große Fächer mit seinen grünen, goldenen und bronzenen Augen richtete sich auf und bebte. Wir waren überwältigt. Zehn Minuten lang sagte keiner von uns ein Wort — und das wollte bei Jungen unseres Alters etwas heißen.

Die Vorsicht, die jener alte Pfau beim Zurschaustellen seines Fächers walten ließ, stammt aus dem Leben in der freien Natur. Von der Zeit an, da die Pfauhähne im Dschungel groß genug sind, ihr Rad zu schlagen, schicken sie beim Betreten offenen Geländes immer die unscheinbaren, braungesprenkelten Hennen voraus.

Erst wenn sie sehen, daß die Luft rein ist, kommen sie selber heraus in all ihrer Pracht. Die Nacht verbringen sie auf den oberen Ästen hoher Bäume, und auch wenn sie sich dorthin zurückziehen, lassen sie den Hennen den Vortritt.

Ich habe Pfauen, mit Unterbrechungen, ganze Nächte schreien hören. Einer der Laute, die sie von sich geben, gleicht dem Hilferuf eines kleinen Kindes, aber der, den man am häufigsten vernimmt, erinnert mehr an das Konzert eines alten Katers auf dem Gartenzaun. Er ist eine Mischung aus Miauen und Trompetengeschmetter mit einem unglaublich lauten *Fi-ao-fi-ao* als Auftakt. Daneben hat der Vogel auch noch einen Warnruf, ein schrilles *Ka-oan-ka-oan*.

Erfahrene Tierbeobachter nennen den Pfau das gewitzteste von allen Dschungeltieren. Einer, Stuart Baker, sagt, der Vogel sei «geschmeidig wie eine Schlange, heimlich wie eine Katze und wachsam wie ein alter Bisonbulle».

Voriges Jahr habe ich in Indien beinahe zwei Wochen in einem vorzüglich getarnten Kameraversteck zugebracht, um den eindrucksvollen Balztanz zu filmen, der der Paarung vorausgeht. Jeden Tag ein paar Meter vorrückend, kam ich schließlich bis auf 200 Meter an eine Pfauenfamilie heran, aber dann flogen die argwöhnisch gewordenen Wachhennen plötzlich auf. Sie rauschten ab wie Fasanen, auf eiligen Schwingen überholt von ihrem zu Tode erschrockenen Herrn und Gebieter, der seine Schleppe hinter sich dreinflattern ließ wie einen Flammenschweif. Zu meinen Filmaufnahmen kam ich nie.

Ein andermal, als ich in einem Baum saß und auf einen Tiger wartete, konnte ich dafür gleichsam von einem Logenplatz aus ein Schauspiel mit ansehen, das noch weit ungewöhnlicher ist als der Paarungstanz. Der Tiger kam den Tag nicht, aber das vergaß ich ganz, so sehr nahm mich das Treiben von rund einem Dutzend jungen Pfauhähnen gefangen, die sich unter meinem Baum eingefunden hatten. Weit und breit war kein Weibchen zu sehen, was die Theorie widerlegte, daß Pfauen nur in Gegenwart von Hennen ihr Rad schlagen. Sie tanzten miteinander, bewegten sich, immer zwei und zwei, mit gespreiztem Gefieder und unter Verbeugungen erst aufeinander zu und dann, nicht minder graziös, voneinander fort, beinahe wie beim Rumba. Die zitternden Fächer blitzten in der Sonne, als seien sie mit Edelsteinen besetzt, und es war kein Laut zu hören. Dann war der Tanz wie auf ein geheimes Signal mit einemmal vorüber. Die Vögel falteten ihre Schleppen mit den vielen Augen zusammen und verschwanden, einer hinter dem anderen, still im Dickicht.

Wie der Truthahn entfaltet und schüttelt der Pfau seinen Fächer vor allem, um seinem Harem von drei bis sechs Hennen zu imponieren, nur kümmern sich die Hennen nicht sonderlich darum. Von den fünfzig Malen, die ich wilde Pfauen vor weiblichen Tieren habe ihr Rad zeigen sehen, erinnere ich mich nur an zwei, wo die Hennen im Picken innehielten oder die Köpfe hoben, um ihrem Herrn und Meister, der Anerkennung heischend die Farben seines Gefieders spielen ließ, die gebührende Aufmerksamkeit zu schenken.

Nach der Dschungelfama sollen Schlangen und Pfauen Todfeinde sein. In den Urwäldern Ceylons hat der Zoologe William Beebe einmal aus großer Nähe einen Pfau mit einer Kettenviper spielen sehen. Der Vogel umkreiste das gefährliche Reptil unablässig und reizte es, wenn auch aus angemessener Entfernung, wieder und wieder zum Zuschlagen. «Der Pfau wollte die Schlange nicht töten, er neckte sie nur», erzählt Beebe. «Nach einer Weile war er des Spiels müde, lief einen Abhang hinunter und flog davon mit seiner Schleppe, die sich in dem hellen Licht wie eine wunderschöne, farbenfreudige Tapisserie ausnahm.»

So wild und scheu er ist, der Pfau wird in der Gefangenschaft doch leicht zahm. Man findet ihn in öffentlichen und privaten Parks, Tiergärten und Volieren der ganzen Welt.

Den größten Pfauenbestand der Welt hat der Whipsnade-Zoo in England, wo 200 Pfauhähne und -hennen mit einem Gesamtwert von annähernd 2500 Pfund frei herumlaufen. Das geht im großen und ganzen recht gut, außer wenn einer der Vögel einmal im Lack eines Autos sein Spiegelbild erblickt und bei dem Versuch, den Eindringling zu verjagen, den Wagen ramponiert.

Es gibt merkwürdige Gesellen unter den in Gefangenschaft lebenden Pfauen. Im Londoner Zoo hat sich einmal einer in einen jungen Jak verliebt. Sowie das exotische Rind sich blicken ließ, fing der Vogel an zu rufen, zu stampfen und seinen Fächer auszubreiten. Noch sonderbarer mutet das Verhalten eines Pfaus im Whipsnade-Zoo an, der einen ganzen Sommer lang einer der Holzbänke für Besucher den Hof machte.

Zahme Pfauen erreichen oft ein beträchtliches Alter. Einer der berühmtesten war der Pfau Pierrot, der gefiederte Hüter des UNO-Gebäudes in Genf. Er starb im Alter von vierundzwanzig Lenzen. Pierrot hat fast allen Staatsoberhäuptern der Welt seine Reverenz erwiesen und sich mit Prominenten photographieren lassen.

Im allgemeinen werden Pfauen mehr als Ziervögel gehalten, nicht so sehr als Hausgenossen. Sie wahren immer eine gewisse Distanz, bleiben aber zahm, solange man sie regelmäßig füttert und in Frieden läßt. Die Pfauenbesitzer behaupten, man sei ihnen für alle Zeiten verfallen, wenn man einmal welche gehabt habe.

*Er ist verblüffend vielseitig, kann klettern, schwimmen,
die Farbe wechseln — und ein oder zwei Millionen Jahre überspringen*

Der Frosch, ein Überlebenskünstler

Von Victor Head

SEINE ART hat Aufstieg und Untergang der Dinosaurier gesehen und eine Erde ohne Mensch, Vogel und Schmetterling gekannt. Dünnhäutig und scheu, hat ihn seine grenzenlose Anpassungsfähigkeit dennoch alle Feinde überleben lassen. Er kann wie ein Chamäleon in seiner Umgebung aufgehen, wie ein Eichhörnchen Bäume erklettern, einem Fisch davonschwimmen, zwanzigmal die eigene Länge springen, den Gleitflug eines Vogels nachahmen und sich in sonnendurchglühter Wüste ebenso behaupten wie in schneebedeckter Tundra.

Lernen Sie *Rana*, den Frosch, kennen, den verwunschenen Menschenprinzen des Märchens, den Verwandlungskünstler der Evolution.

Er gehört zu den ersten, die das Wasser, die Wiege allen Lebens, verlassen, sich eidechsengleich aus urweltlichem Sumpf geschlängelt und auf trockenes Land gewagt haben. Seine Flossen bildeten sich zu Armen und Beinen um, deren Wirkungsweise bis heute unübertroffen ist. Vergleichen Sie nur Ihren Arm mit dem Bein eines Frosches. Seine Knochen entsprechen denen Ihres Unterarms; sein Ellbogen ist zum Beugen, die fünf langen, schlanken Finger sind zum Greifen da. Und noch etwas fällt am Froschbein auf: Im Unterschied zu allen anderen Wirbeltieren hat der Frosch Waden wie der Mensch. Seine Schwimmbewegungen haben dem Kulturmenschen sehr wahrscheinlich zum Vorbild gedient; den meisten Naturvölkern ist solches Brustschwimmen aber fremd.

Noch heute ist der Frosch amphibisch. Seine im Wasser abgelegten Eier entwickeln sich zu fischähnlichen Kaulquappen, aus denen in einer erstaunlichen Metamorphose Frösche werden, lungenatmende Landbewohner.

Von den etwa 2600 heutigen Arten leben in der Schweiz sechs — drei Braun- und drei Grünfrösche. Zu den letzteren gehört der am meisten verbreitete Wasserfrosch *(Rana esculenta),* dann der größte dieser Art, der 10 bis 15 Zentimeter lange Seefrosch *(Rana ridibunda)* und als dritter der Kleine Grünfrosch *(Rana lessonae).* Der Wasserfrosch hat kürzlich eine zoologische Sensation bewirkt. Wissenschaftliche Untersuchungen haben ergeben, daß er ein Bastard ist. Trotz allen Laichens nämlich können zwei Wasserfrösche keine lebensfähigen Kaulquappen produzieren, während merkwürdigerweise aus der Paarung eines Kleinen Grünfrosches mit einem Seefrosch oder eines Wasserfrosches mit einem Kleinen Grünfrosch gesunde Wasserfrösche hervorgehen.

Der Hauptrepräsentant der Braunfrösche ist der Grasfrosch *(Rana temporaria).* Zur Paarungszeit treffen sich die Tiere, die viele hundert Meter vom Wasser entfernt in Wäldern und auf feuchten Wiesen leben, an drei aufeinanderfolgenden Nächten des Jahres pünktlich zum Rendezvous am Laichteich. Die beiden anderen Braunfrösche bei uns sind der schlank gebaute, geradezu elegante Springfrosch *(Rana dalmatina)* und der zierliche, spitzköpfige Moorfrosch *(Rana arvalis),* der in der Süd- und der Westschweiz vorkommt.

Der Laubfrosch *(Hyla arborea),* ein weitläufiger Verwandter von Rana, dem Echten Frosch, ist mit 3 bis 4 Zentimetern Länge unser kleinster Frosch, doch dank seiner riesigen Schallblase der lauteste von allen. Seine Oberseite wirkt grün lackiert. Er hält sich nur während der Paarungszeit im Wasser auf, sonst klettert er mit Hilfe seiner mit Haftballen versehenen Endglieder der Finger und Zehen auf Sträuchern und Bäumen herum.

Auf jeden Frosch, der lange genug lebt, um sich fortzupflanzen, kommen Hunderte, die Feinden wie Igel, Iltis, Reiher, Eule, Storch, Krähe, Rabe und Schlange zum Opfer fallen. Um diesen Aderlaß an der eigenen Art auszugleichen, legt das Froschweibchen jedes Frühjahr zwischen 1000 und 4000 Eiern, der Seefrosch gar bis zu 10 000, die am Ufer seichter Weiher Klumpen von wabbligem Laichballengelee bilden. Diese glasige Masse ist

DER FROSCH, EIN ÜBERLEBENSKÜNSTLER

mit winzigen, schwarzen Eiern gesprenkelt, die durch eine Gallerthülle geschützt sind. Sie werden durch den männlichen Samen in dem Augenblick befruchtet, in dem das Weibchen sie ablegt, und sinken dann auf den Grund.

Die Membrane, die das Ei umhüllt, absorbiert Wasser. Die ganze Masse schwillt auf die vierzig- bis fünfzigfache Größe des Mutterfrosches an und steigt an die Oberfläche. Je nach Wassertemperatur schlüpfen innerhalb Tagen oder auch Wochen die Froschlarven aus, die bald zur Kaulquappe oder, wie Kinder sagen, zum «Roßkopf» reifen.

In den Monaten Juni und Juli folgt die nächste Entwicklungsstufe. Hunderte einstiger Kaulquappen verlassen als winzige Fröschchen ihren Teich und schwärmen fast einen Kilometer tief in die Uferregion aus, um das gefährliche Leben an Land zu beginnen.

Beim Einzug des Winters verkriecht sich der Frosch auf den Grund eines schlammigen Tümpels und überwintert dort. In diesen langen Monaten atmet er nicht durch die Lunge, sondern nur noch mit der Haut. Wenn der Frosch mit drei Jahren geschlechtsreif geworden ist, kehrt er zur Fortpflanzung in das Laichgewässer zurück, in dem er als Kaulquappe gelebt hat. Sogar wenn dieser Laichplatz verschwunden ist, kommt er unbeirrbar wieder an die gleiche Stelle. Als die von mehreren tausend Grasfröschen mit Laich belegten Weiher zwischen Landquart und der Klus an der Autostraße nach Davos 1959 trockengelegt worden waren, fand der Naturforscher Dr. Hans Heusser von der Universität Zürich im März 1962 und 1963 Dutzende von Fröschen, die sich genau dort auf dem Acker versammelten, wo die Laichplätze gelegen hatten.

Wie seine dicke und warzige Cousine, die Kröte, hält der Frosch nichts von zärtlicher Tändelei in der Liebe. Unmittelbar unter der Wasseroberfläche schwimmend, packt er das erste beste Weibchen — oder irgendein anderes Objekt, das sich bewegt. Naturwissenschaftler haben beobachtet, daß ein verliebter Frosch einen Fisch ergriffen und erstickt hat.

Obgleich das Laichen bei Temperaturen unter dem Gefrierpunkt aufhört, verträgt die Inbrunst eines Froschs manche Abkühlung. Der Grasfrosch beginnt am frühesten mit der Paarung, bisweilen schon in Schnee und Eis. Ein Bauer hat einmal Frösche beobachtet, die im März an einem zugefrorenen Laichplatz ankamen. Bis zur Dämmerung hüpften sie auf dem dünnen Eis und versuchten vergeblich, in das Wasser darunter zu gelangen. Der Wasserfrosch dagegen mag es aber heiß und laicht oft erst Anfang Juni.

Frösche haben gelernt, sich den meisten Klima- und Umweltbedingungen anzupassen. In Australien saugen sie sich voll Wasser und graben sich in die Erde, um nicht von der Sonne gebraten zu werden. So manchen Ureinwohner hat das Ausgraben eines solchen Frosches vor dem Verdursten gerettet.

Im Hochgebirge von Mexiko, wo Wasser auch selten sein kann, legen Frösche ihre Eier in den Sprühregen von Wasserfällen. In Afrika laichen Frösche in winzigen Tümpeln, in Baumstümpfen oder sogar in Regentropfen auf Blättern. Asiatische Baumfrösche schlagen mit den Hinterbeinen das Gallert, das ihre Eier schützt, zu einem Schaumball, der im Laub über dem Wasser hängt. Wenn die Larven schlupfbereit sind, löst sich der Schaum auf und die Kaulquappen fallen in den Teich.

Wenige Geschöpfe tarnen sich wirkungsvoller als der Frosch. Oft verändert er seine Farbe, um sich grauen Baumstümpfen, rotbraunen Blättern oder bemoosten Steinen anzupassen. Eine Baumfroschart klammert sich an die Unterseite von Blättern, um der Entdeckung zu entgehen. Ein tropischer Vetter dagegen hat eine Zeichnung angenommen, die wie Vogeldreck aussieht; er überlebt, indem er am Tage unbeweglich auf einem Blatt hockt.

Grellrote oder gelbe Punkte werden manchmal zur Schau gestellt, um Verfolger zu erschrecken. Wenn ein Frosch um sein Leben hüpft, verwirrt das plötzliche Aufblitzen eines scharlachroten Oberschenkels den Angreifer und erlaubt dem Frosch, in eine neue Tarnkappe zu schlüpfen.

Vor kurzem hat man entdeckt, daß Frösche eine Lieblingsfarbe haben — Blau. In einer Kiste mit zwei Fenstern, hinter denen verschiedenfarbige Scheiben aufgestellt waren, sprangen die Frösche stets durch das blaue Fenster. Der britische Zoologe Robert Burton hat das damit erklärt, daß für den Frosch alles in seiner natürlichen Umgebung unter den Pflanzen am Wasser grün sei, mit Ausnahme des Tümpels, der das Blau des Himmels widerspiegle. Bei drohender Gefahr suche er durch einen Sprung ins Wasser Sicherheit; deshalb seine Vorliebe für Blau.

Optische Eindrücke, die das Froschauge aufnimmt, werden in der Netzhaut verarbeitet und dem Reflexzentrum im Gehirn übermittelt. Dann handelt der Frosch wie ein lebendes Katapult und ergreift blitzschnell seine Beute. Gierig verschlingt er

Insekten, Schnecken und Würmer, wobei er die zweilappige Zunge herausklappt, die hinter dem Unterkieferrand angewachsen ist und mit dem freien Ende nach hinten in den Rachen ragt.

Das Froschgequake ist lange vor den Schreien der meisten anderen landlebenden Tiere erklungen, die uns heute vertraut sind. Der von der Außenluft unabhängige Frosch läßt seine tiefklingenden Rufe oft unter Wasser erschallen, indem er Reserveluft über Stimmbänder zwischen Mund und Lunge hin- und herpumpt.

Gemäß Dr. Heusser hängt die Rufhöhe von der Körpergröße und damit vom Alter der Tiere ab. Die Rufbereitschaft wird durch die Außentemperatur, Tageslänge, Luftfeuchtigkeit und Niederschlagsmenge beeinflußt. Das Froschgequake in Chören wird dadurch erklärt, daß der Paarungsruf eines Männchens andere anregt, sich ihm anzuschließen. Ein schwach motivierter Artgenosse macht erst mit, wenn bereits eine Gruppe ruft.

Bei all seiner Nützlichkeit und trotz seines uralten Stammbaumes und seiner Begabung fürs Überleben könnte der Frosch ein Opfer unserer Zeit werden. Feinschmecker, nicht nur in Frankreich und Belgien, rühmen das nach Hühnchen schmeckende Fleisch des Frosches. In Teilen der Westindischen Inseln sind Frösche als «Berghühner» bekannt. Nur die fleischigen Hinterschenkel sind eßbar, und für eine einzige Mahlzeit müssen mehr als ein Dutzend Frösche daran glauben. (Entgegen dem Volksglauben bekommt man beim Berühren eines Frosches keine Warzen; viele Arten sondern allerdings aus Hautdrüsen ein starkes Gift zur Verteidigung ab.)

Auch für die Wissenschaft muß sich der Frosch opfern. Jedes Jahr werden etwa 100 000 Frösche wegen mancher Ähnlichkeit mit dem Menschen zum Unterricht in vergleichender Anatomie und für die Forschung gebraucht. Amerikanische Frösche sind in den Weltraum geschossen worden, um die Reisekrankheit im All zu erforschen. Südafrikanische Ärzte haben an Xenopus, dem dortigen Krallenfrosch, entdeckt, daß sich Frösche zur Diagnose menschlicher Schwangerschaft verwenden lassen. Der Urin der Patientin wird dem Froschweibchen eingespritzt, das auf Schwangerschaftshormone oft schon in wenigen Stunden durch Laichen reagiert.

Schweizer Frösche haben es besser als viele ihrer Artgenossen in den anderen Ländern, weil sie selbst und viele ihrer Lebensräume unter Naturschutz stehen. Dies bedeutet, daß für die kulinarische Verwertung Frösche importiert werden müssen.

Außerdem bedürfen Projekte zum Bau von Straßen und Gebäuden, deren künftiger Standort den Lebensraum der Frösche gefährdet, in fast allen Kantonen spezieller Bewilligungen. Auch das Abladen von Bauschutt und Abfällen ist geregelt. Neben der Aufschüttung von Laichgewässern ist der größte Feind des Frosches jedoch der Straßenverkehr. Dort nämlich, wo sie auf ihrem Weg zum Laichplatz eine Straße zu überqueren haben, erleiden viele von ihnen den Straßentod. In einigen Gebieten haben solche Massaker sogar zur völligen Ausrottung der Froschpopulation geführt.

Um weiteres Froschsterben auf den Straßen zu verhüten, sind verschiedene Maßnahmen getroffen worden. So sind an vielbegangenen Straßenabschnitten Warnsignale aufgestellt worden, die die Zahl der überfahrenen Frösche jedoch nicht stark zu reduzieren vermochten. Besser bewährt haben sich 30 bis 40 Zentimeter hohe, an Eisenstäben oder Holzpfosten befestigte Plastikbahnen und engmaschige Drahtgitter, die von Freiwilligen längs kritischer Straßenstücke errichtet worden sind. Die sich hinter den Zäunen ansammelnden Lurche fielen in bodeneben eingegrabene Plastikeimer und konnten am späten Abend und frühen Morgen zu den Laichplätzen gebracht werden. An andern Orten wurden sogenannte Froschunterführungen, das heißt Röhren von 30 bis 40 Zentimetern Durchmesser mit Einfallschacht, in die Straßen eingelegt. Bewährt hat sich schließlich auch eine weitere Maßnahme, nämlich das Sperren von gewissen Straßenstücken zur Nachtzeit. Auch diese Vorkehrungen waren sehr erfolgreich.

Der Frosch ist aber auch durch die wachsende Umweltverschmutzung bedroht. Waschmittel und Pflanzenschutzmittel gefährden sowohl das Tier als auch seinen Lebensraum. Schädlingsbekämpfungsmittel wirken giftig auf Kaulquappen, und in Amerika sind durch das Besprühen von Mückenschwärmen ganze Froschpopulationen ausgerottet worden.

Für diejenigen, die den Frosch gern haben, ist das ein düsteres Bild. Vielleicht aber ist der Frosch doch nicht so gefährdet, wie die Wissenschaftler befürchten. Schließlich ist er einer der ältesten Bewohner der Erde und von einem unbändigen Lebenswillen erfüllt. Er hat sicher noch Tricks auf Lager, um seine Sippe auch durch die nächsten Millionen Jahre zu bringen.

*Eine Landfrau verteidigt
das vielgelästerte Borstenvieh*

Kleine Schwäche
für Schweine

Von Alice Haines

Von allen Haustieren haben die Schweine den übelsten Ruf. Seit grauer Vorzeit gelten sie als schmutzig und gewöhnlich, dumm und gefräßig. Ich habe in den letzten vierzehn Jahren Hunderte von Schweinen aus nächster Nähe kennengelernt und gefunden, daß sie sauber sind aus Instinkt, intelligent von Natur, maßvoll am Futtertrog und geradezu würdig in ihrem Liebeswerben und bei der Paarung.

Zu meiner Schweinezucht bin ich ganz durch Zufall gekommen. Als ich, eine Städterin, meine 18 Hektar große Landwirtschaft übernahm, fand ich einen Hof ohne Schweine leer und unvollständig, und so schaffte ich mir eines an, das ich zunächst nur für Abfallbeseitigung vorgesehen hatte. Henrietta, wie ich es nannte, hatte eine Stange Geld gekostet. Weitere Jungschweine dazuzukaufen wäre zu teuer gewesen, und so beschloß ich, ihr einen Mann zu besorgen und selbst Junge zu züchten, ein oder zwei von dem Wurf zu behalten und die übrigen zu verkaufen.

Natürlich kannte ich die Geschichte von dem Amateurlandwirt aus der Stadt, der wie ich mehr Schweine haben wollte, seine Sau auf einen Schubkarren lud, sie ein paar Meilen über Land zum Eber fuhr und dann wieder nach Hause karrte. Am nächsten Morgen war er sehr erstaunt, noch keine Jungen vorzufinden. Also packte er sein Tier wieder auf und machte die Reise zum zweiten- und tags darauf zum drittenmal. Als er am Morgen des vierten Tages in den Stall kam, saß die Sau schon auf dem Schubkarren...

Ich schaffte mir also einen Eber an und mußte nun sehen, daß er sein Futter verdiente. Es würde ein ganzer Harem von Sauen nötig sein, wenn er sich bezahlt machen sollte, rechnete ich mir aus, und kaufte gleich noch fünf hinzu. Als Henrietta zum erstenmal ferkelte, konnte ich mich von fünfen ihrer Sprößlinge nicht trennen, so daß ich nun zusammen elf Sauen besaß. Jede von ihnen warf jährlich zweimal, und auf den Wurf kamen acht Ferkel im Durchschnitt. In einem Jahr hatte ich einmal 160 Stück.

Von allen Schmähungen, die das brave Borstenvieh über sich ergehen lassen muß, ist keine so ungerecht wie die Redensart «schmutzig wie ein Schwein». Im Gegensatz zu vielen anderen Tieren kommen Ferkel *sauber* auf die Welt. Jedes einzelne von Henriettas Jungen war bei der Geburt in ein feines Häutchen eingehüllt, das sich später abschälte. Die Haut darunter mit den zarten Borsten war sammetweich wie ein Fell, sauber und völlig trocken.

Kleine Ferkel kann man unbesorgt ins Haus mitnehmen: sie spüren instinktiv, wie besorgt man um seinen Teppich ist. Meinem Bruder machte es immer einen Heidenspaß, unser Lieblingsferkel mitzunehmen, wenn er eingeladen war. Es hat uns nie blamiert.

Der rückständige Bauer sperrt seine Schweine zum Fettwerden in enge Verschläge ein. So eingepfercht können sie sich nicht sauberhalten.

Schweine haben keine Schweißdrüsen und müssen, um sich abzukühlen, auf andere Weise ihre überschüssige Wärme abzugeben suchen. Im Freien wühlen sie sich daher gern eine Mulde, in der sich das Regenwasser sammeln kann. Aber auch wenn es nicht geregnet hat, finden sie Kühlung in ihrem Schlammloch. Man sorge für ein Wasserbecken aus Beton, und die Schweine werden sich nicht in Schlamm und Schmutz wälzen.

Dichter und Maler haben das Schwein zum Sinnbild der Gefräßigkeit gemacht. In Wirklichkeit ist es im Fressen wählerisch und maßvoll wie kaum ein anderes Tier — ich spreche aus Erfahrung. In der ersten Zeit habe ich meine Schweine nur zweimal am Tag gefüttert. Natürlich waren sie jedesmal heißhungrig und fraßen «wie die Schweine». Alle Landwirte, die ich kannte, waren altmodisch und hatten Bedenken, sich Futterautomaten anzuschaffen. Ich auch. Laß diese gierigen Viecher auf eine unrationierte Futtermenge los, dachte ich, und sie fressen und fressen und bringen dich um Haus und Hof.

Aber ich ließ mich dann doch von einem tüchtigen landwirtschaftlichen Berater überreden und kaufte mir einen dieser neumodischen Apparate. Der Erfolg war verblüffend: statt, wie ich erwartet hatte, alles auf einmal zu verschlingen, fraßen meine Schweine nur gerade soviel, wie sie brauchten.

    Tun, was einem nützt, heißt vernünftig handeln. In diesem Sinne halte ich Schweine für die intelligentesten Stalltiere. Wenn zum Beispiel eine Sau kurz vor dem Ferkeln steht, wird sie unruhig, läuft auf dem Hof umher und sucht Stroh zusammen für ein Lager. Sie läßt niemand an sich heran. Sehe ich jedoch eine Sau Stroh anbringen, dann hole ich mir einen Eimer warmes Seifenwasser und wasche ihr das Gesäuge, um einer Infektion der Ferkel nach Möglichkeit vorzubeugen. Eine Stunde vorher würde sie das nicht dulden; jetzt aber will sie ganz sauber sein. Und sie läßt mich nicht nur herankommen, sie legt sich bereitwillig nieder und wälzt sich fast auf den Rücken, damit ich ganz gründliche Arbeit leisten kann.

Als Henrietta einmal in der größten Hundstagshitze achtzehn Ferkel warf, war sie nahe daran, überzuschnappen. Sie hatte nur zwölf Zitzen, und die hungrigen Kleinen trampelten im verbissenen Kampf um die Nahrungsquellen auf ihr herum, stupsten und zwickten sie und quiekten Protest. Henrietta glühte von innen und außen wie ein Backofen. Sie haßte alle und alles, und keiner traute sich in ihre Nähe. Zu allem Unglück bekam sie auch noch Gebärparese.

«Geben Sie ihr fünf, sechs Eßlöffel Magnesiamilch», verordnete der Tierarzt übers Telefon.

Ich hängte ab und dachte: wie in aller Welt soll ich einem bösartigen Schwein, das in drei Meter Umkreis keinen Menschen duldet, Medizin einflößen?

Aber Henrietta brauchte Hilfe. Die offene Flasche und den Löffel in der Hand, ging ich vorsichtig auf sie zu. Sowie sie die Magnesiamilch witterte, schien sie sie als etwas zu erkennen, was ihr not tat. Und sie nahm ihre Medizin sanft wie ein Lamm, Löffel für Löffel, bis sie ihre Dosis geschluckt hatte. Dann allerdings machte sie mir klar, daß ich jetzt wieder verschwinden könne ...

Der amerikanische Landwirt nennt das Schwein in Anerkennung seiner guten, raschen Fleischleistung «Hypothekentilger». Ein Schaf braucht fünf Monate, um ein, höchstens zwei Lämmer auszutragen, und eine Kuh neun Monate für ein einziges Kalb; Henrietta setzt ihren Wurf von 8 bis 18 Ferkeln — ein Rekord für sich! — in weniger als vier Monaten. In einem halben Jahr erhöht sich das Gewicht eines Ferkels um 6000 Prozent, und das Schwein ist dann marktreif.

In keinem anderen Fleisch ist soviel Thiamin enthalten — das Vitamin B_1, das für die normale Funktion der Nervenzelle so wichtig ist — wie im Schweinefleisch. Und es ist reich an Riboflavin, dem Wachstumsvitamin B_2, sowie sämtlichen acht Aminosäuren, die wir brauchen. Was jedoch noch wichtiger ist: das Schwein liefert uns jetzt auch das ACTH, jenes Wunderhormon, das arthritische und andere Schmerzen lindert. Um ein Pfund ACTH zu gewinnen, braucht man die Hirnanhangdrüsen von mehr als 400 000 Schweinen.

Von den über siebzig Dingen, die uns das Schwein liefert, ist das beste aber immer noch das Fleisch, die gute, handfeste Nahrung. Niemand fühlt sich besser für den Winter gerüstet als der Bauer, der Speck und Schinken im Rauch hängen und ein tüchtiges Stück Schweinefleisch in der Gefrierkammer hat. Für seinen Mittagstisch ist gesorgt, und er kann essen, worauf er gerade Appetit hat: knusprigen gebratenen Speck, Hausmacherwurst oder ein saftiges Rippenstück. Und er kann sich, wenn er mag, zu Weihnachten ein ganzes, zartes Spanferkel braten, mit einer Zitrone im Maul.

Schweine mögen nicht gerade schön sein — aber ich liebe sie! «Schönheit vergeht, Schweinsleder besteht», sagt Andersen.

*Svea suchte überall Anschluß —
nur nicht bei ihren männlichen Artgenossen*

Ein Elch geht in die Stadt

Von Carl C. Andersen

Eines Morgens — es ist schon ein paar Jahre her — ließ mich mein Chefredakteur zu sich rufen. «Andersen», sagte er, «Sie müssen für uns eine Elchkuh ausfindig machen — und zwar schleunigst!» Die Sache war die: Dänemarks einzige Elchkuh war eingegangen. Zusammen mit zwei prachtvollen Elchhirschen war sie vor zwanzig Jahren von Schweden aus durch die reißenden, tückischen Strömungen des Sunds zu uns nach Dänemark geschwommen — eine respektable Leistung! Seit 800 Jahren waren in unseren Wäldern keine Elche gesichtet worden, und nun fürchtete man, daß sie aufs neue aussterben würden. Hunderte von Leserbriefen gingen ein, in denen wir gebeten wurden, eine neue Gefährtin für die vereinsamten Elche zu beschaffen.

Das schien zunächst ein Ding der Unmöglichkeit zu sein — und doch war unsere Suche schließlich von Erfolg gekrönt. Der schwedische Zeitungsverleger Torsten Kreuger hatte vor einigen Jahren einen jungen Elch mit gebrochenem Lauf gefunden, den er gesund gepflegt und auf seinem Gutshof behalten hatte. Dieses Tier machte er nun, als freundschaftliche Geste, Dänemark zum Geschenk.

Svea — so hieß die Elchkuh — wurde nun feierlich von zwei Schweden, die sie mit aufgezogen hatten, den Herren Reen und Rasmussen, nach Dänemark gebracht. «Svea ist nicht leicht zu behandeln», sagte Rasmussen bei einem Presse-Interview, und Reen orakelte düster: «Sie hat nämlich eine Schwäche für Menschen.»

Svea wurde in den Wäldern von Gribskov, an der Nordküste von Seeland, in Freiheit gesetzt. Hier würde sie hoffentlich einem

Hirsch begegnen, und das übrige würde wohl die Natur besorgen — so dachten wir. Aber wir hatten die Rechnung ohne Svea gemacht.

Eines Abends bummerte es an der Tür des Forsthauses, in dem der königlich dänische Förster Joergensen wohnte. Als seine Tochter Kirsten öffnete, schrie sie auf. Vor der Tür stand ein Elch.

Der Förster stürzte mit schußbereiter Flinte herbei, denn Elche können äußerst gefährlich werden und ohne weiteres einen Menschen durch einen kräftigen Tritt ihrer Vorderhufe töten. Svea schien aber nichts dergleichen im Sinn zu haben; sie stand ganz ruhig da und ließ den Kopf hängen. «Was ist denn *das* für ein Tier?» brummte Joergensen. «Vielleicht will sie gestreichelt werden», meinte seine Tochter.

Genau das war es, was Svea wollte. Sie fühlte sich einsam.

Schüchtern kraulte Kirsten ihr das riesige Haupt, und sofort rückte Svea näher und verlangte nach mehr. Das war der Anfang einer Freundschaft. Von nun an fand sich Svea allmorgendlich vor dem Hause am Waldrand ein und wartete, bis Kirsten herauskam. Dann stürzte das mächtige Tier wie ein Hund auf das Mädchen zu, kam mit rutschenden Vorderhufen vor ihr zum Stehen und begann sanft an ihrer Schulter zu knabbern. Und dann entspann sich eine Unterhaltung zwischen den beiden — denn Svea unterhielt sich für ihr Leben gern. Die großen, melancholischen Augen auf den Sprechenden gerichtet, lauschte sie aufmerksam, und als Antwort ließ sie ein tiefes Brummen in ihrer Kehle hören, mit dem sie vielerlei Gefühle auszudrücken vermochte.

Eines Morgens, als der Gemeinderat von Helsinge — einem Städtchen im Waldgebiet von Gribskov — sich gerade versammelt hatte, kam atemlos ein Polizist ins Rathaus gestürzt. «Herr Bürgermeister!» rief er, «Herr Bürgermeister! In unsern Straßen läuft ein Elch herum! Was soll ich bloß machen?»

Offensichtlich hatte Svea das Städtchen entdeckt und Gefallen daran gefunden. Auch die vielen Kinder dort schienen ihr zu gefallen, obwohl sie zunächst schreiend die Flucht ergriffen. Allmählich kamen sie aber wieder herbei, um das große, zutrauliche Tier näher zu betrachten. Sie waren ein dankbares Publikum, vor dem Svea nun unter Drehen und Wenden auf der Hauptstraße allerhand Kapriolen machte.

Nach einer Weile erschien der Gemeinderat geschlossen auf dem Schauplatz, voran der Bürgermeister, der schreiend mit den Armen fuchtelte. Förster Joergensen versuchte, das Tier aus der

Stadt hinauszubugsieren, aber Svea stemmte sich fest gegen den Boden und war nicht von der Stelle zu bewegen. Schließlich rief man die Försterstochter zu Hilfe. Sie redete Svea ernst ins Gewissen, und alsbald trottete diese in der Richtung auf den Wald davon, nicht ohne einen letzten, verächtlichen Blick auf den Gemeinderat geworfen zu haben.

Bei ihrem nächsten Besuch in Helsinge entdeckte Svea Herrn Rosendahls Konditorladen. Wie ein Kind drückte sie ihre riesige Schnauze ans Schaufenster und verschlang die Backwaren mit den Augen. Der Bäcker versuchte zunächst, die unheimliche Erscheinung durch Nichtachtung zu strafen; schließlich aber riß er die Ladentür auf und rief: «Weg da!»

Anstatt zu gehorchen, steckte Svea den Kopf zur Tür herein und sah sich bettelnd um. Der Bäcker gab ihr ein Stück frischgebackenes Brot — und das war sein Unglück. Denn von nun an war unser Elch jeden Morgen, wenn das Brot aus dem Ofen kam, zur Stelle. Auch Kuchen verschmähte Svea nicht; da sie aber einzusehen schien, daß man so kostspielige Backwaren nicht umsonst verlangen konnte, verfiel sie auf den Ausweg, sich von den Umstehenden Kuchen kaufen zu lassen. Sie stolzierte vor dem Laden hin und her, bis sich wie üblich eine Kinderschar eingefunden hatte, suchte sich darunter ein Opfer und schubste das betreffende Kind sanft in den Laden. Auf diese Weise kam Svea täglich zu ihrem Kuchen.

Besonders gern hielt Svea Autos an, die eine faszinierende Wirkung auf sie auszuüben schienen. Dann beschnupperte sie die Insassen und schwatzte mit ihnen. Einer meiner Freunde hatte einmal solch eine ungemütliche Begegnung. Als er im Walde von Gribskov um eine Kurve bog, sah er plötzlich einen mächtigen Elch vor sich, der mit seiner ganzen Breite den Weg versperrte. Jedes andere Wild wäre blitzschnell auf und davon gewesen — Svea dachte gar nicht daran. Der Fahrer hatte gerade noch Zeit, auf die Bremse zu treten und den Wagen zum Stehen zu bringen.

Svea blickte von ihrer beträchtlichen Höhe aus in den kleinen offenen Wagen hinein. Gemächlich trottete sie zu dem Fahrer hinüber und gab dem entsetzten Mann einen liebenswürdigen Stups mit der Schnauze. Nachdem sie auch die Rückseite des Wagens beschnuppert hatte, versetzte sie meinem Freunde einen freundschaftlichen Abschiedsstups und schlenderte davon.

Nach mehreren derartigen Zwischenfällen entschloß man sich zu strengeren Maßnahmen. Schließlich war Svea nicht zur Belustigung der Kinder aus Schweden hierher gebracht worden, sondern um einem neuen Geschlecht dänischer Elche das Leben zu schenken. Sie wurde also in ein Wildschutzgebiet im nördlichen Seeland geschafft, wo die Elchhirsche sich zu der Zeit aufhielten. Nach den Berichten der Förster, die sie ständig beobachteten, schien sie jedoch von den Hirschen keine Notiz zu nehmen. Immerhin: sie war jetzt auf ihre natürliche Nahrung angewiesen und würde zweifellos bald «wild werden» — um mit den Förstern zu reden.

Plötzlich aber verschwand Svea aus dem Wildschutzgebiet.

Wenige Tage später gewahrte Herr Rosendahl eines Morgens ihr vertrautes Gesicht an seinem Schaufenster. Nachdem Svea ihr frischgebackenes Brot verzehrt hatte, begab sie sich auf ihre gewohnte Besuchsrunde. Der Gemeinderat trat zusammen und hielt eine stürmische Sitzung ab, in der unter anderem gesagt wurde: «Svea muß endlich einsehen, daß sie ein Tier ist. Wir können es nicht zulassen, daß sie in dieser Weise die Ruhe und Ordnung unserer Stadt gefährdet.» Ein Angebot des Kopenhagener Zoos, den Elch zu übernehmen, wurde einstimmig angenommen.

Bei ihrem Einzug in Randers Zoologischen Garten gab Svea eine Vorstellung nach bester alter Tradition. Als sie von ihrem Lastwagen herunterstieg, war sie fromm wie ein Lamm. Etwa eine Stunde lang begnügte sie sich damit, das ihr angewiesene weitläufige Gehege zu inspizieren. Dann aber straffte sie sich: ein Anlauf, ein Sprung — und wie im Fluge war sie über den drei Meter breiten Graben hinweggesetzt.

Svea begab sich also wieder einmal auf einen Spaziergang. Ganz königliche Würde, steckte sie den Kopf in parkende Autos, beschnupperte die Zoobesucher und stupste die Kinder mit der Schnauze. Bald entdeckte sie einen Teich und beschloß, erst einmal in aller Ruhe zu baden. Danach kehrte sie zu ihrem Gehege zurück, übersprang mühelos den Graben und ließ sich sichtlich sehr befriedigt in ihrer neuen Behausung nieder.

Vor wenigen Monaten ist Svea an Lungenentzündung eingegangen. Auch die modernsten Heilmethoden haben sie nicht retten können. Ganz Dänemark trauerte ihr nach.

Einige Tage nach ihrem Tode sprach ich mit meinem Chefredakteur noch einmal über das Problem der dänischen Elche. «Sollten wir uns nicht bemühen, eine neue Elchkuh zu finden?» fragte er. «Eine zweite Svea?» gab ich zurück, «Das gibt es nicht.»

«Dann schreiben Sie ihr einen Nachruf», meinte er, «sie hat es verdient!»

*Hundert Ausreißer aus einer Tierhandlung
hielten die Innenstadt von New York in Atem*

Die Affen sind los

Von Henry Trefflich,
nacherzählt von Baynard Kendrick

Es war an einem Samstag gegen 10.15 Uhr vormittags, als auf einer Polizeiwache im Zentrum von New York plötzlich Lichtsignale aufblitzten und Telefone rasselten. Gleich darauf wurde Großalarm gegeben. Die umliegenden Straßen wimmelten von Menschen. Affen hatten von der Innenstadt Besitz ergriffen!

Eine halbe Stunde vorher hatte Gustav Hildebrand, ein Angestellter in meiner Tierhandlung in der Fultonstraße, bemerkt, daß sich ein Affe in den Drahtmaschen seines Käfigs verfangen hatte. Er öffnete die Käfigtür und befreite den kleinen Burschen. Der aber riß prompt aus, und ehe sich's Hildebrand versah, sprangen andere neunzehn Affen kreischend hinter dem Ausreißer her.

Die Affen hielten rasch Kriegsrat und gelangten dabei offenbar zu dem Schluß, daß es unfair wäre, ihre Kameraden eingesperrt zu lassen. Schon hatten sie die Türen der vier anderen Käfige aufgemacht, und achtzig weitere Affen ergossen sich in den Raum. Während Hildebrand sich verzweifelt abmühte, den einen oder anderen Affen zu greifen, machte ein vorwitziges Kerlchen die Tür nach dem Korridor auf und entdeckte dort eine Leiter, die unter einer offenen Dachluke stand. Im Nu waren alle hundert Affen auf dem Dach und – in Freiheit.

... Mr. Gordon, Geschäftsführer einer Lebensmittelgroßhandlung nicht weit von meinem Geschäft entfernt, zeigte gerade im Lagerraum des dritten Stockwerks einem Kunden die neue Kaffeelieferung, als durch ein offenes Fenster hinter ihm vierzig Affen mit lautem Geschrei eindrangen. Ein Teil der unerwünschten Besucher machte sich sogleich über die Kaffee- und verlockend duftenden

Gewürzsäcke her und riß sie auf. Mr. Gordon war machtlos dagegen. Die anderen Affen, offenbar keine Kaffeeliebhaber, turnten dem Kunden nach hinunter ins Erdgeschoß und untersuchten die Bananen in der Früchteabteilung.

Die Bananen waren zwar noch etwas grün, erwiesen sich aber als durchaus eßbar, und da Verkäufer und Kunden entgegenkommenderweise den Raum verlassen hatten, ließen die Affen sich's gut schmecken, bis ein paar Hunde kamen und ihnen die Beute abzujagen versuchten. Sie begrüßten die Störenfriede mit einem Sperrfeuer von Bananenschalen, leeren Limonadeflaschen und Konservenbüchsen. Darauf traten die Hunde den Rückzug an.

Geistesgegenwärtig hatte Mr. Gordon inzwischen das Fenster im oberen Stockwerk zugeworfen; dann lief er die Treppe hinunter und schloß überall Fenster und Türen. Zwanzig Minuten darauf wurden alle vierzig Affen von Angestellten des Tierschutzvereins mit Netzen gefangen und mit Mr. Gordon zusammen aus dem Lagerraum abtransportiert — sämtlich lebend und unverletzt.

IN DER zweistöckigen Feuerwache in der Fultonstraße herrschte eitel Ruhe und Frieden. Auf dem Dach war ein Handballspiel im Gange, und im ersten Stock saßen zwei Feuerwehrleute, in eine Partie Dame vertieft. «Zieh doch endlich», sagte der eine ungeduldig. «Was sitzt du denn da und glotzt die Wand an?» Der andere schüttelte verwirrt den Kopf, als traute er seinen Augen nicht. «Eben», murmelte er, «sind fünf Affen dort an der Gleitstange runtergerutscht... der eine hielt einen Handball.»

Mit einemmal war der Teufel los. Wütend stürzten zwei Feuerwehrleute herein. «Wer von euch hat den Handball geklaut?» schrien sie. Im gleichen Augenblick rauschten nebenan im Umkleideraum sämtliche Duschen mit voller Kraft auf. Die Tür flog auf, fünf Affen rannten grinsend zu der blanken Messingstange und rutschten ins untere Stockwerk hinunter. Ein Feuerwehrmann stürzte in den Umkleideraum, blieb verblüfft stehen; sprachlos starrte er auf zehn Affen, die sich duschten.

Über eine halbe Stunde jagte die ganze Feuerwache hinter den Affen her, über den Wagen mit der großen Leiter weg, darunter durch, die Treppe hinauf, die Messingstange hinunter, bis mit einemmal die Alarmglocke schrillte. Als die Feuerleiter ausrückte, blieben zehn Affen unter der Dusche zurück, die anderen zehn hingen am Wagen. Er hatte nicht weit zu fahren. Ein paar Häuser weiter brauchte man eine Leiter, um ein paar Affen von einer Hauswand herunterzuholen. Ein Schutzmann erwartete die Leiter. Aber als der Wagen hielt, schüttelte er nur den Kopf. «Man sollte es nicht für möglich halten, die bringen noch mehr!»

... DER KANTOR der Dreifaltigkeitskirche stand vor seinen Chorknaben. Die Singstunde hatte eben begonnen. Als er die Jungen so weit hatte, daß sie endlich still waren, schlug er die Stimmgabel an und hob den Finger, um das Zeichen zum Einsatz zu geben. Da kicherte einer der Jungen. «Verzeihung, Herr Kantor», sagte er, «aber da sitzt ein Affe auf dem Klavier ... und ein zweiter kommt eben durch's Fenster.»

Im nächsten Augenblick waren vier Jungen auf dem Klavier, aber der Affe hing schon am Kronleuchter. Der zweite Affe schaukelte vergnügt an einer Gardinenstange. In aller Seelenruhe schloß der Kantor das Fenster. Seit Jahren hatte er sich mit Chorknaben abplagen müssen — was waren da schon ein paar Affen! Er ließ die Jungen in zwei Gliedern antreten und teilte Gruppen zu vieren ab; dann nahm er die Schonbezüge von den Stühlen und bewaffnete jede Gruppe mit einem Bezug. Den Jungen waren die Affen nicht gewachsen. In genau sieben Minuten waren beide gefangen.

... PETE, ein vierschrötiger Hafenarbeiter, hatte wieder einmal sein Quartal und machte schon die dritte Woche blau. So schwankte er an diesem Samstag in die Schenke Zur Weißen Rose in der Fultonstraße, bestellte einen Whisky und sah sich um.

Dann griff er nach seinem Glas — es war nicht mehr da. Pete grinste verlegen und tat so, als hätte er sich eine Zigarette anzünden wollen. Er konnte doch dem Wirt nicht sagen, daß ein halbes Dutzend Affen hier herumsprang, und daß einer ihm seinen Whisky ausgetrunken und das Glas unter den Tisch geworfen hatte. Aber dann sah er, daß der Wirt einen Affen am Schwanz packte, der durch den Ventilatorschacht entwischen wollte.

Pete wandte sich zu seinem Nachbarn — er war verschwunden. Mit einemmal wurde ihm speiübel. Die ganze Gaststube war plötzlich leer, nur er und der Wirt waren noch da. Aber nein, sie war gar nicht leer — das war ja das schlimme!

Von weißen Mäusen hatte Pete schon gehört. Aber von Affen? Drei, nein vier Affen rannten vor dem Spiegel hin und her und probierten die Flaschen. Als Pete sich umdrehte, sprang hinter ihm ein Haufen anderer Affen von Tisch zu Tisch und fraß Brezeln.

Pete brauchte dringend eine kleine Stärkung und griff nach dem halbvollen Glas, das ein anderer Gast hatte stehen lassen — ein Affe trank es ihm vor der Nase aus! Da war's mit Petes Selbstbeherrschung vorbei.

Einige Minuten später klingelte das Telefon in der Polizeiwache. «Hier spricht der Wirt von der Weißen Rose», sagte eine Stimme. «Schicken Sie bitte rasch den Verrücktenwagen! Dazu vier starke Männer und eine Zwangsjacke. Bei mir sitzt ein Kerl im Lokal, der schreit immerzu: «'s sind ja gar keine Affen hier! 's sind ja gar keine Affen hier!»

«Aha», sagte der Beamte am Apparat, «Delirium tremens.»

«Nein, das nicht», rief der Wirt. «Regelrecht verrückt ist er. Das ganze Lokal ist ja voll von Affen!»

Drei Monate dauerte es, bis alle Affen wieder eingefangen waren.

*Sie helfen einander in der Not
können sich «verlieben», züchtigen ihre Jungen
und kümmern sich um ihre alten Artgenossen*

Elefanten sind fast wie wir

Von Brian O'Brien

Als ich im Königin-Elisabeth-Nationalpark von Uganda einmal zur Nachmittagszeit mit dem Direktor dieses Naturschutzgebiets im Auto eine Ebene durchquerte, sahen wir ein paar Elefantenkühe mit ihren Kälbern. Die Dickhäuter blickten in die Runde und schlugen mit den Ohren, kümmerten sich aber weiter nicht um uns, und da ich sie gern photographiert hätte, hielt Bere den Wagen an. Auf einmal breitete die größte Elefantenkuh die Ohren aus, schüttelte böse ihr Haupt und ging mit schrillem Trompeten auf uns los. Keine sechs Meter vor uns blieb sie ebenso plötzlich wieder stehen.

«Was hat das Tier?» fragte ich Bere. «Die Kuh hat doch erst einen ganz friedlichen Eindruck gemacht.»

«Vielleicht gehen ihr die ewigen Safariautos auf die Nerven», meinte der Parkdirektor, «oder sie hat sich den Magen verdorben. Es kann aber auch sein, daß es nur die Moskitos sind. Die machen die Elefanten manchmal rasend. Jedenfalls weiß man bei ihnen nie, woran man ist — genauso wenig wie bei den Menschen.»

Aber gerade weil sie so viele beinahe menschlich anmutende Eigenheiten zeigen, haben Elefantenkenner die Tiere oft so sehr in ihr Herz geschlossen. Donald Ker von der bekannten Safarifirma Ker und Downey in Nairobi hat mir einmal einen Bericht gezeigt, den zwei seiner Jäger unterschrieben hatten und in dem geschildert wird, wie zwei Elefanten einem verletzten Herdengenossen zu Hilfe kamen. Die beiden Tiere faßten mit ihren Stoßzähnen unter die des dritten, klemmten dessen Leib zwischen sich ein, hoben den Koloß vom Boden auf und expedierten ihn an den sprachlosen Männern vorbei ins dichte Gebüsch. Die Jäger verfolgten die Fährte und stellten fest, daß die Elefanten ihre Last mit drei- oder viermaligem Absetzen gut drei Kilometer weit geschleppt hatten. Dann hatte das verletzte Tier sich offenbar wieder aufgerafft und sich mit den anderen zusammen einer äsenden Herde angeschlossen.

«Manche Dinge können Elefanten genausogut herausknobeln wie unsereiner», sagte Bill Ryan, einer der erfahrensten Jäger von Ker und Downey, der die Elefanten schon seit vielen Jahren studiert. «Manchmal stecken sie uns dabei sogar in den Sack. Eine Zeitlang suchte eine Elefantenherde dauernd den Garten eines unserer festen Camps heim. Wir zogen dort einen Zaun, aber den durchbrach die Gesellschaft einfach. Dann schlossen wir den Draht an unseren Generator an und setzten ihn unter Strom. Nach ein paar Abenden hatten sie heraus, daß der Strom abgeschaltet war, sobald im Lager das Licht erlosch, und der Zaun ging wieder zum Teufel. Darauf ließen wir den Generator die ganze Nacht laufen, doch die Biester spielten so lange an dem Draht herum, bis sie dahinterkamen, daß ihre Stoßzähne den Strom nicht leiten. Am Ende blieb uns nichts anderes übrig, als ein paar Aufseher mit Flinten im Gelände zu postieren.»

Als in Paraa die Unterkünfte für die Besucher des Nationalparks an den Murchisonfällen gebaut wurden, mußten die Zimmerleute mehrmals vor einem dreieinhalb Tonnen schweren Elefantenbullen Reißaus nehmen, den dort jedermann nur den «Oberbürgermeister von Paraa» nannte. Der tat, als gehöre ihm die ganze Gegend. Auch nach Fertigstellung der Unterkünfte machte er noch regelmäßig seine Runde, wobei er in ihrer Nähe entgegenkommenderweise kurz verweilte und den Gästen Gelegenheit gab, ihn zu photographieren.

Eines schönen Abends sagte ihm sein Geruchssinn, daß die Eingeborenen wieder einmal dabei waren, sich *pombe* zu brauen, ihr Bananenbier. Da deckte er, um an die Bananenmaische heranzukommen, für die er eine besondere Schwäche hatte, die ganze Hütte ab, in der das Zeug war. Bald ging er dazu über, jedes Auto das in Paraa erschien, nach Bananen zu durchsuchen. War es ein Kabriolett, riß er einfach das Verdeck herunter; bei Limousinen langte er mit dem Rüssel durchs Fenster oder hob das Fahrzeug kurzerhand auf und schüttelte es. Einmal ließen Parkbesucher, die im Wagen übernachteten, leichtsinnigerweise neben anderen eßbaren Dingen auch ein paar Bananen unter ihrem Auto liegen. Wer beschreibt ihr Entsetzen, als sie mitten in der Nacht plötzlich aufwachten und merkten, wie ihr Wagen emporgehoben und umgekippt wurde. Während sie in dem Durcheinander herumruderten, verzehrte der «Oberbürgermeister» in aller Ruhe ihre Bananen.

In der Nähe des Naturschutzgebiets von Amboseli in Kenia hat es unter den Elefanten einmal einen richtigen Spaßvogel gegeben, der sich ein Vergnügen daraus machte, hinter einer Straßenbiegung den Autos aufzulauern. Immer, wenn eines angefahren kam, brach er mit weit ausgebreiteten Ohren und lautem Trompeten aus seinem Versteck. Glaubte er, die Insassen hinreichend erschreckt zu haben, trollte er sich wieder und sah ihnen mit einem unverkennbaren Zwinkern seiner schlauen Äuglein nach.

Im Königin-Elisabeth-Nationalpark, wo man die Dickhäuter zu Tausenden beobachten kann, habe ich einmal mit Direktor Bere das Liebesspiel von zwei Elefanten mit ansehen können. Wir erfreuten uns gerade am Anblick einer Herde, die an einem Hang oberhalb des Edwardsees äste, als 200 Meter von den anderen weg ein stattlicher Bulle auftauchte. Sofort löste sich, vorsichtig nach rechts und links blickend, eine Kuh aus der Herde. Als die Elefantendame bei ihrem Erwählten angekommen war, nahm der ihren Rüssel in den seinen, und beide hoben mit ineinander verschlungenen Rüsseln die Köpfe, bis ihre Mäuler sich in einem regelrechten Kuß begegneten. Dann stieß sie ihn spielerisch mit dem Kopf, worauf er mit dem Rüssel ein Büschel Gras für sie ausriß, das er aber erst ein paarmal gegen seine Knie schlug, um die Erde abzuklopfen. Während sie sich den Bissen dann ins Maul stopfte, setzten sich die beiden, die Schultern aneinandergelehnt, in Bewegung, blieben aber immer wieder stehen, um aufs neue «Küsse» zu tauschen.

«Die gehen jetzt schon gut eine Woche miteinander», sagte Bere. «Das verliebte Treiben hält so lange an, bis das Weibchen brünstig wird und eines Tages irgendwo auf einer einsamen Waldlichtung — denn die Elefanten sind, wie die Menschen, beim Tausch intimer Zärtlichkeiten gern allein — voll Hingabe seine Liebesbezeigungen erwidert.»

Die Flitterwochen ziehen sich manchmal über zehn Monate hin, und die ganze Zeit weichen die Partner einander nicht von der Seite. Tagsüber halten sie sich in der Nähe der Herde auf, und des Nachts entschwinden sie zu immer neuen Liebesspielen in den Wald. Wenn die Kuh trächtig ist, verliert sie an ihrem Gefährten das Interesse. Dafür sucht sie ein paar Monate später die Gesellschaft einer älteren Kuh, die ihr dann auch beisteht, wenn das Junge zur Welt kommt. Sie trägt einundzwanzig Monate, und wenn sie endlich wirft, hält die «Hebamme» Wacht bei ihr, hält alles von ihr fern und greift jedes Tier an, welches sich in die Nähe wagt.

Das Kalb wiegt rund 90 Kilo und kann schon nach ein paar Minuten allein stehen, bald darauf auch gehen. Oft heißt es, die Elefantenkälber müßten mit dem Rüssel saugen, weil sie zu klein seien, um an die hinter den Vorderbeinen des Muttertieres liegenden Zitzen heranzukommen; das stimmt nicht. Sie saugen mit dem Maul. Der Rüssel wird dabei weggesteckt.

Auch die rührende Liebe, mit der die Elefanten ihre Jungen umhegen, hat viel Menschliches. Sie sind ihnen beim Durchqueren von Gewässern behilflich, holen ihnen grüne Zweige, zu denen sie noch nicht hinaufreichen, von den Bäumen und strafen sie, wenn sie unfolgsam sind.

Als ich einmal am Kasingakanal, der den Edwardsee mit dem Georgsee verbindet, an einem Nachmittag eine Elefantenherde von vier Kühen und fünf Kälbern beobachtete, geriet plötzlich ein kugelrundes Kälbchen in gefährliche Nähe des Kanalufers. Eine der Kühe ließ einen schrillen Warnruf hören, aber das nützte nichts. Übermütig wie ein kleiner Junge schlurfte das Tier haarscharf am Wasser entlang. Plötzlich gab der Boden unter ihm nach, und es fiel mit einem Schreckensschrei in den Kanal.

Die Kühe stürmten mit aufgestellten Ohren wie ein Ungewitter ans Wasser und angelten dort hastig mit ihren Rüsseln nach dem kleinen Burschen. Das Kalb war aber viel zu aufgeregt, um daran Halt zu suchen, und planschte nur wie wild im Wasser umher. Nun begann eine systematische Rettungsaktion. Zwei von den Kühen knieten sich am Ufer hin, die beiden anderen stiegen vorsichtig ins Wasser, machten dem herumspritzenden Kälbchen mit grunzenden Lauten Mut und hoben es mit ihren Stoßzähnen so weit aus dem Wasser, daß die Kühe oben es aufs Trockene ziehen konnten. Eine von ihnen, offenbar die Mutter, betastete es unter fortwährendem Quiken und Schnauben von oben bis unten besorgt mit dem Rüssel, während das Junge sich prustend und wimmernd an ihren massigen Leib kuschelte. Kaum hatte sie sich überzeugt, daß ihm nichts passiert war, walkte sie ihn gehörig mit dem Rüssel durch und jagte ihn dann zornig kreischend vom Wasser weg.

Eine wahrhaft erschütternde Geschichte hat sich vor gar nicht langer Zeit im Nationalpark an den Murchisonfällen zugetragen. Parkdirektor Oberst Trimmer begegnete eines Tages einer Elefantenkuh, die auf den Stoßzähnen ein neugeborenes Kalb vor sich her trug und mit dem Rüssel festhielt. Das Kalb war tot, aber die Alte schleppte den kleinen Leichnam drei Tage mit sich herum und legte ihn nur ab, um ihren Durst zu stillen. Später stand sie, nun ohne das Kalb, tagelang unter einem Baum, nahm keine Nahrung zu sich und ging wütend auf jeden Menschen los, der in die Nähe kam. Als sie dann fort war, stellte Trimmer fest, daß sie ihr Kalb unter dem Baum verscharrt hatte.

Der Beschützerdrang scheint überhaupt bei fast allen Elefanten hoch entwickelt zu sein. Das beweist auch ihr Verhalten gegenüber den alten Bullen, die sich gewöhnlich von der Herde absondern, sobald sie ihre Zeugungsfähigkeit verlieren und bei den Wanderzügen der Herde nicht mehr recht mitkommen. Diesen vereinsamten Veteranen gesellen sich nämlich manchmal ein oder zwei junge Bullen als Begleiter zu. Viele Elefantenjäger glauben, daß der Alte die Jungen zum Dank für ihren Schutz an seiner Lebensweisheit teilhaben läßt. Die jungen Paladine halten Gefahren von ihm ab und bringen ihn immer erst in Deckung, bevor sie sich selbst dem Feind stellen. Oft bleiben sie ihm bis an sein Ende treu. Das Leben eines Elefanten ist übrigens etwas kürzer als das eines Menschen. Er wird etwa sechzig Jahre alt.

Entgegen einer weitverbreiteten Ansicht ist der Elefant keineswegs unbeholfen. Er kann so behutsam auf eine Kokosnuß treten, daß nur die Schale aufplatzt und das Fleisch unversehrt bleibt; und er bringt es fertig, Bataten auszugraben, ohne ihre Schale zu ritzen. Kurioserweise neigen die Tiere zu ausgeprägter Rechts- oder Links«*händigkeit*». So besorgen sie das Batatengraben zum Beispiel immer mit demselben Stoßzahn.

Der Elefant braucht sehr wenig Schlaf — nur etwa halb soviel wie der Mensch —, und das ist auch gut so, denn er bringt sehr viel Zeit mit seiner Nahrungssuche zu. Um sich seine Tagesration von gut und gern 300 Kilo Laub und Gras zu verschaffen, muß er sechzehn von vierundzwanzig Stunden aufs Äsen verwenden. Außerdem zwingt ihn ein nicht minder gewaltiger Flüssigkeitsbedarf — 100 bis 200 Liter pro Tag —, sich ständig nach Wasser umzusehen.

Daß Elefanten ein gutes Gedächtnis haben, ist erwiesen. So merken sie sich zum Beispiel den Geruch des Menschen ihr Leben lang. Manche Elefantenkenner behaupten sogar, daß Bullen, die schon einmal mit Jägern in Berührung gekommen sind, auf über drei Kilometer bloß nach der Witterung Weiße von Schwarzen unterscheiden können. Sydney Downey erzählt von einem Einzelgänger, den er im nördlichen Kenia Jahre hindurch wiederholt antraf, die folgende Geschichte:

«Er durchstreifte beim Äsen in weiten Bögen das Gelände rechts und links von seinem Wechsel, kam aber immer wieder zu ihm zurück. Kreuzte er ihn, blieb er jedesmal stehen und beschnüffelte mit dem Rüssel den Erdboden. Nahm er nichts wahr, zog er weiter. Sagte ihm sein Geruchssinn, daß ein Eingeborener auf seinem Pfad gewandelt war, suchte er sofort ein sicheres Versteck auf und wartete dort, bis die Luft rein war. Wenn er einen Weißen witterte, stampfte er wie rasend den Boden, jagte in wilder Flucht davon und kam oft erst nach 80 Kilometern oder mehr wieder zur Ruhe. Er wußte genau, wie gefährlich die Waffen der Weißen sind.»

Oberst Bruce-Smith, ein Siedler aus Kenia, ist der Überzeugung, daß Elefanten sich nicht nur Gefahren merken, sondern auch Wohltaten, die man ihnen erweist. Er fing einmal einen kleinen Elefanten, der an einem Hinterbein eine schwärende Wunde hatte. Nachdem er das Tier in eine Box aus dicken Holzbalken gesteckt hatte, wo es sich nicht rühren konnte, ging er daran, die Wunde zu verbinden. Das Desinfektionsmittel verursachte dem Tier Schmerzen, und es schrie ängstlich auf. So wild gebärdete es sich, daß die Box auseinanderzubrechen drohte. Bruce-Smith ließ sich jedoch nicht beirren, und es gelang ihm, dem Tier Erleichterung zu bringen.

Nach drei- oder viermaligem Verbandwechseln ließ der Elefant die Prozedur geduldig über sich ergehen, durfte sich aber noch nicht frei bewegen, damit er sich den Verband nicht herunterriß. Als man ihn endlich herausließ, lief er bis zu seinem Abtransport nach Nairobi jedesmal sofort zu Bruce-Smith hin, wenn er ihn irgendwo erspähte; dann packte er mit dem Rüssel seine Hand und führte sie an die Stelle, wo die inzwischen längst verheilte Wunde gewesen war.

Die großen Elefantenherden Afrikas schwinden rasch dahin. Aber in den Nationalparks des Schwarzen Erdteils kann der Naturfreund sich noch immer selbst davon überzeugen, wie ähnlich diese unberechenbaren Tiere oft in ihrem Verhalten den Zweibeinern sind, die sie beobachten.

*Sie war eines der seltensten Geschöpfe dieser Erde,
und für eine Spanne Zeit ließ sie mich
an ihrem Leben teilhaben*

Die weiße Dame

Von Leonard Dubkin

Es war an einem Juniabend in Chicago. Ich schlenderte auf einem überwucherten Grundstück umher, und als ich eine Baumgruppe näher untersuchte, machte ich eine aufregende Entdeckung. Unter einem der Bäume hatte sich eine Art riesiger, kuppelförmiger Laube gebildet. Allerlei Schlinggewächs hatte sich um die unteren Äste gerankt und zu fast undurchdringlichem Blätterwerk verflochten, das sich, ähnlich wie eine Eskimohütte, vom Boden bis zu fünf, sechs Meter Höhe emporwölbte. So etwas wäre in einem Tropenwald nichts Besonderes gewesen, aber hier in der Geschäftsstadt, in der Nähe einer Fabrik und vorbeiflitzender Autos, war es sehr merkwürdig.

Von innen war diese ungewöhnliche Grotte noch merkwürdiger. Es roch nach Moschus, und ein Dämmerlicht herrschte wie in einem Zimmer bei geschlossenen Jalousien. Und überall an dem schrägen Laubdach hingen mit den Köpfen nach unten ganze Bündel schlafender Fledermäuse — über zweihundert, schätze ich.

In jenem Sommer und Herbst kam ich oft wieder, um diese Fledermauskolonie zu beobachten. Mein Eintritt in die Grotte durch die unauffällige Öffnung, die ich mir gemacht hatte, scheuchte die Fledermäuse anfangs immer auf. Aber wenn ich mich still verhielt, kümmerten sie sich bald nicht mehr um mich. Gegen sieben Uhr abends begannen sie sich zu strecken und zu piepsen, und nicht lange, so kreisten sie in einem einzigen Wirbel von Flügeln um den Baumstamm herum. Dann, wie auf Kommando, stoben sie, ihre Jungen zurücklassend, durch das etwa einen halben Meter große Loch in der Decke hinaus wie eine Rauchwolke. Ein paar Stunden lang wimmelte es nun in der Luft droben von insektenjagenden Fledermäusen. Dann verschwanden sie und kamen erst bei Morgengrauen wieder.

Diese Heimkehr in der Frühe war jedesmal ein wildes Getümmel von quiekenden, durcheinanderflitzenden kleinen Gestalten, und es dauerte gewöhnlich eine Stunde, bis alle die Mütter sich zu ihren Jungen durchgefunden hatten und wieder zusammen mit ihnen an dem Laubdach hingen und sich zum Tagesschlaf anschickten.

Mitte Oktober flogen die Fledermäuse alle davon, zu irgendeinem unbekannten Versteck, um ihren Winterschlaf zu halten. Aber im nächsten Jahr kamen Anfang Mai die ersten zurück, und eine Woche später waren anscheinend alle wieder da. Sie waren unruhig und reizbar — die Geburt der Jungen stand bevor.

Am 28. Mai fiel mir eine auf, die nicht wie sonst mit dem Kopf nach unten, sondern nach oben an einem Ast hing, den sie mit ihren (an den Flügelspitzen befindlichen) Daumen umkrallte, während ihre Füße in der Luft zuckten. Sie gab keinen Laut von sich, aber ihre Lippen waren hochgezogen, und ihre Zähne bewegten sich wie knirschend hin und her. Plötzlich spreizte sie ihre Hinterbeine nach oben, so daß das zwischen ihnen ausgespannte Schwanzhäutchen wie ein Beutel unter ihr hing. Alsbald kam ein winziges mausähnliches Geschöpfchen mit knittrig um den Kopf gefalteten Flügeln zutage und lag regungslos in dem Beutel. Die Mutter leckte es und drehte es um und um, bis es ein kaum hörbares Quieken ausstieß. Nun wand es sich in seiner Wiege hin und her, brachte erst den einen Flügel an seine Seite herunter, dann den anderen und fing an, wackelig hochzukrabbeln, auf den Bauch seiner Mutter zu. Die Mutter biß die Nabelschnur ab, hob das Kleine am Nacken hoch — genau wie eine Katze es mit ihren Jungen macht — und setzte es an eine ihrer Saugwarzen. Während es sog, kam die Nachgeburt heraus, und darauf hakte die Mutter sich mit den Füßen am Dach fest und schlug, nun wieder kopfabwärts hängend, einen Flügel um ihr Junges. Das Ganze hatte genau vier Minuten gedauert.

Ich hatte so gespannt nur auf die Geburt geachtet, daß ich kaum bemerkt hatte, daß das Neugeborene ganz weiß war. Aber nun kam mir zum Bewußtsein, daß ich der Geburt einer Albino-Fledermaus zugesehen hatte — eines sehr seltenen Geschöpfes. Anstatt die Kolonie immer nur als Ganzes zu beobachten, sollte es mir in diesem Sommer also möglich sein, dieses eine Tierchen von den andern zu unterscheiden, seine Entwicklung zu verfolgen.

Als das weiße Fledermauskind erst einen Tag alt war, hing es bereits neben seiner Mutter. Zwischen den andern war es so auffallend wie ein heller Stern an einem dunklen Himmel. Am selben Tage schlich ich mich in der Grotte bis zu ihm vor und schloß meine Hand um das winzige Wesen. Und während die Mutter und ein paar andere mir wie rasend um den Kopf flogen, setzte ich mich nieder, um meinen seltenen Fund genauer zu betrachten.

Die Augen der Kleinen waren noch geschlossen, und es ging nur sehr wackelig vonstatten, als sie über meine Handfläche kroch, ihre gefalteten Flügel zu beiden Seiten nachschleppend wie Seidenschleier. Schnuppernd tastete sie sich vorwärts, und als sie an der Spitze meines kleinen Fingers anlangte, umklammerte sie ihn mit den Füßen, schwang sich kopfüber hinab und hing regungslos da. «Kleine weiße Dame», flüsterte ich, «du bist ein selten Ding.» Von da an war sie immer nur die weiße Dame für mich.

In diesem Augenblick huschten flatternd dunkle Flügel unter meiner Hand hin, und im Nu hatte die Mutter ihr Kind weggeschnappt. Es ging so blitzschnell, daß es schien, als habe sie ihre Kleine mitten im Flug abgepflückt. Aber ich hatte nicht das leiseste Zupfen an meinem Finger verspürt. Die Mutter hatte, als das Kleine meinen Finger losließ und nach ihrem Pelz griff, rasch ihre Schwanzhaut ausgebreitet, und so segelten sie miteinander davon.

Jetzt, wo ich die weiße Dame als Leitstern hatte, konnte ich feststellen, daß die Fledermäuse einen stark entwickelten Eigentumssinn für ihren Platz an dem Laubdach hatten. Täglich hingen die weiße Dame und ihre Mutter an ein und derselben Stelle inmitten einer Gruppe von sechsundzwanzig Fledermäusen, die alle ihren bestimmten Platz hatten. Und sowie eine sich in einer fremden Gruppe aufhängte, wandten sich die andern alle zähnefletschend und mit drohendem Gequieke gegen sie.

Bis zu ihrem fünften Lebenstag klammerte sich die weiße Dame an ihre Mutter an, wenn diese abends ausflog. Nach dem fünften Tage aber, als die weiße Dame die Augen öffnete, wurde sie in der Grotte zurückgelassen — vielleicht, weil sie jetzt imstande war, sich bei Gefahr selbst zu verbergen.

An den ersten paar Abenden blieb die weiße Dame etwa eine Stunde lang ruhig hängen, nachdem ihre Mutter weggeflogen war. Nach einigen Tagen jedoch tat sie sich mit ein oder zwei anderen jungen Fledermäusen zusammen und kletterte mit ihnen in dem Gerank herum und spielte unter mutwilligem Beißen und Quieken Fangen. Noch später sah ich sie oft mitten in einem Gewusel von vierzig oder mehr, die alle quiekend und beißend über- und untereinander krochen, anscheinend in einem geregelten Spiel.

Nun ging ich dazu über, die weiße Dame in einer Zigarrenkiste mit Luftlöchern im Deckel mit nach Hause zu nehmen. Ich steckte sie in einen Kanarienvogelkäfig, den ich mit Maschendraht umwickelt hatte. Anfangs kroch sie auf dem Boden herum, schnüffelte an dem Drahtnetz, kletterte dann zu einer Stange hinauf und hing wohl eine halbe Stunde lang daran. Sie schlief nicht, und ihre Augen verfolgten jede meiner Bewegungen. Später begab sie sich auf eine Forschungsrunde und schnüffelte überall herum und machte bei jeder etwas größeren Öffnung den Versuch, sich durchzuzwängen. Oft fand ich den Käfig am Morgen leer, obwohl sie jetzt beinahe voll ausgewachsen war und kein genügend großes Loch vorhanden zu sein schien. Ich hatte dann immer meine liebe Not, sie zu finden, zumal wenn sie an einem der weißen Küchenvorhänge oder an einer weißen Wand hing.

Jeden Morgen, bevor ich zur Arbeit ging, brachte ich die weiße Dame zur Grotte zurück. Sobald die Schachtel geöffnet war, schnupperte sie in die Luft und gab dann ein schwaches, fast unhörbares Quieken von sich. Augenblicklich verließ die Mutter ihren Platz an der Decke, schoß herab und holte ihre Tochter weg mit dieser blitzschnellen Bewegung, bei der ich immer das Gefühl hatte, Zeuge einer Zauberei zu sein.

Als die weiße Dame dreiundzwanzig Tage alt war, flog sie zum erstenmal. Ich hatte eigentlich vorgehabt, sie an diesem Abend nach Hause mitzunehmen, aber als ich hinauflangte, um sie zu greifen, schwang sie sich von der Decke los, und ihre weißen Flügel blitzten immer rund um den Baumstamm herum. Ich beobachtete sie fast zwei Stunden lang. Wieder und wieder schwang sie sich in die Luft, um ihre neuentdeckte Kunst zu erproben. Zweimal streiften ihre Flügel mein Gesicht, als wolle sie sich vergewissern, daß ich auch gut achtgäbe, so wie ein Kind ruft: «Sieh mal her, was ich kann!» Ich nahm sie an diesem Abend nicht mit — nicht am Abend ihres ersten Fluges.

Am nächsten Abend kam ich in die Grotte, bevor die Erwachsenen ausgeflogen waren, und sah gleich die weiße Dame, die mit allen andern im Kreise herumschwirrte. Ich wußte, daß sie jetzt

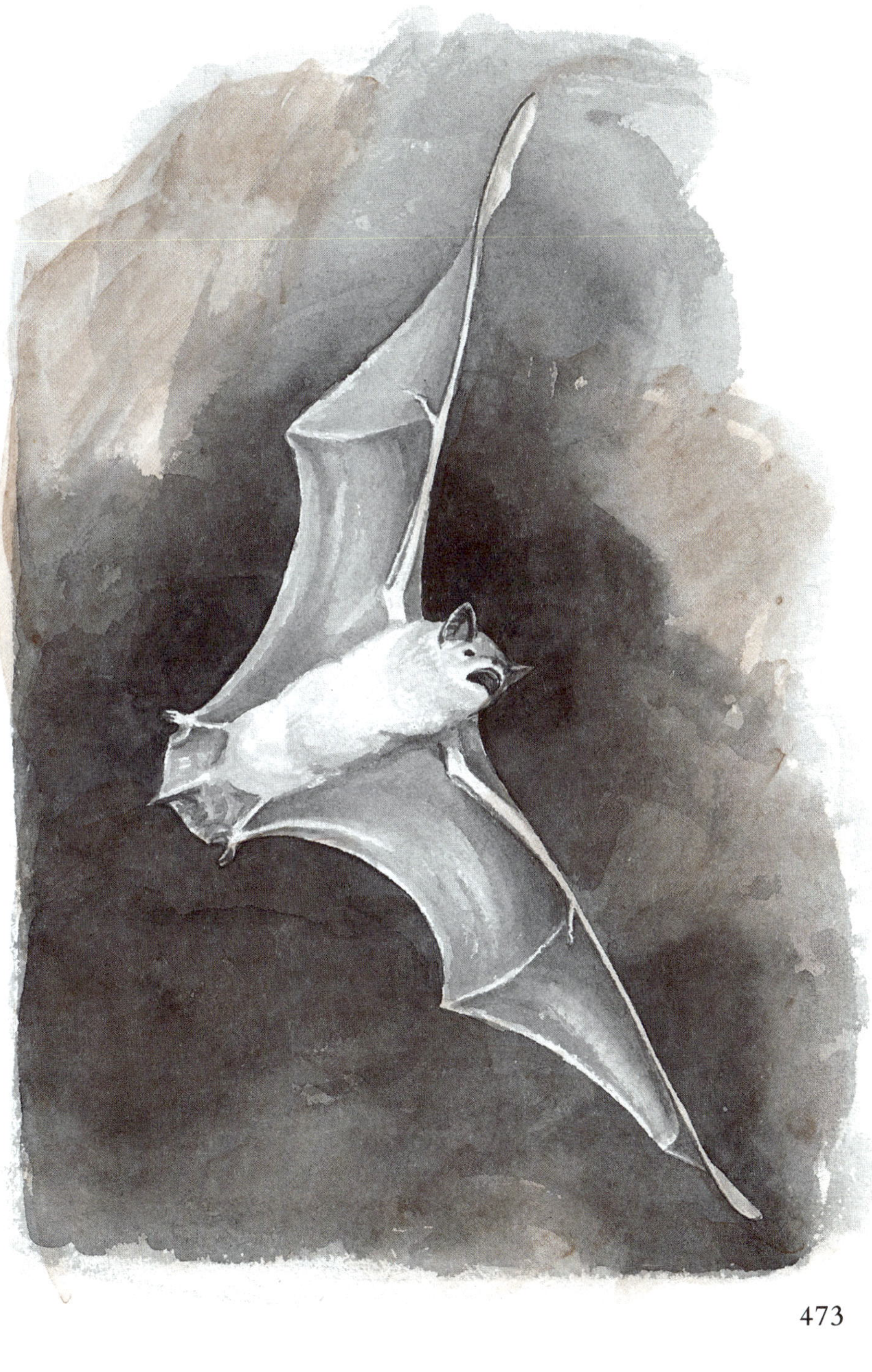

zum erstenmal mit den andern ausfliegen würde, um zu jagen. So ging ich hinaus, um ihren Abflug zu erleben.

Wie immer quoll die Masse der Fledermäuse einer dunklen Rauchwolke ähnlich aus der Grotte hervor. Nach und nach löste sie sich in unzählige flatternde Flügelpaare auf, und alsbald sah ich über mir die weiße Dame. Sie schoß auf und nieder und im Zickzack hin und her, genau so geschickt wie die anderen, obwohl sie zum erstenmal auf eigenen Schwingen so hoch in der Luft war.

Das war freilich nicht überraschend. Der Fledermausflügel, wie er sich seit Urzeiten entwickelt hat, ist noch immer der leistungsfähigste Flügel, einschließlich des Vogelflügels, den es auf Erden gibt. Die einzige Steuerungsmöglichkeit, die ein Vogel in seinen Schwungfedern hat, besteht darin, daß er sie mehr oder weniger spreizen kann. Ein Vogelfittich im Flug ist fast so starr wie ein Flugzeugflügel mit seinen Querrudern. Ein Fledermausflügel hingegen besteht aus Haut — einer am Arm entlang und zwischen den Fingern ausgespannten Haut. So leicht wie ein Mensch die Finger biegen kann, kann eine Fledermaus den Flügel ganz oder zum Teil spannen oder lockern, kann Auftrieb, Neigung oder Winkel jeden beliebigen Teils beliebig verändern.

An diesem Abend behielt ich die weiße Dame ständig im Auge. Sie war graziös, schwerelos, ein Luftgeist. Als die Sonne sank, verwandelte sich ihr Weiß in Rosa, und von den Flügeln blitzte, wenn sie kantete, orangefarbener Widerschein der Sonne. Dann plötzlich, als hätte ein Magier seinen Zauberstab geschwenkt, war die Luft leer.

Von diesem Tag an ging ich jeden Abend zur Grotte. Waren die Fledermäuse schon draußen, wenn ich über das Feld einherkam, so begrüßte mich die weiße Dame jedesmal, indem sie auf mich zuschoß und blitzschnell dicht an meinem Gesicht vorbeistreifte. (Keine der anderen erlaubte sich je solche Freiheiten.) Als ich eines Abends einen verletzten Grashupfer auf der offenen Hand hielt, um ihn näher zu betrachten, schwirrten plötzlich weiße Flügel über meine Hand hin, und der Grashüpfer war verschwunden. Die weiße Dame hatte ihn mir von der Hand weggeschnappt, so wie ihre Mutter sie früher weggehascht hatte. Ich suchte mir ein anderes Insekt — einen braunen Käfer — und setzte ihn auf meine Handfläche. Fast im selben Augenblick schoß die weiße Dame wie ein Sturzflieger herab, und auch der Käfer war weg. Ich fütterte sie auf diese Art noch viermal; das letzte Opfer war ein winziger Marienkäfer. Es war schon so dunkel, daß ich das Käferchen gar nicht mehr sah, das über meine Hand kroch, aber die weiße Dame kam herabgeflitzt und schnappte es weg, ohne meine Hand zu berühren.

Eines Abends ging ich schon früh in die Grotte, fing die weiße Dame mit einem Netz und ließ sie daheim frei, um sie zu photographieren. Ich hatte die Kamera eingestellt und wartete darauf, daß meine kleine Freundin in Schußweite kommen würde. Da sah ich zu meinem Entsetzen, daß sie direkt auf die rotierenden Flügel eines elektrischen Ventilators zuflog. Ich hatte vergessen, ihn abzustellen. Außerstande, etwas zu tun, stand ich da und war überzeugt, daß sie in ihren Tod flog. Aber sie wurde von den Ventilatorflügeln nicht einmal gestreift. Sie flog in den Ventilator hinein und auf der anderen Seite hinaus, so mir nichts, dir nichts, wie ein Kind übers Seil hüpft. Keine Rede davon, daß sie in den Tod flog, sie wußte genau, was sie tat!

Nach diesem ersten Flug in den Ventilator tat sie es wieder und wieder, sichtlich stolz darauf, daß sie zwischen den sausenden Flügeln durchhuschen konnte. Ich fühlte mich versucht, ein Experiment zu wagen: ich stellte den Ventilator von 800 Umdrehungen in der Minute auf eine höhere Geschwindigkeit ein – auf 1200. Sie jagte auf ihn los wie zuvor, flog aber diesmal nicht hindurch, sondern steil über ihn weg.

Trotz meiner vielen Beobachtungen hatte ich bei Fledermäusen noch nie irgendwelche Anzeichen von «Radar» bemerkt, das sie befähigt, im Dunkeln zu fliegen und Hindernisse zu vermeiden. Später erfuhr ich, daß Professoren der Harvard-Universität nachgewiesen haben, daß Fledermäuse im Flug Laute ausstoßen, die für das menschliche Ohr unhörbar sind, und sich von deren Echo leiten lassen. Wenn man einer Fledermaus den Mund verstopfte, stieß sie wiederholt gegen die Drähte, die man quer durchs Zimmer gespannt hatte. Das gleiche geschah, wenn man ihr die Ohren zupfropfte, so daß sie die zurückgeworfenen Signale nicht empfangen konnte. Ob hingegen ihre Augen offen oder geschlossen waren, machte keinen merklichen Unterschied.

Dieses Zufallsexperiment mit dem Ventilator regte mich dazu an, noch am selben Abend einen andern Versuch zu machen: nämlich festzustellen, ob sie sich allein zur Grotte zurückfand. Ich wohnte acht Kilometer davon entfernt und war etwas besorgt, als ich das Fenster öffnete und das kleine weiße Ding davonhuschen sah. Aber am nächsten Morgen fand ich sie an ihrem gewohnten Platz unterm Grottendach hängend vor.

Welche noch größere Entfernung konnte ich ihr zumuten? Ende August beschloß ich eines Abends, ein anderes Experiment zu wagen. Ich wartete, bis die Fledermäuse kurz vor ihrem Ausflug um den Baumstamm kreisten, fing dann die weiße Dame mit meinem Netz und fuhr etwa 25 Kilometer mit dem Wagen durch dichtesten Verkehr zu einem Park, wo ich sie freiließ. Reue überfiel mich, als ich ihr nachsah: sie schlug die falsche Richtung ein. In ein oder zwei Minuten mußte sie über dem Michigansee sein, wo sie wahrscheinlich solange fliegen würde, bis sie vor Erschöpfung umkam. Wie töricht von mir, sie so weit wegzubringen! Trotz alledem fuhr ich zur Grotte zurück, wo ich, wenn nötig, die ganze Nacht warten wollte, um zu sehen, ob sie vielleicht durch ein Wunder wiederkehren würde. Als ich auf dem kürzesten Wege dort ankam, sah ich sie ganz vergnügt mit den anderen auf Insektenjagd herumschwirren, als sei nicht das mindeste geschehen.

Ende September mußte ich geschäftlich 150 Kilometer weit weg fahren und nahm die weiße Dame mit. Als ich zur Rückfahrt startete, ließ ich sie frei und fuhr dann geradenwegs zur Grotte. Da hing sie schon an ihrem Platz. Sie war in weniger als zweieinhalb Stunden 150 Kilometer über ihr unbekanntes Gelände geflogen.

Es begann nun zu herbsten, und die Fledermäuse wurden immer träger und matter. Ihr Schlaf war jetzt tiefer, und viele verließen die Grotte nachts gar nicht mehr, sondern blieben unterm Laubdach hängen. Mitte Oktober fand ich die Grotte leer.

Im nächsten Frühjahr, am ersten Sonntag im Mai, als man in der lauen Luft schon den nahen Sommer spürte, fuhr ich hin, um zu sehen, ob die Fledermäuse zurückgekehrt waren. Aber als ich näher kam, sank mir das Herz. Wo das Feld mit der Baumgruppe gewesen war, war nur noch eine schmutzige Fläche. Wo die Grotte gewesen war, stand jetzt ein Bagger, und seine mächtigen geöffneten Greifer lagen auf der Erde wie der Rachen eines vorweltlichen Ungeheuers.

Nun sollte ich also nie erfahren, ob die weiße Dame ein Junges hatte und was sonst mit ihr geschehen und wie lange sie leben würde.

Aber ich hatte wenigstens gelernt, daß Fledermäuse lustige und zutrauliche Tierchen sind, nicht die bösartigen, heimtückischen Geschöpfe, für die die meisten Menschen sie halten. Und ich hatte die Geburt der weißen Dame erlebt, hatte sie heranwachsen sehen und ihren ersten Flug beobachtet.

Emil Liers, der erste Fischotterzüchter, ist der treue Freund und Anwalt dieser quicklebendigen und amüsanten Tiere

Der lustigste Spielgefährte des Menschen

Von Leland Stowe

Ausflügler in der Nähe der Ortschaft Homer in Minnesota trauen oft ihren Augen nicht, wenn sie einen breitschultrigen, bebrillten Mann durch die Felder daherkommen sehen und hinterdrein ein hüpfendes Rudel kurzbeiniger, wie eine spaßige Kreuzung von Dackel und Wiesel anmutender Geschöpfe. Emil Liers, der «Otterfänger von Homer», führt seine munteren Begleiter auf ihren täglichen Ausgang. Die Otter sind besser abgerichtet als die meisten Hunde. Sie sammeln sich auf einen Pfiff seiner Polizeipfeife, sie schlüpfen auf sein Kommando ins Boot und wieder ins Wasser und apportieren Enten, Fasanen oder Wachteln, ohne ihnen eine Feder zu krümmen.

Liers' Freundschaft mit den Ottern besteht schon seit fast dreißig Jahren. Als er eines Tages ein ertrunkenes Weibchen aus einer Falle herausmachte, hörte er von weiter flußabwärts her klägliches Wimmern und fand zwei stupsnasige, glatthaarige Junge. Liers stellte nie wieder eine Falle auf Otter. Die mutterlosen Zwillinge, beide Weibchen, die er und seine Frau mit der Flasche aufzogen, waren eine Bestätigung dessen, was der berühmte Tierschriftsteller Ernest Thompson Seton von den Ottern schreibt — sie seien «die schönsten und dazu die herzgewinnendsten aller 'Schoßtiere'».

Die ungemein zutunlichen, graziösen und spielfreudigen Geschöpfe änderten Liers' Leben völlig: er wurde durch sie zum ersten erfolgreichen Otterzüchter und führenden Sachverständigen Nordamerikas auf diesem Gebiet. Er hat vor naturwissenschaftlichen Vereinigungen und in Schulen und Klubs Tausende von Vorträgen gehalten. Seine Lieblinge sind im Auto mit ihm durch die ganzen Vereinigten Staaten gereist.

Als jene ersten beiden Weibchen voll ausgewachsen waren, beschafften die Liers zwei wilde Männchen als Genossen für ihr Gehege, aber sie konnten nirgends etwas über Otterzucht erfahren; niemand hatte sich je damit befaßt. Zwölf Jahre vergingen, bis sie endlich das erste Otterbaby begrüßen konnten, das sie passend «Heureka» tauften. Bald war ihre Otterdynastie durch die Ankunft von Tara gesichert, einem blitzgescheiten und flinken Weibchen, das eine vorbildliche Mutter wurde. Sie hat bereits vier bildschöne Würfe großgezogen.

Nach der letzten Zählung hat Liers 200 Otter gezüchtet und abgerichtet. Einige sind an Privatpersonen gegangen, die anderen an zoologische Gärten. Dank den Erfahrungen, die Liers mit der Ernährung der Otter gemacht hatte, gelang es den Zoos zum erstenmal, sie am Leben und gesund zu erhalten.

Otter haben schnauzbärtige Gesichter, blanke schwarze Augen und sind außerordentlich graziös in ihren Bewegungen, ein Erbteil aus der Familie der Wiesel. Ihre langen, gewölbten Rücken sind nie in Ruhe. Dank ihren mit Schwimmhäuten versehenen Füßen, ihren kräftigen kurzen Beinen und ihren Breitschwänzen sind sie Meister im Wassersport. Sie sind in allen Erdteilen zu finden, außer in Australien. Mit am größten ist der im Pazifik lebende königliche Seeotter. Die von Liers gezüchteten Otter sind etwas über einen Meter lang und 10 bis 11 Kilogramm schwer.

Die Fischotter hausen an Flüssen und Seen in verlassenen Fuchs- oder Dachsbauen, in hohlen Baumstämmen oder in Höhlen mit geschickt getarnten Eingängen unter Wasser. Mama Otter, immer auf peinliche Sauberkeit bedacht, bringt bereits ihren sechs Wochen alten Jungen bei, eine entlegene Ecke im Bau als Toilette zu benutzen, sich nach dem Schwimmen abzutrocknen und ihr dichtes Fell immer schön zu pflegen. Die Fischotter sind eingefleischte Wandernaturen, und jede Familie hat ihr eigenes, bis zu 80 Kilometer weites Revier, das sie regelmäßig alle vierzehn Tage durchstreift.

Die Ottersprache wechselt von sanften schwatzenden Lauten oder leisem Kichern zu zwitscherndem Pfeifen, wenn es zur

Mahlzeit geht; knurren tun sie nur, wenn sie bedroht werden. Der gräßliche Schrei aber, den sie in der Angst ausstoßen — so schrill und gellend, wie nur noch Adler und Taucher kreischen —, ist kilometerweit übers Wasser hin zu hören.

Liers erste wichtige Entdeckung war, daß Otter nicht hauptsächlich von Fischen leben, wie von Anglern und Fischern immer behauptet wird. «Die Lieblingsnahrung der Otter sind Flußkrebse», berichtet Liers. «Danach kommen Aale, Frösche, Schildkröten, Schnecken, Aalraupen und Schlangen. Bei meinen fast täglichen Ausgängen mit meinen Ottern habe ich sie nur drei Forellen fangen sehen.» Wissenschaftliche Untersuchungen des Mageninhalts toter, in der Falle gefangener Otter haben diese Beobachtungen bestätigt. Die fischlose, zu drei Vierteln aus gehacktem Pferdefleisch bestehende Nahrung, die Liers verabreicht, erhält seine Lieblinge kerngesund. Mit dem gleichen Erfolg tun es ihm jetzt die zoologischen Gärten nach.

Einmal wurde Liers durch erboste Fischer vor Gericht gebracht: seine Otter, klagten sie, fräßen ihnen die ganzen Forellen aus den Gewässern weg. Er führte dem Gericht einen Film vor, auf dem zu sehen war, wie die Otter sich gar nicht um Forellen kümmerten, obwohl sie ihnen dicht vor der Nase waren, sondern sich nur begierig auf Krebse stürzten. Die Klage wurde abgewiesen! Liers hat auch Unterwasser-Großaufnahmen gemacht, die zeigen, wie seine Schützlinge Neunaugen töten und fressen, die sich oft an Fischen festsaugen und die Felchen und Forellen der Großen Seen auszurotten drohten.

Bei seinen ersten Zuchtversuchen machte Liers die Erfahrung, daß die Otterweibchen bei der Gattenwahl sehr heikel sind. «Ich habe sechsundvierzig Männchen gehabt, denen nicht eine einzige Eroberung gelungen ist», berichtet er, «und nur zwei, die nie einen Korb bekommen haben.»

Während der Paarungszeit von Dezember bis April werden Männchen wie Weibchen vom Wandertrieb befallen, was Liers für ein Mittel der Natur hält, Inzucht zu verhindern. Gefangene Tiere brechen dann oft Löcher in ihre Gehege und streifen tagelang in der Gegend umher.

Irgendwann zwischen dem zweiten und dritten Lebensjahr bringt das Weibchen den ersten Wurf zur Welt — ein bis vier schwarze Geschöpfchen mit seidigem Fell, deren Augen sich erst nach zwei bis drei Wochen öffnen. Es sorgt nur während der ersten sechs Monate für seine Kinder und hält jede Berührung mit dem Vater oder sonst einem Lebewesen streng von ihnen fern. «Selbst wenn die Jungen schon halb erwachsen sind», sagt Liers, «läßt mich auch die zahmste Mutter nicht mit ihnen spielen. Wenn ich ihr Knurren nicht beachte, packt sie sacht meine Hand mit den Zähnen und zieht sie weg. Lasse ich auch dann noch nicht ab, so beißt sie kräftig zu. Wenn ich ihre Jungen locke, warnt sie sie unmißverständlich. Kommen sie trotzdem zu mir, so bestraft sie sie.»

Der Schwimmunterricht beginnt, wenn die munteren Sprößlinge etwa drei Monate alt sind. Es braucht viel Zureden und Stoßen, bis sie sich prustend und nach Luft schnappend ins Wasser begeben. Die Mutter benutzt Krebse als Köder, um sie ins tiefere Wasser zu locken. Manchmal nimmt sie eins huckepack und wirft es ab, wo es «schwimmen oder sinken» heißt. Aber die Kleinen erlernen sehr bald die Tauch- und Wendekünste, die sie zu den vollendetsten Wasserballettmeistern unter den Landtieren machen. Da sie oft im Gänsemarsch hinter ihren Eltern herschwimmen, wobei ihre runden Rücken in fortlaufender Wellenbewegung aus dem Wasser auftauchen, kann es leicht vorkommen, daß eine schwimmende Otterfamilie für eine Seeschlange gehalten wird.

Fischotter tollen unermüdlich umher, spielen Haschen, veranstalten Scheinkämpfe und lärmende Balgereien mit jedem Geschöpf, das mitmachen will. Im Gegensatz zu den meisten anderen Fleischfressern bekämpfen sie sich nur selten untereinander und sind außerordentlich gesellig und anschlußbereit. «Es ist sehr lustig, zu beobachten, wenn sie sich mit Hunden anfreunden», sagt Liers. «Es dauert gar nicht lange, da toben sie miteinander herum wie eine Familie. Als ich einmal einen weißen Waschbär und einen Rotfuchs zähmte, gaben meine Otter nie Ruhe, ehe nicht die beiden mit ihnen spielten, immer wieder.»

Es gibt kaum etwas Entzückenderes für den Tierbeobachter, als wenn er das Glück hat, eine Otterfamilie bei ihrem Lieblingssport — Wasserrutschbahn — zu überraschen. Die Beine nach hinten gelegt, um möglichst große Geschwindigkeit zu erzielen, saust Papa in kühnem Bauchrutsch, Kopf voran, eine steile, glitschige Uferböschung hinunter, Mama und die Kleinen in rascher Folge hinter ihm drein. Das treiben sie oft stundenlang.

Sie schlittern auch mit Wonne Schneehänge hinunter, und Liers' Lieblinge wetteifern dabei mit den Nachbarskindern. Auf Eis oder Harsch überholen die Otter Menschen und Hunde, indem sie abwechselnd laufen und dann auf dem Bauch rutschen.

Ihre Unternehmungslust führt immer wieder zu den drolligsten Begebenheiten. Einmal begab sich Liers' Jocho, eine würdige Dame von zwölf Jahren, mit ihren drei Jungen zum Nachbarhaus, drückte ein Gazefenster auf, nahm in der Toilette im Oberstock ein Bad und kroch dann zum Trocknen in ein Bett.

Trotz seiner Kleinheit ist der Otter unglaublich tapfer und verjagt oder vernichtet alle seine natürlichen Feinde. «Er ist das einzige Tier, von dem alle Jäger sagen, daß es die verkörperte Courage ist», schreibt Ernest Thompson Seton. Es ist beobachtet worden, daß ein schwimmender Otter, der von einem Adler angegriffen wurde, sich im Wasser aufrichtete und so wild und drohend fauchte und die Zähne bleckte, daß der mächtige König der Vögel abdrehte und davonflog.

Man weiß von Ottern, die Luchse getötet haben, und für Schlangen, auch für die größten, bedeuten sie dank ihrer unglaublichen Flinkheit sicheren Tod. Der Otter zwingt das Reptil, sich zusammenzurollen und zuzustoßen, dabei duckt das furchtlose Tier vor den scharfzahnigen Attacken kaum den Kopf zur Seite, packt plötzlich blitzschnell die Schlange im Nacken und erledigt sie in Sekundenschnelle.

Der einzige Todfeind, mit dem der Otter sich nicht messen kann, ist der Mensch. Dank der ungewöhnlichen Schönheit und Haltbarkeit seines Fells wird er so rücksichtslos gejagt, daß er von Ausrottung bedroht ist. Die Jagd mit Fallen findet in der pelzgünstigen Zeit, Winter bis Frühlingsanfang, statt, wenn die Weibchen entweder trächtig sind oder gerade säugen. So werden alljährlich zahllose Junge vor der Geburt getötet, oder sie müssen verhungern.

Für jeden, der diese zutraulichen und fröhlichen Geschöpfe liebt, ist diese Jagd auf sie ein unverzeihliches Verbrechen. «Was den Ottern am meisten not tut», meint Emil Liers, «sind Freunde, die für ihre Erhaltung kämpfen.»

*Millionen verfolgen gespannt die
Preisflüge der Reisetauben*

Brieftauben im Wettflug

Von Corrado Pallenberg

Im Juli vor wenigen Jahren habe ich dem Start eines ungewöhnlichen internationalen Rennens beigewohnt. Die Teilnehmer — nicht weniger als 2529 — hatten sich auf einem Marseiller Güterbahnhof eingefunden. Sie waren von weither gekommen, aus allen Teilen Frankreichs, Deutschlands, Hollands, Belgiens und Luxemburgs — Reisetauben, die einen Schnelligkeitswettbewerb austragen sollten. Während Sportler sonst vor dem Kampf eine gewisse Nervosität zeigen, saßen sie völlig ruhig in ihren Reisekörben.

Auf ein Signal wurden die Körbe geöffnet, und mit einem raschelnden Lärm wie von zahllosen gleichzeitig aufgeblätterten Zeitungen erhoben sich Tausende von Schwingen ins Luftmeer. Die Reisetauben, wie die Leute vom Fach sagen, bildeten in den ersten Strahlen der Morgensonne eine dichte Wolke, drehten einen Viertelkreis und zogen nordwärts.

Elf Stunden und 49 Minuten später traf der Sieger in seinem 825 Kilometer entfernten Heimatschlag in Deutschland ein. Mit einer Durchschnittsgeschwindigkeit von fast 70 Kilometern in der Stunde hatte er den Zweitbesten, einen Luxemburger, der nur 57 Kilometer in der Stunde geflogen war, weit überflügelt.

In der Saison — April bis September — gibt es in vielen europäischen Ländern jeden Sonntag solche Preisflüge. Allein Frankreich veranstaltet jährlich rund 40 000. Ein Ereignis ist der Preisflug von Orleans, der ausschließlich von Holländern bestritten wird — sie rücken immer mit etwa 60 000 Reisetauben an. Bekannte Auflaßorte in Frankreich sind Bordeaux, Angoulême, Le Mans und Rennes. In Deutschland sind unter anderem Hamburg, Flensburg, Lübeck, Regensburg, Passau, Kassel, Göttingen, Darmstadt und Köln zu nennen. Auch in Rom, Wien und Budapest, in Lissabon, Barcelona und Algier, in dem nahe dem Polarkreis gelegenen schwedischen Ort Luleå und in Lerwick auf den Shetlandinseln läßt man Tauben zu Preisflügen auf. Chiasso ist alljährlich Startplatz eines Wettflugs über die Alpen. Nach einer Schätzung des Internationalen Verbandes der Brieftaubenzüchter in Brüssel, dem Vereine in 27 Ländern angehören, gibt es auf der Erde über eine Million Taubensportliebhaber, die über insgesamt etwa 100 Millionen Tauben verfügen.

Spannungsreiche Minuten. Der Taubenzüchter liebt seinen Sport über alles. Hat er seine Tiere zu einem Preisflug weggeschickt, so sitzt er wie angeleimt an seinem Schlag, denkt sich in sie hinein, sieht sie im Geist in dem mehrere hundert Kilometer entfernten Auflaßort starten und über unbekanntes Gelände, durch Gewitter und mannigfache andere Gefahren dahinfliegen, lauscht aufmerksam dem Wetterbericht, prüft die Windrichtung und vergeht vor Sorge, wenn die Uhr schon über die berechnete Rückkehrzeit hinaus ist.

Ich habe das einmal miterlebt. Es war an einem sonnigen Vormittag im Sommer vor einem Jahr im Pariser Vorort Herblay bei dem Züchter Gérard Lefèvre. Wir saßen hinter dem Haus im Gemüsegarten und warteten auf 42 Tauben, die früh am Tag 300 Kilometer entfernt aufgelassen worden waren. Besorgt suchten wir den Himmel ab. Die Minuten verstrichen. Plötzlich rief uns der Sohn des Hauses vom Dach zu: «Da kommt eine!» Ich blickte in die Richtung, in die er zeigte, und sah ein Pünktchen am Himmel. Es wurde rasch größer, und wenig später kreiste eine Taube hoch über uns und ließ sich gleich darauf mit anmutigem Schwingenschlag auf dem Dachrand nieder. Lefèvres Champion war heimgekommen.

Damit aber war es nicht getan. Nach den Bestimmungen muß der Besitzer die Taube einfangen und ihr den Gummiring mit der Kontrollnummer abnehmen, den man ihr vor dem Auflassen um ein Bein gelegt hat. Er steckt den Gummiring in eine kaum fingerhutgroße Metallhülse und wirft sie durch eine kleine Öffnung in eine plombierte Kontrolluhr, die auf Hebeldruck die genaue Ankunftszeit auf ein Papierband druckt.

Vater und Sohn bemühten sich verzweifelt, ihren Champion von der Dachkante zu locken, sie flöteten, bettelten, schmeichelten. Schließlich gelang es ihnen, das widerspenstige Tier behutsam mit langen Stangen in den Schlag zu bugsieren. Obwohl sie dabei kostbare Zeit einbüßten, rechneten sie sich noch eine Gewinnchance aus.

Abends treffen sich die Mitglieder der Einsatzgruppen. Jede «Konstatieruhr», wie sie die Kontrolluhren nennen, wird mit der «Mutteruhr» verglichen. Dann öffnet die «Uhrenkommission» die Uhren, nimmt die Gummiringe und Papierbänder heraus und stellt sie einem Auswerter zu, der die Flugzeiten berechnet. Lefèvres Champion kam unter 98 Tauben auf den 26. Platz, bekam dafür aber noch einen Preis.

Da die Heimatschläge vom Auflaßort verschieden weit entfernt sind, kommt es bei der Bestimmung der Sieger nicht darauf an, wer die längste Strecke geflogen oder als erster angekommen ist, sondern allein auf die durchschnittliche Fluggeschwindigkeit. Zur Berechnung der verschieden langen Flugstrecken dienen Meßtischblätter. Doch hat jeder Züchter auch eigenes Kartenmaterial, mit dem er sich lange vor der Bekanntgabe des offiziellen Ergebnisses ziemlich genau ausrechnen kann, auf welche Fluggeschwindigkeit seine Tauben gekommen sind.

Viel Arbeit. Der Laie sieht zwischen einer Reisetaube und einer gewöhnlichen Haustaube zu seiner Enttäuschung gar keinen Unterschied. Die Reisetauben stammen ebenso wie die Haustauben von der Felsentaube (Columba livia) ab. Sie sind vorwiegend schieferblau. Kenner sagen, sie zeigten die Merkmale sorgfältiger Zuchtwahl — aufrechtere Haltung, stärkeres Brustbein, größere Lungenkapazität und schärfere Augen. Besonders wichtig sei es, daß die Schwingenmuskeln stark entwickelt sind; sie sollen die Hälfte des Körpergewichts ausmachen.

Tauben hat der Mensch schon in den Frühtagen der Geschichte zur Nachrichtenübermittlung benutzt. Die heutige Reisetaube aber ist erst vor etwa einem Jahrhundert in Belgien gezüchtet worden. Einer der ersten Preisflüge fand 1818 von Frankfurt am Main nach belgischen Schlägen statt. Den Transport besorgten damals wandertüchtige Männer, die in einem Rückenkorb bis zu fünfzig Tauben trugen und damit mehrere hundert Kilometer zum Auflaßort zurücklegten. Heute erfolgt die Beförderung mit Bahn oder Lastwagen. Ein Reisebegleiter füttert und tränkt die Tiere und läßt sie am Auflaßort frei.

Die Haltung von Reisetauben ist zwar nicht anstrengend, aber recht zeitraubend. Tag für Tag muß der Schlag gesäubert werden, das selbstgezimmerte kleine Gestell für zwanzig Tauben auf einem Mietshausbalkon ebenso wie das anspruchsvolle Taubenhaus, das mehrere hundert Tiere beherbergt. Gefüttert wird täglich zweimal. Das Trinkwasser muß so oft wie möglich erneuert werden. Häufig ist das für einen zuviel. Da hilft dann die ganze Familie mit.

Die Bestimmungen des Taubensports fördern Gemeinschaftssinn und Kameradschaft, denn wer sich an Preisflügen beteiligen will, muß einem Verein angehören. Die Vereine sind in Regionalverbänden zusammengeschlossen; einer trägt sinnigerweise den Namen «Baslertübli». In kleinen Ortschaften zählen sie vielleicht nur ein paar Mitglieder, in Städten aber zweihundert und mehr. Die Mitgliederversammlungen finden in einer Wirtschaft oder bei einem Mitglied statt. Man bereitet den nächsten Preisflug vor, man vergleicht die Ergebnisse des vorigen, man erzählt sich, was man so alles mit seinen Tauben erlebt hat. Gelegentlich wird auch auf die nächsten Sieger gewettet. Die Einsätze sind meist bescheiden. In Frankreich übersteigen sie kaum einmal zehn Franc. Ein nationaler Preisflug kann dem Besitzer siegreicher Tauben eine ganze Menge einbringen, in England zum Beispiel bis zu 600 Pfund. Eine belgische Wundertaube hat einmal ihrem Besitzer 1953 den Gegenwert von 27 000 Franken beschert. In Dänemark kann bei besonderen Veranstaltungen jeder wetten, genau wie bei einem Pferderennen.

Die «Dollarprinzessin». Die Reisetaube gelangt vermöge ihres Heimfindeinstinkts zu ihrem Schlag zurück. Wie dieser Instinkt arbeitet, weiß man nicht genau. Nach einer Theorie spricht die Taube auf das erdmagnetische Feld an, nach einer andern strahlt der Heimatschlag auf einer ihm eigenen Welle irgend etwas aus, was die Taube noch über Entfernungen von 1500 Kilometer empfängt.

Ziemlich sicher ist, daß die Sonne eine Rolle spielt. Bei klarem, sonnigem Wetter nehmen die Tiere nach dem Auflassen sofort den richtigen Kurs. Anscheinend navigieren sie wie ein Steuermann, der mit dem Sextanten die Sonnenhöhe mißt und danach seinen Standort feststellt. Bei bedecktem Himmel fliegen die Reisetauben nicht selten in Telegraphendrähte und Hochspannungsleitungen hinein, und bei Gewitter und dichtem Nebel versagt ihr Orientierungssinn manchmal völlig.

Die Organisatoren eines Preisflugs lassen sich daher von Wetterwarten beraten. Sind Gewitter im Anzug, so wird das Auflassen verschoben. Manchmal kommt eine Gewitterwarnung allerdings zu spät. Kürzlich haben belgische Züchter durch Gewitter und schlechte Sicht an drei Preisflugtagen nicht weniger als 400 000 Tauben eingebüßt.

Die Schulung der Reisetaube beginnt, wenn sie etwa 45 Tage alt ist. Zuerst läßt man sie in der näheren Umgebung kreisen, damit sie sich aus der Luft die Lage ihres Schlages einprägt; zugleich entwickelt sich bei ihr das Vermögen, auf ein bestimmtes Zeichen zum Schlag zurückzukehren — ein Pfeifsignal, einen Ruf, ein Winken mit einem farbigen Tuch oder das Schütteln einer Futterbüchse. Fliegt die Taube daraufhin ein, so wird sie mit einem Leckerbissen belohnt.

Ist sie drei Monate alt geworden, so bringt der Besitzer sie in einem Korb einige hundert Meter weit weg und läßt sie frei. Nach und nach vergrößert er die Entfernung. Findet der junge Vogel jedesmal heim, so kann er bald an seinem ersten Preisflug teilnehmen, einer Konkurrenz für sechs bis zwölf Monate alte Tiere, welche über eine Strecke von höchstens 400 Kilometern geflogen werden muß.

Die Züchter haben sich allerlei Kniffe ausgedacht, um ihren Tauben beizubringen, daß sie den Heimatschlag auf kürzestem Weg anfliegen und nicht kostbare Zeit als »Dachhocker« vertrödeln. Tauben sind liebevolle Gatten; Tauber und Täubin wechseln sich beim Brüten der Eier und bei der Fütterung der Jungen ab. Auf diesen Familiensinn spekulierend, setzt der Züchter gern solche Tauben ein, die gerade brüten oder füttern — er weiß, sie werden alles tun, um so rasch wie möglich zu ihren Pflichten zurückzukehren. Auch wendet man die sogenannten Witwerschaftsmethode an. Vor Beginn der Preisflugsaison oder einige Wochen vor einem Preisflug trennt der Züchter den «Vogel», wie er das Männchen nennt, vom Weibchen. Einen Tag vor dem Preisflug läßt er die beiden zueinander, aber nur für ein paar Minuten. Er kann sich darauf verlassen, daß der Vogel anderntags in Rekordzeit heimwärts fliegt, um sich wieder mit der Geliebten vergnügen zu können.

Ein rührendes Beispiel für die Treue der Tauben ist ein berühmt gewordenes dänisches Pärchen, «Grand Prix» und «Dollarprinzessin». Der Besitzer, der inzwischen verstorbene Knud Holten, setzte die beiden in einem Preisflug von Schweden nach Dänemark ein. Das Wetter war schlecht. Die «Dollarprinzessin» kam heim, ihr Gefährte aber blieb aus. Anderntags öffnete der Besitzer den Schlag. Die «Dollarprinzessin» flog, obwohl sich das Wetter noch weiter verschlechtert hatte, sofort aus. Spätabends kehrte sie mit dem Gatten zurück — irgendwie, irgendwo hatten sich die beiden gefunden.

Ein Reisetaubenliebhaber muß viele Fähigkeiten haben, er muß Züchter und Trainer sein, Diätspezialist und Meteorologe, Psychologe und Eheberater. Er erntet dafür die Aufregungen eines Rennstallbesitzers und die Freuden eines Ausflugs in die Welt der Phantasie. Er kann das Glück haben, prominente Taubenbesitzer wie die Königin von England oder den Prinzen Bernhard der Niederlande zu schlagen. Jeder Preisflug bedeutet für ihn ein herrliches neues Abenteuer.

*Bist du eine Maus, so brauchst du das hier
nicht zu lesen, weil du schon Bescheid weißt;
aber wenn Sie ein Mensch sind,
dann sei sie Ihnen hiermit vorgestellt*

Mein Chef, die Katze

Von Paul Gallico

Falls Sie daran denken, sich ein Kätzchen anzuschaffen, und gern in flüchtigen Umrissen Ihr künftiges Dasein unter dem Regiment der *Felis domestica* geschildert sähen, dann sind Sie bei mir an der richtigen Adresse. Gerade habe ich mir ausgerechnet, daß ich bis dato für neununddreißig solcher vierbeinige Originale gearbeitet (und zwar wirklich gearbeitet!) habe, jene denkwürdige Zeit inbegriffen, in der ich gleichzeitig für mehr als dreiundzwanzig verschiedene Vertreter dieser Haustiergattung dienstverpflichtet war.

Natürlich, Katzen sind eine schlimme Gesellschaft — Bettler, Gauner, Hochstapler und schamlose Schmeichler. Sie stecken ebenso voller Kriegslisten und Pläne, Nücken und Tücken, Schliche und Kniffe wie der ärgste Bauernfänger. Sie verstehen sich auf die Deutung Ihres Charakters besser als ein Psychiater, der Ihnen für die Konsultation noch eine Menge Geld abknöpft. Sie wissen aufs Milligramm genau, wieviel Honig sie einem ums Maul schmieren müssen, damit man zu allem ja und amen sagt. Schlauer als ich sind sie jedenfalls bestimmt — einer der Gründe, weshalb ich sie so liebe.

Zwar werden Katzenhasser versuchen, Sie mit ihrem alten Argument mundtot zu machen: «Wenn die Katzen so klug sind, warum können sie dann keine Kunststückchen machen wie die Hunde?» Aber es ist ja gar nicht so, daß sie dazu unfähig wären — sie wollen nur einfach nicht! Sie sind viel zu schlau, um Männchen zu machen und um Futter zu betteln, wo sie doch im voraus wissen, daß man es ihnen sowieso gibt. Und was das Apportieren betrifft, das Totstellen und Lautgeben: was kann Miezchen denn dabei schon groß profitieren?

Im übrigen ist der Umgang mit Katzen eine ausgezeichnete Vorübung für einen harmonischen Ehestand — sie bringen einem bei, auf welchen Platz man im Haus gehört. Als erstes macht sich die Miez daran, den häuslichen Betrieb bei Ihnen nach Gesichtspunkten der Bequemlichkeit einzurichten — nach *ihren* Gesichtspunkten. Sie frißt, wann sie möchte; sie geht aus, sobald es ihr Spaß macht, und kommt erst wieder herein, wenn *sie* es für richtig hält, falls überhaupt.

Sie verlangt Aufmerksamkeit, wenn sie sie will, und wünscht nachdrücklichst, in Ruhe gelassen zu werden, wenn sie andere Dinge im Kopf hat. Sie ist eifersüchtig und gestattet keineswegs, daß man irgendwelche anderen kleinen Freundinnen mit Aufmerksamkeiten oder Zärtlichkeiten überschüttet, einerlei, ob diese Flirts zwei- oder vierbeinig sind.

Wenn Sie spät heimkommen oder geschäftlich verreisen müssen, gerät sie außer sich; geruht sie selbst dagegen, ein paar Nächte fortzubleiben, dann geht es Sie einen feuchten Kehricht an, wo sie gewesen ist oder was sie angestellt hat. Entweder — oder: Sie vertrauen ihr oder eben nicht.

Sie haßt Schmutz, üble Gerüche, schlechtes Essen, laute Geräusche und fremde Leute, die man unangemeldet mit zum Essen bringt.

Wie kleine Kinder, so verfügt auch Muschi über eine ordentliche Portion Halsstarrigkeit. Sie hat ihre stille Freude daran, Sie ratlos, aufgeregt, mit rotem Kopf und voller Wut zu sehen. Manchmal, wenn sie lauernd um einen herumstreicht, hat man das Gefühl, daß es sie Mühe kostet, nicht laut herauszuprusten. Dabei hat sie einen ganz raffinierten Dreh, die gesamte Verantwortung für alles Ihnen allein aufzuhalsen. So gibt sie sich zum Beispiel den Anschein, als könne sie weder reden noch Gesprochenes verstehen — ein armes, hilfloses, unvernünftiges Tierchen. Daß ich nicht lache! Jede einigermaßen selbstbewußte und erfahrene Katze kann Ihnen jederzeit genau das zu verstehen geben, was sie wünscht. Sie hat einen bestimmten Tonfall, der «Jetzt wollen wir essen!» besagt, einen anderen, wenn sie nach draußen möchte, einen dritten, um zu fragen: «Ihr habt nicht zufällig hier irgendwo mein Spielmäuschen gesehen, das mit dem abgekauten Schwanz?» — und noch eine Menge weiterer, leichtverständlicher Äußerungen. Auch Sie werden ausgezeichnet von *ihr* verstanden, falls sie meint, daß es sich lohnt.

Einmal hatte ich einen Kater, den ich im Verdacht habe, daß er lesen konnte. Es war ein eleganter Herr namens Morris, ein großer Getigerter mit Bernsteinaugen, der mit mir in meiner New Yorker Jungesellenwohnung hauste. Eines Tages war ich soeben mit einem Brief an eine Dame fertig geworden, die damals Gegenstand meiner Verehrung war. Ich hatte ihr das natürlich unter einem beträchtlichen Aufwand an schriftstellerischer Kunst mitzuteilen versucht; da wurde ich ans Telephon gerufen. Als ich ein paar Minuten später wieder hereinkam, saß Morris auf meinem Schreibtisch und las den Brief. Wenigstens starrte er auf ihn und sah dabei aus, als sei ihm nicht recht wohl. Er warf mir einen langen, fassungslosen Blick zu, wie Katzen ihn zuweilen fertigbringen, und miaute dann sofort, um hinausgelassen zu werden. Drei Tage ist er nicht heimgekommen. Seit damals halte ich meine Privatkorrespondenz unter Verschluß.

Dabei fällt mir eine andere, überaus anspruchsvolle Katze ein, die ich draußen auf der Farm hatte, und die «Tante Hedwig» hieß. Eines Sonntags fragte mich ein Gast, ob ich einen sogenannten Mexicano-Cocktail mixen könnte. Ich dächte doch, sagte ich, und machte mich daran, ein schauerliches Durcheinander von Gin, Ananassaft, Wermut, Angostura und anderen Ingredienzien zusammenzupantschen. Als ich mir ein Probegläschen einschenken wollte, verschüttete ich es auf den Rasen. Tante Hedwig kam, schnüffelte und scharrte dann mit dem Ausdruck tiefbeschämter Betretenheit alles sorgfältig zu. Die allgemeine Ansicht lautete später, sie habe damit gar nicht so unrecht gehabt.

Lassen Sie sich warnen und geben Sie nicht zu viel auf die Theorie, daß Tiere nur instinktiv handeln! Haben Sie jemals versucht, eine Katze auszusperren, die herein wollte, oder umgekehrt? Einmal habe ich einen Kater im Keller eingeschlossen. Er ist an der senkrechten, glatten Betonwand hinaufgeklettert, hat sich oben mit den Krallen festgehalten (die Spuren lieferten mir den Beweis), hat den Fensterriegel mit der Nase hochgedrückt und ist hinausgestiegen.

Katzen haben ein fabelhaftes Gedächtnis, behaupte ich, und auch die Fähigkeit, Erinnerungen zu beurteilen und auszuwerten. Nehmen Sie zum Beispiel unsere beiden grauen Ukrainer Chin und Chila, die meine Frau mit der Tropfpipette aufgezogen hat. Gehegt und gepflegt haben wir die beiden und ihnen auf unserer

Farm ein schönes Daheim bereitet. Bis wir eines Tages eine Auslandreise antreten mußten: da siedelten Chin und Chilla zu Freunden von uns über, in ein hochfeudales Haus. Nach unserer Rückkehr fuhren wir hinaus, um dort ein paar Feiertage zu verbringen, und freuten uns schon darauf, unter anderem auch unsere beiden Katzen wiederzusehen. Als wir das Haus betraten, hockten Chin und Chilla ganz oben auf einer breiten Treppe. Wir riefen ihnen einen zärtlichen Gruß zu, sahen aber, wie sich auf den Gesichtern der beiden tiefes Entsetzen malte. «Allmächtiger Kater! Das sind ja diese Armenhäusler! Jetzt aber los!» Damit verschwanden sie und blieben die nächsten fünf Stunden unauffindbar. Sie hatten eine Todesangst, daß wir sie in unser dürftiges ländliches Heim zurückholen wollten, wo sie alles entbehren müßten — ihr Privatgemach mit der sonnigen Glasveranda, die spanischen Wände vor ihren Toiletten und ähnliche pompöse Einrichtungen.

Nachher erschienen sie schließlich widerstrebend und ließen sich herbei, mit uns die alten Spiele zu treiben und von alten Zeiten zu schwatzen, aber *sehr* zurückhaltend! Als jedoch die Stunde unserer Abfahrt kam, verschwanden sie von neuem. Unsere Gastgeberin hat uns geschrieben, die beiden hätten offensichtlich irgendwo einen Fahrplan erwischt und gewartet, bis unser Zug längst über alle Berge war, ehe sie wieder zum Vorschein gekommen seien.

Dieselbe Chilla war es auch, die uns einmal auf der Farm, nachdem wir unsern großen gelbbraunen Kater schon zwei Tage lang vermißt hatten, zu der Stelle führte, wo er sich in einer Falle gefangen hatte, fast einen Kilometer weit weg, außer Sicht- und Hörweite. Immer wieder wandte sie den Kopf zurück, um festzustellen, ob wir ihr auch folgten. Der alte Kater war halbtot, als wir endlich ankamen, aber bei Chillas Anblick fing er zu schnurren an.

Unter Umständen müssen Sie darauf gefaßt sein, daß Ihre Katze Sie hintergeht und ein Doppelleben führt. Muschi bringt es nämlich fertig, ihre Zeit auf zwei Heime zu verteilen, die so weit voneinander entfernt liegen, daß jede ihrer «Herrschaften» sie für ihre eigene hält.

Das habe ich entdeckt, als ich versuchte, hinter die unerklärlichen Abwesenheiten Lulus der Zweiten, einer dunkel verbrämten Siamkatze, zu kommen. Schließlich machte ich sie am anderen Ende unserer Bucht ausfindig, wo sie bei einem liebenswürdigen älteren Fräulein nassauerte. Als ich sagte: «Oh, hoffentlich hat sich meine Lulu bei Ihnen nichts zu schulden kommen lassen?» entgegnete die alte Dame entrüstet: «*Ihre* Lulu? Sie meinen wohl unser liebes kleines Pitipulein? Wir haben uns immer schon Gedanken gemacht, wo sie hingeht, wenn sie ab und zu mal ausbleibt. Wir hoffen vielmehr, daß sie *Ihnen* nicht zur Last gefallen ist!»

Das wirklich Erschütternde an dieser Geschichte ist natürlich, daß Lulu, mit ihrem meterlangen Stammbaum, es um eines Leckerbissens willen ertragen konnte, «Pitipulein» genannt zu werden.

Von allem, was eine kluge Hauskatze unternimmt, um einen einzuseifen, ist das Geschenk der selbsterlegten Maus das schlaueste und rührendste Mittel. Wie soll man diese unerhörte Freigebigkeit deuten, wenn nicht als Kostgeld oder Dankspende? Einen Hund können Sie dazu abrichten, daß er Wild aufstöbert und apportiert, aber nur eine Katze wird Ihnen freiwillig ihre Beute zum Geschenk machen.

Wie kommt es, daß die Miez nicht ihrer Raubtiernatur entsprechend handelt, sondern wie ein höheres menschliches Wesen? Ich weiß darauf keine Antwort. Entscheidend ist, *daß* sie sich so verhält – und einen damit von Stund an zu ihrem Sklaven macht. Hat Ihnen einmal Ihre Katze eine Maus verehrt, so werden Sie nie wieder, was Sie einst gewesen sind. Sie kann dann mit Ihnen anstellen, was sie will. Und sie tut es auch.

*Ein junges Mädchen und
ein edler Wildvogel lernen miteinander,
sich in die Anforderungen
des Lebens zu fügen*

Der Falke und ich

VON JEAN GEORGE

ICH WAR allein in der Dachkammer. Meine Kinder waren in der Schule. Mein Besen stieß im Fegen an ein Etwas hinter dem großen Reisekoffer: die alte Holzkiste mit meinen Tagebüchern aus der Mädchenzeit. Belustigt nahm ich ein in blaues Leder gebundenes heraus und schlug es auf. An diesem Morgen fegte ich nicht weiter. Wenigstens kann ich mich nicht daran erinnern, denn die Worte, die ich da las, brachten mir etwas zu Bewußtsein, woran ich gar nicht gedacht hatte, als ich schrieb: «Ich sprach heute abend mit meinem geliebten Falken, und ich sagte zu ihm: Wenn wir jetzt lernen, unsere Flügel zu gebrauchen, wollen wir's gemeinsam tun.»

Damals, als Dreizehnjährige, hatte ich dabei nur an meine heiße Liebe zu diesem Vogel gedacht, den meine Zwillingsbrüder mir geschenkt hatten, und damit nur sagen wollen, daß ich seine Abrichtung selber in die Hand nehmen wolle. Aber jetzt, so viele Jahre später, fand ich in diesen Worten die gewisse Gleichartigkeit in meinem Werdegang und dem des Falken ausgedrückt. Wir *hatten* gemeinsam gelernt, unsere Flügel zu gebrauchen, denn ich hatte den edlen Wildvogel genau während derselben Zeit zu einem disziplinierten Jäger abgerichtet, in der ich selber vom Backfisch zur «jungen Dame» erzogen wurde. Und hier in der Dachkammer wurde mir zum erstenmal klar, auf wie mancherlei subtile Art der Falke und ich verbunden waren, miteinander aufwuchsen und in leidenschaftlichem Rebellieren und stillem Sichfügen erkennen lernten, daß Freiheit erst dann beginnt, wenn die notwendigen Einschränkungen zur Gewohnheit geworden sind.

Als ich den jungen Sperlingsfalken zum erstenmal sah, lag er in einem Gemüsekorb in unserer Küche. Er warf sich auf den Rücken, schlug mit den Flügeln und spreizte die Klauen gegen mich. Er sah zum Fürchten aus – bis sich ein Federchen aus seinem Geburtsflaum löste und drollig auf der Spitze seines Krummschnabels landete.

«Schön ist er!» rief ich und legte die Hand um seinen stahlblauen Körper. Er stieß ein wütendes «Kiwii, Kiwii» aus und grub seine nadelscharfen Fänge in meine Hand, daß ich zusammenzuckte. Unter Weinen und Lachen zog ich mir mühsam die Klauen aus dem Fleisch und drückte das nach Wald riechende, heiße kleine Geschöpf an meine Wange. «Du bist erst vier Wochen alt und mußt noch eine Menge lernen», flüsterte ich, große Traurigkeit im Herzen, denn an eben diesem Morgen war es mit meiner eigenen Nestlingszeit zu Ende gegangen. Meine Mutter hatte zum erstenmal über die natürlichen Lebensvorgänge mit mir gesprochen.

Meine Brüder, drei Jahre älter als ich und schon erfahrene Falkner mit eigenen Falken, amüsierten und freuten sich über diese erste Begegnung von Mädchen und Vogel.

«Der Sperlingsfalke ist ein edler Vogel», sagte mein Bruder John. «Er ist einer der kleinsten unter den echten Falken.»

«Und das Abrichten, das 'Abtragen'», setzte mein Bruder Frank mit strenger Miene hinzu, «muß sofort beginnen. Gib ihm nichts, wirklich nichts zu fressen – zu 'kröpfen', wie es bei den Falknern heißt –, solange er dir's nicht aus der Hand nimmt. Pfeife ihm so» – er pfiff drei Töne –, «und dann erst gib ihm.»

Ich blieb allein mit dem jungen Edeling.

Ich versuchte, ihn auf meine Hand zu locken. Er biß mich in den Finger. Ich streichelte ihn. Er flatterte gegen mein Gesicht. «Du Fratz!» schrie ich, und «Fratz» hieß er von da an.

Den ganzen Nachmittag versuchte ich, ihn mit leckeren Grashüpfern, seiner Hauptnahrung, zu verführen. Er äugte sie an und kreischte vor Hunger, nahm sie mir aber nicht aus der Hand. Ich hätte heulen mögen. Und dann befiel mich eine gräßliche Angst, der kleine Falk könnte mir hier, vor meinen Augen, verhungern! In heller Verzweiflung warf ich ihm einen Grashüpfer hin. Er starrte ihn zornig an; im nächsten Augenblick schoß eine gelbe Klaue vor und griff den Bissen. Dann verschlang er ihn.

Überzeugt, ihn durch meine Großmut gewonnen zu haben, langte ich nach ihm, um ihn an mich zu nehmen. Aber er schnappte nach mir und flüchtete unter den Heizkörper. Von da aus machte er so grimmige Ausfälle gegen meine Hand, daß sie blutete. John und Frank trafen mich dort in Tränen an und holten den Streitbaren mit Lederhandschuhen hervor. Dann beichtete ich, was ich getan hatte.

«Jetzt darfst du ihm bis morgen nicht das geringste geben. Wenn er hungrig genug ist, frißt er dir aus der Hand.»

An dem Abend beschloß ich in meinem Tagebuch, «es richtig zu machen — das wird ein kürzerer Schmerz sein, als wenn ich's hinziehe». Diese Weisheit stammte aus einer früheren Erfahrung von mir — als ich einmal einen Dollar leichtsinnig ausgegeben und es abgestritten hatte. Ich hatte mich dabei von einer Lüge in die andere geredet, und das war so qualvoll verzwickt geworden, daß ich, als ich schließlich die Wahrheit sagte, ganz überrascht war, wie einfach das war. Hier in der Dachkammer wurde mir jetzt klar, daß ich diese Erfahrung auf mein Verhältnis zu dem Falken übertragen hatte. Es *war* auf die Dauer leichter, sich von vornherein an das Rechte und Richtige zu halten.

Ich schlug die nächste Seite des Tagebuchs auf. Da war berichtet, daß ich früh um fünf aufgestanden war. Fratz lag noch in seinem vorläufigen Heim, dem Gemüsekorb. Als er mich sah, sträubte er wieder kampfbereit die Federn, sperrte den Schnabel auf und spreizte die Fänge. Aber als ich den Lockruf pfiff, der «Komm, Futter!» bedeutete, und ihm einen Grashüpfer hinhielt, glättete sich sein Gefieder, er knabberte prüfend an dem Grashüpfer — und dann fing er zu fressen an. Ich schob behutsam meinen Finger unter seine Fänge und hob ihn aus dem Korb. Zitternd verabreichte ich ihm zwei, drei, vier Grashüpfer. Als er satt war, blieb er auf meiner Hand sitzen.

Ich beeilte mich, ihn wegen der pädagogischen Belästigung um Entschuldigung zu bitten. Ich weiß noch, daß ich zu ihm sagte, es werde zunächst noch schlimmer werden, ehe es besser würde. «Das geschieht alles nur, damit du, wenn du dann frei fliegst, auch weißt, was du zu tun hast», schrieb ich in mein Tagebuch. Als ich diese Worte jetzt wieder las, war ich mir nicht ganz sicher, ob sie an Fratz oder an mich selber gerichtet waren.

Eines Tages stellten meine Brüder fest, daß seine Schwingen nun die volle Spannweite erreicht hatten. «Es ist Zeit», sagten sie, «ihm Beinriemen anzulegen — das 'Geschüh', wie die Falkner sagen —, denn da er jetzt fliegen kann, mußt du ihn in der Gewalt haben.» Auf dem Küchentisch schnitten wir das Geschüh zurecht, zwei schmale Streifen aus weichem Rehleder, die mittels eines sinnreichen Falknerknotens an den Beinen, den «Ständern», befestigt wurden. Frank legte ihm das Geschüh geschickt an, und ich setzte das Tier, es daran haltend, auf mein Handgelenk. Es versuchte wegzufliegen, fiel vornüber, versuchte es noch mal und saß dann still. Wir verbanden das Geschüh mit einem Riemen, der «Langfessel», und zwar vermittels eines Wirbels, so daß die Fessel sich nicht verdrehen und den Vogel behindern konnte, dann brachten wir ihn hinaus zu der für ihn hergerichteten Aufsitzstange und banden die Fessel an einen Drahtring am Fuß der Stange. Er hüpfte auf die Stange, ruckte mit dem Kopf, plinkerte und flog sofort ab. Sichtlich verdutzt, als er sich schon nach wenigen Flügelschlägen aufgehalten fühlte, flatterte und kreischte er empört am Ende der Fessel. Dann flog er zurück zu seiner Stange und blieb still sitzen.

Am Abend jenes Tages fand meine erste Tanzstunde statt. Gegen unseren lauten Protest hatten die Mütter der ganzen Gegend einen Tanzlehrer engagiert, der ihren Jünglingen und Töchtern Unterricht erteilen sollte. Die verschüchterten Parteien kamen in unserem Wohnzimmer zusammen, und als mein erster Tänzer steif vor Befangenheit den Arm um meine Taille legte, fiel mir plötzlich ein, daß ich gar nicht mehr nach Fratz geschaut hatte — es konnte ja sein, daß er sich in seiner neuen Fessel verheddert hatte! Ich stürzte davon.

Als ich dann wieder zurückkam, konnte ich schon von weitem das eintönig geleierte «Schritt-zusammen-Schritt» des Tanzlehrers hören, und ich sehe noch heute dieses Zimmer voll junger Menschenkinder vor mir — «Schritt-zusammen-Schritt, Schritt-zusammen-Schritt!» Ein junger Bursche macht sich los, um zu sehen, ob er so hoch springen kann, daß er den Kronleuchter erreicht — «Schritt-zusammen-Schritt». Ein Mädchen bekommt einen Lachanfall und muß einen Schluck Wasser trinken — «Schritt-zusammen-Schritt». Und am nächsten Morgen, als ich Fratz nötigte, sich halbwegs über den Hof zum Kröpfen zu bemühen, kam mir unwillkürlich wieder das «Schritt-zusammen-Schritt» auf die Lippen. Der Vogel drehte sich widerstrebend auf seiner Stange um sich selber und «kiwiite» fünfzehn Minuten lang, aber schließlich fügte auch er sich dem neuen Kommando.

Jeden Sommer verbrachte unsere Familie die Ferien in meines Vaters Heimat in den Bergen. Dort, in dem riesengroßen, aus dem 19. Jahrhundert stammenden Haus, das wir mit unzähligen Vettern, Basen, Tanten und Onkeln teilten, wurde ich in den weiblichen Künsten — Kochen, Nähen, Haushalten — unterwiesen. Und dort wurde auch Fratz zum Jagdfalken erzogen.

Ein paar Wochen nach unserer Ankunft sagten meine Brüder, Fratz sei jetzt so weit, daß er frei fliegen könne, was bedeutete, ich solle ihm die Fessel abnehmen, wenn ich ihm zum Kröpfen pfiff. «Gib ihm einen Tag lang nichts», sagte Frank, «und dann versuch's.»

Das war von Anfang an ein Unglückstag. Mutter schalt mit mir, weil ich an der Regenröhre heruntergekommen war anstatt über die Treppe. Ich sei zu alt, um mich so aufzuführen — «würdelos» nannte sie es, ein Wort, das ich so haßte. Dazu meine Angst und Sorge wegen des Freiflugs. Ich war überzeugt, wenn ich diesen Vogel verlor, brach meine noch so unsichere Welt zusammen. Denn ich glaubte, nur wirklich glücklich sein zu können, wenn er bei mir war.

Um den hungrigen Fratz zu trösten, leistete ich ihm an diesem Nachmittag Gesellschaft und setzte mich mit einem Buch unter den Ahornbaum neben seiner Stange. Aber er hörte nicht auf, um Futter zu betteln, und als ich es nicht länger aushalten konnte, fing ich ein paar Grillen und gab sie ihm. Er schlug wild begeistert mit den Flügeln.

Am nächsten Morgen wagte ich meinen Brüdern nicht zu beichten, was ich getan hatte, und so machten wir alles für den Flug bereit. John machte die Fessel los. Ich stand am Ende des langen Gartens mit dem «Federspiel» — einem Stück Holz an einer Schnur, das mit Federn verkleidet ist, so daß es wie ein Vogel ausschaut, und an das etwas Futter gebunden ist. Ich pfiff und schwenkte das Federspiel. Der Falke kam den Hof entlanggeschossen, an dem Federspiel vorbei — und dann hinauf, dem freien Himmel zu. Für einen Augenblick stand ich atemlos vor Staunen und Entzücken darüber, wie spielend er die Luft meisterte. Seine Schwingen falteten sich, breiteten sich wieder aus, durchschnitten den Äther, ließen sich von der Luft tragen, immer höher und höher — dann war er fort.

John, Frank und ich suchten den ganzen Tag lang abwechselnd nach ihm. Es wurde Nacht. Die Stange unterm Ahornbaum war noch immer leer. Ich weinte die ganze Nacht. Bei Tagesanbruch hörte ich das vertraute «Kiwii, Kiwii, Kiwii». Ich stürmte die Treppe hinunter, und da, auf seiner Stange, saß Fratz — lupfte die Flügel und drehte sich , als wäre er noch an der Fessel!

Ich bezwang mich, nicht zu ihm hinzurennen. Ich näherte mich ihm mit großer Zurückhaltung. Als ich nur noch einen Schritt von ihm entfernt war, hüpfte er auf meine Schulter und pickte mich ins Kinn — fest. Er war hungrig. Als ich ihn an der Langfessel hatte, holte ich die Vogelflinte und schoß beim Stall einen Spatzen herunter. Im Galopp lief ich zu Fratz zurück und löste die Fessel. Dann ging ich bis ans Ende des Gartens, hielt den Spatz hoch und pfiff. Fratz ließ sich von der Stange fallen, strich über den Rasen und kam auf meine Faust «beigeritten» — genau wie ein abgetragener Falke es tun soll. Ich brauche nicht zu sagen, daß meine Brüder an diesem Morgen sehr früh aus dem Schlaf gerissen wurden.

Von dem Tage an kamen Fratz und ich wunderbar miteinander aus. Wenn er mich nur pfeifen hörte, war er schon auf meiner Schulter oder auf dem Federspiel. Selbst als die Zeit der Goldrutenblüte kam und ich wieder zur Schule mußte, hatte meine häufige Abwesenheit keinen Rückschlag bei ihm zur Folge.

Aber in *meiner* Erziehung zur jungen Dame gab es einen Rückschlag oder wenigstens eine Stockung. Eines Abends, als ich mich gerade fürs Zubettgehen zurechtmachte, kam Mutter mit einem Päckchen in mein Zimmer. Sie sah mich an mit einem Blick wie von Frau zu Frau, mit einer schwesterlichen Wärme.

«Du machst dich jetzt schon ganz nett heraus», sagte sie, und wie zur Bekräftigung dieser Feststellung öffnete sie das Päckchen — ein Strumpfhalter, Seidenstrümpfe und ein Büstenhalter!

Ich hätte davonlaufen mögen, mich verstecken, tot umfallen — alles, nur fort! —, und als sie hinausgegangen war, vergrub ich die Sachen tief am Grunde der Kommodenschublade wie ein strafbares Geheimnis. Im Lauf der folgenden Monate ergaben sich mehrmals Gelegenheiten, bei denen ich sie hätte tragen sollen. Ich tat es nicht. Aber Mutter verlor kein Wort darüber; einmal sagte sie nur, meine Brüder hätten sich jetzt dazu überwunden, Krawatten zu tragen, ohne wütende Gesichter zu machen.

Eines Tages, als ich spät aus der Schule kam, traf ich meine Brüder auf den Stufen zur Hintertür inmitten eines Wirrwarrs von Werkzeugen, Leder und Schnittmustern an. «Wir machen eine Haube für Fratz», erklärte Frank.

«Ach, nicht doch!» protestierte ich. «Das ist doch grausam. Da kann er doch nichts sehen!»

«Aber du hast jetzt gar nicht mehr die Zeit, dich regelmäßig um ihn zu kümmern. Er wird jetzt wild und zerrt immer so an

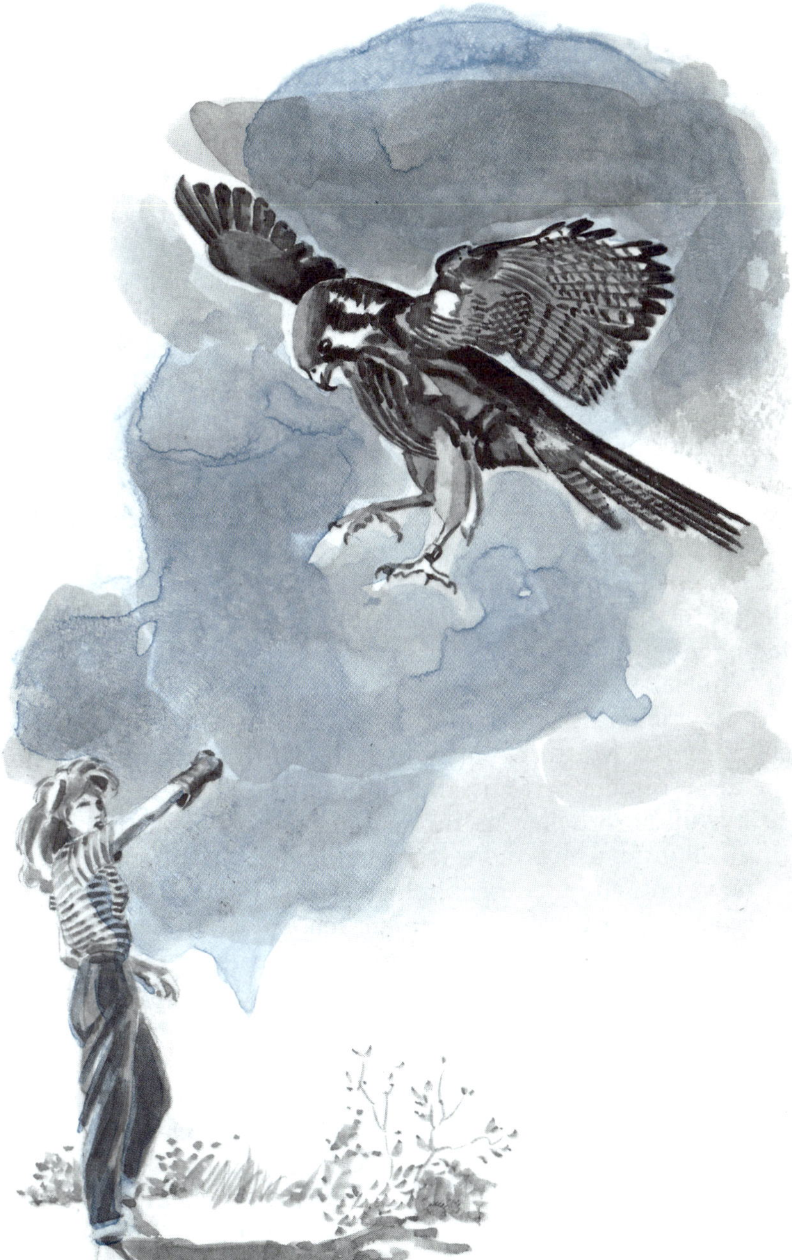

der Fessel, daß er sich die Schwanzfedern bricht. Unter der Haube wird er ruhig sein.»

Die fertige Haube war recht hübsch, mit einem kleinen Busch aus Hühnerfedern obenauf und mit einer sinnreichen Zugschnur, die sich leicht auf- und zuziehen ließ. Ich ging nicht mit, als die Brüder meinen Falken «verkappten», aber ich sah von der Gartenveranda aus zu. Ich war sicher, daß Fratz diesen Schimpf nicht dulden und sich wütend zur Wehr setzen würde. Aber kaum hatte er die Haube überm Kopf, hörte er zu schreien auf. Er schüttelte den Kopf hin und her, kratzte heftig an der Haube und saß dann in der plötzlichen Nacht ganz still.

Als gute Falkner wollten John und Frank, daß Fratz die Haube immer tragen sollte, solange er nicht jagte. Aber der Gedanke, daß mein für den Himmelsraum geschaffener Liebling so im Finstern sitzen sollte, war mir unerträglich. Ich kappte ihn ab und nahm ihn mit in mein Zimmer. Wenn ich schon nicht die Zeit hatte, mit ihm zu üben, wollte ich ihn zur Gesellschaft bei mir haben. Das verstieß zwar gegen alle Regeln der Falknerei, machte mir aber große Freude. Wenn ich über meinen Schulbüchern saß, hockte er auf meinem Kopf oder auf der Stuhllehne. Und wenn Gäste bei uns waren, erregte er mit seinem Herumfliegen im Haus immer solches Aufsehen, daß ich darüber meine Befangenheit inmitten all der Erwachsenen vergaß.

Eines Abends erwartete mein Vater einen Kollegen zu Tisch, und angesichts der Vorbereitungen, die im Gange waren, dachte ich mir, daß Mutter es gewiß gern hätte, wenn ich an diesem Abend besonders nett aussah. Ich ging in mein Zimmer und grub die bewußten Stücke aus ihrem Versteck hervor. Schüchtern zog ich sie an, und als ich dann fertig gekleidet war, blieb ich, das weiß ich noch gut, einen Augenblick an der Tür stehen. Ein erregendes Gefühl des Stolzes überkam mich. Ich wandte mich zu Fratz um. Aber anstatt ihn auf meine Schulter herzupfeifen, stülpte ich ihm diesmal rasch die Haube übern Kopf und schaute zu, wie der Vogel ganz still und ruhig wurde, und es dämmerte mir, daß die Haube am Ende gar nicht so grausam sei.

Die Bemerkung dazu in meinem Tagebuch ist kurz. «Es ist gar nicht so schrecklich», schrieb ich, und ging dann ruhig die Treppe hinunter. Mit meinem Bedürfnis, den Falken immer um mich zu haben, war es von da an, glaub' ich, vorbei.

Im nächsten Sommer war Fratz schon so zahm, daß er nur selten noch angefesselt wurde. Er flog jetzt immer auf die Wiesen hinaus, um sich seine Nahrung selber zu suchen und sie dann auf seine Stange heimzubringen und zu kröpfen. Mit der Zeit fiel mir jedoch auf, daß er jedesmal länger ausblieb.

Einmal, als er gerade über mich hin flog, pfiff und rief ich vergebens. Bei Dunkelwerden sah ich ihn an den Schornstein gekuschelt, um sich zu wärmen. Ich kroch auf das Dach und nahm ihn an mich. Dann blieb er drei Tage weg, später eine Woche.

Als er wieder an den Schornstein kam, war er ganz scheu und verwildert. Ich kletterte hinauf, um ihn zu holen, aber er flog davon. Wie ich, an den Schornstein gelehnt, ihn so vor mir flüchten sah, überkam mich plötzlich der heiße Wunsch, daß es nicht so enden möchte. Es war etwas so Endgültiges, zugleich Trauriges und ahnungsvoll Erregendes um diese Trennung. Ich spürte den Geruch der Ziegelsteine, an die ich schluchzend den Kopf legte. Wußte ich damals wohl, so fragte ich mich jetzt in der Dachkammer, daß diese Tränen dem Abschied von meiner Kindheit galten? Ich erinnere mich, ich war ein bißchen verwundert darüber, daß mich das Ausbleiben meines Falken nicht viel mehr beunruhigte.

Aber andere Dinge riefen ungestüm nach mir — Kanurennen auf dem Fluß, Ballspiele, Picknicks am Lagerfeuer. Und eines Tages, als Fratz sich schon zwei Wochen lang nicht hatte blicken lassen, fand ich beim Heimkommen ein gelbes Kleid auf meinem Bett vor, so wundervoll zart und duftig, daß mir der Atem stockte. Ich hielt es mir an und beschaute mich träumerisch im Spiegel. Plötzlich zog eine Bewegung im Spiegel meinen Blick auf sich. In dem Baum draußen vor meinem Fenster saß Fratz und äugte herein zu mir. Ich konnte ihn holen, ich brauchte ja nur auf das Dach hinauszusteigen, wollte es auch tun — aber erst drehte ich mich langsam vor dem Spiegel, um das Kleid von allen Seiten zu bewundern, und als ich fertig war, war der Falke weg.

Ich sprang ans Fenster. Ich konnte noch seine spitzen Schwingen gegen den Himmel sehen, wie er über Schornstein, Haus und Garten hin kreiste. Dann bog er nach Südwesten und flog davon, als hätte ihn nie eine Menschenhand berührt. Ich fühlte, diesmal kam er nicht wieder.

Ich preßte den Kopf in den gelben Organdy und wartete auf die Tränen. Sie kamen nicht. In das blaue Ledertagebuch schrieb ich: «Jetzt gehörst du dem weiten Himmel — leb wohl, mein hübscher Freund. Wie verschieden werden die Winde sein, die uns tragen werden.» — Der Falke und ich waren frei.

*Der Delphin Makai brachte den Tauchern
ihre Werkzeuge auf den Meeresgrund*

Die menschenfreundlichen Delphine

VON STANLEY E. BROCK

EINE DER bemerkenswertesten Eigenschaften des Delphins ist sein Verhalten gegen den Menschen. Ein Raubtier aus der Gruppe der Zahnwale, die auch Tümmler und Schwertwale umfaßt, ist er bewehrt mit scharfen, spitzigen Zähnen – an die 200 bei manchen seiner 30 bis 40 Arten –, die glatt einen Arm abbeißen könnten. Er frißt etwa acht bis neun Kilo Fische und Tintenfische pro Tag. Obwohl seine harte, knochige Schnauze als furchtbarer Rammsporn dienen kann, sind Angriffe wildlebender Delphine auf Menschen völlig unbekannt.

Tatsächlich richtet man jetzt Delphine dazu ab, in neuartigem, vielversprechendem Unterwasser-Teamwork mit dem Menschen zusammenzuarbeiten. Auf der Hawaii-Insel Oahu hatte ich im Meeresforschungsinstitut Makapuu das unvergeßliche Erlebnis, bei dieser Dressurarbeit mit einem Delphin namens Makai mitzuwirken. Dort führten Zoologen von einer mobilen Unterwasserstation aus, Habitat II genannt, draußen vor Kap Makapuu allerlei Tests durch. Einer davon sollte erweisen, ob Makai mir, während ich außerhalb von Habitat II in 22 Meter Tiefe arbeitete, ein Werkzeug hinabbringen würde. (Man hofft, Delphine als Kuriere einsetzen und damit das Dilemma vermeiden zu können, entweder eine Unterseestation wieder auftauchen zu lassen oder Taucher nach oben zu schicken, was sehr lange Dekompressionspausen erfordert.) Ich ließ mich durch eine Luke in das düstere Wasser hinab, zog den Reißverschluß meines Gummianzugs vorne auf und holte eine kleine Tasche heraus, die eine «Grille», ein Zirpinstrument aus Blech, und ein paar tote Meeräschen enthielt — die Lieblingsnahrung der Delphine. Makai befand sich in einem schwimmenden kleinen Käfig an der Oberfläche bei seinem Wärter.

Ich ließ das Instrument zirpen und gab so das Signal, auf das der Delphin abgerichtet war. Dann wartete ich und suchte gespannt das Wasser über mir ab. Plötzlich tauchte Makais graue Gestalt aus dem Dunkel auf. Ich hörte einen leisen Summton: Das Ortungsorgan des Delphins spürte mich auf. Gleich darauf stieß er wie ein Torpedo auf mich herab und wollte mich offenbar rammen. Doch keinen halben Meter vor meiner Tauchermaske stoppte er jäh, ohne daß man eine Bewegung des Schwanzes oder der Flossen sah. Vorsichtig griff ich nach dem Schraubenschlüssel, der von einem Gummitragbügel in seinem Maul herabbaumelte. Einen Augenblick hatte ich Angst vor den furchtbaren Zahnreihen vor mir. Hastig nahm ich den Schraubenschlüssel und schob ein paar Meeräschen in das wartend aufgesperrte Delphinmaul. Dann machte Makai, so schnell, wie er gekommen war, kehrt und schoß wie ein Pfeil hinauf zur Oberfläche.

Akustisches Sehen. Die geradezu unheimliche Fähigkeit, Objekte weit über den Bereich seines beschränkten Sehvermögens hinaus zu orten, verdankt der Delphin seinem hochwertigen Echopeilsystem. Es wird in seiner Leistungsfähigkeit selbst von den modernsten Schallortungsapparaturen nicht annähernd erreicht. Auf eine Entfernung bis zu 15 Metern vermag es die Art eines Objekts festzustellen, seine Größe und Beschaffenheit und vielleicht auch, wie rasch es sich fortbewegt. Ein Delphin kann mit verbundenen Augen eine verzwickte Hindernisbahn durchschwimmen, ohne anzustoßen. Läßt man einem Delphin, dem man die Augen abgedeckt hat, die Wahl zwischen einem frischen Fisch und einem gleichgeformten Kunststoffisch, so schnappt er sich stets den echten Fisch.

Man nimmt allgemein an, daß die Schallimpulse des Delphins in Luftsäcken in seinem Schädel erzeugt und über die «Melone», ein fettreiches Organ in der Stirn, ins Wasser ausgestrahlt werden. Diese Impulse treffen dann auf Objekte, die ihren Weg kreuzen — das war der Summton, den ich beim Näherkommen Makais gehört hatte —, und kehren von dort zu dem Tier zurück. Sie werden vom Unterkiefer des Delphins empfangen und an sein Gehirn übermittelt.

Delphine haben ein großes, kompliziertes Gehirn, das zu einem beträchtlichen Teil mit dem Gehörsystem zusammenhängt. Bei einem zweieinhalb Meter langen pazifischen Großen Tümmler wiegt das Gehirn etwa 1600 Gramm, bei einem 1,80 Meter großen Menschen 1400 Gramm. Nach Ansicht mancher

Wissenschaftler liegt der Intelligenzquotient des Delphins zwischen dem des Hundes und des Schimpansen.

«Delphinsprache». Märchen und Sagen schildern die Delphine als freundlich-fröhliche Geschöpfe, doch können sie auch empfindlich und launisch sein. Sie brauchen Geselligkeit und durchstreifen in «Schulen» die offene See; Alleinsein in der Gefangenschaft führt zu Trübsinn und Appetitlosigkeit. Wenn sie wütend sind, dreschen sie das Wasser mit dem Schwanz.

Ihre glatte, unbehaarte Haut fühlt sich an wie der nasse Luftschlauch eines Autoreifens und reagiert feinnervig auf jede Berührung. Tatsächlich habe ich festgestellt, daß Delphine sich gern tätscheln lassen und sich oft gegenseitig mit den Flossen patschen. Sie verständigen sich untereinander durch eine Vielzahl von Grunz- und Quietschlauten, Schnalz- und Pfeiftönen. Einer davon ist ein Notruf, der vor drohender Gefahr warnt, ein anderer ein wütendes Bellen. Darüber hinaus müssen die Zoologen die «Delphinsprache» noch enträtseln.

Der Delphin atmet Luft wie ein Landsäugetier. Was oben am Kopf wie ein Blasloch aussieht, verdeckt zwei innen liegende Nüstern, die auf sinnreiche Weise Luft durchlassen, aber jeden zufällig eindringenden Wassertropfen hinausdrücken. Mit seinen kräftigen Brustmuskeln atmet der Delphin in kurzen Stößen — ein schnelles Ausatmen, dann ein rasches Einatmen. Er kann mühelos bis zu sechs Minuten unter Wasser bleiben, ehe er wieder auftauchen muß. (Delphinjunge werden übrigens mit dem Schwanz voran geboren, damit sie nicht ertrinken. Sie schwimmen sofort an die Oberfläche hinauf, um ihren ersten Atemzug zu tun, manchmal unterstützt von der Mutter oder anderen Delphinen.)

Ausgewachsene Männchen des pazifischen Großen Tümmlers, auch Flaschennase genannt, können eine Länge von 4,25 Meter erreichen, wiegen bis zu 450 Kilo und haben eine Lebenserwartung von 20 bis 25 Jahren. Trotz ihrer Größe besitzen sie ein unglaublich leistungsfähiges Fortbewegungssystem, das die Konstrukteure von Torpedos und U-Booten lange sehr interessiert hat. Delphine bewegen sich vorwärts, indem sie mit der quer stehenden Schwanzflosse auf- und niederschlagen, wobei sich jedoch kaum ein Wirbel und praktisch kein Kielwasser bildet. Ein Zoologe in Makapuu hat die Geschwindigkeit eines pazifischen Tümmlers auf einer abgesteckten Strecke mit rund 30 Kilometern in der Stunde gestoppt — und das dürfte weit unter der Höchstgeschwindigkeit eines Tümmlers liegen.

Tuffy und Simo. Der flinke, quicklebendige Delphin ist sehr gelehrig. Als erstes erzieht man ihn dazu, auf Pfiffe zu reagieren. Man bringt ihm bei, daß jedesmal, wenn ein Pfiff ertönt, der Abrichter eine tote Meeräsche ins Wasser wirft. (Draußen im Meer ernähren sich Delphine nur von lebender Beute und nehmen nicht mit Aas vorlieb wie die Haie. Ein frisch gefangener Delphin muß erst daran gewöhnt werden, tote Fische zu fressen.) Sobald dann der Delphin den Pfiff damit in Verbindung bringt, daß ihm ein Fisch sicher ist, beginnt der Lehrer, ihn auf andere Reaktionen zu schulen, zum Beispiel aus dem Wasser zu springen. Der Abrichter wartet, bis das Tier das in seinem Bassin von sich aus tut, pfeift jedesmal und wirft einen Fisch hinein. Schließlich verbindet der Delphin das Springen mit einem Leckerbissen als Belohnung. Er lernt rasch und bewältigt innerhalb eines Monats auch schwierigere Aufgaben, läßt bald einen Ball auf seiner Nase hüpfen, fängt Kunststoffreifen auf, kommt auf Befehl zu einem Taucher und trägt allerlei Gegenstände im Maul.

Ein besonders intelligenter atlantischer Großer Tümmler namens Tuffy wurde von Wissenschaftlern am Unterwasserforschungsinstitut der Marine in San Diego darauf abgerichtet, zu einem Unterwassergerät hinabzutauchen, das ein Signal aussandte. Nachdem Tuffy dem Signal bis zu dem Gerät hinunter gefolgt war, stellte er es ab, indem er mit der Schnauze einen Schalthebel umlegte. Dann schoß er wieder nach oben und atmete etwa 30 Zentimeter unter der Oberfläche in einen umgestülpten, wassergefüllten Trichter aus. Auf diese Weise konnte die ausgeatmete Luft aus jeder Tauchtiefe und -dauer analysiert werden. Während der Experimente tauchte Tuffy 370mal, ein paarmal bis in 300 Meter Tiefe. Die Arbeit machte ihm solchen Spaß, daß er, ließ man ihn aus seinem Verschlag frei, fröhlich dem Boot seines Ausbilders zu der Stelle folgte, wo die Versuche stattfanden.

Wenn ein Mensch zu rasch aus Tiefen von mehr als zehn Metern auftaucht, werden Stickstoffbläschen in seinen Blutgefäßen zurückgehalten, die die gefürchtete, oft tödliche Taucherkrankheit verursachen. Tuffy aber zeigte keine Anzeichen von Beschwerden. Unterwasseraufnahmen ließen erkennen, daß von zehn Meter Tiefe an seine Brust immer mehr zusammenfiel, was beweist, daß der Brustkorb eines Delphins flexibel ist und seine Lungen sehr elastisch sind.

Infolge dieser Gummibandstruktur wird, so schlossen die Zoologen, die Luft aus den Alveolen des Delphins (den Luftzellen der Lungen, wo sich die Atemluft mit dem Blut mischt) hinausgedrückt. Und das hindert den Stickstoff daran, sich in solchen Mengen im Blut aufzulösen, daß er zur Taucherkrankheit führt. Diese Erkenntnis könnte eines Tages Tauchern das Leben leichter machen.

Ein anderer Delphin, Simo, ist im Marinelaboratorium in Sarasota in Florida abgerichtet worden, auf Kommando Haie zu verjagen. Man sieht in diesem Erfolg eine Möglichkeit, mit der Zeit Delphine sozusagen als Wachhunde einzusetzen, um Taucher während ihrer Arbeit zu schützen.

Tragische Verstrickung. Doch auch die Delphine selber könnten Schutz brauchen — vor dem Menschen nämlich. Delphinfleisch ist eßbar, und viele Länder der Welt haben einen unersättlichen Appetit darauf. Japan fängt alljährlich Delphine zu Tausenden, ebenso Neuguinea, die Salomoninseln, die Türkei und einige Staaten Südamerikas. Manche Länder (auch die USA) haben Vorschriften, die den gewerbsmäßigen Delphinfang verbieten. Da aber Thunfische und Delphine meist gemeinsam umherstreifen, droht letzteren weiterhin ungewollt der Tod. Jedes Jahr verfangen sich schätzungsweise 250 000 Delphine in den Netzen von Thunfischdampfern und ertrinken.

Mit Hilfe von Unterwassertongeräten sind James F. Fish und William Cummings vom Marineunterwasserinstitut in San Diego, die die Technik, Töne des Schwertwals auszusenden, entwickelt haben, diesem Problem zu Leibe gerückt. Gemeinsam mit William Perrin, einem Walforscher am amerikanischen Seefischereiamt, haben sie mit Bandaufnahmen vom Schwertwal, dem Erzfeind der Delphine, experimentiert, um Delphine durch ein pneumatisches Gummifallgatter hindurch aus den Thunfischnetzen zu verscheuchen. Pumpt man Preßluft in das Gatter, so hebt es sich; läßt man die Luft heraus, so senkt es sich. Man hat schon einen erfolgreichen Versuch damit gemacht, und eine solche Apparatur wird vielleicht künftig auf Thunfischfängern zur Standardausrüstung gehören und dem ungewollten Morden ein Ende setzen.

Ich hoffe es wenigstens. Der Delphin hat viel für den Menschen getan und besitzt die Fähigkeit, noch mehr zu tun.

Es wäre ein Jammer, wenn wir diesen sympathischen, zutraulichen, gescheiten, im Wasser heimischen Freund verlieren sollten.

*Wäre er als Mensch zur Welt gekommen,
so wäre er sicher Philosoph oder Künstler geworden –
auf jeden Fall aber ein Intellektueller*

Ein Hund namens Schultz

Von H. Gordon Green

Von allen Hunden, die wir im Lauf der Jahre auf unserer Farm in Quebec hatten, war keiner so originell wie Schultz. Er war ein englischer Vorstehhund mit einem Stammbaum so lang wie sein Schwanz; man hatte ihn mir angeboten, weil ihn Vögel offenbar nicht interessierten. «Wenn Sie ihn nicht wollen», sagte mir sein widerlicher Besitzer, «werde ich ihn wohl erschießen lassen. Er will einfach nicht vorstehen. So ein blöder Hund!»

Kurz danach gingen wir eines Morgens über eine Wiese. Schultz war plötzlich furchtbar aufgeregt über irgend etwas, was sich vor ihm im Gras bewegte. Ich vermutete, daß ein Rebhuhn auffliegen würde, und wartete. Schließlich entschloß ich mich, ihm zu helfen, und ging näher.

Weit und breit war kein Vogel zu sehen – und doch hatte Schultz jeden Muskel gespannt. Offenbar sah er auch etwas, denn er neigte den Kopf bald nach links, bald nach rechts – wie ein großer Gelehrter, der ernsthaft das Unwägbare erwägt. Ich suchte den Boden ab, weil ich dachte, Schultz habe vielleicht eine Maus oder zumindest einen Grashüpfer aufgespürt. Aber ich konnte nicht das geringste entdecken. Also machte ich mich wieder ans Zäuneziehen, Schultz kam schließlich, wenn auch zögernd, nach.

Dann plötzlich fing er dasselbe Theater noch einmal an. Er muß sich irgend etwas einbilden, dachte ich.

Schließlich sah ich, was Schultz fesselte. Eine Mücke. Er tat ihr nichts, sondern beobachtete sie nur. Den ganzen Vormittag studierte Schultz Mücken, während ich Zäune zog. Jetzt hatte ich also die heimliche Schande dieses merkwürdigen Hundes entdeckt. Er interessierte sich nicht für Federknäuel, die man mit dem Gewehr vom Himmel holen konnte. Statt dessen hatte ihm der Allmächtige in seiner Unergründlichkeit ein nie erlahmendes Interesse an Mücken mitgegeben!

Wäre Schultz als Mensch zur Welt gekommen, so hätte ihn dieses Verlangen, die kleinen, unscheinbaren Dinge des Lebens zu erforschen, vielleicht zu einem zweiten Louis Pasteur gemacht. Oder wenigstens zu einem gutbezahlten Beamten in einer staatlichen Forschungsstelle. Da er aber ein Hund war, schien er als Vorstehhund, der nicht vorstand, absolut unnütz.

Ich fragte mich oft, wer ihm wohl den Namen Schultz gegeben hatte. Der Name läßt gewiß nicht darauf schließen — doch unter den Hunderten von Hunden, die ich in meinem Leben hatte, besaß keiner so unerschütterliche Würde wie Schultz. Selbst wenn er stahl oder sich mit schmutzigen Pfoten auf dem Sofa lümmelte oder wenn er sich irgendeiner Hundedame zugesellte, die aus Gründen der Zuchtordnung für ihn nicht in Frage kam, bewahrte er stets einen gelassenen und aristokratischen Anstand. Wenn man ihn mit Schimpfworten fortjagte, wurde einem leicht unbehaglich zumute — als hätte man sich einem Grafen oder Erzbischof gegenüber unanständig benommen.

Von allen meinen Hunden hat keiner weniger Mahlzeiten von mir verlangt. Wenn ich Schultz eine Schüssel Hundefutter oder Essensreste hinstellte, zögerte er immer erst einen Augenblick, als wollte er sagen: «Oh, das wäre aber nicht nötig gewesen, wirklich nicht! Schließlich habe ich doch heute spät gefrühstückt.» Dabei war Schultz, wie sich das für Aristokraten gehört, ein recht stattlicher Bursche. Wie schaffte er es, ohne ums Essen zu betteln?

Erstens war er ein Eierdieb — er stahl täglich mindestens ein halbes Dutzend A-Eier, obwohl wir uns die allergrößte Mühe gaben, ihn zu überlisten oder zu erziehen. Und zweitens hatte er sich im Lauf der Jahre eine ganz persönliche Versorgungsroute zugelegt. Jeden Abend nach Einbruch der Dunkelheit lief er die Straße hinunter und suchte die Häuser mit den ergiebigsten Mülltonnen auf. Im Deckelentfernen war er Experte. Unsere wohlwollenderen Nachbarn rechneten schließlich schon mit ihm.

Ein Nachbar jedoch, der keine Ahnung hatte, was für ein feiner Charakter Schultz war, beobachtete ihn, wie er versuchte, das Rätsel eines der neuen grünen Plastiksäcke zu lösen — Müll in Geschenkpackung, sagen wir immer —, und warf mit einem Besen nach ihm. Als Freund Schultz mich am nächsten Morgen an der Hintertür begrüßte, schweifwedelnd, aber auf drei Beinen, wußte ich sofort, was passiert war. Durch die Art, wie er die Würde bewahrte, erregte das hinkende Hinterbein erst recht teilnahmsvolles Aufsehen. Viel Trost konnte ich ihm nicht spenden, sagte ihm aber, daß man sich mit Ungerechtigkeiten abfinden müsse.

Schultzens Sündenkonto ist noch ein Punkt hinzuzufügen: Hausfriedensbruch. Er konnte sich nie damit abfinden, daß er mit den anderen Hunden im Zwinger bleiben sollte. Seine Wahl fiel auf den weichsten und wärmsten Platz — das Wohnzimmersofa.

Zuerst gingen wir sehr verständnisvoll vor. Wir zeigten Schultz die Tür und erklärten ihm, daß sein großer ungeschlachter Leib ein für allemal draußen zu bleiben habe. Aber Schultz besaß jenes flexible Gewissen, das in dem Augenblick aushakt, in dem ein wachsames Auge fehlt. Irgend jemand ließ aus Versehen die Tür offen, und schon lag er wieder auf seinem Lieblingssofa. Jedenfalls glaubten wir, daß er auf diese Weise hereinkäme — bis ihn einmal jemand beobachtete, wie er vorsichtig durchs Kellerfenster einstieg.

Ich schnappte mir einen Besen und bezog oben an der Kellertreppe Posten. Aber Schultz hatte offenbar gelernt, daß man am besten wartete, bis alle aus dem Haus waren oder schliefen oder vor dem Fernseher saßen; dann erst kam er leise herauf und stieß mit der Schnauze die Kellertür auf. Diesmal allerdings scheuchte ich ihn sofort aus dem Keller und vernagelte das Fenster, durch das er eingebrochen war. Ich warf ihm den Besen und ein paar Flüche hinterher, als er — wie üblich mit schlechtem Gewissen — dem Wald zustrebte. Der Besen beeinträchtigte ein wenig sein Vorwärtskommen, während er am Horizont verschwand. «Vielleicht weißt du nun endlich, wo du hingehörst!» brüllte ich.

Doch gleich darauf tat es mir schon wieder leid. Da hatte ich nun Schimpf und Schande auf einen rücksichtsvollen Burschen mit tadellosen Manieren gehäuft, nur weil er sich das Leben ein bißchen angenehmer machen wollte. Weil er zufällig etwas klüger war als die anderen. Weil er überhaupt viel Ehrgeiz hatte. Lauter vorzügliche Eigenschaften, wenn man Schlauen glauben darf.

Schultz überstand die Sache wie üblich mit Gleichmut. Dann wurde es Weihnachten, und eines Morgens kam mir das Feiertagskonfekt in der großen Schale auf dem Kaffeetisch klebrig vor.

«Edith», sagte ich zu meiner Frau, «dir muß irgendwie Kaffee in die Konfektschale geraten sein.»

Weiter wurde kein Wort darüber verloren, bis ich am übernächsten Morgen ins Zimmer trat und Konfekt über den ganzen

Fußboden verstreut fand — die Schale war leer. Sowie ich zu schimpfen anfing, erhob sich Schultz von seinem Parkplatz vor dem Kamin; er sah aus, als fühle er sich gar nicht wohl.

«Schultz!» sagte ich, «was zum Kuckuck hast du wieder angestellt? Warum mußtest du den ganzen Kram rausholen und alles anschlabbern?»

Schultz verstand mich ganz genau. Als er beschämt den Kopf senkte, fiel aus seinem Riesenmaul ein Stück Konfekt zu Boden und hinterließ eine kleine Pfütze. Es war roter Sirup von einer Praline mit Erdbeergeschmack. Mir fiel auf, daß nicht mehr allzuviel rotes Konfekt übrig war und daß bei den meisten Stücken die Streifen abgeleckt waren. Die anderen — mit Orangen-, Zitronen- und Zimtgeschmack —, die hatte Schultz nur eben beschnüffelt.

«Du mußt wohl sogar noch ein besonderes Aroma haben, was?» fragte ich und dachte bei mir, daß Schultz, als Mensch geboren, mit soviel Geschmackssinn und Urteilsvermögen sich vielleicht der bildenden Kunst zugewendet hätte oder auch der dramatischen Dichtung oder der klassischen Musik. Zu schade, daß ein solches Talent so vergeudet wurde.

Noch ehe der Winter zu Ende ging, wurde uns Schultz eines Tages auf dem Kühler unseres Wagens heimgebracht.

«Ein Lastwagen hat ihn angefahren», sagte mein Sohn. Er hatte Mühe, mit fester Stimme zu sprechen. «Wir wollen ihn irgendwo begraben», sagte ich und half das tote Tier herunterheben. Aber ich hatte etwas bemerkt, was der Junge nicht gesehen hatte: ein Kugelloch in der Stirn des Hundes. Ein verärgerter Nachbar weiter unten an der Straße, dessen Müll oft verstreut worden war, hatte Schultz als einen «verdammten Köter» bezeichnet, wie ihm noch keiner untergekommen sei, und hatte gedroht, der Hund werde ihn «irgendwann einmal so in Wut bringen, daß ich ihn erschieße». Nun hatte er wohl sein Wort wahr gemacht und den Kadaver auf die Straße gelegt, damit es so aussah, als habe ihn eine Stoßstange erwischt.

Doch während der Junge und ich das Grab unter seinem Lieblingsapfelbaum aushoben und mit Steinen, Wurzeln und dem gefrorenen Boden kämpften, dachte ich bei mir: «Nein, wir begraben hier keinen verdammten Köter!» Schultz war auf seine rätselhafte Weise ein Revolutionär. Er lebte einfach der Überzeugung, daß es auf der ganzen Welt keine christliche Rechtfertigung für das Verbot gebe, etwas von den Brosamen der Mächtigen und Glücklichen zu nehmen, die nur allzuviel besaßen.

513

Ein Pelikan würgt so viele Fische in sich hinein,
bis er kaum noch stehen kann

Der kuriose Pelikan

VON GEORGE FICHTER

EINER der unförmigsten und groteskesten Vögel ist der Pelikan, heimisch in allen Erdteilen, berühmt in aller Welt für das Fassungsvermögen seines Schnabels. In halbtropischen Ländern sind die Pelikane an waldigen oder sandigen Küsten auf Tausende von Meilen hin zu sehen, manchmal reihenweise auf Sandbänken in würdevoller Positur, manchmal auf Pfählen hockend, manchmal in schräger Kette, einer hinterm andern, über die See hinstreichend. So geschickt wissen sie auf den Luftströmungen zu segeln, daß sie nur dann und wann ein paar Flügelschläge zu tun brauchen, wobei immer der Führer den Anfang macht, und alle andern der Reihe nach seinem Beispiel folgen wie eine gutgedrillte Reihe Balletteusen.

Immer, wenn man einen Pelikan zu Gesicht bekommt, kann man sich auf einen Spaß gefaßt machen. Einmal sah ich, wie eine Fischersfrau einen schönen Fisch an der Angel hatte und ihn auf den Damm zu sich heraufzog. Aber auch ein Pelikan hatte ein Auge auf den Fang geworfen. Er kam dem Fisch bis auf das Pflaster nach, schnappte ihn samt Angelhaken und Schnur weg und wollte mit seiner Beute davonfliegen.

Die verdutzte Frau hielt die Angelrute fest, während der große Vogel Stück um Stück der Schnur mit sich fortzog. Dann, mit einem scharfen Ruck, fing sie an, die Schnur wieder einzuhaspeln, und zog dem Pelikan den nur lose gehaltenen Fisch aus dem Schnabel. Der Fisch fiel ins Wasser, und der Pelikan, um sich nicht nehmen zu lassen, was er für seinen rechtmäßigen Fang hielt, faltete die Flügel und tauchte danach. Er verfehlte jedoch sein Ziel, da die Frau die Leine einzog, so schnell sie nur konnte – und diesmal tat sie den Fisch in einen Eimer und deckte den Eimer zu.

Sie stand noch darüber gebeugt, als der Pelikan wieder den Schauplatz betrat. Als er den Fisch nicht mehr sah, versetzte er seiner Feindin einen erbitterten Schnabelhieb in die Hinterpartie. Die Frau kreischte auf und stieß den Eimer um, so daß der Fisch wieder frei war — diesmal ohne Haken und Schnur. Der Pelikan erwischte ihn, brachte sich auf einem von der Küste entfernten Pfahl in Sicherheit und schlang seine Beute ganz hinunter.

Ein einziger Fisch ist aber für einen hungrigen Pelikan nicht mehr als eine Kostprobe, die ihm gerade Kraft genug für den nächsten Fang gibt. Als Freunde von mir einmal damit beschäftigt waren, Fische, die als Köder verwendet werden sollten, mit dem Schleppnetz zu fangen, wurden sie einen aufdringlichen Pelikan nicht los, der der Meinung zu sein schien, sie täten das eigens, um Futter für ihn herzuschaffen. So beschlossen sie, ihn so lange zu mästen, bis er buchstäblich nichts mehr hinunterbrächte. Aber sie mußten beinahe die Waffen strecken.

Der Pelikan verschlang Fisch nach Fisch, bis ihm der Schwanz des letzten aus dem Schnabel herausragte. Er war so vollgestopft, daß er umfiel, als er zu gehen versuchte. Meine Freunde richteten ihn auf und warteten ab, was nun mit dem letzten Bissen geschehen werde. Alle paar Minuten machte der überfütterte Pelikan eine Schlingbewegung, und jedesmal glitt der Fisch ein Stückchen tiefer in die Gurgel. Dann hüpfte der Vielfraß auf und nieder, um den Inhalt seines Schlundes in eine für ihn bequemere Lage zu schütteln. Nachdem er es eine halbe Stunde so getrieben hatte, machte er ein Nickerchen von einer Viertelstunde — und kaum erwacht, bettelte er schon wieder um Fressen.

Die Fischer klagen manchmal darüber, daß die Pelikane ihnen zu viele Fische wegfressen, aber die Ornithologen sagen, daß etwa 90 Prozent der von einem Pelikan verspeisten Fische Arten angehören, die entweder im Überfluss vorhanden oder für den Handel wertlos sind, mit Ausnahme vielleicht von Seichtwasserschwimmern wie den Umberfischen, die ihre Futterstellen an den grasigen Untiefen haben, gerade in der richtigen Reichweite für den Pelikan.

Denn tief kann der Pelikan nicht tauchen — er ist zu leicht. Erspäht er einen Fisch, so faltet er die Flügel und stößt hinunter, oft aus Höhen von fünfzehn Metern. Er zielt so sicher, daß er seine Beute nur selten verfehlt. Aber selbst mit voll ausgestrecktem Hals und Schnabel und trotz des Schwunges, mit dem er zustößt, erreicht er doch nur Fische, die nicht tiefer als einen halben Meter unter Wasser sind.

Aber Irrtümer bleiben auch dem Pelikan nicht erspart. Einmal sichtete einer ein kleines schwarzes Etwas, das unter Wasser schwamm, und schoß mit gewohnter tödlicher Treffsicherheit darauf zu. Als er wieder auftauchte und den Schnabel öffnete, kam mit dem abfließenden Schlamm eine verschmuddelte Tauchente zum Vorschein und flog davon, noch von weitem dem verblüfften Pelikan ihr empörtes Geschnatter zurücksendend.

Netzfischer betrachten den Pelikan allgemein als Helfer. Beim Einholen des Netzes setzen sich die Pelikane auf die Korkleine oder fliegen, nach Fischen spähend, über die vom Netz umschlossene Fläche hin; durch ihr ständiges Tauchen werden die Fische tief in die Maschen getrieben, so daß sie nicht herausspringen können. Später, wenn der Fang sortiert wird, bekommen die Pelikane ihren Lohn in Gestalt minderwertiger, nicht verwendbarer Fische zugeworfen.

Die Flügelspannweite des braunen Taucherpelikans, der verbreitetsten Art, ist selten größer als zwei Meter, der Kopf ist strohgelb, der Hals grauweiß (außer in der Paarungszeit, in der ein brauner Streifen vom Schopf über den Hals hinunterläuft). Der Rumpf ist auf der Oberseite grau, auf der Unterseite braun – der braune Pelikan ist gelegentlich auch im Binnenland anzutreffen, aber gewöhnlich bleibt er in der Nähe des Salzwassers und in warmem Klima.

Größer und viel schöner ist der weiße Pelikan, der hauptsächlich an der Westküste der Vereinigten Staaten zu finden ist. Der hintere Rand seiner Flügel, deren Spannweite wohl drei Meter mißt, ist schwarz, Schnabel und Ständer sind leuchtend orangegelb. Er gibt ein prachtvolles Bild ab, wenn er auf blauem Wasser auf- und abschaukelt oder bei strahlender Sonne in weiten Kreisen emporsegelt.

Die weißen Pelikane tauchen nie nach ihrer Nahrung, sondern fliegen auf See hinaus, bis sie einen Schwarm Fische finden, der auf seichtes Gewässer zuschwimmt. Dann gehen sie in einer Reihe hinter dem Schwarm aufs Wasser nieder und treiben die Fische auf die Küste zu. Machen die Fische kehrt, so peitschen die Pelikane das Wasser mit ihren Flügeln zu Schaum auf und scheuchen sie damit zurück. Sind dann die Fische in fußtiefem Wasser zusammengedrängt, so schaufeln die Pelikane sie mit ihren riesigen Schnäbeln auf.

Man besuche eine Pelikankolonie, eine Brutstätte, wo Hunderte von ihnen beisammen sind, und man wird eine der größten Tugenden des Pelikans kennenlernen: daß er fast stumm ist. Die jungen Pelikane rufen mit kratzigen, schirpenden Lauten nach Futter, aber das einzige Geräusch, das ein erwachsener macht, ist das Schwirren seiner Schwingen im Flug und das scharfe, gebieterische Klappern seines Schnabels, wenn er zornig ist oder Nahrung fordert. Nur selten, etwa wenn er mit einem anderen um einen Fisch streitet, kann er in das keifende Schirpen seiner Jugendzeit zurückfallen.

An der Brutstätte wird man Pelikanmännchen mit geschwellter Brust und pumpenden Flügelbewegungen um ihre Weibchen herumstolzieren und sich zu Federballons aufblähen sehen, um die Herzen der Schönen zu erweichen — aber auch das geht schweigend vor sich. Und wenn die Balz vorbei ist, machen er und sie sich gemeinsam an das ernste Geschäft des Nestbaus. Das Ergebnis ist aber nicht mehr als ein unförmiger Haufen von Ästen und Knüppeln, der manchmal auf einem Sandstrand, manchmal an einer erhöhten Stelle einer Insel oder sechs Meter hoch in einem Mangrovebaum zusammengetragen wird. Ein

Wunder ist nur, daß trotzdem so viele Pelikane ausgebrütet werden und am Leben bleiben.

Man kann auch die Erfahrung machen, daß die Pelikanmutter nervös wird, wenn sie ungebetene Gäste bekommt. Sie geht nicht auf einen los, aber sie tut unter Umständen etwas auch nicht gerade Angenehmes: sie fliegt über einen hinweg und entleert dabei ihren ganzen Schnabelsack voll halbverdauter Fische, die als Mahlzeit für ihre Jungen bestimmt waren.

Das Atzen der Jungen ist ein sehenswerter Vorgang. Nach Art vieler Vögel füllt sich die Mutter zuerst selber den Magen — auf See, wo sie ihre Beute fängt. Ins Nest zurückgekehrt, würgt sie die halbverdauten Fische wieder herauf in den Kehlsack unter ihrem Schnabel, und die Jungen tunken ihre Schnäbel ein. Je mehr der Inhalt abnimmt, um so gieriger bücken sie sich hinunter, bis zuletzt nur noch ihre zappelnden Füße aus der Tiefe dieses lebenden Futtertroges herausragen.

Wie der Pelikan darauf lauert, von den Fischern seinen Anteil zu bekommen, so hat die Lachmöwe ein wachsames Auge auf den Pelikan. Wenn der Pelikan taucht, kommt er nicht nur mit Fischen im Schnabelsack herauf, sondern hat auch noch mehrere Liter Wasser darin. Um nun die Fische vom Wasser zu sondern, öffnet er den Schnabel und läßt das Wasser ablaufen, während der Fang im Sack bleibt.

Diese Gelegenheit machen sich die Möwen zunutze. Sie fliegen dem Pelikan auf den mächtigen Schnabel, und sobald er ihn aufmacht, um das Wasser abzulassen, langen sie hinunter und schnappen den Fisch weg. Mit etwas beschämter Miene, aber nur würdevoll blinzelnd, macht sich der große Vogel von neuem auf die Suche nach Beute.

Auf vielen Werften finden sich Pelikane, die so zahm sind, daß man sie aus der Hand füttern kann, ja sie wollen es sogar nicht anders. Ein Pelikan ist gut Freund, sobald sich eine Hand mit Futter ausstreckt.

*Der schlaue Waschbär denkt so fix wie ein Affe
und kämpft so verbissen wie ein wütender Hund*

Strauchdieb im Pelz

VON GEORGE HEINOLD

DER NÄCHTLICHE Räuber Waschbär ist einer der behäbigen Schwergewichtler im Reich der Tiere, aber geistig leistet er Erstaunliches. Intelligenzprüfungen haben ergeben, daß er nur eine Spur hinter dem scharfsinnigen Affen zurückbleibt. Im übrigen erhielt er die Beurteilung: «launisch, nervös und reizbar.»

Seine Launenhaftigkeit hängt vielleicht mit seiner großen Intelligenz zusammen, aber seine Nervosität dürfte leichter zu erklären sein. Er ist ständig gezwungen, Jäger, Fallensteller und Hunde, die mit lautem Gebell hinter ihm her sind, an der Nase herumzuführen. Sein Fell, eine hübsche Mischung von Grau, Schwarz und Braun, kommt jährlich in etwa einer Million Exemplaren auf den Markt. Unser Waschbär hat also allen Grund, nervös zu sein.

Für seine gallige Reizbarkeit kann man wohl seine Gefräßigkeit verantwortlich machen. Wenige Tiere haben mehr für Fressen und weniger für Bewegung übrig als der Waschbär. Er macht sich so ziemlich über alles her, was eßbar ist. Gibt es Nahrung im Überfluß, so stopft er sich den Bauch voll, rülpst, macht ein Nickerchen von etwa einer halben Stunde und – frißt sich von neuem voll. Derartige Exzesse verbessern natürlich weder seine Figur, noch befähigen sie ihn zu Dauerläufen. Ein Waschbär, der von der Nase bis zur Schwanzspitze etwa 80 Zentimeter mißt, wiegt oft an die dreißig Pfund. Ein besonderes Prachtexemplar brachte es auf 44 Pfund.

Wie sein ungeschlachter Verwandter, der Bär, trottet auch der Waschbär nur langsam und schwerfällig durch die Gegend. Aber er hat einen Ausgleich für diesen Nachteil, nämlich unglaublich geschickte Pfoten, mit denen er die Türen der Geflügelställe aufklinken, metallene Pfosten erklimmen und sogar Insekten im Fluge erhaschen kann. Ein Waschbär, der in unseren Hof eingebrochen war, schraubte die Metalldeckel der Honiggläser ab und schleckte den Inhalt aus.

Im Gegensatz zu seinem plumpen Körper ähnelt der Kopf des Waschbären dem des Fuchses: er ist fein gemeißelt und sensitiv, wachsam und arrogant. Mutter Natur hat den Räuberblick noch durch schwarze Flecke unter den Augen betont. Wenn er nächtlicherweise herumlungert, gleicht er wirklich dem Dieb, der er in Wirklichkeit ist.

Die Familie des Waschbären kommt in ganz Nordamerika vor – von Mexiko bis zum Süden Kanadas, wo immer es Waldungen, Sümpfe und Flüsse nach seinem Geschmack gibt. Kiefern- und Fichtenwälder behagen ihm allerdings nicht, denn sie bieten ihm keine fix und fertigen Wohnungen in hohlen Baumstämmen, und er selbst baut sich keine Behausung. Harte Arbeit ist ihm ein Ekel. Manchmal schlägt er sein Quartier in Felsspalten auf oder im verlassenen Bau eines Waldmurmeltiers oder Stinktiers. Als gewandter Baumkletterer nistet er sich an warmen, sonnigen Tagen wohl auch einmal im Nest eines Habichts oder einer Krähe ein, um ein Sonnenbad zu nehmen.

Der Waschbär liebt Fleisch, Eier und alles, was Obstgärten, Kornfelder, Nußbäume, Bienenstöcke, Gemüsegärten und Beerensträucher hervorbringen. Aber den größten Teil seiner Nahrung holt er sich aus den seichten Gewässern der Bäche, Teiche, Flüsse und Sümpfe. Frösche, die sich im Schlamm vor ihm verkriechen, können seinen tastfähigen Fingern fast niemals entgehen. Auch Muscheln, denen er mit der Geschicklichkeit eines berufsmäßigen Austern-Öffners zu Leibe geht, stehen auf seinem Speisezettel.

Mit seiner Leidenschaft für den saftigen reifenden Mais macht er sich bei den Farmern nicht gerade beliebt. Indem sie die Halme ausreißt und niederschlägt, richtet eine Waschbärenfamilie derartige Verheerungen an, daß man nach so einem Überfall meinen könnte, eine Viehherde habe das Feld niedergetrampelt.

Ich hörte einmal mitten in der Nacht heftiges Knacken und Rauschen in einem unserer Pflaumenbäume und ging hinaus, um nach dem Rechten zu sehen. Im Licht des Halbmonds erkannte ich eine Familie Waschbären. Die Eltern waren in die Zweige geklettert und schüttelten die Früchte herunter, die ihre Jungen mit Behagen verschlangen. Als der Boden mit Pflaumen übersät war, kamen die Eltern herunter und beteiligten sich an dem Festmahl.

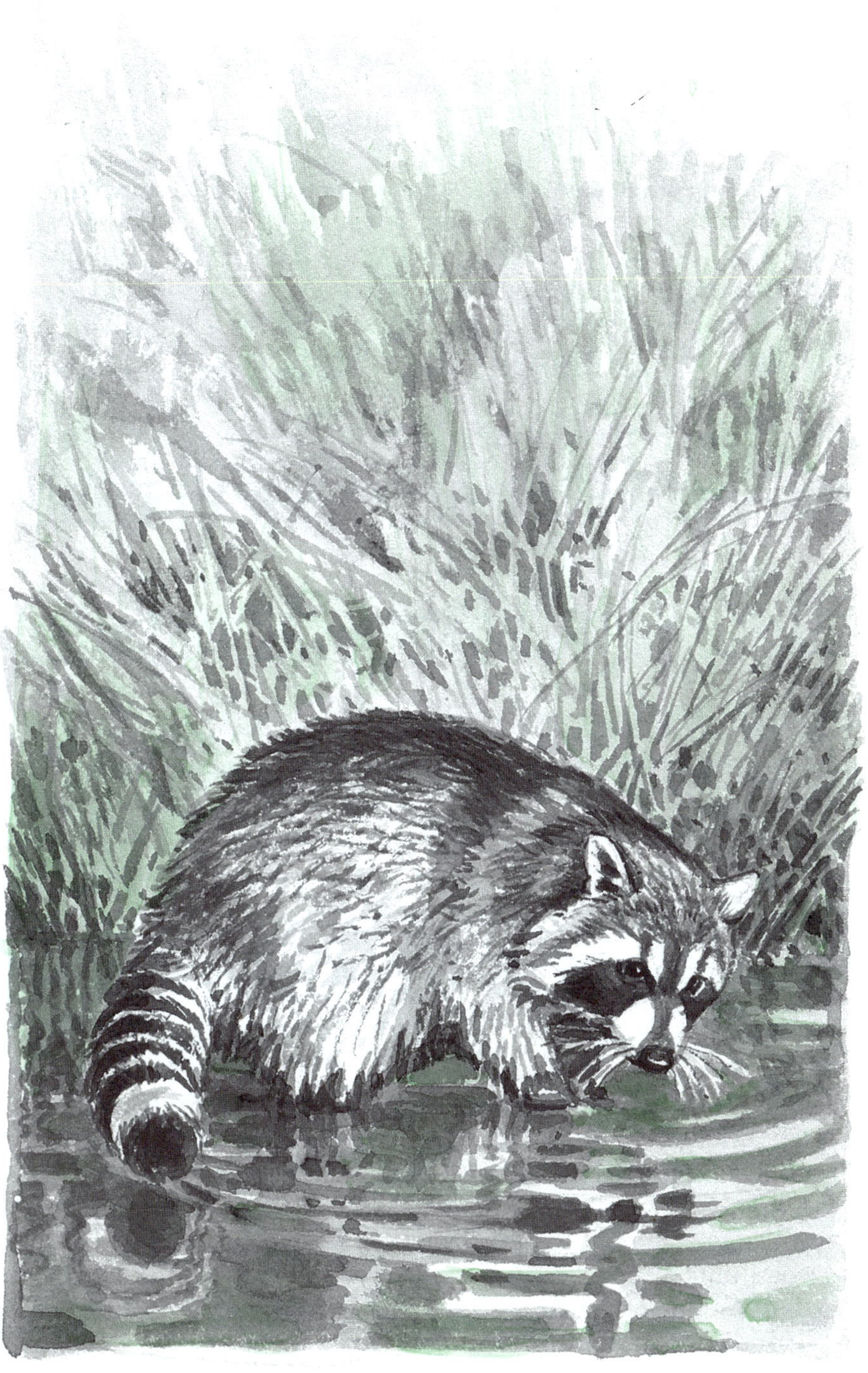

Das Übergewicht, das sich unser Waschbär im Laufe der Zeit anfrißt, tut der Kraft seiner Schläge, wenn es hart auf hart geht, keinen Abbruch. Er ist ein mutiger Kämpfer, der niemals zurückweicht. Er kann einen Hund abschütteln, der doppelt so schwer ist wie er selber, und seine scharfen Zähne und Krallen haben schon manchen Jagdhund übel zugerichtet.

Die Angewohnheit, seine Nahrung vor dem Essen fast immer abzuspülen, hat ihm den weitverbreiteten Ruf der Sauberkeit eingetragen. Es stimmt zwar, daß er seine Frösche und Muscheln abwäscht, um ungenießbaren Schlamm und Sand herunterzuspülen. Aber es gibt noch einen anderen Grund für die scheinbare Sauberkeit des Waschbären — er hat keinen Speichel. Ein Hund, der viel Speichel hat, kann einen trockenen Hundekuchen ohne große Schwierigkeit hinunterschlingen. Aber gefangene Waschbären, die auch gerne Hundekuchen fressen, müssen diese erst in Wasser aufweichen, ehe sie sie schlucken können. Bissen mit hohem Feuchtigkeitsgehalt verzehren sie ungewaschen.

Bei Einbruch des kalten Wetters ist der im Norden lebende Waschbär, der sich einen richtigen Schmerbauch angefressen hat, bereit für den Winterschlaf.

Waschbären können jedoch nicht als echte Winterschläfer bezeichnet werden. In warmen Gegenden halten sie überhaupt keinen Winterschlaf. In nördlichen Breiten ernähren sie sich zwar monatelang von ihrem Fett, aber sie verlieren nicht den Kontakt mit der Außenwelt. Man kann ein überwinterndes Murmeltier, ohne daß es aufwacht, in Wasser tauchen, aber ein schlafender Waschbär ist, wenn Gefahr droht, augenblicklich auf dem Sprung.

An einem frostkalten Januartag schlugen wir am Rande eines Sumpfes Holz und sägten eine große Balsampappel um. Im Fallen streifte einer ihrer Äste einen hohlen Baumstamm. Fast augenblicklich schoß ein grauer Wisch aus der Öffnung: ein Waschbär. Der Hund meines Gefährten nahm die Jagd auf.

Die Ränder des Sumpfes waren fest zugefroren, aber in der Mitte war das Eis verräterisch dünn. Der Waschbär lief auf das feste Eis hinaus, hielt inne und sah sich abschätzend nach dem herbeistürzenden Hunde um. Dann machte er von einer wirklich verblüffenden Kriegslist Gebrauch. Er ließ sich auf die Seite fallen und rollte über die gefährliche Stelle hinweg. Das Eis zitterte und bog sich unter ihm, aber sein Gewicht war gut verteilt. Er kam heil ans andere Ufer und machte sich schleunigst in den Wald davon. Der Hund, der nicht so schlau war, setzte mit großen Sprüngen auf die dünne Eisfläche, und ein eiskaltes Bad bereitete der Jagd ein Ende.

Die jungen Waschbären werden im April oder Mai in Würfen von drei bis sechs Stück geboren. Haben sie etwa ein Drittel ihrer normalen Größe erreicht, so verlassen die Jungen den Wohnbaum, um nach Futter zu suchen und unter Anleitung der Mutter allmählich selber für sich zu sorgen. Vater Waschbär treibt sich in der Nähe herum, um im Falle der Gefahr den Feind auf sich zu ziehen. Die Familie bleibt zusammen, bis die Zeit kommt, Platz für die nächstjährigen Jungen zu schaffen. Deshalb bringen Hunde manchmal eine ganze Familie zum Aufbaumen.

Der Waschbär, der bei seinen Zusammenstößen mit Jägern und Hunden so viele Male mit knapper Mühe entwischt, erwirbt im Laufe der Zeit große Erfahrung und Klugheit. Trotzdem ist es nicht besonders schwer, ihn in eine Falle zu locken. Neugier, Gefräßigkeit und ein nicht sehr hoch entwickelter Geruchssinn besiegeln sein Verderben.

Abgesehen davon, daß sein Fell wertvoll ist, daß seine Jagd für Tausende ein Sport ist und daß sein Fleisch von Feinschmeckern geschätzt wird, macht der Waschbär seine mannigfachen Diebereien beim Menschen reichlich wieder wett. Indem er Schildkröteneier verzehrt, rettet er Tausende von Forellen, Barschen und anderen Fischen für den menschlichen Verbrauch. Sind in den Waldgebieten Frösche und andere Delikatessen rar, so macht er Jagd auf Mäuse, die die Setzlinge zerstören, bevor sie sich zu jungen Bäumen entwickeln können.

Wenn Mutter Natur einmal ihr Jüngstes Gericht abhält, wird unser Waschbär vielleicht ein langes Sündenregister aufzuweisen haben, aber solange sein Bauch voll ist, wird er sein Urteil wahrscheinlich mit Gelassenheit hinnehmen.

*Der merkwürdige Lebenslauf
der Enfants terribles
unter den Insekten*

Das gefräßige Dasein der Raupen

VON DONALD CULROSS PEATTIE

MIT BIBEL und Meßglöckchen, geweihten Kerzen und lateinischen Beschwörungsformeln wurde einst eine Raupenart, die eine Gemeinde in Südfrankreich heimsuchte, mit dem Kirchenbann belegt. So wenigstens wird berichtet. Aber auch der Bannfluch vermochte nicht die ketzerischen, wollhaarigen Pilger zu vertreiben, die Raupen der Prozessionsspinner, die in endloser Reihe, genau auf Vordermann, dahinzogen und Verderben über die Kiefernwälder brachten. Man lud sie darum vor Gericht, um sie wegen widerrechtlichen Betretens fremden Eigentums, Vandalismus und Raub zur Rechenschaft zu ziehen. Der zu ihrer Verteidigung bestellte Anwalt erklärte jedoch, die Angeklagten könnten der Vorladung nicht rechtzeitig Folge leisten, und so gewährte man ihnen einen späteren Termin.

Alle an diesem Humbug Beteiligten wußten natürlich genau, daß sich die Prozessionsspinner im Herbst in ihre Kokons verkriechen und im folgenden Frühling als harmlose Falter daraus hervorkommen würden.

Denn die Raupen verkörpern, wie jedes Kind weiß, nur das Larvenstadium der Motten und Falter, die Kindheit der Schmetterlinge. Aber was für Unholde sind diese Kinder! Nichts ist vor ihnen sicher; sie fressen und wachsen im Übermaß, und Verderben ist ihre Spur. Die Raupen der Tabaksschwärmer, der Erdeulen, der Apfelwickler und der Kleidermotten allein verursachen jährlich Millionenschäden. Andererseits hat die Tätigkeit der Seidenraupe seit den ältesten Zeiten große Bedeutung für Industrie und Handel. Bei all diesen Insekten sind die Kinder weit wichtiger als die Erwachsenen, die ihre Zeit fast nur damit verbringen, von einer Nektar-Cocktailgesellschaft zur andern zu gaukeln, hier und dort eine Blüte zu bestäuben oder herumzutändeln und -zuflirten und sich wahllos zu paaren.

Ein Schmetterling hat, wie alle fertigen Insekten, sechs Beine. Eine Raupe dagegen hat zwei oder fünf Paar Beine mehr. Mit diesen bewältigt sie ihre gewaltigen Langstreckenläufe, denn sie hat ein Muskelsystem, das sie im Verhältnis zu Größe und Gewicht zu olympischen Meisterleistungen befähigt. Einige Raupen wiederum bewegen sich, wie mancher schon beobachtet hat, «spannend» vorwärts, indem sie die hinteren Füße dicht an die Brustfüße setzen und den Mittelteil des Körpers hoch in einem Buckel oder einer Schleife aufrichten; bei ihnen sind die mittleren Beinpaare gar nicht vorhanden oder verkümmert.

Die Raupen haben ein Herz, das das gelbe oder grüne «Blut» träge durch den Körper pumpt, doch keine Lunge; statt ihrer stehen seitliche Atemlöcher mit einem Luftröhrensystem in Verbindung und bringen Sauerstoff in ihr Blut. Sie haben einen Schlund und einen Darm — kein Wunder bei diesen gefräßigen Geschöpfen. Und Kiefer, nimmermüde Kiefer, die sich seitwärts bewegen, nicht auf und ab wie bei uns. Primitive Sinnesorgane, die sich später zu den Augen des erwachsenen Insekts entwickeln, können hell und dunkel unterscheiden. Allem Anschein nach haben sie kein Gehör; taub sogar gegen das Geräusch ihres eigenen beständigen Kauens, leben sie in einer Welt des Schweigens. Sie besitzen jedoch überall auf der Haut ein empfindliches Tastgefühl.

Die Nerven laufen im Kopf der Raupe zu einem Ganglienknoten zusammen und bilden das Hirnzentrum. Hier werden die Nachrichten der Nervenbahnen aufgenommen und Befehle an die Muskeln ausgesandt. Wie mechanisch diese Befehle manchmal ausgeführt werden, hat der große französische Insektenforscher J. Henri Fabre nachgewiesen. Er setzte Raupen des Kiefernprozessionsspinners auf den Rand einer großen Vase, neben der er ihre Lieblingsnahrung, einen Kiefernzweig, legte. Es wäre für die Raupen kinderleicht gewesen, auf ihn zu gelangen; statt dessen krochen sie eine ganze Woche immer im Kreise um den Vasenrand herum.

Vom Standpunkt der Raupen aus war dies scheinbar stumpfsinnige Verhalten durchaus vernünftig. Wie der Name sagt, sind diese Tiere nämlich Spinner, und jede Prozessionsspinnerraupe legte auf ihrem Wege als Leitschnur einen Seidenfaden nieder. Die

Fäden bildeten ein Geleise, das die Raupen nicht mehr verlassen konnten — Sklaven des Triebes, dem Vordermann zu folgen. Man mag diese Beharrlichkeit als Instinkt oder als Reflex erklären — jedenfalls ist sie eine Triebkraft, die der Raupe angeboren ist.

Wenn die Raupe ausschlüpft, frißt sie sich durch die Hülle ihres Eies nach außen. Gewöhnlich ist das Ei auf der Lieblingspflanze der Raupe abgelegt worden, so daß der kleine Vielfraß sich sofort an die Arbeit machen kann. Bei einigen Arten ist nicht gleich Futter vorhanden; dann läßt sich die Raupe schnell an einem selbstgesponnenen Seidenfaden hinuntergleiten, kriecht davon und sucht sich ihr Futter.

Solch ein Raupenbengel wirkt auf manches scharfe Vogelauge als ein verlockender Leckerbissen. Darum suchen einige vorsichtige Raupenarten ihre Nahrung in der Erde oder bei Nacht. Andere schützen sich durch einen dichten Pelz von Haaren, von denen viele einen Reizstoff wie den der Nesseln in sich tragen. Wenn diese Haare von der Raupe abgestoßen und vom Wind fortgetragen werden, können sie bei Menschen, die nie mit dem Tier in Berührung gekommen sind, einen Hautausschlag hervorrufen.

Aber auch die haarlosen Raupen wissen sich zu behaupten. Viele gleichen kahlen, abgestorbenen Zweigen: sie haben die gleiche Farbe und stehen genau in dem Winkel von den Bäumen ab, in dem die kleinen Zweige wachsen. Andere haben für ihre Feinde einen unangenehmen Geschmack. Die Raupe des Gabelschwanzes kann sich eine Maske vorhalten, indem sie eine besondere Hautfalte herunterzieht. Das Resultat ist ein zornrotes «Gesicht», zwei große, furchterregende «Augen» und ein falscher, drohender «Mund». Gleichzeitig dringen aus dem Hinterteil des Körpers zwei Fäden, die der gegabelten Zunge einer Schlange ähneln. Wenn man die Raupe des Gabelbuchenspinners stört, bäumt sie sich auf langen Beinen wie eine kampflustige Ameise auf; das vordere Beinpaar sieht dann wie Fühler aus, während aus den aufgerichteten Schwanzgliedern falsche «Stacheln» hervordringen. Ob sich ihre Feinde durch solches Gebaren wirklich abschrecken lassen, ist fraglich. Die am leichtesten zu täuschenden Geschöpfe sind jedenfalls die, welche die größte Phantasie besitzen: wir Menschen.

Zwar kosten uns diese Angehörigen der Unterwelt jährlich Millionen, aber die Natur hat ihre eigene Methode, sie zu vernichten. Ich erinnere mich aus meiner Knabenzeit, daß unsere Gegend einmal von Raupen heimgesucht wurde. Man bereitete eben mit Gift und Feuer einen Angriff auf sie vor, als die Grasmücken aus dem Süden zurückkehrten; kurz darauf war kaum mehr eine Raupe zu sehen.

Als Kind habe ich einmal die ausgewachsene Raupe eines Augenspinners mit nach Hause genommen und sie mit ein paar Eichenblättern in einen Schuhkarton gelegt. Bald fing meine Raupe an, den Kopf rastlos vorwärts und rückwärts zu bewegen, woran man erkennt, daß sie sich einspinnen will. Die Spinnsubstanz wird von Drüsen im Kopf des Tieres erzeugt; sie tritt als klebrige Flüssigkeit hervor, die bei der Berührung mit der Luft erhärtet und Seidenfäden von unterschiedlicher Beschaffenheit bildet. Im allgemeinen besteht der Kokon aus drei Schichten: einer groben, lockeren Außenhülle, einem Futter aus feiner Kokonseide und einer papierartigen Kapsel, welche die Raupe selbst einschließt. Im schweigenden Dunkel dieser Abgeschlossenheit vollzieht sich dann an ihr die wunderbare Verwandlung. Mitunter jedoch schaltet sich der Mensch in diesen Prozeß ein, und zwar mit großem Erfolg. So züchtet er seit mindestens 4000 Jahren Seidenraupen, und keiner der bis heute hergestellten Chemiefaserstoffe vermag an Reinheit, Pracht und Schönheit mit der Naturseide zu konkurrieren.

Die gelblichgraue, eine Länge von etwa acht Zentimeter erreichende Seidenraupe zeigt einen erstaunlichen Arbeitseifer. Drei Tage lang spinnt sie ununterbrochen an einem Kokon, von dem man eine zusammenhängende, bis 1100 Meter lange und nur $1/50$ Millimeter dicke Faser abwickeln kann. Facharbeiter haspeln diese Fasern ab und drehen sie zu einem Faden. Ungefähr 27 000 Kokons ergeben ein Pfund Rohseide.

Die Kokons vieler Schmetterlinge sind wunderbar getarnt. Die Raupen der Wickler kuscheln sich zwischen zwei Blätter, die mit Seide so fest miteinander verklebt werden, daß das Ganze wie ein einziges totes Blatt aussieht, mit dem der Herbstwind spielt. Einige Schmetterlinge machen sich ein Versteck, das wie ein Gallapfel wirkt und scheinbar Löcher hat, als seien Gallwespen dort ausgeschlüpft. Eine Bläulingart formt ein Gebilde, das einem Vogelexkrement auf einem Zweig so ähnlich sieht, daß sich sogar Sammler täuschen lassen. Und der Kokon der verhaßten Kleidermotte ist eine winzige Hülle auf dem Stoff, die die Hausfrau für eine Wollfluse hält.

In der Abgeschiedenheit ihres Kokons wandelt sich die Raupe, die wir als kriechendes Lebewesen kennengelernt haben, zu einer Puppe. Man hat dieses Schlafstadium mit der Reifezeit des Menschen verglichen, denn nun erfolgt insgeheim die Entwicklung vom Kind zum Erwachsenen. Am großen Tag der Auferstehung endlich reißt, bohrt oder zerrt das erwachende Geschöpf eine Öffnung in seine dumpfe Mönchsklause und kriecht aus, noch schwach und feucht. Die wie Blätter in einer Knospe eingerollten Flügel entfalten sich langsam; ihr Träger klappt sie mehrmals auf und zu und läßt sie an der Sonne trocknen, pumpt Kraft in sich hinein, bis er triumphierend den ersten Flug damit wagen kann.

Nun ist aus den primitiven Sinnesorganen der Raupe das Facettenauge des ausgewachsenen Tieres geworden, und zum erstenmale kann es Farben wahrnehmen. Besonders Orange, Rot und Gelb entzücken den Schmetterling. Die Nachtfalter ziehen weiße Blüten vor, die im Dunkeln gut erkennbar sind. Und gewisse Blumen, die sich besonders leicht durch Nachtfalter bestäuben lassen, öffnen sich nur nachts oder strömen ihren Duft nach Sonnenuntergang aus.

Denn der Geruchssinn dieses geflügelten Geschöpfs, das eine Raupe war, ist äußerst empfindlich geworden. Der Duft des weiblichen Nachtpfauenauges lockt die Männchen von weitem an. Sogar ein Fleck, wo es sich einen Augenblick niedergelassen hat, wirkt so stark, daß die nach ihm suchenden Freier in wilder Aufregung die Stelle umflattern. Die Männchen des Schwalbenschwanzes tragen solch ein Lockmittel in den Flügeln, um die Weibchen zu bezaubern.

Vorbei ist es nun mit der jugendlichen Unersättlichkeit der Raupe. Diese ätherischen Wesen leben nur vom Nektar, den sie auch in den tiefsten Blumenkelchen mit dem langen, entrollten Rüssel erreichen. Es gibt sogar einige Arten, die überhaupt nie fressen oder saugen, sondern nur der Liebe leben.

Für so ein Leben zahlen sie einen hohen Preis: die Kürze des Lebens selbst. Die lieblichen Flügel, die bald verblaßt und abgenutzt sind, tragen sie mit einem letzten müden Flattern an den Boden des Waldes. Oder die schönen, kleinen Müßiggänger treiben hinaus auf einen See oder werden, bereits vor Kälte steif, von einem Bach mit fortgerissen. Irgendwo aber, an einem geeigneten Platz, haben sie ihre Eier abgelegt. Die leichtbeschwingte Mutter wartet nicht ab, was daraus wird. Der große Kreis des Lebens, der ohne Anfang und ohne Ende ist, hat sich geschlossen.

*Der klapperdürre Gaul war nur mehr ein
Schatten seiner selbst. Aber er
hatte noch viele glückliche Tage vor sich*

Ein Prinz
auf unserer Weide

Von Irving Townsend

Zum erstenmal sah ich Prinz an einem düsteren November-abend vor acht Jahren. Ich war gerade auf der Weide und fütterte die Stute meiner Tochter Jeremy. Da bemerkte ich in der Dunkelheit ein riesiges Pferd. Sein Kopf baumelte haltlos auf dem ausgemergelten Hals, sein Rücken hing durch; es bewegte sich schleppend, als schmerze es jeder Schritt. Ich fragte mich, wie dieser Klepper wohl hierhergekommen war.

«Das muß Prinz sein», sagte Jeremy. «Mein Reitlehrer hat mir von ihm erzählt. Seine Besitzer wollen ihn auf der nächsten Versteigerung als Schlachtvieh verkaufen.»

Am nächsten Tag ging ich in aller Frühe zum Gehege hinaus und sah mir Prinz genauer an. Wie er da zwischen mir und der aufgehenden Sonne stand, wirkte er noch grotesker. Sein orangefarbenes langes Winterfell war struppig, und genau über dem durchgebogenen Rücken leuchtete die Sonnenscheibe. In die Stirn des kamelähnlichen Gesichts hing eine strohgelbe Locke. Selbst als ich näherkam, hielt er die Augen fest geschlossen, als könnten sie den Anblick eines neuen Morgens nicht mehr ertragen. Über seine Nase schlängelten sich Tränenspuren. Wenn es gar nicht mehr zu vermeiden war, machte das Tier ein paar Schritte, steif, ungelenk.

Am Wochenende fütterten und striegelten Jeremy und ich liebevoll unseren Jammerprinzen. Zaudernd und vorsichtig nahm er seine erste Möhre und seinen Heuhaufen an. Wir holten den Hufschmied, der ihn vorn beschlug, um ihn etwas aufzurichten.

Natürlich konnten wir nicht einfach ein fremdes Pferd bei uns behalten. Aber wir wollten es auch nicht Besitzern ausliefern, die es kiloweise verkaufen würden. Ich erkundigte mich also, was die Hundefutterfabriken (an die es versteigert werden sollte) für Prinz bezahlen würden, schrieb einen Scheck aus und gab ihn Jeremys Reitlehrer zur Weiterleitung an die Besitzer. Ich wollte gar nicht wissen, wer die Leute waren.

Im Lauf der Winterwochen verwandelte sich unser Prinz allmählich. Bald trabte er Jeremys Stute über die Weide nach, eifrig bemüht, mit ihr Schritt zu halten. Noch immer sah er wie ein riesiges, zottiges Schaukelpferd aus. Doch schon trug er den Kopf höher und schlug mit dem Schweif, als habe es etwas zu bedeuten. Kunststück! Prinz war bis über beide Ohren verliebt!

Im März warf die Stute ein Hengstfohlen. Es war das erste Pferd, das bei uns geboren wurde — ein denkwürdiges Ereignis für meine Tochter und mich, aber noch mehr für Prinz. Obgleich ein Wallach, zweifelte er wohl nicht daran, daß dies sein Junges war.

Die Vaterschaft wurde zum großen Wunder seines Lebens. Prinz fühlte sich als Familienoberhaupt, und das verjüngte ihn zusehends. Er führte die Stute, geleitete das wackelige, reinweiße Füllen und schritt aufrecht einher. Prinz bestimmte, wo es entlangging, wo sie im Mittagsschatten Rast machten, wo sie vom grünen Klee fraßen. Pünktlich zu den Mahlzeiten schlug er mit dem eisenbewehrten Huf gegen das Aluminiumgatter und wurde ganz ungeduldig, wenn wir uns verspäteten. Der junge Hengst entwickelte sich zu einem starken und selbstbewußten Tier. Nun kümmerte sich Vater Prinz um seine Erziehung. Zwar schenkte er sich die Mühe, hinter dem allzu flinken Gesellen herzujagen, aber ansonsten setzte es manchen zurechtweisenden Biß ab.

Als die Frühlingsluft wärmer wurde, ging Prinz das Winterfell in großen Büscheln aus — willkommenes Nistmaterial für die Vögel. Gutmütig ließ er es zu, daß die Freunde meiner Tochter sich auf sein Hohlkreuz schwangen.

Allmählich hatte er seine Selbstachtung wiedergefunden. Geduldig unterzog er sich der samstäglichen Fellwäsche, verweilte stundenlang in einer Zaunecke und schaute zu den Bergen hin. Dann schlummerte er, das Kinn auf einen Pfosten gelegt.

Im nächsten Sommer kehrte ich von einer Reise zurück und fand Prinz merklich abgemagert. Eine Untersuchung ergab, daß er Würmer hatte. Zwar war er bald davon kuriert, aber er nahm immer weiter ab. Dreimal täglich bekam er ein gehaltvolles Futter aus Getreide und Melasse. Dennoch wurde er vor meinen Augen klapperdürr und fraß immer lustloser. Die Tablette, die ich ihm jeden Tag zerkleinert ins Getreide mengte, zeigte keinerlei Wirkung. Träge stand er im hohen Gras, zupfte kaum einmal ein Hälmchen ab, und immer öfter verlor sich sein Blick in der Ferne. Ich sprach leise auf ihn ein, versicherte ihm: Es wird alles gut. Aber wir wußten es beide besser.

Drei Monate zog sich der Verfall des großen orangefarbenen Pferdes hin, und ich konnte nichts daran ändern. Die Stute und der junge Hengst blieben in seiner Nähe, doch er schien ihnen bereits entrückt. Wenn ich seine Tränenstreifen mit dem Ärmel trocknete, um die Fliegen fernzuhalten, neigte er den Kopf, und ich durfte ihm die Stirnlocke kraulen.

Eines Morgens im Oktober ging Prinz hinaus auf die Koppel und legte sich nieder. Das süß duftende Frühstück, das ich ihm gebracht hatte, blieb unberührt. Ich rief unseren Tierarzt an. Draußen auf der Weide schläferte er Prinz ein — anders war ihm nicht mehr zu helfen.

Am Abend stand ich bei Sonnenuntergang auf der Weide und konnte es nicht fassen, daß ich dort nie mehr eine Pferdegestalt mit herabhängendem Kopf und halbgeschlossenen Augen erblicken würde. Für uns war er ein Prinz und wird es bleiben.

*Eine köstliche, lebensnahe Geschichte voller Überraschungen
von zwei der ergötzlichsten gefiederten Kameraden,
die ein Junge je besessen hat*

Eulen, meine trauten Hausgenossen

Von Farley Mowat

In meiner Jugend hatte ich eine sonderbare Vorliebe dafür, mir möglichst seltsame Haustiere zu halten. So jedenfalls erklärten es sich meine Eltern, daß ich mir ein Klapperschlangenpärchen, einen Präriewolf, ein spritzkräftiges Stinktier und eine Schar von vierzehn Weißfledermäusen zulegte. Die Uhus jedoch wurden von meinem Vater und meiner Mutter geradezu mit offenen Armen empfangen, denn Eulen – dachten sie – seien träge, würdevoll und nicht sehr aufregende Tiere. Meine Eltern täuschten sich. Die beiden Uhus, die in Saskatoon in Kanada als Hausgenossen zu uns kamen, waren wohl die allerseltsamsten Tierkameraden, die ich je gehabt habe.

Sie waren erst sechs Wochen alt, als ich sie heimbrachte, und meine Eltern, die noch nie einen ausgewachsenen Uhu gesehen hatten, ahnten nicht, was für imposante Vögel das noch werden würden. Über diesen Punkt schwieg ich mich wohlweislich aus. Als Mutter gegen meinen Plan, die Vögel bei mir im Schlafzimmer unterzubringen, energisch protestierte, löste Vater das Problem, indem er mir hinterm Haus ein Drahtgehege für sie bauen half. Wir brauchten den Käfig aber nur wenige Monate, denn die Uhus zeigten gar keine Neigung herumzustreunen. Im Gegenteil, sie schienen ängstlich darauf bedacht zu sein, sich vor den Fährnissen der Freiheit zu hüten.

Einmal hatte ich sie nach einer Balgerei versehentlich draußen gelassen, und die beiden, die offenbar glaubten, man wolle nichts mehr von ihnen wissen, inszenierten einen dramatischen Rückzug ins Haus. Unter ihren wild kratzenden Krallen zerriß das Drahtgeflecht der Fliegenfenster wie Seidenpapier. Schnaufend kamen sie hereingeschossen und schielten ängstlich über die Schulter zurück auf die böse Welt da draußen.

Die beiden gerade flügge gewordenen Vögel hatten einen grundverschiedenen Charakter. Wol, der überlegenere, war von zurückhaltender Arroganz, aber allem aufgeschlossen. Weeps hingegen war ein sehr sensibles Tier, oft von unbestimmten Ängsten geplagt. Während Wol in wenigen Wochen stubenrein wurde, konnte man sich auf Weeps in dieser Beziehung nie ganz verlassen.

Mit drei Monaten und fast ausgewachsen maß Wol sitzend 60 Zentimeter, seine Spannweite betrug 1,20 Meter. Die gebogenen Krallen, zweieinhalb Zentimeter lang und spitz wie Dolche, und der hakenförmige Schnabel waren furchtbare Waffen.

Eines Sommerabends war er nach einer Meinungsverschiedenheit mit Mutt, unserem Hund, schlechter Laune und weigerte sich hartnäckig, von seinem hohen Sitz in einer Pappel herunterzukommen und im Käfig schlafen zu gehen. Da ich die Blutgier der nachts in Saskatoon wildernden Katzen kannte, schlief ich ziemlich unruhig.

Der Morgen begann gerade heraufzudämmern, als ich draußen ein gedämpftes Geräusch wie von einem kurzen Kampf hörte. Ich stürzte hinaus — und bekam einen Schreck: alle Pappeln waren leer. Ich rannte hinters Haus. Da hockte Wol ruhig auf der Hintertreppe, behaglich zum Schlafen niedergekauert. Erst als ich dicht neben ihm stand, sah ich die Katze. Wol thronte auf ihrem Körper. Er hatte das Gefieder aufgeplustert, wie alle Vögel während des Schlafs, so daß nur Kopf und Schwanz der Katze hervorschauten; doch ich erkannte mit einem Blick, daß hier alle Hilfe zu spät kam. Das war die erste Katze von vielen, die den verhängnisvollen Fehler begingen, Wol nur für ein etwas groß geratenes Huhn, für eine leichte Beute zu halten.

Aber auch Hunde waren für Wol kaum ein Problem. Eines Abends stellte ein Deutscher Schäferhund ihn auf der Straße und wollte kurzen Prozeß machen. Überraschenderweise jedoch war der Kampf eine völlig einseitige Angelegenheit: Wol verlor nur eine Handvoll Federn, der Hund aber mußte in tierärztliche

Behandlung gegeben werden. Und noch Wochen danach lief er lieber auf die andere Straßenseite hinüber, um ja nicht zu dicht an unserem Haus vorbeizumüssen — und an Wol.

Trotz seiner Wehrhaftigkeit war Wol selten der Angreifer. Er benutzte seine mörderischen Waffen nur, um sich zu verteidigen oder sich den Bauch zu füllen. Hinter dieser Zurückhaltung stand nicht etwa eine hohe Moral, sondern nur die unbestreitbare Tatsache, daß ihm Töten um des Tötens willen keine Freude machte.

Dagegen hatte er ein geradezu satanisches Vergnügen an handfesten Späßen, deren Opfer meist der arme Mutt war.

An Sommernachmittagen pflegte Mutt die heißesten Stunden nach Möglichkeit zu verdösen. Zu diesem Zweck hatte er sich unter unserer Hecke eine Mulde gescharrt. Doch ehe er sich in sein Refugium zurückzog, sah er sich nach allen Seiten um, bis er heraushatte, wo Wol steckte, und sicher war, daß der böse Feind schlief. Erst dann wagte Mutt die Augen zuzumachen. Trotz hundertfacher bitterer Erfahrung begriff er nie, daß Wol selten richtig schlief. Manchmal zwar waren die großen gelben Augen des Uhus wirklich geschlossen, aber selbst dann nahm er mit seinem überaus feinen Gehör alles wahr, was um ihn vorging.

Nachdem Mutt sich davongestohlen hatte, machte Wol sich auf den Kriegspfad — er ging stets zu Fuß. Unendlich langsam und würdevoll wie ein Leidtragender beim Begräbnis stolzierte er steifbeinig über den Rasen, den Blick unverwandt auf Mutts langen, seidigen Schwanz gerichtet. Manchmal dauerte es eine volle Stunde, ehe er ans Ziel gelangte. Aber endlich war es soweit: gravitätisch hob er den einen Fuß und hielt ihn — wie um den herrlichen Augenblick voll auszukosten — einen Moment in der Schwebe, direkt über Mutts stolzer Rute. Dann senkte er plötzlich den gespreizten Krallenfang und packte zu.

Jedesmal fuhr Mutt jaulend aus dem Schlaf. Sprang auf und wirbelte wütend herum, um es seinem Peiniger heimzuzahlen — aber der war nicht mehr da. Und von einer hohen Pappel herab kam ein klangvolles, höhnendes «Hu-HUU-hu-huh!».

Schon früh im Leben hatte Wol zur Kenntnis genommen, daß die Menschen nicht fliegen können, und ging deshalb zu einem Leben auf der Erde über, für das er nur wenig geeignet war. Wenn ich zum Kaufmann an der Ecke mußte, begleitete Wol mich zu Fuß. Für Fremde, die den Uhu nicht kannten, wahrscheinlich ein verblüffender Anblick. Schwerfällig, mit dem schaukelnden Gang eines Gewohnheitssäufers trottete er dahin. Und er wich niemand aus. Begegnete ein die Straße hinaufgehender Passant Wol, der die Straße hinabwollte, so hatte entweder der Fußgänger Platz zu machen, oder es gab eine Kollision. Und solche Kollisionen hatten es in sich.

Im Laufe der Zeit gewöhnten sich die meisten Leute in Saskatoon an unsere Uhus; doch gelegentlich versetzten Wol und Weeps, ohne es zu wissen, einige Gemüter in Angst und Schrecken. So wie damals, als meine Eltern beschlossen, mit Kind und Kegel das Wochenende am Emmasee zu verbringen. Wir luden also Zelt und Zubehör in unseren offenen Sportzweisitzer und fuhren alle sechs los: Mutter, Vater und ich, dazu Mutt und die beiden Uhus.

Die Uhus bekamen ihren Lieblingsplatz — die Klapplehne des Notsitzes hinten, wo sie, sobald der Wagen sich in Bewegung setzte, ihre mächtigen Schwingen wie im Fluge ausbreiteten. Wenn sie den Vorderrand der Flügel schräg nach unten neigten, zwang der Fahrtwind sie, sich niederzuducken. Stellten sie aber die Flügelvorderkanten hoch, so wurden sie glatt vom Sitz gehoben, und nur der eiserne Griff ihrer Krallen verhinderte, daß sie in die Luft stiegen wie Papierdrachen. Die beiden lernten bald, das abwechselnd zu tun: während der eine sich duckte, richtete der andere sich auf — in rhythmischem Wechsel. Vom Fahrtwind wie berauscht, fingen sie oft zu heulen an, und Vater, angesteckt davon, begleitete ihr erregtes Huhuh stimmungsvoll mit der Hupe.

Mutt fuhr ebenfalls im Notsitz mit. Er hatte empfindliche Augen, und um sie vor dem Präriestaub zu schützen, hatte Vater dem Hund eine Autobrille aufgesetzt. So wurde das Gesamtbild unseres über die Landstraßen knatternden Wagens wirkungsvoll abgerundet durch die Schlußvignette unseres zwischen zwei auf und niederknicksenden Uhus sitzenden Mutt, der durch seine viel zu große Autobrille unverwandt in stoischer Resignation geradeaus starrte.

Wir waren noch keine hundert Kilometer gefahren, als ein Platzregen niederging. Unsere alte Kiste fing zu stottern an, und zwar gerade, als wir in eine jener Siedlungen mit nur einem Kaufladen und einer Reparaturwerkstatt hineinkamen, die in den Prärien wie die Pilze aus dem Boden schossen. Die Reparaturwerkstatt war ein Holzschuppen, dessen Tor weit offenstand, und Vater steuerte geradewegs hinein.

Im Halbdunkel drinnen stand der Besitzer über einen alten Fahrradschlauch gebeugt. Nach einer Weile riß er sich davon los und richtete sich langsam zu seiner ganzen Länge auf. Noch heute sehe ich sein Gesicht deutlich vor mir. Es hatte einen mürrischen, abweisenden Ausdruck, der sich aber sofort änderte, als sein Blick sich auf unseren Wagen und seine Insassen konzentrierte. Seine Kinnbacken fingen an zu mahlen wie bei einem Wiederkäuer.

Diesen Moment wählte Wol, um seine triefenden Flügel auszubreiten und sich kräftig zu schütteln. Dabei plusterte er sich auf, wurde scheinbar dreimal so groß, als das nasse, zusammenklebende Gefieder sich auflockerte. Er beendete seine Vorstellung mit einem lauten Knappen des mächtigen Schnabels, ließ — ein widerlicher Anblick — die Nickhäute über die gelbroten Augen flickern und gab seiner Erleichterung in rauhen Kehllauten Ausdruck. Die Wirkung war verheerend. Auf dem Gesicht des Werkstattbesitzers malte sich fassungsloses Entsetzen.

In diesem Augenblick schob Mutt seinen bebrillten Hundekopf über den Wagenrand und glotzte in seiner kurzsichtigen Art dem Werkstattbesitzer direkt ins Gesicht. Das war zuviel. Der Mann stöhnte gurgelnd auf, stürzte aus der Garage und galoppierte die aufgeweichte Dorfstraße hinab, die langen, dürren Arme hochgeworfen...

Über ein Jahr verging, ehe Wol zum zweitenmal einem Menschen einen wahnsinnigen Schreck einjagte. Der Uhu hatte sich inzwischen zu einem sehr zutraulichen Vogel entwickelt mit der reizenden Angewohnheit, einem auf die Schulter zu fliegen und dort herumzubalancieren, während er einem zärtlich am Ohr knabberte. Und er war eine richtige Hauseule geworden. Er hatte herausbekommen, daß wir ihm, sobald er mit seinem Hornschnabel an die Scheibe klopfte, schleunigst öffneten — ehe sie in Scherben ging. Während der wärmeren Monate ließen wir ihm deshalb wohl oder übel ein Wohnzimmerfenster offen, so daß er kommen und gehen konnte, wie er wollte.

Als Wol etwa anderthalb Jahre alt war, wurde Saskatoon mit einem jungen Vikar bedacht, der direkt von einem Priesterseminar kam. Der Vikar fühlte sich verpflichtet, sogleich jedem Gemeindemitglied einen Antrittsbesuch abzustatten. Es war ein wunderschöner Sommernachmittag, als er bei uns erschien.

Mutter bat ihn ins Wohnzimmer, und der junge Mann nahm auf dem Sofa Platz, das mit der Rückseite zum offenen Fenster stand.

Wol hatte den Nachmittag mit «Einemsen» verbracht — ein eigenartiges Vergnügen, das darin bestand, einen Ameisenhaufen auseinanderzuscharren und sich die Mischung aus Staub und kribbelnden Ameisen durch das aufgeplusterte Gefieder zu fächern. Um vier Uhr war er mit dem «Baden» fertig und kam frohgelaunt nach Hause geflogen, um Mutter davon zu erzählen.

Bis auf den heutigen Tag schwört meine Mutter, sie habe Wol nicht früh genug gesehen, um ihren Besucher warnen zu können. Ich bin überzeugt, sie *hat* ihn gesehen, war aber so starr vor Schreck, daß sie kein Wort herausbrachte.

Der Flug einer Eule ist lautlos; Wol landete auf dem Fenstersims so leise wie eine Flaumfeder. Er verhoffte einen Moment, erspähte ein einladendes Schulternpaar und schwang sich ohne weiteres hinüber.

Der Gegenstand seiner Zuneigung schoß in die Höhe, hüpfte wie von der Tarantel gestochen durchs Zimmer. Wol verlor die Balance, und seine Krallen griffen unwillkürlich fester zu. Der Vikar heulte auf und hopste noch wilder herum. Wol, äußerst befremdet über diesen Empfang, krallte sich immer tiefer ein, und dann — und schuld daran war nur sein Erstaunen und seine Entrüstung — vergaß er zum ersten- und zum letztenmal, daß er schon lange stubenrein war.

Drei Jahre lang dauerte, ungeachtet solch gelegentlicher Zwischenfälle, unsere herzliche Verbundenheit mit Wol und Weeps. Aber wie es oft der Fall ist bei wildlebenden Tieren, die ihrer natürlichen Umgebung entrissen werden, kamen auch unsere beiden Uhus schließlich auf tragische Weise ums Leben. Als wir fortzogen, gaben wir unsere alten Hausgenossen zu einem Bekannten, der etwa 300 Kilometer von Saskatoon eine Farm besaß, in Pflege. Fast ein Jahr lang erhielten wir gute Nachrichten über die zwei; dann aber brachte der arme, tolpatschige Weeps es irgendwie fertig, sich im Drahtgeflecht seines Käfigs zu erhängen. Wenige Wochen später zerfetzte Wol das Gitternetz und verschwand.

Ich hatte seinerzeit beide Jungvögel mit Aluminiumringen des Biologischen Überwachungsamtes gekennzeichnet. Und von dort bekam ich eines Tages die Mitteilung, daß ein großer Uhu, von mir in Saskatoon beringt, vier Jahre später in derselben Stadt erlegt worden sei. Der Mann, der den Uhu geschossen hatte, wohnte im selben Haus in der Crescent Avenue, wo wir damals gewohnt hatten — zusammen mit Wol und Weeps.

*Die Grislybärin griff an,
schnaubend vor Wut und bereit zu töten*

Mit der Kamera auf Bärenjagd

Von David Wynne

Auf halber Höhe des Berges blieb Wildhüter Bill Vroom plötzlich stehen und musterte den Boden. Zu mir gewandt, sagte er halblaut: «Jetzt kommen wir den Bären schon näher.» Er deutete auf einen spannenlangen ovalen Tatzenabdruck. Fünf Kerben wie Dolchstiche zeigten, wo sich die gewaltigen Klauen in die Erde gegraben hatten. Es war nach einwöchiger Suche die erste Spur eines Grislys.

Bill untersuchte die Fährte. «Den sehen wir heute abend nicht mehr», sagte er. «Das ist ein Jungbär, der trollt sich weiter. Hier oben sitzt eine Bärin, die nachts ihre Jungen füttert. Die würde ihn mächtig zausen. Ein Grislyweibchen, das Junge führt, kann ziemlich bösartig werden.»

Solche präzisen Auskünfte war ich inzwischen von Vroom gewöhnt. Der schmächtige, drahtige Aufseher im Banff-Nationalpark kannte sich mit seinen Tieren aus. Er wußte, daß auf der anderen Seite des Kamms Dickhornschafe ästen und wie viele. Er wußte, daß sich im Hochwald am anderen Hang drüben ein Rudel Wölfe herumtrieb.

Ich war gegen Ende August aus England in die Provinz Alberta gekommen, um hier im westlichen Kanada Grislybären in freier Wildbahn zu beobachten. Ich bin Bildhauer und hatte den Auftrag erhalten, einen Grisly in Stein zu hauen.

Ich hatte Fotografien studiert, alle möglichen Bücher gelesen, Zoos besucht. Ich wußte, daß der Grislybär einst in ganz Nordamerika von Mexiko bis zum Polarkreis heimisch gewesen war und in den Prärien reiche Äsung gefunden hatte, so daß er kaum je tierische Beute zu schlagen brauchte. Die Indianer hatten ihn geliebt und geschont. Ich hatte erfahren, daß die wenigen Exemplare, die der Schießwut des weißen Mannes entgangen waren, in der letzten Wildnis Zuflucht gesucht hatten, in den unwirtlichen Bergen des Nordwestens.

Und selbst hier im 6600 Quadratkilometer großen Naturschutzgebiet des Banff-Parks ist ihr Bestand bedroht. Von Jahr zu Jahr kampieren mehr Besucher in entlegenen Revieren, wo noch Bären zu Hause sind, und hinterlassen Speisereste und Abfall. Der Grisly stellt sich auf diese Nahrungsquelle ein und wagt sich schließlich auch auf bewohnte Lagerplätze, um sich seinen Teil zu holen. Er muß dann abgeschossen werden, weil er, wenn er seine Menschenscheu verloren hat, gefährlich wird.

Während der letzten Woche hatten Bill und ich fast alle seltenen Tiere dieses Teils der Rocky Mountains fotografieren können, aber noch keinen Grisly. Jetzt endlich waren wir auf der richtigen Fährte. Mir klopfte das Herz, als wir weiter bergan stiegen. Unser Ziel war der Kadaver eines Wapitihirsches, der seit ein paar Tagen an diesem Hang lag. Wir stellten fest, daß seit unserem letzten Besuch mächtige Fleischbrocken herausgerissen worden waren. Daneben stand eine junge Tanne, das einzige Bäumchen im Umkreis von 500 Metern.

Wir lehnten uns gegen einen gestürzten Stamm, 15 Meter vom Kadaver entfernt, und warteten schweigend. Während zwischen zwei Gipfeln im Osten der Vollmond aufging, heulte im Tal ein Wolf. Andere Wölfe fielen darauf ein. Aber kein Bär ließ sich sehen.

Am nächsten Abend bezogen wir wieder am Baumstamm Posten. Meine Notizen beschreiben die Szene bei unserer Ankunft und während der nächsten Stunde:

Ein Adler, zwei Raben streichen ab, als wir uns nähern. Zwei Jungwölfe schnüren über Steilhang hinter Kadaver. Der eine wälzt sich, der andere setzt sich hin, kratzt sich. Trotten weiter...

Hier brechen meine Notizen ab, weil ich in diesem Moment aufblickte. Über der Bergkimmung, angestrahlt von der sinkenden Sonne, zeigten sich acht pelzige Lauscher! Und dann vier gedrungene, faßrunde Dickköpfe, die immer größer wurden. Mit angehaltenem Atem sah ich vier Bären nebeneinander über die Höhe herabkommen — eine Grislymutter mit drei Jährlingen, die fast ebenso groß waren wie sie selbst. Ihr Fell schimmerte im Abendlicht, die Farben spielten von Gold bis zu Kastanienbraun, das Haar im Nacken hatte silbrige Spitzen.

Die Alte richtete sich auf, blaffte und schnaubte. Ruckartig fuhr ihre Schnauze hin und her. Was der Bärin zu schaffen machte, war unverkennbar, selbst für einen Laien wie mich. Der Grisly hat eine enorm feine Witterung und ein gutes Gehör, aber scharf sehen kann er nur auf ein Dutzend Schritte. Die Bärin roch uns genau. Wenn sie sich immer wieder heftig aufreckte, so um besser zu sehen. Unsere Witterung lag ihr seit Tagen in der Nase. Doch anscheinend hatte sie sich mit unserer Anwesenheit so weit abgefunden, daß sie es wagte, die Jungen zum Fressen zu führen. Aber das Risiko zerrte gewaltig an ihren Nerven.

Die Jungen waren ganz unbekümmert. Einer steckte die Schnauze in den Kadaver und schmatzte drauflos. Die anderen saßen im Gras, kratzten und wälzten sich.

Ich begann zu knipsen und verfolgte das faszinierende Schauspiel, so gut es ging, durch den Sucher. Einmal verschwand die Alte hinter der Anhöhe und blieb minutenlang unsichtbar. Dann hörten wir sie zurückkommen, blaffend und um sich schnappend. Ich zitiere aus meinen Notizen:

Bärin streicht unruhig über den Hang, brüllt und faucht uns an. Alle drei Jungen beim Fressen. Plötzlich erscheint Kopf eines Wolfs über dem Kamm. Alte greift sofort an, in vollem Galopp. Trollt sich, gefolgt von den Jungen.

Wir warteten noch , aber die Bären kamen nicht wieder.

Die nächsten beiden Tage waren wir morgens und abends zur Stelle und beobachteten Familie Silberpetz. Man spricht nicht zu Unrecht von dem Zauber, den Bären auf Menschen ausüben. Meine Phantasie nahmen sie jedenfalls völlig gefangen. Am Sonntag morgen kurz nach Sonnenaufgang, nachdem die Jungen sich an dem stark geschrumpften Aas gesättigt hatten, führte die Mutter sie auf die Wiese unterhalb unseres Standorts. Sie selbst fraß nie in unserer Gegenwart. Während sie sich im Schatten niederlegte, rotteten sich die Jungen zusammen und fielen über sie her. Sie ließ sich knuffen und wälzte sich dabei brummend im Gras. Gebannt sahen wir zu.

«Tja», sagte Bill, «ohne die Alte wären die Jungen verloren. Bis ein Junggrisly selbständig ist, dauert es volle zwei Jahre. Allein ernähren kann er sich schon. Aber wenn er die Mutter nicht um sich hat, frißt er trotzdem immer weniger, und schließlich geht er ein. Er will bemuttert werden. Er braucht Fürsorge, Liebe.»

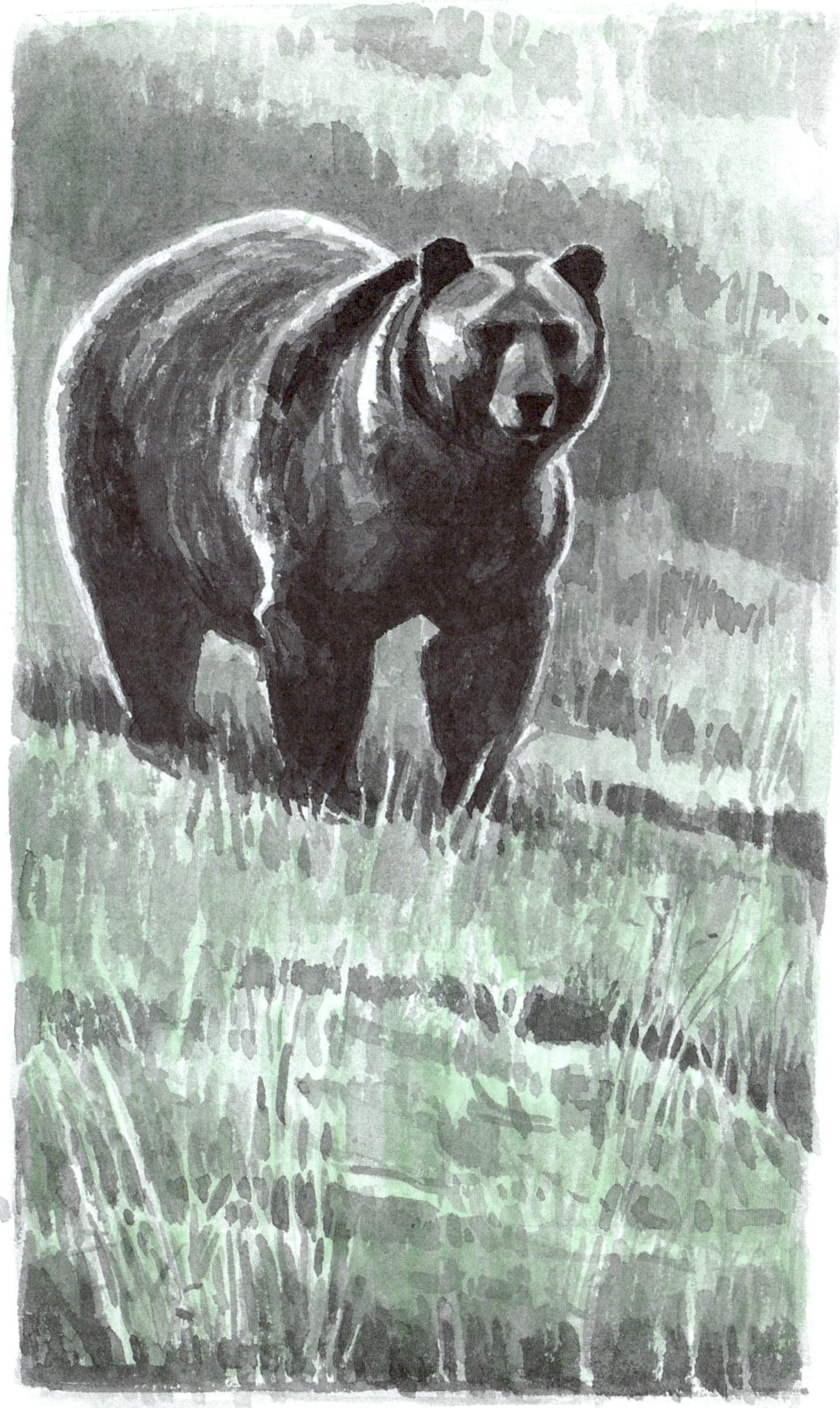

Unser letzter Abend war der schönste. Die Sonne, die hinter die fernen Berggipfel sank, warf ihre Strahlen direkt durch den Rippenkäfig des Kadavers. Auf ihn stellte ich die Kamera ein. Ich brauchte jetzt nur auf die Bären zu warten und konnte mich ganz der Stille überlassen. Nicht, daß ich tiefe Gedanken wälzte. Ich beobachtete nur die Wolken, wie sie über die Berge zogen, und träumte ihnen nach. Makellos war die Schönheit dieser einsam ragenden Gipfel im glühenden Abendrot. Kein Laut außer dem Heulen eines Kojoten in der Ferne, keine Bewegung außer dem Höhergleiten der Schatten an unserem Hang. Wem da nicht das Herz aufgeht, dem ist nicht zu helfen. Es war überwältigend.

Dann plötzlich sah ich die Bären kommen, aus einer ganz anderen Richtung als sonst: aus den Bäumen unter uns, in unserem Rücken. Als sie bis auf 100 Meter heran waren, reckte die Bärin sich wieder auf, schnaubend und zähnefletschend. Bill blickte kurz nach seinem Gewehr, um sich zu vergewissern, daß es griffbereit am Stamm lehnte. «So wütend wie heute war die Alte noch nie», sagte er ruhig.

«Wieso ist sie so aufgebracht?»

«Wegen uns. Wir stehen zwischen den Jungen und ihrer Futterkrippe.»

Die Bären trotteten weiter. Je näher sie uns kamen, um so erregter wurde die Alte. Ich knipste den ganzen Anmarsch. Sie führte die Jungen im Bogen um uns herum. Als sie ziemlich genau über uns waren, vielleicht 60 Meter entfernt, brachen die Jungbären plötzlich aus und kamen bergab auf uns zu gelaufen.

Mit einem Aufbrüllen ging die Bärin zum Angriff über. Sie stürmte wie ein Rennpferd im Finish mitten durch die Gruppe der Jungen, um an die Spitze zu kommen. Ich behielt sie unentwegt im Sucher und knipste, was das Zeug hielt, während sie geradewegs auf mich zukam. Mit aufgerissenem Rachen fegte sie in gestrecktem Galopp flach über den Boden — vier Zentner schäumende Wut im Fünfzigkilometertempo. Im Laufen hieb sie mit den Vordertatzen durch die Luft. Ich erinnere mich, daß ich dachte: *Wunderbar gebaut, diese vier schweren Tatzen mit den scharfen Klauen, die auf mindestens zwei Meter Breite alles niedermähen, und diese gewaltige Sprungkraft — eine perfekte Tötungsmaschine!*

In diesem Augenblick hörte ich ein Klicken und wußte, daß Bill sein Gewehr gespannt hatte. Ich war entsetzt. Meine Gedanken überstürzten sich. *Nein, bloß das nicht. Laß sie leben. Diese drei Jungen sind sonst verloren.*

Bill drückte nicht ab. Er trat der Bärin entgegen, schwenkte einen Arm durch die Luft und brüllte aus Leibeskräften: «Hau ab!»

Ich traute meinen Augen nicht. Die Bärin stoppte, kam ins Rutschen, blieb knapp zwölf Meter vor mir stehen, machte hastig kehrt und lief bergauf davon. Ich knipste weiter. Die Jungen wuselten kopflos durcheinander. Einen Augenblick schien es, als wolle die Mutter noch einmal angreifen. Doch dann wandte sie sich den Jungen zu, versammelte sie um sich — und was dann an brummenden und fauchenden Lauten zu uns drang, war unverkennbar eine geharnischte Standpauke für soviel Dummheit und Leichtsinn. Sie trotteten hinter ihr her zu dem Kadaver, mit hängenden Köpfen.

Später frage ich Bill, wie er darauf gekommen sei, es mit Armschwenken und Anbrüllen zu versuchen. «Ich wußte nur», sagte er, «daß man auf die Art ein durchgegangenes Pferd zur Vernunft bringen kann, wenn man den richtigen Augenblick abpaßt.»

WÄHREND des Essens hörte sich Parkaufseher Arthur Anderson unseren Bericht aufmerksam an. Danach beim Kaffee sagte er etwas, was ich nie vergessen werde: «Der Mensch hat allzu lange versucht, die Wildnis zu zähmen. Aber man kann sich einen Grisly nicht untertan machen. Man kann ihn abknallen oder vergiften. Man kann ihn als Schädling ausrotten, wie das gewisse Leute empfehlen. Aber wenn auch das letzte Stück Wildnis gezähmt ist und auch der letzte Grisly in irgendeinem Großstadtzoo trübselig hinter Gittern hockt und sich füttern läßt — werden dann nicht unsere Kinder eines Tages fragen: 'Wo ist die unberührte Natur? Wo sind all die Tiere, die in ihr zu Hause waren, und wo ist der Grisly, der König dieser Berge?'»

Ich konnte nur nicken. «Lang lebe der König!» dachte ich.

Das Seepferdchen, ein merkwürdiges Exemplar der Gattung Fisch

Sonderling der Meere

Von Deena Clark

Als Mutter Natur das Seepferdchen schuf, hat sie sich geradezu selbst überboten. Dieses wunderliche Geschöpf hat nämlich den gebogenen Hals und den Kopf des Pferdes, die gewölbte Brust der Kropftaube, den Greifschwanz des Affen und die Fähigkeit des Chamäleons, die Farbe zu wechseln. Seine Augen bewegen sich unabhängig voneinander, so daß es mit dem einen die Wasseroberfläche beobachten und gleichzeitig mit dem anderen in die Tiefe spähen kann. Als Krönung dieses phantastischen Aufzugs aber hat das Männchen einen Beutel wie ein Känguruh, aus dem die Jungen ausschlüpfen.

Die Griechen gaben diesem grotesken Fisch den Namen «Hippocampus», Pferdchenraupe. Er kommt in mehr als vierzig Arten vor, hat eine Länge von 2½ bis 30 Zentimetern und lebt in fast allen warmen Meeren der Erde.

Das Seepferdchen ist ein Meister der Tarnung. Während seine Farbe im allgemeinen dunkelgrau oder ein bronzegetöntes Schwarz ist, tragen seine Vettern im Indischen Ozean und im Mittelmeer häufig rosa, gelb, blau oder weiß gesprenkelte Wämser zur Schau. Naht Gefahr, kann ein schillerndes tropisches Seepferdchen, dessen Flossen mit leuchtend topasfarbenen Tupfen gesäumt sind, seine Farbe in ein trübes Braun verwandeln und sein Aussehen ganz dem Felsgestein ringsum anpassen.

Ein australischer Verwandter, der Fetzenfisch, zieht seetangähnliche Fäden hinter sich her, ganz als käme er geradewegs aus der Abteilung «Bänder und Spitzen» eines Kaufhauses. Ein rostbraunes «Gehörn» prangt auf seinem Kopf, und von Nase, Körper und Schwanz fließen Strähnen, die dem Seegras täuschend ähneln, so daß selbst ein scharfer Beobachter meinen könnte, ein Stück Seetang vor sich zu haben.

Der Körper des Seepferdchens steckt in einem zähen, pergamentartigen Schuppenpanzer aus knorpeligen Platten. Seiner starren Rüstung wegen schwimmt es hoheitsvoll in aufrechter Haltung, wobei eine winzige gelbgeränderte Rückenflosse als Propeller wirkt. Stocksteif bewegt es sich vorwärts, rückwärts, aufwärts und abwärts, und seine Schwimmflosse arbeitet dabei so schnell, daß sie fast unsichtbar ist. Zwei durchsichtige Flossen flattern wie Mähnen zu beiden Seiten des Kopfes und beschreiben dabei unausgesetzt gleichlaufende Achterschleifen.

Nichts Schlimmeres kann einem Seepferdchen zustoßen als eine Verletzung seiner Schwimmblase. Sein Auftrieb wird nämlich durch diese Blase reguliert, und sobald aus diesem Reservoir nur ein einziges Gasbläschen entweicht, ändert sich das spezifische Gewicht des Tierchens, und es sinkt hilflos auf den Grund. Dort muß es so lange bleiben, bis es genügend Gas produziert hat, um seinen Tank wieder aufzufüllen.

Das Seepferdchen nährt sich von Plankton, im Meere treibenden kleinen Pflanzen und Lebewesen. Frau Ada H. Latham ist es, soviel man weiß, in ganz Amerika bisher als einziger gelungen, Seepferdchen im Zimmeraquarium zu ziehen, und zwar füttert sie sie mit den Jungen von Guppys, einer kleinen tropischen Fischart. Denn eher würde das Seepferdchen elendiglich verhungern als etwas anrühren, das nicht lebt und sich nicht bewegt. Das Seepferdchen selbst ist dank seiner spröden, stachligen, lederartigen Beschaffenheit für Mensch und Fisch nicht gut genießbar.

Ein phantastisches Schauspiel bietet sich, wenn das Seepferdchen Brautwerbung hält. Vierundzwanzig bis achtundvierzig Stunden lang umkreisen Braut und Bräutigam, begleitet von feinen trommelähnlichen Paarungssignalen, einander in zierlichem Reigen, wobei das Männchen vom Weibchen verfolgt wird. Hat dieser *pas de deux* seinen Höhepunkt erreicht, so begegnen sich die beiden kleinen Wesen in bebender bräutlicher Umarmung. Im gleichen Augenblick läßt die Braut eines oder mehrere der von ihr erzeugten Eier in die Bruttasche des Gatten hinübergleiten. Wieder und wieder nähert sie sich ihm unter Wasser, bis er 200 bis 600 ziegelrote Eier von ihr empfangen hat, die im Augenblick der Übergabe befruchtet werden. Kaum aber hat sie ihre ehelichen Pflichten erfüllt, so schwimmt sie, aller weiteren Mutterpflichten ledig, davon.

Etwa 45 Tage lang nährt nun Papa Seepferd seine Nachkommenschaft in dem ständig an Umfang zunehmenden natürlichen

Brutapparat. Nach Ablauf dieser Frist kommt dann ein einzelnes kleines Seepferdchen von der Größe eines Kommas ans Tageslicht getänzelt, dann noch eins und noch eins. Und nun stößt Väterchen mit ruckartiger Bewegung ein ganzes Rudel von Jungen aus, die in einem von Luftbläschen durchsetzten kugelförmigen Klumpen aneinanderhängen. Während diese Kugel rotierend zur Wasseroberfläche aufsteigt, lösen sich fünfzig bis sechzig Junge von ihr und schießen nach allen Richtungen auseinander. Dieser Vorgang wiederholt sich so lange, bis Hunderte von flinken kleinen Seefohlen zum Vorschein gekommen sind. Jedes Kleine gleicht fast aufs Haar seinen Eltern, nur ist sein Körper so durchsichtig, daß man das winzige Herzchen schlagen sehen kann. Erst später setzt die Färbung ein.

Seit undenklichen Zeiten hat das Seepferdchen einen eigenartigen Zauber auf den Menschen ausgeübt. Im alten Athen schrieb man ihm geheimnisvolle Kräfte zu. In Wein getaucht, galt es als starkes Gift. Seine Asche dagegen, in honiggesüßtem Essig oder mit Pech vermischt genossen, hielt man für ein wirksames Mittel gegen andere Gifte. Plinius empfiehlt es als Heilmittel bei Schüttelfrost, Hautausschlägen, Kahlköpfigkeit und beim Biß tollwütiger Hunde.

Und noch heutigentags wird in den chinesischen Apotheken in New York und San Franzisko der schlitzäugige Mann hinter dem Ladentisch lächelnd bestätigen, daß gestoßene Seepferdchen das meistgekaufte Aphrodisiakum sind.

Bei einem Umzug von Süd- nach Norddeutschland wurde die Krähe Hucki auch mitgenommen. Die einheimischen Krähen aber, die Eindringlinge nicht gerne sehen, bereiteten ihr Schwierigkeiten bei der Eingewöhnung

Huckebein und Co.

VON LENI FIEDELMEIER

FÜNFZEHN JAHRE haben wir unserer Rabenkrähe Hucki Kost und Herberge gewährt. Die Kost ist nicht sehr teuer, die Herberge um so mehr. Zumal wenn man ab und zu umzieht und jedesmal für den schwarzen Burschen einen aufwendigen Flugkäfig bauen lassen muß. Aber Hucki entschädigt uns für den tiefen Griff in den Geldbeutel durch ebenso tiefe Einblicke ins Krähenleben.

Als wir vor Jahren von der Schweizer Grenze in die Holsteinische Schweiz im Norden der Bundesrepublik zogen, tat Hucki sich mit dem Eingewöhnen sehr schwer. Er hatte fürchterliche Angst vor dem nach kurzer Frist an seinem Käfig auftauchenden Revier-Krähenpaar, und es dauerte lange, bis ihn mit dem hiesigen Paar die gleiche Haßliebe verband wie mit dem in seiner alten Heimat Laufenburg.

Nun sind Rabenkrähen Einzelbrüter, ein Paar hält fest zusammen und verteidigt seinen Eigenbezirk erbittert gegen zuzugslüsterne Artgenossen. Darunter verstehen sie leider auch Kolkraben, von denen es bei uns in Schleswig-Holstein nur noch wenige Paare gibt. Wie sehr freute ich mich, als ich bei den Spaziergängen mit meinen Hunden auf diese eindrucksvollen, seltenen Vögel stieß! Als der erste Kolkrabe über uns hinwegflog und seinen tiefen Baß dabei ertönen ließ, klappte meine Dogge vor Erstaunen der Unterkiefer runter. Aber Jakob und Jakobine — so nennen wir die jeweiligen Revierkrähen — hatten den großen Vetter auch entdeckt, flogen ihm nach, stießen auf ihn hinab mit dem gleichen Wutkrächzen, das sie beim Verjagen eines Greifvogels ausstoßen, und der so viel größere Kolkrabe ließ sich tatsächlich vertreiben. Zwar kam er in Begleitung wieder, aber erbittert bekämpften unsere Krähen die Gegner, die sich schließlich endgültig verzogen. Die Revierbesitzer waren zwar körperlich wesentlich kleiner — Jakobine hatte noch dazu ein steifes Bein —, war aber im Recht, und das zählt in der Natur wie eh und je.

Mit Huckis Anwesenheit in unserem Garten fand sich das Krähenpaar schließlich ab. Zwar fochten die Männer im Frühjahr durch das Gitter heftige Kämpfe miteinander aus, Jakob wollte den Störenfried Hucki zu der Zeit beseitigen — aber den schützte ja das Gitter, seine Dreistigkeit hatte er bald wiedergefunden.

Durch einen Zufall wurde uns im Dorf ein sehr schönes Grundstück angeboten, wir griffen zu und zogen noch einmal um. Als alles geschafft war und auch das neue Gehege für Hucki stand, holten wir die Tiere — Dogge, Dackel und Hucki — heim. Den 1000-km-Umzug quer durch Deutschland hatte Hucki in einer Kiste überstanden, jetzt waren es nur etwas mehr als 1000 m. Ich zog mir dicke Handschuhe an, fing den Vogel ein und wickelte ihn in ein Tuch, damit er die Flügel nicht bewegen konnte.

Hucki nahm sein neues Heim sofort an. Nur eins klappte nicht. Wir hatten eine geschützte Ecke des Zwingers überdacht und mit einem Schlafbaum ausgestattet, hier sollte er übernachten. Statt dessen suchte er sich zu diesem Zweck einen dicken Ast aus, den mein Mann wie ein Trapez am Gitterdach befestigt hatte. Hucki konnte von hier zwar weit in die Gegend sehen, war aber ganz ungeschützt. Nun, wenn es regnete, würde er schon auf den Baum unter das Dach klettern — dachten wir. Aber er blieb auch auf seinem Schaukelast sitzen, wenn es Tag und Nacht in Strömen goß. Er sah aus wie eine gebadete Katze, und wir bekamen Angst um ihn. Also fingen wir noch einmal mit dem Einrichten an. Die von ihm bevorzugte Ostecke des Zwingers wurde mit Wellplastik geschützt und bekam ein Dach. Ich sägte noch einen Schlafbaum zurecht und richtete ihn in der Ostecke auf. Um ihm den Baum schmackhaft zu machen, befestigte ich einen Schokoladekringel an der höchsten Stelle. Hucki, ein ausgemachtes Leckermaul, saß auf seiner Schaukel und verrenkte sich den Hals nach dem Kringel. Schließlich — nach einigen auf halbem Weg abgebrochenen Versuchen — flog Hucki auf den Baum, hüpfte bis oben hin und holte sich seinen Kringel, den er augenblicklich verzehrte. Nachdem der Bann nun gebrochen war, siedelte er auch für die Nacht an den Platz um, den wir vorgesehen hatten.

Es dauerte genau zehn Tage, bis die Krähen dieses Eigenbezirks Hucki entdeckten und an ihm Anstoß nahmen. Zu dritt saßen sie auf der Freileitung hinter unserem Grundstück und starrten in Richtung Hucki-Zwinger. Sie kamen nun täglich, flogen auch mal etwas näher heran und beobachteten den Eindringling aufmerksam. Eines Tages faßten sie sich ein Herz und kurvten nacheinander im Tiefflug über den Freiluftkäfig hinweg. Ich dachte sofort: Na, nun fällt unserem Knaben wieder das Herz in die Büx! Aber nichts da — vergnügt krächzte er los und rief ihnen etwas in den selben Tönen nach, mit denen er Jakob und Jakobine herbeigerufen hatte. Die drei blieben in der Nähe auf einer hohen Eiche sitzen und flogen etwas später wieder herbei. Zwei von ihnen landeten auf der Erde neben dem Zwinger.

Wieder dachte ich: Nun bekommt Hucki es aber ganz sicher mit der Angst zu tun! Und wieder irrte ich mich. Er kam krächzend ans Gitter gehüpft und begann eine frischfröhliche Hackerei. Keine Spur von Angst, er schien sich gleichberechtigt zu fühlen.

Verblüfft dachte ich darüber nach, und mir kam ein ziemlich abwegiger Gedanke. Hucki war ein geborener Alemanne. Hatte er bei der Übersiedlung von Südbaden nach Ostholstein etwa «Sprachschwierigkeiten» gehabt, das Holsteiner Platt seiner hiesigen Artgenossen nicht gleich verstanden? Verrückt, so ein Einfall? Aber lassen Sie mich noch etwas weiterspinnen. Nach fünf Jahren und dem täglichen Umgang mit Jakob und Jakobine hatte er die hiesigen Krähen verstehen gelernt, fühlte sich eingebürgert.

Die Krähen ließen sich noch ab und zu bei Hucki sehen, aber eine echte Verbindung entstand nicht. Sein Leben war dadurch langweilig geworden. Wir dachten oft an Jakob und Jakobine, die uns — und unser tägliches Futter! — wohl sehr vermissen würden.

Anfang September waren wir umgezogen. Mitte November sagte mein Mann: «Du, ich glaube, heute waren Jakob und Jakobine hier!» Das hielt ich für ausgeschlossen. Zwar zieht sich der Wald, in dem die beiden ihren Eigenbezirk haben, vom alten bis dicht an unseren neuen Wohnsitz hin, aber auch in entgegengesetzter Richtung. Und dort, nach Westen, anderthalb Kilometer Luftlinie von uns entfernt, haben die beiden ihren Eigenbezirk. Im östlichen Teil des Waldes habe ich sie nie gesehen.

Aber am nächsten Morgen vergaß ich, in mein Brötchen zu beißen. Da kamen mit gemächlichem Flügelschlag zwei Krähen über unsere Wiese herangeflogen, und der einen hing ein Bein steif herunter — Jakob und Jakobine. Mein Mann konnte gar nicht schnell genug hinausstürzen und Brot auf das Gehegedach werfen. Kaum war er wieder im Haus, kam Jakobine angeflogen, holte sich ein Stück und kehrte damit auf einen Mast der Freileitung zurück. Nach einigem Zögern tat der etwas scheuere Jakob es ihr nach. Und Hucki jodelte lauthals vor Vergnügen! Nach dem Frühstück flogen sie ab in Richtung Heimat, kamen aber mittags wieder. Am nächsten Morgen saßen sie schon wartend auf dem Mast. Wir überlegten zweierlei: Wie hatten sie Hucki gefunden? Und was würden die hier zuständigen Krähen dazu sagen?

Der zweite Punkt ließ sich rasch klären. Natürlich versuchten die «Hiesigen», Jakob und Jakobine zu vertreiben, aber unsere beiden kamen hartnäckig wieder, und da sie ja seit fünf Jahren an Hunde, Hucki und Menschen gewöhnt sind, sitzen sie dreist nahe beim Haus — und das wagen die anderen nicht. Aber wie in aller Welt haben die beiden Hucki gefunden? Ich kam zu dem Schluß, daß sie ihn gehört haben müssen. Das würde aber bedeuten, daß er eine nur ihm eigene, unverwechselbare Stimme haben müßte — und da wandelte ich schon wieder auf meinen fantasievollen Pfaden von Alemannendeutsch und Holsteinplatt ... Völliger Blödsinn also.

Bis mir eines Tages ein Beitrag von Professor Wolfgang Wickler «Wie Tiere sich bemerkbar machen» in die Hände fiel: «Die asiatische Schamadrossel und der Kolkrabe», so las ich mit wachsendem Interesse, «haben ganz persönliche Lautäußerungen — so wie jede Amsel sich ihren Gesang zurechtkomponiert —, und sie sind in der Lage, den Ehepartner dadurch herbeizurufen, daß sie die für ihn geltenden Lautäußerungen (seinen Namen) rufen. Sie können also zumindest ein Einzelwesen benennen. Papageien können wahrscheinlich viele Gruppenmitglieder benennen, herbeirufen oder anreden.»

Die Zeitschrift wie eine Fahne schwenkend, ging ich auf meinen Mann zu und las ihm den Absatz vor. Ich habe keinerlei Zweifel, daß das, was Dr. Wolfgang Wickler von Kolkraben und Papageien schreibt, auch auf Rabenkrähen zutrifft. Jakob und Jakobine müssen Huckis Stimme erkannt haben. Und wie es so geht: Wenig später hielt Prof. Heydemann vom Zoologischen Institut Kiel einen Vortrag «Über die Verständigung unter tierischen Organismen» und führte wörtlich aus: «Bei den Kerbtieren gibt es unter Zikaden, Heuschrecken, Grillen usw. bereits Dialektbildungen. Heuschrecken derselben Art sprechen in Bayern eine andere Sprache als in Schleswig-Holstein. Dasselbe gilt auch für den Gesang der Vögel.»

*Wenn der wilde Truthahn sich anschickt, seine Gunst zu verschenken,
sucht er sich einen Balzplatz,
wo er mit gewaltiger Prachtentfaltung die Weibchen
für seinen Harem zu gewinnen versucht*

Der wilde Truthahn kehrt zurück

Von John Stuart Martin

Im sinkenden Dämmerlicht eines Herbstabends fuhr ich mit meiner Frau der Grenze zu, die den amerikanischen Bundesstaat New York vom benachbarten Pennsylvanien trennt. Gerade als wir in einiger Entfernung an einer dichtbewaldeten Höhe am Delaware River vorüberkamen, strich ein enorm großer Vogel vor uns über die Landstraße hinweg. Er hatte einen langen Hals und zeigte mit den hastigen, eckigen Schlägen seiner weitgespannten Flügel, im Wechselspiel mit streckenweisem Gleiten, den unverkennbaren, schnurgeraden Flug des Wildputers. Es war ein kapitaler Bursche, und während er seinen Weg fortsetzte, um sich in den Bäumen der Stromauen niederzulassen, kam schon ein zweiter nach. Starr vor Staunen sahen wir schließlich sage und schreibe zehn vorüberfliegen.

Seit Jahren hatten wir ein solches Schauspiel nicht mehr erlebt, und noch nie so hoch oben im Norden, wenn wir auch gehört hatten, daß in Pennsylvanien viel getan werde, um die Verbreitung des wilden Truthahns zu heben. Das hatten wir nun mit eigenen Augen bestätigt gefunden, und es war, nach der Rettung des eine Zeitlang vom Aussterben bedrohten Bibers, die erfreulichste Neuigkeit auf dem Gebiet der Wildpflege.

Als das Frühjahr kam, stattete ich Pennsylvanien wiederum einen Besuch ab, um einmal zu sehen, wie man dieses Wunder zustande gebracht hatte. Johnny Spencer, der Wildheger von Mt. Pocono, brachte mich mit seinem kleinen Lieferwagen in das unerschlossene Höhengelände oberhalb Crecos, wo der Staat Pennsylvanien eines seiner weitläufigsten Schutzgebiete unterhält.

«Jetzt geben Sie acht!» sagte Spencer, als er die Sperre aufmachte, die vor uns die Bergstraße abriegelte. «Hier oben treiben sich die Biester allenthalben herum. Meistens sind sie scheu, doch manchmal haben sie auch überhaupt keine Hemmungen, besonders wenn man so fährt wie wir im Augenblick.»

Plötzlich, als wir gerade am Scheitelpunkt einer Steigung angelangt waren, sahen wir vier Prachtexemplare, die noch aus den Tagen der Pioniere hätten stammen können, gemessenen Schrittes die Straße überqueren. Scharlachrot leuchteten die dicken Kehllappen unter den bläulichen Köpfen in der Frühlingssonne auf. Grün, feuerrot und himmelblau funkelte und blitzte das schillernde Gefieder. Deutlich sahen wir die bronzebraunen Spitzen an den Schwanzfedern und die korallenroten Füße, beides Merkmale, durch die sich der in Freiheit lebende Vogel von seinem zahmen Vetter unterscheidet, der weiße Federspitzen und schwarze Beine hat.

Spencer bremste und flüsterte: «Das ist ein Junggesellenklub, der sich noch nicht aufgelöst hat, wie sie das zur Paarungszeit immer tun.» Ganz langsam schoben wir uns mit unserem Wagen an die Truthähne heran. Sie reckten zwar die Hälse nach uns, stapften aber ganz gemächlich einen Hang hinan.

Für mich ist der Puter ein Inbegriff der Wildnis in ihrem Urzustand, so wie die ersten weißen Siedler sie einst vorgefunden haben mögen. In ihrer Verbreitung von Haus aus auf Nordamerika beschränkt, waren die kollernden Gesellen nicht nur in den Sumpfeinöden im Süden der heutigen Vereinigten Staaten, sondern auch in den Wäldern des Nordostens die Könige der Vogelwelt. Sie durchstreiften das Land in hellen Scharen und bewegten sich derart ungezwungen, daß es den Neuankömmlingen aus Europa ein leichtes war, sie mit ihren gewöhnlichen Donnerbüchsen abzuknallen. In den zwanziger Jahren unseres Jahrhunderts standen sie dann allerdings in den nördlichen Staaten schon dicht vor dem Aussterben, eine Folge ebensosehr der Rodung ganzer Waldgebiete mit Axt und Feuer wie der Nachstellungen durch Jäger und Trapper.

Vor zwei Menschenaltern sahen pennsylvanische Wildpfleger voraus, daß die großen Waldungen, wie das ewige Auf und Ab des Naturgeschehens mit sich bringt, eines Tages auferstehen, mit ihrem Schattenbaldachin das von den Truthühnern als störend empfundene Buschwerk verdrängen und in Form von Eicheln, Bucheckern und Traubenkirschen auch wieder genügend Nahrung liefern würden. Um für diese Zeit gerüstet zu sein, fing man schon 1929 an, zur Auffrischung des Bestandes wilde Truthühner regelrecht zu züchten. Im Westen und Süden des Susquehannaflusses hatten sich tief in den Bergen immer noch ein paar echte einheimische Truthühner gehalten, aber als man wilde Puter aus dieser Gegend einfing und mit halbwilden Hennen aus Wildgehegen, sogenannten Wildfarmen, zusammenbrachte, wollten sie weder Nahrung aufnehmen noch sich vermehren. So lag es nahe, den wilden Hähnen draußen in den Wäldern Hennen aus Zuchtbeständen zuzuführen, nur erwies sich das keineswegs als so einfach, wie es sich anhört. Wenn der Truthahn sich nämlich anschickt, seine Gunst zu verschenken, sucht er sich zunächst einen Balzplatz, wo er dann mit gewaltiger Pompentfaltung die Damenwelt für seinen Harem zu gewinnen sucht. Er plustert das Brustgefieder auf, schleift die ausgebreiteten Flügel nach, schlägt mit den langen Schwanzfedern ein Rad, beutelt seine hochgeröteten Kehllappen und kollert respektheischend. Bei alledem denkt er nicht daran, den Hennen nachzulaufen und unter den Bäumen auf Brautschau zu gehen, Im Gegenteil, die Hennen müssen schön sittsam und bescheiden herbeikommen und ihm ihre Huldigung darbringen.

In bekannten Truthuhngegenden gingen die Wildfarmaufseher nun daran, vier Hektar große Flächen mit zweieinhalb Meter hohem Maschendraht einzufriedigen, den zum Schutz gegen Raubzeug elektrisch geladene Drähte krönten. Dann setzte man in diesen Hochzeitsgehegen Truthennen mit gestutzten Flügeln aus. Sobald die arroganten Männchen in der Nähe zu kollern anfingen, liefen die Hennen wohl dienstbeflissen auf sie zu, doch machte ihnen der Drahtzaun einen Strich durch die Rechnung. Immerhin lockten sie mit ihrem Glucksen die Puter an die Umzäunung heran, wo die Hähne mit wildem Kollern ihre Balztänze fortsetzten, ohne allerdings zu begreifen, warum die Weibchen ihnen dermaßen die kalte Schulter zeigten, andererseits aber zu stolz, um selbst über den Zaun zu fliegen.

Als die Sache so weit gediehen war, brachte man draußen hölzerne Hühnerleitern an, die zu waschbärsicheren Luken im Drahtzaun emporführten. Tagsüber wurden diese Luken nach innen geöffnet und waagrecht gestellt, so daß sie eineinviertel Meter über dem Erdboden kleine Plattformen bildeten, für die Hennen zu hoch, um ohne Flügelschlag hinaufzuhüpfen, aber leicht erreichbar für jeden Truthahn, der sich die Hühnerstiege hinaufbemühen wollte. Mit der Zeit siegte die Liebe über den Stolz, und die Puter hüpften dann nicht nur von den Plattformen in das Gehege hinüber, sondern lernten auch, über den Zaun zu fliegen.

Innerhalb der Umzäunung der befruchteten Eier habhaft zu werden, ohne die Vögel dabei aufzuscheuchen, war eine Aufgabe für Leute mit guten Augen und katzengleichem Gang. Die Henne scharrt nämlich, wenn sie ihr Nest einrichtet, einfach eine kleine Mulde ins trockene Laub, mit dem sie sich auch noch ausgiebig den Rücken bestreut, damit die Blätter das Gelege verbergen, wenn sie selbst sich vom Nest entfernt.

Die Männer nahmen nur die Eier vom ersten Monat. Alle späteren ließen sie draußen wild ausbrüten. Die eingesammelten, etwa 110 Gramm schweren, gelbweißen, rostrot gesprenkelten Eier kamen auf der staatlichen Puterfarm in Brutschränke. Von den Küken, die nach achtundzwanzig Tagen ausschlüpften, wußte man nun, daß sie zumindest halb wild waren. Im darauffolgenden Frühjahr wurde von diesem Schlag eine Anzahl Hennen, die man bis zur Reife aufgezogen hatte, in den Hochzeitsgehegen ausgesetzt, und nachdem man das Verfahren ein paar Jahre wiederholt hatte, besaß die Staatsverwaltung am Ende einen Schlag, der seiner Wildheit wegen kaum noch zu bändigen war.

Der gegenwärtige Wildputerbestand Pennsylvaniens wird auf 60 000 Vögel geschätzt. Da alljährlich im Frühjahr 3000 ausgewachsene Hennen und jeden Herbst 3000 einjährige Hähne ausgesetzt werden, können die Jäger getrost jedes Jahr ungefähr 20 000 feiste Vögel für die festliche Tafel schießen, ohne dem ständigen Wachsen der Bestände dadurch Abbruch zu tun. Wilde Truthähne werden bis zu etwa neun Kilo schwer, Hennen erreichen nur fünfeinhalb.

Die in Pennsylvanien entwickelten Methoden der Wildputerpflege haben unterdessen auch anderswo Schule gemacht. Der Bundesstaat New York gibt Federwild aus seinen ungarischen Rebhuhnvölkern im Tal des Sankt-Lorenz-Stroms gegen Zuchtputer in fachmännische Beratung aus Pennsylvanien ab, und die Staaten Illinois, Michigan und Wisconsin haben ebenfalls begonnen, das Truthuhn wieder in seine alten Rechte einzusetzen.

Im übrigen ist es nur recht und billig, wenn Pennsylvanien heute als Retter des Wildputers der nördlichen Vereinigten Staaten auftritt; denn schließlich war es der Pennsylvanier Benjamin Franklin, der seinerzeit den Truthahn statt des Adlers zum Wappenvogel Amerikas machen wollte.

Die Handaufzucht eines Roten Riesenkänguruhs ist immer noch ungewöhnlich — und schwierig. Auch einem erfahrenen Tierpfleger gelang sie nur unter beträchtlichen Mühen und Entbehrungen

Hilfreiche Hände für ein Rotes Riesenkänguruh

VON HERMFRIED EDZARDS

Es war Abend, als ich aus dem Stroh in der Känguruhbox vom Zoo Hannover einen dünnen, nackten Schwanz hervorlugen sah. Er gehörte zu einem jungen Roten Riesenkänguruh, das seine Mutter offensichtlich abgestoßen hatte. Es war schon stark unterkühlt, atmete nur noch 16mal in der Minute und hatte ein Gewicht von 1900 g. Zoodirektor Prof. Dittrich schätzte das Alter des Winzlings auf sechs Monate.

Ich handelte sofort: Um die Körperwärme so schnell wie möglich wieder anzuheben, setzte ich das Tierchen unter eine Wärmelampe. «Kiki», wie wir den winzigen «roten Riesen» tauften, bezog Quartier in einem mit Handtüchern ausgeschlagenen Wäschekorb. Tag und Nacht mußten wir ihn nun jede Stunde mit einer Aufzuchtmilch für Hunde aus einer Liebesperlenflasche füttern. Bei der früheren Aufzucht von Känguruhjungen hatte sich die für menschliche Babys geeignete Ersatznahrung nicht bewährt. Glücklicherweise saugte Kiki vom ersten Tag an selbständig. Und so hatte er bereits nach vier Tagen mehr als 200 g zugenommen.

Am fünften Tag verließ er erstmals seinen Schlafplatz, um sich seine Mahlzeiten selbst zu holen. Der Rückzug zum Korb gestaltete sich jedesmal etwas eigenartig — zumindest für menschliche Augen. Für das kleine Känguruh hingegen war es selbstverständlich, mit einer Vorwärtsrolle in den Beutel der Mutter hineinzuspringen, wenn es in diesem Fall auch nur ein Wäschekorb war. Bald hatten sich Spiel-, Essens- und Schlafzeiten eingependelt, und Kiki wuchs und gedieh zusehends. Er wurde äußerst anhänglich und blieb immer in der Nähe unserer Familie. Wenn die Zeit für die Flasche heranrückte, war Kiki stets pünktlich zur Stelle. Abends brauchte er später noch lange seinen Schmuseschal, an dem er herumnuckelte, um dann, auf dem Rücken liegend, schnell einzuschlafen.

Im März, als die ersten wärmenden Sonnenstrahlen den Frühling verhießen, machte Kiki mit uns Ausflüge im Garten. Aber besonders ausgeprägt waren sein Mut und seine Neugier auf Unbekanntes wohl noch nicht entwickelt, denn der kleine Hasenfuß blieb immer dicht bei seinem menschlichen Begleiter. So beeindruckend seine Anhänglichkeit auf uns auch wirkte, gab es doch Tage, wo ein zwischen den Beinen herumhopsendes Rotes Riesenkänguruhjunges einem den Nerv töten konnte. Und dann kam sogar noch die Zeit, wo er am Tage Siesta hielt und nachts dafür putzmunter durch die Wohnung sprang. Glücklicherweise dauerte dies nur vier Tage. Länger hätten wir es auch nicht durchgestanden, uns jede Nacht um die Ohren zu schlagen und Kiki bis morgens gegen vier Uhr bei Laune zu halten.

Einen Monat später fand Kiki Gefallen an fester Nahrung. Weißbrot, Äpfel, Möhren und Haferflocken mit verdünnter Dosenmilch standen von jetzt an auf seinem Speiseplan. Bis zu 300 g feste Nahrung und einen halben Liter Milch vertilgte er so jeden Tag. Aber er verwertete diese Menge auch ohne Schwierigkeiten, denn den Tag verbrachte er meist in seinem Gartengehege, wo er sich nach Herzenslust austollen konnte.

Zu Herbstbeginn wog Kiki über neun Kilogramm und war damit unseren häuslichen Verhältnissen entwachsen. Wir siedelten ihn in den Känguruhbereich des Zoos um, wo er nach einer Eingewöhnungszeit neue Freunde fand. Wenn auch die Zeit mit dem kleinen Riesenkänguruh viel Mühe, Kraft und schlaflose Nächte kostete, so haben wir doch selten ein «Haustier» kennengelernt, das so liebebedürftig, anschmiegsam und feinfühlig wie unsere Kiki ist.

*So mancher Versuch, den legendären Leierschwanz eingehender
zu studieren, ist an der großen Scheu des Vogels gescheitert.
Einer Frau in Australien jedoch hat bis zu ihrem Tode einer dieser
Urwaldtroubadoure immer wieder seine Zuneigung bezeigt*

James,
der Leierschwanz

VON AMBROSE PRATT

Den Braunen Leierschwanz, der den Osten von Neusüdwales und Victoria bewohnt, gibt es einzig und allein in Australien. Die Siedler nannten den Vogel, da der ausgebreitete Schwanz des Männchens an eine griechische Leier erinnert, lyrebird — Leiervogel. Er besitzt ein erstaunliches Nachahmungstalent. Axtschläge, das Geräusch von Autohupen und laufenden Motoren, ja sogar Wörter und Sätze und ganze Takte von Violin- und Klaviermusik, all das vermag der Vogel täuschend ähnlich wiederzugeben.

Der Leierschwanz gehört zu den hühnerartigen Vögeln und kann nicht besonders gut fliegen. Seine langen Beine und kräftigen Scharrfüße sind wie geschaffen zum Umherwandern, zum Durchsuchen von Laubhaufen und faulenden Holzstücken nach Insekten, Würmern und anderen Tierchen.

ICH HATTE die Hoffnung fast aufgegeben, jemals einen Leierschwanz, den sagenhaften *Menura*, zu Gesicht zu bekommen — da erreichte uns in Melbourne die Nachricht, nur vierzig Kilometer entfernt in den Bergen lebe eine Frau, die tatsächlich mit einem solchen Vogel Freundschaft geschlossen habe. In kürzester Zeit hatten sich ein paar von uns eine Einladung in Mrs. Edith

Wilkinsons abgelegenes Häuschen verschafft, und dort saßen wir einige Tage später morgens hinter einem offenen Fenster und wurden Zeugen eines ungewöhnlichen Schauspiels.

Vom Tal her hörten wir den Vogel näher kommen, seine widerhallenden Rufe wurden immer lauter. Plötzlich landete er geräuschvoll auf einer Plattform, die Mrs. Wilkinson für ihn direkt vor dem Fenster auf der Veranda gebastelt hatte. Sein ebenmäßiger Leib ähnelte dem eines jungen Helmperlhuhns, trug aber einen langen, biegsamen Hals und einen nachschleifenden Schwanz, der fast zweimal so lang wie sein Körper war.

«Hallo, Boy», sagte Mrs. Wilkinson sanft.

«Hallo, Boy», antwortete der Vogel, ihren Tonfall genau nachahmend. Er wagte sich bis zum Rand der Fensterbank vor, bereit zum Wegfliegen, falls einer von uns sich rühren sollte, und betrachtete uns aufmerksam aus blanken schwarzen Augen. Dann öffnete er den Schnabel und ließ ein leises Lachen hören, das rasch an Stärke zunahm, bis die Luft von den täuschend ähnlich imitierten, schallenden Rufen des australischen Kookaburravogels, des Lachenden Hans, widerhallte.

Nachdem der letzte Ton verklungen war, trat er einen Schritt zurück, stand breitbeinig da und entfaltete plötzlich seinen Schwanz fächerförmig über dem Rücken. Seine Pracht benahm uns den Atem. Eine Sekunde vorher noch hatte der Schwanz unscheinbar einfarbig ausgesehen, jetzt leuchteten die wundervollen leierförmigen Schmuckfedern in Ebenholz-, Bronze- und Purpurtönungen. Andere Federn, feiner und filigranähnlich, boten einen unvergleichlichen Kontrast zu den Farben oben, als ihre Spitzen sich nach vorn senkten und über dem Kopf des Vogels einen schimmernden, silberweißen Vorhang bildeten, der ihn ganz vor unseren Blicken verbarg.

Unter diesem prächtigen Baldachin versteckt, gab er uns ein wunderbares Solokonzert, bei dem er vollkommen naturgetreu in rascher Folge die Rufe und Liedstrophen von mindestens zwanzig australischen Vogelarten nachahmte — des Flötenvogels, der Drossel, eines geschwätzigen Würgers, eines goldgelben Dickkopfschnäppers, eines Blauen Zaunkönigs und anderer. Bei dem Schilpen und Zwitschern kleinerer Vögel mit dünnen Stimmchen, die im Gebüsch leben, ebbte seine kräftige Stimme zu zartestem Pianissimo ab, doch jeder Ton war klar zu hören. Eingestreut waren Geräusche aus der Menschenwelt: das Hupen von Autos, der Lärm eines hydraulischen Widders.

Seiner Imitationskünste endlich überdrüssig, begann er nach seinem eigenen, seltsam beschwingten Geträller zu tanzen. Mit abgezirkelten Schritten und rhythmischem Wiegen vor- und zurückschreitend, führte er einen komplizierten Tanz auf der Plattform vor, wobei er wie ein menschlicher Tänzer die Füße kreuzte. Der Höhepunkt kam mit drei raschen Schritten, begleitet von zwei schmetternden Takten seines Gesangs – dann plötzlich eine stumme Pause, und langsam senkte sich der prachtvolle Schwanz. Dreimal tanzte er so vor uns, wobei er nicht ein einziges Mal die Schrittfolge änderte oder auch nur einen Ton seines zauberhaften

Liedes abwandelte. Dann hüpfte er schließlich hinab und begann im Garten nach seinem Frühstück zu scharren.

Auf unser Drängen ging Mrs. Wilkinson auf die Veranda hinaus und bat ihn, wie eine Mutter mit ihrem Kind sprechend, doch noch ein bißchen zu singen. Sie sagte James zu ihm, wie sie ihn seit Beginn ihrer Freundschaft genannt hatte, und alsbald, als könne er ihrer Bitte nicht widerstehen, tat er ihr den Gefallen mit einer kurzen, aber wunderschönen Zugabe.

Seit dem Februarmorgen, an dem sie ihn zum erstenmal in ihrem Garten gesehen hatte, erzählte Mrs. Wilkinson, war James mit der Regelmäßigkeit eines Uhrwerks jeden Tag zur gleichen Stunde und an derselben Stelle erschienen. Später am Morgen flog er dann immer weg, kam aber bei Sonnenuntergang für ein, zwei Stunden wieder. Bei ihren ersten Begegnungen war er, zitternd und stets auf der Hut, bei dem leisesten Wort, das sie sprach, in panischer Angst geflohen, doch nach und nach hatte sich seine Scheu gelegt, bis er schließlich deutlich antwortete, ja sie sogar nahe herankommen ließ. Mitte Juni sang er, daß ihm schier das Herz zersprang, und im September, kurz bevor er für zwei Monate wegblieb, in denen er sich wahrscheinlich mauserte, hinterließ er als Abschiedsgeschenk zwei prachtvolle leierförmige Schwanzfedern auf ihrer Verandatreppe.

Doch so eng die Freundschaft auch wurde, Mrs. Wilkinson mußte feststellen, daß ihm gewisse Praktiken, mit denen man sonst Vögel zahm macht, zuwider waren. Um ihn zu belohnen und ihm eine Freude zu bereiten, sammelte sie eine Menge Raupen, Tausendfüßler und Insekten, die er, wie sie beobachtet hatte, am liebsten fraß, und streute sie auf seine Plattform. Aber anstatt sich diese Leckerbissen schmecken zu lassen, sträubte James das Gefieder, richtete seine Haube auf, ging mit wütendem Krächzen auf das Futter los und fegte es von der Plattform. Dann breitete er mit lautem, gereiztem Glucksen die Flügel aus und entschwand im Gleitflug das Tal hinab in den Urwald.

Die Freundschaft war bei ihm offenbar mehr innerlicher Art, und Mrs. Wilkinson erhielt ein paar Wochen später einen rührenden Beweis dafür, als sie sich nach einer sehr schlechten Nacht zu krank und elend fühlte, um aufzustehen. Zur gewohnten Stunde hörte sie James energisch mit dem Schnabel ans Wohnzimmerfenster klopfen — sein übliches Signal für sie, auf die Veranda herauszukommen und mit ihm zu sprechen. Sie wollte antworten, aber ihr wurde schlecht, und sie lag mehrere Stunden lang völlig entkräftet im Bett. Erschöpft fiel sie schließlich in leichten Schlummer, wurde aber plötzlich durch ein intensives Scharren vor ihrem Schlafzimmerfenster geweckt. Es dauerte etwa eine Stunde; dann erschien ein kleiner Kopf über der Fensterbank, und da stand James und sang eine unvergleichlich schöne Serenade. Der herrliche Gesang tat Mrs. Wilkinson gut, weit mehr als jede ärztliche Behandlung. Und als sie das Fenster öffnete, sah sie, daß ihr Troubadour unter dem Fenster einen Hügel aus Gartenerde zusammengescharrt hatte, um sich einen Aussichtspunkt zu schaffen, von dem aus er ins Schlafzimmer schauen konnte.

Sein Verhalten während der Zeiten ihrer Abwesenheit lieferte einen weiteren Beweis für das einzigartige gegenseitige Verständnis, das ihrer Freundschaft zugrunde lag. Einmal verreiste sie für zwei Wochen, und bei ihrer Rückkehr berichtete die Putzfrau, James habe sich die ganze Zeit nicht sehen lassen, und es habe ihn auch niemand singen hören.

«Ich weiß», antwortete Mrs. Wilkinson keineswegs überrascht, «ich habe ihm gesagt, daß ich nicht da sein werde. Er wird schon wiederkommen.»

Und tatsächlich erschien James noch am selben Abend, voll lärmender Freude, seine Gönnerin wiederzusehen, und begrüßte sie mit einem langen Konzert.

James' Verhalten nach seiner eigenen alljährlichen Abwesenheit, gewöhnlich im Oktober und November, überzeugte Mrs. Wilkinson und andere, daß er die meiste Zeit damit verbracht hatte, sein Repertoire zu erweitern. Denn wenn er wiederkam, gab er stolz viele neue Vogelrufe zum besten. Manchmal hatte er auch noch andere Geräusche aufgeschnappt: Hundegebell, das Rattern eines Steinbrechers von einer nahe gelegenen Straßenbaustelle, ja sogar die Kommandos der Vorarbeiter. Doch jedes Jahr im Frühling vergaß er seine Imitationskünste und konzentrierte sich ganz darauf, sein Hochzeitslied zu vervollkommnen.

Während der Jahre, in denen wir James beobachtet haben, zeigte er einen Familiensinn, zu dem ich keine Parallele im Tierkreis kenne, und brachte oft seine Gefährtin samt ihrem Nachwuchs mit in Mrs. Wilkinsons Garten. Er war monogam, und es gab keinen Zweifel, daß der Leierschwanz die Gewohnheit hat, sich in einem genau abgegrenzten Revier mit seiner Familie niederzulassen. Seine Jungen blieben vier Jahre lang in der Nähe und wurden sorgsam in allem unterwiesen. Einmal ging ich einer ständig wiederholten Tonfolge nach und fand James auf einer belaubten Lichtung, wo er einem kleinen Männchen geduldig die lachenden Rufe des Kookaburras beibrachte. Immer wieder machte er sie ihm vor, und immer wieder ahmte der Kleine sie nach, bis er die ganze Tonfolge wiedergeben konnte.

Noch erstaunlicher war unsere Entdeckung, daß James, abgesehen von seinen Imitationskünsten, anderen Artgenossen bestimmte Absichten und Anweisungen mitteilen konnte. Er verfügte über zahlreiche «umgangssprachliche» Lautäußerungen, einige befehlend, einige ermahnend, dazu über Balz-, Warn-, Begrüßungs- und Abschiedsrufe, alle voneinander verschieden. Woraus zwangsläufig folgte, daß er die Fähigkeit besaß, die Gedanken und Gefühle, die er mitteilte, zu formen.

Wenn James auf seiner Plattform erschien, fehlte es ihm selten an Zuhörern, gefiederten wie menschlichen, denn er war ein allgemein beliebter Waldsänger. Als er einmal die Veranda verließ, versperrten ihm auf den Stufen zum Garten zwei Vögel den Weg, als bäten sie um eine Zugabe. James sah sie, hob den Schwanz und begann engelsgleich zu singen. Sie blieben sitzen wie aus Stein gehauen, doch als der letzte Ton verebbte, hüpften sie eine Stufe tiefer, drehten sich um und schauten ihn wieder erwartungsvoll an. James rückte nach, richtete erneut die Schwanzfedern auf, tanzte und sang. Dreimal geschah das, während er für uns in Sichtweite war; die beiden Vögel ließen ihn schrittweise nachrücken, forderten aber für alle paar Stufen ein Lied. Schließlich verschwand James in den Büschen, immer noch singend — und immer noch lauschten ihm die Vögel. Es war ein herrliches, unvergeßliches Erlebnis.

Außer seiner Farbenpracht und Intelligenz besitzt der Leierschwanz noch zwei charakteristische Eigenschaften, die allen, die ihn kennengelernt haben, für immer im Gedächtnis bleiben. Die eine ist, daß er sich als Revier Gegenden von ungewöhnlicher Schönheit und Großartigkeit aussucht. Wo die riesigen Eukalyptusbäume sich in dichten, majestätischen Kolonnen vom Bachrand bis zum Berggipfel hinziehen, wo die Berghänge von duftendem Unterholz überwuchert und die glitzernden Bäche unter dem verschlungenen Gewirr prachtvoller Baumfarne verborgen sind, dort ist sein Reich. Oft habe ich James im ersten Morgenrot von Mrs. Wilkinsons Terrasse wie entrückt über die nebelumwölkten Berge und Täler zum fernen Meer blicken sehen. So tief war seine Versunkenheit, daß er wohl fünfzehn Minuten so verharrte.

*Der Unfall, der seinen Erzfeind,
den Hund, traf,
machte ihn zu seinem engsten Verbündeten*

Willie
der Katzen-Raufbold

Von Adele Millard

WILHELMINA saß draußen auf ihrem Lieblingsplätzchen, der Mauer zwischen ihrem Haus und dem Nachbarhaus. Es war warm, und die Sonne machte die Katze schläfrig. Sie räkelte sich auf den Backsteinen und machte schließlich ein Schläfchen. Plötzlich schreckte sie lautes Gebell aus dem Schlaf. Erschreckt sprang die Katze auf und sah, daß im Nachbarhaus ein dicker, junger Hund ins Freie gelassen wurde und nun im Garten herumrannte. Voller Entsetzen sah sie den Hund im Kreis herumrennen und stellte fest, daß er immer näher zur Mauer kam. Schnell sprang sie in ihren eigenen Garten und huschte zur Küchentüre, um Einlaß zu verlangen. Kaum drinnen, rannte die Katze unter das Bett, wo sie blieb, bis es Essenszeit war. Sie war den ganzen Abend unruhig, bis sie schließlich auf dem Sofa einschlief.

Am nächsten Morgen wollte sie nicht hinaus, und als ihr Herrchen sie sanft mit dem Fuß anstieß, schlug sie mit herausgelassenen Krallen auf den Schuh. Wilhelmina war immer sanft und liebenswürdig gewesen, so daß ihr Besitzer erstaunt war über dieses Benehmen. Sein Staunen wurde noch größer, als sich die Katze dagegen wehrte, gestreichelt oder auf den Arm genommen zu werden. Sie zeigte die Krallen, kaum daß sich ihr jemand näherte.

Sie weigerte sich, auf den Hinterhof zu gehen und benutzte nur die vordere Haustür. Sie begann auch, andere Katzen aus der Nachbarschaft anzugreifen, mit denen sie sich früher glänzend verstanden hatte. Es trafen Klagen ein über die Katze, und die

Besitzer waren sehr beunruhigt über diese unerwartete Persönlichkeitsänderung. Sie schnappte nach den Füßen von unachtsamen Besuchern, fing an, in den Nachbarsgärten vor den Häusern Blumen und Pflanzen auszugraben, und wurde schließlich so angriffig, daß ein Kind aus der Straße ihr den Übernamen «Willie der Raufbold» gab. Der Name blieb ihr; sogar ihre Besitzer nannten sie nicht mehr Wilhelmina. Sie wurde von allen Willie genannt.

Nach ein paar Wochen waren ihre Besitzer soweit, daß sie sich nach einem anderen Plätzchen für sie umsehen wollten. Sie liebten Willie zwar, aber sie befürchteten, sie könne eines Tages ernsthaften Schaden anrichten, für den sie verantwortlich wären. Sie berieten noch über Willies Zukunft, als diese schließlich doch wieder auf den Hinterhof hinausging. Sie saß auf der Mauer und fauchte den im Nachbarsgarten herumtollenden jungen Hund an, der seinerseits jedesmal laut bellte, wenn er die Katze sah.

Willies Besitzer schoben die Entscheidung, ihr Tier wegzugeben, auf, denn solange sie sich im Hinterhof aufhielt, richtete sie zumindest keine Schäden an. Natürlich machten beide Tiere ziemlich viel Lärm, aber sie versuchten, darüber hinwegzuhören.

An einem Samstag kam der Nachbar mit einer Klimaanlage nach Hause, die er am Schlafzimmerfenster anbringen wollte. Er hatte das Gerät gerade ausgepackt und hingestellt, als das Telefon läutete. Er ging hin und nahm den Hörer ab. Das Kabel des Gerätes mit dem Stecker daran hing an der Außenmauer des Hauses hinunter, was den jungen Hund zum Spielen reizte. Das Gerät lag erst auf dem Fenstersims; es war noch nicht befestigt. Durch das ständige Ziehen am Kabel verrutschte das Gerät und fiel schließlich hinunter. Der Hund wollte wegspringen, aber der Metallkasten traf eine seiner Pfoten und klemmte sie fest. Einen Augenblick lang war der junge Hund betäubt und lag ruhig da. Dann begann sein Bein zu schmerzen, und er winselte und heulte.

Willie hatte alles von der Mauer aus gesehen. Sie wußte, daß der Hund Schmerzen hatte und hilflos war. Sie sprang in den Nachbarsgarten und näherte sich vorsichtig dem Hund. Dessen Schmerzen nahmen bei jeder Bewegung zu, so daß der Hund nur zusehen konnte, wie sein Erzfeind immer näher kam, ohne etwas dagegen tun zu können. Sein Heulen wurde lauter. Plötzlich strich ihm eine warme, rauhe Zunge über das Gesicht. Der Hund winselte, während die Katze das verletzte Tier tröstete, so gut sie eben konnte. Nach ein paar Minuten kam der Nachbar aus dem Hause, sah, was geschehen war und eilte seinem Hund zu Hilfe. Er hob das Gerät weg und brachte den Hund sofort zum Tierarzt.

Nach etwa einer Stunde kamen sie zurück. Das Hinterbein des Hundes war im Gips. Willie hatte geduldig an der Hintertür gewartet. Sie miaute, bis sie der Nachbar ins Haus ließ. Er stellte sich jedoch schützend neben seinen Hund. Die Katze miaute, und der Hund bellte zur Antwort. Willie ging zu dem jungen Hund hin und leckte sein Gesicht. Dann setzte sie sich neben ihn hin, um sich bald darauf hinzulegen, ihren Kopf gegen die Brust des Hundes geschmiegt. Der Nachbar beobachtete die Szene voller Erstaunen. Er rief Willies Besitzer an und forderte sie auf, sich selber von dem seltsamen Benehmen der Tiere zu überzeugen.

Von dem Tage an waren die beiden Tiere dicke Freunde. Der junge Hund wuchs zu einem riesigen Tier heran, aber das machte Willie weder Angst, noch verminderte es ihre Zuneigung zu ihm. Willie wurde wieder zur alten Wilhelmina, und, obwohl sie nie mehr mit ihrem ursprünglichen Namen gerufen wurde, war sie wieder die ruhige, nachgiebige Katze von einst.

*Gibt es zwischen Menschenkindern und Affenkindern
Unterschiede in ihrem Verhalten?*

Menschenkinder —
Affenkinder

Von Hildegard Grzimek

Ich empfand es als besonderes Glück, daß ich neben meinen Söhnen junge Menschenaffen großziehen konnte. Einen großen Unterschied im Verhalten zwischen Menschen- und Affenkindern habe ich nicht bemerkt. Beide waren, je nachdem, lustig und ausgelassen oder traurig und schlecht gelaunt. Und alle brauchten Mutterliebe und viel Verständnis.

Als meine Söhne Rochus und Michael noch klein waren, gab es abends immer großes Geschrei, wenn sie ins Bett sollten: «Mutti, nur noch zehn Minuten, wir müssen doch erst noch unsere Spielsachen forträumen!» Kinder sind ja bekanntlich raffiniert, wenn es darum geht, sich vor dem lästigen Ins-Bettgehen-Müssen noch ein paar Minuten zu drücken.

Damals kannten meine Kinder die Uhr noch nicht, und so habe ich ihnen eben schon eine Viertelstunde früher befohlen, ihr Zimmer in Ordnung zu bringen. Von da an klappte es in der Regel, und wenn es dennoch Geschrei gab, dann bekamen sie einen empfindlichen Klaps auf ihren Allerwertesten.

Wie haben sich nun meine Schimpansen beim Zubettgehen verhalten?

Sie machten das gleiche Geschrei wie meine Söhne, nur mit einem Unterschied: Sie warfen sich mir an den Hals und klammerten sich mit allen vier «Händen», so fest sie konnten, an mich. Hatte ich mich glücklich von ihren Beinchen befreit, griffen ihre Ärmchen um so fester zu, was sehr oft blaue Flecken bei mir hinterließ. Wenn schließlich gar nichts anderes mehr half, brüllte ich sie aus Leibeskräften an und gab auch ihnen ein paar Klapse auf den Po. Da ließen sie dann beleidigt los und fielen bald darauf in ihrem «Bettchen» in tiefen Schlaf.

Menschen- wie Affenkinder haben so ihre Gewohnheiten beim Einschlafen. Meine beiden Söhne nahmen den Schnuller, den ja moderne Mütter heute verabscheuen, obwohl er viel hygienischer ist als der meist nicht saubere Daumen. Andere Kinder halten den Bettzipfel ihres Kissens fest, und wieder andere können nicht einschlafen, wenn sie nicht ihre Lieblingspuppe oder ihr Stofftier im Arm haben.

Bei Menschenaffenkindern ist das nicht viel anders. Dazu möchte ich allerdings bemerken, daß ich unter meinen vielen Pfleglingen nie einen Daumenlutscher beobachtet habe. Den Schnuller gab ich ihnen nicht, weil ich fürchtete, sie könnten ihn zerbeißen und den Gummi verschlucken.

Meine kleinen Schimpansen hatten ihre eigenen Einfälle. Ulla zum Beispiel mußte ich erst einmal zehn Minuten lang auf dem Arm herumtragen. Fing sie dann an, mit den Fingerchen in der Nase zu bohren, wußte ich, jetzt ist es soweit. Ich legte sie in ihr «Bettchen», und sofort verfiel sie in tiefen Schlaf. Kathrin hielt ihr rechtes Ohr so lange fest, bis sie vor Müdigkeit umfiel. Dann war auch sie ins Traumland entschwunden. Andere Schimpansen wiederum wollten die Augen nicht zumachen, ehe sie nicht ihr Lieblingsspielzeug im Arm hatten.

Wie aber steht es mit dem Spielen bei unseren Kindern und den Menschenaffen?

Ich muß sagen, daß meine beiden Sprößlinge mit den Menschenaffenkindern von Anfang an wunderschön zusammen spielten, mit Bauklötzchen, mit der Eisenbahn oder auch auf der Rutschbahn. Solange sie für sich allein waren, herrschte eitel Freude. Kam aber ein Nachbarssohn dazu, dauerte es keine Viertelstunde, und es gab ein großes Gezeter und Geschrei. Meist kam dann Michael oder Rochus mit einer blutenden Nase oder Lippe zu mir gerannt, und Ulla hatte eine Beule am Kopf. Was war geschehen? Meine Söhne und die kleine Schimpansin waren so aufeinander eingespielt, daß sie sich kaum noch zankten. Aber kaum war der Kamerad aus der Nachbarschaft dabei, gab es Streit.

Entweder hat er meine Buben auf die kleine Schimpansin gehetzt oder sie ihn.

Ich habe die Erfahrung gemacht, daß immer alles gut ging, selbst wenn vier oder sechs Schimpansen zusammen spielten, daß es aber mit der Eintracht und der Gemütlichkeit stets aus war, sobald ein Fremder dazu kam. Dann verwandelte sich die friedfertige Gesellschaft in wutentbrannte kleine Teufel, und die Fetzen flogen nur so herum, bis ich endlich kam und wieder Frieden stiftete.

Übrigens waren auch die Tischsitten meiner Menschen- und Affenkinder recht ähnlich.

Hierzu eine kleine allgemeine Vorbemerkung:

«Die Liebe des Mannes geht durch den Magen.» Höchstwahrscheinlich war es eine Ehefrau, der diese Erkenntnis zum erstenmal dämmerte. Und eine andere mit offenbar reicher Erfahrung im täglichen Umgang mit dem stärkeren Geschlecht gab dann ihren Leidensgenossinnen den kühnen Rat: «Füttert die Bestie.» Aber nicht nur mit dem «Alten» hat die geplagte Hausfrau ihre liebe Not, auch die jüngeren Sprößlinge können der fürsorglichen Mutter schon die Hölle heiß machen. Die Tischgewohnheiten der kleinen Gesellschaft sind durchaus nicht immer manierlich, und wenn eine solche Mutter neben ihren eigenen Abkömmlingen gar noch Tierkinder aufgezogen hat, na, dann kann sie was erzählen: Wer dazu noch, wie ich, auf den seltenen Namen Grzimek hört, dem wird man wohl zutrauen, daß sie in punkto Eßgewohnheiten von Tier- und Menschenkindern einen ganzen Sackvoll Erfahrungen vor dem Leser ausschütten könnte.

Rochus, mein Ältester — er war damals eineinhalb oder zwei Jahre alt —, hatte eine unüberwindliche Abneigung gegen Spinat. Da halfen alle mütterlichen Überredungskünste nichts. Von wegen «Ein Löffelchen für Papi, eins für Mutti!» Eines schönen Tages bekam Mutti zwei gehäufte Löffel mitten ins Gesicht. Ich sah aus, als hätte ich die Masern gehabt.

Heute ist das ganz anders: Heute wird der Beste (nicht die Bestie!) von seiner Frau so gut gefüttert, daß er schon achtgeben muß, die schlanke Grzimek-Linie nicht einzubüßen.

Bei dieser Erinnerung an unseren Rochus fällt mir mein kleiner Schimpansenjunge Fritzchen ein. Wie habe ich mich jedesmal beim Essen mit ihm gequält! Er mochte nicht nur keinen Spinat, sondern ebensowenig die feingeriebenen Möhren, die alle Schimpansen morgens zum Frühstück bekamen. Sie waren wegen der Vitamine wichtig, und weil mir die Ärzte gesagt hatten, Mohrrüben seien wurmabführend.

Kam ich morgens mit meiner Schüssel zu den Schimpansen, brachen die drei Großen in lautes Freudengeheul aus. Sie konnten es gar nicht erwarten, bis sie ihre Möhren bekamen. Anders unser Fritzchen. Schmollend saß er in seiner Ecke. Ich nahm ihn dann auf den Schoß, und unter gutem Zureden schob ich ihm ein Löffelchen nach dem andern in sein kleines Mäulchen. Zuerst aß er sehr tapfer, aber der Rest wollte nicht mehr hinunter. Also sprudelte er mir genau wie mein Sohn Rochus den Spinat, die Möhren genau ins Gesicht. Diesmal sah ich aus, als hätte ich Scharlach gehabt.

In den Zusammenhang dieser Geschichten, die heute lange zurückliegen, paßt eine andere, die sich kürzlich zutrug, als ich wieder einmal in meinem Häuschen im Tessin war. Zur Hausgemeinschaft gehörte ein befreundetes Ehepaar mit zwei größeren Kindern und dem zweieinhalbjährigen Guido.

Auch Guido war ein schlechter Esser. In den ersten Tagen gab es bei den Mittagsmahlzeiten regelmäßig Ärger. Am Ende heulte die Mutter ebenso wie der Sprößling. Nur den Nachtisch, den konnte der kleine Kerl im Nu verschlingen. Schließlich brachten wir die Nachspeise erst auf den Tisch, wenn er seinen Teller leergegessen hatte, sonst mußte er ohne sie schlafen gehen.

Mir tat der kleine Kerl von Herzen leid, und ich hätte ihm gern geholfen. Da erinnerte ich mich an einen Trick, der bei meinem Sohn Rochus und auch bei Fritzchen, dem Schimpansen, Erfolg hatte. Ich stellte die Nachspeise gleich mit auf den Tisch und fütterte die beiden abwechslungsweise mit einem Löffelchen vom Hauptgericht und vom Nachtisch. Das hatte damals Wunder gewirkt. Im Nu hatten Rochus und Fritzchen ihre Teller leer gehabt.

Auch bei dem kleinen Guido war mit dieser Methode eines Tages der Bann gebrochen, und bald mußten wir ihn beim Essen bremsen.

Ein anderer Versuch, den ich zunächst mit meinen Menschenaffen, später mit Menschenkindern anstellte, belustigt mich noch heute, wenn ich daran denke. Ich stellte meinen Schimpansen drei Gläser mit verschiedenfarbigem Gelee hin, vom dunkelsten Blau bis zum grell leuchtenden Rot. Ohne Zögern griffen alle drei, Kathrin, Fritzchen und Kokie, sofort nach dem roten Himbeergelee und aßen ihn auf. Aha, dachte ich, die

Burschen gehen nach der Farbe. Nach einigen Tagen stellte ich neben die drei bekannten Gläser ein Glas mit herrlich leuchtendem, gelbem Quittengelee. Von Stund an ließen sie das schöne rote Himbeergelee links liegen und blieben bei der gelben Farbe.

Im Tessin wiederholte ich das gleiche Experiment mit dem kleinen Guido. Auch er hatte zuvor begeistert von dem leuchtend roten Himbeergelee genommen. Als ich aber das Glas mit Quittengelee auf den Tisch stellte, war er nicht mehr zu halten. Immer wieder zeigte er darauf und schrie: «Das ist meine!» Keines seiner Geschwister durfte das Glas auch nur in die Hand nehmen.

Nun ging ich bei Guido mit meinem Versuch noch einen Schritt weiter als bei den Schimpansen. Eines Morgens fehlte das Glas mit dem Quittengelee auf dem Tisch. Guido fragte immer wieder danach und nahm das rote Himbeergelee erst, als er nichts anderes bekam. Gottlob hatte ich genügend Quittengelee für die Ferien besorgt, so daß ich mir das Wohlwollen des kleinen Mannes erhalten konnte, eingedenk der Erfahrung: «Ein hungriger Mann — ein wütender Mann; ein satter Mann — ein zufriedener Mann.»

Heitere Erlebnisse mit einem kleinen Bären, der zum Essen kam und dann gleich dablieb

Unser Hausfreund, der Schwarzbär

V ON IRVING PETITE

DEN GANZEN Vormittag hatten wir im Wald jenseits des Baches das Gebell unseres Hundes gehört und zwischendurch dann und wann ein schauerliches Geschrei. Die Gegend des Kaskadengebirges hoch im Nordwesten der Vereinigten Staaten, in der wir unsere Ranch haben, ist sehr wildreich. Erst zwei Monate vorher, im Januar, hatten wir in der Nähe eine Schwarzbärenhöhle entdeckt, und so lag der Gedanke nahe, daß die Bärenmutter auf der Suche nach frischen Frühlingsknospen eines ihrer Jungen im Walde verloren hatte. Namenlos — so hieß unser Hund, ein nicht ganz reinrassiges Cockerspanielweibchen — war jedoch viel zu klein, um dem schreienden Bärenbaby etwas zuleide zu tun. Ich sagte mir, daß die Alte über kurz oder lang dem kleinen Kerl zu Hilfe kommen würde, und wandte mich wieder meinem Zedernholz zu, das ich gerade zu neuen Dachschindeln verarbeitete.

Wer beschreibt mein Erstaunen, als ich dann plötzlich zwei Vierbeiner vom Bach herauf auf mich zukommen sah, vorneweg Namenlos und hinterdreinzottelnd ein kurzsichtiges, schrecklich lamentierendes Bärenjunges! Die beiden hatten offenbar bereits Frieden geschlossen, der kleine Petz jammerte wohl nur vor Hunger und Kälte.

Ich bückte mich nach dem Bärchen und sah es mir erst einmal an. Es war nicht größer als ein Halbliterkrug, die dreieckigen Ohren wie zwei Henkel dazu. Mit seinem klatschnaß anliegenden Fell schien es nur aus Füßen, Klauen und einem aufgerissenen Maul mit roter, dreieckiger Unterlippe zu bestehen. Meine Größe und meine Körperwärme hatten für den kleinen Kerl wohl etwas Mutterähnliches, jedenfalls hörte er zu jammern auf, klammerte sich an den Ärmel meines dicken Pullovers, zog sich hoch und schnupperte schmatzend an meiner Kehle herum.

Nach kurzer Zeit hatte sich der seltsame Gast, dessen Alter wir auf neun Wochen taxierten, auf der Ranch eingelebt. Er lief uns auf Schritt und Tritt nach, auch bei der Arbeit, und wenn wir ihn zurücklassen wollten, wimmerte, schnaufte und japste er so rührend, daß niemand widerstehen konnte. Er geizte nicht mit Zärtlichkeiten, zeigte aber auch ebensoleicht seinen Ärger. Hatte er sich den Bauch mit warmer Milch und Dosenpfirsichen gefüllt, kletterte er am nächstbesten Menschen hoch und fuhr ihm schnuppernd mit der Nase in den Ärmel, an den Hals oder ins Gesicht. Und wehe, wenn man ihn sachte wegschob! Dann krallte er sich in die Kleidung oder in die bloße Haut und versetzte einem, ehe man sich's versah, einen Biß in Hals oder Arm.

Daß er sich in solchen Fällen rasch aus dem Staub machen mußte, um dem Klaps zu entgehen, der bei den Menschen den mütterlichen Prankenhieb ersetzte, hatte er bald heraus. Da sauste er dann los, mit einem hellen, hohen Schrei, der in den Bergen widerhallte.

In den ersten zwei Monaten wiederholte sich dieses Theater jeden Tag ein paarmal. Dann wurde Petzchen manierlicher, und als er fünf oder sechs Monate alt war, ließ er sich sein Geschnupper ohne weiteres verweisen. Allmählich brachte er das Säuglingsalter hinter sich. Bären entwickeln sich in mancher Beziehung ähnlich wie kleine Kinder und brauchen immerhin fünf Jahre, bis sie ausgewachsen sind.

Großen Spaß machten Petzchen die Autos und alles, was damit zusammenhing. Kaum legte sich irgendwo ein Mechaniker unter ein Fahrzeug, hockte der Bär auch schon vergnügt auf seiner Brust, und wenn der Mann ihn wegstoßen wollte, machte er sich steif, legte die Ohren an, riß das Maul auf und schrie Zeter und Mordio.

Sein Lieblingsversteck war von Anfang an unter der Motorhaube meines Wagens. Das erste Mal entdeckte ich ihn dort, als ich an einem kalten Morgen den Ölstand prüfen wollte. Er hatte die Steinwolleisolierung an der Innenseite der Motorhaube fein säuberlich abgekratzt und sich zwischen linkem Kotflügel und Motorblock ein Nest gemacht. Da lag er nun, hingekuschelt an den Motor wie an die Mutter, und sah mich aus seinen Knopfaugen treuherzig an.

Einmal mußte ich nach dem Abendbrot noch auf die Post, zehn Kilometer von uns weg. Erst als unterwegs das Gaspedal einen plötzlichen Ruck tat, merkte ich, daß Petz sich schon zurückgezogen hatte. Gleich darauf drang ein lautes Uäääiii an mein Ohr, und jeder Zweifel war behoben. Ich hielt am Straßenrand und machte die Haube auf. Da kauerte er, ganz verschreckt. Aus der Schnauze tropfte ihm die Abendmilch.

Petzchen war neugierig wie alle wilden Tiere, und da kleine Bären außerdem immer kurzsichtig sind, mußte er dauernd alles beschnuppern, abschlecken und befühlen. Wetzte er einen Waldweg entlang, so blieb er plötzlich stehen, richtete sich auf, bog mit der Pranke einen Ahornast herunter und stopfte sich die Blätter ins Maul. Und wenn ihm der Wind ein paar flockige Pappelsamen vor die Füße trieb, untersuchte er sie eingehend mit Zunge und Pfoten.

An einem Junimorgen fand ich ihn am Rand der offenen Halbtür zur Garage hängen. Mit der rechten Vorderpranke hielt er sich fest, um weit vorgebeugt in ein Schwalbennest zu gucken. Dabei trachtete er den Vögeln nicht etwa nach dem Leben, er wollte ihnen bloß zuschauen, sonst gar nichts.

Einmal wäre es unserem Petz um ein Haar schlechtgegangen. Er war damals noch winzig und hatte sich vorwitzig, wie er war, für seine Kletterpartie ein Hinterbein von einem meiner Zugpferde ausgesucht. Das schwere Tier bäumte sich auf, was es seit Jahren nicht getan hatte. Der Bär fiel herunter und kletterte in seiner Angst an einem Bein des anderen Pferdes hoch. Von da an machte er um Pferdebeine einen Bogen.

Kam Petzchen in den Wald, so lockten ihn die Bäume wie mit Sirenengesang. Er lief zur erstbesten Zeder hin, hieb blitzschnell aus dem «Handgelenk» die Krallen seiner Vorderpfoten in die glatte Rinde und zog die Hinterbeine nach wie ein Telegraphenarbeiter seine Steigeisen. Herunter kam er immer mit dem Hinterteil voran, oft mit gespielter Nonchalance und einen Zweig wie einen Zahnstocher im Maul. Eines schönen Tages trat er in einer hohen Tanne auf einen trockenen Ast, purzelte durch splitterndes und krachendes Gezweig gut sechs Meter in die Tiefe und bums! auf den Boden. Sekunden später folgte er der nächsten Sirene, und so fort bei vierhundert auf den Hektar, Stümpfe und Bruchholz nicht gerechnet.

Auch das Haus betrachtete Petz als sein Reich. Wenn irgendwo ein Fenster offenstand, kletterte er an der Zedernholzverkleidung hinauf und kam herein. Einmal hörte ich nachts im Traume meine Schreibmaschine klappern und fand am Morgen Typen verklemmt und sämtliche Papiere über den Fußboden verstreut. Von da an blieb das Fenster in meinem Arbeitszimmer immer geschlossen.

Ein andermal saßen wir mit Gästen, die über Nacht bleiben wollten, abends im Wohnzimmer beisammen und plauderten. Die Kinder machten sich indessen zum Schlafen fertig, da kam eines der Töchterchen unserer Freunde noch einmal zurück und beklagte sich bitter. «Mutti, ich wollte noch so gern baden, aber die Wanne sieht aus, als wäre jemand mit schmutzigen Füßen darin herumgelaufen.»

Es war nicht das erste Mal, daß ich die Badewanne von Petzchens Fußabdrücken reinigen mußte. Das kleine Biest turnte, wenn es Durst hatte, auf das Badezimmerfenster hinauf, machte oben eine Kehrtwendung und ließ sich rücklings in die Wanne plumpsen. Dann marschierte der Eindringling über das kühle Porzellan ans andere Ende der Wanne und schlürfte das Wasser auf, das sich immer um den Abfluß sammelte. Da der Bär sich nicht die Füße abputzte, wenn er durch die Blumenbeete gekommen war, war es kein Wunder, daß er in der Wanne Spuren hinterließ.

Namenlos, die Hündin, die unser Petzchen im Wald aufgestöbert hatte, war seine liebste Spielgefährtin. Oft stand sie und sah ihm mit mütterlich duldsamer Miene zu, wenn er, mit allen vieren arbeitend wie ein Schwimmer, auf unseren Sägemehlhaufen hinaufkrabbelte, um dann von oben, vor Vergnügen schnaufend, auf dem Bauch wieder hinunterzurutschen. An heißen Sommertagen nahm sie ihn häufig mit an den Bach, wo sie sich eine flache Stelle aussuchte und im Wasser umhersprang, während Petzchen sich alle Mühe gab, es ihr nachzutun, sich hier und da hoch aufrichtete und mit den großen Vorderpranken ins Wasser schlug, daß es nur so spritzte. Dann warf er sich herum und pflanzte sich triefnaß vor der Hündin auf, als wollte er sie zu einer Runde mit nassen Handschuhen auffordern.

Eine fast noch innigere Freundschaft verband den kleinen Bären mit einem anderen von unseren fünf Hunden, einer jungen Bastardhündin. Nachts teilte er mit ihr die Hundehütte oder eine Ecke der Veranda. Für die Hündin war das Freundschaftsverhältnis sehr vorteilhaft. Der Bär machte ihr die Türen auf und ließ sie ins Haus. Dann zog er sich auf den Küchentisch hinauf oder kletterte unter Benutzung seiner Krallen von Schublade zu Schublade auf den Spültisch, und von dem, was dabei an Keksen, Salzgebäck und Konservenpfirsichen aus umgestürzten Dosen auf den Boden fiel, bekam die Hündin ihr Teil ab.

In letzter Zeit ist mit Petz eine Veränderung vorgegangen. Seine Streifzüge in die Berge werden immer ausgedehnter. Ab und zu erscheint er um zwei Uhr morgens an der Hoftür und verlangt mit lautem Uäääiii sein Frühstück mit Milch und Büchsenobst, manche Nacht kommt er aber auch gar nicht mehr zurück. Lange wird es nicht mehr dauern, dann sind die letzten Bindungen an seine vier- und zweibeinigen Freunde auf unserer Ranch dahin.

So Gott will und der Wald den Tieren noch sichere Schlupfwinkel bietet, teilt sich vielleicht in fünf Jahren, wenn ich gerade wieder einmal beim Schindelmachen bin, eines schönen Tages das Gebüsch, und ein großer Bär kommt auf mich zu. Dann sollte es mich nicht wundern, wenn er mir eine Vorderpranke auf die Schulter legt, so wie einst meinen Hals beschnuppert und aus rauher Bärenkehle ein paar Takte zum besten gibt.

Die Bühne war bereitet, der Löwe auf dem Sprung.
Hatte die zierliche, kleine Gazelle noch eine Chance?

Drama im Steppengras

Von Franklin Russell

Im zitronengelben Licht des frühen Morgens verhielt der Gazellenbock einen langen Augenblick vor der Akaziengruppe. Sein kecker Schwanz schlug nach den Stechfliegen, die seinen Körper umsummten. Als zweitkleinste Antilope nach dem 30 Zentimeter hohen Dik-Dik war er für die Pythonschlange noch ein mundgerechter Happen. Adler und Geier griffen seine Jungen; Hyäne und Wildhund stellten ihm nach; Gepard, Leopard und Löwe jagten ihn. Oft benutzten die großen Raubkatzen seine Artgenossen als Spielzeug, bevor sie sie töteten.

Aus dem Rudel, das ihm gefolgt war, ertönte gedämpftes Schnauben. Alle Köpfe waren erhoben, alle Augen spähten nach Gefahrenzeichen aus. Der Gazellenbock schritt auf die Akazien zu. Sogleich bemerkte er dreierlei. In einem Baum gerade vor ihm tummelten sich Paviane. Das hieß, daß kein Leopard in den Zweigen lauerte. Zwischen den langen, grünen Grashalmen zeigte sich der Kopf einer Hyäne; ihre gerundeten Ohren standen groß gegen die Morgensonne. Doch eine einzelne Hyäne konnte nur kranken Tieren und unbeholfenen Jungen gefährlich werden. Weit draußen im Norden lag ein einsamer Löwe unter einem Baum und schlief. Aber zwischen ihm und den Gazellen sah der Bock kein Raubtierrudel, nichts von gefährlichen Löwinnen, die den vorbeiziehenden Gazellen einen Hinterhalt legen konnten.

Finken- und Papageienrufe erklangen von allen Seiten, als das Gazellenrudel zwischen die Bäume trat. Der Boden fiel zum roterdigen Ufer eines Flusses ab. Vorsichtig und stets nach Krokodilen Ausschau haltend suchte der Bock seinen Weg durch das seichte Wasser, und das Rudel folgte. Oben auf der anderen Seite des Flußbetts sahen sie sich am Rand einer ausgedehnten Savannenlandschaft. Das Grün der Gräser, die der Regen dort hatte sprießen lassen, erstreckte sich bis zum Horizont.

Der Bock hatte den fernen Löwen aus den Augen verloren. Er konnte nicht sehen, wie die große Katze sich regte, aufstand und gähnte. Dann verschwand sie im Bachbett, das ihr Deckung bot. Im Schutz des Steilufers lief der Löwe ein Stück, glitt dann, ein lohfarbener Schatten, über das Wasser und trieb am gegenüberliegenden Ufer an. Den Körper tief am Boden, rannte er einem trokkenen Wasserlauf entlang. Ungesehen schlug er einen Bogen um die Gazellen.

Der Löwe war jetzt vier Jahre alt, und sein Appetit auf Gazellenfleisch war durch die Gefahren, die er überstanden hatte, nur verstärkt worden. Er hatte die Stechfliegenfolter ertragen, die andere Löwen zur Raserei trieb. Zecken saßen ihm in Nacken und Ohren, Parasiten hausten in seinem Blut. Ein Kaffernbüffel hatte ihn niedergetrampelt, ein Kudu ihn aufs Horn genommen. Bienenschwärme waren über ihn hergefallen, und Stachelschweinborsten hatten sein Gesicht gespickt. Er war ein Nomade, allein und hungrig; diesen Morgen noch mußte er eine Gazelle reißen.

Zur Linken ging der Kopf des Bocks unvermittelt in die Höhe. Er hatte eine Witterung aufgenommen: Leopard. Auf seiner Wanderung über die Savanne würde er einem ganzen Netz von Duftspuren begegnen. Manche davon, die an windstillen Tagen unbewegt über dem Gras hingen, konnte er unbesorgt passieren. Andere wieder würden ihn, wenn sie, von einem leichten Windhauch verstärkt, auf sein nächtliches Lager zugeweht wurden, auf die Beine jagen, so daß er sofort fliehen konnte. Leopardengeruch war tödlich und hier, in offenem Gelände, unerwartet. Der Bock zögerte, stampfte mit den Hufen und schnaubte; dann überquerte er die gefährliche Duftspur.

Wenn er erst in der offenen Savanne war, mußte er sehen, wie er sein Revier unter Kontrolle hielt. Mit seinem Harn und Kot oder auch einer schwarzen, klebrigen Drüsenausscheidung, die er an den Grashalmen absetzte, steckte er die Grenzen seines Territoriums ab. Der Besitz eines Reviers brachte dem Bock die Geißen. Doch mit dem Zug der äsenden Gazellen durch das Grasland änderte sich das Revier fortwährend. Sein Platz im Rudel konnte schnell von einem der Böcke eingenommen werden, die in der Junggesellenherde hinter ihm grasten.

Der Löwe war am Ende der Trockenrinne angekommen und lag nun etwa 30 Meter vor den Gazellen.

Der Gazellenbock war drauf und dran, loszupreschen und das ganze Rudel tief in die Savanne zu führen. Er schnaubte und hielt noch einmal inne. Der Löwe beobachtete ihn konzentriert; die Umrisse des mähnenumrahmten Hauptes ragten knapp über das

Gras. Dann richtete sich hinter einem Termitenhügel, ein paar hundert Meter entfernt, ein Gepard auf. Der lange, schmale Körper blieb völlig unbeweglich, während die bernsteingelben Augen die Gazellen musterten.

Der Bock machte drei Schritte auf ihn zu, schnaubte noch einmal und stampfte auf. Jetzt war der Moment, sich in Szene zu setzen. Der Gepard konnte zwei Stunden dasitzen und sich seine Beute aussuchen. Und vielleicht wählte er gar nicht den Bock. Der Gepard wußte, daß das Leittier schwerer zu erlegen war als eines der anderen. Er würde sich eher an ein kränkliches Tier halten, eins, das lahmte oder den Kopf etwas hängen ließ, an ein zartes Jungtier oder eine trächtige Geiß.

Um in der Savanne zu überleben, mußten die Gazellen ihren vielen Feinden eine große Nachkommenschaft entgegensetzen. Das ganze Jahr hindurch paarten sie sich und warfen Junge, die in nur fünf Monaten ausgetragen wurden. Die Kitze wuchsen rasch heran. Nach drei Monaten waren sie selbständig, und die Weibchen konnten schon nach einem Jahr selber Junge zur Welt bringen. Und bereits ein paar Wochen nach dem Wurf konnten sie erneut trächtig werden. So schnell sie auch getötet wurden, so schnell ging aus ihrer Mitte neues Leben hervor.

Eine halbe Stunde hielten das Rudel und der Gepard ihre Plätze. Die Gazellen senkten die Köpfe und ästen hin und wieder, aber stets hatten etwa 20 von ihnen den Kopf in der Luft und beobachteten den Geparden. Der Löwe, dem der Hunger immer stärker zusetzte, zitterte vor Angriffslust. Nun mußte der Spurt des Geparden kommen, der ihn näher an die grasenden Tiere heranbrachte; von seinem neuen Standplatz würde er dann weiter nach einem passenden Opfer Ausschau halten. Die Gazellen blieben inzwischen unruhig an Ort und Stelle, noch immer zu weit weg, als daß der Löwe einen Angriff riskieren konnte. Er leckte sich die Pranke und wartete, ohne auf die Bisse der Stechfliegen zu achten.

Der Gepard jagte der Herde hundert Schritt entgegen und ließ sich wieder nieder. Der Gazellenbock, der vielleicht ahnte, daß er selber nicht das Opfer war, schnaubte und eilte rasch nach links, um dem Frontalangriff des Geparden auszuweichen. Das Rudel lief hinter ihm her und kam dadurch dem Löwen immer näher. Der grub seine Hinterpfoten in die Erde; wie eine gespannte Feder lag er da, bereit zum todbringenden Sprung.

Die Gazellen, angetrieben vom Leitbock, kamen in Bewegung. Als der Gepard sah, daß seine Beute ihm zu entkommen drohte, explodierte er förmlich. Im Nu beschleunigte er auf 80 Stundenkilometer. Im Vergleich zu seinen Sätzen schienen sich die Gazellen im Zeitlupentempo fortzubewegen.

In diesem Augenblick sprang der Löwe. Der Gepard kümmerte ihn nicht; er konzentrierte sich ganz darauf, die volle Sprungkraft in die Attacke zu legen und dabei zugleich die Beute zu wählen. Als sein Mähnenhaupt über dem Rand der Trockenrinne auftauchte, stand der Bock ihm am nächsten, und so fiel seine Wahl auf ihn.

Doch der Bock sah ihn augenblicklich, und in einer unglaublich schnellen Reaktion brach er zur Seite aus. Der Löwe visierte die nächste Gazelle an, aber auch sie bemerkte ihn rechtzeitig und stob in hohen Fluchten davon.

Die dritte Gazelle hatte auf die andern beiden geachtet und nahm den Löwen erst wahr, als sein Körper im kraftvollen Schwung des ersten Satzes fast waagrecht in der Luft lag. Endlich reagierte sie, doch da hatte der Löwe bereits zum zweiten Sprung angesetzt, und bevor sie sich zur Flucht wenden konnte, streckte die massige Pranke sie nieder.

Der Gepard hatte inzwischen eine Geschwindigkeit von über 100 Stundenkilometern erreicht, aber als er den Sprung des Löwen sah, bremste er prompt und schwenkte ab. Keine Katze war so scheu wie er; er ertrug es nicht, wenn ein anderes Raubtier in seinem Jagdgebiet auftauchte.

Der Gazellenbock sah, wie der Löwe seine Beute schlug und der Gepard sich in weiten Sprüngen davonmachte. Doch er ergriff nicht blindlings die Flucht. Ein paar hundert Schritt von dem über sein Opfer gebeugten Löwen blieb er stehen. Auch die übrigen Gazellen hielten an, schwenkten herum und blickten zu der großen Katze hinüber. Dann senkten sie eine nach der anderen den Kopf und begannen wieder zu äsen. Die Jagd war vorbei. Oder nicht? Jahrtausendelanges Gejagtwerden hatte die Gazellen gelehrt, daß der Löwe auch ein zweitesmal zuschlagen konnte.

Der Leitbock äugte scharf zu dem Raubtier hin, dem er nur knapp entkommen war. Das hatte ihn für künftige Angriffe noch besser gewappnet und konnte ihm vielleicht das Leben verlängern. Nun mußte er sein Revier abgrenzen, sich der anderen Böcke erwehren. Er mußte weiter seine Aufgaben erfüllen — das Rudel führen, sich fortpflanzen, Nahrung suchen, kämpfen —, so lange, bis er einmal den Bruchteil einer Sekunde zu langsam war oder einen Augenblick lang unachtsam, wenn einer seiner Feinde im Gras lauerte. Er hob den Kopf, nahm Witterung und wandte sich dem offenen Grasland zu. Das Rudel folgte.

Der Löwe gähnte und sah sie abziehen. An seiner Gewohnheit, Gazellen zu jagen, würde sich nichts ändern; bald würde er ihnen in die Savanne folgen. Er jagte bei Nacht ebenso gut wie bei Tag. Er würde über die Gazellen kommen, wenn kein Mond am Himmel stand — und dann, wer weiß, konnte dem Bock die Stunde schlagen.

Fast ein Jahr lang pflegte das Ehepaar den verletzten Findling. Dann kehrte er in die Freiheit zurück

Der Kolibri, der weinte

VON GLADYS FRANCIS LEWIS

MEINE NACHBARN, Carl und Wilma Merger, brachten ihn an einem Herbstnachmittag in einer Schuhschachtel mit nach Hause. Ohne seine Schwanzfedern, die er verloren hatte, sah er hilflos aus. Schwache, schluchzende Laute kamen aus seiner Kehle.

«Unglaublich!» flüsterte Wilma. «Ein winziges Herz und ein Häufchen Federn weinen!» Sie hielt den Kolibri in ihrer hohlen Hand, hob ihn hoch und drückte die weichen Federn an ihre Wange. Ein letzter, langer Seufzer, dann lag das kleine Wesen wie leblos da.

Vorsichtig tauchte Wilma den Schnabel des Kolibris in ein Schüsselchen mit Honig. Fast sofort schnellte seine lange, röhrenförmige Zunge hervor, und er fing an zu saugen. Bald hatte sich Honey – so tauften ihn die Mergers – wieder erholt und ging in der Wohnung auf Erkundungsflug. Ohne Steuerung durch die Schwanzfedern wurde es allerdings nur ein mühsames Flattern.

Offenbar gefiel Honey die sonnendurchflutete Wohnung, in der es keine Katzen, aber viele Pflanzen gab. Und er nahm die Mergers, die sich beide nach einem Herzinfarkt zur Ruhe gesetzt hatten, sogleich für sich ein. So begann eine Liebesgeschichte zwischen zwei Menschen und einem winzigen Vogel von genau zwei Gramm Gewicht.

Doch wie sollten sie den Kolibri füttern? Sie riefen bei der Vogelschutzwarte von Toronto an und baten um Rat. Man empfahl ihnen verdünnten, pasteurisierten Honig und hartgekochtes Eigelb.

Die Mergers fühlten sich herausgefordert. Wenn Honey es in Gefangenschaft so lange aushielt, bis seine Schwanzfedern nachgewachsen waren, würde er vielleicht wieder in Freiheit leben können. Sie lasen alles über Kolibris, was sie nur auftreiben konnten, und erfuhren: Der winzige Vogel erreicht eine Geschwindigkeit von 100 bis 110 Kilometern in der Stunde. Seine Flügel schlagen 75mal pro Sekunde. Außer auf seinen Wanderflügen von und nach Süd- und Mittelamerika, wo er von gespeichertem Körperfett lebt, und während der Nacht, wo er sich in einem Dämmerzustand befindet, muß der Vogel ungefähr alle 20 Minuten Nahrung aufnehmen, um den ungeheuren Energieverbrauch seines kleinen Körpers wieder auszugleichen. Der männliche Kolibri ist der reinste Schürzenjäger — er paart sich mit dem erstbesten Weibchen, verläßt es wegen einer anderen Schönen und sucht dann erneut das Weite.

Wilma, von Beruf Ernährungswissenschaftlerin, kümmerte sich um das leibliche Wohl ihres Schützlings. Einmal bekam er Honigwasser, dann in Honigwasser aufgelöstes Eigelb oder pollenreiches «Bienenbrot». Als Wilma sich bei ihrem Apotheker nach Vitaminen und Mineralstoffen erkundigte, lachte der zunächst: «Vitamine für einen Kolibri? Noch nie gehört!» Doch dann stellte er ihr eine Mischung aus Vitamintropfen, etwas Kalzium und Eisentabletten zusammen. Davon gab Wilma kleine Mengen in das Honigwasser.

Anfangs badete sie den Vogel mit der Hand. Dann ließ sich ihr kleiner Gast eines Tages mit zitternden Flügeln auf einem Weihnachtskaktus nieder. «Aber natürlich», rief Carl, «er will sein eigenes Bad, auf einem taufeuchten Blatt!» Von da an bespritzte Carl den Kaktus jeden Morgen mit Wasser, und Honey erzeugte mit seinen schnellen Flügelschlägen einen wahren Sprühregen.

Inzwischen sprach das ganze Haus nur noch von Mergers Kolibri. Manchmal schaute ich kurz vorbei, um das morgendliche Bad zu beobachten, nach dem Honey sich am Fenster oder — an trüben Tagen — unter einer Lampe trocknete. Die gute Pflege schlug an. Im Januar schrieb Carl in sein Tagebuch: «Honeys Schwanzfedern wachsen nach.»

Die Mergers hatten es von Anfang an vermieden, den Vogel zu verzärteln. Nur Wilma hatte Kontakt zu ihm. Je weniger Honey Menschen vertraute und von ihnen abhängig wurde, desto größer würde seine Überlebenschance in der freien Natur sein. Aber der kleine Vogel hatte seinen eigenen Kopf. Er verstand es, seinen Beschützern seine Wünsche so klarzumachen, als ob er sprechen könnte.

Eines Tages stellte Wilma zu dem Zeitpunkt, wo er sonst Honigwasser bekam, versehentlich gehacktes Ei hin. Der Vogel probierte es und schoß dann direkt auf ihr Gesicht zu. Ein Kolibrischnabel ist so spitz wie eine Nadel, und die kleinen Vögel kennen keine Angst. Wenn sie gereizt werden, greifen sie alles an, von Hornissen bis zu Krähen. «Wären die Kolibris so groß wie ihr Mut», hat ein Naturforscher gesagt, «so müßte man sich vor ihnen in acht nehmen.»

Zwar war Honey gelegentlich wie ein kleiner Berserker auf den Käfig zugerast, in dem Mergers Wellensittich saß, doch Menschen gegenüber war er immer sanft und freundlich gewesen. Daher blieb Wilma jetzt regungslos stehen. Honey bremste ab, flatterte vor ihrem Gesicht hin und her und pickte mit dem Schnabel zärtlich nach ihrem Mund, ihren Wangen, ihrer Stirn, ohne jedoch den Augen zu nahe zu kommen. Was er sagen wollte, war leicht zu erraten: Würde dieser Mensch so liebenswürdig sein und ihm das richtige Futter geben? Wilma erfüllte die Bitte, und Honey machte sich friedlich ans Essen.

Wegen ihres Herzleidens mußte Wilma sich jeden Nachmittag hinlegen. Honey paßte sich ihrem Tagesrhythmus an. Sobald Wilma sich ausgestreckt hatte, machte Honey es sich in ihrer Halsmulde bequem.

Einmal flog Honey ins Badezimmer. Die Spiegel dort verwirrten ihn so, daß er in einen hineinsauste. Wilma hörte ihn leise jammern, rannte hin und fand ihn benommen an einem Pullover hängen. Obwohl Honey keine größere Verletzung erlitt und sich bald wieder bewegen konnte, war er nicht mehr so begeistert vom Fliegen. Mergers zogen ihre Bücher zu Rate und beschlossen, dem Honigwasser Eiweiß in Form von Bouillon hinzuzufügen. Vorsichtig nippte Honey an dem Gebräu. Er schüttelte das Köpfchen, probierte von neuem und überlegte. Dann schüttelte er wieder demonstrativ den Kopf, flog direkt auf Wilmas Gesicht zu und machte ihr unmißverständlich klar, daß er das Zeug abscheulich fand.

Carl erinnerte sich, daß der Pirol, den er einmal großgezogen hatte, sich von Insekten ernährt hatte und so auf natürliche Weise zu Protein gekommen war. Er durchstreifte die Obstmärkte und bat die verblüfften Händler um verfaulte Bananen. Aber selbst die schwärzesten Bananen lockten keine Fruchtfliegen an. Schließlich gab ihm ein Biologe an einem Universitätsinstitut eine Flasche mit Fliegen und erklärte ihm, wie man eine Fliegenkultur anlegt.

Mergers Küche verwandelte sich in ein Labor. Jeden Tag ließ Wilma ein paar Fliegen aus der Flasche. Sobald Honey hörte, daß die Flasche geöffnet wurde, kam er angeflogen und schnappte sich seine Beute. Manche Fliegen entkamen und ließen sich an der Decke nieder. Bald lernte der Vogel, so lange vor jedem schwarzen Fleck an der Decke herumzuflattern, bis ihm das Insekt auf den Flügel fiel.

Im Frühling wollte der Kolibri die Schlafenszeit auf den Einbruch der Dunkelheit verschieben. Wilma mußte ihn mit Futter in den Käfig locken und die Tür mit einem langen Faden zuziehen. Vielleicht fühlte Honey auch den Paarungstrieb, denn er war fast ausgewachsen.

Im Mai nahmen sie Honey in ihr Landhaus mit. Dort hängte Carl als erstes einen Balsaminzweig für Honey ins Fenster. Der Vogel war begeistert. Er flog im Haus umher, kehrte aber immer wieder zu dem Zweig zurück. Eine zufällig offengelassene Tür führte ihn nicht in Versuchung. Nur als Carls Neffe ihm schüchtern mit ausgestrecktem Arm einen Löwenzahn hinhielt, erwachte in dem Tier anscheinend etwas, was tief in ihm schlummerte. Honey flatterte lange um die Blüte herum; er schien ihr Wesen und zugleich ein Gespür für die Natur einzusaugen. «Tschiit, tschiit», piepste er, und die Flügel erzeugten ein tiefes Summen.

Am ersten Abend im Landhaus badete ihn die untergehende Sonne in ihren Strahlen. Das Spiel des Lichts auf dem Gefieder brachte ein überwältigendes Farbenspektrum hervor: Gold, Rubinrot, irisierendes Grün. Das einst so traurige Geschöpf war jetzt atemberaubend schön.

Im Juni fuhren die Mergers mehrmals zur Vogelschutzwarte, um Honey allmählich an die freie Natur zu gewöhnen. Während sie picknickten, sahen sie zu, wie er an Fliederblüten saugte. Und an einem sonnigen Nachmittag bemerkten sie, daß er vor dem Käfig zögerte; offenbar spürte er, wie uralte Lebensformen wieder ihr Recht verlangten. Es war Paarungszeit. Wilma flüsterte: «Ich glaube, er hat einen Entschluß gefaßt.» Zielstrebig flog der Vogel in einen Fliederbusch. Dann stieg er höher und höher, schnappte im Flug nach Insekten und verlor sich schließlich im blauen Himmel.

Schweigend warteten die Mergers. Dann kehrten sie in ihre leere Wohnung zurück. Sie hatten es ja so gewollt... und doch war ihnen, als hätten sie ein Kind verloren.

Dreimal fuhren sie an die Stelle zurück. Jedesmal sahen sie den Kolibri — es *mußte* Honey sein —, aber sie riefen nicht nach ihm. Offenbar hatte er sich vollkommen in die Natur eingelebt, denn bei ihrem letzten Besuch war ein Weibchen bei ihm.

An jenem Abend fuhren die Mergers zufrieden nach Hause. Honey verdankte ihnen ein neues Leben in Freiheit. Er wieder hatte ihnen ein schönes Jahr geschenkt. Sie waren quitt.

War Timothy der Tiger des Großvaters – oder war die Zutraulichkeit des Tigers diejenige eines anderen Tieres?

Als Großvater den Tiger kraulte

Von Ruskin Bond

Grossvater hatte unser Tigerbaby Timothy auf einer Jagdexpedition bei Dehra im nordindischen Dschungel von Tehri gefunden. Er lebte damals in Dehra und kannte die Siwaliks, die Vorberge des Himalajas, so gut, daß man ihn gebeten hatte, am Ausflug einer vornehmen Jagdgesellschaft aus Delhi teilzunehmen, um die Treiber beim Aufspüren eines Tigers anzuleiten, denn ein Tiger sollte natürlich die Hauptbeute sein.

Ihren Tiger haben die Jäger nicht bekommen, doch als Großvater nicht weit von der Jagdgesellschaft allein durch den Dschungel streifte, fand er unter den Wurzeln eines Banyans ein kleines Tigerbaby, kaum größer als eine Hauskatze. Nach der Expedition nahm er das junge Tier mit nach Hause. Meine Großmutter gab ihm den Namen Timothy.

Am liebsten hielt sich Timothy im Salon auf. Genüßlich kuschelte er sich aufs Sofa, thronte da in würdiger Gelassenheit und fauchte nur, wenn man ihn von dort vertreiben wollte. Seinen größten Spaß hatte er daran, seine Spielgefährten anzuschleichen, und als ich zu Großvater zog, wurde ich Timothys erklärter Liebling. Mit listigem Blick, tief geduckt, schlich er immer näher an mich heran, bis er plötzlich mit einem Satz auf meine Füße zuschnellte. Dann rollte er sich, vor Vergnügen um sich schlagend.

Inzwischen war er groß wie ein ausgewachsener Jagdhund, und wenn ich mit ihm durch die Stadt spazierte, machten die Leute um uns einen großen Bogen. Nachts schlief er bei unserem Koch, Mahmud. «Eines Tages», erklärte Großmutter, «wird

Timothy auf Mahmuds Bett sitzen, und von Mahmud keine Spur mehr.»

Als Timothy ein halbes Jahr alt war, mußten wir ihn öfter an die Kette legen, weil seine Anschleicherei langsam gefährlich wurde. Allmählich traute ihm keiner im Hause mehr recht, und als er mit gierigem Raubtierblick überall hinter Mahmud herzuschleichen begann, war es an der Zeit, das Tier in einen Zoo zu geben.

Den nächstgelegenen Zoo gab es im vierhundert Kilometer entfernten Lucknow. Großvater ließ für sich und Timothy ein Eisenbahnabteil erster Klasse reservieren und reiste nach Lucknow. Der Zoodirektor freute sich über den gutgenährten und halbwegs gezähmten Tiger natürlich sehr.

Erst sechs Monate später, anläßlich eines Verwandtenbesuchs, hatte Großvater Gelegenheit, sich von Timothys Wohlergehen in der Gefangenschaft zu überzeugen. Er ging in den Zoo und spazierte sporenstreichs zu Timothys Käfig. Da lag das inzwischen voll ausgewachsene Tier in einer Ecke, sein prachtvoll gestreiftes Fell glänzte vor Gesundheit.

«Hallo, Timothy», begrüßte ihn Großvater, kletterte über das Schutzgeländer und streckte seinen Arm durch die Gitterstäbe.

Timothy kam heran und ließ es sich gefallen, daß Großvater ihm beide Arme um den Hals legte. Dann strich Großvater dem Tiger mit der Hand über die mächtige Stirn und kraulte ihn hinter den Ohren. Wenn Timothy knurrte, gab Großvater ihm einen Klaps auf die Nase, wie früher, wenn Timothy Ruhe geben sollte.

Timothy leckte Großvater die Hände, aber ein fauchender Leopard im Nebenkäfig schien ihn nervös zu machen. Doch Großvater scheuchte das Tier zurück, und Timothy kam wieder zu ihm und leckte ihm weiter die Hände. Aber jedesmal, wenn der Leopard ans Gitter sprang, verkroch sich Timothy von neuem in eine Ecke.

Inzwischen waren zahlreiche Zoobesucher stehengeblieben, um das Wiedersehen zu bestaunen, als sich plötzlich ein Wärter durch die Menge drängte und Großvater fragte, was er da tue. «Ich unterhalte mich mit Timothy», erklärte ihm Großvater. «Waren Sie nicht dabei, als ich den Tiger hier vor sechs Monaten hergebracht habe?»

«Nein, ich bin noch nicht so lange hier», antwortete der Wärter. «Bitte lassen Sie sich nicht stören. Ich habe mich noch nie getraut, dieses Biest anzufassen. Es ist ausgesprochen bösartig.»

Großvater fuhr fort, Timothy zu liebkosen, da bemerkte er auf einmal den ängstlichen Blick eines anderen Wärters. Großvater erkannte in ihm den Mann wieder, der damals bei Timothys Ankunft im Zoo dabeigewesen war. «Sie kennen mich doch», sprach er ihn an, «warum hat Timothy einen Käfig, der so nahe bei diesem albernen Leoparden liegt?»

«Aber — Sir», stotterte der Wärter, «das ist nicht Ihr Tiger.»

«Jetzt nicht mehr», widersprach ihm Großvater gereizt. «Aber Sie könnten wenigstens meinen Rat befolgen.»

«Ich kann mich genau an Ihren Tiger erinnern», beteuerte der Wärter. «Leider ist er vor zwei Monaten gestorben.»

«Was, gestorben?» rief Großvater verdutzt.

«Ja, Sir, an Lungenentzündung. Diesen Tiger hat man erst vor zwei Monaten im Gebirge gefangen, und er ist ein mächtig gefährliches Tier.»

Der Tiger leckte mit offenbar immer größerem Behagen Großvaters Arm. Mit einer Bewegung, die eine Ewigkeit zu dauern schien, zog Großvater seinen Arm aus dem Käfig zurück.

Dann beugte er sich noch einmal nach vorn ans Gitter, sagte leise: «Gute Nacht, Timothy», streifte den Wärter mit einem verächtlichen Blick und verließ geschwinden Schrittes den Zoo.

*Papachen, der Kanarienvogel, war ein außergewöhnlicher
Lehrmeister — er gab seinen Jungen Gesangsunterricht*

Meine Kanarienvögel

Von Gustav Eckstein

An sich war mein Labor, wenn ich auch einen Radioapparat und einen Steinway-Flügel darin stehen hatte, nur ein kahler Arbeitsraum mit einem Experimentiertisch in der Mitte, diversen wissenschaftlichen Apparaturen und vier Hundertwattlampen, hygienisch bis ins letzte. Aber die Kanarienvögel machten etwas daraus, machten den Raum zu ihrer Welt.

Den ersten Vogel kaufte ich einmal kurz vor Weihnachten in einer zoologischen Handlung. Es war ein Weibchen. Auch ohne etwas von Kanarienvögel zu verstehen, konnte man sehen, daß dem Tier der Holzkäfig zu eng war, und so ließ ich es heraus. Anfangs noch unsicher beim Fliegen und Steuern, konnte es anderntags zu Mittag schon auf die unteren Flügel aller vier Fenster, auf die Querbalken der Fensterkreuze, den Radioapparat und den Aktenschrank fliegen.

In den Nachmittagsstunden am Heiligen Abend bekommt man manchmal seltsame Anwandlungen. Ich bildete mir ein, die Kanariendame fühle sich einsam, und kaufte noch ein Männchen dazu. Dieser Vogel, den ich Papachen taufte, sollte der Stammvater der Familie werden. Im März zeigte es sich, daß Papachen zuviel für Mamachen war. Mamachen sah ganz mitgenommen aus, und so kaufte ich Papachen noch eine Frau, ein Exemplar mit gestreiftem Gefieder, das ich Streifenmamachen nannte. Damit war die erste Generation vollzählig.

Zur Brutzeit half ich mir mit Drahtsieben. Kanarienvögel brauchen ein Tragwerk für ihre Nester, und das gab mir in jedem Frühjahr die Möglichkeit, ein paar Monate lang ein bißchen dem lieben Gott unter die Arme zu greifen. Ich brachte das Gerüst —

ein ganz gewöhnliches, kleines Teesieb — an einem geeigneten Platz an, und dann kamen die Jungen, so viele, daß ich in einem schwachen Moment eine Versicherung abschloß, die demjenigen zugute kommen sollte, der dafür sorgte, daß die Gesellschaft nicht verhungerte, wenn ich plötzlich einen Herzschlag bekam.

Eines Abends — über ein Jahr nach jenen ersten Weihnachten — sah ich Streifenmamachen den Kopf unter dem Aktenschrank hervorstrecken und zu mir aufblicken. Zu meiner Verblüffung waren es nicht meine Füße und nicht mein Körper, was sie an mir am meisten interessierte, sondern meine Augen. Das war der eigentliche Beginn dieser Geschichte — der Moment, da ich zum erstenmal die Faszination der Kanarienvogelseele auf mich wirken fühlte.

Ich war auf Streifenmamachen überhaupt nur deshalb aufmerksam geworden, weil sie den Kopf so ulkig verdreht hatte, fast um hundertachtzig Grad. Dabei hatte sie es da unten doch in erster Linie mit meinen Füßen zu tun, und die konnte sie bequem sehen, ohne sich den Hals so zu verrenken.

Sie war wie jedes Lebewesen bestrebt, sich gegen die Gefahren ihrer Umwelt zu sichern. Ich war für sie der wichtigste Bestandteil dieser Umwelt, und nun wollte dieses kleine Ding doch sage und schreibe noch in meinen Augen lesen, was es von mir zu halten hatte. So wie ich den Vogel, suchte auch er mich zu verstehen.

Das kleine Erlebnis brachte mir eine andere Beobachtung in Erinnerung. Wenn ich den Weibchen bei der Materialsuche für den Nestbau zusah, hörten sie sofort damit auf, obwohl das doch eine weitgehend instinktgebundene Tätigkeit ist. Auch wußte ich seit langem, daß ich Kanarienvogelmütter auf diese Art vom Füttern der Jungen abhalten oder zumindest nervös machen konnte. Am merkwürdigsten aber war, daß ich auch das gegenseitige Füttern ausgewachsener Vögel, ein häufiger Ausdruck der Zuneigung, nicht mit ansehen durfte. Tat ich es doch, so hielten sie gleich inne, als genierten sie sich plötzlich.

Ich merkte bald, daß Papachen sehr von sich überzeugt war. Wenn er sich, was er mit Vorliebe tat, über den Tasten des Flügels auf dem oberen Rand des Notenheftes aufpflanzte und zu singen anhob, mußte mir jeder bestätigen, daß er enorme Ähnlichkeit mit dem hünenhaften belgischen Geiger Ysaye hatte, der sich auch immer so hinstellte, als wollte er seine Weisen durch den Körper von unten herauf aus der Erde holen.

Papachen war aber nicht nur ein außergewöhnlicher Sänger, sondern auch ein außergewöhnlicher Lehrmeister. Ich hatte gar nicht gewußt, wie förmlich Gesangstunden bei den Vögeln sein können und was für eine Geduld die Lehrer dabei entwickeln. Gewöhnlich unterrichtete Papachen immer nur einen oder zwei seiner Söhne gleichzeitig; wenn mehr kamen, aber auch mehr. Er sang die Melodien so lange mit ihnen durch, bis sie saßen, fing etwa mit drei Tönen an, die immer länger und länger ausgehalten werden mußten, knüpfte daran dann neue, auf- oder absteigende Tonfolgen, und zum Schluß kamen die Triller. Manchmal, wenn der Künstler in ihm übermächtig wurde, schweifte er auch vom Lehrstoff ab. Dann mußte alles still sein, und wenn sich trotzdem einer muckste, konnte es passieren, daß er dem Störenfried eins versetzte. Papachens Lektionen aber waren Lektionen, ganz unverkennbar; und weil er so oft das Klavier spielen hörte, konnte er Dinge, die andere Kanarienvögel nie lernen. In ihren besten Zeiten modulierten die Männchen allesamt genauso schnell wie ich auf dem Klavier. Wohl hielten sie sich nicht an meine Melodien, aber wenn ich die Tonart wechselte, dann taten sie es auch.

Kanarienvogelstimmen werden von allem möglichen beeinflußt. Wenn ich tagelang auf der Schreibmaschine zu schreiben hatte, so wurden sie höher. Eines Abends bei Dunkelwerden gab einer der kleinen Gesellen Töne von sich, die meine Aufmerksamkeit erregten, obwohl ich mitten in der Arbeit steckte. Es hörte sich gar nicht wie Kanarienvogelgesang an und war eigentlich mehr ein unglaublich flinkes Gezischel. Als Urheber erkannte ich Küken, einen der jungen Vögel. Wo außer in seiner Phantasie konnte das kleine Ding je so etwas gehört haben?

Ich dachte schon lange nicht mehr daran, da hörte ich eines Tages, wieder in der Abenddämmerung, als im College alles still war, vom anderen Ende des Korridors herüber und durch zwei Türen hindurch unendlich leise das Tippen auf einer geräuscharmen Schreibmaschine. Ich hatte es früher nie bemerkt, und wenn es mir jetzt plötzlich aufgefallen war, dann nur deshalb, weil mein Gehör durch Kükens Laute darauf eingestellt war. Das gedämpfte Maschinengeklapper hatte aber auch wirklich große Ähnlichkeit mit dem Gezirp des Vögelchens. Ich sah ein, daß ich fortan sehr vorsichtig sein mußte mit meinem Urteil darüber, was ein Kanarienvogel hören kann und was nicht.

In der Hauptsache sind es, wie jedermann weiß, die Männchen, die singen. Der Gesang ist ihre Liebeswerbung. Wenn einer einem Weibchen ein Ständchen bringt, dann singt er mit dem ganzen Körper. Wer zum erstenmal sieht, wie ein in Liebe entbrannter Kanarienvogel sich auf Zehenspitzen seiner Angebeteten nähert, muß unwillkürlich an einen Schmierenschauspieler denken. Papachens zweiten Sohn Puck, einen Schürzenjäger, wie er im Buch steht, habe ich vier Damen zugleich ansingen sehen. Puck machte jeder den Hof, und alle ergaben sich ihm. Er betörte sämtliche Weibchen mit demselben Lied, demselben Schmalz, denselben Mätzchen. Er konnte das Pathos seines Ausdrucks regulieren wie einen Hydranten und war in jeder Figur des Liebesreigens eine Nuance brillanter als seine Brüder und Neffen.

Manchmal entwickelte sich aus solchen Ständchen ein regelrechter Sängerwettstreit; dann wurden die Stimmen immer schriller, die Töne immer höher, und eine halbe Minute später war die ganze Szene verändert. Ein menschlicher Sänger hat Mühe, einen kräftigen Ton eine dreiviertel Minute lang zu halten, aber der Kanarienvogel hat viel mehr Ausdauer, wenn er den Sieg erringen will. Das ist um so erstaunlicher, als er eine wesentlich raschere Atemfrequenz hat als unsereins — 90 bis 120 pro Minute gegenüber 12 bis 18 beim Menschen. Wenn er richtig in Fahrt ist, möchte er am liebsten überhaupt nicht mehr absetzen, um Luft zu holen. Es soll vorkommen, daß Kanarienvögel sich bei solchen Sängerfesten so anstrengen, daß ihnen eine Ader platzt und sie ihren Ehrgeiz mit dem Leben bezahlen müssen. Gewöhnlich entbrennt der Wettstreit zunächst nur zwischen zwei Vögeln; dann werden nach und nach immer mehr mit hineingezogen, bis das, was als eine Art Liederabend begonnen hat, schließlich in einen wüsten Spektakel ausartet.

Die Laute, die die Pärchen im Laufe des Tages immer wieder wechselten, hatten zweifellos den Charakter einer Sprache. Dann waren da noch die verschiedenen Rufe, der der Mutter nach ihren Jungen, der des Anführers nach seinen Getreuen und die Tag und Nacht ertönenden Alarmrufe. Am meisten beeindruckt hat mich die große Rede, die Papachen nach dem unseligen Februarabend hielt, wo der größte Teil der Vögel infolge eines dummen Versehens in die Kälte hinausgeflogen war.

Was sollte ich tun? Für alle Fälle setzte ich mich ans Klavier und spielte. Das schien mir am vernünftigsten. Leider blieb der Erfolg an dem Abend aus. Am anderen Morgen bei Tagesanbruch versuchte ich es noch einmal, und siehe da! — kaum hörten die Vögel mein Spiel, kamen sie schon näher. Es kostete sie viel Mut und Anstrengung, denn sie mußten sich jeden Meter mühsam erkämpfen, einmal weil ihnen die Spatzen so zusetzten, und zum anderen, weil sie so lange Flugstrecken, wie sie sie da draußen zurücklegen mußten, gar nicht gewohnt waren. Papachen und zwei seiner Söhne kamen gleich bei den ersten Klängen herein, und dann erlebte ich, was so ein Kanarienvogel alles mit seinem Gesang ausrichten kann, wenn es drauf ankommt. Papachen trommelte die Familie wieder zusammen. Er saß auf dem Fensterbrett und sang und sang, daß man glaubte, ihm müsse die Kehle bersten, und mit der Zeit kehrten seine Schäfchen tatsächlich alle zurück.

ALS ES abermals Weihnachten wurde, ging ich wieder zum Tierhändler und kaufte den Kanarienvögeln noch einen Genossen. Ich nannte ihn Streifenmännchen. Wie der aus seinem Gefängnis herausschoß! Mit seiner grellgelben und braunen Zeichnung, der kecken Kopfhaltung und dem gewölbten Rücken der reinste Tambourmajor. Er hüpfte an den Rand des Flügels, taxierte, wie weit es bis zu meinem Tisch war, riskierte es und hatte es schon geschafft. Allzu leicht war es ihm nicht gefallen, sich in der Luft zu halten. Trotzdem flog er, sobald er nach der Landung wieder sicher auf den Beinen stand, gleich zum Schrank weiter.

Eine lähmende Stille breitete sich aus. Auf dem Tisch mit der Zinkplatte vor dem Bücherschrank fraßen noch ein paar, aber dann erstarrten auch sie. Er guckte von oben auf sie herab, gesellte sich zu ihnen. Im Laden hatte er außer Wasser und Körner nicht viel bekommen, aber er wußte offenbar trotzdem, daß es auch noch etwas Besseres gibt. Jedenfalls beschloß er, alles, was er da vorfand, für sich zu reklamieren, und bearbeitete die anderen Vögel so lange mit Schnabelhieben, bis sich alle in die äußersten Ecken des Labors verzogen hatten. Dann machte er sich ruhig über das Futter her.

Das ging so fort. Wenn Streifenmännchen Ei fraß, fraß sonst niemand Ei. Fraß er Banane, durfte kein anderer Banane fressen. Wollte er sich irgendwo niederlassen, wo schon ein anderer saß, mußte ihm der Platz machen.

Nach menschlichen Maßstäben war Streifenmännchen ein Rüpel, und doch erwählte er just das zarte Streifentöchterchen, das sich zuvor mit keinem anderen gepaart hatte, ihn zum Gefährten. Die beiden waren unzertrennlich. Er wurde auch nach der Hochzeit nicht müde, ihr den Hof zu machen. Alles, was ihm sonst erstrebenswert erscheinen mochte, stellte er hintan, um sich ganz der Geliebten zu widmen. Natürlich schlug er sie manchmal, aber es muß billigerweise gesagt werden, daß ein Leben getrennt voneinander für die beiden ein Leben ohne Sinn gewesen wäre. Sie schwirrten von früh bis spät gemeinsam durch den Raum, immer haarscharf nebeneinander her. Auch die verrücktesten Launen der jungen Dame konnten das gute Einvernehmen nicht trüben. Mit einem Wort, sie waren ein Herz und eine Seele.

Ein Jahr später kaufte ich wiederum zu Weihnachten einen neuen Vogel, ein Weibchen, dem ich den Namen Knusperchen gab. Ihretwegen geschah, was ich nie für möglich gehalten hätte: Streifenmännchen verließ Streifentöchterchen. In den folgenden Wochen beobachtete ich Streifentöchterchen sehr genau, doch wenn sie es sich zu Herzen genommen hatte, dann verbarg sie das, wo keines Menschen Auge es sehen konnte. Sie war quicklebendig und geschäftig wie eh und je und tat, als ginge es sie nichts an, daß Streifenmännchen nun einer anderen getreuer Sklave war.

Knusperchen verstand ihren Mann den ganzen Winter über zu halten. Ich wurde jedoch das Gefühl nicht los — besser gesagt, ich war überzeugt —, daß Streifenmännchen hin und wieder Streifentöchterchen besuchte. Ob diese Sinnesänderung sich bei ihm allmählich vollzog, oder ob sie über Nacht eintrat, weiß ich nicht. Was ich weiß, ist, daß Streifenmännchen und Streifentöchterchen am ersten März wieder parallele Striche durch das Labor zogen. Der Mann war zu seiner Frau zurückgekehrt. Streifentöchterchen hatte von ihrer Unternehmungslust nichts eingebüßt. Wenn man sie ansah, hätte man wieder glauben können, es wäre nichts geschehen. Bei ihm war man da nicht so sicher.

Doch zurück zum Gesang. Den vor allem wollte ich ja schildern. Wenn sonntags das Konzert der New Yorker Philharmoniker im Radio übertragen wurde, zog ein anderer Geist in mein Labor ein. Der Radioapparat stand an der Südseite zwischen den Fenstern, und nach einer Weile glaubte man immer, das Orchester sei leibhaftig dort in dem Kasten drin. Da war es dann, als sei der Raum davor ein großer Saal mit den singenden Kanarienvögeln als Publikum ringsum auf den Galerien. Stentor, Papachens Erstgeborener, hatte seinen Stammplatz ganz hinten, dicht unter der Decke. Die anderen Sänger gruppierten sich rechts und links darunter in einem großen Halbkreis. Manchmal sang er ununterbrochen während des ganzen Konzerts, und wenn das Programm seinen Höhepunkt erreichte, ging er am meisten aus sich heraus.

*Überraschung und gemischte Gefühle standen am Anfang
der Bekanntschaft. Dann wurden Meister Petz und seine Familie
uns gute Nachbarn*

Bärenbesuch

Von Eileen Lambert

In der Nacht hörten wir dumpfes Gepolter und Kratzen an unserer Hintertür, und am nächsten Morgen fanden wir den hölzernen Stufenvorbau vom Haus abgerissen. Dicke Nägel waren herausgezogen und verbogen. In der freigelegten Erde entdeckten wir Abdrücke wie von Menschenfüßen, nur plumper.

Kaum zu glauben, daß wir in unserem neuen Zuhause in den Blue-Ridge-Bergen von Virginia, nur zwei Autostunden von Washington entfernt, Bären als Nachbarn haben sollten. Doch die Abdrücke waren unverkennbar. Und bald sollten mein Mann Darwin und ich mit diesen Nachbarn ausgiebig Bekanntschaft machen — mit gemischten Gefühlen.

Manchmal kamen sie am hellichten Tag. Doch meist ließen sie sich nicht sehen, und wir fanden nur die Spuren ihrer Futtersuche und ihrer Mahlzeiten — schwere Tatzenabdrücke, ansehnliche Kothaufen, umgewälzte Steine, aufgewühlte Ameisenhaufen und Wespennester.

Ich spülte gerade das Frühstücksgeschirr, als ich unsere ersten Jungbären sah. Sie verhielten unschlüssig an dem Steinwall, der unsere knorrigen Obstbäume vom Wald trennt. Der größere der beiden, glänzend schwarz mit einem weißen Streifen auf der Brust, hob die gekrauste Nase und schnupperte nach rechts und links. Der andere wich zurück, der vorwitzigere wagte sich näher an mein Fenster und nahm einen Apfel vom Boden auf.

Unser junger Hund Pionier bekam die Witterung in die Nase und lief bellend nach draußen. Der furchtsamere Bär verschwand wie der Blitz, doch der andere sprang nur zurück auf die Mauer und blieb dort sitzen; er ließ nicht einmal den Apfel fallen. Der Hund kam erhobenen Hauptes zurück, stolz, seine Pflicht erfüllt zu haben. Zwei Minuten darauf holte sich Frechdachs, wie wir den Bären tauften, einen weiteren Apfel.

In diesem Jahr hatten Trockenheit und späte Frühjahrsfröste die Waldfruchternte mager ausfallen lassen, und die Tiere litten Hunger. Den ganzen September und Oktober hielten sich die Bären an unsere Äpfel; öfters erschienen mehrere zugleich.

Schwarzbären können bis zu 25 Jahre alt werden. Aus der Entfernung läßt sich das Alter am besten an der Größe abschätzen. In unserer Gegend wiegen ausgewachsene Exemplare im allgemeinen zwischen 125 und 250 Kilogramm. Die Jungen kommen Ende Januar bis Anfang Februar zur Welt. Sie sind blind, hilflos, fast nackt und wiegen nur knapp ein Pfund, aber sie wachsen schnell. Die Mutter säugt und führt sie ungefähr ein Jahr lang. Unsere beiden Jungtiere waren Jährlinge, vielleicht 10 Kilogramm schwerer als Pionier mit seinen knapp 30.

Frechdachs wurde nicht müde, Pionier zu necken. Immer wieder nahm er ihn aufs Korn und ging so nah an ihn heran, daß der Hund ihn schließlich wohl oder übel wegscheuchen mußte. Jedesmal ergriff Frechdachs die Flucht, aber immer nur so schnell, daß er gerade außer Reichweite blieb, als wollte er sagen: «Fang mich doch, wenn du kannst!»

In Virginia hält der Bär keinen Winterschlaf, sondern lebt dann nur zurückgezogen. Das galt auch für Frechdachs. Erst im nächsten Sommer sah ich ihn eines Abends wieder — das heißt, sein Gesicht vor unserem Badezimmerfenster. Als ich Licht machte, rannte er in den Garten zurück und riß eine Maisstaude aus. Dann legte er sich auf den Rücken und versuchte, die Staude mit allen vieren in der Luft zu balancieren. Als mein Mann schreiend und fuchtelnd hinauslief, sprang der Bär mit einem Satz über die Mauer. Doch gleich darauf kam er wieder. Er schaute zum Fenster, als wollte er nicht nur Pionier, sondern auch uns zum Spielen auffordern. Dann schnappte er sich mit einem kessen Blick über die Schulter seine Maisstaude und verschwand.

Frechdachs wuchs rasch heran (männliche Bären werden im allgemeinen mit vier, Bärinnen mit drei Jahren geschlechtsreif). Er war jetzt gut doppelt so groß wie unser Hund, und so waren wir etwas in Sorge, als er zwei neue Varianten des Haschmichspiels entwickelte. Wenn Pionier hinter ihm her war, blieb Frechdachs oft noch vor Erreichen der Mauer einfach stehen, woraufhin der

Hund sich meistens in seine Ecke zurückzog. Dann ging jeder seinen Geschäften nach und tat, als wäre der andere Luft für ihn. Doch über kurz oder lang provozierte Frechdachs den Hund erneut, und so konnte es stundenlang weitergehen. Manchmal übernahm auch der Bär die Rolle des Verfolgers. Doch gleichgültig, wer hinter wem her war — sie berührten sich anscheinend nie, und jeder konnte das Spiel nach Belieben abbrechen. Der Hund verzog sich dann einfach in seine Hütte und ließ die Türklappe fallen —, oder der Bär trollte sich.

Im Herbst heizte Frechdachs das Spiel weiter an, indem er dazu überging, vor Tau und Tag Überraschungsbesuche zu machen. Den Geräuschen nach zu urteilen, spielte sich das so ab: Der Bär kam leise angetrottet und steckte seine Schnuppernase in den Eingang der Hundehütte. Pionier sprang knurrend von Wand zu Wand und suchte nach einem zweiten Ausgang. Wenn wir endlich Licht machten, tappte Frechdachs davon, die Unschuld in Person. Oft schaute er sich um und hob die Lefze, als wollte er sagen: «War ja nur Spaß.»

Problematisch wurde die Sache, als ältere Bären es Frechdachs gleichtaten und uns damit den Schlaf raubten. Pionier war inzwischen so weit, daß er jeden Bären wütend verjagte — sofern dieser sich nicht schließlich auf seine Bärenkräfte besann und umgekehrt dem Hund nachsetzte. Da verfiel Pionier auf eine Kriegslist: Er suchte sich zum Schlafen jedesmal ein anderes Lager aus, oft zwischen den Bäumen am Waldrand. Kam ein Bär und wollte ihn überraschen, so überraschte er nun den Bären. Aus dieser neuen Position der Stärke schlug er sie alle in die Flucht. Wir mußten ihn ins Haus holen, wenn wir die Petze beobachten wollten. Inzwischen bauten wir so fest auf ihre Harmlosigkeit, daß wir auch nach draußen gingen, wenn welche im Garten waren.

Doch Bären — daran hätten wir denken sollen — sind ausgeprägte Persönlichkeiten und unberechenbar. Einmal grub eine fremde Bärin in Gartennähe nach Ameisen. Sie war so vertieft, daß ich meinen Photoapparat holte und mich ein ganzes Stück in den Garten vorwagte, um sie besser ins Bild zu bekommen. Plötzlich brummte die Bärin und kam auf mich zu. Ich lief, so schnell ich konnte, zurück zur Tür. Darwin warf der Bärin einen Knüppel entgegen, und sie suchte das Weite.

Im darauffolgenden Frühjahr ließ sich Frechdachs wochenlang nicht blicken. Doch eines Juniabends streifte ein Bär, den wir noch nie gesehen hatten, durch den Obstgarten, Wiesenkerbel und

Wildsalat fressend. Es war ein Weibchen mit schimmerndem Fell und einem kleinen weißen Fleck oben an der rechten Vordertatze. Unter einer Wäscheleine blieb es stehen und schnupperte nach oben. Ich hatte dort ein weitmaschiges Nylonsäckchen mit einer Mischung aus Vogelfutter und Schinkenfett befestigt. Die Bärin erhob sich auf die Hinterkeulen, erreichte jedoch das Säckchen nicht. Darauf versuchte sie es gute fünf Meter weiter, wo das

Gelände anstieg und sie die Leine greifen konnte. Sie zog sie herunter und marschierte aufrecht bis zu dem Säckchen, wobei sie die Leine durch die Vordertatzen gleiten ließ. Raffiniert! Wir nannten sie unsere Schöne. Wo aber blieb Frechdachs?

Ein paar Tage später buk ich ein Blech Honigkuchen. Durch die offenen Fenster wehte der köstliche Duft nach draußen. Als ich den Backofen abschalten wollte, entdeckte ich Frechdachs auf dem Vorplatz. Er reckte die krause Nase nach der Tür mit dem Fliegengitter. Auf meinen erschrockenen Ruf kam Darwin aus seinem Arbeitszimmer. Frechdachs sah uns hinter dem Gitter stehen.

«Ist nichts mit Honigkuchen, alter Junge», sagte Darwin ruhig. Frechdachs wich langsam zurück. Vor dem großen Eßzimmerfenster blieb er wieder stehen, richtete sich auf und legte erst die Nase, dann eine Vordertatze an die Scheibe. Wir schrien beide.

Frechdachs ließ sich auf die Vordertatzen fallen, und Pionier attackierte ihn. Als der Bär mit großen Sätzen im Wald verschwunden war, kamen uns prompt Gewissensbisse, daß wir ihn fortgejagt hatten. Wie leicht hätte er die Scheibe zertrümmern können — und wie sanft und vorsichtig war er gewesen! Die Abdrücke von Tatze und Nase waren noch zu sehen. Ich nahm mir vor, sie nie wegzuwischen.

Drei Tage später zeigte sich unsere Schöne morgens im Obstgarten. Hier und da verweilte sie, um zu futtern. Und da, hinter ihr drein, kam Frechdachs. Seite an Seite machten sie ihre Runde. Unser Hund muckste sich nicht. Beide Bären blickten zu uns herüber, aber die meiste Zeit hatten sie nur füreinander Interesse.

Mitte Juli erschienen sie ein zweites Mal zusammen im Garten, sahen uns hinter dem Fenster und verzogen sich. Auch diesmal bellte Pionier nicht.

Den Rest des Jahres ließen sie sich nicht mehr blicken und dieses Frühjahr auch nicht. Aber vor ein paar Tagen fing Pionier plötzlich an zu bellen. Wir riefen ihn zurück und sahen ein Bärenjunges davonlaufen. An einem Baum hielt es an und umarmte ihn, als wollte es daran hochklettern. Uns schlug das Herz bis zum Hals; hastig blickten wir hinter uns. Wenn wir jetzt zwischen Mutter und Kind geraten waren, war die Situation brenzlig.

Dann sahen wir unsere Schöne, kaum fünfzehn Meter entfernt. Wir sahen sie an und sie uns, und nach einer Weile war uns, als hörten wir sie leise brummen. Ein zweites Junges kam rückwärts einen Baum heruntergeklettert. Die Familie fand sich wieder zusammen, trollte sich langsam in Richtung auf unser Haus.

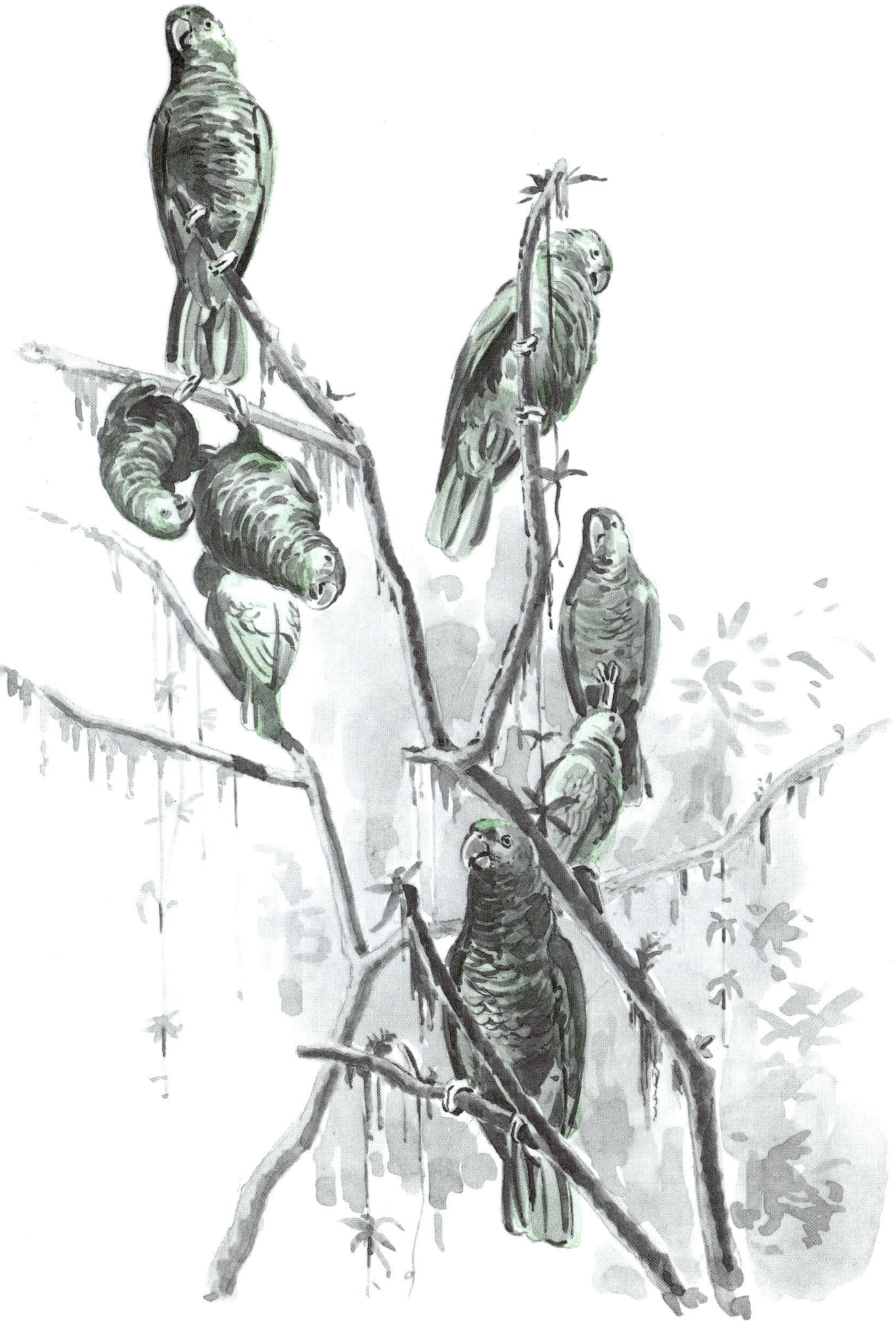

Quellennachweis

Oskars letzter Schneesturm, von Harry Black, Reader's Digest, Okt. 1981. Übersetzung: Edith Hallwass.
Ein Fisch namens Odysseus, von Jacques-Yves Cousteau und James Dugan, Reader's Digest, Sept. 1963. Aus dem Buch *«The Living Sea»*. Die deutsche Ausgabe ist im Verlag Kiepenheuer & Witsch, Köln, unter dem Titel *Das lebende Meer* erschienen. Übersetzung: Kurt Alboldt.
Schlau wie ein Fuchs?, von Jochen Becher, Reader's Digest, Okt. 1964. Übersetzung: Eleonore Meyer-Grünewald.
Vikunja, edles Tier der Anden, von James H. Winchester, Reader's Digest, Mai 1975. Übersetzung: Grete Felten.
Waisenhaus für wilde Tiere, von James Stewart-Gordon, Reader's Digest, Mai 1975. Übersetzung: Thomas Höpfner.
Pferde können Bilder erkennen, von Bernhard Grzimek. Aus *Wir Tiere sind ja gar nicht so* von Bernhard Grzimek. Mit freundlicher Genehmigung des Deutschen Taschenbuch Verlages, München.
Die Biber kehren zurück, von Annelies Göldi, Reader's Digest, Okt. 1975.
Die Elchmutter, von Mary Matheson, Reader's Digest, März 1939. Aus der Monatsschrift *The Atlantic Monthly*. Übersetzung: Kurt Alboldt.
Ach, der arme Tintenfisch, von Myron Stearns, Reader's Digest, April 1955. Aus der Monatsschrift *Frontiers*.
Springer, Tagebuch eines sibirischen Hengstes, von Nikolaus Kalaschnikoff, Reader's Digest, März 1946. ©1944 Nachlaß von Nikolaus Kalaschnikoff, Abdruckgenehmigung von Joan Daves. Übersetzung: Kurt Alboldt.
Auch Stinktiere sind liebenswerte Geschöpfe, von Hildegard Grzimek. Aus *In meinem Herzen haben viele Tiere Platz* von Hildegard Grzimek, ©Albert Müller Verlag AG, Rüschlikon-Zürich, 1970.
«Charlie» und «Congo», die TV-Schimpansen, von Desmond Morris, Aus *Mein Leben mit Tieren,* (S. 189—197), von Desmond Morris, ©1981 Droemersche Verlagsanstalt Th. Knaur Nachf., München/Zürich.
Steckbrief der Stubenfliege, von James B. Shuman, Reader's Digest, Juni 1970. Aus der Monatsschrift *Frontiers*.
Jack, der Esel, von Frank P. Jay, Reader's Digest, März 1970. ©1970 Frank P. Jay.
Der Jaguar setzt zum Sprung an, von Stanley E. Brock. Reader's Digest, Mai 1969. Aus der Monatsschrift *Frontiers*.
Die Musikleidenschaft der Katze Georgie, von Adele Millard, Aus *Lieben Sie Katzen?* von Adele Millard, amerikanische Ausgabe: *Cats in fact and legend,* erschienen bei Sterling Publ. Co., Inc. New York, deutsche Ausgabe: ©Albert Müller Verlag AG, Rüschlikon-Zürich, 1979.
Heute Geburtshelfer bei Lämmern — morgen Hengstbezähmer, von James Herriot, Aus *Der Doktor und das liebe Vieh,* Kapitel 13, von James Herriot, ©1974 Rowohlt Verlag GmbH, Reinbek b. Hamburg.
Abenteuer mit Mademoiselle Nerz, von Irving Petite, Reader's Digest, April 1962. Aus der Monatsschrift *U. S. Lady,* ©1962 American Service Pub. Co., Inc. Übersetzung: Werner Preusser.
Sind Wölfe und Hunde Erbfeinde?, von Bernhard Grzimek. Aus *Wir Tiere sind ja gar nicht so* von Bernhard Grzimek. Mit freundlicher Genehmigung des Deutschen Taschenbuch Verlages, München.
Die Nacht der Hyäne, von Franklin Russell, Reader's Digest, Jan. 1972. Aus *International Wildlife* (Jan.—Feb. 1972), ©National Wildlife Federation, Milwaukee, Wis. Übersetzung: Werner Preusser.
Mein Freund Booto, von Mike Tomkies, Reader's Digest, Juni 1974. Übersetzung: Werner Preusser.
Der Eisbär — König der Arktis, von Jack Denton Scott, Reader's Digest, Jan. 1962. Aus *The Christian Science Monitor*. Übersetzung: Kurt Alboldt.
Asiens lebender Lastkran: der Elefant, von John E. Frazer, Reader's Digest, Feb. 1969. Aus der Monatsschrift *Travel,* ©1969 Travel Magazine, Inc. Übersetzung: Kurt Alboldt.
UKK, das anhängliche Kaninchen, von R. M. Lockley, Reader's Digest, Nov. 1972. Übersetzung: Werner Preusser.
Putzgeschwader der Natur: die Geier, von Emily und Per Ola d'Aulaire, Reader's Digest, Mai 1978. Aus *International Wildlife* (Juli/August 1976), ©1976 National Wildlife Federation, Vienna, Virginia. Übersetzung: Robert Schnorr.
Jako, der singende Star aus Indien, von Hildegard Grzimek. Aus *In meinem Herzen haben viele Tiere Platz* von Hildegard Grzimek, ©Albert Müller Verlag AG, Rüschlikon-Zürich, 1970.
Tierdrama im Tropenwald, von Franklin Russell, Reader's Digest, Juni 1974. Aus der Zweimonatsschrift *International Wildlife*. Übersetzung: Werner Preusser.
Eine Wachtel namens Robert, von Margaret A. Stanger, Reader's Digest, April 1967. Aus: *That Quail, Robert* von Margaret A. Stanger. ©1966 Margaret A. Stanger. Neudruck mit freundlicher Genehmigung von J. B. Lippincott Company.
Der Affe, der mit Menschen redet, von Emily und Per Ola d'Aulaire, Reader's Digest, Okt. 1975.
Die Rettung der kranken Kälber, von James Herriot. Aus *Der Tierarzt,* Kapitel 27, von James Herriot, ©1976 Rowohlt Verlag GmbH, Reinbek b. Hamburg.

Der verkannte Regenwurm, von Jack Denton Scott, Reader's Digest, Aug. 1968. Aus der Zweimonatsschrift *National Wildlife*.
Meine Freunde, die Beuteltiere, von Margaret Fraser, Reader's Digest, Dez. 1979.
Frech wie ein Spatz, von Mike Tomkies, Reader's Digest, Sept. 1977. Übersetzung: Robert Schnorr.
Yolanda – ein Huhn mit Persönlichkeit, von Irène Méline. ©1982 Irène Méline, Verlag der Büchertonne, Laufen.
Kind und Tier, von Hildegard Grzimek, Aus *In meinem Herzen haben viele Tiere Platz* von Hildegard Grzimek, ©Albert Müller Verlag AG, Rüschlikon-Zürich, 1970.
Komische Kreaturen auf meinem Weg, von Mark Twain, Reader's Digest, Dez. 1973. Aus den Büchern «Roughing It», «A Tramp Abroad» und «Following the Equator» von Mark Twain, erschienen bei Harper & Row, Publishers, Inc., New York. Übersetzung: Thomas Höpfner.
Potto, der Halbaffe, von David Taylor, Aus *Das Nilpferd muß ins Bett* (S. 69–73) von David Taylor, ©1978 David Taylor, ©1981 deutschprachige Ausgabe Schweizer Verlagshaus AG, Zürich.
Walter und die Gänse, von H. Gordon Green, Reader's Digest, Okt. 1976, Aus *Diary of a Dirty Old Man*, © McClelland & Stewart Ltd., Toronto, Kanada. Übersetzung: Ernst Theo Rohnert.
Kobold mit scharfen Zähnen, von Ulrich Sedlag. Aus Urania (Berlin) 1981, H. 8. ©1981 Ulrich Sedlag, Eberswalde.
Der «Vogel-Grösch» und seine Dompfaffen, von James Stewart-Gordon, Reader's Digest, Sept. 1965.
Die alte Heilmethode, von James Herriot. Aus *Der Doktor und das liebe Vieh*, Kapitel 16, von James Herriot, ©1974 Rowohlt Verlag GmbH, Reinbek b. Hamburg.
Der Apfel und der Elefant, von David Taylor, Reader's Digest, August 1978. Aus *Is there a Doctor in the Zoo?* ©1978 David Taylor. Übersetzung: Thomas Höpfner.
Freundschaft mit Schwarzkopfmeisen, von Jean George, Reader's Digest, Jan. 1961, Aus der Monatsschrift *Down East Magazine*. Übersetzung: Werner Preusser.
Eine Gazelle, von Tania Blixen. Aus *Afrika dunkel lockende Welt* von Tania Blixen, deutsche Ausgabe mit freundlicher Genehmigung der Deutschen Verlags-Anstalt GmbH, Stuttgart.
Vom Mungo, von Flughörnchen und Flöhen, von Hildegard Grzimek, Aus *In meinem Herzen haben viele Tiere Platz* von Hildegard Grzimek, ©Albert Müller Verlag AG, Rüschlikon-Zürich, 1970.
Der Hund, der aus der Kälte kam, von William Iversen, Reader's Digest, Sept. 1970. Übersetzung: Kurt Alboldt.
Unerklärliche Erlebnisse mit Katzen, von Adele Millard, Aus *Lieben Sie Katzen?* von Adele Millard, amerikanische Ausgabe: *Cats in fact and legend,* erschienen bei Sterling Publ. Co., Inc. New York. Deutsche Ausgabe: ©Albert Müller Verlag AG, Rüschlikon-Zürich, 1979.
Die Möwe lebt nicht gern allein, von Jean George, Reader's Digest, Okt. 1963. Aus der Zweimonatsschrift *National Wildlife*. Übersetzung: Kurt Alboldt.
Das Jahr des Pinguins, von Franklin Russell, Reader's Digest, März 1978. Übersetzung: Robert Schnorr.
Das liebenswerte Schwein, von Kent Britt. Reader's Digest, Feb. 1979. Übersetzung: Thomas Höpfner.
Meine grüne Fee, von R. M. Lockley. Reader's Digest, Okt. 1971.
André, der gesellige Seehund, von Harry Goodridge und Lew Dietz, Reader's Digest, April 1977, Aus *A Seal called Andre*. ©1975 Harry Goodridge und Lew Dietz. Praeger Publishers, Inc. N. Y. Neudruck mit Genehmigung von Holt, Rinehart und Winston, und Curtis Brown, Ltd. Übersetzung: Robert Schnorr.
Der Sommer mit der Krähe, von Jean George, Reader's Digest, Okt. 1962. Aus der Zweimonatsschrift *Audubon Magazine*. Übersetzung: Kurt Alboldt.
Das Pony des Zigeuners, von James Herriot, Aus *Der Doktor und das liebe Vieh*, Kapitel 34, von James Herriot, ©1974 Rowohlt Verlag GmbH, Reinbek b. Hamburg.
Ein vierbeiniger Meisterdetektiv, von Nino Lo Bello, Reader's Digest, Aug. 1960. Aus der Monatsschrift *Popular Dogs*.
Das blutdürstigste Tier, von Alan Devoe, Reader's Digest, August 1955. Aus der Monatsschrift *Frontiers*.
Die lange Nacht der Winterammern, von Jean George, Reader's Digest, Dez. 1966. Aus der Zweimonatsschrift *National Wildlife*. Übersetzung: Werner Preusser.
Familie Känguruh, von Alan Devoe, Reader's Digest, Jan. 1952. Aus der Monatszeitschrift *Nature*.
Rezepte für Haustiere, von James Herriot, Aus *Der Tierarzt kommt*, Kapitel I, von James Herriot, ©1979 Rowohlt Verlag GmbH, Reinbek b. Hamburg.
Das zahme Wildkaninchen, von Desmond Morris, Aus *Mein Leben mit Tieren*, (S. 57–61), von Desmond Morris, ©1981 Droemersche Verlagsanstalt Th. Knaur Nachf., München/Zürich.
Die Schatzinseln Amerikas, von Edison Marshall, Reader's Digest, Juli 1943. Übersetzung: Kurt Alboldt.
Tapferer Kater Marco, von Era Zistel, Reader's Digest, Juni 1974, Aus *New York Sunday News* (3. März 1974), ©1974 New York News, New York. Übersetzung: Robert Schnorr.
Bei Schlangenbeschwörern zu Gast, von Ben Lucien Burman, Reader's Digest, Okt. 1970. Übersetzung: Ernst Theo Rohnert.
Wie Tiere miteinander reden, von Jean George, Reader's Digest, Juni 1969. Aus der Zweimonatsschrift *National Wildlife*. Übersetzung: Thomas Höpfner.

Ein Igel kam zum Abendbrot, von Peter Browne, Reader's Digest, Mai 1970. Übersetzung: Kurt Alboldt.
Raben haben strenge Regeln, von Vitus B. Dröscher, Reader's Digest, Juli 1967.
Die Geschichte von «Moby Doll», von David MacDonald, Reader's Digest, April 1965. Aus *Rod & Gun,* Verlag Rod & Gun Pub. Co. Übersetzung: Fritz Zielesch.
Der Elch und die Wölfe, von Franklin Russell. Reader's Digest, Nov. 1978. Übersetzung: Grete Felten.
Der Apoll unter den Vögeln, von Jack Denton Scott, Reader's Digest, Nov. 1962. Aus der Monatsschrift *The MacDonald Farm Journal.*
Der Frosch, ein Überlebenskünstler, von Victor Head, Reader's Digest, Sept. 1973.
Kleine Schwäche für Schweine, von Alice Haines, Reader's Digest, Juni 1955. Aus der Monatsschrift *Farm and Ranch.*
Ein Elch geht in die Stadt, von Carl C. Andersen, Reader's Digest, Feb. 1953. Aus *Nature Magazine,* ©1953 American Nature Assn.
Die Affen sind los!, von Henry Trefflich, nacherzählt von Baynard Kendrick, Reader's Digest, April 1954. Aus *They Never Talk Back* von Henry Trefflich und Baynard Kendrick. ©1954 Henry Trefflich und Baynard Kendrick. Abdruckgenehmigung von Paul R. Reynolds, Inc. New York City.
Elefanten sind fast wie wir, von Brian O'Brien, Reader's Digest, Juni 1961. Aus der Monatsschrift *U. S. Lady.* Übersetzung: Werner Preusser.
Die weiße Dame, von Leonard Dubkin, Reader's Digest, März 1952. Aus *The White Lady* von Leonard Dubkin.
Der lustigste Spielgefährte des Menschen, von Leland Stowe, Reader's Digest, Okt. 1956. Aus *The Minneapolis Sunday Tribune.*
Brieftauben im Wettflug, von Corrado Pallenberg, Reader's Digest, Sept. 1969.
Mein Chef, die Katze, von Paul Gallico, Reader's Digest, Okt. 1952. ©1952 Crowell-Collier Publishing Co. Neudruck mit Genehmigung von Harold Ober Associates, Incorporated.
Der Falke und ich, von Jean George, Reader's Digest, Sept. 1959.
Die menschenfreundlichen Delphine, von Stanley E. Brock, Reader's Digest, Juni 1972. Aus der Monatsschrift *Beacon Magazine of Hawaii.* Übersetzung: Kurt Alboldt.
Ein Hund namens Schultz, von H. Gordon Green, Reader's Digest, Juni 1976, Aus *Diary of a Dirty Old Man,* ©1974 McClelland and Stewart Ltd., Toronto. Übersetzung: Grete Felten.
Der kuriose Pelikan, von George Fichter, Reader's Digest, Dez. 1956. Aus der Monatsschrift *The American Mercury.*
Strauchdieb im Pelz, von George Heinold, Reader's Digest, Juli 1951. Aus *The Saturday Evening Post.*
Das gefräßige Dasein der Raupen, von Donald Culross Peattie, Reader's Digest, Mai 1957.
Ein Prinz auf unserer Weide, von Irving Townsend, Reader's Digest, Mai 1977. Übersetzung: Thomas Höpfner.
Eulen, meine trauten Hausgenossen, von Farley Mowat, Reader's Digest, Sept. 1957. Aus *The Dog Who Wouldn't Be* von Farley Mowat. Abdruckgenehmigung von Little, Brown & Co., gemeinsam mit der Atlantic Monthly Press. ©1957 Farley Mowat. Publiziert von Pan Books. Neudruck mit Genehmigung des kanadischen Verleger, McClelland and Stewart Limited, Toronto, und Hughes Massie Limited. Übersetzung: Kurt Alboldt.
Mit der Kamera auf Bärenjagd, von David Wynne, Reader's Digest, Juni 1975. Übersetzung: Robert Schnorr.
Sonderling der Meere, von Deena Clark, Reader's Digest, Okt. 1951. Aus der Monatsschrift *Frontiers.*
Huckebein und Co., von Leni Fiedelmeier, mit freundlicher Genehmigung von Anneliese Schulz-Eckhusen, Hamburg.
Der wilde Truthahn kehrt zurück, von John Stuart Martin, Reader's Digest, Dez. 1958. Übersetzung: Werner Preusser.
Hilfreiche Hände für ein Rotes Riesenkänguruh, von Hermfried Edzards. ©1982 H. Edzards, Hannover.
James, der Leierschwanz, von Ambrose Pratt, Reader's Digest, Sept. 1971. Aus dem Buch *The Lore of the Lyrebird,* ©1955 Robertson & Mullens, Ltd., Melbourne. Übersetzung: Kurt Alboldt.
Willie der Katzen-Raufbold, von Adele Millard, Aus *Lieben Sie Katzen?* von Adele Millard, amerikanische Ausgabe: *Cats in fact and legend,* erschienen bei Sterling Publ. Co., Inc. New York, deutsche Ausgabe: ©Albert Müller Verlag AG, Rüschlikon-Zürich, 1979.
Menschenkinder — Affenkinder, von Hildegard Grzimek, Aus *In meinem Herzen haben viele Tiere Platz* von Hildegard Grzimek, ©Albert Müller Verlag AG, Rüschlikon-Zürich, 1970.
Unser Hausfreund, der Schwarzbär, von Irving Petite, Reader's Digest, Okt. 1960. Aus *The Christian Science Monitor.* ©1960 The Christian Science Publishing Society. Übersetzung: Werner Preusser.
Drama im Steppengras, von Franklin Russell, Reader's Digest, Okt. 1975.
Der Kolibri, der weinte, von Gladys Francis Lewis, Reader's Digest, Mai 1976.
Als Großvater den Tiger kraulte, von Ruskin Bond, Reader's Digest, Feb. 1966. Aus *The National Observer,* ©1965 Dow Jones & Co.
Meine Kanarienvögel, von Gustav Eckstein, Reader's Digest, Jan. 1937. Aus dem Buch *Canary, the History of a Family.* Übersetzung: Werner Preusser.
Bärenbesuch, von Eileen Lambert, Reader's Digest, Juli 1974, Aus der Zweimonatsschrift *National Wildlife.* Übersetzung: Robert Schnorr.